ISBN 978-0-666-49163-3
PIBN 11043804

1 MONTH OF
FREE
READING

at

www.ForgottenBooks.com

By purchasing this book you are eligible for one month membership to ForgottenBooks.com, giving you unlimited access to our entire collection of over 1,000,000 titles via our web site and mobile apps.

To claim your free month visit:

www.forgottenbooks.com/free1043804

Dr. Johann Georg Krünitz's

öko   ologische

Encyklopädie,

oder

allgemeines System

der

Staats-, Stadt-, Haus- und Landwirthschaft,

und der Kunstgeschichte
in alphabetischer Ordnung.

Früher fortgesetzt
von
Friedrich Jakob und Heinrich Gustav Floerke,
und jetzt von
Johann Wilhelm David Korth,
Doktor der Philosophie.

Hundert und sieben und vierzigster Theil,
welcher die Artikel Schmid bis Schörkube enthält.
Nebst 3 Kupfertafeln, und einem Portrait.

Mit Königl. Preuß. und Königl. Sächs. Privilegien.

Berlin, 1827.
In der Paulischen Buchhandlung.
(Pränumerations-Preis 2⅓ Thlr. — Laden-Preis 4⅓ Thlr.)

S. S.

Schmid, Faber ferrarius, Fr. le Forgeron, wie
schon im 146sten Theile, S. 746, hinsichtlich der
Sprache erwähnt worden, ein Handwerker, welcher
das Eisen vermittelst des Hammers und Feuers bearbeitet oder zu bearbeiten versteht. — Die Kunst
das Eisen mit dem Hammer zu bearbeiten, ist schon
sehr alt; denn schon bei den ältesten Völkern sind
die Waffen aus dem Metalle vermittelst des Hammers und Feuers geschmiedet worden. Nach einigen Schriftstellern der Alten soll Tubalcain, der
mit dem Vulkan für einerlei gehalten wird, der
erste Schmid gewesen seyn, und so auch nach dem
Polydorus Vergilius die Pelethronier die ersten Hufschmiede. Nach dem Diodor waren
die Schmiede und übrigen Handwerker eine von den
drei Klassen des Aegyptischen Staats, und Horus
mit Hammer und Zange, oder einem andern Schmiedewerkzeuge der Beschützer derselben. Wenn er seine
Werkzeuge und Nebenbilder änderte, zeigte er den
Anfang und die Dauer gewisser Verrichtungen an,
besondere Feste für die Schmiede, den Verkauf ein-

ger Geräthschaften zu einer und einiger Bedürfnisse
für die Haushaltung zu einer andern Zeit. Dieses
sonst neben die Isis gestellte Bild nahm man vermuthlich dann weg, wenn der Krieg einige Arbeiten
und Märkte verhinderte; dann erschien Mars, welcher den Vulkan bei der Isis verdrang, und den
Umstehenden Gelegenheit zu mancherlei Scherzreden
gab. Horus, als Schmid gekleidet, führt drei
Namen, die sich ausdrücklich auf die Klasse der
Handwerker und Metallarbeiter beziehen. Er heißt
nämlich: Mulciber, Schmiedemeister *); He-
phaistos, Feuervater **) und damit die Handwerker den Landleuten nicht zu verächtlich werden
sollten, gab man dem Bilde der Feldarbeit ein kurzes
Bein, um den Namen Vulcanus anzudeuten,
daß nämlich ohne den Beistand der Schmiede die
Feldarbeit lahm sei, und daß mit denselben ihr
Werk befördert werde. Ein Mehreres über den
Vulkan, als Gott der Schmiede, s. unter V. —
Bei den Römern, nannte man zur Zeit der Kaiser alle Schmieden und dergleichen Werkstätte
Fabricae, besonders verstand man aber unter dieser
Benennung die Waffenschmieden. Für jede
Waffe waren besondere Schmieden. In den
Schmieden zu Antiochia, Cäsarea in Kappadocien,
und zu Nicomedia machte man Harnische; in derje-
nigen zu Irenopoli Spieße; in denen zu Edessa,
Damaskus, Adrianopel, Martianopel und Nicome-
dia Schilde ꝛc. Ueberhaupt befanden sich im Orien-
talischen Reiche funfzehn Schmieden, nämlich:

---

*) Von Malac, regere, regieren, und ber, beer ant,rum (subter-
raneum) unterirdische Höhle, kommt Mulciber, Mieralkönig.
Nach Andern von mulcers ferrum, das Eisen behandeln.
**) Von aph, eph, pater, Vater, und estho, vesta, ignis,
Feuer, ist Ephesto, pater ignis, Feuervater.

fünf im Morgenlande, eine in Asien, drei in Pontus, zwei in Thracien, und vier in Illyrien; im Abendländischen Reiche neunzehn, sechs in Italien, acht in Gallien, und fünf in Illyrien. So verfertigte man z. B. zu Ticino Bogen; zu Autun und Mantua Panzer; zu Concordia Pfeile; zu Cremona, Lorch, Sirmio, Suesson und Verona Schilde; zu Amiens, Lucca und Reims Degen ꝛc. Die Arbeiter in den Schmieden hießen Fabricenses, und mußten freie Leute seyn, und wenn sie einmal in eine Fabrik aufgenommen worden, so waren sie und ihre Kinder verpflichtet darin zu bleiben, und bekamen ein Stigma oder Brandzeichen auf den Arm, damit man sie erkennen konnte, und ihnen hierdurch jede Entfernung unmöglich wurde; entlief dennoch Einer, so mußten die andern dafür stehen; starb Einer ohne Erben, so fiel sein Vermögen dem Ganzen anheim. Uebrigens waren sie von aller Einquartirung befreit, und standen unter keinem Gerichte, als unter dem Magistro Officiorum. So viel über die Geschichte der Schmiede.

Unter S c h m i d versteht man eigentlich den G r o b -, H u f - oder W a f f e n s c h m i d, zum Unterschiede von dem K l e i n s c h m i d oder S c h l ö s s e r. Die vornehmste Beschäftigung desselben besteht im Schmieden, welches in einer Esse mit dem Blasebalge geschieht, und wo das Feuer entweder mit Holz- oder mit Steinkohlen unterhalten wird. Beim Schmieden richten sich alle Arbeiter einer Werkstatt nach dem kleinen Hammer des Meisters oder Vorschlägers; denn wo dieser hinschlägt, müssen die größeren Hämmer folgen. Durch dieses Mittel wird das erhitzte Eisen mittelst anhaltenden Schlagens nicht nur in seiner Länge und Breite ausgedehnt, sondern auch die Eisentheilchen näher zusammengetrieben. Was das H a n d w e r k z e u g der Schmiede, als Amboße,

Hammer, Zangen 2c., betrifft, so kommt solches zum Theil unter Schlösser vor, theils findet man es auch unter jedem Werkzeuge besonders erwähnt und beschrieben. — Ehemals bestand das Meisterstück der Schmiede in vier Hufeisen zu einem Pferde, das ihnen einige Male vorgeritten ward; sie mußten sie allein, nach Beschauung der Hufe, und ohne dieselben zu berühren, also nach dem bloßen Augenscheine, verfertigen, und solche auch aufschlagen, wobei ihnen dann der geringste Fehler hoch angerechnet, ja wohl gar das Meisterrecht bis auf eine andere Zeit versagt wurde. Wegen der Benennung Waffenschmiede pflegen sie auch noch irgend eine Waffe zu schmieden. Da in der Encyklopädie nach einem früheren Plane nicht die verschiedenen Schmiede auf Schmid verwiesen, sondern unter ihrem Namen besonders abgehandelt worden, so kann auch hier unter Schmid nicht mehr von diesem Handwerker gesagt werden, ich verweise daher auf das nachfolgende Register.

Schmid (Ahlen-), ein Handwerker, welcher die Ahlen, eine Art Pfriemen, aus Stahl schmiedet, die man auch Oert nennt, besonders wenn sie schon sortirt sind. Die stärksten dieser Art Instrumente haben vorne in dem Speere ein länglichtes viereckigtes Loch, durch welches der Näheriemen gesteckt wird, damit er mit dem Ahle zugleich durchs Leder gehe, und nicht mit nutzloser Mühe noch erst durch das gestochene Loch gesteckt werden müsse. Sie werden aus dem besten Stahle so glatt, als möglich, theils rund, theils viereckig geschmiedet, nachdem der verschiedene Gebrauch derselben es erfordert, und vorn zugespitzt. Hierauf werden sie auf der Schleifmühle an Stangen und Speere zugeschliffen, und darauf federhart gehärtet; zuletzt werden sie auf der Mühle polirt. So viel über diese Art Instrumente,

welche die Lederarbeiter gebrauchen, und die unter
Pfriem, Th. 112, S. 400, und unter Ohrt, Th.
105, S. 7, bloß als solche erwähnt worden. Was
nun das Ahlenschmiedehandwerk selbst betrifft, so ist dasselbe ein geschenktes Handwerk,
welches ehemals, besonders noch in der Mitte des
verwichenen Jahrhunderts, an drei Orten in Deutschland, zu Schmalkaden, in Steiermark, und in Nürnberg betrieben wurde, so daß man dieses Gewerbe
keinen Auswärtigen lehrte, noch die Gesellen anders
wohin, als an die genannten Derter wandern ließ,
wo sie auch ihre Geschenke erhielten. Man stellte
dabei den Grundsatz auf, daß wenn man dieses Gewerbe ausbreitete und Jedermann zur Erlernung desselben zulassen wollte, so würde es keinen Nahrungs-
zweig abgeben; denn da diese Waare nur von
Schuhmachern, Sattlern und Riemern häufig, von
Gürtlern und Buchbindern aber nur einzeln, und
von den meisten Gewerbetreibenden gar nicht gebraucht wird, so würde auch zu befürchten seyn, daß
bei einer allgemeinen Ausbreitung desselben, als ein-
zelnes oder nur auf diesen Zweig beschränktes Gewerbe, alle zusammen nichts hätten. Dieser aufge-
stellte Grundsatz ist in neuerer Zeit dadurch vernichtet worden, daß bei einer Nichtbeschränkung
der Gewerbe, auch dieser Zweig durch Zulegung
anderer Instrumente, also bei einer größeren Ausdehnung wohl bestehen kann. — Die Entstehung
dieses Handwerks ist ungewiß, doch glauben Einige,
daß es zu Ludwig's des Bayern Zeiten mit andern Zünften zuerst privilegirt worden, welches man
besonders daher leitet, weil es ein geschenktes Handwerk ist, und dies als Zeichen eines alten zunftmäßi-
ßigen Handwerkes angesehen wird, insofern man
keine eigentlichen Nachrichten von der Zeit hat, wo
es seine Zunftmäßigkeit erhalten. Man gebraucht

Schmid (Amboß=).

zum Fabrikat Stahl, und besonders wird der Steier-
märkische Stangenstahl für den besten dazu gehalten. Die Werkzeuge sind Amboß, Hammer,
Zange, Blasebalg rc.; zur Feuerung Holzkohlen, besonders von Buchenholz. Ueberhaupt gebrauchen
diese Handwerker das Werkzeug der Schlösser.
Die Ahlenschmiede sind die geschicktesten Stahl-
schmiede, weil sie ihr Fabrikat mit ausserordentlicher
Feinheit ausschmieden und poliren müssen. Die
Lehrzeit dauert vier Jahre; und nachdem sie zehn
Jahre als Gesell gearbeitet, werden sie nach Verlangen, ohne Meisterstück zu verfertigen, zum Meister
gesprochen. Uebrigens gehört dieses gesperrte Handwerk, wenn es gleich besondere Zunftgesetze hat, zum
Grobschmiedehandwerk, und macht nur einen besonderen Zweig desselben aus, wie die Amboß-, An-
ker- rc. Schmiede.

Schmid (Amboß-), nennt man in Fabrik- und
Seestädten die Grobschmiede, welche sich besonders
mit dem Schmieden der Amboße abgeben; also kein
besonderer Handwerker. Wie das Schmieden der
Amboße geschieht, solches ist schon unter Amboß,
Th. 1, S. 716, beschrieben worden. Hier wird
aber zur Ergänzung jenes Artikels noch Folgendes
angeführt werden müssen. Man hat folgende Am-
boßarten: Schmiedeamboße. Sie sind Jedermann bekannt, denn in jeder Werkstatt des Grob-,
Huf- oder Waffenschmids findet man diesen
gemeinen Amboß; auch in den Werkstätten der
Schlösser, Feilenhauer, nur sind die der letzteren
Handwerker leichter, s. unter Schloß und Schlös-
serkunst, Th. 146, S. 153, und Fig. 8322. Der
Amboß des Feilenhauers hat noch einige Einrichtun-
gen, die diese Profession besonders erfordert, und
wovon unter Feile, Th. 12, S. 489 u. f, wo das
Handwerk der Feilenhauer abgehandelt worden,

nichts erwähnt ist. Es ist nämlich nahe bei der einen kurzen Seite vor derselben Mitte ein viereckiges Loch, in welches ein starker, viereckigter und etwas in die Höhe ragender Zapfen gesteckt werden kann. In der gegenüberstehenden kurzen Seitenfläche ist ein anderes, tief hineingehendes viereckiges Loch eingesenkt, in welches ein anderer viereckiger Zapfen gesteckt in die Höhe stehenden man diesen langen Zapfen mehr oder weniger tief in das Loch' einschiebt, je nachdem kommt sein Arm näher oder weniger nahe an den ersten Zapfen. Man kann den eben genannten langen Zapfen mit einem daneben eingeschobenen und eingetriebenen Keile fest stellen, und dadurch längere oder kürzere Feilen, die der Feilenhauer rothwarm beraspelt, feste halten. Zwischen dem Arme und dem ersten Zapfen liegt auf dem Amboße eine eiserne Stange, auf welcher die zubereitende Feile aufliegt, damit nicht, wenn sie der Amboß selbst berührt, mit der Zeit eine Vertiefung daselbst entsteht.

Hammeramboße. Der Hammeramboß der Kupferschmiede hat eine prismatische Gestalt, und ist gewöhnlich einen Schuh lang, und acht bis zehn Zoll breit, s. unter Kupferschmid, Th. 56, S. 260, wo auch der Kaltschlageamboß erwähnt wird. — Faustamboße, s. daselbst, S. 262. — Stoßamboße, s. daselbst, S. 260. — Spitzamboße, in der Kesselschlägerhütte der Messingwerke, ist eine runde starke, nach einer Kugel oben abgerurdete Stange. — Liegeamboße; s. Th. 56, S. 261. — Falzamboße, s. daselbst, S. 261. — Gelenkamboße; s. daselbst, S. 261. — Halsamboße; s. daselbst, S. 262. — Theekesselamboße, s. daselbst. — Hornamboße; s. daselbst, S. 263, und unter Sperrhorn. —

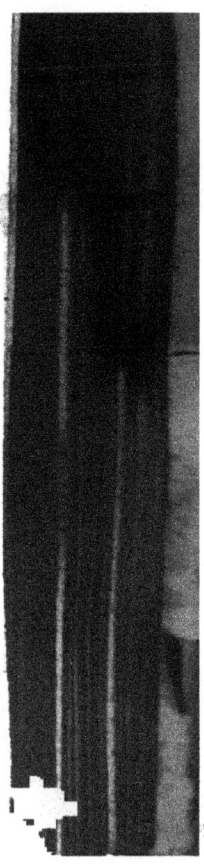

Bei den Raquetenmachern führt gleichfalls eine
etwas dicke eiserne, drei bis vier Zoll hohe Spitze,
oder vielmehr ein abgekürzter Kegel, der mit seiner
Angel in einen Kloß eingesetzt ist, den Namen des
Amboßes.

Schmid (Anker:), gehört, wie der Amboßschmid,
zu den Grobschmieden, mit denen sie ein Handwerk ausmachen. Es sind also Grob-, Huf- oder
Waffenschmiede, von denen sich einzelne Mit-
glieder in den Seestädten besonders auf die Verfertigung der Anker legen; auch findet man in einem Ab-
schiede der Grobschmiede zu Halle, d. d. den 3ten
Nov. 1668, die Anker unter ihren Arbeitsstücken
besonders erwähnt. Da die Anker nicht gegossen
werden können, indem das Gußeisen viel zu brüchig
ist, als daß es diejenige Gewalt ausstehen könnte,
die ein Anker ausstehen muß, so müssen sie geschmiedet werden, und zwar die Ruthe, jeder Arm und jede
Schaufel re. besonders; s. auch unter Schiffanker, Th. 142, S. 738. Pausanias schreibt die
Erfindung der Anker den Tyrrhenern zu. Die ältesten waren von Stein, und in Calecutta hatte man
dergleichen Anker noch im 18ten Jahrhundert.
Athenäus erwähnt der hölzernen Anker, die aber
mit Bley angefülle gewesen zu seyn scheinen. Wo
Sandbänke sind, bediente man sich auch der Körbe
mit Steinen gefüllt. Zuletzt fing man an die Anker
auf der einen Seite von Eisen zu machen, bis zuletzt,
wie Strabo berichtet, Anacharsis, ein Scythe,
solche auf beiden Seiten von Eisen zu machen angegeben, oder sie selbst gemacht hat.

Daß man die ersten Anker aus Gänsen und
Frischeisen, und nachher aus Stabeisen zu verfertigen anfing, ist schon unter Schiffanker, Th. 142,
S. 139 u. f. erwähnt worden. Nach der Angabe
des Hrn. Tresaguet, wenn die Anker aus Stab-

eisen, als die beste Verfertigungsart, gemacht wer=
den sollen, heftet man eine Anzahl eiserne Stäbe,
die zusammen etwas dicker und kürzer sind, als die
Ankerruthe werden soll (z. B. die Ruthe eines An=
kers von 6000 Pfunden ist 18 Fuß lang) in einen
viereckigen Bündel, dessen Umfang an einem Ende
etwas größer ist, als an dem andern, durch eiserne
Bande zusammen, die man antreibt, wie der Bött=
cher die Reife. Diesen Pack Stäbe bringt man an=
fangs mit dem schmaleren Ende ins Feuer, läßt ihn
bis fast zum Flusse glühen, eilt damit auf den Am=
boß, und schweißt ihn durch starke Schläge zusam=
men. Weil der Pack sehr schwer ist, so läßt er sich
nicht gut tragen, daher hat man Krahne, die aus
senkrechten, unten und oben in einer Pfanne beweglich=
chen und mit Armen versehenen Balken bestehen, und
von der Feueresse und dem Amboße gleich weit entfernt
sind. An diese hängt man den Pack, und bewegt
ihn damit bequem von der Esse auf den Amboß, und
von dem Amboße auf die Esse. Da die Arme der
Menschen und die dadurch geführten Hämmer zu
schwach sind, als daß sie diese Stangen bis in die
Mitte des Packs durch Schlagen zusammen schwei=
ßen könnten, so bedient man sich lieber der
durchs Wasser getriebenen Hämmer, die achthundert
und mehrere Pfunde wiegen, und wohl von einer
Höhe von vier Fuß und darüber herunterfallen, also
ungleich größeren Nachdruck haben. Wie man un=
ten begonnen hat, fährt man nach und nach fort bis
oben hinaus, und die Ruthe wird etwas dünner und
dagegen länger werden, als der Stangenbündel an=
fangs war, und dadurch die gehörige Dicke und
Länge erhalten. Sobald die Ruthe mit ihrem vier=
eckigen Hintertheile, dem daran gehörigen Zapfen,
und dem Loche, wie auch die Stange von der
Schwäche an bis zur Stärke fertig, und das flache

Ohr, woran das Ankerkreuz kommen soll, gemacht ist, schmiedet man auf ähnliche Weise die Arme besonders, so auch die Schaufeln, schweißt alsdann die Schaufeln auf die Arme, und richtet das Ende der Arme so zu, daß es auf das Rohr an der Stärke der Ruthe mit seinem Ohre paßt. Zuletzt schweißt man auch noch die Arme an die Ruthe. Dieses letztere erfordert, daß man zwei Essen und zwei so gelegene Krahne habe, daß jeder von seiner Esse und dem gemeinschaftlichen Amboß gleich weit entfernt sei, damit man mit dem einen die Ruthe auf den Amboß, mit dem andern den Arm auf die Ruthe bringen, und beide durch einige Schläge des schweren Hammers mit einander verbinden kann. Hier ist noch zu bemerken, daß man sich bei dem Zusammenschweißen der einzelnen Stücke, Stücken Eisen an den Achseln und an den Stellen der Zusammenfügungen bedient, um hin und wieder die Lücken auszufüllen und desto fester mit einander zu vereinigen. Diese Stücken Eisen werden mit Handhammern angeschweißt. Man haut das Ende der Ruthe, und die Theile Eisen, die hervorragen, mit einem Meißel ab, der in die Spalte eines langen Stiels, den der Ankermeister hält, hineingesteckt ist, und auf dessen Kopf die Schmiede schlagen. Um einem jeden Arme den Umkreis oder den Bogen, der sich für ihn schickt, damit er in den Grund des Erdreichs eindringen kann, zu geben, bindet man ein Seil an das Ende der Schaufel des Ankers, und paßt das andere Ende an die Scheiben des Klobens, welcher in der Mitte der Ruthe angebunden ist; nachdem man nun den Arm an der Schwäche der Schaufel, oder an dem Orte, der Stelle, die man biegen will, glühend gemacht hat, so kömmt man durch Hülfe des Seils dahin, ihn soviel als man nöthig findet zu krümmen.

Ehemals probirte man die Anker um ihre Güte und Brauchbarkeit zu erfahren, auf folgende Weise. Man zog den Anker vermittelst eines Krahnes 30 bis 40 Fuß in die Höhe, und ließ ihn dann schnell auf untergelegte alte Kanonen oder große Stücke Eisen herunterstürzen; blieb er nun ganz, so hielt man ihn für gut, brach er, so war sein Urtheil gesprochen. Diese Probe war aber sehr unzuverläßig; denn es kommt darauf an, mit welchen Theilen der Anker auffällt; fällt er mit den stärksten auf, so kann er ganz bleiben, und doch nichts taugen, fällt er mit den schwächsten auf, so kann er brechen, ob er gleich in der See seine guten Dienste gethan haben würde, in welcher er einen gleichen Stoß nicht auszustehen hat. Eine zweite Probe ist: man bindet eine seiner Schaufeln an einen fest in die Erde gerammten Pfahl, oder besser man treibt ihn vor einen wohl befestigten Pfahl mit einer Schaufel so in die Erde, wie er in dem Meere zu stehen pflegt, bindet einen Tau an seinen Ring, und zieht denselben mit einer Winde so stark an, als man auf dem Schiffe mit dem Spiele zu ziehen pflegt. Hält er nun dieses aus, und reißt auch wohl der Tau, ehe der Anker bricht, so steht er auch denselben Zug auf dem Schiffe aus, und wird schwerer, als sein Tau zerreißt, zerbrechen, und daher Alles leisten, was man von ihm fordert; denn einer übermäßigen Gewalt widersteht nichts. Eine dritte Probe ist dieser zweiten ähnlich. Man verstrickt nämlich die beiden Arme des Ankers durch zwei starke Pfähle, und zieht den Anker schief durch eine Winde um einen eingerammten Pfahl. Durch diese schiefe Umwendung der Kräfte, setzt man zugleich die Ruthe und die beiden Arme der Gewalt aus, welche nicht stärker zu seyn braucht, als die, welche man auf Schiffen anwendet, um einen Anker zu lichten, der tief in dem Grunde steckt. Hält nun der Anker diese Probe aus, so kann man ihn für gut halten und sich darauf verlassen.

Die Größe, und so auch das Gewicht des Ankers, richtet sich nach dem Schiffe, und pflegt auf verschiedene Weise bestimmt zu werden. Gemeiniglich giebt man der Ruthe des größten Ankers zwei Fünftheile von der Länge des mittelsten oder längsten Querbalkens, welcher das Verdeck trägt, zu seiner Länge, so daß sie z. B. 18 Fuß lang wird, wenn der Querbalken 45 Fuß hat. Zuweilen giebt man dem Anker die halbe Schwere seines Seiles, welchem Verhältnisse zu Folge er an einem Schiffe vom ersten Range 7268 Pfund wiegt. Zuweilen bestimmt man auch die Schwere des größten Ankers aus den Tonnen, nach welchen ein Schiff geschätzt wird, und rechnet auf 20 Tonnen 110 Pfund am Anker, so daß er bei einem Schiffe von 1500 Tonnen 8250 Pfunde wiegen müßte. Schiffe auf Flüssen sind mit einem Anker genugsam versorgt; die auf Kanälen führen gewöhnlich zwei, und die auf dem Meere haben vier und mehrere. Unter diesen letzten heißt der größte Haupt=, Pflicht= oder Nothanker, welcher, weil er die meiste Mühe macht, wenn er wieder aufgezogen werden soll, nur in der höchsten Noth bei Sturm und Ungewitter geworfen wird. Der zweite ist der Bugbog= oder tägliche Anker, der um ein Beträchtliches weniger, als der vorige wiegt, und zum gewöhnlichen Gebrauche bestimmt ist. — Der Gabel= oder Teyanker wird einem andern gegenüber geworfen, und wiegt entweder so viel, als der andere, oder nicht viel weniger. Legt man sich bei einer Küste vor Anker und wirft deren zwei, so nennt man den auf der Seeseite ausgeworfenen den Seeanker, und den auf der Uferseite ausgeworfenen den Landanker. Wenn man sich wider Ebbe und Fluth befestigen muß,

nennt man den **Fluthanker**, der das Schiff wider
die Fluth, und **Ebbeanker**, der es wider die Ebbe
wehret. Die leichtesten, die kaum 450 bis 500
Pfd. wiegen, sind die **Wurf**= oder **Buchsteran-
ker**, die man nur in Häfen oder auf Rheden aus
vorangeschickten Schaluppen wirft, wenn man die
Schiffe dadurch herbeiziehen, und also von einer
Stelle zur andern rücken will. Man nennt noch
andere Haken, die eigentlich keine Anker sind, sondern Schiffe zu ankern oder etwas aus der See zu
fischen gebraucht werden, **Wurfanker**, auch
Draganker. Der **Haft**=, **Sitz**=, **Rhede**= oder
Ruheanker bleibt beständig an seinem Orte, der
Rhede, und dient, die Schiffe beisammen zu halten und herbei zu ziehen. Sein Gebrauch erfordert
nicht mehr als einen Arm, auch bedarf er keines
Stocks. **Galeerenanker** wurden ehemals mit
drei, jetzt mit vier Armen gemacht; die kleinen **Scha-
luppenanker** haben fünf Arme. Die Anker werden vorzüglich in Schweden in großer Anzahl verfertiget, weil das Schwedische Eisen, mit einem geringen Zusatze von Spanischem, am besten dazu
taugt. Uebrigens macht man sie auch in den Seestädten der übrigen Reiche Europas, wohin auch
Grobschmiede, die ein besonderes Gewerbe aus dem
Ankerschmieden machen, wandern. Im Handel
werden die kleinen Anker Stückweis, die größeren
aber bei Schiffpfunden verkauft. — S. auch den
Artikel **Schiffanker**, Th. 142, wo auch verschiedene Abbildungen von Ankern vorkommen.

Schmid (Blech.), im gemeinen Leben entweder der
Blechmeister, das ist, der erste Arbeiter im
Blechhammer; s. unter **Blech (Eisen=)**, Th. 5,
S. 661, oder der **Pfannenschmid**; auch der
Klempner führt diesen Namen. — Ferner eine
Benennung des schwarzen Erdkäfers mit ei-

nem herzförmigen Schilde, Carabus cephalotes
Linn.

Schmid (Bohr-), s. Schmid (Zeug-).

— (Büchsen-), s. Büchsenmacher, Th. 7, S.
356 u. f.

— (Cur-), Kurschmid, s. Schmid (Huf-).

— (Dorf-), Laufschmid, s. unter Huf- und
Waffenschmid, Th. 25, S. 595.

— (Eisen-), alle Schmiede, welche in Eisen arbeiten,
zum Unterschiede der Kupfer-, Blech- 2c.
Schmiede.

— (Erb-), Wohnschmid, s. unter Huf- und
Waffenschmid, Th. 25, S. 595.

— (Erb-), eine Benennung, womit von Einigen der
Holzbock, Cerambyx Linn., von Anderen die
Todtenuhr, Termes pulsatorius Linn., belegt
wird, welche beide Insekten unter den Holzwür-
mern, Th. 24, S. 863 u. 878 beschrieben worden.

— (Fahnen-). Nach Einigen rührt diese Benennung von den Fähnlein her, welche von den Schlössern, auch wohl von den Klempnern auf die Thürme,
Pallàste, hohen Häuser 2c. gesetzt werden, um darnach die Richtung des Windes zu beobachten; allein
diese Herleitung ist unrichtig, weil, wie schon bemerkt,
diese Fähnlein nicht von besonderen Schmieden,
sondern von andern Handwerkern verfertiget werden; richtiger ist die Ableitung von Fahne, Stan-
darte, Feldzeichen, weil diese Art Schmiede zu
dem Fahnenstabe, zur Fahne eines Regiments oder
eines Bataillons, Esquadrons 2c. gehören. Es sind
also Kurschmiede, s. Th. 12, S. 109, und unter
Huf- oder Waffenschmid, Th. 25, S. 575.

— (Gold-), s. diesen Artikel, Th. 19, S. 580.

— (Grob-), eine Benennung des eigentlichen
Schmids, der auch zugleich Huf- und Waffenschmid ist; s. Schmid (Huf- und Waffen-).

Schmid (Hammer=), ſ. unter Hammerwerk, Th. 21, S. 349.

— (Herd=), ſ. Th. 23, S. 54.

— (Huf=), Waffenſchmid, Grobſchmid, Kur=ſchmid, Fahnenſchmid; ſ. Th. 25, S. 337 u. f. u. S. 574 u. f.

— (Jagd=), ſ. Th. 28, S. 474.

— (Keſſel=), ſ. unter Keſſel, Th. 37, S. 81.

— (Ketten=), ſ. unter Kette, Th. 37, S. 146.

— (Klein=), eine Benennung des Schlöſſers; ſ. Th. 146, S. 404, u. oben, S. 3.

— (Kleinnagel=), ſ. Th. 100, S. 644.

— (Kupfer=), ſ. Th. 56, S. 254 u. f.

— (Kupfer=Hammer=), ſ. daſelbſt, S. 155.

— (Küraß=), ſ. Th. 56, S. 681.

— (Lauf=), ſ. unter Huf= und Waffenſchmid, Th. 25, S. 595.

— (Löffel=), ſ. unter Suppenlöffel, wohin über=haupt die Verfertigung der Löffel verwieſen worden.

— (Meſſer=), ſ. Th. 89, S. 243 u. f.

— (Nagel=), ſ. Th. 100, S. 644.

— (Panzer=), bei den Alten, und im Mittelalter, ein Schmid, welcher ſich beſonders mit Verfertigung der Panzer oder Panzerhemden abgab.

— (Pfannen=), ſ. Th. 109, S. 463.

— (Reim=), ſ. Th. 122.

— (Säge=), ſ. unter Säge, Th. 130, S. 453, und Schmid (Zirkel=).

— (Schwarznagel=), ſ. unter Nagelſchmid, Th. 100, S. 644.

— (Senſen=), ſ. dieſen Artikel.

— (Waffen=), ſ. Schmid (Huf=), und Waffen=ſchmid, in W.

— (Weißnagel=), ſ. unter Nagelſchmid, Th. 100, S. 644.

Schmid (Wohn=), s. unter Huf= und Waffen=
schmid, Th. 25, S. 595.

— (Zeug=), s. diesen Artikel, in Z.

— (Zirkel=), s. unter Z.

Schmidbar, in der Mineralogie, heißt ein Mineral,
wenn es sich in Flitschen schneiden und völlig häm=
mern und biegen läßt, oder so völlig geschmeidig ist.

Schmiede, Officina ferraria, Fr. Forge, die Werk=
stätte eines Schmids, wo es doch nicht in allen den
Zusammensetzungen üblich ist, in welchen das Wort
Schmid gebraucht wird. Man sagt zwar Anker=
schmiede, aber nicht Hammerschmiede, sondern
Eisenhammer, nicht Kupferschmiede, sondern
die Werkstatt des Kupferschmids ꝛc. Am
gewöhnlichsten versteht man unter Schmiede die
Werkstatt eines Huf= oder Grobschmids; s. Th.
25, S. 574 u. f.; Hammerwerk, Th. 21, S.
351, und unter Werkstatt, in W. Vor die
rechte Schmiede gehen, figürlich, im gemeinen
Leben, an den rechten Ort, zu dem rechten Manne.
Nach dem Adelung in der Schweiz die Schmit=
ten, im Niedersächsischen Smede, im Angelsächsi=
schen Smiththe, im Englischen Smidy, Smithy, im
Schwedischen Smidja. Opitz scheint es von einem
Hammer zu gebrauchen.

Ob die Schmiedewerkzeuge, wenn nämlich eine
Schmiede auf einem Rittergute gebauet und das
Handwerkzeug von dem letzten Besitzer angeschafft
worden, besonders aber der Blasebalg und die Am=
boße zu dem Lehen gehören, hierüber sind die Mei=
nungen der Rechtslehrer sehr getheilt. Einige hal=
ten dafür, daß die Bälge und Amboße der Schmiede
zugehörige Stücke wären, und daher eben so, wie die
Betten im Wirthshause bei derselben bleiben müs=
sen. Sie glauben hierzu einen Grund in dem Lege
17, §. 2. in fin. ff. de instr. zu finden, indem darin

ausdrücklich festgesetzt wird, daß bei dem Vermächt-
niß einer Badstube auch zugleich der Bader mit
überlassen werden müsse, mit der beigefügten Ursache,
weil die Badstube ohne Bader nicht gebraucht werden könnte. Da nun eine Schmiede ohne Blasebalg und Amboß eben so unbrauchbar, als eine
Badstube ohne Bader ist, so haben sie von dieser
auf jene einen Schluß zu machen keinen Anstand
genommen. Andere berufen sich dagegen auf die
Worte des Legis 17. ff. de act. emt. quia haec
instrumenti magis sunt, quam aedificio adhae-
rent, woselbst die Weingefäße und Weinpressen, ob
sie gleich in dem Gebäude befestiget sind, dennoch
nur für Beylaßstücke gehalten, und nicht als Zubehörungen des Gutes angesehen werden. Ihrer
Meinung nach können die Schmiedewerkzeuge, besonders die Blasebälge und Amboße, keinen andern
Platz, als unter den Beilaßstücken erhalten. Beide
Meinungen haben kein ausdrückliches und bestimmtes Gesetz für sich, sondern beruhen nur auf Argu-
menta Legis, und diese Art zu schließen ist den
Rechtslehrern sehr gewöhnlich. Aber diese Art zu
schließen ist sehr zweifelhafte und unsicher, indem es
gemeiniglich an der Aehnlichkeit der Fälle, die sie mit
einander in Vergleichung setzen, mangelt, ohne diese
aber von einer Sache zur andern keine zuverlässige
Folgerung gemacht werden kann. Den meisten
Grund für sich haben wohl diejenigen, welche den
Blasebalg und Amboß für Zubehörungen der
Schmiede halten. Wenn man auf die Ausnahmen,
so die Gesetze oder gesetzmäßigen Rechtslehrer in Ansehung der beweglichen Dinge, ob sie zu den Beilaßstücken oder Zubehörungen gerechnet werden sollen,
mit einer gewissen Aufmerksamkeit Acht hat, so wird
man fast durchgängig wahrnehmen, daß sie solche bewegliche Dinge, ohne welche das Hauptwerk, wozu

sie bestimmt sind, gar nicht gedacht, vielweniger gebraucht werden kann, unter die Zubehörungen zählen. Aus dem eben angeführten Leg. 17. §. 2 do instr. liegt dies offenbar am Tage, und ein jeder, der das Römische Gesetzbuch in seiner Sprache nachschlagen will, wird davon genau unterrichtet werden. Hier kann man daher wohl fragen: Was ist eine Schmiede ohne Blasebalg und Amboß? Denn fehlt es an diesen beiden Stücken, so sind gar keine Unterscheidungszeichen vorhanden, woran man eine Schmiede erkennen kann, und das Gebäude einer Schmiede ist gewöhnlich nicht so eingerichtet, daß es ohne merkliche Veränderungen zu einem andern Gebrauche angewendet werden kann. Von den Betten, Krügen und Bänken in einem Wirthshause läßt sich daher sehr wohl ein richtiger Schluß auf den Blasebalg und Amboß machen, als diese verhältnißmäßig zur Schmiede weit nothwendiger, als jene zum Wirthshause sind; denn in einem von Betten leeren Wirthshause kann man, wie auch sehr oft geschieht, auf dem Strohe schlafen, ohne Blasebalg und Amboß kann man aber niemals schmieden. Der Blasebalg ist auch darum schon als eine Zubehörung der Schmiede anzusehen, und folglich auch des Lehns, als solcher bekanntermaßen in der Esse eingemauert ist, und schon aus diesem Grunde nicht getrennt werden kann.

Ehemals waren die Bauern einer Gemeinde auch verbunden durch Fuhren und Handdienste den Dorfschmieden beizustehen, weil solche zu den öffentlichen Dorfgebäuden gerechnet wurden. Bei den Erbschmieden fällt jedoch dieses weg, welche in neuerer Zeit sehr gebräuchlich geworden sind, indem von diesen das Eigenthum nicht mehr der Gemeine, sondern, dem Schmid, der sie besitzt, zuständig ist. Um einen Fond zu den Bau- und Reparaturkosten zu erhalten, war an vielen Orten der Gebrauch eingeführt, daß von den Laufschmieden und Hirten jährlich ein sogenannter Weinkauf, der von jedem gemeiniglich drei Rthlr. betrug, erlegt werden mußte. Diesen Weinkauf entrichteten nicht bloß die neu anziehenden, sondern auch die schon vorher an dem Orte gewesenen und noch fernerhin in den Diensten der Gemeine verbleibenden Hirten ꝛc.

Schmiedeamboß, s. Th. 57, S. 328 u. Fig. 3481.

Schmiedebalg, der Blasebalg in der Werkstätte eines Grobschmids; s. Blasebalg, Th. 5, S. 560.

Schmiedeesse, die Esse, der Feuerherd mit dem Schornsteine der Schmiede; s. Th. 11, S. 584; unter Kupferschmid, Th. 56, S. 258, und Fig. 3347; und unter Werkstatt, in W.

Schmiedefarbe, wird die Kupferfarbe auf den Kupfer-Hammerwerken genannt. Man gewinnt dreierlei Arten Farbe beim Kupferschmelzen. Die Gelbfarbe, welche zu der Zeit, wenn das Kupfer geschmolzen worden, aus dem Ofen auf den Boden ausspringt, oder auch dasjenige, was, wenn das Kupfer warm ist, zerstreut auf der Erde verschüttet wird. Dann kommt die Schmidfarbe, welche im Schornsteine in dazu aufgesetzten Pfannen, in welchen sich der Rauch verdichtet, gesammelt wird, und die Dachfarbe, welche auf dem Dache gesammelt wird. Alle diese Sorten halten mehr und weniger Kupfer, und werden beim Gahrmachen gesammelt und geschmolzen.

Schmiedehammer, die großen Hämmer, deren sich die Grobschmiede bei ihren Arbeiten bedienen; s. unter Hammer, Th. 21, S. 330.

Schmiedeknecht, im gemeinen Leben ein Name der Gesellen der Grobschmiede. Die Benennung Schmiedeknecht ist ein Beweis von dem hohen Alter dieses Handwerks, indem Knecht vor Alters

eine ganz andere Bedeutung hatte, als die man ihm
jetzt beilegt; f. unter Knecht, Th. 41, S. 273.

Schmiedekohle, Kohlen, welche die Grobschmiede zu
ihren Arbeiten gebrauchen, dergleichen diejenigen
Holzkohlen sind, welche mit Wasser abgelöscht worden, ehe das Feuer die Holzfasern gänzlich zerrissen
oder getrennt hat. Denselben Namen führen auch
die glänzend schwarzen und schwarzbraunen Steinkohlen von einem festen Gewebe, welche auch Pech-
kohlen heißen, und vor andern zur Schmiedearbeit
gebraucht werden; f. unter Kohle, Th. 43.

Schmiedekost, im Bergwerke, das verdungene
Geld, welches dem Bergschmid zur Verfertigung
und Ausbesserung allerlei Bergwerkzeuges gegeben
wird.

Schmidelia, f. den folgenden Artikel.

Schmidelie, Schmidelia, eine Pflanzengattung, welche in die zweite Ordnung der achten Klasse (Octan-
dria Digynia) des Linnéischen Pflanzensystems gehört. Bekannt davon ist die traubenblütige
Schmidelie, Schmidelia racemosa, welche in
Ostindien zu Hause gehört.

Schmiedemeister, der vornehmste Arbeiter auf einem
Stabhammer, welcher auch der Zainer genannt
wird.

Schmieden, ein regelmäßiges thätiges Zeitwort. 1. Eigentlich, einen dehnbaren Körper durch Hammer-
schläge ausdehnen und bearbeiten, in welcher weite-
ren Bedeutung es jetzt nur selten noch vorkommt,
indem es in engerer von der Ausdehnung und Bear-
beitung des glühenden Eisens vermittelst des Hammers am üblichsten ist; f. unter Eisen, Th. 10, S.
618 u. f.; unter Huf- u. Waffenschmid, Th. 25,
S. 574 u. f. — In figürlicher Bedeutung kommt hierunter vor: Sich schmieden lassen. Man muß
das Eisen schmieden, weil es warm ist, man

muß die Umstände zu nutzen suchen, so lange sie noch
am schicklichsten sind. Ingleichen auf solche Art
hervorbringen. Ein Hufeisen schmieden.
Zwei Nägel in einer Hitze schmieden, zwei
Absichten durch ein und eben dasselbe Mittel erreichen.

2. Figürlich. 1. Einen Verbrecher in die
Eisen schmieden, ihn an den Karren, auf
die Galeere schmieden, ihn auf immer mit eisernen Banden belegen, vermittelst derselben auf immer an den Karren, auf die Galeere befestigen.
2. Eine böse Sache zur Wirklichkeit zu bringen suchen, in nachtheiligem Verstande und von gewissen
Veränderungen. Sein eigenes Unglück
schmieden. Einen Krieg schmieden. An-
schläge, welche unsere Feinde zu unserm
Untergange schmieden.

Nach dem Adelung beim Stryker smiten,
im Angelsächsischen smithian, Niedersächsisch sme-
den, im Schwedischen smida. Wachter und
Frisch lassen es von schmeissen, Niders. smiten abstammen, in so fern es ehemals schlagen überhaupt bedeutet hat. Ihre hält solches wegen des
weichen d willen für unwahrscheinlich und leitet es
von smeth, eben, ab, so daß es eigentlich
ebenen bedeuten würde. Nach Adelung haben
aber die Ersteren recht, jedoch so, daß man den Begriff der Schmeidigkeit mit zu Hülfe nehmen muß,
auf welchen das weiche d zu deuten scheint. In
Bayern ist für geschmeidig noch jetzt geschmais-
sig üblich. Die zweite figürliche Bedeutung ist ein
Ueberbleibsel, der schon bei Schmid erwähnten alten Figur, da schmieden ehedem von allen Hand-
werken, besonders künstlicher Art, gebraucht wurde;
denn schon Willeram übersetzt fabricare durch
smiden.

Schmieden, des Bleyes, s. unter Bley, im
Supplement.
—, des Eisens, s. oben, S. 20.
—, des Goldes, s. unter Goldarbeiter, Th. 19.
—, des Kupfers, s. unter Kupfer, Th. 55 u. 56.
—, des Messings, s. unter Messing, Th. 89.
—, des Silbers, s. unter Silber, in S.

Schmiedeschlacke, Schlacken, welche bei den Grobschmieden abgehen, zum Unterschiede von andern.

Schmiedesinter, heißt der Hammerschlag.

Schmiedezange, eine starke eiserne Zange, welche die
Grobschmiede gebrauchen.

Schmiege, ein sich schmiegendes Ding, wo es nur in
zwei Fällen üblich ist. 1. Bei den Werkleuten ist
die Schmiege oder die Schmiegung, ein Winkel sowohl über, als unter 90 Grad, welchen zwei Linien oder Wände machen. — 2. Ein Werkzeug,
solch einen Winkel zu messen, welches in einem beweglichen Winkelmaaße besteht, welches sich vermittelst einer Stellschraube auf- und zuschieben läßt,
und bei den Tischlern, Schlössern und andern
Handwerkern üblich ist. Man nennt es auch das
Schrägenmaaß, der Winkelfasser, Win-
kelpasser; s. Schrägenmaaß.

Schmiegen, ein regelmäßiges thätiges Zeitwort, welches eigentlich mit biegen gleichbedeutend ist, aber
doch eine größere Schmeidigkeit andeutet, als dieses
Zeitwort. Die Werkleute schmiegen eine Wand,
eine Mauer, wenn sie dieselbe nach einem Winkel
unter oder über 90 Grad fortführen. Am üblichsten ist es als ein rückwirkendes Zeitwort, sich
schmiegen, sich biegsam drehen oder winden.
Schmiegt euch gehorsam ihr bunten Ruthen und zerbrecht nicht unter dem Flech-
ten. Geß. Der Hund schmiegt sich vor seinem
Herrn, wenn er sich vor ihm windet, drehet und

erniedriget; daher ſagt man auch figürlich: ſich vor
Jemanden ſchmiegen, demüthigen. Er hat
ſich nicht gewöhnt zu ſchmiegen und zu
biegen, nachzugeben, ſich in alle Zeiten und Um-
ſtände zu ſchicken. Beſonders mit dem Nebenbegriffe des mit der Biegſamkeit verbundenen Drü-
ckens. Sich ſchmiegen, ſich krümmen, ſind hier
gleichbedeutend, und bedeuten: ſich in die Leute ſchicken und vor ihnen demüthigen um durch die Welt
zu kommen. Dieſe Methode um fort zu kommen,
iſt zwar eine Regel der Klugheit, aber nicht Jeder-
manns Sache. Der Weinſtock ſchmiegt ſich
an den Ulmenbaum. Schamhaft an
Chloens Buſen geſchmiegt, Geßn. Ingleich-
en der Verminderung ſeines Umfanges, da denn
der Begriff von ſchmag, ſmeg, klein, mit eintritt.
S. Schmächtig. Sich in einen Winkel
ſchmiegen. Die Decke des Bettes iſt ſo
kurz, daß man ſich darein ſchmiegen muß.
Eſ. 28, 20.

Nach dem Adelung im Niederſächſiſchen ſmi-
gen, im Angelſächſiſchen smugan, kriechen, und im
Schwediſchen smyga, ſchleichen; ohne Ziſchlaut gehört auch das Däniſche myg, ſchmeidig, das
Schwediſche mjuk, weich, odmjuk, demüthig, und
das Isländiſche mykia, biegen, ſchmiegen, hierher.
Im Oberdeutſchen geht dieſes Wort unregelmäßig,
ſo wie biegen; ich ſchmog oder ſchmug, ge-
ſchmogen.

Schmiele, Schmele, Windhalm, Aira Linn.,
eine Grasgattung, welche in die zweite Ordnung der
dritten Klaſſe (Triandria Digynia) des Linnéiſchen
Pflanzenſyſtems gehört und folgende Gattungskennzeichen hat: Der Kelch hat zwei Klappen oder
Balgſpelzen, und iſt zweiblümig, die Corolle zweiklappig, die untere Klappe an der Spitze ausgebiſ-

fen oder vielzähnig, oder zweiborstig, über der Basis
unter der Mitte mit einer gedreheten Granne oder
Borste versehen, die obere innere ist glatt und zwei-
spaltig-gezähnt. Die Narben rauchhaarig.

I. Grannenlose, Muticae.

1) **Wasserschmiele**, Wasserschmele,
Quellgras, süßes Wassergras, Miliz- oder
Milenzgras, Wasserhirse; Aira aquatica,
foliis planis, panicula patente, floribus muticis
laevibus, calyce longioribus. Fl. suec. 66. 68.
Dalib. paris. 26. Gramen aquaticum miliaceum.
Scheuch. gram. 176. Gramen caninum supi-
num paniculatum dulce. Bauh. pin. I. Poa
locustis bifloris glabris. Hall. helv. n. 1471.
Poa rivularis Bernhardi Verzeichniß. Erfurter
Flora. Catabrosia aquatica P. de Beauv.

Die Halme dieser in Europa in Wässern und auf
allen naffen Triften wachsende Grasart, breiten sich
unten auf der Erde aus, steigen aber nach oben zu
in die Höhe, bis 1 — 2 Fuß lang, und mit einer
ausgebreiteten, ästigen Rispe gekrümmt, deren Aeste
fast quirlförmig stehen. Die Aehrchen sind eyförmig, stumpf, unbewehrt, die Blätter des Halmes
flach. Man findet dieses Gras, wie schon oben erwähnt worden, auf allen naffen Triften, wo sich
kalte Quellen und kleine Bäche finden, in dem
schwammigsten, fettesten und salzigsten Boden, wo
es oft eine Höhe von 2 bis 2½ Fuß erreicht, und
doch süß und saftreich ist; steht dieses Gras aber unter dem andern dicken Grase, so ist es niedrig und
vergeht, wenn die Wiese durch tiefe Graben ausgetrocknet oder das Wasser von derselben abgeleitet
wird. Dieses Gras schickt sich daher ganz vorzüglich für naffe Wiesen und ausgetrocknete Fischteiche,
und ist ein sehr gutes blätterreiches Schaffutter.

2) **Rohrartige Schmiele oder Schmele,**
Aira arundinacea, panicula oblanga secunda mu-
tica imbricata, foliis planis. Linn. Spec. plant. p. 95.
Gramen orientale paniculatum, portulacae semine.
Tournef. cor. 39. Diese im Morgenlande zu Hause
gehörige Grasart, hat einen aufrechten Halm, mit
glatten, ebenen, gestreiften Blättern, und trägt eine
längliche, einseitige, unbewehrte Aehre, deren Kelchklappen ungleich sind. Die Blütezeit ist der Julius.

3) **Schwingelartige Schmiele oder
Schmele,** Aira festucoides. Vill. Diese in Frank-
reich einheimische Grasart hat fadenförmige dünne
Halmblätter, eine aufrechte Rispe und gefärbte
Blümchen.

4) **Niedrige Schmiele oder Schmele,**
Aira humilis. M. de Bieberst., die am Kauka-
sus zu Hause gehört. Sie hat eine ausgebreitete
Rispe, unbewehrte Blümchen, die doppelt länger,
als die Kelche sind, und abgestutzte, an der Spitze
häutige, gezähnelte Klappen.

5) **Glänzende Schmiele oder Schmele,**
Aira nitida. Spreng., soll nach Dietrich's Vermuthung zur Gattung Koeleria gehören. Müh-
lenberg fand sie in Pensylvanien. Diese Schmiele ist
unbewehrt, mit zusammengezogener walzenförmiger
Rispe, abgestutzten Kelchklappen, und abwechselnden,
gestielten Blümchen mit durchsichtigen Klappen. Die
Blätter des Halms sind 1 Zoll lang und filzig.

6) **Blasse Schmiele oder Schmele,** Aira
pallescens. Kitaibel. Der Halm dieser Grasart
ist aufrecht und mit langgespitzten glatten Blättern
besetzt. Die Rispe ist zusammengezogen und schlaff,
fast dreiblümig, hat keilförmig-umgekehrt-eyförmige
Aehrchen, und unbewehrte, stumpfe Klappen, davon
die untern mit den Kelchklappen gleiche Länge haben.
Das Vaterland ist Ungarn.

7) **Purpurrothe Schmiele oder Schmele,** Aira purpurea. Walt. Diese Schmiele hat einen aufrechten Halm, pfriemen-borstenförmige Blätter, eine Rispe, deren Aestchen zerstreut stehen, und purpurrothe Blümchen, mit abwechselnden, ungetheilten, federartigen Klappen.

8) **Borstenblättrige Schmiele oder Schmele,** Aira setacea. Retz. Der Halm derselben ist mit borstenförmigen Blättern besetzt, und trägt eine ausgebreitete Rispe. Die Kronenklappen sind an der Basis behaart; die untere ist unbewehrt, die obere mit einer kurzen Granne versehen.

9) **Haarförmige Schmiele oder Schmele,** Aira capillacea. Lam. Illustr. No. 29. Die Halme sind ungefähr 8 Zoll hoch, dünn, fadenförmig; jeder trägt eine große, schlaffe, purpurrothe Rispe, deren Aestchen haarförmig und einährig sind. Die Blümchen sind unbewehrt, länger, als die Kelchklappen, und die Kronklappen vertieft, gespitzt. Das Vaterland ist Virginien und Karolina, wo es auf Hügeln wächst. Es ist perennirend und vermehrt sich daher durch Wurzelsprossen.

II. Begrannte, Aristatae.

10) **Zweifelhafte Schmiele oder Schmele,** Aira ambigua. Michaux. Deschampsia ambigua. P. de Beauv. Diese in Nordamerika wildwachsende Schmiele hat fast borstenförmige Halmblätter, eine große pyramidenförmige Rispe, und gelblichte Kelchklappen. Die Kronklappen sind über der Basis mit sehr kurzen Grannen versehen. Es soll nach Dietrich eine Varietät von der Rasenschmiele, Aira cespitosa, Linn. seyn.

11) **Schwarzpurpurrothe Schmiele oder Schmele,** Aira atropurpurea. Wahlenb. Aira

alpina. **Vahl. Fl. Dan. t. 961.** Die Blätter des
Halms sind weich, zart, immer flach. Die Rispe ist
ausgebreitet, arm, mit einfachen, fast quirlförmig gestellten Aesten; die Aehrchen sind schwarz - purpurroth oder violett, 1½ Linie lang, die Kelchklappen
viel kürzer, als die Blümchen, an der Spitze behaart, die obere Kronenklappe auf dem Rücken mit
einer Granne versehen. Das Vaterland ist Lappland, wo es an sumpfigen Orten wächst.

12) Rasenschmiele oder Schmele, glänzende Schmiele, Rabisgras, hohe Acker-
schmiele, Ackerstrausgras, Ackerwind-
halm, Leethardel; Aira cespitosa, foliis planis, panicula patente, petalis basi villosis ari-
statisque, arista recta brevi. Fl. suec. 63, 70.
Gramen segetum, panicula arundinacea. Bauh.
pin. 3. theatr. 35. Scheuch. gram. 244. Gramen pratense paniculatum. T. Vaill. paris. 26.
Gramen agrorum. Moris. hist. 3. s. 8. t. 5. f.
17. Avena diantha. Hall. Helv. n. 1487. Deschampsia cespitosa. P. de Beauv. Engl. Turfy
Hair Gras.

Aus der zaserigen Wurzel dieses perennirenden
Grases erheben sich mehrere aufrechte, zweiknotige,
3 bis 4 Fuß hohe, steife Halme, die mit einer großen, fast über einen Fuß langen, ausgebreiteten,
flattrigen Rispe gekrönt sind. Die Blüten sind
fast so lang, als die Kelchklappen, und die Blätter
des Halmes flach, unten glatt, oben mit scharfen, sä-
genartigen, erhabenen Rippen versehen, wovon sich
gewöhnlich 5 — 7 auf jedem Blatte befinden. Die
Wurzelblätter sind schmal, lang, gleich breit, und in
ihrer Jugend am Rande mehr oder weniger eingerollt. Sie wächst an schattigen Orten in Gräben,
auf feuchten Wiesen und in Wäldern in Deutschland. Ueberhaupt auch in ganz Europa auf bebaue-

ten fruchtbaren Wiesen. In naffen Frühjahren i
wächft diefes Gras befonders das Getreide, legt
mit folchem bei ftarkem Regen nieder, fteht n
wieder auf, und macht, daß wenig Korn in fold
Lagergetreide gefunden wird. Diefes Gras n
von allem Vieh gern gefreffen, befonders aber i
den Schafen, und ift daher zum Anbau fehr zu i
pfehlen.

13) Zierliche Schmiele, lieblii
Schmiele oder Schmele; Aira elegans, fo
setaceis, flosculis utroque sessili, altero su]
riore aristato, altero inferiore mutico, glu
exteriori bimucronata. Willd. inedit. test. Ga
Agr. 1. p. 130. Aira capillaris. Host. gr
aust. 4. t. 35.

Diefe Grasart gleicht der nelkenartig
Schmiele, unterfcheidet fich aber durch die Sta
und andere Merkmale. Der Halm ift 1 Fuß h
und darüber, und mit borftenförmigen Blättern
fetzt. Die äußeren Kelchklappen find mit zwei D
kronen verfehen. Man findet diefe Schmiele in
Schweiz im Sandboden, auf Feldern, in Tyr
Dalmatien und an andern Orten.

14) Flitterfchmiele oder Schmele, geb
gene Schmiele, Silberbocksbart, Buf
gras, Waldgras; Aira flexuosa, foliis set
ceis, culmis subnudis, panicula divaricata, p
dunculis flexuosis. Fl. suec. 64, 71. Aira pa
cula rara, calycibus albis. Fl. lapp. 28. Gr
men alpinum nemorosum paniculatum. Scheuc
gram. 218. t. 6. f. 1. Gramen nemorosum. M
ris. hist. 3, p. 300. Aira montana. Huds.

Aus der Wurzel diefer Schmiele kommen mehre
faft glatte, aufrechte Halme, die mit borftenartig
Blättern befetzt find, und eine eyförmige, ausg
fperrte, dreitheilige Rifpe tragen, deren Aefte na

verschiedenen Richtungen gebogen sind. Die Aehrchen sind lanzettförmig, etwas zusammengedrückt, zugespitzt, glänzend und rauh. Die Kelchklappen ungleich, lanzettförmig, etwas kürzer, als die Blüten, oft aber auch länger, welches von dem Standorte der Pflanze abhängt; jede Spelze ist unten auf dem Rücken mit einer gebogenen Granne versehen. Die äußere Spelze, welche mit kurzen Haaren bekränzt ist, hat eine ähnliche Bildung und Farbe. Diese Art wächst in Amerika und Europa, besonders in Deutschland, in grobsandigen, steinigen Gegenden, auf Bergen, in Wäldern und auf lichten Plätzen, wo sie gewöhnlich im Julius blüht. Es wird vom Vieh, besonders aber von den Schafen sehr gern gefressen, und verdient in dieser Rücksicht angebauet zu werden. Man hat von dieser Grasart vier Varietäten.

15) Alpenschmiele oder Schmele, weißes Strausgras, Aira alpina, foliis subulatis, panicula densa, flosculi basi, pilosis aristatis, arista brevi. Fl. suec. 69. 73. Gramen avenaceum capillaceum. Scheuch. gram. 222. Deschampsia alpina. P. de Beauv.

Der Halm ist aufrecht, gebogen und mit pfriemenförmigen Blättern besetzt, und trägt eine eyförmige, etwas zusammengezogene Rispe. Die Bälge sind mit Haaren umgeben, und die Spelzen enthalten kurze Grannen. Das Vaterland sind die Alpen in Lappland und Deutschland. Es blüht im Sommer, und ist als Futtergras zum Anbau zu empfehlen.

16) Bergschmiele oder Schmele, Aira montana, foliis setaceis, panicula angustata, flosculis basi pilosis aristatis, arista tortili longiore. Fl. suec. 68, 72. Aira panicula rara, calycibus fuscis. Fl. lap. 49. Gramen avenaceum

capillaceum. Bauh. pin. 10. Gramen avenaceum paniculatum alpinum. Scheuch. gram. 210.

Der Halm dieses perennirenden Grases steht aufrecht, wird selten über 2 Fuß hoch, und trägt eine länglichte, eyförmige Rispe, die sich in eine Spitze endiget; die Bälge sind haarig, und die Spelzen sind mit einer langen, gewundenen Granne versehen. Diese Art blüht gewöhnlich im Junius und Julius, und ist ein sehr zu empfehlendes Futtergras, welches auch in England häufig dazu benutzt wird. Auch in Norwegen soll dieses Gras für eines der besten Futtergewächse gehalten werden, weil es nahrhaft ist, und spät im Jahre grün bleibt. Das Vaterland dieses Grases sind die Alpen in Europa; und da es nur auf Höhen wächst oder angetroffen wird, so ist es besonders ein gutes Schaffutter.

17) Chinesische Schmiele oder Schmele, Aira chinensis. Retz. Der Halm dieses einjährigen, mit borstenförmigen Blättern bekleideten Grases, trägt eine lange, aufrechte Rispe, deren Spelzen begrannt, und die Bälge mit feinen Haaren bekleidet sind. Das Vaterland ist China.

18) Graue Schmiele oder Schmele, grauer Bocksbart, Silbergras; Aira canescens, foliis setaceis; summo spathaceo paniculam inferne obvolvente. Roy. lugdb. 60. Fl. suec. 73. 74. Dalib. paris. 25. Gramen foliis junceis, radice jubata. Bauh. pin. 5. Scheuch. gram. 243. Gramen sparteum variegatum. Bauh. pin. 5. Avena diantha, foliis setaceis. Hall. Helv. n. 1483. Corynephorus canescens. P. de Beauv.

Die Wurzel dieses in Südeuropa auf sandigen Aeckern wachsenden Grases ist jährig. Die Halme stehen zahlreich bei einander, und bilden mit den borstenartigen Blättern, von welchen das obere schei

denartig ift, dichte rafenartige Büfche. Die Rispe
hat in den erften Stufen ihrer Ausbildung ein äh-
renartiges Ansehen; im Alter breiten fich aber die
Aefte mehr aus. Die fchönen purpurrothen, mit
grün vermifchten Kelchklappen find von gleicher
Länge, und die Spelzen glatt, nur unten ein wenig
haarig. Diefe Art unterfcheidet fich überhaupt fehr
gut durch die graue glänzende Farbe, und ift ein gutes Biehfutter, befonders wird es von den Schafen
fehr gern gefreffen.

19) Nelkenartige Schmiele oder Schmele,
Nägelein, Silberhaarfchmiele; Aira caryophyllea, foliis setaceis, panicula divaricata, floribus aristatis distantibus. Linn. Species plan-
tarum. Tom. 1. p. 97. Gramen phalaroides,
sparsa panicula, minimum angustifolium. Barr.
rar. 1218. t. 44. f. 1. Gramen paniculatum, locustis purpureo argenteis, annuum. Raj. angl.
3. p. 407. Moris. hist. 3. p. 200. s. 8. t. 5. f.
11. Caryophyllus arvensis glaber minimus. Bauh.
prodr. p. 105. Engl. Silver leav'd Hair Grass.

Die Halme diefes Grafes, welches in England,
Frankreich und Deutfchland in dürrem Boden, auf
Sandfchollen zc. wächft, werden felten 8 bis 10 Zoll
hoch, ftehen aufrecht, und find mit borftenartigen Blättern befetzt, deren Blattfcheiden rauh und geftreift
find; das Blatthäutchen ift länglich, fehr fein gekerbt und zugefpitzt, die borftenähnlichen, glatten
Wurzelblätter find kaum über einen Zoll lang; die
auseinander gefperrte Rispe befteht immer aus Paar-
weife ftehenden langen Armen, die fich in lange Ne-
benäfte vertheilen, welche vor dem Aufblühen zufam-
mengezogen find. Die Bälge find weiß und purpurroth geflectt, glänzend und abftehend; das obere
Blütchen ift allemal geftielt, und fteht von dem
untern etwas ab. Diefes Gras blüht im Mai und

Junius, und wird von den Engländern zu den Futtergräsern gezählt.

19) **Dreiblüthige Schmiele oder Schmele,** Aira triflora. Lagasca. Aus der faserigen Wurzel erheben sich 3 bis 8 Zoll lange, aufsteigende Halme, die mit borstenförmigen, steifen Blättern besetzt sind. Die an der Wurzel stehenden Blätter sind nur 1 bis 2 Zoll lang, zusammengefaltet eingerollt. Die Rispe ist etwas ausgebreitet, mit dreiblütigen Aehrchen, deren Blümchen kürzer, als die Kelche sind.

20) **Bunte Schmiele oder Schmele,** Aira versicolor Roem. et Schult. Die Wurzelblätter sind 2 bis 3 Zoll lang, borstenförmig, die Halme eine Spanne lang und darüber, rund, mit 3 bis 4 schlaffen, glatten Scheiden und linienförmigen Blättern besetzt. Die Rispe ist fast zusammengezogen, mit haarförmigen Aesten. Die Kelchklappen sind ungleich, auf dem Rücken scharf, die Kronklappen ungleich, lanzettförmig, die äußere ist größer, als die innere, an der Basis behaart, in der Mitte braun, am Rande häutig, und mit einer Granne versehen.

21) **Hartliche Schmiele oder Schmele,** Aira duriuscula. Poiret. Aus der Wurzel kommen viele 3 bis 6 Zoll hohe dünne Halme, die mit wenigen pfriemenförmig = eingerollten Blättern besetzt sind. Die Rispe ist kurz, ausgebreitet, und die Aestchen tragen einzelne, zusammengedrückte, an der Basis purpurrothe Aehrchen. Die Kelchklappen sind gleich, lanzettförmig, gespitzt, die Blümchen stiellos, so lang, als die Kelche, an der Basis behaart; die Granne ist länger, als die Kronenklappe, der Same oval und schwarz.

Außer diesen hier angeführten Schmielen oder Schmelen giebt es noch einige andere Arten, die aber hier, um nicht weitläuftig zu werden, übergangen werden müssen. Auch sind einige Arten, die Linné

in seiner Spec. plant. anführt, von andern Bota=
nikern andern Grasgeschlechtern oder Familien ein=
verleibt worden, so z. B. gehört die Indische
Schmiele, Aira indica Linn., zu dem Hirsege=
schlechte, Panicum, die büschelförmige
Schmiele, Aira cristata Linn., zu der Koelerie,
Koeleria, und ist Koeleria glauca; die frühzei=
tige Schmiele, Aira praecox Linn., zu dem
frühzeitigen Hafer, Avena praecox ꝛc. ꝛc.
Man kann alle diese Gräser in botanischen Gärten
erziehen und fortpflanzen, indem man sie wie die
übrigen schon in der Encyklopädie abgehandelten
Gräser kultivirt. Zum ökonomischen Gebrauche sind
sie nach Dietrich fast alle geeignet, nur muß der
Oekonom bei Anpflanzung derselben auf den Stand=
ort und das Erdreich, in welchem sie in ihrer Wild=
niß häufig vorkommen, Rücksicht nehmen, und ihre
Größe und ihren Wuchs gegen diejenigen Futter=
pflanzen, mit welchen sie in der Aussaat gemischt
werden, gut zu berechnen verstehen.

Oekonomische Nachrichten der patriotischen Gesellschaft
  in Schlesien vom Jahre 1777, S. 340 u. f.
Oekonomische Nachrichten, 15, S. 230.
Hube, Landwirth, I. 184.
Handbuch der Landwirthschaft für alle Stände ꝛc. 1r
  Bd. Berlin, 1796. S. 434 u. f.
Beckmann's Grundsätze der Deutschen Landwirthschaft,
  4te Aufl. Göttingen, 1790, S. 162, 163.
Stuttgarder Auszüge VI, 172, 193. — Schreber's Samm=
  lungen VI, 376; XI, 208, 213.
Dietrich's Lexicon der Gärtnerei und Botanik, 1r Th.,
  2te Auflage, Berlin, 1820, S. 209 u. f.

Schmiele (Acker=), s. Schmiele (Rasen=).
— (Alpen=), Aira alpina, Linn., s. oben, S. 29.
— (Berg=), Aira montana, Linn., s. daselbst.
— (blasse), Aira pallescens, Kitaibel, s. daselbst,
  S. 25.

Oec. techn. Enc. Theil CXLVII.   C

Schmiele (borstenblättrige), Aira setacea, Retz,
f. oben, S. 26.
— (bunte), Aira versicolor, Roem. et Schult., f.
daselbst, S. 32.
— (büschelförmige), Aira cristata Linn., f. daf.,
S. 33.
— (Chinesische), Aira chinensis, f. daf., S. 30.
— (dreiblüthige), Aira triflora, Lagasca, f. daf.,
S. 32.
— (Flitter-), f. Schmiele, (gebogene).
— (frühzeitige), Aira praecox, f. oben, S. 33.
— (gebogene), Flitterschmiele, Aira flexuosa,
Linn., f. daf., S. 28.
— (glänzende), Aira nitida, Spreng., f. daf.,
S. 25.
— (graue), Aira canescens, Linn., f. daf., S. 30.
— (härtliche), Aira duriuscula, Poiret, f. daf.,
S. 32.
— (Indische), Aira Indica, Linn., f. daf., S. 33.
— (liebliche), zierliche Schmiele, Aira elegans,
Willd., f. daf., S. 28.
— (nelkenartige), Silberhaarschmiele, Aira
caryophyllea, Linn., f. daf., S. 31.
— (niedrige), Aira humilis, M. de Bieberst, f.
daf., S. 25.
— (purpurrothe), Aira purpurea, Walt., f. daf.,
S. 26.
— (Rasen-), glänzende Schmiele, Acker-
schmiele, Aira cespitosa, Linn., f. daf., S. 27.
— (rohrartige), Aira arundinacea, L., f. daf., S. 25.
— (schwarzpurpurrothe), Aira atropurpurea,
Wahl., f. daf., S. 26.
— (schwingelartige), Aira festucoides, Vill., f.
daf., S. 25.
— (Silberhaar-), f. Schmiele (nelkenartige).
— (Wasser-), Aira aquatica, Linn., f. oben, S. 24.

Schmiele (zierliche), s. Schmiele (liebliche).
— (zweifelhafte), Aira ambigua, Mich., s. oben,
S. 26.

Schmier, ein schmieriger Körper, womit man schmiert.
Es ist nur in der Zusammensetzung Wagen-
schmier üblich, für Schmeer oder Schmiere.

Schmieralien, ein von dem Zeitworte schmieren
nach Art der Lateinischen Wörter gebildetes Hauptwort. 1. Von schmieren, schlecht schreiben, sind
Schmieralien, ein schlechtes, elendes Geschreibe,
und die auf solche Art beschriebenen Papiere, also ein
Geschriebenes ohne Werth. 2. Von schmieren,
bestechen, werden auch Geschenke, womit man den
Richter schmiert oder besticht, zuweilen im Scherze
Schmieralien genannt.

Schmierbuch, Schmadderbuch, Klabbe, bei den
Kaufleuten, s. Klabbe, Th. 39, S. 303, und
Memorial, Th. 88, S. 323. In den Schulen,
Gymnasten, das Tagebuch, Diarium, Fr.Brouillon.

Schmierbüchse, im Fuhrwesen, die hölzerne
Büchse mit einem Deckel, worin sich das Wagen-
schmier befindet, und welche auf der Reise unten an
den Wagen vermöge eines um die Büchse gezogenen
und befestigten Strickes gehängt wird. Sie heißt auch
noch der Schmiereimer, die Schmiermeste,
das Schmierfaß, die Theerbutte.

Schmiere, im gemeinen Leben, ein halb flüssiger und
halb fester fettiger Körper, um einen andern damit zu
schmieren oder zu beschmieren. Eigentlich gebraucht
man es hier nur von der Wagenschmiere und
Schuhschmiere, s. diese Artikel; die Letztere,
auch Lederschmiere genannt; s. Th. 68, S. 674
u. f.; uneigentlich aber von andern ähnlichen Körpern; z. B. von der Salbe, welche aber nicht so
flüssig und fettig ist, als die eigentliche Schmiere.
Zwischen der Schmiere und Salbe steht die Pom-

C 2

made in Ansehung ihrer Consistenz in der Mitte, und
dann folgt das Pflaster, als das festeste und dickste.
So nennt man die Salbe, womit die Schäfer die räudigen Schafe schmieren, nur die Schmiere, daher
Schmierschaf, Schmiervieh ꝛc.—Auch
schmierige Unreinigkeiten, fetter klebriger Schmutz
wird im gemeinen Leben Schmiere genannt; daher
der Ausdruck voller Schmiere seyn. Nach
dem Adelung in Schwaben Schmirbi, von
schmirben, schmieren, in Bayern Schmitze.
Schmeer, Schmier und Schmiere sind nur im
Gebrauch verschieden.

Schmiereimer, s. Schmierbüchse.

Schmieren, regelmäßiges thätiges Zeitwort. 1. Eigentlich, einen halb festen und halb flüssigen Körper
auf einen festeren ausdehnen oder streichen. Jesus
schmierete den Koth auf des Blinden Auge,
Joh. 9, 6. u. f. Einem Kinde den Brey in
den Mund schmieren. Figürlich sagt man in
den niedrigern Sprecharten Einem etwas in das
Maul schmieren, es ihm wegen seiner Unfähigkeit
sehr deutlich und begreiflich machen. Besonders von
einem dicklichen fetten Körper, welcher die Consistenz
einer Salbe oder Schmiere hat. Butter auf das
Brod schmieren. Sehr häufig wird es mit der
vierten Endung desjenigen Körpers gebraucht, auf
welchem der weiche ausgedehnt wird, mit Verschwei-
gung des letztern, da es denn nicht allein von Salben, Schmieren und andern dicklichen flüssigen Dingen, sondern auch von noch flüssigeren, z. B. Oelen
gebraucht wird. Ihr Fürsten schmieret den
Schild, Es. 21. 5. Den Wagen, die Achse
schmieren. Wer gut schmiert, der gut
fährt. Die Schuhe, die Stiefeln, das Leder schmieren. Ein Schloß schmieren.
Ein Gefäß schmieren, den Ofen schmieren.

die Ritzen mit Lehm oder mit einem andern weichen Körper ausstreichen. Jemanden das Maul schmieren, in den niedrigen Sprecharten, ihm an= angenehme Hoffnungen machen, ohne sie zu erfüllen. Die Gurgel schmieren, auch nur in der niedri= gen Sprechart, wacker trinken. Die räudigen Schafe schmieren. In der Schifffahrt heißt schmieren den Rumpf und die Mästen eines Schiffes mit einer gewissen Komposition bestreichen, um sie gegen Fäulniß zu verwahren. Die Seiten des Schiffes werden gewöhnlich mit Theer, Terpentin, Harz, Thran und Ocher überstrichen, damit die Son= nenhitze und der Wind sie nicht aufreißen kann, so auch die untern Mästen. Die Stengen, Bramstengen und auch die Masten der kleinern Fahrzeuge überzieht man mit Thran oder Schmalz, damit die niederzulassenden Segel um so besser daran gleiten.

Da dieses Wort den schmutzigen Nebenbegriff des Unreinlichen, Fettigen zc. bei sich hat, so wird es von Dingen, welche auch im gesitteten Leben vor= kommen, in der anständigeren Sprechart gern ver= mieden, und dafür das Zeitwort streichen gebraucht. Butter auf Brod streichen, Salbe auf Le= der, Leinewand zc. streichen. Nur in den Fällen, nach Adelung, wo es die vierte Endung des Körpers, welcher bestrichen wird, bei sich hat, muß man es behalten, welche Fälle aber größten= theils in das gemeine Leben gehören. Von Sal= ben und andern reinen und wohlriechenden Arten von Schmieren, als Pommaden, braucht man das Zeitwort salben. Dieses gilt auch von den folgen= den figürlichen Bedeutungen, welche sämmtlich in die gemeine und niedrige Sprechart gehören.

2) Figürlich. (1) Mit einem dicklichen flüssigen Körper unreinlich, sudelhaft umgehen, am häufigsten in dem Zusammengesetzten sich beschmieren, für

beſudeln. (2) Schlecht und ſudelhaft ſchreiben und malen, eine Fortſetzung der vorigen Figur; im Hochdeutſchen auch ſchmadern, im Bayerſchen gläuen, im Niederſächſiſchen kleyen, gnideln. Das iſt nicht gemalt, ſondern geſchmiert. Etwas in ein Buch ſchmieren. Allerlei zuſammen ſchmieren, wo es nicht bloß von ſchlechten, in der Eil gemachten Zügen, ſondern auch von gemeinen alltäglichen auf eine nachläßige und flüchtige Art vorgetragenen Sachen gebraucht wird. — (3) Den Wein ſchmieren, ihm mit ſchädlichen Dingen eine höhere Farbe oder einen angenehmeren Geſchmack geben; daher der Ausdruck ein geſchmierter Wein; ſ. unter Wein. — (4) Jemanden die Hände ſchmieren, einen Richter, einen Advokaten ſchmieren, ſie beſtechen. Adelung glaubt, daß dieſe Figur von dem Schmieren eines Wagens entlehnt ſei, zumal da man den Satz, wer gut ſchmiert, der gut fährt, auch auf dieſen Fall anzuwenden pflegt. Sich ſchmieren laſſen, beſtechen. — (5) Jemanden den Buckel ſchmieren, ihn prügeln, wofür man auch nur ſchlechthin ſagt: ihn ſchmieren oder abſchmieren. — (6) Im Niederſächſiſchen iſt ſchmieren, auch ſchmeicheln, nach dem Munde reden. Gut ſchmieren können. Daher eine ſolche Perſon auch eine Schmiertaſche heißt. Bei den Schwäbiſchen Dichtern kommt es in einer dem Anſcheine nach verwandten Bedeutung vor. Nach dem Adelung bei dem Notker, der es aber ſehr uneigentlich für mäſten gebraucht, ſmiran, in Schwaben ſchmirben, im Niederſächſiſchen ſmeren, im Angelſächſiſchen, ſmeran, ſmyran, im Engliſchen ſmear, im Schwediſchen ſmörja, im Isländiſchen ſmyria, im Irländiſchen ſmearam, im Polniſchen

smarowac. Der Begriff des glatten, dicklich weichen, soll der herrschende seyn. S. auch Schmeer.
Schmierer, in der Landwirthschaft, diejenigen
Schäfer, welche mit Schmiervieh umgehen, im Ge-
gensaß derjenigen, welche mit reinem Vieh zu thun
haben. Letztere nennen daher Erstere Schmierer.
In der zweiten figürlichen Bedeutung des Zeitwortes in der niederen Sprechart und im verächtlichen
Verstande sagt man es von einer Person, welche
eine schlechte nachläßige Hand schreibt, ingleichen
von einem Schriftsteller, welcher alltägliche Sachen
ohne Wahl und Geschmack schreibt.
Schmiererey, eine schmierige unreine Behandlungs-
art, ingleichen eine schmierige besudelnde Arbeit.
Auch in der zweiten figürlichen Bedeutung des Zeitwortes, ein schlechtes flüchtiges Geschreibe, und eine
schlechte ohne Wahl und Geschmack zusammengetra-
gene Schrift.
Schmierfaß, s. Schmierbüchse.
Schmierig, einen halb festen und halb flüssigen Körper, er sei nun fett oder nicht, enthaltend, demselben
ähnlich, damit überzogen oder besudelt ꝛc. Ein
schmieriger Körper. Ein Ding ist schmierig, wenn es mit einem dicklich flüssigen Körper
überzogen oder beschmutzt ist. Sich schmierig
machen. Eine schmierige Arbeit, wobei man
sich schmierig macht; da es denn im gemeinen Leben auch für schmutzig, unrein, von einem dicklich
flüssigen Schmutze gebraucht wird.
Schmierinß, Gelbbein, Gelbfüßel, Glareola III,
Schwenkfeld et Klein, in einigen Gegenden ein
Name einer Art Sand- oder Strandläufer mit gelben Füßen; s. Strandläufer.
Schmierkäse, in der Landwirthschaft, geronnene
Milch, welche in weichem Zustande aufbehalten
wird, um sie auf das Brod zu schmieren, und wel-

cher Käse auch Quark, Käsebutter genannt
wird; s. auch unter Quark und Käse. Auch in
der Stadtwirthschaft, bei den Victualienhänd-
lern, eine Art eingelegter Kuhkäse, welche, wenn sie
aus der Sauce kommen, von einander fließen und
eine schmierige Beschaffenheit haben.

Schmierleder, Schmeerleder, s. unter Juchten,
Th. 31, S. 267 u. f.; und unter Leder, Th. 68, S.
627.

Schmierlein, eine Benennung, die in einigen Gegenden die Schmerle oder der Wetterfisch, Cobi-
tis fossilis, wegen seines mit zähen Schleime bedeckten Körpers führt. Auch der Gründling führt zuweilen diesen Namen. — Auch eine Benennung des
kleinen Falken, Falco aesalon, Fr. L'Emeril-
lon; s. unter Falk, Th. 12, S. 135.

Schmiermeste, s. Schmierbüchse.

Schmierofen, bei den Pechlern oder Pechhauern,
der viereckige aus Lehm bestehende Ofen, worin das
Harz geläutert und zu Pech gemacht oder bereitet
wird; der Pechofen; s. diesen, Th. 104, S.

Schmiete, in der See fahrt, eine Art Seile, welche an die untern Enden des Schönfahr- und Jockfegels angeheftet sind, und welche dienen, die Segel nach vorne auszuziehen. Man nennt sie auch Halsen oder Halßen; s. unter Seil.

Schminkbaum, Afrikanischer Schminkbaum, Albenna, eine von vielen älteren Schriftstellern angeführte Pflanzengattung, welche in Amerika zu Hause gehört, und wahrscheinlich mit der Lawsonischen Pflanze, Lawsonia Linn., Th. 66, S. 577 u. f. verwandt ist. Nach der Beschreibung ist dieser sogenannte Schminkbaum staudenartig, hat der Myrthe ähnliche Blätter, eine fünfblättrige, zirkelförmige Blüte, und eine einfache Fruchthülse mit kleinen Samen. Aus den Blättern bereitet man einen schönen rothen Saft, womit sich das Frauenzimmer in Amerika die Nägel schön roth färbt, und welchen man auch noch zu andern Bedürfnissen gebraucht.

Schminkbeere, Erdbeermelde, Blitum Linn., s. Meier, Th. 87, S. 610, Nr. 4.

Schminkbohne, Welsche Bohne, s. unter Bohne, Th. 6, S. 110 u. f.

Schminkbüchse, eine Büchse, in welcher die Schminke verwahrt wird; s. unter Schminke.

Schminkdose, Ostrea striatula, eine Art Conchylie, s. unter Muschel, Th. 98, S. 309.

Schminke, Cosmeticum, Fucus; Fr. Cosmétique, Fard, ein dicklich flüssiger, oder auch ein trockner fein gepulverter Körper, gewisse Theile des Leibes, vorzüglich aber das Gesicht damit zu bestreichen oder zu färben, um den Teint desselben zu erhöhen; daher man auch rothe und weiße Schminke hat. Die Kunst des Schminkens ist schon sehr alt; denn in der Bibel wird ihrer schon erwähnt. Als Jehu, der neu gesalbte König von Israel, auf seinen

Siegeszügen auch gegen Jesreel zog, und Joram's
Mutter Isebel seine Ankunft erfuhr, schminkte sie
ihr Angesicht, schmückte ihr Haupt, und kukte zum
Fenster hinaus *). Nach der heiligen Schrift, mit
den Anmerkungen der Englischen Schriftsteller (4r
Th., S. 373, 374), soll Isebel sich einer Art
Spießglas bedient haben, wodurch die Augen schwarz
gefärbt wurden und die Augenlieder anschwollen. Auch
Jeremias, Kap. 4, V. 30, redet von der Kunst
zu schminken, als von einer gewöhnlichen Sache,
womit man dasjenige vergleichen kann, was im
Buche Esther, Kap. 2, V. 12, über das Schminken
der Frauen gesagt worden, welches gleichfalls zum
Beweise dient, daß das Schminken bei den Asiaten
sehr alt ist. Bei den Griechinnen finden wir es
gleichfalls. Aelianus **) sagt von den Griechischen Mädchen, daß sie sich das Gesicht mit Farben
und Schminken bemalt hätten. In den monatli-
chen Unterredungen vom Jahre 1689, S. 505,
wird aus dem Grandi ***) folgende Geschichte erzählt, welche das Schminken der Griechinnen zum
Gegenstande hat. „Auf einem Gastmahle wurde
das Königsspiel gespielt, welches darin besteht, daß
Einer nach dem Andern in der Gesellschaft etwas
befehlen darf. Da nun die Phryne gewahrte, daß
die Frauenzimmer, welche dabei waren, sich geschminkt hatten, befahl sie Wasser herein zu bringen. Sie wusch sich das Gesicht zuerst darin, und
trocknete es mit einem Handtuche ab, und so befahl
sie auch, vermöge ihrer erlangten Würde, daß es die

---

*) 2 Buch der Könige, Kap. 9, V. 30.
**) Lab. 12, 1. Faciem coloribus ac medicamentis pictam
habebant.
***) Grandi medici Diss. de Stibio ejusque usu apud antiquos
in re cosmetica.

andern Damen aus der Gesellschaft thun sollten; sie
mußten gehorchen, und die Gesichter bekamen durch
das Abwaschen der Schminke ein scheusliches Ansehen, dagegen wurde das Gesicht der Befehlshaberin,
welches nicht geschminkt war, noch schöner durch's
Waschen." — In den ältesten Zeiten bediente man
sich zur Schminke des Weids, des Bohnenmehls,
des Safrans und des Antimoniums *). Die Römerinnen zogen im Hause, oder wenn sie zu Hause blieben eine Art Teig oder eine teigige Masse über das
Gesicht, um die Haut zart zu erhalten, wozu sie sich
auch der Eselsmilch bedienten. Poppaea Sa-
bina hielt sich zu diesem Gebrauche 600 Eselinnen;
man nannte daher auch diese Art Schminke Pop-
paeanum **). Nach dem Martial suchten sie
die Weiße des Schnees und die rosigen Lippen durch
Nachahmung noch zu übertreffen***). Nach demselben
Epigrammatisten schnitten diejenigen, welche schlechte
Haare hatten, solche ab, und setzten andere auf, bedienten sich also schon damals einer Art Haar-Touren,
wie man sie jetzt noch hat, ja alte Mannspersonen,
denen die Haare ausgingen, ließen sich die kahle
Platte oder Glatze mit andern bemalen †), wie
man jetzt die Puppenköpfe bemalt. Man gewahrt
hieraus, daß nicht nur die Jüdinnen, sondern auch
die Griechinnen und Römerinnen die Toilette zu
machen meisterhaft verstanden. Ueberhaupt waren
schon frühzeitig die Specereyen und balsamischen
Harze ein Hauptartikel des Handels, und die Kauf-
leute von Sidon und Tyrus wurden durch diesen

*) Wowerus ad Petron. c. 13. Victor. Variar. lection. II, 4.
**) Pituscus I. p. 753.
***) Sit nive candidior.
    Praestanis rubeant aemula labra rosis. Martialis, Epig.
    L. VI. 42.
†) Martial, Epigr. I, VI. 12, 57.

sehr ergiebigen Handel reich. In Athen und Rom
waren die Gewölbe der Parfümeurs sehr besuchte
Orte; auch lernten die Römerinnen von den Athe-
nienserinnen den Gebrauch der rothen und weißen
Schminke. Die Galanterie des Mittelalters kannte
auch schon diese Schönheitsmittel, so wie den Gebrauch der Parfüms. Wahrscheinlich ist diese Mode
aus dem Morgenlande durch die Kreuzzüge zu uns
gekommen, so wie die Schminkpfläsrerchen, die
von den schwarzen Mälern herstammen, welche die
Araber und Perser für eine Schönheit halten.
Denn nach Rom's Zerstörung durch die Vandalen,
Heruler, Rugier 2c., war wohl bei diesen noch wenig kultivirten Völkern, deren Hauptbeschäftigung
nur der Krieg und dann die Jagd und Fischerei
war, an Erhöhung der körperlichen Reize ihrer
Frauen gar nicht zu denken, bei ihnen galt das
klare Flußwasser für die beste Schminke, und die
schönste Deutsche Dirne wusch sich früh am Morgen in des Baches Spiegel, um ihrem Teint eine
natürliche Frische und einen Liebreiz zu geben; also
können die Schminken von dem unterjochten Abend-

fagt in feiner Kallopiftria, S. 3, die Schminken
und Parfüms betreffend. „Man hat endlich entdeckt,
daß ein großer Theil diefer Waaren nur den Fran-
zöfifchen Stempel führten, aber in Deutfchland bereitet wurden, und ift von dem Glauben an ihre
Unfehlbarkeit zurückgekommen. Doch ift ein blin-
des Vertrauen auf folche fchon zubereiteter Schönheitsmittel, feyn fie aus Französifchen oder Deut-
fchen Händen, immer fehr gefährlich; denn die Ge-
winnfucht fcheut fich nicht, fchädliche Ingredienzen
zu wählen, wenn fie die wohlfeilften find.‟

Bei den Heiden, Griechen, Römer ꝛc., fah man
diefe Künfte als vollkommen gleichgültig an, und
wenn man viel that, fo fpottete man darüber. Die
hingegen, und unter ihnen die Kir-
chteten die Sache ganz mit andern
ullian, Cyprian, Auguftin',
us, Clemens Alexandrinus
Zeit fchon heftig dagegen, und
n der Kirchenväter, worin das Schmin-

er ftem Chriftenthume, L. III, p. 427, angeführt;
auch gab es unter den Heiden Völker, welche die

des Kanzlers von Mosheim Sittenlehre, 2.
Th., S. 319, fehen kann. — Bei den Jrokefen
färben fich nur die Krieger oder die in den Krieg
ziehenden Leute das Geficht mit rother oder blauer
Farbe, um dem Feinde, wie fie fagen, den Vortheil
nicht zu gönnen, zu fehen, daß fie vor Furcht oder
Gefahr erblaffen könnten, und um ihre Mitftreiter nicht
verzagt zu machen; eine Frau aber, die fich bei ihnen fchminkt, wird für unehrlich gehalten. Bei
den Mohamedanerinnen, fowohl in Afien, als
Afrika, fcheint diefe Kunft keinen großen Eingang
gefunden zu haben, wenigftens berichten die neueften

Reisebeschreiber, und besonders Ali Bey el Abassi, oder wie sein wahrer Name als Spanier ist, Don Domingo Badia y Leblich in seinen Reisen in Afrika und Asien in den Jahren 1803—1807 [*]) nichts davon, obgleich er am meisten hierüber hätte Beobachtungen machen können, da er als ein vornehmer Türke reisete, und auch Manches über das Verhältniß der Frauen bei den Mohamebanern, ihre Tracht rc. angeführt hat. Nur das Haar sollen sich die Afrikanischen Frauen, und so auch die Griechinnen auf der Insel Cypern gelb färben. Der eben genannte Schriftsteller sagt, daß diese Farbe in einem Pulver bestehe, welches die Griechinnen von Alexandrien erhielten. Da es unter den Mohamedanerinnen Sitte ist, sich zu verschleiern, ja das Gesicht ganz mit dicken Tüchern zu verhüllen, so würde diese Kunst der Toilette auch nicht viel nützen. Ihre Toilette besteht mehr in verschiedenen Zierrathen von Silber, Gold rc., womit sie das Haupt und einzelne Theile des Gesichts schmücken. So z. B. tragen die Frauen in Afghanistan, nach Mountstuart Elphinstone [**]), als Schmuck Schnüre von Venetianischen Zechinen um den Kopf, und goldene und silberne Ketten, die über dem Vorkopfe angeheftet sind, rund um den Kopf gehen, und in zwei großen Kugeln endigen, die nahe den Ohren herabhängen. Ohrringe und Ringe werden gleichfalls getragen, so auch Gehänge in dem mittleren Nasenknorpel, welches ehemals Sitte in Persien war, und es noch in Indien und Arabien ist. Indessen wird mit Schminke doch

---

[*] Weimar, 1816, in 2 Abtheilungen.
[**] Geschichte der Englischen Gesandtschaft an den Hof von Kabul im Jahre 1808 rc. Aus dem Englischen übersetzt von J. Rühs. 1r Bd. Weimar, 1817, S. 375.

ein starker Handel nach der Levante, und nach Asien
überhaupt getrieben, und so scheint diese Kunst der
Toilette den Mohamedanerinnen doch nicht ganz
fremd zu seyn. Das jüdische Frauenzimmer braucht
daselbst rothe und weiße Schminke. — Bei uns,
in Europa, war das Schminken bei den Frauen in
den höhern Ständen fast überall verbreitet, in neuester Zeit hat diese Mode, besonders bei dem Deutschen Frauenzimmer sehr abgenommen, obgleich es
bei den Französinnen, Spanierinnen ꝛc. noch zum
guten Tone gehört, ihre Toilette auf diese Weise
zu machen. Auch das Russische Frauenzimmer soll
dieser Mode sehr unterworfen seyn. — Nach dieser vorangeschickten kurzen Geschichte des Schminkens, wovon unter Toilette, in T-
vorkommen wird, will ich nun zur

alle
und
und
men

werden ꝛc. Ferner alle
ver, Haarpuder ꝛc. J

um den Grund der
Plinius führt eine
man Wolle und Wangen   wahrscheinlich Aehnlichkeit mit der   the, dem

Krappe, oder mit der Ochsenzungenwurzel, Anchusa. Die Italiener führten den Gebrauch dieser Wangenröthe, in Frankreich unter der Regierung der Katharina von Medicis ein, und ihre Bereitungsart ist beinahe mit der heut zu Tage einerlei. Sie geschieht wie folgt: Man nimmt die Blumen des Safflors oder wilden Safrans, Catharmus tinctorius Linn., wenn sie getrocknet sind, füllt damit leinene Säcke an, die man in gemeines Flußwasser legt, oder solches doch oft wieder abgießt. Ein Mensch tritt den Sack mit hölzernen Schuhen so lange, bis das Wasser ohne gelbe Farbe und durchaus klar herauskommt. Nach dieser ersten Behandlung mischt man unter den Safflor, etwa fünf bis sechs aufs Hundert, am Gewichte, Sodasalz oder Potasche, gießt kaltes oder durchgeseihetes Wasser auf, und erhält dadurch ein gelbliches Wasser, welches, mit Citronensaft vermischt, eine Art von Satz niederlegt, der sich in dem Gefäße auf dem Boden anlegt, und den man nach und nach in ein anderes Gefäße abgießt, bis man alle Röthe erschöpft hat. Dieser Bodensatz wird mit gepülverten Talk vermischt, und mit Citronensaft oder Wasser zu einem Teige angefeuchtet, den man in Töpfe bringt und trocken werden läßt.

Man theilt gegenwärtig alle Schminksorten nach ihrer Farbe in zwei Klassen, in rothe und in weiße Schminke. Eine jede Klasse hat wieder ihre Schattirungen, so findet man sie vom höchsten Wangenroth bis zum blässesten, und so steigen auch die weißen Nüancen, vom sanftesten bis zum glänzensten Weiß. Ein großer Theil der Schminken ist metallischer Natur, und daher der Gesundheit sehr nachtheilig; es lassen sich aber auch unschädliche aus dem Pflanzen- und Thierreiche bereiten, die ihrem Endzwecke vollkommen entspre-

chen, und selbst wo man Metalle anwenden muß,
findet man doch welche, die der Gesundheit weniger
nachtheilig sind, als Blei, Quecksilber, Wißmuth ꝛc.
Da die weiße Schminke der rothen vorangeht, indem
hier das Roth auf das Weiß gesetzt wird, und nicht
so umgekehrt, so wird es auch zweckmäßig seyn, sie
zuerst abzuhandeln.

Weiße unschädliche Schminke. Man sucht
die schönsten und weißesten Stücke vom Talke, einer
Art Speckstein, der im Venetianischen Gebiete von
bester Güte gegraben und von den Pariser Drogui-
sten unter dem Namen Talc de Venise von dort
her verschrieben wird, aus, und pülvert sie in einem
erwärmten messingenen Mörser, und siebt das Gestoßene durch ein seidenes Sieb, oder beutelt es durch
dichte Leinwand. Hierauf übergießt man das Pulver in einer verstopften gläsernen Flasche mit destillirtem Essig, schüttelt es damit gut durch, und läßt
Alles einige Wochen lang stehen, wobei das Ganze
jedoch täglich einigemal gut umgeschüttelt werden
muß. Man läßt nun das Pulver sich setzen, und
gießt den Weinessig behutsam ab. Man gießt nun
auf das Pulver reines Wasser, schüttelt es damit
durch, läßt es setzen, und gießt das Wasser wieder
ab, und auf diese Art wäscht man es sechs- bis achtmal mit frischem Wasser aus. Wenn es nun gehörig weiß geworden, so läßt man es trocknen, zerreibt
es in einem achatenen Mörser und bewahrt es auf.
Sollte der gepulverte Talk zu stark glänzen, so glüht
man ihn in einem Tiegel aus. Man wendet diese
weiße Schminke eben so an, wie den Karmin, indem
man den Finger oder ein Stückchen Papier gleichmäßig mit Pommade bestreicht, und dann einen
oder einen halben Gran des Pulvers damit auf-
nimmt. Es wischt sich selbst beim Schwitzen
nicht ab. — Ueberhaupt müssen alle weiße Schmin-

sen in den Zustand eines höchst feinen Pulvers gemacht seyn, und man muß sie mit Traganth in Verbindung setzen, und dazu die weißesten und besten
Stücken dieses Gummis wählen. Um nun diesen
Zweck zu erreichen, nimmt man eine beliebige Quan-
tität von der weißen Schminke, schüttet sie in eine
reine kleine Porzellantasse, und übergießt sie mit dem
Traganthwasser. Man bereitet dieses Wasser, indem
man den gröblich zerstoßenen Traganth eine Nacht in
reinem Wasser weichen läßt, und dieses durch Setzen
gut abhellt. Ist nun die weiße Schminke mit dem
Traganthwasser übergossen, so rührt man solche mit
einem kleinen gläsernen Löffelchen tüchtig untereinander, bis Alles zu einem Brey geworden ist; dann
dehnt man diesen auf einem weißen Papiere wohl
aus, welches ganz dünn mit weißer Schminke bestreut ist, und theilt ihn in kleine Portionen von der
Größe einer Erbse, trocknet diese dann an einem
Orte, wo sie vor dem Staube verwahrt sind, und
hebt sie nun in einer kleinen Schachtel auf. Will
man sich derselben bedienen, so verfährt man dabei
auf folgende Weise: Man bereitet erstlich eine gute
Pommade, wozu eine aus Wachs, Wallrath und
Mandelöl, oder eine andere aus Cacaobutter am
vorzüglichsten ist. Sie muß aber mit der größten
Sorgfalt bereitet werden, und sehr weiß und rein seyn.
Jetzt nimmt man die kleinen getrockneten Kügelchen
der weißen Schminke, thut davon in ein kleines
Büchsen von Porzellan, zerreibt es mit einem klei-
nen gläsernen Löffel, setzt von der Pommade hin-
zu, und sucht Alles auf das genaueste zu vereinigen.
Wenn man es braucht, so streicht man davon in das
Gesicht, vertheilt es gleichförmig, und wischt es mit
Fließpapier ab. Hierdurch erhält das Gesicht den
Glanz, und ist in den Stand gesetzt, das Roth auf-
zunehmen.

Weiße Schminke aus Zinn, genannt Blanc
de Jupiter ou Blanc d'étain. Diese Weiße
Schminke deckt besser, als die vorige, und ist daher
bei den ältern Damen beliebt. Sie ist ebenfalls unschädlich, und wird aus reinem Englischen Zinn auf
folgende Weise bereitet: Man nimmt ein Viertelpfund Englisches Zinn, welches auf der Drehbank
zu dünnen Spänen gedreht worden, thut es in einen
gläsernen Kolben, übergießt es mit einem Pfunde
reiner, ziemlich starker Salzsäure, und erhitzt es in
einer Sandkapelle zum Kochen. Wenn sich nicht
Alles auflösen sollte, so wird die Flüssigkeit abgegos-
sen, auf den Rückstand frische Salzsäure gegossen,
und solche nochmals gekocht. Jetzt gießt man in
die sämmtliche Flüssigkeit 4 Loth Scheidewasser,
filtrirt sie durch ein Fließpapier in ein großes Zuckerglas, und verdünnt sie mit fünf bis sechs Theilen
Wasser. Jetzt löset man ein paar Pfund Potasche
in Wasser auf, und seihet die Auflösung durch ein
Filtrirpapier, damit sie so hell und durchsichtig wie
Wasser ist. Von dieser Auflösung tröpfelt man
dann in die Zinnauflösung, jedoch nicht zu viel auf
einmal, weil ein sehr starkes Aufbrausen entsteht, und
die Flüssigkeit leicht überläuft, und rührt Alles gut
mit einem gläsernen Stabe um. Das Ganze wird
nun zu einer dicken Flüssigkeit werden, und wenn bei
der ferner hinzugetröpfelten Potaschauflösung kein
Niederschlag mehr erscheint, so hört man mit dem
Zutröpfeln auf. Man läßt dann Alles stehen, gießt
die wasserhelle Flüssigkeit von dem zu Boden liegenden Zinnweiß ab, gießt dann auf dieses reines
Brunnenwasser, rührt Alles wohl um, läßt es wieder setzen, und gießt das Wasser wieder ab. Dieses
Auswaschen wiederholt man zwölfmal mit frischem
Wasser; endlich bereitet man den Bodensatz auf einer Lage weißen Druckpapiers, das man über ein

D 2

Sieb gelegt hat, aus, und läßt das Zinnweiß im
Schatten trocknen. Man zerreibt es in einem achatenen Mörser und hebt es in verschlossenen Gläsern auf.

Wißmuthweiß, Blanc de Bismuth on Blanc
d'Espagne. Nach dem Herrn Professor Trommsdorff ist dieses Weiß zwar schön; allein der Gebrauch desselben ist nicht zu empfehlen, weil es die
Haut verdirbt, und es auch durch trennbare Dünste,
ja selbst durch das Sonnenlicht schwärzlich wird.
Man soll sich daher dieses Weißes so selten als möglich bedienen. Die Bereitung geschieht auf folgende
Weise. Man setzt einen gläsernen Kolben in eine
Sandkapelle, gieße ein halbes Pfund starkes Scheidewasser hinein, und erwärme dasselbe nur mäßig;
man trage nun gepulverten Wißmuth in kleinen An-
theilen hinein, der sich mit Brausen und unter Entwickelung vieler rothen Dämpfe auflösen wird. Man
trage aber nie eher wieder eine frische Portion hinein, als bis die vorige ganz aufgelöset ist. Sobald
nun dasjenige, was man eben hineinträgt, liegen
bleibt, stellt man sogleich den Kolben an einen kühlen Ort, läßt die Flüssigkeit durch Setzen hell werden, und gießt sie behutsam von dem Bodensatze ab.
Sie muß durchaus hell seyn, und wenn einige graue
Theile darin schwimmen sollten, so muß man sie
sorgfältig durch Druckpapier filtriren. Man fülle
nun ein großes Zuckerglas oder in Ermangelung
desselben einen neuen Topf mit 6 Maaß Wasser an,
gieße die Wißmuthauflösung hinein, und rühre Alles wohl um. Es wird nun eine weiße Milch entstehen, die man vier und zwanzig Stunden ruhig
stehen läßt. Dann gieße man die hell gewordene
Flüssigkeit durch behutsames Neigen von dem weißen Bodensatze ab, gieße auf diesen wieder frisches
Wasser, rühre Alles wohl um, lasse das Wasser

durch Stehen hell werden, und gieße es von
dem Bodensatze ab. Dieses █████████████
bis achtmal, und bringe endlich den █████
satz, der das Wißmuthweiß ist, ██ ████ ████
seines Druckpapier, das auf ██████ ██████
nen gespannten Leinwand ████████ ██, ████ die
Feuchtigkeit vollends ablaufen, bedeckt ihn mit Papier, läßt das ████████weiß an einem ████-
gen Orte trocknen, ██████ es in █████████ Gefäßen oder Gläsern, die auch vor dem Zutritte des
Lichts verwahrt werden müssen, auf. ██

██ ████ ██ wird ██ Blanc de Saturne, Blanc de
Plomb. ████████ Schminke ist beim öftern Gebrauch der Haut nachtheilig, obgleich das Bleiweiß
██ einzelnen Fällen, nach dem oben ████████
Schrift██████, von Nutzen ist. So dient zum Bei-
█████████████. Bleiweiß versetzte ████████ zur
████████ der Schwindflecken im Gesicht. Das
██████████████ ist aber nicht fein und rein
████████████ Schminkmittel angewendet werden
████████████████ daher auf folgende Art be-
█████████ ████████ guter weißer Bley████
████ ████████████████ destillierten ████
gelöset, ██████ █████keit auf ein Filtrum gebracht
█ ████ die ████████ ablaufe. Man verfertiget sich
██████ eine ████████ von Potasche in reinem Was-
███ ████████████ ebenfalls. Jetzt tröpfelt man
████ ████████████████ in die Auflösung des
████████████████ bis ein weißer Niederschlag
██████████ ████████ ████, gießt die darüber stehende
████████ ein ██, ████████ den Niederschlag mit fri-
████ ████████, und wiederholt dieses acht und mehrere
████ ████ bringt man ihn auf ein Filtrum von
████████████████ und trocknet ihn im Schatten.
████████████████ getrocknet ist, wird er zarte-
████████ ████████ ████████ Glas und aufgehoben. Die-

Rothe Schminken. Man hat drei Sorten rothe Schminken, nämlich in Pulver, in kleinen Büchschen oder Porzellannäpfchen, und auf Blättern oder sogenannte Blattschminke. Die rothen Schminken können nur auf die weißen gesetzt werden; also kann ihr Auftragen nur erst dann geschehen, wenn die weiße schon aufgelegt worden. Nur bei einer sehr zarten weißen Haut und durchgängiger Blässe des Gesichts kann man sich der rothen Schminken allein bedienen, jedoch nicht des rothen Schminkpulvers oder der rothen Schminke in Pulver, sondern derjenigen in Büchsen, welche schon gehörig mit weißer versetzt worden.

Schminken in Pulverform. Spanisches Roth; Fr. Rouge d'Espagne. Man bindet ein Pfund des besten Türkischen Safflors in ein leinenes Säckchen, weicht solches eine Nacht in Flußwasser ein, drückt es dann aus, und wäscht es so oft in frischem Flußwasser, bis der Safflor keine gelbe Farbenbrühe mehr von sich giebt. Man setzt nun einen neuen Topf auf das Feuer mit einigen Pfunden Wasser, läßt es sieden, und schüttet 1/4 Pfund gereinigte Potasche hinzu. Jetzt nimmt man den Topf vom Feuer, rührt den Safflor hinein, und läßt Alles eine Zeitlang stehen, drückt hernach die Flüssig-

keit aus, seiht sie durch einen Tuch, und füllt sie auf
ein Zuckerglas. Man setzt nun so viel starken
Weinessig hinzu, bis Alles eine rothe Farbe angenommen hat, und läßt das Ganze einige Tage stehen. Nach Verlauf dieser Zeit sondert sich ein dun-
kelrothes Pulver ab, welches man trocknet und aufbewahrt. Trommsdorff verwirft dieses Roth,
welches auch schon in ähnlicher Art von den Alten,
wie oben, S. 48, angeführt, bereitet worden, aus
folgenden Gründen: Erstlich, weil es selten schön
von Farbe ausfällt; zweitens wegen seiner harzigen
Natur sich nicht gut vertheilen läßt; drittens seine
Farbe leicht verliert, und viertens eben so kostspielig,
als manches andere vorzüglichere Roth ist.

Karminroth; Fr. Rouge de Carmin, Rouge
de Cochenille, das schönste Roth zur Schminke.
Man bereitet dasselbe auf folgende Weise: Man
nimmt 2 Unzen gepulverte Cochenille, läßt sie in einem reinen zinnernen Kessel mit 4 Maaß destillirtem
Wasser, oder auch bloß Regenwasser fünf Minuten
lang kochen; das Wasser muß aber vorher zum Kochen gebracht worden seyn, ehe man die Cochenille
hinein schüttet. Man setzt nun eine Drachme gepulverten Römischen Alaun hinzu, nimmt den Kessel vom Feuer, und gießt die Brühe durch ein Tuch
in eine saubere Porzellanschale; setzt dann diese
an einen kalten Ort, und bedeckt sie mit Fließpapier.
Man setzt nun alle zwei Stunden zwei Tropfen
Zinnauflösung hinzu, so daß sechzehn Tropfen
Zinnauflösung hinein kommen, und läßt Alles einige
Tage stehen. Nach Verlauf dieser Zeit wird sich der
Karmin auf dem Boden und an den Seiten des Gefäßes abgesetzt haben. Man gießt nun behutsam
das Klare davon ab, läßt den Karmin im Gefäße
trocken werden, und kehrt ihn mit einer reinen Feder-
bürste auf ein geglättetes Papier. Von 2 Unzen

...Kochenille nimmt man gewöhnlich 2 Drachmen Karmin. Der flüssige Karmin wird oft mit Chinesischem
..., mit Florentinerlack oder auch mit einem
anderen Rothe verfälscht, z. B. mit Krapplack, mit
aus Fernambuckholz gezogenem Lack rc. Eine von-
... durch den untergemischten Zinn-
.... Die Vermischungen mit Fernambucklack und
mit Krapplack sind schwerer zu entdecken, indessen
zeigt die Farbe eines Zwernatrochs die Vermischung mit Fernambucklack an. Die beste Probe ist
den Karmin mit ein wenig Wasser anzurühren, ihn
dünn, fließend zu machen, und dann ein Weilchen
stehen zu lassen. Man untersuche nun, ob der
Karmin zu Boden gefallen ist, und ob das Wasser
noch Röthe hat, oder nicht; im letztern Fall ist der
Karmin, nach Trommsdorff, ganz unbrauchbar und
sehr verfälscht. Ein guter Karmin muß sich lange
im Wasser schwebend erhalten, und schwer sinken.
... sich statt des Karmins, dessen Bereitung
... Roth, N. 127, S. 557 u. f., an-
... als Schminke bedienen, so verferti-
...man sich eine Pommade aus frischem Schwein-
..., welches vorher ausgewaschen worden, und
... weißem Wachse, tauche den Finger oder ein zusam-
mengedrehtes Papierchen hinein, und nehme dann
so viel Karmin, als einen Stecknadelknopf groß,
reibe es gut unter einander, und trage es auf.

Ein wohlheiteres Roth; Fr. Rouge ordinaire. Man nimmt ein Pfund reines Mineralal-
kali und löst es in vier Maaß kochenden Regenwassers auf, läßt es dann so lange stehen, bis die
Flüssigkeit so weit erkaltet ist, daß man einen Finger
... kann; dann thue man 1 Unze gesto-
ßene Kochenille hinein, rühre Alles wohl um, lasse es
... Minuten lang kochen, dann etwas abkühlen, und
... es durch Leinwand. Man löse nun 6 Unzen

reinen Römischen Alaun in zwei Pfund Wasser
auf, seihe die Auflösung durch, und ＿＿＿ mit
dem Cochenillendekoct. Sollte ＿＿＿＿＿ noch
nicht recht roth werden, so setze man noch von der
Alaunauflösung hinzu. Man mische nun Alles recht
durcheinander und bringe es auf eine Leinwand, die
mit weißem Druckpapiere belegt ist. Der auf dem
Papiere zurückbleibende rothe Lack wird nun mit
Wasser ausgesüßt, im Schatten getrocknet, und zerrieben. Er stellt eine sehr schöne rothe Farbe dar.

Roth aus dem Brasilien- oder Fernam-
bukholze. Fr. Rouge au bois de Bresil. Man
＿＿＿ 4 Unzen Potasche in ＿ Pfund Wasser auf, und
＿＿＿＿ damit 12 Unzen geraspelten feinen Brasilienholz
＿＿＿ Minuten lang, ＿＿＿ nun die ＿＿＿＿＿, und
＿＿＿ so lange eine Auflösung von ＿＿＿＿＿ Alaun
＿＿＿＿＿＿ Wasser hinzu, bis ein Niederschlag
＿＿＿＿＿, der eine schöne rothe, nicht mehr ins
＿＿＿＿＿＿ Farbe besitzt. Man sammelt die-
＿＿＿＿＿, wäscht ihn aus, und trocknet ihn. —

Roth aus Brasilienholz auf eine andere
＿＿＿＿＿＿ 1 1/2 Pfund Brasilienholz in ＿＿＿
＿＿＿＿＿ Unzen Alaun und 4 Pfund Was-
＿＿＿＿＿ Stunde lang, seihe die Flüssigkeit durch,
＿＿＿＿＿ so lange salzsaures Zinn hinzu, bis
＿＿＿＿＿＿＿ fällt. Den Niederschlag süße
＿＿＿＿＿ Wasser ab, und trockne ihn, dann
＿＿＿＿＿ sehr dunkeln Niederschlag in einem
＿＿＿＿＿＿ ＿＿＿ bis zum allerfeinsten Pulver.

Roth aus Sandelholz. Fr. Rouge au San-
＿＿＿＿＿ nehme 1 Pfund des besten dunkelrothen
＿＿＿＿＿＿ lasse es fein zerschneiden, über-
＿＿＿＿＿＿ Kolben mit 2 Pfund Weingeist,
＿＿＿＿＿ einige acht Tage lang in eine gelinde
＿＿＿＿＿＿ gieße dann die Flüssigkeit ab, ＿＿＿＿
＿＿＿＿＿ saubern Kolben, und gieße die Hälfte

... bes ... aus ... von einer ... Menge, kann man die verschiedensten Nüancen ... zum rötlichen Weiß hervorbringen. Man kann auch das ... mit dem Karmin vermengen, und die verschiedenen Schattirungen von Roth in ... Purpurform hervorbringen. Bei den Pariser Parfümeurs wird die höchste Schattirung in Roth mit Nr. 1, und die blässeste mit Nr. 3. bezeichnet. Die ... der Schminke aus dem Safflor mit Pot... Citronensaft und Talk, wird bei ihnen Rouge ... Reine, Rouge végétal genannt. Die Schminke, ... statt des Safflors Karmin genommen wird, führt bei ihnen den Namen Rouge de Portu... Man hat im Handel auch eine aus Lacmus ... und Rosenwasser bereitete Schminke. ... wohlfeilere, die aber nicht schön ausfällt, ... man aus Quecksilber und Lebenssaft. ...

Die ... Indische Blattschminke, Blattrange, wird zum Schminken weniger, mehr zum ... der ... Rosen von Blumenmacher ... und in ... fabriken gebraucht. — Die ... Schminkläppchen, der rothe Flor, ... ehemals auch zum Färben der Wangen ge... ist aber jetzt, da man so viele andere Schminkmittel hat, die dem Zwecke mehr entsprechen, hat ganz aus ... Mode gekommen, und dient nur noch zum Fär... der Geleen und anderer Conditorwaaren. Die ... dieses Flors, s. unter Gummi-Lack, Th. ... S. 365.

Das ... der Schminke, sowohl in Pulver... als flüssig, oder in Büchschen oder Näpschen ... mit einem Biberhaarpinsel. Nachdem man ... weiße Schminke zart aufgetragen und mit ... auf den Wangen vertrieben hat, trägt ... das Roth auf, und verbreitet es sehr leicht auf ... welche geschminkt werden soll; auf dieses

trägt man nun das Roth von einem ....
Schattirung, und verbreitet es so, daß es ....
Schwächere verliert. Des Abends ....
Gesicht mit einer Wallrachpomade ....
und dann mit einem leinenen Tuche die Schminke
wieder abreiben, damit sie sich ..... in die Haut ein-
setze, sondern die Haut wieder in ihren natürlichen
Zustand zurückkehret. ....

Die rothen Schminken aus der Carmille
und aus dem Saflor bereitet, also aus dem ...-
und ......reiche, sind unschädlich, nur die......,
....sucht Chinesischer Zinnober ....
.... aber die größtentheils daraus bestehen,
.... Mineralreiche, sind schädlich, ...
.... jetzt selten, weil der Gebrauch der
.... schon sehr vermindert sind, ja selbst
bei ..... Höfen die Hofdamen, Hoffräulein ꝛc.
....licher Kolorit erscheinen, dieweil weil
..... die ....liche Familie mit ihrem Beispiele vor-
.... Auch ist die Ausbeute des .... in
einer ....gen Dosis so bedeutend, daß man sich
der ....gesetzten Schminken gar nicht ....
.... nöthig hat. Man darf nur das Gesicht erst
mit ...... Flußwasser waschen, dann mit einer
Mischung aus einem Korukramulwein, Eimagen-
saft, ... de Cologne, und wenn diese davon
....en, reibe man es mit Puder, worin
.... gelegen, mit einem Handschuhe ab.
.... mit Baumwolle den fein gepulverten
.... ganz sanft auf, und verwische ihn
.... daß man die natürliche Röthe, der
.... einem Päckchen Karmin, wel-
.... kostet, kann man schon auf die
.... ꝛc. ....

.... die Schminken keine, westsäl-
...., dann ....; die ....che

Farbe, so aus dem Safflor und dem Sandelholze ausgezogen worden, hat fast, wie alle aus Vegetabilien gezogene Farbenstoffe, die Eigenschaft, sich im Weingeiste aufzulösen. Wenn sich also nach drei oder vier Aufgüssen des Weingeistes auf diese Röthe, ersterer sich mit den färbenden Theilen beladet, und der Talk weiß zurückbleibt, so kann man daraus schließen, daß das Roth, womit der Versuch gemacht worden, von Pflanzen abstamme. Die Cochenille oder der daraus gezogene Karmin hat diese Eigenschaft nicht; sein Farbewesen läßt sich vom Weingeiste nicht auflösen, welches Merkmal ihn daher schon von den vegetabilischen Farben unterscheidet. Der Karmin besitzt indessen doch noch eine andere sehr merkwürdige Eigenschaft, nämlich die, sich ungemein leicht in alkalischen Flüssigkeiten aufzulösen; z. B. in einer sehr schwachen Lauge von Sodakristallen, und dann bleibt der Talk auf dem Boden des Gefäßes weiß zurück. Wenn daher irgend eine Röthe vom Weingeiste entfärbt wird, so ist diese Röthe aus dem Pflanzenreiche gezogen; kann sie aber nicht der Weingeist, sondern nur ein Alkali zwingen, so ist sie stets ein animalisches Produkt; kann aber eine Farbe weder durch das eine, noch durch das andere Auflösungsmittel solvirt werden, so läßt es sich vermuthen, daß der Farbestoff eine mineralische Substanz, z. B. Zinnober, rothes Quecksilberpräcipitat ꝛc. enthält. Man hat schon zu Ende des verwichenen Jahrhunderts alle bekannte Pariser Probeformeln der rothen Schminke durch den Weg der Calcination, durch Säuren und durch die Füllung mit phlogistisirten Alkali untersucht, und nichts Metallisches darin wahrgenommen.

Die in den H a n d e l kommenden Pariser Schminken sind: **W e i ß e   S c h m i n k e n:** Blanc de plomb (aus Bley); Blanc d'étain de glace (aus

Wißmuth); Eau de perle à la Dauphine (aus
Bley und Wißmuth); Blanc d'Espagne, Rosée
d'étain (aus Zinn); Mercure cosmétique und
Lac mercuriel (aus Quecksilber); Blanc de Ma-
rie (aus Federweiß), eine sehr gute unschuldige
Schminke, die der Haut zusagt. — Rothe
Schminken: Rouge de Reine ou Rouge vé-
gétal (aus Safflor); Rouge de Portugal (aus
Cochenille oder Karmin); Rouge extrafin (aus
Karmin und Talk, letzterer in geringerer Dosis);
Rouge fin (aus Karmin und einer größeren Dosis
Talk); Rouge ordinaire (aus Karmin und einer
noch größern Dosis Talk, ein nur schwaches Roth);
Blatrouge oder feinste Indische Blattschminke (wahrscheinlich das Roth von den Blättern des Amerikanischen, also Westindischen, Schmink-
baumes). Dann hat man noch Portugiesische und
Spanische Schminken, Charta Lusitanica und Hi-
spanica; ein Schminkwasser, Aqua cosmetica;
einen Schminkbalsam ꝛc. Paris und Montpellier
liefern eine Menge Mouchoirs oder Schminktücher
Onguens, Salben, Huiles cosmétiques und Eaux
cosmétiques in den Handel. Die Preise der
Schminken sind sehr verschieden; so z. B. kostet
das Rouge extra fin die Büchse oder das Töpfchen
1 Rthr.; Rouge fin 16 Gr.; Rouge ordinaire 8
Gr. Preuß. ꝛc. Das Blatrouge, das doppelte Blatt
3 Gr., das Dutzend 1 Rthlr. Sächsisch ꝛc.

Die Schminkpflaster, Mouches, waren noch
am Anfange dieses Jahrhunderts im Gebrauch.
Die Damen belegten nicht nur verschiedene Stellen
des Gesichts, sondern selbst des Busens mit schwarzen oder rothen Taffetpflästerchen, und glaubten dadurch die Schönheit der Haut zu heben. Man verfertigte diese Schminkpflästerchen von Taffet, der
auf der einen Seite mit Arabischem oder anderm

Gummi, das man in Wasser aufgelöset hatte, bestrichen war. Sie wurden durch kleine, verschieden
geformte Stoßeisen in verschiedene Formen, in
runde, mondförmige ꝛc. gebracht. Nach Trommsdorff hatte man diese Schminkpflästerchen nach ihrer Form und der Stelle, wo sie angebracht wurden,
sogar in ein System gebracht; allein dem Himmel
sei es gedankt, daß man von dieser wirklich barbarischen Mode zurückgekommen ist.

Was die übrigen Mittel zur Schönheit der Haut,
Haare ꝛc. anbetrifft, so ist schon Manches davon
unter Parfümirkunst, Th. 107, vorgekommen,
dasjenige, was aber daselbst nicht berührt, auch
an andern Orten nicht abgehandelt worden, werde
ich hier noch anführen.

Schönheitsmilch; Fr. Lait virginal. Man
nimmt, nach Trommsdorff, 2 Unzen feines Benzoeharz, 1 Unze Storax in Körnern, 2 Quentchen
Zimmtrinde, 1 Unze Nelken, und 1/4 Loth Macisnüsse.
Man stöße Alles klein, und schüttet das Pulver in
einen Kolben, worin sich ein Maaß reiner Geist befindet, thut noch 1/2 Loth der besten Alkanna hinzu,
und stellt den Kolben, nachdem man ihn oben mit
naßgemachter Blase verbunden hat, durch welche
man einige Nadelstiche macht, in ein gelinde er-
wärmtes Sandbad, und digerirt es drei Tage lang,
schüttle aber von Zeit zu Zeit das Gefäß gut um.
Nach Verlauf von dieser Zeit, gießt man die Flüssigkeit ab, preßt den Rückstand zwischen einer Leinwand, filtrirt die sämmtliche Flüssigkeit durch unge-
leimtes Conceptpapier, und hebt sie in einem verschlossenen Gefäße auf. Wenn man diese Schönheitsmilch brauchen will, so gießt man bei dem Waschen davon etwas in frisches Wasser, welches dadurch zu einer wohlriechenden Milch wird, welche
die Eigenschaft besitze, bei einem anhaltenden Ge-

brauche der Haut eine große Zartheit und feinere
Farbe zu ertheilen. — Eine zweite Vorschrift.
Man nehme nach demselben Schriftsteller 2 Unzen
der besten Benzoe, zerstoße sie, schütte das Pulver
in eine Flasche, gieße 2 Pfund Rosengeist darüber,
stopfe die Flasche zu, und stelle sie acht Tage lang in
die Sonne, schüttle sie aber täglich einigemal gut
um. Hernach filtrire man die Flüssigkeit durch un-
geleimtes Conceptpapier, und hebe sie auf. Man
gieße einen Löffel voll davon in ein Glas Wasser, so
giebt es eine schöne, weiße, wohlriechende Milch. —
Eine dritte Vorschrift. Man nehme eine beliebige Menge frischen Hauslauchs oder Mauerpfeffers,
stoße diese Pflanze in einem steinernen Mörser, und
presse den Saft durch Leinwand zwischen einer hölzernen Presse aus; man erwärmt dann den Saft,
klärt ihn ab, und füllt ihn auf gläserne, gut
verstopfte Flaschen, die man an einem sehr kühlen
Orte aufbewahrt. Will man sich desselben bedienen, so gieße man etwas davon in ein Glas Wasser,
und setze ein wenig starken Geist, oder einen wohlriechenden Geist hinzu, worauf sich augenblicklich eine
geronnene Milch bildet, die bei dem Gebrauche die
Haut glättet, und die rothen Flecken vertreibt. —
Eine vierte Vorschrift, vorzüglich um Flecken der Haut zu vertreiben. Man nehme
1 Unze Römischen Alaun, pulvere denselben, und
vermische ihn mit dem gleichen Gewichte gewaschene
Schwefelblumen, schütte das Pulver in eine Quart-
bouteille, und gieße darüber 1/2 Quart Rosen- oder
Muskatenblütenwasser, verstopfe die Flasche gut,
und schüttle das Ganze eine Stunde lang durcheinander. Man wäscht damit Abends vor dem Schlafengehen das Gesicht und feuchtet Leinwand damit an,
die man auf die Stellen legt, wo man die Flecken
vertreiben will. Einige dergleichen Schönheitswäs-

fer, f. auch unter Parfümirkunst, Th. 107, S. 572 u. f.

Ein Mittel die gelben Flecken der Haut und die Knötchen auf derselben zu vertreiben. Man nehme 1 Pfd. des besten Weinessigs, thue 1 Loth gepülverten Alaun hinein, und rühre so viel Gerstenmehl hinzu, daß Alles ein dünner Brey wird. Diesen Brey streiche man nun auf Leinwand und lasse ihn die Nacht auf den Stellen liegen, wo man Flecken oder Wärzchen vertreiben will.

Ein Mittel die Schönheit der Haut zu erhalten und lange vor Runzeln zu schützen. Man mache eine eiserne Schaufel heiß und werfe etwas gepülverte Myrrhe darauf. Man umfasse die Schaufel mit einer Serviette, um die Zerstreuung des Rauches zu verhindern, und lasse die aufsteigende Rauchwolke einige Secunden ins Gesicht streichen. Dieses wiederholt man alle Abende und Morgen nach dem Waschen. Nach Trommsdorff soll die Wirkung dieses nur einfachen Mittels durch die Erfahrung bestätiget worden seyn.

Cosmetischer Absud zur Verschönerung des Teints und Verhütung der Runzeln. Man nehme ein Quart oder Maaß, auch mehr, Regen- oder gutes Flußwasser, setze es in einem neuen Topfe auf's Feuer, werfe ein Paar Händevoll Gerste hinein, bedecke den Topf, und lasse Alles so lange sieden, bis die Gerste platzt. Dann läßt man es erkalten und seihet es durch dichte Leinwand. Auf jedes Pfund dieser Flüssigkeit nimmt man nun 20 Gran trocknen zerriebenen Peruvianischen Balsam, und schüttele es in einer verstopften Flasche so lange, bis sich der Balsam ganz damit vereiniget hat. Mit diesem Absude wasche man sich des Morgens und

Ein Mittel die Haut der Hände zart und weiß zu machen. Man nehme gleiche Theile Wallrath und Mandelöl, lasse es über dem Feuer zusammenfließen, setze dann etwas Lavendelöl hinzu, und reibe diese weiche Salbe des Abends vor dem Schlafengehen gut in die Hände ein. Man ziehe dann Handschuhe an und wasche des Morgens mit Mandelkleie und Seifengeist Alles wohl ab.

Mittel zur Vertilgung der Sommersprossen. Man nimmt Rosenwasser, vermischt es mit frischem Eyweiß, und bestreicht damit alle Abende das Gesicht. Des Morgens wäscht man sich aber mit der oben beschriebenen Schönheitsmilch. Wenn die Sommerflecken sehr tief gefärbt sind, so bestreiche man sie des Abends mit Citronensaft, und wenn dieser abgetrocknet ist, mit dem mit Eyweiß versetzten Rosenwasser. — Ein zweites Mittel. Man nehme Rosenessig, versetze ihn mit dem Safte von ausgepreßten Citronen, und bestreiche damit das Gesicht. Nachdem es freiwillig abgetrocknet ist, reibe man dasselbe mit ein wenig frischer ungesalzener Butter. Dieses wiederhole man alle Abende, und wasche sich früh mit der Schönheitsmilch.

Mittel die rothen Flecken im Gesichte zu vertreiben. Man nehme den frischen Saft von den Spring- oder Eselgurken, vermische ihn mit der Hälfte Lavendel- oder Rosengeist, und wasche damit oft das Gesicht. Bei einem fortgesetzten Gebrauche dieses Mittels verschwinden die Flecken, wenn man sich nicht während der Zeit der Luft aussetzt.

Eine Milch, welche die Haut weiß und zart macht. Man nimmt 4 Loth geschälte bittere Mandeln und 4 Loth weißen Mohnsamen, benetzt beides mit etwas Rosenwasser, und stößt es in einem reinen messingenen Mörser eine halbe Stunde lang,

E 2

chen, geschalte bittere Mandeln, arabisches Gummi, von jedem 3 Quentchen, Aronwurzel und Veilchenwurzel, von jedem 1 Loth. Man pülvert Alles fein, reibt es gut durcheinander, und gießt so viel von einem wohlriechenden Wasser hinzu, daß Alles zu einem steifen Teige wird, welcher getrocknet und in Stücken gebrochen wird. Um sich dieser Masse zu bedienen, macht man ein starkes Gerstendekoct, seihet es durch, und rührt noch heiß in ein Nößel desselben einen Löffel der Masse ein, schüttelt Alles gut durch, und bedient sich desselben zum Waschen. Man kann diese Masse auch den Bädern nach Trommsdorff's Versicherung zusetzen,.

Cosmetische Pommade zur Erhaltung des Teints. Man lasse in einer zinnernen Pfanne 1/4 Loth weißes Wachs, 2 1/2 Quentchen Wallrath, und 2 Unzen oder 4 Loth frisches Mandelöl bei gelindem Feuer schmelzen, entferne das Gefäß von dem Feuer, und rühre die Masse stark durcheinander, bis sie zu erkalten anfängt; dann setze man Tropfenweise eine Unze Rosenwasser hinzu, welches man durch ein starkes Durcheinanderreiben damit zu vereinigen sucht. Mit dieser Pommade überstreiche man des Nachts das Gesicht und die Hände. Sie dient auch zur Auftragung der Schminke.

Eine Salbe um die Runzeln wegzubringen. Man nehme 2 Unzen weißen Wachs, und lasse es in einem zinnernen Kessel schmelzen. Hierzu thue man frischen Zwiebelsaft, weißen Liliensaft, und reinen Honig, von jedem 2 Unzen, entferne das Gefäß vom Feuer, und suche nun durch ein starkes Durcheinanderreiben Alles genau zu vereinigen. Diese Salbe wird nun noch mit etwas Bergamotöl versetzt, und früh und Abends angewendet.

Pommade zur Geschmeidigmachung der Haut. Man nehme 2 Unzen frische Cacaobutter, 1 Unze Wallrath, 4 Unzen Mandelöl, schmelze Alles zusammen, reibe es bis zum Erkalten, und setze von Zeit zu Zeit etwas Lavendelwasser hinzu.

Pommaden zur Beförderung des Wachsthums der Haare. Nr. 1. Man nehme 1 Pfd. frisches Mark aus Rindsknochen, und thue dasselbe in eine geräumige gläserne Flasche; dazu schütte man 1 Loth Muskatenblüte, 1 Loth Nelken, 2 Loth Kardamom, und 1 Loth frische Lorbeerblätter. Die letzteren werden geschnitten, die andern Ingredienzen aber zerstoßen. Man verbinde die Flasche mit einer Schweinsblase, durch welche man ein Loch, mit einer Nadel sticht. Man nehme nun einen geräumigen irdenen Topf, lege auf den Boden einen Kranz von Stroh, setze darauf die Bouteille, und umgieße sie ganz mit Wasser. Man bindet den Hals der Bouteille in dem obern Theile des Topfes mit Bindfaden fest, setzt nun den Topf auf das Feuer, erhält ihn sechs Stunden lang im Kochen, und ersetzt das verdunstete Wasser nach und nach durch Nachgießen. Nach Verlauf dieser Zeit nimmt man die Flasche heraus und gießt die Salbe auf eine Leinwand, die man auf einen Rahmen ausgespannt oder über einen Durchschlag ausgebreitet hat, und drückt das Zurückbleibende gut durch ehe es erkaltet. Das

Durchgelaufene ist nun die verlangte Pommade, mit der man sich alle Abende die Haare gut einreibt. — Wohlriechende Pommade. Man nehme 1 Pfund frisches Schweinfett und wasche solches erst so lange mit kaltem Brunnenwasser aus, bis es den Geruch verloren hat. Man lasse nun 4 Loth weißes Wachs über gelindem Feuer zerfließen, setze dann nach und nach das Schweinfett oder Schweinschmalz hinzu, und wenn es zergangen ist, entferne man das Gefäß vom Feuer, gieße das Geschmolzene in eine hölzerne tiefe Schüssel, und rühre es so lange, bis es zu erkalten anfängt. Man vereiniget dann durch beständiges Reiben noch damit 4 Unzen starkes Rosenwasser, und setzt dann noch Lavendelöl, Bergamotöl, Citronenöl, von jedem 20 Tropfen, Thymianöl 10 Tropfen, und Nelkenöl 15 Tropfen hinzu. Oder statt dieser verschiedenen Oele, versetze man die Pommade bloß mit etwas ächtem Rosen- und mit Jasminöl, wodurch sie einen sehr angenehmen Geruch erhält. Auf diese Art kann man aus allen andern wohlriechenden Oelen wohlriechende Pommaden machen, als Jonquillenpommade, Fr. Pommade à la Jonquille. — Orangenpommade, Fr. Pommade à la fleur d'Orange. — Jasminpommade, Fr. Pommade au Jasmin. — Tuberosenpommade, Fr. Pommade à la Tuberose. — Rosenpommade, Fr. Pommade à la Rose ꝛc. ꝛc. Beim Bereiten der Pommaden muß man darauf Acht haben, daß das Fett ganz frisch und weiß, und daß es bei einem sehr gelinden Feuer ausgelassen sei. Will man der Pommade eine reichere Consistenz ertheilen, so lasse man das Wachs ganz weg. Man muß auch das Auswaschen des Fettes mit frischem Wasser so oft vornehmen, bis aller Geruch gänzlich verschwunden ist. Einige Haarpommaden findet man auch unter Haar der

unter

bis 3 Loth.

sieden.   Dann gieße man das
espannte dichte Leinwand,   und
laufen.   Wenn es anfängt zu
Löffel von starkes Pom-
,   und erhalte es unter
es völlig erkaltet ist.   Her-
gut verwahrten Topfe auf.
Eine andere Vorschrift.   Man nehme 1 Unze
weißes Wachs, 2 Unzen Rindsmark, und 3 Unzen
Rosenpommade, lasse Alles bei gelindem Feuer fließen, setze 1/2 Loth feine Alkanna hinzu, koche es
einige Minuten lang, seihe es dann durch Leinwand,
rühre es bis zum Erkalten um, und setze dann 20
Tropfen Nelkenöl hinzu. — Eine dritte Vorschrift.   Man nehme 2 Unzen frisches, mit kaltem
Wasser ausgewaschenes Schweinfett, 1 Unze weißes
Wachs, 1/2 Unze Mandelöl, 3 Quentchen Wallrath,
und 1 Loth feine Alkanna, setze Alles zehn Minuten
lang über Kohlfeuer, gieße es dann durch dichte Leinwand in eine Kapsel von Papier, und tröpfle, ehe es
erkaltet, 15 Tropfen Bergamotöl hinein.   Diese
Pommade ist härter, als die vorige. — Eine
vierte Vorschrift.   Man nehme ein Quentchen
sehr fein präparirte Tutia, und reibe es mit so viel

Eyeröl zusammen, daß daraus eine dünne Salbe wird, womit man öfters die Lippen bestreicht. — Nach Trommsdorff sollen die Lippen, wenn sie auch noch so stark aufgesprungen sind, schnell heilen, wenn man sie mit dieser Pommade bestreicht.

Gelbe Lippenpommade. Man nehme 2 Unzen frisches Schweinfett, 1 Unze gelbes Wachs, 1/2 Unze Mandelöl, 3 Quentchen Wallrath, 10 Gran des besten Safrans, schmelze Alles über gelindem Kohlenfeuer zehn Minuten lang, seihe es durch Leinwand in eine Papierkapsel, und tröpfle, ehe es erkaltet, 15 Tropfen Nelkenöl oder Bergamotöl hinein.

Weiße Lippenpommade. Man nehme 2 Unzen frisches Schweinfett, 1 Unze weißes Wachs, 1/2 Unze Jasminöl, und 3 Quentchen Wallrath, lasse Alles bei sehr gelinder Wärme fließen, entferne es dann sogleich vom Feuer, wenn es geschmolzen ist, setze 20 Tropfen Bergamotöl hinzu, und gieße es in eine Papierkapsel aus. — Unter Lippenpommade, Th. 79, S. 425. ist dieser Artikel auf Cacaobutter, Th. 7, S. 509, verwiesen, wo aber wenig oder gar nichts darüber gesagt worden; denn hier wird nur die Cacaobutter, als ein wirksames Mittel gegen das Aufspringen oder Aufreißen der Lippen ꝛc. gerühmt; aber von einer Lippenpommade weiter nichts erwähnt.

Pasten. Trockne Mandelpasten für die Hände. Man nehme eine beliebige Menge süßer und bitterer Mandeln, stoße sie in einem Mörser fein, und setze etwas weniges Wasser hinzu, um das Herausdringen des Oels zu verhindern. Man mische nun 2 Quentchen sehr fein gepulverten trocknen Storax, und ein wenig weißes Honig hinzu, und stoße Alles zu einer steifen Paste an, die man in einer blechernen Büchse aufbewahrt. Bei dem Waschen

zerreibt man dann ein wenig in der hohlen Hand
mit Wasser, und bedient sich derselben zum Waschen
der Hände und Arme. — Eine zweite Vorschrift. Man stoße in einem Mörser ein Pfund
bittere Mandeln, die man vorher mit Wasser abge-
brühet und ausgeschält hat, und setze während des
Stoßens etwas starkes Orangenblütenwasser hinzu,
damit sich das Oel nicht herausbegebe. Man setze
dann 4 Unzen feine Stärke, einige Gran Moschus,
10 Tropfen Rosenholzöl und 12 Tropfen Bergamotöl hinzu. — Eine dritte Vorschrift. Man
nehme 1/2 Pfund süße und 1 Pfund bittere Mandeln, brühe sie mit Wasser ab, schäle sie, und stoße
sie in einem Mörser mit einem Zusatze von etwas
starkem Essig zu einem feinen Teige. Man setze nun
20 Tropfen Nelkenöl, 10 Tropfen Citronenöl, 10
Tropfen Thymianöl, und 2 Loth fein gepulverte Violenwurzel zu, stoße Alles gut untereinander, und hebe
es in einer verschlossenen blechernen oder porzellanenen Büchse auf. Unter Paste, Th. 107, S. 742,
ist von diesen Pasten keiner Erwähnung geschehen,
und auch unter Mandel, Th. 83, S. 561, nicht,
und Mandelpaste fehle daselbst ganz.

Noch einige wohlriechende flüssige
Mandelpasten. Man nehme 1/2 Pfund süße
und 1/4 Pfund bittere Mandeln, und stampfe sie in
einem Mörser, während man von Zeit zu Zeit ein
wenig Milch hinzusetzt, um das Austreten des Oels
zu verhüten. Wenn Alles zu einer feinen Paste geworden ist, so setze man 3 Unzen Reismehl hinzu
und 2 Quentchen fein gepulverten Borax. Wenn
Alles gut untereinander ist, so gieße man nun allmählig 3 Nößel frische Milch hinzu, bringe
Alles in einen neu glasirten Topf, und stelle es auf
ein gelindes Kohlenfeuer, wobei man aber nicht un-
terlassen muß, Alles fleißig mit einem hölzernen

Spatel umzurühren. So wie die Flüssigkeit zu sieden anfängt, setzt man 5 Quentchen weißen Wallrath hinzu, und rührt Alles ununterbrochen herum. Wenn nun die Mischung anfängt sich zur Paste zu verdicken, so setzt man zwei frische gequirlte Eydottern hinzu, entfernt das Gefäß vom Feuer, mischt 3 Nößel Rosengeist hinzu, und schüttele Alles wohl durcheinander; auch bei dem Gebrauche muß man diese Vorsicht beobachten. — Eine feste Paste. Man nehme 1 Pfund fein gepulverte Alikantische weiße Seife, 3 Unzen Florentinische Violenwurzel, 1 Unze Stärkemehl, und eben so viel feinen weißen Sandel, und dieses Alles gepülvert. Man menge nun Alles zusammen, setze 20 Tropfen Lavendelöl, eben so viel Citronenöl, und 10 Gran Moschus hinzu, und gieße nun unter fleißigem Stoßen so viel Orangenwasser hinzu, bis Alles zu einer weichen Paste geworden ist, welche man in einer porzellanenen Büchse aufhebt. — Eine zweite Vorschrift. Man nehme 1/2 Pfd. geschälte bittere Mandeln, eben so viel süße Mandeln, und stoße sie in einem Mörser, während welcher Zeit man 1/2 Pfd. weißen Honig und eben so viel Orangenblütenwasser nach und nach hinzusetzt. Man stößt nun Alles gut durcheinander, setzt noch drei Eßlöffel voll frischen Citronensaft hinzu, und hebt es in einer porzellanenen Büchse auf.

Wohlriechendes Waschpulver. Man nehme 4 Unzen Kleie von ausgepreßten, geschälten bittern Mandeln, und eben so viel Kleie von süßen Mandeln, 2 Unzen Gerstenmehl, und 3 Unzen gepulverten Reis, nebst einer Unze gestoßener Florentinischer Violenwurzel, mische Alles genau zusammen, und siebe es nochmals durch, damit Alles zu einem recht feinen Pulver werde. Zu diesem Pulver setze man 1/2 Unze zerfallenes mildes Mine-

ralalkali, 20 Tropfen Rosenholz-, Nelken- und Lavendelöl, und reibe Alles sehr genau durcheinander. —
Eine andere Vorschrift. Man nehme 1 Pfd.
geschälte bittere Mandeln und stoße sie mit 1 Pfd.
Wasser zu einer Milch an, presse die Milch aus,
nehme den Rückstand, trockne ihn, und stoße ihn zu
einem feinen Pulver. Zu diesem setze man 4 Loth
der feinsten Alikantischen gepülverten Seife, 2 Drachmen gestoßenen Zimmt, 1/2 D. Nelken und 20 Tropfen
Bergamotöl, nebst 2 Loth gestoßener Florentinischer
Violenwurzel; menge Alles genau untereinander, und
hebe es in einer blechernen Büchse auf. Die ausge-
leichfalls zum Wa-

zu erhalten. Eine
rch Ungestaltheit oder
einige sind gelb, andere roth
oder schwarz gefleckt. Eine
nach dem Herrn Professor
oft der Grund. Man hat daher erdacht, um diese Fehler, wo
nicht ganz zu heben, doch zu verbessern. Hier will
ich folgende anführen. **Mittel den Nägeln
eine schöne Farbe zu geben.** Man wasche
zuerst die Nägel sehr gut mit Seife, mache dann
eine Salbe, welche aus gleichen Theilen feinen Zinnober und fein geschlämmten Schmirgel mit Mandelöl
zu einer Salbe gemacht worden, und reibe sie damit
so lange, bis sie ganz weiß und durchscheinend sind.
Dann wische man sie mit einer Mandelpaste ab.
**Mittel die Flecken von den Nägeln weg-
zubringen.** Man lasse in einer kleinen Pfanne
gleiche Theile Pech und Terpentin fließen, und mische
etwas Schwefelblüte hinzu. Mit diesem Gemenge
werden die Nägel des Abends beim Schlafengehen
überzogen, und des Morgens wieder gut gereiniget.

Sind die Flecken verschwunden, so muß man die Nägel dann mit Zinnober und Schmirgel überreiben. Einige andere Mittel, f. unter Nagel 1. Th. 100.

Zubereitung der sogenannten Huiles antiques zur Parfümirung der Haare, der Puder von allen Farben, der Schönheitspommaden ꝛc. — Huile antique au Cédrat. Man nehme 1/2 Pfund weißes Beenöl und 3 Unzen Citronenöl, vermische beide gut, und hebe die Mischung in einer verstopften Flasche auf. Auf dieselbe Weise wie dieses Huile antique au Cédrat werden alle andere bereitet, indem man das Beenöl mit den destillirten Oelen vermischt, als das:

Huile antique à la Bergamotte,
— — — au Giroffle,
— — — au Rosmarin,
— — — au Thym,
— — — au Lavande,

welches die gewöhnlichsten sind. Das Beenöl dient zur Firirung und besseren Vertheilung der ätherischen Oele. Nach Trommsdorff kann man diese Huiles antiques aber sehr gut entbehren. Ueber die Bereitung der ätherischen Oele, f. den Art. Oel, Th. 104, S. 405 u. f.

Was die wohlriechenden Puder anbetrifft, so wie überhaupt diejenigen, welche zur Färbung der Haare benutzt worden sind, und vielleicht zum Theil hin und wieder auch noch angewendet werden, obgleich die Mode des Puderns längst vorüber ist, so ist davon schon unter Puder, Th. 118, S. 531 u. f. Manches gesagt worden, so auch über den Ursprung desselben, S. 506 u. f. Hier noch Einiges zur Ergänzung jenes Artikels. Wie bekannt, ist die Basis alles Puders die aus Weizen bereitete Stärke (Amylum). Sie muß sehr weiß, locker, trocken und fein seyn, und durchaus keinen Geruch besitzen, und so müssen alle Pulver, die mit dem Puder versetzt werden, höchst fein gepülvert seyn. Wie der weiße Puder gemacht wird, ist schon in dem oben erwähnten Theile angeführt worden. — Verfertigung des grauen Puders. Man nehme weiße Stärke, setze ein wenig höchst fein gepülverte Lindenholzkohle hinzu, und vermenge Alles auf das Genaueste. — Die Verfertigung des blonden Puders. Man nehme 1 Pfund weißen Puder, und setze, nach Trommsdorff, so viel von einem trocknen, schön dunkelgelben Ocher fein gepülvert hinzu, bis man die verlangte Farbe erhält. Statt dieses Ochers kann man sich des im Handel unter dem Namen des Römischen Ochers bekannten Ochers bedienen, der eine schön goldgelbe Farbe hat, und daher das hochblonde Haar am besten durch Vermischung mit weißem Puder darstellt. Man kann auch statt des gemeinen Ochers einen Theil des Puders in einer Pfanne über dem Feuer rösten, und diesen mit so viel weißem Puder versetzen, bis die verlangte Farbe herausgebracht worden.

Wohlriechender Puder. Man nehme 1 Pfund Florentinische Violenwurzel, 2 Unzen Benzoeharz, 1 Pfund trockne, zu Pulver gestoßene rothe Rosenblätter, 1½ Unze gepülvertes, gelbes Sandelholz, 2 Quentchen Gewürznelkenpulver, eben so viel Zimmt, 10 Gran Moschus mit Zucker abgerieben, und vermenge Alles auf das Genaueste mit 18 Pfund weißen Puder, den man nun nach Gefallen grau oder blond färben kann — Marschalls-Puder; Fr. Poudre à la Maréchale. Man nehme 2 Unzen gepülverte Kalmuswurzel, 2 Unzen Florentinische Violenwurzel, 1 Unze Gewürznelken, 2 Unzen gepülverte Citronenschalen, 1 Unze gepülverte Pomeranzenschalen, 1 Unze

gläsernen Flaschen aufbewahren. Soll er noch stärker von Geruch seyn, so setze man weniger Puder dazu. — **Aromatischer Puder.** Man nehme 8 Unzen Florentinische Violenwurzel, 5 Unzen Weihrauchsrinde, 2 Unzen Benzoe, 2 Unzen trockne Rosenblätter, 2 Unzen Kalmuswurzel, 1 Unze Sassafrasrinde, eben so viel Zimmtrinde, 6 Drachmen Gewürznelken, 1 Unze Coriander, 2 Unzen trockne Pomeranzenschalen, und 1 Unze Citronenschalen. Man stoße Alles sehr fein, schlage das Pulver durch ein Haarsieb, und hebe es in einem verstopften Glase auf. Dieses Pulvers bedient man sich, um andern Puder zu parfümiren, oder streut es auch in die Waschschränke, um Wäsche und Kleidungsstücke wohlriechend zu machen. —
Kaiserpuder; Fr. Poudre Impériale. Man nehme 1/2 Pfd. Florentinische Violenwurzel, 1/2 Pfd. Lavendelblüten, eben so viel Thymian, 1/4 Pfd. Lorbeerblätter, 1/2 Pfd. weiße getrocknete Rosenblätter, 2 Unzen Zimmt, 1 Unze Muskatennüsse, eben so viel Cardamom, und stoße Alles zu einem feinen Pulver, das man durch ein Haarsieb schlägt, und in einer gläsernen Flasche aufbewahrt. Man vermische es hernach mit andern Pudern oder fülle kleine Säckchen damit an, die man zwischen das Pelzwerk lege, um es vor den Motten zu verwahren. — Andere einfache wohlriechende Puder erhält man, indem man 1 Pfund Puder mit einem Quentchen wohlriechenden Oel zusammenreibt. So bereitet man dann: **Citronenpuder; Fr. Poudre de Citron; Bergamotpuder; Fr. Poudre de Bergamot; Jas-**

miupuder; Fr. Poudre de Jasmin; Rosen-
puder; Poudre de Roses; Thymianpuder;
Poudre de Thym; Lavendelpuder; Fr. Poudre de Lavande; und andere mehr.

Mittel die Haare zu färben. Von diesen
Mitteln sind schon mehrere unter Haar des Menschen, Th. 20, S. 505 u. f. angeführt worden,
hier noch einige nach Trommsdorff's Angabe.—
Ein Mittel die Haare dunkel zu färben.
Man wäscht die Haare mit warmen Wasser, bestreicht sie mit einer Auflösung von einem Viertelpfunde gereinigter Potasche in einem Pfunde Rosenwasser, und läßt sie in der Sonne trocken werden.
Diese Operation wiederholt man acht Tage lang drei-
bis viermal.—Ein Mittel weißen Haaren eine
hellbraune Farbe zu geben. Man reibe die
Haare zuerst mit Gerstenkleie und warmen Wasser,
um sie von der Fettigkeit zu befreien; dann wasche
man sie mit frisch bereitetem Kalkwasser, und lasse
sie an der Sonne trocken werden, und wenn man
dieses einige Male gethan hat, wasche man sie mit
Kupfervitriolauflösung. Je öfter man dieses wiederholt, desto dunkler wird die Farbe der Haare.
Das Kalkwasser wird auf folgende Art bereitet:
Man nimmt ein halbes Pfund recht gut gebrannten
Kalk, besprengt diesen in einer steinernen Schale mit
Wasser, und wenn er sich erhitzt, rissig wird, und
sich gut aufzublähen anfängt, gieße man immer mehr
Wasser zu, bis Alles zu einem Pulver zerfallen ist.
Dieses übergießt man mit sechs Maaß Wasser,
rührt Alles wohl um, und läßt die milchichte Flüssigkeit so lange ruhig stehen, bis sich aller Kalk gesetzt
hat, dann gießt man die wasserhelle Flüssigkeit ab,
und hebt sie in verstopften Flaschen auf. Die Kupfervitriolauflösung erhält man, wenn man 1 Loth

Nachdem man die Haare von aller Fettigkeit befreit hat, bestreiche man sie zu wiederholten Malen mit der Silberauflösung, und lasse sie an der Luft trocknen, wodurch sie eine schöne schwarze und dauerhafte Farbe annehmen. Man muß sich aber hüten mit dieser Silberauflösung die Haut im Gesichte zu besprützen, weil solche ebenfalls eine schwarze Farbe annimmt. — Ein zweites Mittel. Man verfertigt sich 'ein starkes Galläpfeldekoct, wäscht die Haare damit, und läßt sie trocknen; hernach wäscht man sie mit einer Auflösung von grünem Eisenvitriol, und läßt sie abermals trocknen. Dann wäscht man sie wieder mit dem Galläpfeldekoct, und hernach wieder mit der Auflösung von Eisenvitriol, und dieses wiederholt man so oft, bis sie die gehörige Schwärze angenommen haben. Man muß aber jedesmal erst die Haare wieder abtrocknen lassen. Das Galläpfeldekoct bereitet man, indem man ein Viertelpfund Türkische Galläpfel gröblich zerstößt, und in einem neuen Topfe mit vier Nößel Wasser bis auf drei Nößel Flüssigkeit einkocht, die man dann durchseihet, und aufbewahrt. Man bereitet die Eisenvitriolauflösung aus 3 Unzen Eisenvitriol und 2 Pfund Wasser. Man kann alle die hier ange-

zu färben, führen bei ihrer öfteren Anwendung
Nachtheil mit sich, und dürften bei dem häufigen
Gebrauche, nach Trommsdorff, ein baldiges Aus-
fallen der Haare verursachen.   An abgeschnittenen
die aber zu Perrücken verarbeitet werden,
diese Künsteleien eine bessere Anwendung.

ügelchen zur Parfümi-
des Mundes. Man reibe auf einem feinen
sen das Gelbe von sechs Stück Citronen ab,
es dann in einem Möser sehr genau mit
weißen Zucker, und
hschleim hinzu, daß
Kü-
Läßt
, so
.—

hierauf noch die nöthige Menge Traganth
nd verfahre durchaus wie bei der vorigen
man aber wohl-
man den auser-
oncentrirtes Po-
te Art.   Man

weißem festem Hutzucker bereiten, und
diese in eine Schüssel von Porcellan. Hierauf
man 2 Drachmen Bergamotöl in einer Unze
besprenge damit die Kügel-
sie fleißig um, damit sie mit der gei-
gut durchdrungen werden. Man
ernen Teller, und
Hernach breitet
das man auf ein

Haarsieb gelegt hat, ganz dünn aus, und läßt sie an
der Luft trocken werden. Auf gleiche Weise können
aus allen wohlriechenden Oelen Pastillen auf eine
leichte Art gemacht werden, z. B. aus Nelkenöl,
Zimmtöl, Muskatenblütenöl ꝛc.; auf eben diese Art verfertiget man sich auch die Pfeffermünzkügelchen, welche als ein die Vapeurs vertreibendes Mittel nicht nur
sehr empfohlen werden können, sondern es auch nach
der Erfahrung wirklich sind. — Wohlriechende
Flüssigkeit zur Parfümirung des Mundes. Man nehme 2 Drachmen Amber, stoße denselben, und schütte ihn in eine Bouteille, gieße 1
Pfund des stärksten Rosengeistes darüber, verstopfe
die Flasche, und stelle sie acht Wochen lang an die
Sonne, während welcher Zeit sie oft umgeschüttelt
werden muß. Nach Verlauf dieser Zeit lasse man
die Flüssigkeit durch ein Filtrum laufen, und hebe sie
in einer verstopften Flasche auf. — Eine zweite
Vorschrift, Essence d'Hypocras. Man nehme
1 Unze Zimmtrinde, 1/2 Unze Gewürznelken, eine
halbe Drachme Coriander, eben so viel Ingber, eine
Muskatennuß, stoße Alles klein, übergieße es mit
einem Pfunde Orangengeist, und lasse Alles in einer
verstopften Flasche an der Sonne vierzehn Tage
stehen, und schüttle die Flüssigkeit täglich um. Nachher wird sie filtrirt. Aus den oben beschriebenen
ätherischen Oelen kann man, wenn man sie in reinem
Geiste auflöset, eine große Menge dieser Flüssigkeiten
bereiten, und durch Vermischung derselben mit einander mannichfaltige Parfüms erhalten oder hervorbringen.

Was die wohlriechenden Seifen anbetrifft,
so sehe man solche unter Seife; die wohlriechenden Essenzen, unter Parfümirkunst, Th. 107,
S. 516 u. f.; die parfümirten Korallen, Me-
daillen und andern Figuren, daselbst, S. 530

u. f.; die parfümirten Säckchen oder
Kissen, daselbst, S. 536, so wie überhaupt Alles,
was die Parfümirkunst anbetrifft, unter diesem Artikel. Mehrere Mittel zur Verschönerung des Gesichts, findet man auch unter Angesicht, Th. 2,
S. 131 u. f. Die Zahnpulver, Zahnmittel,
s. unter Z. Die Mittel für die Pockennar-
ben können jetzt füglich wegfallen, da durch die Im-
pfung der Schutzblattern die Pocken- oder Blat-
ternarben aufhören. Hier ist ein Präservativ
für dieselben, wenn es ja noch eine Schöne gäbe,
deren Gesicht durch die Pocken angegriffen werden
sollte. Wenn die Pocken anfangen weiß zu werden,
bestreiche man sie des Morgens und des Abends mit
Mandelöl, das mit einem starken Gerstenschleime durch
Schütteln vereiniget ist, und laulich warm aufgetragen wird. Dieses Liniment verhindert nicht das
Reifwerden der Pocken. Wenn sie endlich anfangen
abzufallen oder abzutrocknen, so bestreiche man das
Gesicht mit Linsen, die man mit Wasser zu einem
dicken Brey gekocht, und durch einen Durchschlag
gerieben hat. Diesen Brey lasse man austrocknen und
so lange darauf liegen, bis er von selbst in Schuppen abfällt. Dieses Mittel soll unter den bekannten Mitteln gegen das Uebel noch das mehrste wirken, und ist wenigstens unschädlich und einfach.
Salben von Schneckenschleim, Kalbsfüßen, Regen-
würmern ꝛc., die in allen Schriften anempfohlen werden, sind entbehrlich. Der schon mehrmals oben
erwähnte Schriftsteller sagt in seiner Kallopistria,
S. 209, bei Anführung des gedachten Mittels:
„Das beste Präservativ gegen die gefährlichen Pocken,
welches nicht nur die Schönheit, sondern, was weit
wichtiger ist, das Leben sichert, sind die Kuhpocken,
und wer dieses wohlthätige Mittel nicht ergreifen
will, der verdient wenigstens, daß die Menschenpocken

F 2

alle Züge der Schönheit aus seinem Gesichte
löschen."

Ueber das Schminken ist im verwichenen Jahrhunderte, besonders in der Mitte desselben, viel geschrieben worden, wozu besonders eine Frage in den
nützlichen Sammlungen vom Jahre 1756 *),
S. 1319, Veranlassung gab, und die so lautet: „Ist
das Schminken oder das sogenannte Anlegen der
rothen Schönfarbe von dem weiblichen Geschlechte
sündlich oder nicht? In wie weit ist dieses mit dem
Gebrauche des Haarpuders zu vergleichen, und welches ist am strafbarsten? Die Ursache dieser Verlarvung? Worum bedienet sich nur solches das weibliche, nicht aber beide Geschlechter? Einiges darauf Bezug habende werde ich weiter unten folgen
lassen. Von den Moralisten, die damals in dieser
Sache auftraten, ist auch nicht ein Einziger, der das
Schminken nicht sollte verdammt haben, das heißt,
für unrechtmäßig und unzulässig gehalten haben. Ihre
Gründe beruhen vornehmlich auf folgenden fünf
Sätzen. Sie verdammen es 1) weil die Zeit dadurch unnütz angewandt wird. 2) Weil die Schönheit ein vergängliches Gut sei, so müsse man auch
nicht so viel Sorgfalt darauf verwenden. 3) Weil
ein Frauenzimmer zu vielen Sünden Anlaß giebt,
wenn sie die Mannspersonen zu sehr zur Liebe reizt.
4) Sei es sündlich Gottes Werk meistern zu wollen,
weil man dadurch anzuzeigen schiene, daß er es uns
nicht gut genug gebildet habe. 5) Schminken sei
so viel, als Lügen, und da nun dieses sündlich sei, so
sei es auch jenes. Alle diese Gründe beweisen nur
wenig gegen das Schminken. Was den ersten
Grund betrifft, so dürften wir nach demselben der

*) Hannover, 1757.

Reinigung und Schönheit unsers **Körpers**, überhaupt dem Vergnügen uns zu schmücken gar keine Zeit widmen, welches man doch bei dem Naturmenschen antrifft, daß er seinen Körper durch Beschmierung mit Farben, durch Auspußung mit Federn ꝛc. zu verschönern sucht, also ein in die Natur gelegter Trieb, warum sollte er also unterdrückt werden. — Der zweite Grund: weil die Schönheit ein vergängliches Gut sei, müsse man nicht viel Sorgfalt darauf verwenden, ist gleichfalls unhaltbar; denn alle vergängliche Güter müssen, troß ihrer Vergänglichkeit, geachtet werden. Die Gesundheit ist gleichfalls ein vergängliches Gut, und dennoch sind wir verbunden, sie mit der größten Sorgfalt zu erhalten. — Der dritte Grund, daß ein so geschmücktes Frauenzimmer mehr zur Liebe reiße, ist gleichfalls unhaltbar; denn sonst müßten sich die von Natur mit einem zarten weißen Teint und rothen Wangen ausgestatteten Frauenzimmer stets mit einem Schleier verhüllen, um nicht Andere zur Liebe zu reißen. — Der vierte Grund, daß man Gott dadurch zu meistern suche, ist wirklich albern; denn wäre dies der Fall, so müßten wir auch nackt erscheinen, und unsern Körper, Gottes Meisterstück, nicht mit Kleidern verhüllen, die doch den Bau desselben

wachsenen ꝛc. fahren, die durch allerhand künstliche Mittel sich dem Auge äußerlich erträglich zu machen suchen. — Der fünfte und leßte Grund: Schminken heiße so viel, als lügen, ist eben so albern, und verdient hier weiter keiner Auseinandersetzung. Gründe, welche die Moralisten wider das Schminken aufstellen, oder worin sie die Schädlichkeit des Schminkens darthun wollen, stellt eine Dame ihre Gründe wegen der Nichtschädlichkeit des Schminkens dagegen. Gegen den Vorwurf:

daß keine Dame sich öffentlich schminken dürfe, indem sie sich schämen müsse, wenn man ihr vorhalte, daß sie sich geschminkt habe, erwiedert sie:

„Warum soll man sich nicht öffentlich schminken und gestehen, daß man sich geschminkt habe. Ich schminke mich schon seit vielen Jahren, und finde mich deswegen nicht mehr und nicht weniger geliebt, oder verachtet, indessen haben Alle, die mein Gesicht in beiderlei Gestalten kennen, mir noch ernstlich versichert, daß ihnen solches geschminkt besser gefalle, als nüchtern oder ohne Schminke. In Frankreich, und an den Orten, wo man den Damen vor der Toilette Besuche giebe, schminken sie sich in Gegenwart der Anwesenden eben so gut, als daß sie sich pudern, und richten sich nach dem Urtheile der Anwesenden, ob sie mehr oder weniger roth auflegen, und wie weit sie die rothen Flecken ausbreiten oder verwischen sollen. Sich heimlich zu schminken, oder das Schminken heimlich zu verrichten, damit es die Leute nicht wissen sollen, halte ich selbst für strafbar und unrecht; allein das Unrecht liegt nicht in der Schminke, sondern in dem Betruge, den man selbst spielen will, geschminkte Wangen für natürliche auszugeben, wodurch man Andere zu täuschen und zu verführen trachtet.“

Ein zweiter Einwurf: daß es viele unglückliche Ehen geben werde, wenn junge Mädchen sich schminkten, und dadurch die Mannspersonen sie zu heirathen verführten, bald nach der Hochzeit sich ihnen aber in einer scheußlichen Gestalt darstellten, wird wie folgt beantwortet:

„Alle junge Freier sind von Herzen zu bedauern, die uns um ein Paar rother Wangen oder um eines hübschen Gesichtes willen, nur allein heirathen. Wie vergänglich ist solches? Ein einziges Wochenbette, eine schwere Krankheit, ein zwei= oder drei=jähriger Ehestand und andere zufällige Ursachen, las=

; denn diese erhebt

ön darstellen, so, daß
zu verlieben. Folg=
Schminke
werden. Wenn wir aber im
Gemüth schminken, so betriegt
macht unglückliche Ehen.
frömmsten, unschuldigsten,
ftesten Gemüther, und als
darstellen, und sobald
die Männer regieren, im
wollen.
ndig be=
machen,
Augen eine Annehm   behalten
zuwider
r Hoch=
n, fru   mmengefallen und un=
und   hen; wenn wir nicht
geben; wenn wir uns
Jahr lang verheira=
n und anstellen, und höchstens

wenn wir ausgehen wollen, so wird uns nur dieses
Männern in Verachtung setzen, nicht das
en. Auch kömmte diese Gefahr abgeholfen
wenn man, wie es in Frankreich vor der
die Gewohnheit einführte, daß
Personen sich schminken dürf=

ten, solches aber den Unverheiratheten untersagt
würde. Ein Hauptbesorgniß bei dem Schminken ist,
daß es der Gesundheit schädlich sei; allein das
Schminken überhaupt ist nicht schädlich, sondern nur
gewisse Arten von Schminken schaden. Hieraus folgt
aber nicht, daß man gar keine Schminke gebrauchen
soll, so wenig man das Essen verbieten kann, weil
es gewisse Gerichte giebt, die der Gesundheit höchst
schädlich sind, und von welchen nur mit großer Be=
hutsamkeit genossen werden darf, man muß nur die
weniger gefährlichen wählen."

Außer dieser so eben angeführten Vertheidigung
des Schminkens, verdient noch folgendes Schreiben
von einer bejahrten Matrone aus dem letztverwich=
nen Jahrhunderte im Auszuge mitgetheilt zu wer=
den, welches ebenfalls zur Vertheidigung dieser Ge=
sichts=Verschönerung dient, und welches auch zum
Theil auf das gegenwärtige Jahrhundert angewendet
werden kann, oder den Beweis giebt, daß auch das
Vergangene wieder zurückkehrt. Es lautet:

„Du liebe Zeit! was ist denn das Schminken?
Ist es nicht eine Wirkung der Demuth? eine offen=
herzige Beichte unverschuldeter Mängel? eine Ge=
fälligkeit für die ganze menschliche Gesellschaft? eine
Schuldigkeit gegen eine Schwangere? ein Trost der
Alten? eine Pflicht gegen uns selbst, um ein häß=
liches, fürchterliches und unerträgliches Gesicht
seinen Freunden angenehm, und den jungen Ver=
mählten, welche ihren Männern alle Morgen mit
einem neuen Ekel schmeicheln, unschädlich zu machen.
Ich bin unter dem großen Kometen geboren, und
nun mit Ehren 76 Jahr alt geworden, und habe,
ohne Ruhm zu melden, seit meinem vierzehnten
Jahre so wenig Stolz besessen, daß ich noch kein
einziges Mal mein eigenes Gesicht gezeigt habe. Die
spröde Sittenlehrerin, welche ihre rothen Lippen ver=
engert, und ein Paar große Augen zu sanfteren
Blicken verkleinert, sollte sich billig entsetzen, ihre

reifen

und vielleicht ist es

und ein

mahlin in
die Siege
kümmern.   kann 'es noch
nges Rosenknöspchen
stolz sei; allein wie
? Das Gesicht ver=
ersten Wochen; die Augen
weiße Haut bekommt eine Todten=
noch Kopfweh und Mutterbeschwer=
n, so mag es ein entsetzliches Ver=
n solches abgestorbenes Gesicht zu
der Natur nach einem heftigen
t. — Was richtet denn wohl
il in der Welt an? Sie
der Künstler, vermindert die
befördert die Ehen der Häßlichen
Landes, beruhiget die Mütter
ihrer Töchter, verhindert den
e entstellten Gesichter, ebnet die Blat=
Runzeln, vermehrt das Erbauen,
as Auge, erhält die Apotheker und Par=
Einfluß in

Deko
der
b.

die Frau — gebadet hatte? Und haben wir Deutsche nicht wirklich den Oel auf unserm Salat aus
Italien wohlfeiler, weil ihn die Damen und Abbés
erst zu ihren Bädern gebraucht haben? — Man pu-
dert sich, bohrt Löcher durch die Ohren, man wäs-
sert sich mit wohlriechenden Wassern, Pucklichte tragen Volanten und Hinkende erhöhen einen Absatz;
die keine hübsche Nase haben, lassen sich in der Gestalt einer Maria Magdalena malen, damit das Gesicht gen Himmel gekehrt und dadurch die Nase im
Prospekt so viel verkürzt werde; die keine hübsche
Zähne haben verkleinern den Mund; der Busen wird
durch die Schnürbrüste erweitert und verschönert,
und dieses Alles wird nicht getadelt. Selbst die
Perrücken, welche in der heiligen Schrift verboten
sind, und wogegen vor etwa hundert Jahren (170
Jahren) von allen Kanzeln geeifert wurde, sind so
nothwendig geworden, daß in manchen Städten keiner ohne eine recht große ein Rathsglied werden
kann. Alles dieses ist unnatürlich, und dennoch mögen wir gern unsere Zähne weißen, unsern Bart
rupfen, unsere Lippen beißen, aber nicht das Gesicht
verbessern. Ist das nicht seltsam, und sollte die
Natur dem Gesichte allein ein Privilegium gegeben
haben? Ein Meerwunder, wenn es zweimal gesehen,
vermindert unsere Bewunderung, und wie Reaumürs
Kaninchen sich mit einem Huhne paarte, so waren
in Paris den dritten Tag nicht einmal zehn Kutschen mehr vor seiner Thür; wie ist es nun möglich, daß ein Gesicht sich täglich in derselben Gestalt zeigen, und dennoch das Auge vergnügen könne.
Die alltägliche Natur ist zwar einmal, aber nicht
allemal schöner, als die Kunst. Die Kunst ist das
allerliebste Kammermädchen der Natur, welche alle
Morgen bei unsern geheimsten Geschäften zu Rathe
gezogen wird, und sie zeigt sich alle Morgen neu.
Immer frisch, immer bemüht zu gefallen, immer
fleißig, lernt sie von Newton und Algarotti
eine andere Farbe für den Tag, und eine andere
für den Abend, oder die Nacht, wenn man nämlich
die Finsterniß oder Dunkelheit mit letzter Benennung
bezeichnet, wählen; denn die gelben Lichtstrahlen machen

einen ganz andern Effekt auf das Gesicht, als das
Tageslicht; daher sind auch hier andere Farben nöthig, welches besonders die Schauspielkunst zeigt, indem bei jedem Aufzuge oft eine und dieselbe Schau-
spielerin andere Gesichtsfarben zeigt, oder dem Gesichte frische Reizungen giebt. Wie träge ist hingegen die Natur! und Trägheit ist doch der Tod der
Schönheit. Der Tadel mag also die Ausschweifungen treffen; ich meines Theils halte die Schminken
den Schönen anständig und nützlich, den Alten hingegen unentbehrlich ꝛc."

Was nun Alles gegen das Schminken in der
Mitte des verwichenen Jahrhunderts gesagt und geschrieben worden, übertrifft bei weitem alle Lobeser-
hebungen desselben; allein alle die aufgestellten
Gründe dawider hier anführen zu wollen, würde zu
weit führen. Hier nur Einiges:

Schon der Herr von Justi warnt vor dem gefährlichen Schminken, indem man nicht vorsichtig
genug bei dem Gebrauche der Schminken überhaupt
zu Werke gehen könne; da diejenigen, worunter
Quecksilber ist, die Augen und Zähne angreifen.
Das Blanc d'Espagne verdirbt die Haut, das Salz
welches in der Komposition liegt, und sich daraus
entwickelt, verdirbt die Haut; denn es löset sich vom
Schweiße auf, dringt in die Schweißlöcher und
wird dadurch der Gesundheit nachtheilig. Eine naß
aufgetragene Schminke, oder wenn solche naß aufgetragen werden muß, taugt gleichfalls nicht, weil
dadurch, wenn sie trocken wird, die Schweißlöcher
verstopft werden, und sich die Haut zusammenzieht,
welche in der Folge davon aufspringt. Besonders
sind alle Spiritusse, vorzüglich aber das Ungarische
Wasser schädlich, weil sie eine spröde Haut machen,
und zusammenziehend sind. Ist Fett dazu genommen worden, oder sind die Oele sehr fettiger Natur,
so schmilzt solches bei der Wärme und macht die

Haut vollends braun und garstig. In einer guten
Schminke wird erfordert, daß die rothe Farbe, die
sie enthält, von einer ganz unschädlichen Materie
genommen wird, wie auch schon oben angeführt
worden, und wonach auch die daselbst angegebenen
Bereitungsformeln eingerichtet sind. Etwas Fett,
eine leichte Salbe muß darunter kommen, damit sie
sich nicht auflöset, wenn man im Sommer an irgend
einen Ort, oder in Gesellschaft geht, wo durch die
Wärme, durch die Ausdünstung sich die Fettigkeit
nicht auflöset, noch weniger in die Haut zieht, und
doch stark genug ist, um die Röthe auf der Ober=
fläche der Haut haftend zu machen.

Es ist nun nicht zu leugnen, daß die Schminken
der Haut keinesweges vortheilhaft sind, weil schon
durch die immerwährende Spannung, in welcher die
Haut erhalten wird, solche weit früher Runzeln er=
hält, nicht zu gedenken, daß das Verkleistern der
Schweißlöcher mit Fett und andern Substanzen
auch schon sehr nachtheilig auf die Haut wirkt. Das
Bleyweiß läßt beim öftern Gebrauche schwärzliche
Flecken in der Haut zurück, welches man auch sehr
bald an dem Kinn herum gewahrt, welcher Theil
nur mit weißer Schminke bestrichen wird; dasselb
gilt auch von dem Wißmuthe. Schminken, wor=
unter diese Minerale kommen, färben mit Beiwir=
kung der Luft und der Sonne zuletzt diejenigen
Theile der Haut, worauf sie häufig gestrichen wer=
den, schwarz, das heißt, die Pores in der Haut er=
scheinen, als wenn sie mit kleinen schwarzen Flecken
übersäet wären. Dasselbe gilt auch von dem Zin=
nober, welcher wegen des Quecksilbers noch schäd=
licher auf die Haut des Gesichts wirkt, ja selbst der
Gesundheit nachtheilig werden kann, wenn gleich
dasjenige, was einige Aerzte behaupten: daß sie
nämlich das Frauenzimmer beim häufigen Gebrauch

desselben die Salivation zuziehen könne, nicht anzunehmen ist. Der Schweiß und das Fett können
aber dennoch etwas von dem Zinnober auflösen und
zum Nachtheil der Gesundheit Quecksilber und
Schwefel dem Körper einverleiben. Die aus der
Benzoe zubereitete Jungfernmilch ist zum Waschen
unter allen Schönheitsmitteln für die Gesundheit
noch am unschädlichsten, obgleich dieses seinem Ursprunge nach gummigte oder harzige Wesen beim
langen Gebrauche der Haut gleichfalls nicht vortheilhaft ist. Genaue Beobachter wollen die Bemerkung gemacht haben, daß Frauenzimmer, die sich
dieses Schönheitsmittels von Jugend auf bedient
haben, schon in einem Alter von einigen dreißig
Jahren eine sehr grobe und häßliche Haut davon erhalten hätten, welche, ungeachtet der fortdauernden
sehr starken Ueberkleisterung, dennoch stark ins Auge
gefallen wäre.

Nach den Nachrichten der Alten sollen die Franen
vor Alters das sogenannte Talköl besessen haben,
von welchem die alten Schriftsteller Wunderdinge
erzählen, und welches unter die verlornen Künste
gerechnet wird. Es soll einen Neger durch einen
einzigen Gebrauch auf sechs Monate zu einem vollkommenen Weißen gemacht haben, und dem Frauenzimmer die Annehmlichkeit der Jugend bis in das
späteste Alter ertheilen. — Diejenigen, welche
diese Nachricht der Alten für glaubwürdig angenommen, glauben, daß dieses Talköl aus derjenigen
Bergart gemacht worden sei, die wir noch jetzt Talk
nennen, und die unter dem Namen des Venetianischen Talks in den Gewölben der Spezereihändler
und in den Apotheken anzutreffen ist. Die Fettigkeit, womit sich dieser Talk beim Angreifen auszeichnet, hat vermuthlich zu dieser Meinung Veranlassung
gegeben, ungeachtet es noch nicht ausgemacht ist, ob

dasjenige, was wir Talk nennen, den Alten schon
bekannt gewesen. Indessen haben alle diejenigen,
welche an der Wiedererfindung des Talköls gearbeitet
haben, hauptsächlich ihr Heil an diesem mineralischen
Talke versucht. Einem Chemiker wurde in Wien
in dem letzten Drittel des verwichenen Jahrhunderts,
ein Recept zu diesem Talköle mitgetheilt, um sein
Urtheil darüber zu hören, welches Recept von der
verstorbenen Fürstin von A — zu A — g herrühren
sollte, von welcher erzählt wurde, daß sie durch die
Kraft dieses Talköls in einem 90jährigen Alter noch
das Ansehen einer Dame von vier und zwanzig
Jahren gehabt habe. Die Materialien kamen hauptsächlich auf den mineralischen Talk und auf ein besonders zubereitetes Weinsteinsalz an, denen noch
viele andere Ingredienzien beigesetzt waren. Alle
diese Materialien sollen sechs Monat in einem Eiskeller
stehen, und sich darin in ein Oel verwandeln. Der
Chemiker sagte voraus, daß man aus diesen Materialien kein Oel erhalten werde, indessen wurde
doch der Versuch gemacht, der Erfolg war aber, wie
der Chemiker vorher gesagt hatte. Die Materialien
hatten sechs Monate in einer verschlossenen steinernen Flasche, wie in dem Recepte vorgeschrieben worden, im Eiskeller gestanden, und dennoch waren sie
kaum etwas feucht geworden, und weit gefehlt, daß
ein Oel hätte daraus werden sollen. Auf folgende
Weise ist es ihm aber gelungen einen Oel aus dem
Talke zu ziehen. Man nehme einen Theil Venetianischen Talk und zwei Theile gebrannten Borax,
reibe beides zusammen zu einem groben Pulver, und
setze es in einem Hessischen bedeckten Tiegel in den
Glasofen oder in eine Schmiedeesse. Nach dem
Unterhalten eines starken Feuers während einer
Stunde wird sich in dem Tiegel ein grünlich gelbes
Glas zeigen. Dieses Glas reibe man zu Pulver,

vermische es mit zwei Theilen Weinsteinsalz und lasse
es wiederum im Tiegel schmelzen. Die erhaltene
Masse lege man auf eine Glastafel oder auf ein zin-
nernes Blech im Keller etwas abschüssig, und setze
ein gläsernes Geschirr unter, so wird sich Alles auflösen, und ein Oel daraus werden, welches Oel das
ganze Bestandwesen des Talkes in sich enthalten
wird. Dieses Oel soll eine vorzügliche Wirkung
bewiesen, und eine feine weiße Haut gemacht haben.
Das Weinsteinöl, aus welchem dieses Oel am meisten besteht, soll überdies das beste und unschädlichste
Mittel für die Schönheit des Frauenzimmers seyn,
weil es, vermöge seiner alkalischen Natur, alle Unreinigkeiten hinwegnimmt, und eine zarte und ge-
schmeidige Haut macht. Jetzt wird dergleichen
Oel nicht mehr als ein Schönheitsmittel gebraucht,
sei es nun, daß dieses Oel gänzlich in Vergessenheit
gekommen, weil die hier erwähnte Zubereitung schon
über siebzig Jahre her ist; oder weil es doch den
Effekt nicht hervorbringt, den die neueren Schönheitsmittel gewähren.

In Berlin soll erst das Schminken unter Friedrich dem Großen in der Mitte des verwichenen
Jahrhunderts aufgekommen seyn. Man erzählt,
daß die Gemahlin des Französischen Gesandten in
Berlin bei der ersten Audienz, die sie bei der Königin
Elisabeth Christine, Gemahlin Friedrichs
des Großen gehabt, die Königin gefragt habe: ob
es in Berlin Mode sei, daß sich das Frauenzimmer
schminke; denn in Frankreich sei es jetzt überall Mode,
sie wolle sich indessen nach der Mode in Berlin, und
nach dem Befehle der Königin richten. Hierauf
soll die Königin geantwortet haben, daß dieses zwar
in Berlin nicht Mode sei, indessen habe die Frau
Gesandtin vollkommene Freiheit, die Pariser Mode
auch in Berlin zu beobachten. — Dieser Erlaub-

niß habe sich denn auch die Gesandtin bedient, und sei immer mit angestrichenen Wangen bei Hofe erschienen. Ein großer Theil der Damen habe diese Mode sogleich nachgeahmt, und so sei sie denn nach und nach in der Hauptstadt Preußens verbreitet worden. — Daß die Schminke auch in Staatsangelegenheiten einen sehr guten Dienst leistet, berichtet die berühmte Frau von Stael in ihren Memoiren. Sie sagt: „als ich einst wegen Staatssachen in der Bastille saß, und vor die Kommissarien gerufen wurde, um vernommen zu werden, war ich so vorsichtig die Schminke, welche ich in der Tasche hatte, aufzulegen; sonst hatte ich mich nie geschminkt, jetzt that ich es, um eine gewisse Entrüstung (Alteration) im Gesicht, die mich hätte verrathen können, zu verbergen."

In der Landwirthschaft ist in der Bienenzucht die Schminke, Bienenschminke, ein wohlriechender, den Bienen angenehmer Körper, womit die Bienenstöcke auswendig bestrichen oder gerieben werden, damit die Bienen gern darin bleiben; s. unter Biene, Th. 4.

Ueber das Schminken mit Farben, siehe, außer den schon oben hin und wieder angeführten Schriften, auch noch folgende nach:

Nützliche Sammlungen vom Jahr 1756, 2. Th. Hannover, 1757, S. 1354. — Desgl. vom Jahre 1757, 3. Th. Hannover, 1758, S. 42 u. f., S. 163 u. f., S. 647 u. f., S. 1569 u. f.

Hannöversche Beiträge zum Nutzen und Vergnügen vom Jahre 1759. 1. Th. Hannover, 1759, S. 369, und S. 818 u. f.

Taschenbuch zum Nutzen und Vergnügen. Jahrgang 1778, S. 60; 1782, S. 64.

Braunschweig = Lüneburgischer Taschenkalender, Jahrgang 1779, S. 135 u. f.

Bereitung der rothen Schminke; in Herber's neuen
Beiträgen zur Mineralgeschichte, 1. Bd., S. 385;
deſſen Nachrichten und Beschreibungen einiger che-
mischen Fabriken ꝛc. Halberſtadt, 1793, S. 84.
Magazin für Frauenzimmer, St. 11, S. 996.
Leipziger Taſchenbuch, 1785, S. 284.
Etwas über den Gebrauch der Schminken. Wien,
1785.
Handlungszeitung, 1785, S. 251.
Journal der Moden, Februar, 1787, S. 47, 51; Sep-
tember, 1789, S. 408; Oktober, S. 420; Februar,
1790, S. 65; July, 1796, S. 329.
Pandora, 1787, S. 20.
Schauplatz der Künſte und Handwerke, 16. Bd.,
S. 16.
Demachy, Laborant im Großen, II, S. 331.
Schminkpfläſterchen, Leipziger Taſchenbuch, 1785,
S. 295.
Katopiſtria, oder die Kunſt der Toilette für die ele-
gante Welt ꝛc. Von Dr. Joh. Barthol. Trommé-
dorff. Erfurt, 1805.
Ludovici und Schebel, encyklopädiſches Kaufmanns-
lexicon, 5. Th. Leipzig, 1800, S. 1747 u. f.
Frank, mediziniſche Polizey. III, S. 744.
Hauenſchild, Mißbrauch, Aberglaube ꝛc. I, S. 93.
Heger, in Crell's Annalen, 1794, 9. St., S. 228.
Funken's Anmerkungen über die Lebensart der Ein-
wohner in großen Städten, 1779, S. 139.
Der Arzt für Liebhaber der Schönheit. Heidelberg,
1781, S. 100.

Schminken, ein regelmäßiges thätiges Zeitwort, mit
Schminke beſtreichen, ſei dieſelbe in einem flüſſigen
oder trocknen Zuſtande. 1. Im weiteſten Verſtande ſchminke man in der Bienenzucht die Bie-
nenſtöcke; ſ. oben unter Schminke. 2. Am üb-
lichſten iſt es im engeren Verſtande, Theile des
Körpers, und beſonders das Geſicht durch einen dicklich flüſſigen Körper, und in weiterer Bedeutung
durch ein jedes aufgetragenes Mittel eine ſchönere
Farbe geben; daher die Ausdrücke: Sich ſchmin-

Oec. techn. Enc. Theil CXLVII.   G

ken; die Hände, das Gesicht schminken. Geschminkte Wangen, geschminkte Frauenzimmer. Ingleichen geschminkte Worte, eine geschminkte Freundschaft, eine verstellte. Die Handlung des Schminkens, oder wie und auf welche Weise man sich schminkt, s. oben unter Schminke.

Nach Adelung leiten Wächter, Frisch und Ihre dieses Wort von dem Lateinschen Minium ab, als dem vielleicht ältesten und üblichsten Schminkmittel. Es ergiebt sich aber aus der ersten Bedeutung des Zeitwortes und dem Worte Schminkbohne, daß dieses Wort von schmiegen und schmieren nur im Suffixe verschieden ist, und so wie diese, sowohl den Begriff der Schmeidigkeit, als auch der dicklich-flüssigen oder schmierigen Beschaffenheit, obgleich in edlerem Verstande, bei sich führt. Im Magdeburgischen soll nach dem Frisch eine Schminke Butter, eine Schminke Speck, ein Stück oder Stückchen, vielleicht so viel, als man ein Stück Brod damit zu bestreichen nöthig hat.

Schminkfleckchen, Schminkflecklein, Schminkläppchen, nach Adelung, Fleckchen oder Läppchen, welche mit Cochenille gefärbt sind, und zum Schminken gebraucht werden, sich damit eine rothe Farbe zu machen; allein unter der Benennung Fleckchen, versteht man wohl eher die Schminkpflästerchen, s. diesen Artikel, welche so geschnitten und aufgeklebt wurden, daß sie Fleckchen im Gesicht, auf der Brust oder dem Busen ꝛc. darstellten.

Schminkläppchen, Farbeläppchen, rother Flor, s. Schminkfleckchen, und oben, unter Schminke, S. 60.

Schminkpflästerchen, kleine schwarze Pflästerchen von verschiedener, besonders runder, Gestalt, welche in der Mitte und zu Ende des verwichenen Jahrhunderts, nicht nur bei dem schönen Geschlechte, sondern auch bei den jungen Mannspersonen Mode waren, und womit man einzelne Stellen im Gesichte beklebte, um dadurch theils ein Bläschen, eine Blatternarbe 2c. zu verdecken, theils auch einen zarten Teint zu erhöhen. Besonders wurden sie beim Kinn herum gelegt, so daß sich zu beiden Seiten des Kinnes an dem unteren Theile der Backe, ein Pflästerchen, auch wohl etwas höher, jedoch stets auf der weißen Gesichtsfarbe befand, um dadurch mehr die weiße, als rothe Gesichtsfarbe zu erhöhen. Mannspersonen legten diese Pflästerchen, nachdem der Bart abgenommen worden, auf das Kinn, auch legte man sie in die sich zwischen dem Kinn und dem Munde bildende Höhlung, kurz da, wo man es, der Schönheit am angemessensten fand. Frauenzimmer legten dergleichen Pflästerchen auch auf den Busen. Man gebrauchte hierzu das sogenannte Englische Pflaster, welches, wenn es nur ein wenig durch die Lippen feucht gemacht wird, leicht auf der Stelle, wo man es hindrückt, kleben bleibt. S. auch oben unter Schminke, S. 44. u. S. 63 u. f.

Schminkeverordnung, Verordnungen, welche einige Regierungen wegen des Schminkens erlassen. So findet man eine Verordnung, diesen Gegenstand betreffend, in der Prager Gewerbezeitung, 1787, S. 328.

Schminkwasser, ein durch die Kunst bereitetes Wasser zur Verschönerung der Haut; s. oben, unter Schminke.

Schminkweiß, Fr. Blanc d'Espagne, eine aus Wißmuth bereitete weiße Farbe zum Schminken; s. oben unter Schminke, S. 52.

Schminkwurz, Convallaria Polygonata, s. unter Mayblume, Th. 86, S. 223.

G 2

Schminkwurzel, Lawsonie, Lawsonia Linn., s. Th. 66, S. 577 u. f. Auch eine Art des Steinsamens, Lithospermum arvense Linn., welche auf den Europäischen Aeckern und Brachfeldern wild wächst, und deren frische Wurzel roth färbt. Auf dem Lande wurde sie von dem Frauenzimmer statt der Schminke gebraucht.

Schmirgel, s. Schmergel, Th. 146, S. 693. u. f. Nach Klaproth ist das specifische Gewicht des Schmirgels 3,992. Man findet ihn auch auf Naxos und mehreren Inseln des Archipels, in Altcastilien und Estremadura. Smithson Tennant fand in 100 Theilen dieses Fossils:

$$
\begin{array}{r}
80 \text{ Alaunerde,} \\
3 \text{ Kieselerde,} \\
4 \text{ Eisen,} \\
\hline
87
\end{array}
$$

Der Eisengehalt soll bei diesem Fossil sehr großen Veränderungen unterworfen, und nach einigen Chemikern soll das Eisen vielleicht nur eine zufällige Beimischung seyn. Eine von Tennant untersuchte Abart gab ihm folgendes Verhältniß der Bestandtheile:

$$
\begin{array}{r}
50 \text{ Alaunerde,} \\
32 \text{ Eisenoxid,} \\
8 \text{ Kieselerde,} \\
\hline
90.
\end{array}
$$

Philos. Transact. 1802, p. 400.

Schmirgler, heißen bei den Ruhlischen Gewehrfabriken die Handpolirer.

Schmirie, der Name eines ausländischen Vogels.

Schmiring, der Name einer Art Strandläufer, s. Strandläufer.

Schmirtrögel, Schmirbüchsel, s. Schmierbüchſe. In den Glashütten ein kleines hölzernes, ungefähr eine Spanne langes und vier Querfinger breites Tröglein oder Büchschen, in welches die Schmiere enthalten iſt, worin die Auftreibzange an den Spitzen geſchmiedet wird, um das Glas beim Abtreiben deſto ergiebiger zu machen.

Schmirweg, Schmierweg, im Forſtweſen eini-ger Gegenden, ein Weg an einem ſteilen Berge, um das Holz herabzubringen. Man bedient ſich dieſer Wege im Sommer. Sie werden auf folgende Weiſe angelegt. Man gräbt 2 Fuß zu 2 Fuß ge-ſchälte Knüppel bis zur Hälfte der Länge nach ein, ſo daß keiner weder höher, noch niedriger, als der andere zu liegen komme. Auf dieſen Knüppeln be-feſtiget man zu oder an beiden Enden Latten, eine mit der andern parallel, und ſo weit entfernt, daß zwiſchen denſelben ein Schlitten leicht, ohne anzu-ſtreifen, laufen kann, ſchlägt auch Pfähle da ein, wo ſtarke Wendungen gegen das Thal hin vorkommen. Auf einem ſolchen Wege kann ein mit Holz belade-ner Schlitten von einem einzigen Menſchen oder einem kleinen Pferde mit leichter Mühe herunterge-zogen werden, wenn nämlich die Knüppel zunächſt an den Latten, wo der Schlitten läuft, von eigens dazu beſtellten Leuten öfters mit Speck oder Fett geſchmiert worden. Um die leeren Schlitten wieder den Berg hinaufzubringen, muß auch hier ein Ne-benweg angelegt werden. Am Rhein, in der ehe-maligen Rheinpfalz, werden die Schlitten bergauf getragen. Wird ein ſolcher Weg nicht mehr ge-braucht, ſo werden die Knüppel von oben herunter herausgebrochen, ſammt den Latten auf Schlitten geladen, und zum fernern Gebrauche verwahrt.

Schmiß, von dem Zeitworte ſchmeißen, ſo fern es ſchlagen bedeutet, ein derber heftiger Schlag, jedoch nur im gemeinen Leben. Schmisse bekommen, Schläge. Von dem Französischen chemise, ist Schmiß im Oesterreichischen ein Ueberrock.

Schmitte, im gemeinen Leben einiger Gegenden, der aus Mehl und Fett bereitete Brey, womit die Weber den Aufzug steifen, die Schlichte. Daher daselbst auch schmitten für schlichten üblich ist. S. Schlichte.

Schmitz, im gemeinen Leben, ein Schlag oder Streich mit einem schlanken, biegsamen Körper, z. B. mit einer Ruthe, welche im Schlagen einen diesem Worte ähnlichen Laut verursacht. Handschmitze, Hiebe mit der Ruthe auf der flachen Hand in den Schulen. In Günther's Gedichten kommt vor: Du sollst den ersten Schmiz von meiner Peitsche kriegen.

Schmitz, im gemeinen Leben, im Bergbau einiger Gegenden, eine schmierige fette Erde. Im Hohensteinischen ist besonders der blaue Lettenschmitz bekannt, welcher ein wahrer blauer Thon ist.

Schmitze, im gemeinen Leben, ein Werkzeug zum schmitzen, das ist, einen fein tönenden schlanken Schlag zu geben. So wird die dünne äußere Schnur an der Peitschen, welche gemeiniglich aus Zwirn oder Seide gedreht ist, wegen des Lautes, welchen sie beim Hauen mit der Peitsche von sich giebt, die Schmitze genannt. Fr. Touche; im Niedersächsischen die Schmicke.

Im gemeinen Leben einiger Gegenden, z. B. in Bayern ist die Schmitze eine jede Salbe. Bei den Lederfärbern ist die Schmitze diejenige zubereitete wässerige Farbe, womit sie die Felle schmitzen, das ist, bestreichen, um sie zu färben. In manchen Gegenden ist die Schmitze auch ein Schmutzfleck, schon bei dem Kero Pismiz; daher Jeman

den eine Schmitze anhängen, einen Schmutz=
fleck, das heißt, ihn heimlich beschimpfen.

Bei dem Tuche sind die Schmitzen Streifen, die
von dem Schnitte der Scheere herrühren. Sie ent=
stehen, wenn der Arbeiter beim Scheeren der Tücher
zu geschwind arbeiten und mit einem Male zu viel
Wolle mit seiner Scheere nehmen will. Zuweilen
entstehen auch Schmitzen, wenn die Schmitzer eine
Scheere zu sehr auf einander drücken. Eine kleine
Schmitze soll dem Tuche keinen Schaden thun, vor=
nämlich bei dem ersten Scheeren.

Schmitzen, ein regelmäßiges thätiges Zeitwort, wel=
ches das intensive Diminutivum von schmeissen,
schlagen ist, und mit einem dünnen biegsamen
Körper schlagen oder hauen bedeutet, von dem ähnli=
chen damit verbundenen Schall. Es kommt im ge=
meinen Leben nur hin und wieder vor. So sagt
man auch im Oberdeutschen hinschmitzen, für
hinschmeissen, hinfallen. Dieselbe Figur, welche in
verschlagen Statt findet, herrscht auch in dem Zu=
sammengesetzten verschmitzen, nur daß schmitzen
und schlagen hier nicht percutere bedeuten, son=
dern wie ähnliche Wörter dieser Art eigentlich den
Begriff der Schlankheit und Schmeidigkeit
haben, des Vermögens sich in allen Fällen zu drehen
und zu winden, da denn schmitzen in diesem Falle
zu dem folgenden gehört.

Schmitzen, ein regelmäßiges thätiges Zeitwort, wel=
ches den Begriff der weichen, schmeidigen, schmieri=
gen Beschaffenheit gewährt, und in doppelter Ge=
stalt vorkommt. I. Als ein Neutrum oder Zeitwort
der Mittelgattung; Schmutz fahren lassen, eine nur
im gemeinen Leben einiger Gegenden übliche Bedeu=
tung. Die Kohlen schmitzen, machen schwarz,
färben ab. Eben daselbst braucht man es auch für
abfärben, so fern solches als eine Art des Schmutzes

betrachtet wird. II. Als ein thätiges Zeitwort.
1. Mit einem dicklichen flüssigen Körper bestreichen,
wo es in manchen Gegenden für salben, schmieren 2c. üblich ist. Schon bei dem Ulphilas ist
bismaitan, salben, Niedersächsisch schmitten.
In manchen Gegenden schmitzen die Leinweber
den Aufzug mit einem Brey von Fett und Mehl,
wenn sie ihn im Hochdeutschen schlichten. In
weiterer Bedeutung wird es daher auch in manchen
Fällen für färben gebraucht, besonders für schwarz
färben. Die Felle schmitzen, färben. Eine
Hirschhaut schmitzen. Daher werden die Le-
derfärber daselbst auch Fell- oder Lederschmi-
tzer genannt. Bei den Handschuhmachern heißt
schmitzen, das Leder dergestalt färben, daß es wie
Sammt aussieht. 2. Mit einem solchen dicklichen
flüssigen Körper verunreinigen, und in weiterer Bedeutung verunreinigen, besudeln überhaupt. Sich
die Hände schmitzen, besonders wenn solches
mit Ruß geschieht.

    In allen Stücken new
      Thut uns die Welt mit Hönwordt
        schmitzen. Hans Sachs.

Im Hochdeutschen ist es in dieser Bedeutung fremd,
indem man dafür schmutzen und beschmutzen
gebraucht. S. das Erstere. Niedersächsisch schmitten, Engl. smittle, smeetch, Angels. smitan, Is-
ländisch smeta, Schwedisch smitta. Es ist ein Intensivum von schmeissen, besudeln, und gehört
zu dem Geschlechte des Worts schmeidig, und ohne
Zischlaut zu Mast, Mist, Moder.

Schmöcher, ein altes, schlechtes Buch.

Schmolle, ein nur im Oberdeutschen, besonders in
Oesterreich übliches Wort, die Brodkrume zu bezeichnen. Nach Adelung ist der herrschende Begriff dieses Wortes das Weiche, daher es als ein

Verwandter von Malm, molſch, dem Niederſächſiſchen Mull, und dem Lateiniſchen mollis angeſehen werden muß, welchen nur der zum Stamme
nicht weſentlich nothwendige Ziſchlaut mangelt.

Schmollen, ein regelmäßiges Zeitwort der Mittelgattung, ſeinen Unwillen durch ein murriſches Still-
ſchweigen an den Tag legen, wo es in der vertraulichen Sprechart anſtatt des niedrigen **maulen**
gangbar iſt. Mit Jemanden ſchmollen.
Das macht nur dein ſchmollen. Roſt.
Gewiß es war zu viel zu gehen und gar
zu ſchmollen. Gell. — Nach dem Adelung ſoll
es vermittelſt des Ziſchlautes aus **maulen** gebildet
worden ſeyn. In einem gerade entgegengeſetzten
Verſtande iſt ſchmollen in einigen Gegenden; lächeln. Wer wolt das lieplich Angeſicht,
ir gefällig ſchmollen bezaichnen? Stoin-
höv, bei dem Schilter.

Schmollener Sauerbrunnen, ſ. unter Sauerbrunnen, Th. 137.

Schmollis, ein Wort, welches ſich auf Univerſitäten
die Studenten bedienen, wenn ſie einander zutrin-
ken, worauf der Andere, dem zugetrunken wird, fiducit erwiedert. Die Ableitung beider Wörter,
beſonders die des erſteren, iſt ſehr ungewiß. Einige
wollen es daher leiten, daß es ſo viel heißen ſoll, als
ſchmoll aus, rein aus, und fiducit, vom Lateiniſchen fiducia, bedeutet die vertrauliche Freundſchaft,
die unter den Studenten oft beim Trunk errichtet
wird.

Schmorbraten, in einigen Gegenden, beſonders Nie-
derſachſens, ein großes Stück Rindfleiſch, welches
in einem Topfe, Schmortopfe, gedämpft oder ge-
ſchmort worden. Die Zubereitung dieſes Bratens
oder Schmorfleiſches, ſ. unter Rindfleiſch, Th.
123.

Schmoren, ein regelmäßiges thätiges Zeitwort, und ein Zeitwort der Mittelgattung, in einem verschlossenen Gefäße langsam dämpfen oder braten, besonders von dem Fleische; ingleichen auf eine solche Art bei einem gelinden Feuer langsam kochen oder braten lassen, welches man im gemeinen Leben auch brägeln, im Hochdeutschen dämpfen, im Niedersächsischen stoven, und im Oberdeutschen stauchen und schmauchen nennt. Daher die Ausdrücke: geschmortes Rindfleisch, eine geschmorte Kalbskeule. Das Schmoren des Fleisches geschieht am besten in einem besonders dazu gemachten Topfe, welcher daher auch den Namen Schmortopf führt. Nach der Größe des Stück Fleisches richtet sich auch der Topf, dieserhalb müssen in einer gut eingerichteten Küche Schmortöpfe von verschiedenen Größen vorhanden seyn. Das Fleisch muß in einem solchen Topfe nicht zu eingeengt, aber auch nicht zu geräumig liegen. Auf den Boden desselben lege man ein Paar Knochen aus dem Fleische, damit sich Letzteres nicht ansetzen und anbrennen kann. Die Citronenscheiben, die zu dem Fleische kommen, lege man auf dasselbe, nicht unten, auf den Boden des Gefäßes, weil solche leicht anbrennen und dann der Sauce einen üblen branstigen Geschmack mittheilen. Salz, Lorbeerblätter, Estragon, Petersilienwurzel, Piment oder Nelkenpfeffer 2c. lege man theils auf das Fleisch, theils auch unter dasselbe, auf den Boden des Gefäßes, gieße dann die Flüssigkeiten, halb Bier, halb Essig, daran, decke das Gefäß mit einem gut schließenden Deckel zu, und beklebe ihn rundherum mit eigens dazu geschnittenen und mit Kleister beschmierten Papierstreifen, so daß durch die Ritzen zwischen Topf und Deckel der Dampf nicht hindurch kann, und lasse es so über einem gelinden Feuer schmoren. Am besten ist es, und weit köstlicher wird auch das Fleisch, wenn man es schon am Abend vorher über Torffeuer, sei es nun auf einen Dreifuß, oder in ein Kasserolloch setzt, und so die Nacht hindurch langsam dämpfen läßt. Am Morgen öffnet man den Deckel, siehe nach, wie weit die Brühe schon eingekocht ist, thut noch etwas Salz und anderes Gewürz daran, wenn es nach dem Kosten der Sauce noch fehlen sollte, klebt es wieder zu, und setzt es nun über ein etwas größeres Feuer, jedoch darf solches keine große Flamme machen. Auf diese Weise läßt man es nun wieder eine Stunde schmoren, öffnet es dann wieder, begießt das Fleisch fleißig mit der eigenen Sauce, setzt es wieder auf, und drückt das Papier, welches man nur von einer Seite geöffnet hat, wieder heran. Jetzt läßt man es bis zum Anrichten langsam fortschmoren, indem man es zum öfteren öffnet und mit der Sauce, wie oben angeführt worden, begießt.

Nach dem Adelung im Niedersächsischen smoren, smoorten, smurten, welches aber auch die Luft benehmen, ersticken, bedeutet, wie das Angelsächsische smoran, und Engl. smother. Es scheint, wie brägeln, eine Onomatopöie des mit dieser Art des Kochens verbundenen Lautes zu seyn. Im Niedersächsischen bedeutet schmoren auch in einem eingeschlossenen Orte langsam, aber stark schwitzen; im Oberdeutschen ist dagegen schmoren, schmorchen und schmorren, dürre werden, und verschmoren, verdorren.

Schmorfleisch, Fleisch, welches geschmort worden; s. oben, Schmorbraten und Schmoren.

Schmorstück, ein zum Schmoren bestimmtes Stück Fleisch, wozu man beim Rindfleisch die Oberschale, oder auch das Schwanzstück von einem Rinde nimmt.

Schmortopf, ein weites niedriges irdenes Gefäß mit einem Deckel, Fleisch darin zu schmoren.

Schmoße, ein nur in den gemeinen Sprecharten aus Schmasche für Masche verderbtes Wort.

Schmu, ein nur in den niedrigen Sprecharten übliches unabänderliches Wort, welches am häufigsten ohne Artikel gebraucht wird, einen Gewinn, Profit, zu bezeichnen, besonders wenn er durch Schlauheit gemacht wird. Schmu machen, einen solchen Gewinn. Nach Adelung soll es Jüdisch-Deutsch seyn, ob nun dieses wirklich der Fall ist, oder ob es nicht aus der Kochemer-, Zigeuner- 2c. Sprache entlehnt worden, ist schwer zu bestimmen; da es aber immer etwas Abgefeimtes, Listiges beim Handel und Wandel anzeigt, wodurch der andere Theil hintergangen wird, so kann es auch wohl aus den letzteren Sprachen herstammen. Adelung leitet es daher, weil man einen Deutschen im Lande herumziehenden Schacherjuden, Smous, Schmous zu nennen pflegt; man nennt ihn aber auch Schmuel, welches noch eher mit Schmu etwas Verwandtes hat, wenigstens ist in der Mark, und besonders in Berlin diese Benennung, womit man einen alten Schacherjuden, der mit alten Kleidern 2c. in der Stadt herum handeln oder vielmehr trödeln geht, und alte Kleidungsstücke, Silber, Gold 2c. ankauft, bezeichnet, gewöhnlich. — Das Schmu oder Schmuh machen würde daher mehr einen unerlaubten Gewinn oder Profit machen bezeichnen.

Schmuck, von dem Zeitworte schmücken. 1. Eigentlich der Glanz, und in weiterer Bedeutung die verschönerte Gestalt eines Dinges, eine nur noch in der höheren und dichterischen Schreibart übliche Bedeutung. Schön, schön ist die ganze Gegend in des Herbstes feierlichsten Schmucke, Geßner. — 2. Dasjenige, was zur Verschönerung

der Gestalt einer Sache von außen dient. (1) Im
weitesten Verstande, wo es eigentlich von allen solchen Dingen gebraucht wird, besonders so fern es
Kleidungsstücke oder andere ähnliche Dinge sind, die
Gestalt eines Dinges zu verschönern. Der Altarschmuck, der Kirchenschmuck, der Krönungsschmuck, der Brautschmuck ꝛc. In
der Deutschen Bibel kommt es häufig collective von
feierlichen Kleidern und Kleidungsstücken beider
Geschlechter vor. Aarons priesterlicher
Schmuck. Im Hochdeutschen ist es hier in der
edlern und höhern Schreibart am Gangbarsten für
das niedrigere Putz, welches überdies keinen so hohen Grad der Verschönerung bezeichnet, und für
das niedrige Staat. Den Schmuck anlegen.
Ezech. 22, 27. Der festliche Schmuck einer
Braut. Der mit Kleinodien besetzte
Schmuck einer Königstochter. Der Fürstinnen Schmuck überstrahlte bei dem Beilager Alles. Graues Haar ist der Alten
Schmuck. Sprichw. 20, 29. — (2) In engerer Bedeutung werden Edelsteine und Perlen, in so
fern sie zur Verschönerung der äußeren Gestalt dienen, häufig ein Schmuck genannt, da es denn als
ein Collectivum gebraucht wird, mehrere zusammengehörige Stücke dieser Art zu bezeichnen. Von
mehreren solchen Ganzen, wird auch zuweilen die
Mehrheit, die Schmucke gebraucht. Ein
Schmuck von Perlen, von Diamanten.
Ein guter oder ächter Schmuck, im Gegensatze eines unächten. Der Brautschmuck,
Haarschmuck, Halsschmuck. Ehemals sagte
man dafür Geschmuck, die collective Bedeutung
näher zu bezeichnen, welche Form noch im Oberdeutschen gangbar ist. — Was zum Schmucke gehört, s. unter Geschmeide, Th. 17. S. 487. In

Nürnberg giebt es ein eigenes Handwerk, welches Geschmeidemacher genannt wird, und sich mit Verfertigung dergleichen Putzwaaren, als Ohrgehänge, Halsketten, Armbänder, Ringe, Wasserperlen, überhaupt mit dergleichen Sachen, welche zum Frauenzimmerschmuck gehören, abgiebt; an andern Orten handeln damit nicht nur die Goldschmiede, Juwelirer, sondern auch die Galanterie- und Quincailleriehändler. Man bezieht dergleichen Waaren aus England und Frankreich, und bei uns aus Deutschland von Pforzheim, Hanau, Nürnberg, Augsburg, Offenbach, Wien, Berlin ꝛc. ꝛc. S. auch den Artikel Toilette in T. Figürlich der Schmuck der Rede. Wie sind diese Verse mit Gleichnissen geschmückt. Schiller's Gedichte enthalten einen Schmuck von philosophischen Sentenzen.

Schmuckangel, in einigen Gegenden eine Art Angel mit einem glänzenden Bleche, die Fische durch dessen Glanz hervorzulocken. Von Schmuck, Glanz; s. das folgende Schmücken.

Schmücken, ein regelmäßiges thätiges Zeitwort, die Gestalt eines Dinges verschönern, besonders in so fern es durch glänzende oder andere für schön gehaltene Dinge geschieht, da es denn in der edlern und höhern Schreibart für das mehr vertrauliche Putzen, Toilette machen, gebräuchlich ist. Eine Braut schmücken. Sich zum Ball, zur Hochzeit, zur Kindtaufe schmücken; sich zum Hoffeste schmücken. Eine Kirche, einen Altar schmücken. Eine Bühne schmücken. Das Fest mit Mayen schmücken. Schmücket das Fest mit Mayen, Ps. 118, 27. Eines Grab mit Blumen schmücken. Sie schmücket sich mit Vergißmeinnicht. Sich mit Rosen, Veilchen ꝛc. schmücken. Der Früh-

ling schmückt die Bäume der Wälder mit
Laub und die Gärten und Wiesen mit
Blumen.

Die schmückt das fromme Mädchen sich
Bei seinem Morgenliede.   Raml.

Wie würdig ist diese liebenswürdige Be-
scheidenheit, die übrige Tugend zu schmük-
ken! Jemandes Sache schmücken, in der
Deutschen Bibel, sie verschönern, sie besser vorstellen,
als sie ist. Federn schmücken ist in engerer Bedeutung, sie zierlich zurichten, damit sie Theile des
Schmucks abgeben können, wohin denn auch das
Färben derselben gehört, daher der Federschmücker,
der solches verrichtet. Haare schmücken, solche
zierlich winden und mit Blumen verzieren oder
schmücken.

In dem alten Fragmente auf Karln den Großen bei dem Schilter smechen, im Englischen
smug, im Schwedischen smycka. Wachter leitet
es sehr gezwungen von dem Griechischen μορφη. Ihre
von dem Angelsächsischen smucer, klein, s. Schmach
und schmächtig, ab. Andere nicht zu gedenken. Unser thätiges Zeitwort schmücken, setzt ein Zeitwort
der Mittelgattung schmucken voraus, welches jetzt
veraltet ist, aber allem Ansehen nach glänzen bedeutet hat, wohin ohne Zischlaut auch das Lateinische
micare gehört. In der oben angeführten Schmuckangel ist diese erste Bedeutung noch übrig, und
Schmuck wird noch am häufigsten bei glänzenden
Verschönerungsmitteln, dergleichen z. B. die Edelsteine sind, gebraucht. Hieraus erhellt zugleich, das
Schmuck und schmücken, unter andern auch einen
höhern Grad bedeutet, als Putz, putzen, Zier
und zieren. Im Niedersächsischen hat man auch
das Bei- und Nebenwort schmuck, Engl. smug,
Schwed. smuok, Wendisch smuc, zierlich, schön,

geputzt, welches so wie unser schön eigentlich auch glänzend bedeutet hat. Das Bremische Niedersächsische Wörterbuch leitet es mit dem Griech. σμηκτος von σμαιν, σμαιν, σμιχειν, abwischen, reinigen her. Nach A de lung bedeuten diese auch vielleicht glänzend und scheinbar machen. Ohne Zischlaut gehört hierher auch das Niedersächsische und Holländische moje, hübsch, fein, artig, von welchem schmuck ein doppeltes Intensivum ist, sowohl durch Versetzung des Zischlautes, als auch durch Verstärkung des Gaumlautes. Schmußen ist nur im Suffixo verschieden.

Schmuck, wird im Koblenzischen eine Peitsche genannt.

Schmuckenstock, im Koblenzischen der Peitschenstock.

Schmuckgeld, jedoch nur von mehreren Summen, in einigen Gegenden, dasjenige Geld, welches einer Tochter bei der Ausstattung zum Schmucke gegeben wird und einen Theil des Heirathsgutes ausmacht.

Schmuckkästchen, ein zierliches Kästchen, worein das Frauenzimmer seinen Schmuck von Juwelen, Perlen, Ringen 2c. 2c. legt; überhaupt sei es nun ein Kästchen von Holz oder von Pappe, worein die Kleinodien gelegt werden. Hierunter werden daher auch die mit Staniol überzogenen und mit verschiedenem Schnitzwerk aus Papier verzierten Schächtelchen von Pappe verstanden, so wie überhaupt alle kleine Behältnisse, die zu dem Schmucke oder Geschmeide der Frauenzimmer dienen; s. auch unter G e schmeide, Th. 17, S. 488.

Schmuckschränkchen, s. unter G e s c h m e i d e, Th. 17, S. 488.

Schmudelig, Bei- und Nebenwort, in den gemeinen Sprecharten, besonders Niederdeutschlands, unreinlich, schmutzig. Schmudelig aussehen. Ein schmudeliges Weib, eine schmudelige Köchin. Ebendaselbst ist auch schmudeln, unreinlich mit einer Sache umgehen, sudeln, Schmudeley, Unreinigkeit, Sudeley rc. Nach Adelung ist das Stammwort von unserm intensiven Schmuß, s. dasselbe.

Schmuggeley, s. den folgenden Artikel.

Schmuggeln, ein regelmäßiges Zeitwort der Mittelgattung, welches nur in Niederdeutschland gangbar ist, verbotene Waaren heimlich, und accisbare Waaren mit Hintergehung der Gefälle einbringen; also einen Schleichhandel treiben. Man nennt daher einen Schleichhandel treiben, Schmuggeley, und der ihn treibt einen Schmuggler; s. unter Schleichhandel u. Schleichhändler Th. 145.

Schmuggler, s. den vorhergehenden Artikel.

Schmunzeln, ein regelmäßiges Zeitwort der Mittelgattung, lächeln, holde Gebährden machen, besonders so fern es ein Zeichen des Wohlgefallens ist, ein nur in der vertraulichen Sprechart der Hochdeutschen übliches Wort, wo es auch schmußen, schmußlachen, schmußeln und schmußtern in eben diesem Verstande gebraucht wird, so wie die Niederdeutschen in demselben smunstern, smunsterlachen, smuschern, schmußern, Schwed. smystra, und ohne Zischlaut mysa, die Oberdeutschen aber schmollen und schmilen, bei dem Horneck einsmilen, sagen.

Schmürken, bei dem Schäfer, eine Gattung gehörnter Schafe im Lüneburgischen, welche eine zarte Wolle hat.

Schmusen, schmiesen, reden, soll Jüdisch-Deutsch seyn. Das hast à Schmus'! heißt: was das für wunderliche Reden sind!

Schmußen, ein regelmäßiges thätiges Zeitwort, ein nur in den Pfeifenfabriken übliches Wort, welches daselbst glätten bedeutet. Die Pfeifen werden daselbst geschmußet, wenn sie geglättet werden.

Daher ist der Schmußer derjenige Arbeiter, welcher das Glätten verrichtet.

Schmußer, s. den vorhergehenden Artikel.

Schmustern, s. Schmunzeln.

Schmutter, Papilio Protumnus, eine Art Schmetterling; s. unter Tagfalter, in T.

Schmuß, klebrige, feuchte Unreinlichkeit, sie mag nun auf den Straßen oder Gassen, oder in den Gebäuden sich vorfinden. So sagt man, wenn es geregnet hat und sich das Wasser auf den Straßen mit dem Staube mischt, es sei Schmuß, wo man auch das Wort Koth gebraucht. Es ist heute viel Schmuß auf den Straßen, viel Koth, in welcher Bedeutung man hier Schmuß für anständiger hält. Voller Schmuß seyn. Vom Schmuße reinigen. Auch wenn es im Sommer sehr staubt, so wird der Staub, der sich auf die Kleider ꝛc. setzt, uneigentlich gleichfalls Schmuß genannt. Im eigentlichen Verstande ist der Schmuß, wie schon oben bemerkt worden, jede feuchte, schmierige Unreinigkeit, welche sich an einem Gegenstande festsetzt oder kleben bleibt; auch ist er unter dieser Benennung von ungleicher Beschaffenheit; denn er kann mehr oder weniger klebrig, mehr oder weniger dicklich seyn, jedoch darin kommen alle seine Eigenschaften überein, daß er eine untaugliche, höchstens nur zum Dünger zu gebrauchende Materie ist.

Nach dem Adelung im Schwedischen Smuts, im Englischen Smut. Es bedeutet nach diesem Schriftsteller etwas Fettes, Schmieriges, und da im Holländischen noch jetzt Smuot für Schmalz üblich ist, so könnte es wohl von einer solchen Fettigkeit hergeleitet werden; auch sind Schmalz, Schmier, Schmeer, Schmuß nur im Suffixo verschieden. Im Hochdeutschen ist das u gemeiniglich lang, andere Mundarten machen es dagegen kurz.

Schmutzärmel, halbe Aermel von geringem Zeuge, welche man bei schmutzigen oder beschmutzenden Arbeiten über den halben Arm zieht, denselben und die Kleidungsstücke vor dem Schmutze zu bewahren. Im Niedersächsischen ohne Zischlaut Musmoue, von mueffeln, sudeln.

Schmutzbartel, Schmutzhammel, nennt man eine Person, die sich gern mit Schmutz beschäftiget, gern darin arbeitet, und sich damit beschmiert; auch sich nicht reinlich in Kleidung hält. Besonders gebraucht man diesen Ausdruck bei Kindern, die sich gern beschmutzen, Alles über den Leib schütten, und so immer wie candirt aussehen.

Schmutzbauch, Labrus Onitis, eine Art Lippfische.

Schmutzbuch, ein Handbuch, in welches man die täglichen Vorfälle im Geschäftsleben ohne Ordnung und Reinlichkeit aufzeichnet, die Kladde; s. Schmierbuch, oben, S. 35.

Schmutzeln, s. Schmunzeln.

1. Schmutzen, lächeln, s. daselbst.

2. Schmutzen, ein regelmäßiges Zeitwort der Mittelgattung, welches nur bei den Jägern vorkommt, die Stimme eines Thieres nachahmen, um es damit zu locken, welches auch reitzen genannt wird. Nach Adelung ist es hier eine unmittelbare Onomatopöie und mit schmatzen verwandt. In einigen Schweizerischen Gegenden ist schmutzen, schimpfen.

3. Schmutzen, ein regelmäßiges Zeitwort der Mittelgattung, den Schmutz fahren lassen. Rußige Kessel schmutzen leicht, lassen leicht den daran gesetzten Ruß fahren, wofür abschmutzen üblicher ist. Ingleichen den Schmutz annehmen, schmutzig werden. Die weiße Wäsche schmutzt leicht. Die Farbe des Kleides schmutzt sehr, wenn leicht der Schmutz darauf zu sehen ist.

H 2

Im gemeinen Leben auch zuweilen schmußige Arbeiten verrichten, oder schmußig einhergehen. Den ganzen Tag im Hause herum schmußen. In den Zusammensetzungen beschmußen, einschmußen ꝛc. hat es auch eine thätige Bedeutung. Im Schwedischen im Intensivo smudder.

Schmußente, Anas tinctoria, eine unter Ente, Th. 11, nicht aufgeführte Art, da nun überhaupt daselbst mehrere bekannte Arten fehlen, so wird diese mit den übrigen fehlenden unter Ente, im Supplement, beschrieben werden.

Schmußer, Turdus sordidus, eine Art Drosseln, die unter Drossel, Th. 9, übergangen worden, und im Supplement, unter Drossel, vorkommen wird.

Schmußflecken, Flecken, welche durch den Schmuß in Tuch, Kattun, Leinwand, Seide ꝛc. entstehen.

Schmußhammel, s. Schmußbartel.

Schmußig, Bei- und Nebenwort. 1. Schmuß enthaltend, in der anständigen Sprechart; daher schmußige Wäsche, schmußige Kleider, schmußige Hände, schmußige Füße, ein schmußiges Gesicht. Sich schmußig machen. Es ist schmußiges Wetter, wo man sich leicht schmußig macht. — 2. Schmußige Farben, welche durch Beimischung einer dunkeln oder grauen Farbe ihren hellen und reinen Glanz verloren haben. Schmußige Farben aufsetzen. — 3. Der Ehrbarkeit zuwider, gleichfalls in der anständigen Sprechart, für unfläthig. Schmußige Reden führen. Ein schmußiges Buch, welches Unanständigkeiten enthält. Ein schmußiger Kupferstich. Ein schmußiges Gemälde, ein unanständiges, welches der Sittlichkeit entgegen ist.

Schmutzkäfer, Scarabaeus squalidus, eine Käferart, s. unter Käfer, im Supplement.

Schmutzkittel, ein leinenes Kittelchen, gleich einem Hembe, welches Kinder über die Kleider ziehen, damit sie solche nicht beschmutzen. — Auch jeder leinene Kittel, den die Landleute, Schäfer ꝛc. bei der Arbeit anziehen.

Schmutzkoch, s. Sudelkoch.

Schmutzmücke, Tipula contaminata, s. unter Mücke, im Supplement.

Schmutzschild, Buprestis tristis, eine Art Prachtkäfer, s. unter Käfer, im Supplement.

Schmutztitel, im Buchhandel, ein Titel, welcher nur verlorener Weise vor einem Buche gedruckt wird, um den eigentlichen Titel vor Beschmutzung zu verwahren, und der gewöhnlich beim Binden weggeschnitten und an dessen Stelle der eigentliche rechte Titel angebunden wird.

Schmyten, in der Schifffahrt, eine Art Taue, auch Halsen genannt, s. unter Schiffbaukunst, Th. 143, S. 186.

Schnabel, Diminutivum das Schnäbelchen oder Schnäbelein, ein verlängerter, dünner röhrförmiger Theil eines Körpers. 1. Eigentlich, das verlängerte hornartige Maul der Vögel. Ein krummer, gerader, spitziger, stumpfer Schnabel; der Vogel singt, wie ihm der Schnabel gewachsen ist. Er spricht, wie ihm der Schnabel gewachsen ist, er nimmt kein Blatt vor's Maul.

Der Schnabel der Landvögel ist hörnern und unempfindlich, dagegen hat derjenige vieler Wasservögel, z. B. der Enten- und Gansearten wohl Empfindung, weil derselbe nur meistens mit einer Haut bedeckt ist, unter welcher sehr starke Nerven liegen. Die beiden Kiefer des mit Horn bedeckten Schnabels sind beweglich, und die Gestalt des letzteren ist nach der Art der Nahrung, welche jede Vögel-

Gattung zu sich nimmt, sehr abweichend. Cuvier theilt die Vögel nach den Schnäbeln in sechs Gattungen, in Raubvögel, Hühnerartige Vögel, Klettervögel, Sperlingsartige Vögel, Schwimmvögel, und Sumpfvögel. Die Raubvögel, Accipitres Linn., haben einen hakenförmigen gebogenen Schnabel, dessen spitziges scharfes Ende nach unten gewandt ist; s. Fig. 8486. Die hühnerartigen Vögel, Gallinae Linn., haben einen leicht gebogenen, gleichsam gewölbten (convexen) Oberschnabel; s. Fig. 8487. Die Klettervögel, Scansores Linn., haben theils einen längern, geraden, spitzen, und von den Seiten zusammengedrückten Schnabel, in dessen Hintertheil eine sehr kurze, platte und stumpfe Zunge befindlich ist; theils einen dicken Schnabel, welcher in der Quere breiter, als von oben nach unten ist, übrigens kurz, gekrümmt, an den Rändern gezahnt, und an der Wurzel mit Borsten umgeben ist; s. Fig. 8488. Die sperlingsartigen Vögel, Passeres L., haben verschiedenartige Schnäbel. So haben die Würger, Lanii, einen von den Seiten zusammengedrückten Schnabel, dessen Obertheil gegen das Ende hin gebogen und an jeder Seite mit einem kleinen Zahne versehen ist; die Fliegenfänger, Muscicapae, einen wagerecht plattgedrückten, spitzigen, am Obertheile gegen die Spitze hin ausgeschnittenen Schnabel, welcher an der Wurzel mit einigen steifen borstenartigen Haaren versehen ist; die Drosseln, Turdi, einen von den Seiten zusammengedrückten Schnabel, welcher leicht gebogen ist, und am Obertheile, nahe an der Spitze, einen Ausschnitt hat; die Seidenschwänze, Ampeles, einen an der Wurzel wagerecht glatt gedrückten Schnabel, der Oberschnabel ist an der Spitze leicht ausgeschnitten; die Merlen oder Tanagras, Tanagrae, einen kegelförmigen, an der Wurzel runden, und an seinem Obertheile ausgeschnittenen, oben schwach convexen Schnabel; die Atzeln, Graculae, einen zusammengedrückten, leicht gebogenen, an der Wurzel nackten Schnabel; die Krähen, Corvi, einen graden, dicken, starken, an den Seiten zusammengedrückten Schnabel, dessen Oberkiefer schwach convex ist; die Hornvögel (Buceros) einen sehr dünnen, an den Rändern leicht ausbrechenden Schnabel, welcher mit einem mehr oder weniger beträchtlichen Höcker besetzt ist; die Racken (Coracias) einen Schnabel, dessen Obertheil sich ein wenig über den Unterschnabel hinwegkrümmt; die Paradiesvögel, Paradiseae, einen zusammengedrückten Schnabel, welcher rings um seine Wurzel mit kleinen, kurzen, dichtstehenden Federn besetzt ist. — Sperlingsartige Vögel mit kegelförmigem Schnabel. Die Pirolen, Orioli, haben einen länglichkegelförmigen Schnabel, mit sehr scharfer Spitze und runder Wurzel; die Staare, Sturni, einen kegelförmigen, verlängerten, sehr scharf spitzigen, an der Wurzel wagerecht plattgedrückten Schnabel; die Kernbeisser, Loxiae, einen kegelförmigen, kurzen, an der Wurzel dicken, und wie aufgetriebenen Schnabel; die Finken, Fringillae, einen kurz kegelförmigen, an der Wurzel nicht aufgetriebenen Schnabel; die Ammern, Emberizae, einen kegelförmigen spitzigen Schnabel, dessen Oberkiefer schmaler ist, als der untere; die Zwischenlinie, welche beide trennt, ist gekrümmt. — Sperlingsartige Vögel mit dünnem pfriemenförmigem Schnabel. Die Meisen, Pari, haben einen kleinen, kurzen Schnabel, so auch die Manakins, Piprae; die Lerchen, Alaudae, haben einen kürzeren Schnabel, als die vorhergehenden, welcher noch ziemlich stark ist; die Sänger, Motacillae, haben einen dünnen schlanken pfriemenförmigen Schna-

bel. — Sperlingsartige Vögel, mit klei-
nem, sehr kurzem, wagerecht plattgedrück-
tem und sehr weit gespaltenem Schnabel.
Hierzu gehören die Schwalben, Hirundines, und
die Nachtschwalben, Caprimulgi. — Sperlingsartige Vögel mit schlankem, sehr
verlängertem, ziemlich starkem Schnabel.
Die Spechtmeisen, Sittae, haben einen geraden,
langen, dünnen, spitzen Schnabel; die Baumläufer,
Certhiae, haben einen längern Schnabel, als die
vorigen, der der ganzen Länge nach gebogen ist; die
Kolibris, Trochili, einen sehr dünnen Schnabel;
die Wiedehöpfe, Upupae, einen dünnen gebogenen
Schnabel, wie die Baumläufer, der Großkopf.
Fr. le Momot, welcher von diesem Geschlechte
getrennt ist, hat gezahnte Kiefer am Schnabel; die
Bienenfresser, Meropes, haben einen langen,
gebogenen Schnabel ohne gezahnte Ränder; die
Eisvögel, Alcediues, einen sehr langen, geraden,
spitzen, an den Seiten zusammengedrückten Schnabel; die Plattschnäbel, Todi, einen wagerecht
plattgedrückten Schnabel; die Schnäbel der
sperlingsartigen Vögel, s. Fig. 8489. — Die
Schwimmvögel, Anseres, haben auch verschiedene
Schnäbel. Die Pelikane, Pelicani, haben an
der Wurzel des Schnabels einen unbefiederten Fleck,
wodurch sich das ganze Geschlecht auszeichnet. Der
Schnabel des eigentlichen Pelikans ist lang
und platt; der des Kormorans zusammengedrückt,
und am Ende hakenförmig gekrümmt; der der Fre-
gattenvögel lang und am Ende sehr hakenförmig
gekrümmt; der der Tölpel, gerade, spitzig, endigt
sich in einen kleinen Haken, und ist leicht gezahnt;
der Schnabel der Tropikvögel (Phaëton) ist dünn,
spitzig, wagerecht plattgedrückt, und leicht gezahnt;
der der Schlangenvögel, Ploti, ist spitzig und die

Ränder sind hinten gezahnt; die Meerschwalben,
Sternae, haben einen geraden, dünnen, spitzen, platten, ungezahnten Schnabel; die Möven, Lari,
einen von den Seiten zusammengedrückten Schnabel; der des Verkehrtschnabels, Rhinchops, hat
einen geraderen, von den Seiten gänzlich zusammengedrückten Schnabel, dessen Obertheil viel kürzer,
als der untere ist; der letztere hat nur eine einzige
Schneide, welche von denen des Obern aufgenommen wird. Die Sturmvögel, Procellariae,
haben einen am Ende hakenförmig gebogenen Schnabel, dessen Ende ein besonders, mit dem übrigen
durch ein Gelenk verbundenes Stück macht; der Al-
batroß, Diomedea, hat einen großen, starken,
scharfschneidigen Schnabel, der mit deutlichen Nä-
then bezeichnet ist, und sich in einen großen Haken
endiget, welcher eingelenkt scheint. Einen breiten,
mit weicher Haut bedeckten, Schnabel, dessen Kiefer
rings umher mit einer Reihe von kleinen senkrechten,
gleichlaufenden, nebeneinander stehende Plättchen versehen sind, haben: die Schwäne, Gänse und Enten. Der Schnabel der Tauchenten, Mergi,
ist schmäler und spitzer, und jeder Kiefer ist mit einer
Reihe von kleinen, spitzen, nach hinten gerichteten und
sägenähnlichen Zähnen besetzt. Die Taucher, Co-
lymbi, haben einen geraden, spitz von den Seiten
zusammengedrückten Schnabel; die Papageyen-
taucher, Alcae, haben einen von beiden Seiten fast
zu einer dünnen Platte zusammengedrückten Schnabel, welcher der Quere nach gereift ist. Der Schnabel des Seepapageyen ist blau und roth. Die
Fettgänse, Aptenodytes, haben einen walzenför-
migen, geraden, spitzen Schnabel, dessen Untertheil
zuweilen abgestumpft ist. Die Schnäbel dieser Vögel, s. Fig. 8490. — Die Sumpfvögel, Grallae
Linn., haben gleich den Wasservögeln verschiedene

Schnäbel, deren Länge nur mit den Beinen im Verhältnisse steht. Einen dicken kurzen Schnabel hat: der Trompetenvogel, Psophia, jedoch
kegelförmig etwas gewölbt; der Anhima, Pala-
medea, am Ende etwas gekrümmt; der Sekretär,
Serpentarius, gleich einem Raubvogel gebildet; der
Hohlschnabel, Cancroma, dessen Schnabel in der
Quere sehr breit ist, und gleichsam aus zwei mit der
concaven Seite aneinander liegenden Löffeln besteht;
der Flamingo, Phoenicopterus, dessen Schnabel
eine eigene Bildung hat. Der Unterkiefer ist nämlich eyrund, und der Länge nach zu einem halbwal-
zenförmigen Kanale zusammengebogen; der Oberkiefer
ist dagegen der Quere nach gekrümmt, um den andern
zu bedecken; beide sind sehr stark. Einen langen
starken Schnabel haben: die Reiher, Ardeae,
er ist dabei spitz zusammengedrückt, scharfschneidig,
und die Nasenlöcher sind lang, schmal und linienförmig,
verschiedene Arten haben einen kurzen Schnabel,
z. B. die Kraniche. Der Jabiru, Mycteria,
hat einen großen, starken Schnabel, dessen Spitze
ein wenig nach oben gekrümmt ist. Der Schnabel
des Ibis, Tantalus, ist groß, stark und scharfschneidig, mit stumpfer Spitze, und nach unten gebogen. Einen langen, dünnen, wagerecht plattgedrückten
Schnabel haben die Löffelreiher, Plataleae. Mit
langem, rundem, schwachem Schnabel: Der
Säbelschnäbler, Recurvirostra, dessen Schnabel noch nach oben gekrümmt ist, so daß die Spitze
völlig gen Himmel steht; die Regenpfeifer, Cha-
radrii, deren Schnabel am Ende ein wenig aufgetrieben ist; die Strandläufer, Tringae; die
Schnepfen. Einen mittelmäßig langen,
von den Seiten zusammengedrückten
Schnabel haben: der Austerfischer, Haemato-
pus, dessen Schnabel blutroth ist; die Rallen, Ralli,

welcher spitzig zusammengedrückt ist; die Wasser-
hühner, Fulicae ꝛc.; die Schnäbel dieser Vögel-
gattung, s. Fig. 8491.

2. Figürlich. (a) Der menschliche Mund, doch
nur im Scherze. (b) Wegen einiger Aehnlichkeit
bekommen mehrere hervorragende und spitzigzulau-
fende Theile eines Dinges den Namen eines Schnabels. Dahin gehört der Schnabel an manchen
Arten von Zangen, so z. B. heißt bei den Eisen-
arbeitern derjenige Theil einer Zange, mit welchem
die Gegenstände, die geschmiedet oder mit dem Hammer getrieben werden sollen, angegriffen werden, ein
Schnabel. — Bei den Ankerschmieden ist
der Schnabel eines Ankers, der dünnste und
schwächste Theil der Arme desselben. Er steht
mit einem der Winkel der Schaufeln im Verhältniß, und wird auch die Spitze genannt. — An den
chemischen Gefäßen ist der Schnabel die lange
Röhre, welche an dem Destillirhelm oder Blasenhute
herabgeht, und wodurch das übergetriebene Nasse,
oder der übergetriebene Geist in den vorgelegten
Rezipienten tropft. — Bei dem Maurer ist der
Schnabel oder vielmehr sind die Schnäbel, die durch
die Mauern geführten Ausgüsse, weil solche wenigstens eine Viertelelle über die Mauer hinausgehen,
und das Wasser, der Mauer unbeschadet, ausschießen
lassen. Es ist also das hervorragende Ende einer
Dachrinne, besonders nach älterer Bauart. — Bei
dem Schuhmacher, der in eine Spitze auslaufende
Vordertheil eines Schuhes oder Stiefels, welche
Spitze sich oft wie ein Horn umbog; s. unter
Schuh. — An den Blasebälgen, der andere
spitzige Theil, der in die Glut gesteckt wird, um das
Feuer durch die herausgelassene Luft anzuschüren. —
Bei dem Wagenmacher, Stellmacher, die
beiden spitzig zulaufenden Hölzer an der Hinterachse

eines Wagens, welcher Schnabel auch die Scheere
genannt wird. — In der Schiffbaukunst, der
Schiffsschnabel, s. Gallion, Th. 15, S. 788.
In der Schreibkunst, ist der Schnabel an der
Feder, der zugespitzte, mit einer Spalte versehene
Theil derselben. — Bei den Jägern ist der Schna-
bel eine hölzerne Gabel, welche man dem Hühner-
hunde unter dem Halse anschnallt, damit er den Kopf
hoch tragen lerne. — Bei dem musikalischen
Instrumentenmacher, an manchen Arten von
Flöten, das Mundstück, z. B. an der Klarinette, am
Hoboe 2c. — In der Landwirthschaft, der
Schnabel am Pfluge, s. Th. 112, S. 389.

Nach Adelung schon beim Ottfried, Sna-
bul, bei dem Notker Snabel, im Niedersächsischen
Snavel, Snibbe, Snippe, im Schwedischen
Snabel. Die meisten Wortforscher bleiben bei
schnauben und schnappen stehen, welche unmittelbare Onomatopöien sind, und nur auf eine
entfernte Art hierher gehören. Die letzte Sylbe ist
das Suffixum, welches sowohl ein Werkzeug, als
ein Subject bedeutet. Ohne Suffixum ist im Nie-
ders. Snau, sowohl Schnabel, als Schnauze, und
ohne Zischlaut im Niedersächsischen Nibbe, Ham-
burgisch Nuff, sowohl der Schnabel, als die Nase,
Angels. Nebb, Engl. Nib, Holländ. Neb, Dänisch
Nab, Schwedisch Naebb und Naes, welches sowohl
den Schnabel, als den Kopf bedeutet. Alle diese
Wörter sollen, nach Adelung's Vermuthung, ein
jedes hervorragendes Ding bedeutet haben, so daß
auch unser Nabe und Nabel, das Schwedische
Nabb, ein Vorgebirge 2c. dahin gehören.

Schnabel, an dem Anker, s. oben, S. 123.
—, an den Blasebälgen, s. daselbst.
—, an chemischen Gefäßen, s. das.
—, beim Eisenarbeiter, s. das.

Schnabel (Gelb), Grünschnabel, Weißschnabel, s. Th. 16, S. 766.

—(Grün-), s. Schnabel (Gelb-). Es ist mit Gelbschnabel gleichbedeutend, und bezeichnet einen naseweisen jungen Mann, ohne Erfahrung, der über Alles abspricht.

—, in der Jägerey, s. oben, S. 124.

—, beim Maurer, s. das., S. 123.

—, in der Mechanik, der aus dem Krahne hinausragende Balken, der auch Krahnbracke genannt wird. Das vordere Ende des Schnabels enthält einen Flaschenzug; s. unter Krahn, Th. 46.

—, der Mund, s. oben, S. 123.

—, an den musikalischen Instrumenten, s. das., S. 124.

—, am Pfluge, s. daselbst.

—, an den Schiffen, s. das.

—, der Schreibfeder, s. das.

—, beim Schuhmacher, s. das., S. 123.

—(Storch-), ein Instrument bei dem Kupferstecher und Zeichner, s. den Artikel Storchschnabel.

—, der Vögel, s. oben, S. 117 u. f.

—, beim Wagenmacher, s. das., S. 123.

—(Weiß-), s. Schnabel (Gelb-).

—, an den Zangen, s. oben, S. 123.

Schnäbel, ein Fisch, s. Schnäpel.

Schnabelauster, eine Conchylie, s. unter Schnecke.

Schnabelbein, Schnabelschnecken, Schnabelschrauben, s. unter Schnecke.

Schnabelbohrer, Tenebrio rostratus Linn., eine Käferart, s. unter Käfer, im Supplement.

Schnabelbrüstlein, bei dem Augsburger Frauenzimmer, ein von schwarz seidenem oder anderm Zeuge verfertigtes, und mit schwarzen Spitzen über und über frisirtes sogenanntes Brüstlein oder Wams,

ohne Schoos, welches von vorn her einen langen,
rundbreiten, mit Fischbein ausgesteiften, und durchaus mit Spitzen bekräuselten Schnabel hatte, welcher
fast den ganzen Bauch bedeckte, und mit einem silbernen Gürtel rund herum belegt war.   Diejenigen, so
die Mädchen trugen, waren meistens ungesteift.

Schnäbelchen, Rostellum, beim Auskeimen des Samens, der Keim, der sich zuerst blicken läßt, und eine
Art Schnabel bildet.

Schnabeleisen, bei den Friseurs, Perrückenma-
chern, eine Zange mit einem langen Schnabel, das
Toupet damit zu brennen.

Schnabeler, Erdbiene, Apis rostrata L., s. Biene,
im Supplement.

Schnabelfisch, Balaena rostrata, Balaena Boops L.,
unter Wallfisch, in W. — Auch eine Art Klipp-
fische, Chaetodon rostratus; Fr. la Bandolière
à bec.   Dieser Fisch zeichnet sich durch einen sehr
verlängerten grauen Schnabel aus.   Der Körper
hat vier senkrecht gehende, braune, weiß eingefaßte
Banden.   An den Rückenflossen ist ein schwarzer,
weiß eingefaßter Fleck.

Schnabelfliegen, Rhingiae Fabr.; Fr. les Rhin-
gies, rechnet Linné zu den Kopffliegen.   Sie unterscheiden sich von den Blumenfliegen nur darin, daß
der Untertheil der Stirn ein Horn oder einen verlängerten Schnabel bildet, unter welchen der Rüssel
sich zurück zieht.   Die Fühlhörner sind kurz, mit einer Seitenborste, und ihre Gestalt ist derjenigen der
Stubenfliege ziemlich ähnlich.   Am bekanntesten ist
die rothleibige Schnabelfliege, Rhingia rostrata Fabr., von schwarzer Farbe; Rückenschild,
Hinterleib und Füße röthlich. — Dieses sind die
Fliegen, deren Fühlhörner eine seitwärts eingelenkte
Borste führen.

Schnabelflöte, Fr. Fluto à bec, eine Art Flöten mit
einem langen Schnabel; s. im Art. Musikalische
Instrumente, Th. 98, S. 630, und unter Flöte,
im Supplement, wohin Krünitz die Beschreibungen der verschiedenen Gattungen Flöten, unter
Flöte, Th. 14, verwiesen.

Schnabelhelm, s. unter Helm, Th. 22, S. 828.

Schnabeliren, s. Schnabeln.

Schnabelkäfer, Lycui Fabr.; Fr. les Liques. Die
Fühlhörner dieser Käferart sind ganz zusammengedrückt und platt, und ihr Kopf, der, wie bei den
Leuchtkäfern, unter dem Halsschilde versteckt ist, verlängert sich in eine Art von Rüssel, der am Ende
den Mund hat, ganz wie bei den Rüsselkäfern, nur
daß er hier nicht die Fühlhörner trägt, die zwischen
den Augen eingelenkt sind. Halsschild und Flügeldecken stehen mit ihrem Rande weit über den Leib
hinaus. Die Deckschilde sind hinten oft breiter,
als an der Wurzel. Bekannt ist:

Der blutrothe Schnabelkäfer, Lycus
sanguineus; Fr. le Lyque sanguine. Er ist roth,
die Mitte des Halsschildes schwarz, die Flügeldecken
gereiht. Er ist im mittägigen Frankreich, in Deutschland und in andern Ländern gemein.

Schnabelkorn, s. unter Spelt.

Schnabelkraut, Nadelkörbel, Scandix, s. Th.
27, S. 37.

Schnabelmöhre, in einigen Gegenden ein Name des
Nadelkörbels, Scandix Peoten, Linn. Er
wird auch Hechelkamm genannt; s. unter Kör-
bel, Th. 27, S. 38.

Schnabeln, ein regelmäßiges thätiges und Zeitwort
der Mittelgattung, welches nur im Scherze zuweilen für essen, besonders von dem Essen leckerer Speisen gebraucht wird, wofür man mit angehängter La-
teinischer Endung im gemeinen Leben auch wohl

schnabeliten, Fr. jouer de la machoire, sagt;
s. Schnabelweide. — In der Schifffahrt ist
Schnabeln, Snabeln, Insnabeln, Ops-
snabeln, mit einem Ausschnitte dergestalt auf etwas fassen, daß die Sache innerhalb des schnabeln-
den Ausschnittes fällt, und von demselben umfaßt
wird.

Schnäbeln, ein regelmäßiges thätiges Zeitwort.
1. Als ein rückwirkendes Zeitwort, da es nur von
den Vögeln, besonders aber von den Tauben üblich
ist, welche sich schnäbeln, indem sie die Schnäbel in
einander stecken und sich zu küssen scheinen. Die
Taube steckt nämlich ihren Schnabel in den des
Täubers, und dieser scheint sie mit einer Art Schleim
zu füttern, gleich unserm Speichel, wobei er es eben
so macht, als wenn er Junge füttert. Man braucht
es aber auch von Menschen, sich küssen. Wie
sich das Pärchen schnäbelt, küßt. — 2. Mit
einem Schnabel versehen, wo das Mittelwort ge-
schnäbelt zuweilen vorkommt, z. B. ein ge-
schnäbeltes Schiff, welches nach Art der Alten
einen Schnabel hat.

Schnabelring, an den Leiterwagen, ein Ring, welcher den Schnabel oder die Scherre an der Hinterachse an den Langwagen befestiget; ingleichen derjenige Ring, welcher die Hölzer, so den Schnabel ausmachen, mit einander verbindet.

Schnabelschuh, s. oben, S. 123, und unter Schuh.

Schnabelwanzen, Reduvii, Fr. les Réduves. Sie
unterscheiden sich von allen übrigen Wanzenarten
durch ihren kurzen, einfach gebogenen, und nicht
unter den Leib umgekrümmten Rüssel, und die borstenförmigen auf der Stirn eingelenkten Fühlhörner.
Ihre Gestalt ist länglich, wie die der Langwanzen. Diese
Wanzengattung hat ein äußerst zähes Leben und ver-
wundet schmerzhaft. Bekannt ist: die braune

Schnabelwanze, Cimex personatus; Fr. le Réduve masqué, ist ganz braun, behaart. Sie verfolgt die Bettwanzen und kann zur Vertilgung derselben gebraucht werden.

Schnabelweide, ein nur im Scherze gebräuchliches Wort, dasjenige, was dem Munde Vergnügen erweckt. Ein Kuß ist immer die beste Schnabelweide, Weiße. Am häufigsten gebraucht man dasselbe von Speisen und Getränken leckerer Art, welche den Gaumen kitzeln.

Schnabelzange, eine Zange, mit einem langen Schnabel, dergleichen z. B. diejenigen sind, womit man die großen Schmelztiegel aus dem Feuer zieht. Auch die Schnabeleisen der Perrückenmacher sind unter diesem Namen bekannt.

Schnäbler, Platte, Plotus anomalo-roster, Klein, eine Art Patschfüße, deren Schnabel einen ungewöhnlichen Bau hat. Eine andere Art, Plotus recurviroster, wird auch Säbelschnabel, im gemeinen Leben Schnabbelschnabel, genannt.

Schnad, s. Schnat.

Schnake I, in einigen Gegenden eine Art kleiner Schafe, besonders in dem zusammengesetzten Heideschnake, Heideschaf, wofür in Niederdeutschland Heideschnucke üblich ist; s. unter Schaf und Schafzucht, Th. 138. — 2. Eine im Niederdeutschen übliche Benennung der Schlangen, welche sich im Wasser, in den Sümpfen und alten Gräben aufhalten. Angelsächsisch Snaka, Englisch Snak, Holländisch Snug. In beiden Fällen von dem im Hochdeutschen veralteten, aber in einigen gemeinen Sprecharten noch üblichen schnaden, kriechen, Angelsächsisch snican, Engl. sneak, wo andere Mundarten statt des n ein m haben. S. Schmiegen und Schnecke.

Schnake 2, im gemeinen Leben, eine Art langbeini-
ger Mücken, Tipula Linn., s. unter Mücke, Th.
94, S. 681 u. 685. Diese sich am häufigsten in
wasserreichen Orten aufhaltende Mücke wird auch
Gölsen genannt. Cuvier theilt die Schnaken,
Tipulae; Fr. Tipules, auf folgende Weise ein:

I. Schnaken mit ausgebreiteten Flügeln
und sehr langen Beinen; ein kleiner Schnabel
tritt über den Rüssel hervor; der Hinterleib ist dünn,
bei dem Männchen am Ende dicker, bei dem Weibchen am Ende spitzig. Man gewahrt sie in Menge
auf Wiesen 2c. fliegen. Ihre Larven sind mehrentheils lange Würmer, die unter der Erde an Pflan-
zenwurzeln nagen. Ihre Nymphe wirft die Haut
der Larve ganz ab. Sie hat oben auf dem Brust-
schilde zwei kleine Hörner, die ihr zum Athemholen
dienen. — 1. Die Kammhornschnake, Tipula
pectinicornis; Fr. la Tipule à antennes en peigne.
Sie ist schwarz, gelb und rothbunt. Die Fühlhörner des Männchens haben an zwei Seiten Fäden,
welche wie die Zähne eines Kammes stehen, und wechselsweise kürzer und länger sind, und an den Flügeln
einen schwarzen Fleck.

II. Schnaken mit gekreuzten Flügeln,
dünnem Leibe und langen Beinen. Sie
haben das schwache, gebrechliche Ansehen der Mücken, und kommen, wie letztere, aus Wasserlarven,
die man sehr häufig in stillstehenden Wassern findet.
— 2. Die Federhornschnake, Tipula plumosa;
s. unter Mücke, Th. 94, S. 684.

III. Schnaken mit gekreuzten Flügeln
und durchblätterten Fühlhörnern, Mar-
kusfliegen, Hirteae Fabr.; Biblions Geoffr.,
Mouches de Saint Marc. Die Männchen haben
einen runden, dicken Kopf, einen dünnen Hinterleib,
und flache Hinterbeine, die Weibchen einen dünnen

Kopf und einen dicken Hinterleib. Ihre Larven leben unter der Erde, und haben an jedem Ringe
eine Reihe kleiner Borsten. Die vollkommenen
Insekten sind den Blüten der Fruchtbäume schädlich.
— Die Gartenschnake, Tipula hortulana, Hir-
tea hortulana, Fabr.; Fr. la Tipule des jardins.
Das Männchen ist ganz schwarz; bei dem Weibchen
ist das Brustschild oben roth, und der Hinterleib
orangenfarbig. Die Flügel sind durchsichtig, am
Außenrande schwarz. Sie ist im Frühjahr sehr gemein, besonders in den Obstgärten.

Sehr kleine Schnaken mit breiten,
haarigen oder schuppigen Flügeln. Diese
Schnaken haben das Ansehen kleiner Motten. Man
findet sie an feuchten Orten, heimlichen Gemächern rc.

Von dem Geschlechte der Schnaken hat man noch
abgesondert: Die Pilzschnake, Ceroplatus,
Fabr.; Fr. le Keratoplatus, Bosc., deren Fühlhörner zusammengedrückt und langrund sind. Ihre
Larve lebt im Eichenpilze, und ist selten. — Die
Dreckschnake, Fr. le Scatopfe, Geoffr., ein nur
sehr kleines schwarzes Insekt mit schnurförmigen Fühlhörnern, welches nicht, wie die andern Schnaken,
gegliederte Fußspitzen hat. An dumpfen Oertern, in
heimlichen Gemächern rc. trifft man es gewöhnlich an.

In Frankreich und in andern Gegenden werden
die Afterfalter, Phryganea Linn., Schnaken
genannt.

Schnake 3, nur in der vertraulichen Sprechart
der Ober- und Niedersachsen, ein scherzhafter lusti-
ger Einfall, eine lustige Scherzrede. Schnaken
vorbringen. Schnaken erzählen. Eine
wohlgemeinte Schnake. Ein schnakischer
Mensch, ein Mensch, der viele drollige Einfälle

hat. In weiterer Bedeutung auch wohl zuweilen
ein jeder Spaß. Schnaken vorbringen, drollige, lustige Späße.

Schnake, Afterfalter, f. oben, S. 131.
— (Dreck-), f. daselbst.
— (Erd-), f. unter Mücke, Th. 94, S. 681.
— (Federhorn-), f. oben, S. 130.
— (Garten-), f. daf., S. 131.
— (Heide-), f. daf., S. 129
— (Kammhorn-), f. daf., S. 130.
— (kleine), kleine Schnaken, f. daf., S. 131.
— (Pilz-), f. daselbst.
—, Scherzrede, f. daf., S. 131.
—, Schlange, f. daf., S. 129.

Schnakenfliege, fausende Schnakenfliege, eine
Benennung der gemeinen Mücke, Culex pi-
piens Linn.

Schnäkern, herumschnäkern, von einem Frauenzimmer zum andern gehen, bis man das rechte gefunden, welches man sich zur Frau erfehen.

Schnakisch, Bei- und Nebenwort, welches nur in
der vertraulichen Sprechart, besonders der Ober-
und Niederdeutschen üblich ist, was Lachen erregt,
spaßhaft, lustig. Ein schnakisches Kind. Ein
schnakischer Mensch. Schnakisch aussehen. Das ist doch schnakisch genug. Weiße.
Nach Adelung ist dieses Wort im Niedersächsischen am gangbarsten. Frisch leitet es seltsam von
Schnake, Mücke, ab, weil diese Insekten wunderlich durcheinander fliegen. Richey, eben so seltsam
von Schnake, Schlange, wobei ihm der mit
Schlangen geschmückte Medusenkopf einfällt, weil
dieser das älteste Urbild einer wunderlichen Figur
seyn soll. Das Bremisch-Niedersächsische
Wörterbuch und Stosch lassen es von dem
Niedersächsischen schnaken abstammen, welches al-

bernes, ungereimtes Zeug reden bedeutet. Da aber
schnakisch, nach Adelung, weder wunderlich, noch
albern bedeutet, sondern lächerlich, so fallen alle diese
Ableitungen weg. Da auch die meisten gleichbedeutenden Wörter dieser Art, nach Adelung, eigentlich lustige, lächerliche Bewegungen bedeuten, welches auch von dem gleichbedeutenden, aber mehr
Oberdeutschen Schwank gilt, so scheint das Niedersächsische snigger, schlank, ingleichen munter, hurtig, lebhaft, das wahre Stammwort zu seyn, dessen
Stamm wieder das Schwedische sno, eilen, schnell
seyn, ist. Schnake bedeutet daher eben dasselbe,
was Schwank andeutet, und schnakisch unterscheidet sich von dem gleichbedeutenden neckisch,
nur durch den Zischlaut. In den niedrigen Sprecharten ist für schnakisch, auch schnurrig üblich.

Schnaksucht, die Sucht oder die Begierde, lustig
oder drollig zu erscheinen; spaßhafte, lustige Anekdo-
ten aufzutischen, um eine Gesellschaft zu unterhalten. Beschränkt sich diese Sucht bloß darauf, eine
Gesellschaft anständig zu belustigen oder zu unterhalten, so wäre der Zweck gewiß löblich; allein sehr
häufig geschieht es bloß nur um sich bemerkbar zu
machen, um Aufsehen zu erregen, und da wählt man
denn nicht nur nicht mit Vorsicht die Späße, sondern
man verfällt auch wirklich in die Begierde in jeder
Gesellschaft, in welche man eingeführt wird, ob passend oder nicht, gleich vorlaut zu seyn, und mit seinem Witze zu glänzen, wodurch man zuletzt, da
man sich nicht mehr dieser Begierde enthalten kann,
lächerlich wird.

Schnalle, Diminutivum, Schnällchen. 1. Ueberhaupt ein schnallendes Werkzeug, ein schnallendes
Ding, ein schnallender Gegenstand, wo es nur noch
in einigen Fällen üblich ist, so wird die Klinke
an einer Thür, weil sie mit einem ähnlichen Laute

niederfällt, in Oberdeutschland die **Thürschnalle**, auch nur schlechtweg die **Schnalle** genannt. — An den **Buchdruckerpressen** ist die **Schnalle** eine eiserne Zunge, womit man das niederfallende Rähmchen überklammert. — Die **Klatschrosen** werden wegen des schnallenden Lautes, welche Knaben mit denselben hervorbringen, in vielen Gegenden **Schnallen** genannt. — Bei den **Uhrmachern** heißt dasjenige Stück in einer Deutschen Repetiruhr, welches auf dem Viertelrechen mit einer breitköpfigen Schraube befestiget ist, eine **Schnalle.** — Bei den **Alten** im **Bauwesen** eine **Klammer**, womit zwei Steine oder Hölzer zusammen gehalten werden. — 2. In eigentlicher Bedeutung ist die **Schnalle**, Fibula; Fr. Boucle, ein metallenes Werkzeug mit einem beweglichen Dorne, gewisse Theile, besonders an den Kleidungsstücken, damit zu befestigen. Nach **Adelung** rührt die Benennung vermuthlich daher, weil bei der ersten Erfindung der niederfallende Dorn einen ähnlichen Laut erweckte. Der **Schnallen** bedienten sich schon die Alten zur Befestigung der Kleider, zum Putz, und als Ehrenzeichen. Bei den Römern wurde mit einer Schnalle die Toga auf der linken Schulter befestiget, auch wurden mittelst derselben die Pallia und das Degengehänge verbunden. Die Frauen verbanden vorn an der Brust mit dergleichen Schnallen ihre Kleidung. Man schnallte auch mit einer ganzen Reihe solcher Schnallen die Ermel an den Tunicis von der Achsel bis an die Hände zu. Sowohl die Materie, als auch die Gestalt dieser Haken, Schnallen und Ringe war sehr verschieden, man hatte sie von Gold, Silber und Erz, einige waren rund, andere eckig, und in der Gestalt von Pferden, Delphinen, Vögeln, Schnecken, Schlangen.

Sie wurden auch den Soldaten zur Belohnung
ihrer Tapferkeit als Ehrenzeichen gegeben, wahrscheinlich eben so, wie man dergleichen Schnallen bei
unserer Armee, der Preußischen, den Soldaten zur
Belohnung langjähriger musterhafter Dienstzeit mit
einem Bande giebt, welche Schnalle sie auf der linken Brust tragen. Eine besondere Art von Schnallen oder Schlösser waren die Keuschheitsgürtel,
welche man bei den Römern den jungen Sängern
anlegte, damit sie sich ihre Stimme erhalten, und
nicht durch Ausschweifungen in der Liebe verderben
sollten; s. unter Schloß, Th. 146, S. 378. Daß
auch in dem Mittelalter, und dann späterhinaus
Schnallen oder ihnen ähnliche Zierrathen, besonders
bei dem Frauenzimmer, Mode gewesen sind, gewahrt
man in alten Gemälden, Holzschnitten ꝛc. aus jenen
Zeiten, wo überhaupt das Schmücken mit Gold,
Silber, Stahl ꝛc. einen hohen Werth hatte, und
man den Werth eines Anzuges nicht in Flitterstaat,
sondern in etwas Gediegenes setzte. Das eigentliche Zeitalter der Schnallen war das verwichene
Jahrhundert, in welchem sie ganz vorzüglich Mode
waren, und in allen Gestalten, das heißt, eckig, viereckig, ovalrund, groß, klein ꝛc., von Männern und
Frauen getragen wurden. Die Männer trugen sie
so groß und breit, daß sie beinahe die ganze Fuß-
platte bedeckten, und dann wieder ganz klein, in der
Größe eines Groschens, die Damen noch kleiner,
von Silber, Stahl ꝛc. Man wetteiferte auch in den
erhabenen Verzierungen einander zu übertreffen, und
besonders zeichneten sich hierin die Engländer und
Franzosen aus. So verfertigte ein Engländer im
Jahre 1784 ein Paar Schuhschnallen für den König, wobei, außer der nach einer vortrefflichen Zeichnung ausgeführten musterhaften Arbeit, noch eine
andere Seltenheit angebracht war. Der Stahl,

wovon die Schnallen verfertiget waren, war von
der Degenklinge eines Generals genommen, welcher
Gibraltar vertheidigen geholfen, und die auf dem
Stahle angebrachte schöne Metallarbeit, war von
einem Stücke Metall von einer der Spanischen Kanonen genommen, die mit den schwimmenden Bat-
terien vor Gibraltar untergingen, und von denen
einige nachher wieder heraufgebracht worden sind. —
Die Verzierungen der Schnallen, sowohl in Silber,
als auch bei denen von anderen Metallen, bestanden
in Rosetten, Laubwerk und dergleichen; ferner in
Steinen, silbernen und Stahlperlen, womit sie rund
herum besetzt waren. Man verfertigte sie aus Gold,
Silber, Tombak und übersilbert, aus Stahl, Simi-
lor, Pinschbeck 2c. 2c.

Die Schnallen werden von den Goldschmieden,
Gürtlern und Spangenmachern verfertiget, besonders beschäftigen sich aber damit die Gürtler in allen
großen Städten und in den Fabrikstädten. Die
Theile einer Schnalle sind: die Zunge, der Schappen von Eisen, und die Schnalle selbst, welche gegossen wird. Das Gießen, welches in Sand geschieht, wird eben so verrichtet, wie es unter Gieß-
form, Th. 18, S. 416, angegeben worden.

In den Handel liefert vorzüglich Seho und
Birmingham in England sehr schöne plattirte
Schnallen, Kompositionsschnallen Iserlohn, die übrigen Nürnberg, Suhla, Wrietzen an der Oder 2c.
Schnallenbleche, Fr. Chappes de boucles,
werden von allerlei Formen, Größe und Feine, in
Eisen und Stahl, weiß oder blau angelaufen, vergoldet oder versilbert zum Handel gebracht. Die
feinsten liefert England, Frankreich, das Bergische
und noch einige andere Länder. In vorzüglicher
Güte und großer Menge macht man diese Bleche
zu Theux und Givonne in Frankreich, und zu Lüttich.

Man handelt diese Waare nach Groß und Dutzend
in Sortimenten von Nr. 1 bis zu 300. Bei
uns in Deutschland sind Schmalkalden und Peterswalde in Böhmen dieses Artikels wegen vorzüglich
in Ruf. Schmalkalden liefert verschiedene Arten
und in großer Menge, als Englisch-verzinnte und
Englisch-schwarze Gurt- und Steigriemenschnallen,
Vorderzeugschnallen, Zaumschnallen, Deutsche verzinnte oder schwarze Gurt- oder Steigriemenschnallen
schwarze und auch verzinnte Halbmondgurtschnallen,
Knieschnallen 2c., welche insgesammt nach Stück
gehandelt werden. Das Dorf Peterswalde in Böhmen hatte noch zu Ende des verwichenen Jahrhunderts mehrere hundert Schnallenmacher, die eine
große Menge Schuhschnallen von Komposition ver-
fertigten, und die Messen und Märkte von ganz
Europa damit verlegten. Was die verschiedenen
Schnallen nach dem Gebrauche anbetrifft, s. das
folgende Register.

Schnalle (Aufdrück-), Schuhschnallen, welche vermittelst einer auf der Rückseite angebrachten Stahl-
feder, die zu beiden Seiten zwei Hölkchen hat, bloß
auf den Schuh, das heißt, auf das Oberblatt des
Schuhes, gedrückt wird, und dann festsitzt.. Diese
Schnallen sind zu Ende des verwichenen Jahrhunderts zuerst aus England in verschiedenen Facons zu
uns gekommen. Die vorzüglichsten nach Stahlart
brillantirten Schnallen waren von Gold mit silbernen Perlen und mit der Komposition aus Wedg-
woods Fabrik verziert. Der Preis von einem solchen Dessen war ungefähr 36 bis 40 Rthlr. Die
meisten dieser Schnallen sind von ovalrunder, jedoch
mehr breiter Form, nur mit dem Unterschiede, daß
die ersten, welche nach Deutschland kamen und Mode
wurden, ziemlich groß, und daher mehr breit, als rund
waren, späterhin machte man sie kleiner, und so wer-

den sie auch noch jetzt, obgleich die Mode, Schnallen zu tragen, längst vorüber ist, auf Bällen ꝛc. ꝛc. getragen. Eine solche Schnalle besteht aus der eigentlichen Schnalle, einem lackirten ledernen Riemen, einer Stahlplatte und der Feder. Der Riemen liegt innerhalb der Schnalle, wird von der Stahlplatte bedeckt, und diese ist durch vier Niete an der Schnalle befestiget; auf dieser Stahlplatte liegt in der Mitte die mit vier Häkchen versehene Feder durch zwei Niete befestiget. Die Erfindung ist sehr sinnreich, und das Tragen dieser Schnallen sehr bequem, indem man dabei das Schnallen mit dem Riemen, der bei den andern Schuhschnallen erst durch die Schnalle gezogen, und dann vermittelst der Zunge festgehalten wird, ganz entbehrt. Man legt die Aufdruckschnalle bloß auf den Schuh, drückt darauf, und sie sitzt fest und wird so leicht nicht abspringen, es müßte denn bei starkem Tanzen, beim Springen, wobei man stark den Vordertheil des Fußes anstrengt, geschehen. Das Drücken, welches sie, wie Einige vorgeben, auf dem Spanne verursachen soll, kann wohl nur bei einem sehr erhabenen oder hohen Spann geschehen, sonst ist dieser Druck nur unbedeutend, und wenn dies ja der Fall ist, und er zu heftig wird, so darf man die Schnallen nur abnehmen, weil man sich immer ohne dieselben zeigen kann, da die Schuhe gebunden sind. Man hat also bei diesen Schnallen den Vortheil, sie in einer Gesellschaft, auf einem Balle ꝛc. auflegen und abnehmen, also die Schuhe ohne und mit Schnallen tragen zu können; und da man sehr kleine Aufdruckschnallen, in der Größe eines Acht- und Viergroschenstückes, hat, so kann man sie leicht bei sich tragen, um sie erst in einer Gesellschaft aufzudrücken.

Schnalle (Beingürtel), Schnallen, welche, als die kurzen Beinkleider noch Mode waren, an

der Seite des Knies getragen wurden, daher sie auch
Knieschnallen genannt werden. Die Beinkleider hatten
nämlich an der Seite des Knies, zwischen der Wade
und dem Knie, einen Riemen und eine Oese von demselben Beinkleiderzeuge, wodurch die Schnalle befestigt wurde. Man hatte sie viereckig und oval,
von Silber, Gold und Stahl, auch von andern plat-
tirten Erzen. Die Zusammensetzung oder die Bestandtheile der Schnalle selbst, wie bei den Schuhschnallen; s. diese.

Schnalle (Beinkleider-), Schnallen, welche man
hinten an den modernen Beinkleidern trägt, um sie
fest um den Leib zusammen zu ziehen. Sie sind länglichrund, ungefähr 2 Zoll lang und 1 Zoll breit, und
die Zunge hat drei Zacken oder Stacheln. Sie
werden gleichfalls durch einen Riemen und einer Oese
von demselben Beinkleiderzeuge zu ihrem Gebrauche
geschickt gemacht. Man erhält sie bei uns in
Deutschland aus Sohlingen.

— beim Buchdrucker, s. oben, S. 134.

— (Einhalt-), s. Schnalle, beim Uhrmacher.

— ein Fingerschlag, das Schlagen mit gebogenem
und schnell nachgelassenem Finger, ein Schnippchen.

— (Gurt-), am Pferdegeschirr, s. diesen Art.
Th. 111, und unter Sattel u. Satteln, Th. 136.

— (Gürtel-), welche zur Befestigung eines Gurtes
um den Leib dient; s. unter Gürtel, Th. 20,
S. 319.

— (Halbmondgurt-), s. oben, unter Schnalle.

— (Hals-), s. Schnalle (Halsbinden-).

— (Halsbinden-), Halsschnalle, eine kleine
Schnalle, womit im verwichenen Jahrhunderte die
Halsbinden und Halstücher befestiget wurden, und
welche auch zugleich zum Putze diente. Bei den Hals-
tüchern war es eine bloße Schnalle, ohne Zunge und
Schappen. Die beiden Enden des Tuches wurden

zu beiden Seiten der Schnalle durchgezogen und
dann hinten zusammengeknüpft, so daß die Schnalle
vorne eine Zierde des Halstuches abgab. Bei den
schwarzen Binden, besonders der Officiere, wurden
dergleichen kleine Schnalle mit Zunge und Schappen hinten zur Befestigung derselben gebraucht.

Schnalle (Hosenträger•), Schnallen, welche an
dem Hosenträger befestiget sind, und zum bequemen
Gebrauche desselben dienen. Man könnte eine solche
Schnalle nur eine halbe Schnalle nennen; denn sie
ist nur halb, und hat bloß den Schappen mit der
dreistachlichen Zunge, der das längliche Viereck bildet.
Dieser Schappen ist mit dem Leder umnäht, woran
die elastischen Federn sitzen. Jeder Hosenträger hat
zwei dergleichen Schnallen, vermittelst welcher die
elastischen Federn, woran sie sitzen, mit den Riemen
verbunden werden, welche zum Aufziehen und Befestigen der Beinkleider dienen. Die Stacheln der
Zunge sind bloß von Eisendraht. Diese Schnallen
werden Dutzendweise verkauft.

— (Hut•), Schnallen, welche ehemals sowohl die
Herren, als auch die Damen an den Hüten zur Zierde
trugen. An den runden Hüten der Mannspersonen
waren es sowohl große, als auch kleine stählerne oder
messingene, oder auch silberne oder goldene Schnallen,
je nach dem Stande und der Wohlhabenheit der Person.
Zuerst waren die großen Schnallen Mode, wozu denn
auch ein breites, schwarzgewässertes Band gehörte.
Dann folgten in der Mode die kleinen, kaum 1/2 Zoll langen Schnallen, wozu denn auch ein nur eben so breites Band gehörte. Die Stacheln der Zunge waren
wie bei den Schnallen der Hosenträger, nur von
Eisendraht. Die Damen hatten auf ihren Hüten
nur ganz kleine Schnallen, wie man sie auch noch
in so manchen Gemälden und Kupferstichen mit dergleichen Verzierungen auf den Hüten gewahrt. *

Schnalle, bei den Jägern, das weibliche Geburts-
glied einer Hündin, und eines jeden Raubthieres,
welches auch die Nuß genannt wird.
— (Knie-), s. Schnalle (Beingürtel-).
— (Leib-), s. Th. 71, S. 431.
—, bei den Sämischgärbern, s. Th. 68, S. 461,
und Fig. 4040.
— (Schuh-), Schnallen, welche ehemals auf
den Schuhen getragen wurden, s. oben, unter
Schnalle, und wozu auch die oben angeführten
Aufdrückschnallen gehören.   Die Schuhschnallen
waren von verschiedener Gestalt.   Man trug sie
zuerst, wie auch schon oben unter Schnalle bemerkt
worden, beinahe so groß, wie das ganze Vorderblatt
des Schuhes, so daß bloß die Spitze hervor guckte;
dann wurden sie immer kleiner, bis daß die Aufdrückschnallen an die Stelle der mit Schappen, Zunge und
Riemen versehenen Schnallen traten, die man nun
von allen Größen erhielt.   Man trug die Schnallen
bald auf dem Schuh, bald an der Seite desselben; die
an der Seite des Schuhes getragen wurden, waren
ovalrund und ungefähr 1½ Zoll lang; s. auch den
Art. Schuhschnalle.
— (Steigriemen-), s. oben, S. 137, und den Art.
Steigriemen.
— (Stirn-), eine Schnalle, welche das Frauenzimmer vorn an der Stirn trug.   Es war eine kleine
silberne Schnalle, an einem schmalen Sammtbande,
welcher um den Kopf herumging, so daß die Schnalle
gerade vor die Stirn kam, und dort durch das Band
befestiget wurde; s. auch den Art. Stirnschnalle.
—, an der Thür, s. oben. S. 134.
— (Zaum-), s. oben, S. 137, und den Art. Zaum,
in Z.
— (Zeug-), s. oben, S. 137, und den Art. Zeug-
schnalle, in Z.

Schnallen, ein regelmäßiges Zeitwort der Mittelgattung, welches in doppelter Gestalt üblich ist. I. Als
ein Zeitwort der Mittelgattung, denjenigen eigenthümlichen Laut von sich geben oder hervorbringen,
welchen dieses Zeitwort nachahmt, nämlich ein gelindes Knallen oder Klatschen, Schnalzeln. Man
gebraucht es von verschiedenen Handlungen, welche
mit diesem Laute verbunden sind. Mit der Peitsche schnallen, wofür man jedoch im Hochdeutschen
knallen gebraucht. Mit dem Munde schnallen, wenn man diesen Laut mit der an den Gaumen
gedrückten Zunge hervorbringt, welches man auch
klatschen und schnalzen nennt.

Er locket, er schnalzet mit Zunge und mit Hand,
Und hoffet bei Schnalzen und locken sein Band
Bequem um die Hälse zu schlingen.
Bürger.

Im Oberdeutschen schnallet man mit den
Fingern, wenn man sie im Hochdeutschen krachen
läßt. Das Intensivum davon ist schnalzen, und
das thätige Zeitwort schnellen. — II. Als ein
thätiges Zeitwort, vermittelst einer Schnalle in
der engeren Bedeutung befestigen. Die Halsbinde lockerer, fester schnallen. Die
Schuhe fest zusammenschnallen. Besonders in den Zusammensetzungen abschnallen,
anschnallen ꝛc.

Schnallenringlein, ein kleiner zierlicher, von Gold
mit buntem Schmelz geschmückter Ring, in Gestalt einer Schnalle mit dem dazu gehörigen Ring-
lein, mit und ohne Edelsteinchen.

Schnallenstechen, in Schnallen stechen, durch
die Schnallen gehen, in Schnallen oder Ran-
ken stechen, lauter bei den Riemern und Sattlern gebräuchliche Redensarten, wodurch sie die
Strippen andeuten.

Schnalzen, ein regelmäßiges Zeitwort der Mittelgattung, welches das Intensivum von dem oben angeführten schnallen in der neutralen Form ist, und in einigen Gegenden in eben denselben Fällen gebraucht wird. Die Peitsche wacker schnalzen lassen, knallen. Mit der Peitsche schnalzen; mit der Zunge schnalzen, klatschen. Mit den Fingern schnalzen, sie kraten lassen. Jemanden ins Gesicht schnalzen, im Oberdeutschen, ihm ein Schnippchen vor das Gesicht schlagen. In derselben Mundart werden auch der Schnalz, der Schnalzer, die Schnalze, theils von einem solchen Laute, theils für Schnippchen und Stüber mit den Fingern gebraucht. Eine Nasenschnalze oder ein Nasenschnalzer, ist daselbst ein Nasenstüber.

Schnäpel, f. Schnepel.

Schnapp, Schnapps, eine in den gemeinen Sprecharten übliche Interjection, welche eine Nachahmung desjenigen Schalles ist, welcher eine schnelle, mit Schnellkraft verbundene Bewegung oft begleitet. Schnapp fuhr die Thür zu, schnapp sprang das Schloß zu, schnapp hatte er es weg. Man braucht es auch im gewöhnlichen Leben als ein Hauptwort, die Handlung des Schnappens mit dem Munde zu bezeichnen, besonders von den Hunden. Einen Schnapp nach etwas thun. Der Hund that einen Schnapp nach dem Fleische. Auf einen Schnapp hatte er's weg.

Schnappe, ein in der Jägerey übliches Wort, ein jedes Tuch zu bezeichnen, welches man auf- und niederlassen kann, daher das Schnapptuch, Falltuch, von schnappen, schnell niederfallen.

Schnappen, ein regelmäßiges Zeitwort der Mittelgattung, eine Nachahmung desjenigen eigenthümlichen

Schalles, welchen es bezeichnet. So schnappt
der Auerhahn in der Balze, wenn er mit dem Schnabel diesen Schall hervorbringt, ehe er zu schleifen anfängt. Man gebraucht es ferner auch von gewissen
mit Schnellkraft verbundenen Veränderungen, welche einen solchen Schall hervorbringen; daher
schnappt ein Schloß, wenn die Feder den Riegel mit Schnellkraft fortstößt; ein Schloß
schnappt ab, wenn man es abdrückt; so schnappt
ein Brett in die Höhe, wenn man es beim
Wippen schnell fahren läßt. Im Oberdeutschen
sagt man, nach Adelung, auch mit den Fingern schnappen, für krachen, mit der Kanne
schnappen, für klappern. In engerer Bedeutung
drückt es die schnelle mit diesem Schalle verbundene
Oeffnung und Schließung des Mundes aus. Nach
Luft schnappen, sich ängstlich bemühen Luft zu
schöpfen, welches oft den Lungensüchtigen und Eng-
brüstigen widerfährt, wenn sie etwas viel gegangen
sind. Man schnappt auch mit dem Munde, um
etwas schnell aufzugreifen, wenn es aus dem Munde
glitscht. So schnappt der Hund nach Fliegen, der Fisch nach Luft. Schnappen setzt
daher immer eine Geschwindigkeit, eine Begierde voraus, etwas in seine Gewalt zu bekommen.

Nach dem Adelung im Niedersächsischen snappen, wo es auch schnell reden, eilfertig plaudern bedeutet. Im Schwedischen snappa, im Englischen
snap, und ohne Zischlaut auch nab. Bei dem
Horneck kommen schnaben und schappen
auch für straucheln, fallen, vor. Im Niedersächsischen ist für schnappen in der engeren Bedeutung
auch happen, happsen, Fr. haper, Ital. chiap-
pare, üblich. Ein ähnlicher, aber feinerer Laut, als
schnappen, ist schnippen, so wie man im Nie-

der deutschen für einen gröbern die Wörter Schnupp und schnuppen hat.

Schnäpper, ein schnappendes Ding, in welchem Verstande es von verschiedenen Werkzeugen gebraucht wird. So heißt eine kleine Armbrust, wegen des schnappenden Lautes der Sehne, ein Schnäpper oder Schnepper. Bei den Wundärzten, Chirurgen ist der Schnepper ein Werkzeug zum Aderlassen, weil die Lanzette durch eine Feder mit Schnellkraft herausgedrückt wird. Der Aderlaßschnepper besteht aus vier Haupttheilen, welche das Wesentliche desselben ausmachen, und aus verschiedenen Nebenstücken. Die Haupttheile sind: 1) der Kasten, 2) die Feder, 3) das Eisen oder die Fliete, 4) der Drucker mit seiner Feder und dem Haken, der die Feder aufgespannt erhält. Von den Nebenstücken sind einige entbehrlich, andere unnüß. Zu den entbehrlichen Stücken gehören: a) die Auflegefeder, b) die Schraube in dem Drucker; und zu den unnüßen: a) die Hebefeder, b) das blinde Eisen, c) die Gabel. Der Kasten ist ein von Messing oder Silber gegossenes, oder aus geschlagenen Stücken zusammengelöthetes Gehäuse, welches, der Bequemlichkeit wegen, an seinem hinteren Ende abgerundet ist, und eine bauchige Wendung hat. Vorn ist eine kleine Platte, die ein längliches Viereck darstellt, quer übr befindlich, welches der Damm heißt, und theils den auf die Grundplatte gesetzten vordern Rand, als auch den hintern mit halten hilft, theils aber auch mit dieser Grundplatte eine Rinne bildet, in welcher das Eisen und die Feder ihren Gang haben. Die Basis dieser Rinne ist die Endung des untern Randes, und auf sie trifft die ganze Gewalt der Feder im Schlage. Man gewahrt hieraus, daß sowohl die Rinne äußerst genau und gleich weit gemacht seyn muß, damit das Eisen an keinem Punkte derselben williger oder klamuer gehe, als es soll, und auch, daß dieser Boden derselben, gegen welchen das Eisen die heftige Wirkung der Schlagfeder anprallt, hinlängliche Stärke habe. Diese kann man ihm geben, wenn man entweder die Materie, woraus das Eisen gemacht wird, darnach wählt, oder wenn man ihm selbst eine größere Stärke giebt. Den Stahl hat man bis jetzt dazu noch nicht angewendet, und er würde auch wegen des Rostens nicht gut dazu brauchbar seyn, und da Messing diese Unvollkommenheit nicht hat, und doch noch härter ist, als Silber, so hat man solches in der Absicht gewählt. Es entspricht aber dem Zwecke doch noch nicht genug, und läßt sich von der Feder heraustreiben, sogar wenn man es auch dicker gemacht hat, als es gewöhnlich zu seyn pflegt. Man hat zwar diesem durch ein Stückchen Stahl, das man auf dem Berührungspunkte angebracht hat, abzuhelfen gesucht; allein nicht mit glücklichem Erfolge; denn was vorher die Feder bloß für sich that, das thut sie nun durch dieses Stahlstückchen, als durch ein Medium; denn diese trifft auf den Stahl, und dieses auf das Messing. Von dem Damme an bis dahin, wo die bauchige Wendung sich anfängt, ist sowohl der vordere Rand, als der hintere um so viel höher, als die bauchige Wendung, so daß sie einen kleinen Falz zulassen, in welchen ein Schieber bis an den Damme hinaufgeschoben wird, und dadurch das Instrument schließt. In der Grundplatte ist ein Schraubenloch, in welches eine Schraube paßt, und das Eisen vermittelst des darin befindlichen Orts befestiget. Man thut wohl, wenn man solcher Schraubenlöcher zwei oder drei übereinander und von einerlei Weite hinein machen läßt, um Eisen von verschiedener Länge de Angel in einem und eben demselben Schnäpper gebrauchen zu können, und aus eben dem Grunde ist

die Schraube besser, als die Knöpfe oder Stifte, die
in einigen Schnäppern auch noch jetzt zu dem Behufe festgenietet sind, damit das Eisen mit seinem
Orte gleichsam darüber geschoben oder gefügt werden könne. Denn erstlich behält die Angel des Eisens an seinem Orte einen zu großen und hier schädlichen Spielraum, welchem man auch durch das
abgerundete und durchstochene Stückchen Leder, welches man darüber und bis auf das Ort zu schieben
pflegt, nicht genug abhelfen kann. Denn, wenn es
so hoch ist, daß es über den Stift hinwegragt, und
von dem Schieber gedrückt werden kann, so ist nicht
nur dieser Widerstand schädlich, sondern er kann auch
dem Eisen selbst eine schiefe Richtung geben, besonders wenn das Stückchen Leder nicht allenthalben
von gleicher Dicke wäre. Und ist es nicht so hoch,
so wird es gar nicht gedrückt, und doch ist die wan-
kende Bewegung des Eisens, die es nothwendig wegen des Stiftes, auf welchem es zu lose sitzt, bekommen muß, äußerst schädlich. Zweitens kann man
nur Eisen von einerlei Länge in demselben Kasten
gebrauchen, weil nicht mehr als ein einziges solches
Knöpfchen darin Statt findet. Die Schlagfeder ist
in der Grundplatte festgenietet. Sie ist entweder
eine gewundene oder eine Schlangenfeder.
Erstere hat vor der letztern Vieles voraus; denn theils
ist ihre Wirkung stärker und geschwinder, theils wird
sie auch nicht so leicht schlaff, und da die zitternde
Bewegung, die sie durch die Repercussion auf dem
Punkte der Berührung empfängt, sich durch alle
Windungen verbreitet, und nach der größeren Entfernung von dem Punkte, wo sie antraf, gradweise
abnimmt, so ist sie auch nicht so leicht der Gefahr
unterworfen, zersprengt zu werden. Diese Feder
endiget sich mit einem Zuge durch die Rinne, und ist
daselbst entweder mit dem kleinen Abschnitte von

K 2

einem Zirkelbogen rückwärts hinter sich gekrümmt,
so daß diese Biegung mit der Rinne des Kastens
parallel ist, oder sie ist nach der rechten Seite in
einem Winkel gebogen.   Zum Aufziehen der Feder
mit den Fingern können beide Biegungen derselben
nicht bequem genug eingerichtet werden, weil solches
die Beschaffenheit des Instrumentes, selbst verhindert.   Und da man ohnedies dadurch das feine Gefühl in den Fingern, die zur Operation am nöthig-
sten sind, verderben würde, so wäre zu rathen, daß
man sich dazu ein eigenes Instrument anfertigen
ließe, wie ein schmales stumpfes Messer gestaltet, und
welches vorn einen Schraubenzieher hat, um damit
zugleich die Schraube am Orte des Eisens fest oder
losschrauben zu können.   Bei dem Allen ist aber
dennoch der hinter sich gekrümmte Angriff dem andern vorzuziehen, weil man freier mit dem Instrumente umgehen, und solches eher gebrauchen kann,
wenn man eine Ader, die über einem Knochen liegt,
von der Seite lassen will, welches mit der Biegung
von der andern Art gar nicht möglich zu machen ist;
der Unbequemlichkeit nicht einmal zu gedenken, die
diese letzte in Absicht des Futterals, worein die
Schnäpper zu liegen kommen, und dessen Deckel hat,
als welcher aus der Ursache schon um ein Merkliches
hohler seyn muß.

Das Eisen oder die Fliete ist eigentlich derjenige Theil des Instruments, der die Operation unmittelbar verrichtet.   Es besteht aus drei Abtheilungen, dem Blatte, der Angel und dem Oertchen.
Das Oertchen wird von dem Instrumentenmacher
nicht gehärtet, damit es eher die Feile annimmt,
wenn man etwas daran zu ändern hätte; das Blatt
muß aber eine besondere Temperatur haben, die ihm
nicht ein jeder Künstler zu geben weiß, und welches
derjenige, der es versteht, unter seine Geheimmittel

rechnet, und darauf kommt doch Alles an. Ist es
zu hart, so springt es durch den Schlag der Feder
entweder ganz weg (denn diese giebt ihm eine schnelle
Bewegung, die im Boden der Rinne einen ungemei-
nen Widerstand findet, und also macht, daß es durch
den erlangten Schwung gleichsam abreißt) oder es
bricht auf einer etwas harten und narbigten Haut aus.
Die ächte Härte, die es haben muß, scheint etwas
über die Federhärte hinauszugehen, jedoch ohne ganz
glashart zu seyn. Dieses Blatt muß aber auch aus-
ferdem eine gehörige Dicke haben. Zwar geht ein
dünnes Eisen in einer weichen Haut und durch wei-
chere Aderhäute leichter durch; wenn aber auch die
Haut nur etwas widersteht, so bricht es, wenn es zu
hart ist, aus, oder es legt sich um, wenn es zu weich
ist. Ist es dagegen auch zu dick, so finden alle die
gegenseitigen Unbequemlichkeiten statt. Es geht
nämlich an sich nicht so leicht durch, nimmt nicht
eine so gute Schneide an, verursacht, wenn es ja auch
durch eine starke Feder durchgetrieben wird, empfindlichen Schmerz, und macht durch den Widerstand, den
es in der Haut bekommt, und dann selbst wieder der
Feder macht, die Operation etwas ungewisser. Wenn
sich das Blatt an der äußersten Schneide, auf dem
Nagel des Daumens bei einer mäßigen Gewalt, die
man aber aus der Erfahrung muß bestimmen lernen, nicht biegt, so ist es zuverläßig zu dick, biegt es
sich aber zu viel, so ist es gewiß zu dünn. Mit diesem Blatte hängt die Angel durch einen verlorenen
Abfall zusammen; eine kleine Stelle dieses Stücks,
die aber vor allen viele Aufmerksamkeit des Künstlers
verdient. Läßt dieser das Blatt von der Angel zu
schnell ablaufen, so bekommt der Anfang des Blatts,
der unmittelbar vor dem Schlage der Feder sitzt, dadurch eine schwache Stelle, die das Abspringen desselben fast unvermeidlich macht; läuft es dagegen zu

langsam ab, so kann solches nicht geschehen, ohne dem Blatte eine gewisse größere Stärke oder Dicke zu lassen, welche es durch seine ganze Fläche, wenigstens den obern Theil derselben, behält, und welche sich zu einer recht guten, und proportionirten Blattdicke verhält, wie ein kurzer und dicker Keil zu einem langen und schmalen. Die Länge der Angel kann nicht bestimmt werden, sie muß sich nach dem Schnäpperkasten richten, worein das Eisen kommen soll. Bei der Lage des Eisens im Schnäpper kommt Alles darauf an, daß es .im Schlage nicht hin und her wanke, und so genau, als möglich, mit der Rinne, in welcher es hinunterfährt, parallel laufe. Die Grundplatte des Schnäppers hat eine Hervorragung, welche der Steg heißt, und entweder mit daran gegossen, welches Las Beste ist, oder daran gelöthet oder hinein geniethet ist. Solche ist der Länge nach ausgefeilt, und in diese Ritze paßt der noch schmäler gefeilte Theil eines Stück Stahls, welches unter seinem vordern Ende ein Häkchen hat. Dieses geht durch die eine Oeffnung in der Grundplatte, und hält die Schlagfeder, wenn sie aufgespannt ist. Unter dem Hinterende dieses Stück Stahls, welches der Drücker heißt, ist eine schwache Feder festgenietet, welche sich auf die Grundplatte setzt, und durch den Widerhalt, den sie da macht, den in dem Charniere laufenden Drücker hinten in die Höhe, folglich dessen vordern Theil hinunter hält. Der Drücker muß sehr genau und passend in dem Gewinde gehen, um die Feder halten zu können, und gehörig schwach muß seine Feder seyn, damit man theils nicht lange zu drücken braucht, und dadurch ausser Fassung, und theils mit dem Schnäpper selbst nicht aus der Richtung komme; weshalb denn auch der Haken an diesem Drücker zwar hinlänglich lang seyn muß, um die Feder halten zu können, aber um nichts zu lang, weil er sie sonst nicht früh genug fahren läßt. Der Drücker läuft in dem Stege auf einem mäßigen Drahte, welcher durch drei Löcher geht, nämlich durch eins in jedem Blatte, daraus der Steg besteht, und durch eins in dem Drücker selbst. Zu den entbehrlichen Stücken gehört: 1) Die Stellschraube. Da man fand, daß der Haken an dem Drücker von dem Instrumentenmacher, der Sicherheit wegen, zu lang gemacht war, und daher die Feder nicht gleich auf die leiseste Berührung des Drückers fahren ließ, welches doch nöthig ist, wenn sich das Instrument nicht durch die anhaltende drückende Bewegung der Finger verschieben soll, so ließ man hinter diesem Haken, vor dem Stege, eine Schraubenmutter in dem Drücker machen, um vermittelst der darein passenden Schraube den ganzen Vordertheil des Drückers nach Belieben von der Grundplatte entfernen, und dadurch den Haken an derselben verkürzen, folglich das Losschnellen der Feder erleichtern zu können. Der zweite entbehrliche Theil ist die Aufliegefeder, sie ist eine etwas gekrümmte flache Feder, hinten mit einem Oertchen und vorn mit zwei herabgebogenen Flügeln, womit sie die Angel des Eisens in seiner Breite beinahe umfaßt, indeß sie mit ihrem Körper, da, wo die Flügel sitzen, auf der Dicke desselben aufliegt. Man gewahrt schon, daß sie bei einer Schraube in dem Oertchen der Angel nicht nur entbehrlich ist, weil man vermittelst derselben das Eisen so fest anschrauben kann, daß es seinen Stand da behalten muß, wohin man es geschoben hat, sondern daß auch die Schraube selbst dabei nicht angebracht werden kann, deren Vorzug aber aus obigem zu sehr erhellt, als daß man wegen dieser Aufliegefeder dieselbe gegen den Stift vertauschen sollte. Der einzige Fall wäre noch, wenn man die Schraube von außen in die

Ende durch seine Federkraft das Eisen, das, wenn die Schlagfeder aufgezogen worden, von seinem Drucke befreit ist (in diesem Fall muß aber keine Aufliegefeder da seyn) gegen die Feder andrücken muß. Das Futteral, welches aus einem Bodenstücke und seinem Deckel besteht, läßt man gewöhnlich aus leicht zu bearbeitendem Holze machen, und fügt beide Theile, mittelst zweier Charniere, oder durch angeleimtes Pergament zusammen. Den Deckel läßt man entweder ganz aushöhlen und mit seidenen Watten oder Baumwolle ausstopfen, oder nur Höhlungen hineingraben, in welche der Drücker paßt; s. auch den Art. Lanzette, Th. 64, S. 710. Ein Mehreres über die Schnäpper, s. unter Wundarzneikunst, wo die in der Encyklopädie hin- und wieder übergangenen neuern Instrumente dieser Kunst beschrieben und abgebildet werden sollen.

Schnäpper (Aderlaß-), s. den vorhergehenden Artikel.

—, eine Armbrust, s. oben, S. 145.

— (Fliegen-), s. Th. 14, S. 250.

Schnäpper, in der Wundarzneikunst, Aderlaß-
schnäpper, s. oben, S. 145.

Schnappfeder, eine jede Feder, welche an Instrumenten angebracht worden, um diese mit einem dem
Worte nachahmenden Laute herauszuschnellen.

Schnappgalgen, s. Schnellgalgen.

Schnapphahn, im gemeinen Leben ein Partheigän-
ger im Kriege, der widerrechtlich auf Beute ausgeht.
Auch die Bauern, wenn sie sich im Kriege in ein
Versteck, Hinterhalt rc. legen, und den Soldaten
auflauern, welche sich von der Armee oder von ihren
Detachements entfernt haben, oder auch wohl als
Ermattete dem Korps nachziehen, um sie zu plün-
dern oder todt zu schlagen, werden Schnapphähne
genannt. Ferner auch Straßenräuber, als eine ge-
lindere Benennung. Von den drei hier Angeführten rührt die Benennung her, weil sie fremdes Gut
zu erschnappen suchen. — Im Niedersächsischen bekommen diesen Namen auch wohl die Gerichtsdiener
und Bettelvögte; wahrscheinlich nur im verächtlichen Verstande.

Nach dem Adelung soll es nach der Meinung
Vieler von dem Holländischen Snaphaan und dem
Schwedischen Snapphane, eine Flinte, abgeleitet
worden seyn, wegen des schnappenden Hahnes. Er
selbst meint das Hahn vielleicht aus Hans in der
allgemeinen Bedeutung eines jeden verächtlichen
Menschen verderbt worden, besonders da ein solcher
Schnapphahn im Englischen wirklich Snaphance
heißt. Das Französische Chenapan ist aus dem
Deutschen geformt.

Schnapphähne, eine Münze in den Niederlanden,
wovon die Jülicher 11 schwere Kreuzer, oder 3 Gr.
8 Pf., die Geldrischen aber 13 Kreuzer, oder 4 Gr.
4 Pf. betragen.

Schnäppisch, Schnippisch, Bei- und Nebenwort, welches im gewöhnlichen Leben, besonders Niedersachsens, üblich ist, und naseweis, keck im Reden bedeutet. Schnäppisch seyn. Eine schnäppische Antwort. Niedersächsisch snapps k, snippsk, wo auch Snippke und Schnappsnute eine solche in Reden vorschnelle und naseweise Person bedeuten. Im Oesterreichischen bedeutet geschnäppig nur plauderhaft, vom Niedersächsischen snappen, plaudern.

Schnappmesser, ein Messer, welches eingeschlagen werden kann, das heißt, wo die Klinge mittelst einer Feder in die Schale gelegt werden kann, und welches einlegen durch ein Schnappen oder einen diesem Worte nachahmenden Laute geschieht.

Schnapps, eine nur im gemeinen Leben übliche scherzhafte Benennung eines Schlucks Branntwein, auch eines kleinen Glases Branntwein, wahrscheinlich daher, weil es in einem Schnappe ausgetrunken wird. Einen Schnapps machen oder nehmen, einen Schluck Branntwein trinken. Es bedeutet auch oft Branntwein überhaupt; daher ein Glas Schnapps, eine Flasche mit Schnapps, mit Branntwein.

Schnappsack, ein Sack oder Beutel, trockne Speisen darin auf Reisen bei sich zu führen. In einigen Gegenden lautet dieses Wort auch Knappsack, und nach Adelung soll Schnappsack vermittelst des Zischlautes davon gebildet worden seyn, obgleich es auch unmittelbar von Schnapp, ein Mundvoll, Engl. Snap gemacht seyn kann. Die Engländer sagen auch Knapsack, und die Schweden Kappsaeck und Kacksaeck, welches letztere von Kack abgeleitet wird, weil gemeine Leute einen solchen Sack auf der Reise gewöhnlich auf dem Rücken zu hangen haben.

Schnappsen, ein regelmäßiges Zeitwort der Mittelgattung, im gemeinen Leben einen Schluck Branntwein zu sich nehmen, ein Glas Branntwein trinken;
s. Schnapps.

Schnappstange, bei dem Jäger, die Stangen zu den
Schnapptüchern, sie sind etwas stärker, als die Stell-
stangen, von 10½ Fuß Höhe, oben an der Stange
wird ein Kloben oder eine Rolle, am besten von
Messing, angebracht, welche glatt und leicht herum-
laufen muß, und wodurch eine, eines Fingers starke
Leine gezogen wird, welche drei Klaftern lang, und
an dem einen Ende mit einem hölzernen Knebel versehen ist.

Schnapptuch, s. Schnappe.

Schnappwage, s. Schnellwage.

Schnappweife, eine Art Weifen, welche die Zahl der
gewensten Fäden durch das Schnappen eines dünnen
elastischen Brettchens anzeigt. S. unter Weife.

Schnarchen, ein regelmäßiges Zeitwort der Mittelgattung, welches eine unmittelbare Nachahmung
des Lautes ist, und in doppelter Bedeutung gebraucht wird. 1. Ein durch die Nase hervorge-
brachter Laut, welcher oft einen festen Schlaf bedeutet; daher im Schlafe schnarchen. Das
Schnarchen findet in drei Fällen statt: 1) Wenn
der Schlafende bei geschlossenem Munde die Luft
durch die Nase einzieht, und das Fleischläppchen des
Gaumensegels nicht ganz offen ist, sondern der durch-
ziehenden Luft nur eine enge Straße übrig läßt.
Das Läppchen nimmt dann die Eigenschaft der
Stimmspalte an sich; es wird von der Gewalt der
durchströmenden Luft zum Zittern, das ist, zum geschwinde wiederholten Anschlage gegen die Schlundwand fortgerissen, davon ein Laut entsteht, welcher
immer rauh und schnarrend ist. — 2) Wenn der
Schläfer die Luft durch den offenen Mund einzieht,

während die Nase durch das Läppchen verschlossen gehalten wird. Liegt dann der Hintertheil der Zunge zu hoch, indem sie fast den weichen Gaumen berührt, so wird wieder die Oeffnung zu klein; der weiche Gaumen wird zum Zittern gebracht, und dieser thut hier das, was vorher das Läppchen bei der Nase that. — 3) Wenn der Schläfer durch beide Wege zugleich athmet, und weder das Läppchen ganz an der Schlundwand, noch die Zunge ganz am weichen Gaumen anliegt, so entsteht ein Schnarchen; denn beide, der weiche Gaumen und das Läppchen, gerathen dann ins Zittern.

Das Räuspern, welches Th. 121, S. 262, nur angeführt worden, hat mit dem Schnarchen viel Aehnliches; es geschieht aber wachend und gewaltsam. Es wird nämlich bei geschlossener Nase der hintere Zungentheil so hoch getrieben, daß dieser Theil den nahen Gaumen etwas berührt. Wenn dann die Luft mit Gewalt anschlägt, so zittert der weiche Gaumen, und macht das bekannte Geräusch, um sich von dem Schleime der Schlundwände des Gaumensegels oder des Luftröhrenkopfes zu entledigen; denn die Gewalt, mit welcher man die Luft ausstößt, reißt zugleich alle fremde Köper mit sich fort. Wer daher lange schweigend zugehört hat, und nun wieder zu sprechen anfangen will, der räuspert sich vorher, aus Besorgniß, es möchte sich zu viel Schleimstoff während der Zeit angehäuft haben, um die Kehle zu seinem Vortrage offner und geschmeidiger zu machen. Fast immer folgt daher auf das Räuspern ein Schleimauswurf durch den Mund, das Auswerfen des Speichels. Ein andres Räuspern entsteht vermittelst des Kehldeckels, wenn dieser mit Schleim beladen ist, und die Stimmspalte deckt, die aber offen bleibt.

II. Ungeſtüm verweiſen, mit Pochen und Drohen
reden. Im Hauſe herum ſchnarchen. Mit
dem Schnarchen iſt es nicht ausgerichtet.
Im Niederſächſiſchen iſt ſchnarren, murren, brum⸗
men. Als ein Diminutivum davon kann das im
gemeinen Leben mancher Gegenden übliche nörgeln
angeſehen werden, dem unter andern auch der inten⸗
ſive Ziſchlaut mangelt. Im Finnländiſchen iſt
Naerkae, der Zorn. Im Schwediſchen snorka,
im Isländiſchen snarka.

Schnarcher, eine Perſon welche ſchnarcht, beſonders
in der zweiten Bedeutung des Zeitwortes ſchnar⸗
chen. Den Schnarcher fürcht ich nicht,
Haged.
Ein Schnarcher aller Schulgeſchwätze
Hält ſich für einen Kirchenheld. Ebend.

Schnarchhuhn, eine Benennung des Auerbirk⸗
huhns, ſ. unter Auerhahn, Th. 2.

Schnarrdnte, ſ. Schnarrente.

Schnarrdroſſel, ein Name der Miſteldroſſel oder
des Miſtlers, Turdus viscivorus Klein, ſ. Miſt⸗
ler, Th. 92, S. 9.

Schnarre, ein ſchnarrendes Ding. So nennt man
ein hölzernes Werkzeug, welches die Nachtwächter
an einigen Orten führen, und womit man auch die
Sperlinge aus den Gärten und Feldern zu verſcheu⸗
chen pflegt, die Schnarre, und wenn es größer iſt,
die Schnurre; im Oberdeutſchen heißt es die
Ratel, die Ratſchen. Im Niederſächſiſchen
führt dieſen Namen eine Garnwinde. Verſchie⸗
dene Arten von Vögeln ſind wegen ihrer ſchnarren⸗
den Stimme gleichfalls unter dieſem Namen bekannt.
Z. B. die Schnarrdroſſel, ferner eine Art
Wachteln mit langen Beinen, welche auch Schnarr⸗
wachtel heißt. Ingleichen der ſogenannte Wach⸗

telkönig, welcher letztere auch Schnerf, Heck-
schnarre und Thauschnarre genannt wird.
Schnarre, eine Garnwinde, s. den vorhergehenden Artikel.
— (Heck-), s. daselbst.
—, beim Nachtwächter, s. das.
— (Thau-), s. das.
Schnarreisen, bei den Goldschmieden, ein dünner
langer, vorn winkelig gebogener Amboß, welcher an
einem Ende eine weiche Bahn hat, auf welche man
mit dem Hammer schlägt, damit das andere Ende in
eine zitternde Bewegung geräth, Figuren dadurch
auszuhöhlen und tiefe Stellen damit auszuarbeiten,
von dem schnarrenden Laute, welcher mit dieser Behandlung verbunden ist.
Schnarren, regelmäßiges Zeitwort der Mittelgattung,
welches den zitternden Laut nachahmt, den das Wort
bezeichnet, diesen Laut von sich geben, hervorbringen.
Der Schwarzspecht schnarrt, wenn er mit
dem Schnabel so hart an die dürren Bäume schlägt,
daß dadurch ein schnarrender zitternder Laut entsteht.
Auf eine andere Art, nämlich bloß mit ihrer Stimme,
schnarren der Mistler, die Schnarrente ꝛc. Eine
Garnwinde schnarrt. Im Reden schnarren, das r nicht mit der Zunge, sondern mit der
Kehle aussprechen, wodurch gleichsam ein rauher zitternder Laut entsteht, wie solches bei den Märkern
der Fall ist, von denen Einige das r nicht recht rein
aussprechen. Im Oberdeutschen nennt man solches
schnorren, schnorrcheln, im Oesterreichischen
ratschen, im Schwedischen skorra. Ein Blase-
Instrument schnarrt, wenn es einen rauhen
zitternden Ton von sich giebt.
　Nach dem Adelung im Niedersächsischen snar-
ren, im Schwedischen skorra. Da der schnarrende
Laut in vielen Fällen ein Begleiter einer schnellern

Bewegung ist, so ist schnar im Niedersächsischen,
und snar im Schwedischen, schnell, hurtig. Auf
eben diese Art ist schnell von schnallen und
schnellen, hurtig, von dem noch nicht ganz veralteten hurren, das Schwedische snapp, schnell, von
schnappen rc. gebildet. Einen gröberen Laut die-
ser Art drückt man durch schnurren, einen feinern
aber in Niedersachsen durch snirren aus, so wie
man im gemeinen Leben von schnarren auch das
Intensivum schnarzen hat.
Schnarrente, Knarrente, Schnatterente,
Mittelente, Anas strepera, s. unter Ente, im
Supplement.
Schnarrgans, s. unter Gans, im Supplement.
Schnarrheuschrecke, eine Benennung der Grille,
s. diese, Th. 20.
Schnarrsprengsel, s. unter Sprengsel.
Schnarrwachtel, s. Schnarre.
Schnarrwerk, in den Orgeln, ein Pfeifenwerk, dessen
Pfeifen mit einem messingenen Bleche versehen sind,
welches an die Röhre schlägt, worauf es liegt, und
einen schnarrenden Ton hervorbringt.
Schnat, Schnatte, ein provinzielles, nur in einigen
Gegenden übliches Wort. 1. In Schlesien bedeutet
es ein Reis. Aus Schnaten werden Bäume,
Günth.

> Dein Stammbaum schlage täglich aus,
> Bis einst die Nachwelt Schnaten
> bricht,
> Und um der Enkel Kronen flicht.
> Ebend.
> Die Nymphen sammelten die theuren
> Ambra-Tropfen.
> Sie brachen hier und da die besten
> Schnaten ab.
> Ebend.

2. Die Gränze, ein in Ober- und Niederdeutschland sehr gangbare Bedeutung, wo es im Oberdeutschen auch Schnait, Schneid, und im Niedersächsischen auch Snaat und Snede bedeutet. Die Schnait oder Schnat begehen, die Gränze. Die Heimschnat ist daher in Westphalen die Gränze einer Dorfflur, die Flurgränze. Nach Adelung's Vermuthung soll es möglich seyn, daß in der letztern Bedeutung, vorzüglich auf die zur Bezeichnung der Gränze in die Gränzbäume, Pfähle oder Steine geschnittene Zeichen gesehen wird. Das in einigen Oberdeutschen Gegenden übliche Schnatte, eine Narbe, Schmarre, stammt gleichfalls von schneiden ab; allein in der ersten scheint es den Begriff der Länge und schlanken Beschaffenheit zu haben. Im Schwedischen ist Snod, ein dünnes Seil, eine Schnur.

Schnatterente, Anas strepera, s. Schnarrente.

Schnatterer, werden von Einigen die zahmen Enten genannt.

Schnattern, ein regelmäßiges Zeitwort der Mittelgattung, welches den Laut genau nachahmt, welchen es bezeichnet, daher diesen Laut von sich geben und hervorbringen. Die Gänse und Enten schnattern. Ingleichen schnell reden, plaudern, besonders wenn unerhebliche Dinge schnell und eilfertig durch die Rede vorgetragen werden. Im Oberdeutschen sagt man auch der Storch schnattert, wenn er klappert, und im Niedersächsischen nennt man das Klappern mit den Zähnen snatern und snätern.

Schnattfisch, s. Hähnling, Th. 20, S. 817.

Schnau, in der Schifffahrt, eine lange Barke, welche sonst von den Russen und Schweden häufig zum Kriege gebraucht wurde; sie führten bis 24 Kanonen, wovon ein Theil Schraubstöcke waren, und 58 Mann. Ihre Bauart ist lang und platt, und

von allen zweimaſtigen Schiffen ſind ſie die größten
und zum Handel auch die bequemſten.

Schnauben, ein regelmäßiges Zeitwort, auch der Mit-
trigattung. Es iſt eine Onomatopöie und ahmet
das heftige Ausſtoßen und Einziehen des Athmens
durch die Naſe genau nach, deſſen noch ſtärkerer
Grad durch ſchnauffen ausgedrückt wird. 1. Den
Athem mit Heftigkeit durch die Naſe einziehen und
ausſtoßen. Ihre Roſſe ſchnauben zu Dan.
Jer. 8, 16. Wie ſchnaubte die grimmige
Naſe Flammen umher. Zachar. Im Niederſächſiſchen bedeutet es auch noch theils ſchnauzen,
die Naſe ſchnauben, theils ſchnupfen oder Schnupf-
taback nehmen, welche beide Bedeutungen, beſonders
aber die letzte, im Hochdeutſchen nur ſelten vorkommt.
2. In weiterem Verſtande bedeutet es in der Deut-
ſchen Bibel nach einer morgenländiſchen Figur ſtark
Athem holen, und athem überhaupt. Da ſchnau-
bete der Knabe ſiebenmal. 2. Kön. 4, 35.
So lange das Schnauben von Gott in unſerer Naſe iſt. Hiob, 27, 3. Das Schnauben
in unſerer Naſe iſt ein Rauch. Weish. 2, 2.
Im Hochdeutſchen iſt es hier ungewöhnlich. 3. Figürlich, wo es ein Ausdruck gewiſſer heftiger Ge-
müthsbewegungen iſt, welche oft nur einem Schnauben verbunden ſind. Geht hin, die ihr nach
Gold ſchnaubt, Uz, die ihr eine heftige unge-
ſittete Begierde nach Gold habe. Saul ſchnau-
bete mit Dräuen und Morden. Apoſt. 9, 1.

Nach Adelung ſind ſchnauben, ſchnauffen
und deſſen verkleinernde Iterativa ſchnauffeln und
ſchnüffeln, ſchurpen, ſchnurpen, ſchnupfen
und ſchnäuzen alle Wörter eines Stammes, nur
daß ſie verſchiedene Abänderungen einer und eben
derſelben Sache bezeichnen.

Schnauber, ſ. Stinkthier.

Oec. techn. Enc. Theil CXLVII.

die Nase geschieht. Im Oberdeutschen schnau f
man auch die Nase, wenn man sie im Hochdeu
schen schnäußt. Man braucht es auch daselbst i
dem zusammengesetzten beschnauffen und an
schnauffen, für mit starker Einziehung der Lu
den Geruch in die Nase bringen, wofür man i
Hochdeutschen das iterative beschnüffeln. Ni
dersächsisch beschnüffeln, in manchen Oberdeu
schen Gegenden auch beschnappen und be
schnuppern hat.

Schnaupe, ein Wort, welches in einigen Provinze
für Schnauze gebraucht wird, von welchem e
nur im Suffixo verschieden ist. Es stammt von de
Niedersächsischen Schnau, die Schnauze ab
und ist gewissermaßen ein vergrößerndes Wort vo
Schnabel. Im Hochdeutschen ist es in dieser e
gentlichen Bedeutung unbekannt, man braucht e
zuweilen im fäulichen Verstande von ähnlichen he
vorragenden Theilen mancher Körper. Zum Be
spiel, die Schnaupe an einer Kanne, an ei
ner Lampe, an einem Helme, wofür man au
Schnauze und Schnabel sagt. So heißt au
im Oberdeutschen die Schneppe, ein weibliche
Kleidungsstück, die Schnaupe. Bei den Uhren
chern sind die Schnaupen eine Art Feilen, s. u
ter Uhrmacher. Auch der ausgebrannte Doc
eines Lichtes, der im Hochdeutschen die Schnupp
heißt, ist in manchen Gegenden auch unter dem Na
men der Schnaupe bekannt. In einigen Gege
den hat man auch das Zeitwort schnaupen, we

ches ein Intensivum von schnauben ist, und nicht nur für schnäutzen, sondern auch für schnaufeln gebraucht wird.

Schnautze, ein langes hervorragendes fleischiges und mit der Nase verbundenes Maul mancher Thiere, z. B. der Hunde, Wölfe, Füchse rc. ingleichen mancher Fische, wie die Karpfen. Man braucht es auch zuweilen von dem Munde, im verächtlichen Verstande. Die Schnautze hoch tragen. Die Schnautze halten. — Bei den Schlössern sind die Schnautzen eiserne Schienen, welche wie Rinnen gestaltet sind, die man unter die Enden der Federn legt, damit sie durch ihr Reiben nicht die Theile abscheuren, worauf sie liegen. — An einer Lampe ist die Schnautze die Röhre, welche herausgeht, worin der Docht mit dem brennenden Theile liegt. Es kommt von Nase, nasus, wofür man in der Slavonischen Sprache Noß sagt, daß ß ist im Niederdeutschen in t verändert, und sch vorgesetzt worden, woraus denn Schnute entstanden ist. Im Niedersächsischen nach dem Adelung Snut. Es ist von schnauen, schnauben gebildet, und deutet das Werkzeug des Schnaubens an, welches Mund und Nase sind, besonders aber die letztern.

Schnautzen, ein regelmäßiges Zeitwort der Mittelgattung, welches nur in dem in den niedrigen Sprecharten üblichen anschnautzen, Niedersächsisch afsnuten, ungestüm verfahren, gebraucht wird. Das jetzt veraltete einfachere snuden, von welchem schnautzen das Intensivum ist, kommt noch bei dem Notker vor, wo Nase snuden, verhöhnen, auch wohl zunächst die Nase rümpfen, und Snudu Verhöhnung ist.

Schnäutzen, ein regelmäßiges thätiges Zeitwort, die Nase mit schneller und heftiger Ausstoßung der Luft reinigen. 1. Eigentlich, wo es allem Ansehen nach,

L 2

eine unmittelbare Onomatopöie ist, ohne erst von
Schnautzen abzustammen. Die Nase schnäutzen. Sich schnäutzen. Ein Kind schnäutzen; s. Schnauben. 2. Figürlich, (1) das Licht
schnäutzen, den ausgebrannten Docht mit der
Lichtscheere abschneiden und wegnehmen, eine nur in
einigen Oberdeutschen Gegenden übliche Redensart,
wofür man im Hochdeutschen das Zeitwort putzen
gebraucht. Man könnte es hier als ein Intensivum
von schmücken ansehen, sagt Adelung, besonders
da das Niedersächsische snitjen in dieser Bedeutung
von schnütten in der vorigen hinlänglich verschieden ist. (2) Jemanden schnäutzen, im gemeinen Leben und der vertraulichen Sprechart, ihn auf
eine listige Art bevortheilen, um sein Geld bringen,
welches man auch schnellen, prellen ꝛc. nennt.
Jemanden um zehn Thaler schnäutzen,
prellen.

Schnäutzenband, Schnautzband, bei dem Böttcher, ein mit einer Schnautze versehenes Band,
das ist, ein an beiden Enden zugespitztes und mit
Kerben versehenes Band, um die Enden in einander
zu fügen.

Schnautzenkrabbe, Cancer rostratus, eine unter
Krebs, ein Thier, Th. 48, übergangene, wenig
bekannte Krebsart.

Schnautzennadel, Murex vertagus, eine Art Stachelschnecken, s. unter Schnecke.

Schnebbe, Schneppe, eine spitze Verlängerung irgend
eines Körpers, wahrscheinlich ein mit Schnabel verwandtes Wort. So ist die Schnebbe an einem Schnürleibe, der untere spitzherausstehende oder hervorstehende
Theil desselben, worin das Blanchett herabgeht.
So wird an Kaffee- oder Milchkannen, an manchen
Töpfen ꝛc. der vorn hervorragende kleine Schnabel,

die Rinne, wodurch man die Flüssigkeit ausgießt, die Schnebbe genannt. S. auch Schneppe.

Schnebbennadel, eine Art Conchylie.

Schnecke, in der Naturgeschichte, ein Name, welcher einer doppelten Art Würmer beigelegt wird. I. Einem nackten Wurme, welcher auf der Erde sich langsam fortbewegt, und welche Art Würmer Erdschnecken, Wegeschnecken, Limaces, Fr. Limaces, genannt werden. II. Ein gewundenes einschäliges Schalthier, oder Thiere, deren Gehäuse (Schalen) Windungen oder wenigstens eine Anlage dazu haben, und welche eigentlich unter dem Namen der Schalengehäuse, Conchylien, bekannt sind.

Da der Name Schnecke sowohl den mit Schalen bedeckten, als auch den nackten Bauchfüßlern zukommt, so sind, besonders von den Conchylien, schon ganze Familien, Gattungen, ja selbst einzelne Arten unter ihrem Namen in der Encyklopädie vorgekommen. Es wird daher hier nöthig seyn, eine Uebersicht des Ganzen zu geben, und dann auf die schon abgehandelten Gattungen ꝛc. zu verweisen.

Die eigentlich sogenannten Schnecken, nackte Bauchfüßler, haben unter dem Bauche eine muskulöse Fläche, welche denselben vermöge ihrer Zusammenziehungen zum Fortkriechen dient, wie solches bei der gemeinen Wegeschnecke deutlich zu sehen. Sie haben nur ein Herz; ihre Kiemen liegen bald im Innern des Körpers, bald um den Körper her, bald am Rücken; sie sind bei einigen nackt, bei andern mit einem Deckel versehen; der Gestalt nach sind sie platten-, bald blätter-, federbusch- oder bald netzförmig. Der gemeinschaftliche Nervenstamm zertheilt sich wieder, um das Blut, welches vom Körper zurückkommt, den Kiemen zuzu-

welcher aber bei verschiedenen den färbenden Stoff des Purpurs liefert. Die Eingeweide des Unterleibes bestehen in einem mehr oder weniger geräumigen Magen, einem Darmkanale und einer großen Leber. Hirn und Nerven finden sich gleichfalls. Eine große Menge der Bauchfüßler ist mit Schalen bekleidet. Sowohl Cuvier als Illaire sind der Meinung, daß es sehr vortheilhaft seyn würde, wenn man jedes Geschlecht derselben den nackten Geschlechtern anreihen könnte, welche ihnen am ähnlichsten sind; da wir aber hierzu noch nicht alle die nöthigen Kenntnisse besitzen, so ist es nöthig, sie alle noch getrennt abzuhandeln. Die vorzüglichsten Geschlechter der nackten Bauchfüßler sind:

I. Die Erdschnecken, Limaces; Fr. les Limaces. Sie haben einen länglichen Körper, welcher auf die geringste Zusammenziehung vielen klebrigen Saft von sich giebt. Ihr Rücken ist mit einer Art von lederartigem, runzligem Schilde versehen. Der Kopf und die vier Fühlfäden, welche auf demselben sitzen, können in den Körper zurückgezogen werden, und gehen daraus hervor, wie die Finger eines Handschuhes. Die beiden obern Fühlfäden haben jeder einen kleinen schwarzen Punkt an ihrer Spitze, welchen man für ein Auge hält. Das Maul hat einen starken Kiefer; die Kiemen liegen inwendig, und erhalten die Luft durch eine an der rechten Seite des Körpers liegende Oeffnung. Am hinteren Rande dieser Oeffnung liegt der After, die Oeffnung der

Zeugungstheile ist unter dem rechten Fühlfaden. Die Wegeschnecken oder Erdschnecken bewohnen unsere Länder, sind zahlreich an Gattungen und Individuen, nähren sich von Kräutern, und thun unsern Anpflanzungen vielen Schaden, besonders wenn feuchte Witterung einfällt. Man unterscheidet die Gattungen nach Größe und Farben.

1. **Die Ackerschnecke,** Limax agrestis Linn.; Fr. la petite limace grise. Diese Schnecke ist nur klein, aschgrau von Farbe, und ohne Flecken. Ihr Aufenthalt sind die Felder und Gärten, wo sie von den jungen aufkeimenden weichen Gemüsearten lebt.

2. **Die Bergschnecke, rothe Wegschnecke,** Limax rufus Linn.; Fr. la Limace de montagne. Sie hält sich auf Bergen und in den Gemüsegärten auf, und wird daher auch **Gartenschnecke** genannt; sie ist drei Zoll lang und rothgelb von Farbe.

3. **Die Wandschnecke, schwarze Wegschnecke,** Limax ater Linn.; Fr. la Limace noire, hat einen schwarzen Leib, ist am Bauche bläulich grau, und bis 4 Zoll lang. Sie hält sich in den Wäldern, und zuweilen auf Wiesen auf. Ihr Futter sind graue und dürre Blätter.

4. **Die graue oder Buschschnecke,** Limax maximus Linn., Limax cinereus; Fr. la grande Limace brune. Sie hält sich in finstern Gebüschen auf und ist die größte Gattung, aschgrau von Farbe. Auf dem Rückenschilde sind große braune Flecken, an den Seiten wellenförmige Striche, am weißen Bauche zwei Reihen schwarzer Flecken. Sie lebt ebenfalls von Kräutern, paret sich im August, und ihre Eyer kommen im April aus.

5. **Die gelbrändige Schnecke,** Limax albus Linn.; Fr. la Limace blanche, von weißer

knorr. Der Körper ist klein, durchsichtig, mit einem braunen Striche über den Rücken herab.

7. Die Warzenschnecke, Limax papillosus Linn.; Fr. la Limace de verrue, welche sich be Norwegen im Meere aufhält, und nicht größer, als ein Reiskorn ist. Besitzt überall spitzige Wärzchen.

8. Die Bernsteinschnecke, Limax flavus Linn.; Fr. la Limace jaune. Sie ist gelb, durchsichtig und gefleckt, von mittelmäßiger Größe. Ihr Aufenthalt sind die Gemüsegärten.

Die sich in den Gemüsegärten, überhaupt in den Gärten aufhaltende Schnecken sind sehr schädlich, besonders aber den Ersteren, weil sie das junge Gemüse abfressen; aber auch in den Blumengärten benagen sie die zarten Pflanzen, und sie thun nicht nur dieses sondern sie beschmutzen dieselben auch so stark, daß man das Gemüse gar nicht genießen kann. Ein Gartenliebhaber hat die Bemerkung gemacht, daß diese Schnecken sich Morgens und Abends einfanden, wenn es nämlich stark gethauet und geregnet hatte. Sie hielten sich besonders längs einem Kanale auf, der auf der Seite des Grabens hin ging, und an dessen Rande man die Zugemüsebeete hatte verlegen müssen, weil die fruchtbaren Bäume das Uebrige einnahmen. Es war ihm daher unmöglich sie wider die Zerstörungen dieser schädlichen Thiere zu verwahren, bis endlich ihm der Zufall ihren Feind kennen lehrte, welcher allein im Stande ist, sie zu vertilgen. Von dieser Zeit fing er an seine Frösche zu verschonen, und verbot auch seinen Leuten, sie zu stören, um die beständige Jagd nicht zu unterbrechen, die

sie unter den Schnecken anstellten. Nach seiner
Versicherung soll es ihm bei der Sorgfalt, womit
er die erstern gehegt, ohne ein anderes Mittel gelungen seyn, seine Zugemüse vor allem beträchtlichen
Schaden zu bewahren; auch hat ihm ein hinlängliche
Beobachtung bewiesen, daß die Frösche keiner Nahrung so begierig nachgehen, als den Schnecken.
Auch die Kröten sollen des Nachts auf die Schnek-
kenjagd ausgehen, was also die Frösche am Tage
thun, daß thun jene bei der Nacht. In Blumengärten ist es besser solche frühmorgens nach einem
Regen oder Thaue aufsuchen zu lassen, indem sie sich
bei guten Tagen und Sonnenschein unter die Steine,
Blätter und Erdklumpen verkriechen, so daß man
sie nicht gewahr wird, weil sie mit der Erde fast
einerlei Farbe haben. Man muß sehr zeitig hinter
diesem Ungeziefer her seyn, und solches wegschaffen,
weil sie sich in kurzer Zeit, sonderlich an schattigen
Orten, so sehr vermehren, daß man fast in der Hälfte
eines Gartens vor denselben nichts rechts aufbringen
kann. Wenn solche aufgesucht und in einen alten
Scherben gelesen werden, so sind sie eine angenehme
Speise der Hühner und Forellen, oder man schüttet
solche ins Wasser. Hier will ich nun noch die andern nackten Bauchfüßler, welche eigentlich unter die
Benennung Schnecke nicht gehören, wohl aber
von einigen Naturforschern den Schnecken angereiht
werden, anführen, und dann verweisen, wo sie abgehandelt werden sollen.

I. Seehasen, Tethys; Fr. Téthys. Der
Körper derselben ist beinahe, wie bei den Wegschnecken, aber der Mantel ist mit seinen Rändern
versehen, und von dem Kopfe zu einem breiten,
gerundeten, und an den Rändern gefranzten Segel
ausgedehnt. Unter diesem Segel liegt das Maul,
welches sich rüsselförmig verlängert. Die Oeffnun-

gen der Zeugungs- und Respirationswerkzeuge liegen
an der rechten Seite des Halses. Diese Thiere
bewohnen das mittelländische Meer. Es giebt auch
eine größere Gattung derselben, bei welcher der Rand
des Segels ausgeschnitten ist.

Das Lappenmaul, Tethys simbria, und eine
andere kleinere Gattung, bei welcher derselbe gefranzt
ist, das Haarmaul, Tethys leporina. S. den
Art. Seehafe.

II. Seelungen, Aplysiae, Fr. Aplysies,
welche ungefähr die Gestalt, wie die Wegschnecken
haben. Ihre Augen liegen auf dem Kopfe selbst an
der Wurzel der obern Fühlfäden, die untern Fühlfäden sind nichts, als eine Verdoppelung der Lippe.
Die Seiten des Körpers sind von einer Haut eingefaßt, welche sich auf den Rücken zurückschlägt. Die
Kiemen bestehen aus vielen gefäßreichen Blättchen,
welche mitten auf dem Rücken liegen und mit einem
Deckel geschlossen sind, der zwischen zwei Häuten ein
dem Knochen des Kalmars fast ähnliches Stück enthält. Der After liegt hinten auf dem Rücken.
Die Oeffnung der männlichen Geschlechtstheile liegt
unter dem rechten Fühlfaden, die der Weibchen an
der rechten Seite des Körpers selbst. Die Purpur-
blase enthält, einigen Schriftstellern zu Folge, einen
stinkenden und so scharfen Saft, daß die Haare darnach ausgehen, von andern wird dieses geläugnet.
Diese Thiere finden sich häufig im Mittelländischen
Meere. S. den Art. Seelungen.

II. Doris, Doris, Fr. Doris. Der Körper
gleicht, der Gestalt nach, dem der Wegschnecken, aber
er ist platt und ringsum mit einer bunten Haut eingefaßt, welche sich selbst über den Kopf erstreckt.
Das Maul liegt nebst den untern Fühlfäden an der
untern Fläche, die obern Fühlfaden liegen aber, an
der oberen Fläche. Die Kiemen liegen um den

After, der auf dem Hintertheile des Rückens frei und ohne Deckel ist, sie sind franzen und zweigähnlich; s. unter Doris, im Supplement.

Von dem Geschlechte der Doris können getrennt werden:

IV. Die Tritonen, Tritoniae, les Tritonies. Diese haben, wie die Erdschnecken, einen kriechenden und auf der Rückseite convexen Körper. Die Zahl der Fäden, welche das Maul umgeben, wechselt von zwei bis acht. Die Respirationswerkzeuge bestehen in einer Art von Federbüschen, welche auf einem Stiele sitzen, oder aus Faserbündeln, welche der ganzen Länge des Rückens nach liegen; s. Tritonen, unter T.

V. Die Aeolswürmer, Aeolidiae; Fr. Eolides, haben einen Körper, wie die Tritonen, aber ihre Respirationswerkzeuge bestehen in einer Art von Blättchen oder häutigen Schuppe, welche an beiden Seiten des Rückens wie Dachziegel übereinander herliegen. S. unter Wurm.

VI. Die Blattwürmer, Phyllidiae; Fr. Phyllides, welche, wie die Wegschnecken, einen lederartigen Schild haben, welcher aber allenthalben über die Seitenwände hinausragt. Die Kiemen bestehen aus kleinen häutigen Blättchen, welche alle, wie die Blätter eines Buches, mit den breiten Flächen gegen einander liegen, und unter dem überstehenden Rande des Mantels oder Schildes rings um den Körper eine Schnur bilden. S. Blattwürmer, im Supplement.

VII. Die Seemosschnecken, Scyllaeae; Fr. les Scylées, haben einen zusammengedrückten Körper, von fast gallertartiger Substanz. Der Fuß hat das Ansehen einer Furche und ist nicht, wie bei den vorhergehenden Geschlechtern, scheibenförmig. Die Thiere bedienen sich auch desselben, um die Stängel

der Korallenmoose zu umfassen. Das Maul ist an einem Ende, auf demselben stehen zwei Fühlfäden, in Gestalt kleiner Blättchen. Ein oder zwei solcher Fühlfäden stehen auch am andern Ende. Die Kiemen werden von andern Blättchen gebildet, welche Paarweise auf dem Rücken stehen, und haben an der einander zugewandten Fläche kleine Gefäßbüschel.

VIII. Die Seeblasen, Thalides; Fr. les Thalides. Sie haben einen zusammengedrückten gallertartigen Körper. Der Fuß desselben ist schiffskielförmig oder sie haben vielmehr gar keinen eigentlichen Fuß und schwimmen beständig. Das Respirationswerkzeug besteht in einem häutigen, am Rücken gerade aufrecht stehenden Kamme. Eine Gattung derselben hat lange und zahlreiche Fühlfäden, die übrigen haben keine Fühlfäden.

IX. Die Kiemenwürmer, Lernaeae; Fr. les Lernées. Es sind Schmarotzerweichthiere, welche sich an die Fische hängen, um solche auszusaugen; sie haben einen runden, gebogenen, vorn in einen dünnen Hals verlängerten Körper, an dessen Ende sich das mit wenigen, oft am Ende zeräftelten Fühlfäden oder Hörnern umgebene Maul befindet. Dieses Maul kann zu einem Rüssel verlängert werden. Auf der obern Fläche sieht man kleine Häkchen, welche vielleicht Augen seyn können. Hinten am Körper hängen zwei sehr lange, quergestreifte, und vielfach gewundene Eingeweide, welche man für Eyerstöcke gehalten hat. S. auch den Art. Wurm.

X. Der Kabliaukiemenwurm, Lernaea branchialis, welcher 2 Zoll lang, gelblich, der Hals roth, braun, hart, in drei ästige Hörner ausgehend. Dieses Thier befestiget sich an den Branchien der Kabliaue und anderer Schellfischgattungen des Nordmeers. An den Kiemen verschiedener Fische finden sich Schmarotzerthierchen, welche von den Naturforschern für Kiemenwürmer gehalten werden, die sich aber mehr den Insekten zu nähern scheinen; s. unter Wurm.

Was nun die schaligen Bauchfüßler anbetrifft, so sind dies Thiere, welche die einschaligen Muscheln bewohnen. Sie zeigen in ihrem innern Bau weniger Verschiedenheit, als die nackten Bauchfüßler. Ihre Kiemen liegen entweder, wie bei den Blattwürmern, unter dem überstehenden Rande des Mantels, oder wie bei den Erdschnecken, in einer besondern Höhlung, deren Oeffnung selbst entweder in einem bloßen Loche, oder in einer mehr oder weniger langen Röhre besteht. Alle diejenigen, deren Kiemen inwendig liegen, scheinen zum Athemholen der Luft selbst zu bedürfen, und kommen zu dieser Absicht oft an die Oberfläche des Wassers. Die Anzahl der Fühlfäden ist bei den Landgattungen vier, und bei fast allen Wassergattungen zwei. Die Augen liegen bald an der Spitze dieser Fäden, bald an deren Wurzel, und zuweilen am Kopfe selbst. Das Maul ist in die Länge oder in die Quere gespalten, oder bildet eine runde Oeffnung, oder ist rüsselförmig verlängert. Es ist mit harten Zähnen bewaffnet, welche aber auch bei mehreren Gattungen fehlen. Was die Schalen betrifft, so sind sie sowohl in Rücksicht der Gestalt, als der Farbe unendlich verschieden. Die Hauptverschiedenheiten derselben liegen in der Gestalt der Oeffnung, in der Erhebung der Spiralwindungen über der letzten dieser Windungen, in den Höckern, Warzen und Furchen, welche sich an der Oberfläche derselben finden. Mehrere Geschlechter sind mit einem schalenartigen oder hornartigen Deckel versehen, welcher an dem Fuße des Thieres befestiget ist, und die Schale ganz oder zum Theil verschließt, wenn der Fuß sich zurückzieht. Die Geschlechter dieser schaligen Bauchfüßler sind:

C. Mit spiralgewundener, aus einem Stücke bestehender Schale, deren Mündung ganz, das heißt, ohne Ausschnitt oder Kanal ist. Die Seeohren, Halyotes; Fr. Ormiers ou Oreilles. Die Schale hat eine sehr große Oeffnung, gleicht einem eyrunden Becken, und ist nur mit sehr wenigen Spiralwindungen versehen, welche man fast alle auch von innen sieht; sie ist mit mehreren Löchern durchbohrt, welche mit der äußern Lefze, das heißt, mit dem Rande der Oeffnung, welcher der Spindel oder Are gegenüber liegt, um welche sich die Spiralwindungen drehen, in eine gleichlaufende Linie gebracht. Das Thier selbst hat vier Fühlfäden, zwei obere kurze, welche am Ende die Augen tragen, und zwei untere längere, spitzige. Der ganze Rand seines Mantels ist mit zahlreichen Fäden besetzt. Die Arten derselben, s. unter Seeohr. Die Schwimmschnecken, Neritae; Fr. Nérites. Die Spiralwindungen erheben sich nur wenig über die letzte Oeffnung; die Mündung ist halbkreisförmig, mit dünner Säule, und durch einen eben so gestalteten Deckel genau geschloßen, welcher sich, wenn das Thier aus der Schale hervorkommt, auf den platten Theil der Spindel, wie eine Klappe zurückschlägt. Das Thier selbst hat auf dem Kopfe zwei sehr feine Fühlfäden; die Augen liegen nach außen an der Wurzel derselben. Man hat die Schwimmschnecken wieder unterabgetheilt in Na-

belschnecken, deren Schale mit einem Nabel versehen ist, das heißt, wo die Spiralwindungen sich auf
der innern Seite nicht ganz berühren, und folglich
eine Höhlung lassen, welche durch die Axe der Spindel geht.

Die Scheibenschnecken, Planorbes; Fr. les
Planorbes. Sie haben eine scheibenförmige Schale,
das heißt, alle Spiralwindungen liegen in einer
Ebene, sie berühren sich, ohne einander zu umfassen,
und man gewahrt sie alle von beiden Seiten. Die
Mündung ist rund oder halbrund, mehr breit, als
hoch. Das Thier hat zwei Fühlfäden; die Augen
liegen an der Wurzel derselben nach vorn. Sie bewohnen die süßen Wasser.

Die Landschnecken, Helices; Fr. les Héli-
ces. Die Spiralwindungen erheben sich so, daß
sie bald eine kugelförmige, bald eine kreisförmige
Schale bilden. Die Mündung derselben ist mehr
breit, als hoch, und halbmondförmig, weil die vorletzte Windung in der letzten einen Ausschnitt verursacht. Es sind Landschalthiere. Das Thier selbst gleicht
der Erdschnecke; die Kiemen liegen, wie bei dieser
nach innen; das Athemholen geschieht durch eine
Seitenöffnung. Es sind vier Fühlfäden vorhanden,
deren beide obere die Augen an ihrer Spitze haben.
Linné bringt unter dieses Geschlecht fast lauter
Erd- und Flußschneken, und fast gar keine
Seeschnecken. Die vorzüglichsten Arten sind:

Die Weinbergsschnecke, Helix pomatia.
Sie ist groß, gräulich gelb, und die Windungen sind
leicht in die Quere gestreift. Das Thier kann ver-
speiset werden. Die Alten zogen sie ehemals in dieser Absicht auf. Sie ist sehr gefräßig und thut den
angebaueten Gegenden schaden.

Die Gartenschnecke, Helix nemoralis; Fr.
la Livrée. Sie ist glatt, der Rand der Mündung ist

schwarz; die Schale gelb, bräunlich gelb oder weiß, mit mehr oder weniger breiten und zahlreichen braunen, der Länge der Windungen nach laufenden Streifen. Diese Schnecke ist sehr gemein in den Gärten und thut den Bäumen Schaden.

Die Lampenschnecke, Helix ringens; Fr. la Lampe antique, mit wenig convexer Schale. Die Mündung ist nach oben gewandt, das heißt, nach eben der Seite, als die Windungen, hingewandt. An jedem Rande derselben sind zwei Zähne. Sie kommen von St. Domingo.

Die Sturmschnecke, Regenschnecke, das alte Weib mit Zähnen, Helix scarabaeus. Sie hat einen eyförmigen Bau, ist auf beiden Seiten etwas scharf und ihre Mündungsseite ist gezahnt. Der Bau der ersten Windung ist gewölbt, jedoch so, daß sie im Mittelpunkte auf der Rück- und Mündungsseite aufgeblasen, nach den beiden Seiten zu aber zusammengedrückt ist. Sie erscheint hier also einigermaßen scharf. Die obern fünf bis sechs Windungen ragen etwas spitzig hervor, jedoch so, daß der ganze Bau der Schnecken kurz und gedrungen erscheint. Die Windungen stoßen so genau zusammen, daß man sie nur mit Mühe von einander unterscheiden kann. Die Schale ist braun und weiß marmorirt, und ihre Größe erreicht selten 1 1/2 Zoll. Sie gehört unter die Erdschnecken, die man in Asien, auf Amboina, und in Bengalen findet.

Die scharfgewundene braunbunte Nabelschnecke, die Lampe, Helix lapiciida; Fr. la Lampe. Sie hat um ihre Windungen einen scharfen Rand, ist genabelt, auf beiden Seiten convex, und die Mundöffnung hat einen abstehenden Saum. Sie gehört unter diejenigen Schnecken, die um den Mittelpunkt gewunden sind; sie ist aber nicht

völlig platt, sondern auf beiden Seiten etwas erhöht, jedoch auf der untern merklicher, als auf der
obern.

Das St. Hubertshorn, das Bocksauge,
Helix oculus capri Linn., ist an der ersten Windung nur einigermaßen scharf, genabelt und convex,
und die Mundöffnung ist gesäumt.

Der Sechswinder, Helix alpha Linn.
Dieser genabelte Mauritanische Helix hat eine etwas
winklicht gebaute convexe Schale, sechs Windungen,
und einen offenen Nabel, der durch alle Windungen
hindurchgeht.

Der Purpurstrich, Helix leucas Linn. Der
Rand dieser Schnecke ist nur einigermaßen scharf
oder kielförmig; sie ist genabelt, convex gebauet und
platt, unten ist sie gewölbt, hat einen übetaus kleinen
Nabel und eine abgerundete mondförmige Mundöffnung. Das Vaterland ist Afrika.

Die kleine platte Schnecke, die Scheibenschnecke, Helix planorbis Linn. Die Schale
dieser Schnecke hat einen abgeschärften Rand und ist
platt, oben concav; ihre Mundöffnung ist eyförmig,
und allenthalben scharf. Sie hat vier bis fünf
Windungen, von welchen die erste ungleich größer
ist, als die folgende, die daher an ihrer Größe schnell
und sichtbar abnimmt. Die Farbe fällt ins Gelbe,
Man findet sie in Frankreich, Dännemark, Holland
und Deutschland, bald ganz durchsichtig, bald undurchsichtig. In Thüringen sind sie selten. Sie
halten sich in Morästen, Teichen und Flüssen auf.

Das platte Ammonshorn, das Posthorn
mit gleich abnehmenden Gewinden und
scharfem Rande, Helix complanata Linn., hat
eine Schale, die unten einen scharfen Rand hat; es ist
genabelt und convex, unten aber platt, und die
Mundöffnung ist einigermaßen herzförmig. Man

findet es in Dännemark, Frankreich, Liefland und in
vielen Gegenden Deutschlands, und besonders in der
Churmark, bei Hamburg, bei Zelle uud Jena, und in
vielen andern Gegenden und Orten wird es in Flüssen und Teichen häufig gefunden.

Das gezähnelte Mundstück, Helix ringens; Fr. le Limaçon à clavicule retournée. Dieses Mundstück hat eine Schale, die nur einigermaßen
einen scharfen Rand hat, ungenabelt und convex
gebauet ist. Die Mundöffnung ist zurückgeschlagen,
und die Mündungslefze hat unten vier Falten.
Nach Linné ist sie braungelb, nach Bonanni
grau mit goldgelben Flecken.

Die Lampe der Alten, die Bastartlampe,
Helix caracolla; Fr. la Lampe antique. Diese
Lampe hat einen scharfen Rand, keinen Nabel, und
ist auf beiden Seiten convex. Die untere Hälfte
zeigt keine Windung, und ist convex erhöht, aber gerade, nicht aufgeblasen. Die Mundöffnung ist einigermaßen eyförmig, welche Form aber durch den
äußeren scharfen Rand unterbrochen wird, wodurch
sie gewissermaßen dreieckig ist. Sie ist gesäumt,
jedoch ist der Saum eben nicht stark. Die Farbe
ist verschieden heller oder dunkelbraun, castanienbraun,
gelbbraun, schwarzbraun, der Mündungssaum und
der Schlund sind aber weiß. Sie soll in Ostindien
zu Hause gehören.

Die bandirte Bastartlampe, die Meusch,
die Karkalschnecke, Helix cornu militare L. Sie
hat einen etwas scharfen Rand, keinen Nabel, und
ist convex gebauet; die Mundöffnung ist erweitert
und gesäumt. Es ist eine Ostindische Schnecke;
Müller giebt Deutschland zu ihrem Wohnorte an.

Das Posthörnchen mit fünf bis sechs
Gewinden und scharfem Rande, Helix vortex Linn. Dieses Posthörnchen hat einen scharfen

Rand, ist oben concav oder vertieft, und hat eine platte ovale Mundöffnung. Unter allen Posthörnern ist das gegenwärtige des niedrigste. Seine Höhe ist noch nicht eine halbe Linie, und bei fünf bis sechs Windungen, die es hat, hat es ungefähr den Durchmesser von vier Linien, und also ungefähr die Größe eines Silberdreyers. Es hat eine merklich vertiefte Ober- und eine ganz platte Grundfläche, der scharfe Rand ist nicht in dem Mittelpunkte der ersten Windung, sondern er macht mit der platten Seite eine Linie aus. Die Schale ist dünn und durchsichtig, wird aber in der Luft undurchsichtig. Sie sieht ferner schmutzig weiß aus. Man findet dasselbe in stehenden Wässern, Teichen, Graben und Flüssen, und es ist in und außer Deutschland in vielen Gegenden gemein, in andern selten.

Das Braunband, der rauhe Helix, Helix scalara Linn. Er hat nur einigermaßen einen scharfen Rand, keinen Nabel; er ist oval gebaut, läuft spitzig zu, und ist gestreift. Die Schale hat unterbrochene braune Bänder, und an der untern Windung eine erhöhete Linie.

Das Rostband, Helix gothica Linn. Diese Schnecke hat einen scharfen Rand, ist auf beiden Seiten conver und hornfarbig, mit bräunlichen Linien umwunden. Sie hält sich in den Schwedischen Waldungen auf.

Der Gualtierische Helix, der Flachwirbel, der Netzschnirkel, Helix Gualtierana Linn. hat einen scharfen Rand, keinen Nabel, ist niedergedrückt, netzförmig gestreift, und die Mundöffnung läuft spitzig zu. Die Schnecke hat eine schmutzig graue Farbe, und die Mundöffnung ist mit einem schwachen, etwas übergeschlagenen Saum eingefaßt, welcher weiß ist, da übrigens die ganze

Schnecke eine schwarzig graue Farbe hat, [...] Schale, welche ihnen mit sa[...] [...] ihrer Querstreifen, welche von [...] [...] durchschnitten werden [...] [...] zwar gegittert, als [...] [...] Streifen macht die [...] [...] Es soll eine Oh[...] schwer [...]

Die Tellerschnecke, die [...]schnecke der Flüsse, das Wald[...] carnea Linn. Sie hat einen [...] platt und schwärzlich, und hat [...] gen. Dieses in den süßen Wasser [...] horn ist unter den inländischen [...] größte; denn es enthält einen D[...] Zoll. Man findet es von vier bis [...] welche ganz rund, und um den M[...] den sind. Die Höhe desselben be[...] Es ist auf beiden Seiten platt, und [...] den Seiten vertieft. So platt inde[...] ist, so sind doch die Windungen rund, [...] unterscheidet sich dieses vom Helix vorhe[...] sonst überaus ähnlich ist. Die Mund[...] eyrund, der äußere Rand ist viereckig, [...] etwas stärker, als die übrige Schale. [...] dieses Posthörnchen in Teichen und sump[...] genden in Schweden, in Dänemark, bei Berl[...] Neuruppin, Berlin, und in verschiedenen ande[...] genden.

Das kleine viermal gewundene Post[...] hörnchen, Helix contorta L. Es ist nur ein[...] maßen genabelt, platt, auf beiden Seiten sich [...] gleich, und hat eine bogenförmige gekrümmte [...] öffnung. Die vier Windungen schließen fest an ein[...] der. Beide Flächen sind sich ganz gleich, haben [...] ben im Mittelpunkte eine kleine Vertiefung und [...]

her ist auch die Windungsart auf beiden Seiten
dieselbe. Die Windung gleicht einem Lateinischen
C. Die Farbe ist goldgelb, und es hat die Größe des
Kohlsamens. Es ist eine Flußconchylie, die sich
aber gern auf Wasserpflanzen aufhält. Linné hat
es in den Gräben an den Wurzeln der Hottonia,
auch oft auf den Wiesen bei Upsal gefunden.

Das Widderhorn, das bandirte linksgewundene Posthorn, Helix cornu arietis L.
Es ist genabelt, ziemlich platt, und hat eine ovale
Mundöffnung. Nach Linné soll es weiß seyn, und
zwei rostfarbige Bänder haben. Dieses Posthorn
besteht aus fünf bis sechs Windungen, und erlangt
eine ansehnliche Größe, bis zu 2 Zoll im Durchschnitt, so wie dessen Höhe beinahe 3/4 Zoll erreicht.
Die Windungen sind nicht ganz rund, sondern oval,
jedoch gewölbt, und ein wenig gedrückt, daher auch
die Mundöffnung oval ist. Man soll diese Flußconchylien in Europa, in China, und in Brasilien
gefunden haben. Sie gehören nicht unter die größten Seltenheiten.

Die rauhe Schnecke, Sammetschnecke,
Helix hispida Linn.; fr. la Veloutée. Diese
Schnecke ist genabelt, conver gebaut, rauh oder haa-
rig, durchsichtig, hat fünf Windungen, und eine ab-
gerundete mondförmige Mundöffnung. Die Farbe
ist achatfarbig oder bräunlich, die Schale ist dünn
und durchsichtig, und einige haben an ihrer ersten
Windung eine schwache weiße und durchsichtige
Linie. Die Größe ist ungefähr wie ein Silberdreyer.
Man findet sie in Deutschland, Frankreich und
Schweden.

Die Schlammschnecke, Kothschneck, He-
lix ampulacea Linn. Sie ist einigermaßen genabelt,
kugelrund und glatt, oben sind die Windungen am
mehrsten gewölbt, der Nabel ist einigermaßen über-

deck, und die Mundöffnung ist länglich █████.
Der Bau ist dem Bau der großen gezähnten ████-
schnecke sehr ähnlich. Die erste größte ████ ist
stark aufgeblasen, manchmal mehr gestreckt █████
andern, und in diesem Falle ragen auch die ████
gen mehr hervor, oder der Winkel ist ██████. ███
merkwürdig ist der Winkel kurz und ████████, die
vier Windungen setzen stark ab, sie sind ████████
wie die erste stark aufgeblasen, jedoch etwas flach.
Die Mundöffnung ist oval, aber länglich, etwas
gedrückt, und oben enger, als unten. ███ ████-
öffnung hat keinen Saum, aber an der ████████
eine übergeschlagene Lefze, die sich an die ████ anlegt, aber den Nabel nicht ganz ████████. Die
Schale ist dünn, gegen das Licht aber ██████ durchscheinend und glatt; wenn sie noch ██ ████████ hat,
so ist dieselbe schwärzlich, dunkler ████ ████████.
Zieht man diese Oberhaut ab, so ████ ██ ████, und
hat mehrentheils Bänder, die aber ██████ ██████ig
lebhafter sind, als von außen. Der Wirbel ist ████-
lich braun. Die Bänder sind dem Bau und der
Zahl nach sehr verschieden. Der Deckel ist schalen-
artig, stark und von außen röthlich. Man findet
sie nach Rumph in den Reißfeldern von ████████
bei Maros, nach Müller in den sumpfigen Gegenden in Asien. Sie wird von Einigen unter die
Erd- von Andern unter die Flußconchylien gesetzt.

Die Weinbergschnecke, die Gartenschnecke, die Deckelschnecke, die eßbare
Schnecke, Helix pomatia; Fr. le Vigneron.
Sie ist genabelt, hat einigermaßen einen eyförmigen,
stumpf zulaufenden Bau; sie ist unansehnlich, und
hat eine abgerundete mondförmige Mundöffnung.
Diese Erdschnecke ist in England, Frankreich,
Deutschland 2c. gemein, so daß sie auch alle Kinder
kennen. Sie hat eine graugelbe, mehrentheils

schmutzig bräune, mit einigen dunkeln Binden besetzte
Schale. Die obern Windungen fallen in das
Graue oder Bläuliche, und die zwei letztern sind
gemeiniglich glatt.

Die Nabelschnecke, Citronenschnecke,
Helix citrina L. Sie ist genabelt, convex gebauet,
hat einen stumpfen Wirbel, eine gelbliche Farbe, und
ein braunes Band. Sie gleicht in ihrem Bau
unsern Waldschnecken, nur daß sie ungleich größer,
weniger bauchig, und mehr platt gedrückt ist. Sie
hat einen Durchmesser von 2 Zoll. Die Mundöffnung ist ovalförmig, die erste Windung rund,
nach unten zu etwas gedrückt, und die folgenden
vier Windungen sind unmerklich erhöhet. Unten
zeigt sich ein Loch, daß aber eigentlich kein Nabelloch
ist; denn wenn die Schnecke ausgewachsen ist, so
bekommt sie, wie alle Erdschnecken, einen Saum,
und das so genannte Nabelloch wird ganz unterdrückt. Sie wird unter die Erdschnecken gezählt,
dahin sie auch gehört. Linné und Argenville
geben Jamaika, Davila aber China zu ihrem
Vaterlande an. Sie ist nicht selten.

Die gefleckte Gartenschnecke, Helix ar-
bustorum Linn.; sie ist genabelt, convex gebauet,
und läuft spitzig zu; die Mundöffnung ist abgerundet,
doppelt gesäumt, und vorn verlängert.

Der gesäumte Mund, Meusch, die Gür-
telschnecke, Helix zonaria Linn. Diese Conchylie ist genabelt, der Bau derselben ist convex, jedoch zugleich gedrückt, oder etwas platt, die Mundöffnung ist verlängert und gesäumt. Man findet
diese Erdschnecke in den südlichen Ländern von Europa.

Das Schlängelchen, das Schlangen-
horn, das Jagdhorn, Helix ungulina Linn.
Es ist genabelt und convex gebauet, die Mundöff-

rung ist gesäumt, mundlich, und oben verlängert. Diese Schnecke wohnt in Indien.

Die Italienische Landschnecke, Helix itala Linn. Diese Erdschnecke ist genabelt, convex, aber stumpf gebauet. Sie hat fünf runde Windungen, einen weiten offenen Nabel, und eine fast runde Mundöffnung. Sie wohnt im südlichen Europa, ist weiß, hat eine braune Binde, und die Größe einer Haselnuß.

Die Portugiesische Landschnecke, Helix lusitanica Linn. Diese Erdschnecke hat einen durchbohrten Nabel, das ist, der durch alle Windungen hindurchgeht; sie ist convex, jedoch stumpf gebauet, hat fünf runde Windungen, eine weißliche Farbe, und einen weiten Nabel. Sie wohnt im südlichen Europa auf dem trocknen Lande, hat die Größe eines kleinen Apfels, ist weiß, ohne eine Binde zu haben, jedoch fällt der Rücken etwas ins rothgelbe. Die Windungen sind rund, durch einen merklichen Winkel von einander getrennt, nämlich oben, wo die Windungen an einander schließen.

Die Warze, Helix mammillaris Linn. Sie ist genabelt und eyförmig gebaut, die drei Windungen sind gestreift, die Mundöffnung ist eyförmig und reicht bis zur letzten Windung. Sie hält sich in den Afrikanischen Flüssen auf, und gleicht sehr der Helix mammillae; allein sie hat feine, überaus enge, bei einander liegende Querstreifen, und weiter auseinander stehende horizontale Streifen, die Windung ist groß, eyförmig, und ist mit der Spindelfläche an die obern Windungen gewachsen.

Die Spanische Landschnecke, Helix hispana Linn. Sie ist genabelt und convex gebauet, hat fünf runde Windungen, einen kleinen durchbohrten Nabel, und eine etwas runde Mundöffnung. Sie ist im südlichen Europa zu Hause.

Die Morastschnecke, die längliche Köth-Schnecke, Helix lutaria Linn. Sie ist genabelt, eyförmig, jedoch länglich gebaut, und hat inwendig lebhaftere Farben, als von aussen, und ihre Mundöffnung ist einigermaßen eyförmig.

Die Topfschnecke, die Linksschnecke, Helix perversa Linn. Sie ist genabelt, eyförmig, länglich gebauet, links gedreht, und schwefelgelb gefärbt. Der Bau ist kegelförmig. Die Schale ist aufgeblasen rund, die erste Windung ist mehr als zweimal so groß, als die folgende, jedoch nehmen alle Windungen regelmäßig ab, und die sechs bis acht Windungen verlängern sich in eine stumpfe Spitze. Die Windungen sind durch eine bloße Linie von einander getrennt, und das Endknöpfchen ist in die vorhergehende Windung eingedrückt. Die Mundöffnung ist weit und oval, und der Mündungssaum ist gewöhnlich weiß. Sie ist gemeiniglich schwefelgelb, mit und ohne Binden, die bald die Länge herab, bald die Quere hindurch laufen, oder gelb und gefleckt, weiß mit und ohne Flecken und Bändern, weiß und gestammt, oder mit einzelnen horizontalen, etwas geschlängelten Strichen, bläulich, röthlich, grünlich, braun, gestammt, bandirt oder gestammt.

Die Waldschnecke, die Liebereyschnecke, Helix nemoralis Linn. Sie hat keinen offnen Nabel, eine abgerundete, durchsichtige, glatte, mit Bändern umlegte Schale, und eine abgerundete mondförmige Oeffnung. Die fünf Windungen dieser gemeinen Erdschnecke sind nur ganz unmerklich in die Höhe gewunden, daher ist die Schnecke so hoch, als breit, die Windungen sind zwar gewölbt, allein so unmerklich, daß die Windungen durch einen schwachen Einschnitt von einander unterschieden sind. Daher ist auch der Wirbel stumpf. Die Mündung ist halbmondförmig, und der Mündungssaum ist kleiner, glänzender und weiß gesäumt. Man findet beide Abänderungen in Deutschland, Frankreich, England, Holland und Dännemark in großer Anzahl. Sie halten sich auf Bäume auf.

Die graue Erdschnecke, Helix grisea Linn. Sie hat eine ungenabelte, etwas eyförmig oder stumpfgebauete, grau gefärbte Schale, zwei blaßgelbe Bänder, und eine etwas verlängerte Mundöffnung. Nach Linné wohnt sie im südlichen Europa, und ist in Schweden wohl dreimal kleiner, als in den übrigen südlichen Europäischen Ländern.

Der blutige Mund, Helix haemastoma Linn. Er hat keinen Nabel, einen abgerundeten Bau, eine braune, durch eine weiße Querbinde unterbrochene Farbe, und eine rothe Mundöffnung. Diese schöne Schnecke hat fünf etwas abgerundete, und nur durch eine schwache Linie unterschiedene Windungen, die zwar in die Höhe steigen, sich aber in eine stumpfe Spitze endigen, wodurch der Bau einigermaßen kreiselförmig wird. Die erste Windung ist mehr als einmal so groß, als die folgende. Die Mundöffnung ist länglich und verlängert. Der Saum ist von aussen übergeschlagen, und hat eine scharfe

braun, und unten nach der Spindel zu liegt ein breites weißes Querband. Die letzten Windungen sind röthlich. Man findet diese Schnecke auf der Insel Ceylon.

Der abgestumpfte Helix, die abgestumpfte Nadel, Helix decollata Linn. Er hat einen thurmförmigen Bau, seine letzten Windungen sind abgesprengt, und seine Mundöffnung ist etwas eyförmig. Die Farbe ist schmutzig weiß. Man findet sie nach Linné in Süd-Europa und im Orient.

Der cylindrische Helix mit abgestumpftem Wirbel, Helix subcylindrica Linn. Er hat keinen Nabel, einen thurmförmige, aber einigermaßen cylindrisch gebauete oder stumpfe Schale, vier Windungen, und eine ovale Mundöffnung. Er wohnt im nördlichen Europa in den süßen Wassern, hat die Größe eines Roggenkorns, ist hornfarbig, etwas blaßgelb, hat vier Windungen und einen überaus sichtbar abgestumpften Wirbel, der zugleich abgerundet ist. Es ist kein Nabel vorhanden. Die Mundöffnung ist oval, und der innere Saum ist zurückgeschlagen.

Das kleine Spitzhorn der süßen Wasser, Helix stagnalis (minor.) ist genabelt, thurmförmig gebaut, hat fünf Windungen, und eine eyförmige Mundöffnung. Es ist in Seeland zu Hause.

Die Flußnadel, der Senkel, die Nadel, Helix octona Linn., ist genabelt, thurmförmig gebaue, hat acht Windungen, und eine abgerundete Mundöffnung. Nach Linné soll sie auch in Schweden in Sümpfen gefunden werden, ferner zu Paris und an einigen andern Orten.

Das bandirte Brünettchen, Helix pella Linn., hat eine undurchbohrte Schale, welche eyförmig gebaut ist, und spitzig zugeht. Sie ist quergestreift, braun, mit gelben Bändern. Nach Linné wohnt sie in Island. Die Schale ist länglich eyförmig, und hat die Größe der sogenannten Meerhirse, oder des Steinsamens. Die braune Farbe geht in Rothweißfarbige über, und die Windungen haben Querweisen. Auf der ersten Windung liegen zwei Windungen, auf den andern aber nur ein Einziges bis zur Endspitze. Die Mundöffnung ist halb eyförmig.

Das Püppchen, Helix pupa Linn. Es hat eine eyförmig längliche, nur einigermaßen durchbohrte unansehnliche Schale, sechs Windungen, und eine mondförmige längliche Mundöffnung. Es soll in Mauritanien gefunden werden.

Der Algierische Helix, Helix barbara Linn. Er hat eine ungenabelte, länglich gebauete unansehnliche Schale, acht Windungen, und eine abgerundete mondförmige Mundöffnung. Er gehört in Algier zu Hause.

Die Papstkrone der süßen Wasser, die Flußpabstkrone, Helix amarula Linn. Sie hat eine ungenabelte, längliche Schale, und Windungen, die mit Dornen oder Zähnen besetzt sind. Sie besteht höchstens aus sechs Windungen und ihre höchste Größe ist ungefähr zwei Zoll.

Das große Spitzhorn der süßen Wasser, die spitzige Flußschnecke, Helix stagnalis Linn. Das große Spitzhorn hat eine ungenabelte, ey- und pfriemenförmig gebauete, etwas winklichte Schale, und eine eyförmige Mundöffnung. Sie ist die größte unter den inländischen Flußschnecken; denn sie erreicht zuweilen eine Größe von 2 1/2 Zoll. Die erste von den sechs oder sieben Windungen ist groß und aufgeblasen, wenigstens so groß, als die folgenden. Einige sind ganz rund und gewölbt, andere auf dem Rücken ein wenig eingedrückt. Einige sind glatt, andere haben feine horizontale Streifen, und noch andere mehrentheils unordent-

lich laufende Querstreifen. Die Farbe ist schmutzig
weiß oder gelblich, oder grau oder hornfarbig, oder
sehr weiß oder schwarz. Man findet sie in Dännemark, Schweden und Frankreich, und in allen
Gegenden Deutschlands.

Die Kahnschnecke, die Amphibien-
schnecke, Helix putris Linn. Sie hat eine ungenabelte, stumpf gebauete, gelbe Schale, und eine eyförmige Mundöffnung. Ihre größte Länge ist 3/4
Zoll. Sie hat nur vier Windungen, davon die erste
mehr als dreimal so lang ist, als alle die folgenden.
Man findet sie in England, Frankreich, Dännemark,
Deutschland und in der Schweiz.

Der Thürhüter, die kleine bedeckte Was-
serschnecke, Helix tentaculata Linn. Diese
Conchylie hat eine ungenabelte, eyförmig gebaute,
doch stumpf zulaufende, unreine oder schmutzige
Schale, und eine etwas eyförmig gebauete Mundöffnung. Ihre Farbe ist hornfarbig, gelblich, auch schmutzig weiß, zuweilen durchsichtig, wie ein Glas, größtentheils aber nur halbdurchsichtig. Man findet sie
in England, Frankreich, Dännemark, Schweden und
Deutschland in stehenden Wassern, Seen, Sümpfen, Flüssen und Gräben.

Die Ohrschnecke, Helix auricularia Linn.
Sie ist ungenabelt, eyförmig und stumpf gebauet,
die obern Windungen sind sehr kurz, endigen sich
aber in eine scharfe Spitze, und die Mundöffnung
ist weit. Die größten sind 15 Linien. Sie hat
drei bis fünf Windungen. Die erste Windung ist
sehr groß, mehrentheils wohl dreimal so groß, als
alle die folgenden. Sie ist bauchigt, aufgeblasen,
und die äußere Lippe ragt dergestalt hervor, daß sie
gleichsam einen Flügel bildet; sie ist dabei ungesäumt,
scharf und schneidend. Die Schale ist dünn, zerbrechlich und durchsichtig, dabei glatt. Die Farbe

ift weiß, oft glänzend, oder hornfarbig, oder wachs=
farbig, oder grau oder bräunlich, oder schmutzig
weiß. Man findet sie in England, Schweden, Frank=
reich, Dännemark und in Deutschland in großer
Menge.

Der glatte Helix, der Erbsenschnirkel,
Helix laevigata Linn., hat eine ungenabelte, et=
was eyförmige, aber sehr gedrängte stumpfe Schale,
welche durchsichtig und spiegelglatt ist. Sie hat die
Größe einer Erbse, ist durchsichtig, überaus glatt,
glänzend, etwas eyförmig, und ist überaus stumpf
gebauet, kaum daß man an ihr einen Nabel merkt.
Die Mundöffnung ist weit, etwas mondförmig, und
unten verlängert. Sie ist hornfarbig und hat un=
kenntliche dunkle, die Länge herablaufende Streifen.
Die Spindellefze ist weiß.

Der Helix des Baltischen Meeres, Helix
balthica Linn. Er ist ungenabelt, eyförmig ge=
bauet, und hat eine spitzig zulaufende Schale, welche
mit erhöheten Runzeln versehen ist. Die Mundöff=
nung ist weit. Es ist eine Seeschnecke. Man fin=
det sie an den Ufern des Baltischen Meeres.

Der neritenähnliche Helix, Helix neri=
toidea Linn., hat eine ungenabelte, convex gebaute,
und die Länge herab gestreifte Schale; in der Ge=
gend des Nabels sieht man einen Spalt, und die
Mundöffnung ist abgerundet, der Schlund gelb=
braun, die Mündungslefze hervorragend oder abste=
hend, die Spindellefze ist aber in der Gegend der
Basis zurückgeschlagen. Anstatt des Nabels ge=
wahrt man hinter der Lefze einen Spalt, oder eine
längliche Oeffnung. Man erkennt sie an dem Bau,
den sie mit der ersten Klasse der Neriten gemein hat.

Der Glasschnirkel, Helix perspicua Linn.
Er hat eine ungenabelte, convexe, eyförmige Schale,
keinen Mündungssaum, und eine Mundöffnung,

durch welche man bis zur Endspitze sehen kann.
Diese Schnecke ist nach Linné milchweiß, durchsichtig, und wie ein Meerohr bis zur Endspitze offen.
Der Rand ist nicht durchbohrt. Diese Schnecke
gehört zu den seltensten dieses ganzen Geschlechtes.

Der Milchnapf, die Milchschale, Helix
haliotidea Linn. Die Schale dieser Conchylie
ist ungenabelt, niedergedrückt und platt, hat wellenförmige Streifen, und eine eyförmige Mundöffnung,
die sich bis zum Wirbel ausbreitet. Ueberhaupt
gleicht der Bau des Milchnapfs dem Seeohr ungemein, nur daß er gewölbter, dabei kürzer gedrängt,
und in seinen Windungen mehrentheils erhabener ist.
Seine Figur ist flach und elliptisch. Die Schale ist
dünn und durchsichtig; ihre Farbe ist entweder weiß,
oder blaßröthlich mit einem braunen Bande, oder
hellorangenfarbig mit zwei noch helleren Bändern.
Man hat sie auf Tranquebar gefunden.

Der zweifelhafte Helix, Helix ambigua
Linn. Er hat eine nur einigermaßen genabelte
Schale, welche convex ist. Sie hat auseinanderste-
hende platte Ribben, und eine halbrunde Mundöffnung. Man findet sie im Mittelländischen Meere.

Man findet nun, außer diesen von Linné angeführten Gattungen Helix, noch mehrere andere
Gattungen und Abänderungen, die bei diesem Schriftsteller fehlen, die aber hier nicht angeführet werden
können. Man findet sie in Schröter's Einleitung in die Conchylien-Kenntniß nach Linné, 2r
Bd. Halle, 1784, S. 178 u. f.

Die Blasenschnecken, Bullae; Fr. Bulles.
Linné nimmt den Geschlechtsnamen Bulla sehr weitläuftig, und begreift darunter, außer den sogenannten
Blasenschnecken oder Kugelschnecken, mehrere Gattungen. Es läßt sich daher hier kein allgemeiner Ge-
schlechtsname angegeben. Die Windungen der Schale

find sehr hoch gewölbt, und die letzte größer, als alle
übrigen, so daß sie auch noch oben und unten über
dieselben hervorrage; sie hat ferner keine Zähne, oder
Knoten oder sonstige Unebenheiten. Nach diesen
Kennzeichen folgen die Bullen eigentlich auf die Porzellanen, und vergleicht man die letzte Porzellane,
Cypraea globulus, mit der ersten Bulle, die unten
folgt, so wird man den natürlichsten Schritt der
Natur von dem einen Geschlechte auf das andere
einsehen. Der Unterschied der Porzellanen besteht
darin, daß sie eine auf beiden Seiten gezahnte Mundöffnung haben, die den Bullen fehlt. Die vorzüglichsten Arten der Blasenschnecken sind:

Das Ey, Bulla ovum; Fr. la bulle oeuf.
Es ist groß, eyförmig, glatt, weiß, von innen
die Mündung ist enge, und der Rand derselben
sich an jedem Ende zu einem kleinen Kanale
Man findet sie auf Amboina.

Die Muskatennuß, Staatenfahne,
Bulla physis; Fr. la bulle muscada. Sie ist
glatt, eyförmig, weiß und braun gewölkt. Die Mündung ist an der Seite der Windungen enger, als an
der entgegengesetzten.

Das gestreifte Ey, Bulla lignaria Linn.;
Fr. la bulle oublie. Es ist länglich, gestreift,
und, nach der Richtung der Windungen, mit gelben
und weißen Linien bezeichnet. Die Mündung ist
weit, und unten sehr breit.

Die Gürtelblase, der Wulst, Bulla gibbosa
Linn.; Fr. la bulle à ceinture. Sie ist länglich,
in der Mitte der Windungen läuft der Länge nach
eine abgerundete Leiste; die Mündung ist enger und
linienförmig; die Schale klein, glatt und weiß.

Das Taubeney, Bulla Naucum Linn.; Fr.
la Gondole blauche. Die Schale ist abgerundet,
durchsichtig, fein, in die Quere gestreift, und auf bei-

den Seiten genabelt. Sie wird etwas über einen
Zoll lang. Man findet sie bei Batavia, auf der
Insel Java, und auf dem Eilande Oma.

Das große bunte Kibitzey, Bulla ampulla
Linn.; Fr. la Muscade, la Noix. Es hat eine
mehr ovale, als runde Form. Die Schale ist dünn
und durchscheinend, und der Wirbel genabelt. Der
Grund ist weiß; allein die Farbenzeichnung sehr verschieden, z. B. grau gefleckt, mit dunklen Flecken
und Wolken, dergleichen mit schwarzen Flecken und
Wolken, roth gefleckt und gewölkt. Man findet
diese Conchylie in Ostindien.

Die Feige, die Flasche, Bulla ficus Linn.;
Fr. la Figue. Sie hat einen eyförmigen Bau, der
sich nach unten zu der Feige ähnlich verlängert,
eine netzförmige gestreifte Schale, einen hervorragenden verlängerten Schwanz, und einen gedrückten
kurzen und etwas unkenntlichen Zopf. Auf schmutzig weißem Grunde gewahrt man Flecken, oder
Striche, oder Punkte, die wie Faden, oder Bänder,
oder Schnüre über die Schale hinweglaufen, und inwendig durch die zarte, weiße oder bläuliche Schale
hindurch schimmern. Man findet sie bis zu 3 Zoll
lang, sowohl in Ost- als auch in Westindien. Man
hat von dieser Gattung auch eine größere Abänderung, die man auf den Antillen findet.

Die Rübe, das Radieschen, Bulla rapa
Linn.; Fr. le Radis. Sie hat eine abgerundete,
gewundene, zartgestreifte Schale, einen gekrümmten
Schwanz, und feine oder verengert hervortretende
Windungen. Der ganze Rücken ist eben, und die
Farbe ist entweder weiß, oder fällt etwas in das
Grüne, und so ist auch die innere Farbe der weiten
Mündung. Man findet sie im Asiatischen Meere
und bei Amboina. Sie hat nur eine mittlere Größe,
etwa von 2 bis höchstens 3 Zoll.

Die Wafferblafe, die Perlenblafe, Bulla fontinalis Linn.; Fr. la Bulle aquatique. Sie hat einen epförmigen Bau, eine durchsichtige linksgewundene Schale, einen unkenntlichen Zopf, und eine längliche epförmige Mundöffnung. Die Farbe der Schale ist weiß in das Gelbe fallend, und ihre Größe und ihr linker Bau macht sie kenntlich genug. Sie hält sich in süßen Wassern, in Sümpfen, und an den Ufern der Flüsse auf. In den meisten Orten Deutschlands ist sie überaus selten, jedoch findet man sie in Schweden, besonders in Westgothland, in Dannemark, in Frankreich bei Paris, Straßburg, in England, und an den Ufern der Donau in Menge.

Die Moosblafe, Bulla hypnorum Linn. Sie hat einen epförmigen Bau, eine dünne durchsichtige Schale, und ist links gewunden, der Wirbel ragt hervor, und die Mündung ist eprund, aber lanzettförmig. Nach Müller hat sie die Größe eines Haferkorns.

Die Porzellanblafe, Bulla cyprœa Linn. Diese Bulle hat einen epförmigen Bau, unkenntliche, doch hervorragende Windungen, eine unten viel weitere Mundöffnung, als oben, und eine gedrehte Spindel. Diese Conchylie hat größtentheils braune Flammen und hellere Querbänder.

Die Prinzenfahne, die Staatenflagge, Bulla virginea Linn.; Fr. le Pavillon du Prince, le Ruban. Sie hat einen gestreckten Bau, und eine abgestumpfte rothe Spindel. Die Mündung ist halbmondförmig, aber weit, in der Gegend der rothgefärbten Spindel etwas ausgeschnitten. Auch ohne Beschreibung machen sie die vielfarbigen, rothen, grünen, gelben, schwarzen und braunen Bänder, die auf weißem Grunde den ganzen Rücken überziehen, kenntlich. Die Endspitze ist rosenroth und weiß bandirt. Man findet sie in den Flüssen Asiens.

Der Rosenmund, die Französische Schellenschnecke, Bulla achatina Linn.; Fr. le Buccin à bouche couleur de rose. Er hat einen eyförmigen Bau, eine etwas eyförmige Mundung, welche, wie die Endspitze, roth gefärbt ist, und eine abgestumpfte Spindel. Man findet ihn bis zu 8 Zoll Länge in den Amerikanischen Meeren, in Westindien, und auf Jamaika.

Der bunte Bohrer, der Strohhalm, Bulla terebellum L.; Fr. la Tarrière Er hat einen cylindrischen Bau, einen spitzen Wirbel, und eine platte, wie abgeschnittene, Basis. Die Schale, die etwas über 2 Zoll lang werden kann, ist völlig cylinderisch, lang und schmal, und geht unvermerkt in eine ziemlich scharfe Spitze aus. Die Grundfarbe ist weiß und glänzend, einige sind ganz weiß, und haben nur einige braungelbe Flecken, andere sind reicher oder sparsamer punktirt, noch andere sind reich punktirt und gewölkt. Man findet sie in Asien.

Die Rollenblase, Bulla canaliculata Linn. Sie hat einen cylindrischen Bau und einen Zopf, dessen Windungen durch Einschnitte von einander getrennt sind. Ihre Farbe ist blaßgelb und gewölkt.

Die Kegelblase, Bulla conoidea Linn. Sie ist länglich in die Höhe gewunden und glatt, ihre Nase hat feine Streifen, und ihre Windungen sind eingekerbt oder gekörnt. Sie hat die Größe einer Eichel und eine weißgelbliche Farbe. Ihr Bau ist kegelförmig.

Die bauchige Oblate, Bulla hydatis Linn. Der Bau dieser Oblate ist abgerundet; sie ist durchsichtig, die Länge herab fein gestreift, und oben genabelt. Man findet sie im Mittelländischen Meere.

N 2

Sie ist fast so groß, aber auch so selten, als die Folgende.

Der Theelöffel, die eingerollte Oblate, Bulla aperta Linn.; Fr. l'Oublie. Er hat eine abgerundete Gestalt, ist durchsichtig, fein in die Quere gestreift, und ganz offen. Er ist dem Taubeney ganz ähnlich, auch oben genabelt; allein er ist ganz und dergestalt offen, daß von innen die ganze Schale frei daliegt, indem nur die innere Lefze ein wenig gegen die äußere zu eingebogen ist. Nach Linné soll der Theelöffel eine bloße Abänderung des Taubeneyes seyn. Allein nach andern Conchyologen sollen beide bloß die weiße Farbe und die Durchsichtigkeit gemein haben. Man findet diese seltenern Conchylien auf dem Vorgebirge der guten Hoffnung.

Das eingerollte Papier, das Zimmeröhrchen, Bulla lignaria Linn.; Fr. le Papier roulé. Es hat eine längliche eyförmig gebaute, quergestreifte, und einigermaßen genabelte Schale. Inwendig ist diese Conchylie weiß; sie hat einen gebogenen Spindel, so, daß man bis zum Wirbel hindurch sehen kann. Man findet sie bei Syrakusa und in dem Adriatischen Meere. Sie erreicht eine Länge von beinahe 3 Zoll, wird aber in einer solchen Größe nur selten, überhaupt nicht häufig gefunden.

Die Prinzen- oder Orangenflagge, die Staatenfahne, Bulla physis Linn.; Fr. le Pavillon du Prince. Die Schale ist abgerundet gebaut, sehr glatt, durchsichtig, und mit Faden umwunden, und ihre Windung ist stumpf oder platt. Auf dem Rucken haben sie bald bloße gefärbte, dicht aneinanderstehende Linien, von braunrother und schwärzlicher Farbe, bald einzelne mehr oder weniger Bänder, und dabei eingestreute Punkte oder niche, und dieses sind Abänderungen. Diejenigen, welche

; breite Bänder haben, sind die seltensten. Sie kommen aus Ostindien.

Die Bastart-Prinzen oder Staaten-flagge, Bulla amplustre Linn. Sie ist fast rund, hat erhöhete, doch stumpfe Windungen, und auf weißem Grunde rothe Bänder. Sie kömmt aus China zu uns.

Die Wendelschnecken, Mondschnecken, Turbines; Fr. les Sabots, s. Th. 93, S. 393 u. f.

Die Kräuselschnecken, Kräusel; Pyramiden, Bagnedrollen; Trochi; Fr. les Toupies. Das Gewinde dieser Schnecken bildet einen ziemlich stumpfen Kegel; die Oeffnung der Schale, ist fast viereckig, und durchschneidet schief die Richtung der letzten Windung. Der Bau der Schale und besonders die Beschaffenheit der Mundöffnung machen die Gattungen dieses Geschlechts kenntlich genug, so sehr sie auch unter sich sonst abzuweichen pflegen. Der Pastor Chemnitz theilt die Kräusel bloß in genabelte und ungenabelte, Linné hat sie dagegen in drei Abtheilungen gebracht, indessen ist die Eintheilung von Chemnitz die richtigere. Das Geschlecht der Kräusel ist sehr weitläuftig; denn es giebt davon beinahe zweihundert Gattungen und Abänderungen. Besonders zu bemerken sind:

a) Die Gattungen mit platter Grund-fläche, deren Nabel einen weiten Trichter bildet.

Der größte gefleckte Kräusel, die glatte Pyramide, die Bagnedrolle, Trochus niloticus Linn.; Fr. le grand Sabot pyramidal. Sie hat einen konischen Bau, ist fast glatt und einigermaßen genabelt. Die große und schwere Schale ist mit etwas schräg oder perpendiculär laufenden rothen Flecken bemalt, welches auch unten der Fall ist. Die Mundöffnung ist silberfarbe, oder sie hat ein schönes Perlmutter, und der innere oder Spindelsaum hat gewissermaßen zwei Vertiefungen. Entblößt man diese Schnecke von dem Oberkleide, so erscheint sie in einem schönen Perlmutterkleide. Bei der einen Abänderung sind die Flammen purpurroth, eine andere hat grüne, rothe und weißbunte Wolken. Ihre Schale ist dünner und leichter, und sie ist so breit, als sie hoch ist. Ihre Windungen sind weniger gewölbt, auch ist ihr Rand weit schärfer. Eine dritte Abänderung hat merklicher abstehende Windungen, als die zweite, und ihre Oberfläche ist rauher und unebener, und eine Reihe Körner umwinden sie. Der weißliche Grund hat einige gelblich grüne und röthliche Wolken und Flecken; auch ist die flache Basis marmorrt und hat eine Menge concentrischer Streifen, die durch feine Querstreifen durchschnitten werden. Man findet sie in Ostindien.

Die übrigen dieser Gattung, s. unter Kräuselschnecke, Th. 48, S. 566 u. f.

b.) Gattungen mit converer Grundfläche und einem Nabel. Hierzu zählt Cuvier die Pharaonskräuselschnecke, Trochus pharaonis; die sowohl Linné, Schröter und andere ältere Conchyliologen zu den Gattungen unter a zählen; s. den oben erwähnten Theil der Encyklopädie, S. 568.

c) Gattungen mit converer Grundfläche ohne Nabel, s. Th. 48, S. 575 u. f.

d) Gattungen mit converer Grundfläche; s. daselbst, S. 577 u. f.

D. Mit Schalen, welche aus einem einzigen spiralgewundenen Stücke bestehen, und wo die Mündung sich in einen Kanal endiget. Von den Seeohren und Schwimmschnecken an, findet man den festen Theil, welcher

dem Thiere zum Schutze dient, immer mehr und
mehr spiralförmig gewunden; bei allen vorhergehenden Geschlechtern aber blieb die Mündung ganz,
oder ohne Ausschnitt, obgleich sie bei den Vielfraß-
schnecken, f. unten, und noch mehr bei den Blasenschnecken ein wenig verlängert ul. Bei den folgenden Geschlechtern findet man sie noch mehr in einen mehr
oder weniger langen Kanal verlängert, welcher zur
Aufnahme einer fleischigen Röhre dient, die das
Thier nach Willkühr verlängern kann, und welche
die Kiemen mit der äußeren Luft in Verbindung
setzt.

Die Stachelschnecken, Murices; Fr. Murex,
f. Murex, Th. 98, S. 82 u. f. Cuvier hat bei
dieser Schneckenfamilie folgende Eintheilung angenommen: a) Mit gethürmter Schale und
kurzem Kanal, die Brugières den Namen
der Hornschnecken, Cérithes, gegeben. Unter
diesen Hornschnecken finden sich solche: α) Mit ge-
radem Kanal, als: die knotige Hornschnecke,
Murex nodulosus Linn.; Fr. le Cérithe nodu-
leux. β) Mit rückwärts gekrümmtem Kanale, als: die halbgestreifte Hornschnecke,
Murex vertagus; Fr. le Cérithe demi-strié.
γ) Mit nach außen gewundenem Kanale,
als: die Teleskopenschnecke, Trochus teles-
copium Linn.

b) Mit gethürmter Schale und einem
langen Kanale, welche Brugières den Namen
Spindelschnecke gegeben. Dahin gehören: die
gemeine Spindelschnecke, Murex fusus; Fr.
le Fuseau ordinaire; die Trichterspindel-
schnecke, Murex colus; Fr. l'Entonnoir.

c) Die dritte Familie der Stachelschnecken hat
ein eyförmiges oder plattgedrücktes Gewinde, und
einen mehr oder weniger langen Kanal. Sie hat

nach der Verschiedenheit der Schale, auch verschiedene Unterabtheilungen. Die Schale ist nun entweder: α) Mit Wulsten versehen, welche die Länge der Windungen kreuzen. Hierher gehört: Die Spinnenstachelschnecke, Murex tribulus; Fr. la Tête de becasse epineux; der Schnepfenschnabel, Murex haustellum; Fr. la Cuiller; der dornige Schnepfenkopf, Murex brandaris, Fr. la Massue. β) Ohne Wulste. Die Feigenschnecke, Murex ficus; Fr. la Figue; die Mohrenschnecke, Murex moris; Fr. le Nègre.

Die Flügelschnecken, Flügelhörner, Strombi; Fr. les Strombes. Diese Schneckenfamilie hat eine längliche, in einen mehr oder weniger langen Kanal geendigte Mündung, welche entweder gerade oder gekrümmt, und zwar rechts oder links gekrümmt ist. Außerdem hat ihre Lefze nach unten hin einen tiefen Ausschnitt. Diese Lefze, welche bei den jungen Thieren einfach ist, wird mit zunehmendem Alter breiter, und zertheilt sich bei einigen Gattungen in sehr verschieden gebildete, fingerähnliche Verlängerungen. Es giebt Flügelschnecken:

a) Mit gethürmter Schale, oder nach Linné und mehreren älteren Conchyliologen mit Fingern versehen, deren Lefze in lange, nicht allzubreite Finger oder Zacken ausgeht.

Die Sternspindel, die Sternnadel, die Spindelflügelschnecke, die Zahnspindel, Strombus fusus; Fr. le Strombe fuseau. Sie hat ein sehr spitziges Gewinde, einen langen Kanal, und ist an der Spitze oberhalb ihres Ausschnittes gezahnt. Sie sind oft 7 bis 8 Zoll lang. Nach Linné ist Amerika das Vaterland; andere Schriftsteller geben auch Asien an, wo man sie am Ufer der

Insel Ghoráb im rothen Meere, unweit der Stadt
Loheia des glücklichen Arabiens häufig antreffen
soll. Eine Abänderung davon ist die sogenannte
feine Zahnspindel. Sie hat eine dünnere
Schale, einen mehr gestreckten Bau, die oberen
Windungen sind fein gegittert, der Schwanz ist
länger; denn er erreicht oft eine Länge von 2 Zoll.

Der Pelikanfuß, der Gänsefuß, Strombus pes pelicani Linn.; Fr. Patte de Peli-
can, ou d'Oye. Er hat eine flache breite
Mündungslefze, die sich in drei Finger abtheilt,
an diesen Fingern winklicht ist, inwendig aber
einen glatten Schild hat, oder inwendig glatt ist.
Seine Farbe ist schmutzig weiß, aschgrau oder röthlich. Wenn diese Conchylien blau oder schwarz erscheinen, so ist ihnen die Farbe nicht natürlich. Ihre
Länge erreicht kaum 2 Zoll. Man findet sie in
mehreren Meeren.

Die Teufelsklaue, der Bootshaken,
Strombus chiragra Linn.; Fr. la Griffe du
Diable. Die Mündungslippe des Boots-
hakens hat sechs krumme Finger und einen gekrümmten Schwanz. Die Finger sind unten zusammengewachsen, so daß sie bloß durch eine Linie
von einander abgesondert sind, der obere Theil der
Mündungslippe ist durch eine tiefe, aber schmale
Rinne von dem Körper abgesondert, daher sie bis
zum Schwanze herab offen ist. Der Schlund oder
das Innere ist röthlich und inwendig fein gestreift.
Von den langen Fingern stehen unten zwei Gabel-
förmig, aber weit von einander, und an diesem einzigen Kennzeichen erkennt man die Teufelsklaue.
Die Farbe ist mehrentheils braun und weiß gesprengt,
auch marmorirt. Sie erlängt eine ansehnliche Größe.
Nach Linné findet man sie an den Bandaischen

Inseln, sonst aber auch auf Bonaa und Ma-
nippa.

Der Scorpion, die Scorpionschnecke,
die Podagraschnecke, Strombus scorpius
Linn.; Fr. le Scorpion. Er hat sieben knotige
Finger, unter denen der unterste der längste ist.
Diese Schnecke ist nicht gewöhnlich, und durch ihre
knotigen Finger und blaue, auf beiden Seiten mit
weißen Zähnen bewaffnete Zähne kenntlich genug.
Ohne die Finger erlangt diese Conchylie höchstens
eine Länge von 4 Zoll, und soll, nach Linné, in dem
Asiatischen Meere, nach andern Conchyliologen in
Indien gefunden werden.

Die bucklichte Krabbe, Strombus lambis
Linn.; Fr. l'Araignée male. Sie hat sieben Finger oder Zacken, welche wenig gekrümmt sind, und
einen glatten Schlund. Die Schale ist braun und
weiß gefleckt, und der Schlund ist etwas röthlich.
Man findet diese Conchylie in den Asiatischen Meeren, ferner bei Amboina, an den Ufern des rothen
Meeres, bei Batavia, bei Banda und den Friedrichs-
Inseln. Die erste Abänderung erlangt oft eine
ansehnliche Größe.

Das Tausendbein, die Sonnenstrahl-
krabbe, Strombus millepeda Linn.; Fr. le
Millepied. Der Tausendfuß hat zehn in sich gebogene Finger, einen flach gezahnten Schlund, und
einen bucklichten gedrückten Rücken. Man findet
diese Conchylie in dem Asiatischen Meere und in
Ostindien, aber eben nicht häufig.

Die Keule, das Steuerruder, Strombus
clavus Linn., soll nach der meisten Conchyliologen
Meinung eine ausgewachsene dünnschälige Sternspindel seyn, s. oben, S. 200.

b) Mit kurzem Gewinde und ungefinger-
ter Lefze; nach älteren Conchyliologen gewölbte,

ober nach dem Herrn von Born, labro lobato, das ist, die einen gewölbten Mündungssaum haben.

Die Sommersprosse, der Kickvorsch, Strombus lentiginosus Linn.; Fr. la Grenouille. Die Mündungslippe des Kickvorsches hat oben drei Falten, der Rücken ist warzigt, und oben mit einer Reihe großer Knoten umgeben, und gleichsam gekrönt, und der Schwanz ist abgestumpft. Nach Linné soll sie die Farbe des Frosches haben. Der Flügel hat einen starken, wie Perlmutter glänzenden Saum, der mit einigen bräunlich durchschimmernden breiten Flecken, oben aber mit drei starken Einkerbungen, die Linné lobas nennt, versehen ist. Die Mündung ist glatt, und hat, so wie die breite oder dünne Spindellefze, den schönsten Perlmutterglanz. Die Farbe ist marmorirt, mehrentheils braun oder röthlich, und die Schnecke übersteigt nicht leicht eine Länge von 3 1/2 Zoll, hat aber eine überaus schwere Schale. Man findet sie in Asien, in Ostindien, auf Senegal, in Afrika 2c., sie sind gewöhnlich, ausser wenn ihre Mündung schwärzlich violett ist. Verschiedene Conchyliologen halten dafür, daß die Westindische knotige Flügelschnecke mit rosenfarbigen Querbändern davon die vollständige Schnecke sei; Andere das Stümpfchen, welches in Afrika zu Hause gehört.

Der Hahn, der Kampfhahn, der Engelsflügel, Strombus gallus Linn.; Fr. l'Aile d'Ange. Er hat eine breite oder ausgedehnte Mündungslefze, welche oben in eine lange Spitze ausgeht, der Rücken ist gekrümmt, und der Schwanz gerade. Der Körper hat einen etwas breiten Bau, und einen ausgebreiteten, jedoch aber zugleich eingebogenen, nicht allzu dicken Flügel, der sich oben in einen langen Finger verliert, der nach und nach in seine Spitze ausgeht, und daher unten viel breiter, als oben ist. Dieser Finger ist gleichwohl bald kürzer, bald länger. Er hat verschiedene Farben, womit er gefleckt, geflammt oder marmorirt ist; auch sind sie einfarbig, braun, gelb oder violett. Diese Conchylie kommt aus Asien und Amerika, auch liefern sie die Ufer des rothen Meeres. Das größte Beispiel soll mit den Fingern 6 Zoll haben; der Finger aber allein 2 Zoll lang seyn.

Das Dianenohr, der Dianenflügel, der dickschälige Fechter oder Weiser, Strombus auris dianae Linn.; Fr. l'Oreille d'Ane. Diese Conchylie hat einen Flügel, der sich oben in eine spizige Hervorragung endigt. Der Rücken besteht aus scharfen Knoten, und der Schwanz ist in die Höhe gebogen und spizig. Nach Linné ist der Schlund hochroth. Diese Conchylie ist von außen mit mancherlei Farben marmorirt, selten einfarbig; der Schlund ist schön roth, das übrige an der Mündung und Spindel ist weiß. Man findet sie häufig in dem Asiatischen Meere, und auf Amboina.

Der Fechter, das rothe geflügelte Zakkenhorn, das Fleischhorn, Strombus pugilis Linn.; Fr. l'Oreille dechirée, le Strombe pesant. Er hat eine Mundungslippe oder einen Flügel, der oben hervorragt, abgerundet und glatt ist, die oberen Windungen sind zackigt oder dornigt, so daß auf jeder Windung eine Reihe von Stacheln stehen, und der Schwanz hat drei Falten, ist aber stumpf. Die Schale ist bräunlich gelb und glatt; auch fleischfarbig oder rothlich. Man findet sie häufig in Jamaika und in Westindien.

Die Lappenschnecke, das Flügelhorn, Strombus marginatus Linn. Sie hat einen hervorragenden Flügel, einen gesäumten glatten Rücken, und einen ganzen oder unterbrochenen Schwanz. Der Flügel gleicht im Bau dem Flügel der vorher-

gehenden Schnecke, nur daß er in einer geraden
Linie ununterbrochen bis zur Nase fortgeht. Der
ganze Rücken ist glatt, nur die Nase ist quergestreift,
und oben, fast am Ende der ersten Windung, liegt
ein scharfer Saum, der noch an der vierten Windung sichtbar ist. Hinter diesem Saume und auf
allen den folgenden Windungen, sieht man die feinsten Querstreifen, und die letztern vier Windungen
haben feine Einkerbungen. Die Mündungslippe
hat inwendig schwache Zähne, ist sehr weiß, so wie
die schmale Spindellefze, welche unten an der Nase
vier kurze, kaum sichtbare Zähne hat, die aber nicht
in die Schnecke hineingehen. Die Grundfarbe ist
braungelb, mit einigen schmalen weißen, und einigen
braunen Fäden unterbrochenen Bändern. Der
Saum des Rückens ist weiß, die obern Windungen
sind bräunlich und sehr hell, und die drei letzteren
sind rosenroth.

Die Löhönische Flügelschnecke, der
schwarze Schlund, Strombus luhuanus Linn.;
Fr., la Gusule noire. Sie hat eine hervorragende
Mündungslefze, oder einen Flügel, einen glatten
Rücken, und regelmäßige runde Windungen. Man
hat, der Farbe nach, ganz weiße, geflammte und mit
Querbändern versehene. An der Spindellefze ge-
wahrt man einen schwärzlichen oder kohlschwarzen
horizontalen Strich, der Schlund ist roth, und die
Mündungslefze röthlich. Ihre Länge ist ungefähr
2 1/2 Zoll. Man findet sie in dem Asiatischen
Meere.

Die bucklichte Kanarienschnecke, der
Buckel, Strombus gibberulus Linn.; Fr. l'Ailée bossue. Sie hat eine hervorragende Mündungslefze, oder einen Flügel, einen glatten Rücken
und bucklichte, unregelmäßige Windungen. Der
Flügel rage nicht zu weit hervor, und hat an

ganz ausgewächsenen Schalen oben und unten einen
Einschnitt. Inwendig hat der scharfe Flügel nach
dem Schlunde zu feine Streifen. Nach der Farbe
sind einige weiß, andere mit Bändern, oder Flecken
oder Wolken versehen. Inwendig ist ein Theil des
Flügels und der Spindellefze bald blau oder bläulich, bald röthlich oder roth. Man findet sie in
Asien auf Amboina, und auf der Mauritius-Insel.

Der Kellerwurm, die Asselschnecke, die
Maulbeere, Strombus oniscus Linn.; Fr. la
Volute échannerée. Er hat einen eyförmigen Bau,
knotige Querrippen, und einen aalförmigen glatten
Wirbel. Der Bau der Schale hat die Größe einer
Haselnuß, ist fast eyförmig, der Rücken hat drei etwas knotige Gürtel, und diese Knoten stehen so
über einander, daß sie eine gerade horizontale Linie
bilden. Die Conchylie hat auf weißem Grunde
schwarze Flecken. Der Wirbel ist ganz glatt, und
hat bloß einen knotigen Ringel um sich herum laufen; die fast unmerkliche Endspitze ist ganz weiß.
Ihre höchste Größe ist etwas über einen Zoll. Das
Vaterland ist Westindien.

c) Mit kurzem Gewinde und gefingerter
Lefze. Hierher rechnet Cüvier die Asselflü-
gelschnecke, Strombus millepeda, und die Scor-
pionsflügelschnecke, Strombus scorpius ꝛc.,
s. oben, S. 202.

d) Mit einem breiten Flügel, Ampliati.

Das Franschehorn, das Kamelhorn,
Strombus lucifer Linn.; Fr. le Chaumeau. Der
Mündungssaum des Franchehorns ist oben abgerun-
det, und unterbrochen ganz, der Leib hat doppelte
Streifen; die Windungen des Wirbels sind ausge-
kehlt, und die obern Knoten sind klein, aber spitzig.
Wenn die Conchylie noch jung ist, so hat sie größ-
tentheils die schönsten Marmorzeichnungen und Far-

ben, die nach und nach verschwinden, je mehr es veraltert, und dann nimmt die Röthe der Mündung zu. Man findet sie häufig in Amerika, Jamaika, und in Westindien.

Der Riese, das große rothmündige Lapphorn, die Lappenschnecke, Strombus gigas Linn.; Fr. la grande Ailée. Er hat einen überaus großen abgerundeten Flügel, und Windungen, die mit einer Reihe regelmäßig stehender Knoten umgeben sind, welche Knoten, so. wie die Knoten des Rückens, offen sind. Die Mündung hat das schönste Rosenroth auf weißem glänzendem Grunde. Das größte Beispiel, welches Schröter besaß, ist 11 Zoll lang und 9 Zoll breit. Man findet diese Schnecke in Amerika, auf Jamaika, Barbados, bei Carthagena ꝛc.

Das große breitgeflügelte Lapphorn, die Breitlippe, Strombus latissimus Linn.; Fr. l'Aile large. Diese Conchylie hat einen überaus großen abgerundeten Flügel, auf dem Rücken keine Knoten, auf den Windungen aber ganz schwache Knoten. Die Schale ist stark, der Flügel inwendig weiß, die Mündung selbst, wie an der vorhergehenden, roth. Mehrentheils ist der Rücken braun- und weißmarmorirt oder geflammt. Lister hatte ein Beispiel von 14 Zoll Länge. Nach Linné findet · man sie im Asiatischen Meere und auf Amboina.

Das ausgespannte Besansegel, das Täubchen, Strombus epidromis Linn.; Fr. la Tourterelle. Es hat einen kurzen abgerundeten Flügel, einen glatten Rücken, und etwas knotige Windungen. Man hat weiße und buntgefärbte Schnecken dieser Art, die man in dem Asiatischen und Ostindischen Meere nicht sehr häufig findet. Diese Conchylie erreicht eine Größe von 3 bis 3 1/2 Zoll.

Das kleine Täubchen oder Besansegel, Strombus minimus Linn. Es hat einen
bucklichten zurückgeschlagenen Flügel, auf dem Rücken
und den Windungen knotige Falten, und eine glatte
doppelt gesäumte Mündung. Es hat auf weißem
Grunde gefleckte und geflammte Querbänder.

Das volle aufgespannte Segel, das
bucklichte Besansegel, Strombus canarium
Linn.; Fr. la Bossue. Der Bau dieser Schnecke
ist etwas herzförmig, der Flügel oder die Mündungslefze ist kurz und eingebogen, und die obere Windungen sind glatt. Der Flügelsaum ist vorzüglich stark
und glänzend; der ganze Flügel und der Spindelsaum sind inwendig weiß und glänzend. Dieser
Flügel ist zuweilen von außen weiß eingefaßt, breiter oder schmäler, das Uebrige der Schnecke ist entweder einfarbig gelb oder braun, oder mit horizontalen braunen Zickzacklinien bezeichnet. Sie erhalten
eine Länge von ungefähr 2 1/2 Zoll, und werden in
dem Asiatischen Meere, bei Batavia, Amboina ꝛc.
häufig gefunden.

Das schmale Segel, das aufgerollte
lange Besansegel, Strombus vittatus Linn.;
Fr. la Voile ou Misaine roulée. Es hat einen
abgerundeten kurzen Flügel, einen platten Rücken,
und die Windungen des lang gestreckten Zopfes sind
durch eine erhöhete Schnur gleichsam von einander
abgesondert. Diese Conchylien erscheinen selten einfarbig, sie haben vielmehr auf weißlichem Grunde
braune, und auf braunem Grunde weißgefleckte
Bänder. Sie werden an 4 Zoll lang, gehören in
Asien auf Amboina zu Hause, und sind nicht sehr
gemein.

Die breite Kanarienschnecke, Strombus
succinctus Linn., Fr. le Canaris large. Sie
hat einen abgerundeten, ein- oder zurückgeschlagenen

Flügel und einen platten Körper, der mit vier gelblichen gefleckten Bändern umgeben ist. Der Rücken ist gewissermaßen ausgekehlt, und mit zwei doppelten weiß gefleckten Linien oder Bändern umgeben. Das Vaterland ist Indien.

Die gedornte Flügelschnecke, Strombus spinosus Linn., hat einen schwachen ununterbrochenen Flügel, ist etwas gefalten, und mit scharfen Dornen umgeben; auch die folgenden Windungen sind dornig. Ueber die Schale dieser Conchylie laufen auf weißem Grunde viele röthliche Linien regelmäßig hin; sie ist oben winklicht, und auch damit überaus scharfen Dornen umgeben. Das Vaterland ist nicht angegeben.

Die Spalte, die gebackene Devise, Strombus fissurella Linn. Bei dieser Conchylie geht der Mündungs- und der Spindelsaum so erhöhet auf die folgenden Windungen fort, daß sie einen langen Kiel bilden. Sie hat die Größe und den Bau der unechten Wendeltreppe, und ist weiß; alle Windungen sind senkrecht gerippt und quer gestreift, die erste ausgenommen, welche unten glatt ist. Das Vaterland ist Ostindien.

Die knotige Kanarienschnecke, Strombus urceus Linn. Sie hat einen schwachen, eingebogenen, kurzen, gestreiften Flügel, etwas faltige und knotige Windungen, und einen ungezahnten Mündungs- und Spindelsaum. Die Farben erscheinen in unzählbaren Abwechselungen, und der Rücken ist bald bandirt, bald punktirt, bald marmorirt &c. Man findet sie in verschiedener Größe bis zu 2½ Zoll, gewöhnlich aber viel kleiner, etwa zur Größe eines Zolls. Nach Linné ist Asien das Vaterland. Am häufigsten werden sie auf Amboina und den Moritzinseln gefunden.

Die gefaltene Flügelschnecke, die gezahnte Flügelschnecke, Strombus dentatus Linn. Diese Flügelschnecke hat einen schwachen, eingebogenen, kurzen gezahnten Flügel, und ist auf der ersten und alle den folgenden Windungen gefalten. Die Meisten dieser Conchyliengattung haben eine sehr dünne Schale, die gegen das Licht durchsichtig ist; andere haben dagegen eine starke Schale. Sie haben alle nur eine mittlere Größe von 1 1/2 Zoll. Ihre Farbe ist verschieden, weiß, braun und braungelb.

e) Thurmförmige, mit einem überaus langen Zopfe.

Die knotige Nadel, Strombus tuberculatus Linn. Sie hat einen thurm-länglich-eyförmigen und knotigen Bau, und eine starke Mündungslippe. Sie soll um Mittelländischen Meere zu Hause gehören.

Die Ceramische Sumpfnadel, die Westindische Bastartpabstkrone, Strombus palustris Linn.; Fr. la Vis de marais. Diese Conchylie hat einen thurmförmigen Bau, eine etwas glatte Schale, und der Mündungssaum ist unten wie abgelöset oder von dem übrigen Theile der Schale abgeschnitten. Unter den zwölf bis sechzehn Windungen ist die erste ungefähr noch einmal so groß, als die zweite, und die geflügelte Mündung endiget sich in einen kurzen, fast zirkelrund ausgekehlten Schnabel. Man findet sie auf der Küste Koromandel, und auf den Dänischen Nicobarischen Inseln in der See.

Die schwarze Nadel, die glatte Sumpfnadel, Strombus ater Linn. Sie hat einen thurmförmigen Bau, ist glatt, ihre Mündungslippe ist oben und unten von der übrigen Schale getrennt oder abgeschnitten. Die Farbe ist bald schwarzbraun

mit einzelnen dunkleren Flammen, bald kastanien-
braun. Nach dem Linné ist Asien das Vaterland.

Die blaue Flügelnadel, Strombus lividus
Linn. Sie hat einen thurmförmigen, etwas eckigten oder winklichten Bau, ist mit spitzigen Knoten
versehen, und die Mündungslippe ist oben durch einen Einschnitt von den Windungen getrennt.

Die Gattungen und Abänderungen dieser Schneckenfamilie, die im Linné fehlen, findet man in
Schröter's Einleitung in die Conchylienkenntniß,
1r Bd. Halle, 1783, S. 450 u. f.

Die Helmschnecken, Cassideae; Fr. les Cas-
ques, nach Cüvier und neueren Conchyliologen.
Linné führt diese Schneckenfamilie unter dem gemeinschaftlichen Namen Buccinum mit auf, und
Schröter giebt ihr auch im Deutschen den Namen Buccinum. Auch die alten Conchyliologen
gebrauchen dieses Wort so willführlich, daß die ihnen
folgenden gewissermaßen durch sie kein bestimmtes
Geschlecht festsetzen könnten. Beim Lister werden
alle Schnecken, sie mögen einen Namen und eine
Bauart haben wie sie wollen, Buccina genannt.
Die Alten verstanden dadurch ein gekrümmtes Horn,
dessen sich die Hirten bedienten, und nannten es
Buccina, daraus Plinius Buccinum machte, und
es in die Conchyliologie übertrug, uns aber in Ungewißheit läßt, welche Schnecken er damit gemeint.
Und so haben seine Nachfolger den Namen Buccinum immer willführlich gebraucht; s. auch den Art.
Kink-Horn, Th. 37, S. 901 u. f. — Von dieser Schneckenfamilie haben die neuern Conchyliologen die Helmschnecke, als eine besondere Gattung
getrennt. Sie hat ein sehr wenig vorspringendes
Gewinde, und die letzte Windung ist sehr hoch. Die
Mündung ist verlängert und gezähnt, endiget sich in
einen kurzen Kanal, welcher gegen den Rücken hin

gekrümmt ist; ihre Ränder schlagen sich zu breiten
Lefzen um.

Cüvier theilt sie ein in a) Helmschnecken
mit ein wenig spitzigem Gewinde.

Die Striemenhelmschnecke, das glatte
Säumchen, Buccinum vibex, s. Th. 37, S. 903.

Der Reißbrei, das warzenförmige Kinkhorn, Buccinum papillosum Linn., s. daselbst.

Die Eichel, das linirte Kinkhorn, Buccinum glans Linn., s. daselbst, S. 904.

Das knotige oder gestreifte Säumchen,
der Igel, Buccinum erinaceus Linn., s. daselbst,
S. 903.

Das gemeine Bezoarhorn, die graue
Bezoarschnecke, Buccinum glaucum Linn., s.
daselbst, S. 902.

b) Mit zugerundetem Gewinde.

Die gestreifte Helmschnecke, die Polni-
sche Mütze, das unächte Attalische Kleid,
Buccinum testiculus Linn.; Fr. le Casque rayé.
Die Furchen sind breit, krumm, vertieft und laufen
nach der Richtung der Windungen; quer über diese
gehen feine, dichtliegende Streifen. Die Mündung
ist an beiden Lefzen gefurcht. Sie hat auf weißem
Grunde Flecken, Flammen oder Federn; man
hat aber auch Beispiele ohne alle Zeichnung, die
also ganz weiß auf dem Rücken sind. Sie erreichen eine Länge von 4 Zoll und werden in Ostindien
auf Jamaika und den Französischen Inseln gefunden.

Die flach gestrickte Sturmhaube, die gestrickte Bettdecke, der geschuppte Helm,
Buccinum decussatum Linn.; Fr. le Casque
pavé. Sie ist kreuzweis gestreift, hat keine Knoten, aber viereckige Schuppen, eine gezahnte Mündung, und einen zurückgebogenen Schwanz. Man
erkennt diese Conchylie an dem Gitter, welches die

kreuzweis laufende Streifen bilden, und unterscheidet sie dadurch von der Bettdecke. Die Mündungslippe ist vorzüglich stark, breit und gerunzelt. Die Farbe ist entweder ganz weiß, oder man gewahrt auf weißem Grunde braune Würfel oder geschlängelte Flammen. Man findet sie in dem Afrikanischen und Mittelländischen Meere.

Das glatte oder gestreifte Gartenbettchen, Buccinum areola Linn.; Fr. le Casque truité. Sie hat eine einigermaßen gestreifte Schale, vier Reihen Würfel, eine gezahnte Mündung, und einen zurückgebogenen Schwanz. Der Bau ist bei allen gewölbt, und der Zopf ragt mehr oder weniger, oft überaus spitzig hervor. Die Spindellefze hat unten, in der Gegend der Nase, starke Falten und zuweilen auch Knötchen. Sie erlangt eine mittlere Größe, nicht leicht über 3 Zoll, und wird in Indien, auf Amboina, im Mittelländischen Meere, und in Java häufig gefunden.

c) Mit plattem Gewinde:

Die rothe Helmschnecke, die rothe knotige Sturmhaube, der glühende Ofen, Buccinum rufum Linn.; Fr. le Casque roux, le Turban rouge. Die Schale dieser Conchylie ist knotig, die Lippen sind breit, aufgetrieben, glatt, gegen die Mündung sind sie gefurcht, und von schöner, sehr lebhaft rother Farbe. Man findet sie auf Amboina, China, Tranquebar, und den Friedrichsinseln.

Die Knotenhelmschnecke, das vollständige Türkische Papier, Buccinum tuberosum Linn.; Fr. le Casque triangulaire. Die innere Lefze dieser Conchylie bildet in einem gewissen Zeitraume ein großes plattes Dreieck, dessen Spur noch übrig bleibt, wenn auch die Schale darüber hinauswächst. Diese auf einander folgenden Spuren ge-

ben dem Gewinde eine dreieckige Gestalt. An der
Lefze ist ein großer brauner Fleck. Die Windungen
sind nach oben zu knotig. Sie erlangt eine Größe
von 10 Zoll und wird in Westindien und auf Jamaika häufig gefunden.

Die gehörnte Helmschnecke, die gestrickte
Sturmhaube, die punktirte Sturmhaube,
Buccinum cornutum Linn.; Fr. le Casque tri-
coté, hat eine bauchige Schale, aus deren Mit-
telpunkte die obern Windungen hervorsteigen.
Die Schale ist mit einer Menge von vertieften
Punkten bezeichnet, welche wie Maschen aussehen.
Sie hat zwei glatte längslaufende Bänder, und oben
auf jeder Windung eine Reihe von Höckern. Die
Mündung ist weiß. Bei zunehmendem Alter wird
die innere Lefze zu einer großen Scheibe vergrößert,
und die Höcker verwandeln sich in starke Stacheln.

Die knotige Helmschnecke, die knotige
Schellenschnecke, Buccinum echinophorum
Linn.; Fr. le Casque à tubercules alignés. Sie
hat eine mit vier knotigen Rippen umgebene Schale
und einen hervorragenden Schwanz. Ueberhaupt
ist der Bau eyförmig, die Windungen pyramidenför-
mig, der Schwanz verlangert, aber zurückgebogen
und in die Höhe gekrümmt. Die Schale hat Querstreifen, und außer diesen vier, auch zuweilen fünf
Rippen, die ebenfalls gestreift, dabei aber zugleich
knotig sind. Die Farbe ist braunlich, und die Knoten sind weiß, wenigstens heller, als die Grundfarbe.
Man findet sie häufig im Adriatischen und Mittelländischen Meere.

Die gefaltete Sturmhaube, Buccinum
plicatum Linn. Sie ist oben schwach gefalten,
kreuzweis unregelmäßig und unkenntlich gestreift, hat
eine gezahnte Mündung, und einen zurückgebogenen

Schwanz. Die Farbe ist grau oder röthlich, und man findet sie auf Jamaika, jedoch nicht häufig.

Die geflammte Sturmhaube, das ächte Attalische Kleid, Buccinum flammeum Linn., Vestis attalica; Fr. le Drap d'argent. Sie ist einigermaßen gefalten und gekrönt, hat keine gezahnte Mündung und einen in die Höhe gerichteten oder gebogenen Kanal. Der Mündungssaum hat von außen sieben schwarze Flecken, inwendig aber starke stumpfe Zähne. Die Spindellefze hat aber lange weiße Querrippen. Die Nase ist so stark in die Höhe nach der Rechten zu gebogen, daß sie fast die Schale berührt. Die ganze Schale ist auf weißem Grunde hell= und dunkelbraun geflammt. Sie kommt aus Westindien. Schröter's größtes Exemplar war beinahe 5 Zoll lang. Sie sollen viel seltener kleiner, als von der angegebenen Größe gefunden werden.

E. Die Schale aus einem einzigen spiralgewundenen Stücke bestehend, mit unten ausgeschnittener Mündung. — Der Ausschnitt dient bei den Geschlechtern dieser Abtheilung, wie der Kanal bei dem der vorigen, die Röhre nach außen zu bringen, wodurch das Thier athmet.

Die Kinkhörner, Buccina; Fr. les Buccins. Bei diesen ist das Gewinde mehr oder weniger vorspringend, die Schale eyrund oder länglich, die Mündung weit, unten mit einem großen Ausschnitte geendiget. Es giebt Gattungen:

a) Mit bauchiger Schale, deren letzte Windung sehr convex und der Länge nach gestreift ist. Man nennt sie gewöhnlich Tonnen, Tonnenschnecken, Bauchschnecken.

Das Rebhuhnkinkhorn, das Rebhuhn, die Ballschnecke, Buccinum perdix Linn.; Fr. la Perdrix. Die Schale dieses Kinkhorns ist

enförmig, aufgeblasen, und nur einigermaßen gewölbt; es hat weiße Wellenlinien und eine zahnlose
Mundöffnung. Die Rippen, die über den Körper
laufen, sind sehr flach, und so auch die dazwischen
liegende Furchen, die fast so breit, als die Rippen
sind. Die Farbe ist braungelb, mit weißen Federn,
welche, wenn man die ganze Schale betrachtet,
wellenförmig erscheinen. Man hat aber auch Beispiele mit großen weiten Flammen. Sie erlangen
eine Größe von 6 Zoll, und werden in Westindien
auf Guinea, und in Ostindien auf Amboina und
Jamaika gefunden.

Das Einhornkinkhorn, Buccinum mono-
don Linn.; Fr. la Licorne. Die schuppigen
Rippen laufen der Länge entlang, an der Mündung,
nahe bei dem Ausschnitte, steht an deren äußerem
Rande ein lang hervorspringender Stachel.

Das gewässerte oder marmorirte Kinkhorn, die Tonne, das Oelfaß, Buccinum ole-
arium Linn., Cochlea pennata; Fr. la Pe-
lure d'oignon. Die Schale dieser Conchylie ist
abgerundet, und mit platten Querrippen, die eine
erhöhete Linie trennt, umgeben. Die Mundöffnung
hat keine Zähne. Die Schale ist dünn, die Mündungslefze scharf, schneidend und ohne Saum. Sie
haben auf bräunlichem oder braunem Grunde mehr
oder weniger hellere oder dunklere Flecken und Wolken, einige erscheinen bloß einfarbig. Sie kommen
aus Ostindien, und werden nicht leicht vier Zoll
lang.

Das Schellenkinkhorn, Schellenhorn,
der Helm, Buccinum galea Linn.; Fr. la
Tonne cannelée. Die Schale des Schellenkink-
horns ist etwas enförmig, der Bau aufgeblasen, und
mit Rippen versehen, die sich am Fuße der ersten
Windung in zwei zerschneiden. Die Mundöffnung

hat keine Zähne. Ueberhaupt ist diese Schnecke bauchig und fast kugelrund. Man findet sie mehrentheils von weißgelblicher Farbe in dem Mittelländischen und in dem Adriatischen Meere.

Das dicklippige Belkinkhorn, das Belhorn, der Apfel, Buccinum pomum Linn.; Fr. la grosse Levre, la Perdrix à grosse levre. Die Schale dieser Conchylie ist eyförmig und mit platten Rippen umgeben; sie hat eine gezahnte Mundöffnung. Die Windungen sind weiß und die erste hat zwölf bis vierzehn erhabene Rippen, welche gelblich sind. Die letzte Windung ist vorzüglich glänzend. Die Grundfarbe ist weiß und glänzend, und mit matten oder lebhaften gelben oder röthlichen Flecken häufiger oder sparsamer besetzt. Sie werden ungefähr 2½ Zoll lang, und in Java, Neuspanien und auf Amboina gefunden.

Das gefleckte Weinfaßkinkhorn, das Faß, Buccinum dolinum Linn.; Fr. la Tonne dentelée. Der Bau ist eyförmig, und mit platten oder wenig erhabenen Rippen umgeben, die nicht zu nahe bei einander stehen, und hat einen hervorragenden Kanal oder Schwanz. Man gewahrt übrigens an vielen Beispielen, daß der Bau nicht gleich ist; denn die eyförmige Figur ist manchmal abgerundeter; die Rippen sind abgerundet, oder flach, die dazwischen liegenden Furchen sind zuweilen ganz glatt, zuweilen mit schmälern Rippen, die mit erhöheten Faden eingefaßt sind, versehen. Der Kanal ist an manchen Beispielen länger, an manchen kürzer; die Windungen ragen nicht zu weit hervor, und sind tiefer oder flacher ausgekehlt. Der Farbe nach sind einige ganz weiß, andere auf den Rippen vorzüglich braun gefleckt. Es giebt einige von ansehnlicher Größe. Man findet sie in dem Sicilianischen

und Afrikanischen Meere, auch an der Küste von
Tranquebar.

b) Mit bauchiger Schale und vorspringenden Rippen quer über die Windungen
(Harfen).

Das gemeine Harfenkinkhorn, die
Harfe, Davidsharfe, Buccinum harpa Linn.;
Fr. la Harpa ordinaire. Die Rippen dieser
Conchylie sind roth und weiß, die Zwischenräume
weiß mit braunen wellenförmigen Flecken, und in
die Quere gestreift. Martini giebt folgende Abänderungen der Harfe an. 1) Die große Davidsharfe, welche vorzüglich breite Rippen hat, die gefleckt und gestreift sind, und die Zwischenräume haben röthlich braune eingefaßte federförmige Zeichnungen auf weißem Grunde. Der Bauch ist kasta-
nienbraun. 2) Die große Spitzharfe. Sie
hat schmälere Rippen und nur einzelne schwarze
Querstriche auf denselben, die Furchen aber haben
matte federförmige Zeichnungen. Der Bauch ist
braun. — 3) Die edle Harfe. Sie hat auf
den Rippen keine Würfel, sondern bloß Querstriche,
höchstens drei nebeneinander; die Zwischenräume
sind häufig federförmig gezeichnet, und mit feuerro-
rothen Würfeln unterbrochen. Der Bauch ist
ebenfalls braun. — 4) Die edle rosenfarbige
Harfe. Die Rippen sind schmal, und man gewahrt, außer den federförmigen Zeichnungen, eine
Menge rosenrother Würfel. Der Bauch ist zum
Theil schwarzbraun. — 5) Die kleine edle
Harfe. Sie ist kleiner, als die vorhergehende, ihre
Rippen haben häufige Querstriche und unmerkliche
Zacken. — 6) Das Amuretchen, der kleine
Chrysant. Sie sind klein, schmal, haben schmale
Rippen, auf denselben die feinsten Querstreifen, zwi-
schen den Rippen schöne federförmige Zeichnungen

und Flecken. Die Harfen erlangen eine Länge von 4 bis 5 Zoll, werden in Indien, Bengalen, auf der Insel Mauritius, auf Amboina, auf der Küste Koromandel ꝛc. gefunden, und sind gemein.

Die vielgerippte Harfe, das gerippte Buccinum, Buccinum costatum Linn.; Fr. lá Harpe cannelée. Der Bau dieser Conchylie ist dem Bau der Harfe ganz gleich, daher sie auch Linné für eine bloße Abänderung der vorhergehenden Gattung hält; sie unterscheidet sich bloß durch die enge beisammenstehenden Rippen. Außerdem fehlen ihr die Striche, Flecken und Flammen, die sonst den Davidsharfen eigen sind. Man hat aber doch zwei Abänderungen, davon die eine gelbröthliche breite Striche hat, welche wie Bänder über die Schale laufen, die andere aber bunt und wie marmorirt ist.

c) Mit bauchiger Schale und einem kleinen hohlen Kanale über dem Ausschnitte in der Mündung. Es sind Brügières Purpurschnecken.

Das Pontische Kinkhorn, der Rudolphus, die Rudolphusschnecke, die Persische Schnecke, Buccinum persicum Linn., Cochlea patula; Fr. le Buccin persique, la Conque persique. Es hat eine rauhe dicke Schale, eine gezähnelte Mündungslefze, und eine flache Spindel. Die Farbe ist braun mit der Länge der Windungen nach laufenden schwarzen und weißen Streifen und Schnürchen. Sie werden beinahe 4 Zoll lang, sind nicht sehr gemein, und werden in dem Asiatischen Meere, in Indien, in dem Persischen Meerbusen, und auf Amboina gefunden.

Das Maulbeerkinkhorn, Buccinum murus Linn.; Fr. la Mure. Die Schale ist rund,

dick und mit kurzen, starken Stacheln versehen.
Die Mündung ist gezahnt und blaßviolett gefärbt.

Der Weißmund, Buccinum patulum Linn.;
Fr. la grande Gueule. Diese Conchylie hat eine
knotige Schale, die Mündungslefze ist von außen
gekerbt, und die Spindellefze ist sichelförmig. Sie
kommt im Bau dem Rudolphus sehr nahe, ist
aber viel flächer, die Mündung weiter, und die Seite
des Bauches oder die Spindelseite wie eine Sichel
oder wie ein halber Mond ausgeschweift. Die
Schale ist stark und hat, außer den angeführten
Knotenreihen, auf dem Rücken schwarze platte Querstreifen, und zwischen ihnen weiße Linien. Die
Knoten sind schwarz, werden aber abgerieben weiß.
Manche Beispiele haben auch weißliche Querbänder,
gewöhnlich zwei. Der Rand der Mündung ist
eingekerbt und schwarz, das Uebrige spielt ins Weiße.
Die Spindelseite ist scharf, und laßt eine tiefe Rinne
hinter sich. Dieser Theil der Schale ist braungelb
gefärbt. Sie werden bis zu 4 Zoll groß, sind
auf Barbados in Afrika, Senegal und in Amerika
auf Jamaika zu Hause, und eben nicht gemein.

Der Gelbmund, der Carneolmund,
Buccinum haemastoma Linn. Er hat eine etwas
knotige Schale, einen inwendig gestreiften Lippensaum, eine etwas breite Spindellefze und einen gelben Schlund. Die äußere Farbe ist unansehnlich
braun oder grau, zuweilen mit dunkelbraunen einzelnen horizontalen Strichen belegt. Die Spindel ist
etwas weit. Man findet diese Conchylie bis zwei
Zoll lang im Mittelländischen Meere, bei Mar-
seille, in der Barbarey, und auf Guinea.

Das Steinchen, Buccinum lappillus Linn.
Es hat eine eyförmig gebauete Schale, keine Knoten, aber Streifen, und eine etwas flache Spindellefze. Einige haben eine dunne Schale, und da ist

die Mündung ungezahnt, andere haben eine starke Schale und eine gezahnte Mündung. Die Farbe ist an einigen weiß, an andern grau oder aschfarbig, oder gelblich, und einig haben Querbänder. Das Thier führt einen weiß, gelben und schwarzbrau-nen klebrichten Saft bei sich, der, wenn man Leinen- und Wollenzeug damit bestreicht und in der Sonne trocknen läßt, eine purpurrothe überaus dauerhafte Farbe annimmt. Man findet diese Conchylie in den Europäischen Meeren, in Schweden, Dännemark, Frankreich, England, auf den Canarischen Inseln ꝛc.

Der kleine Smaragd, Buccinum smarag-dulus Linn.; Fr. l'Emeraude. Die Schale ist eyförmig zugespitzt, überaus glatt, und hat eine etwas platte und dunkel gefaltete Spindel. Sie hat nach Argenville eine Perlenmutter, die ins Grüne fällt. Ihr Gewinde und Auge hat eine sehr schön grünschillernde Farbe, und die Mündung ist gezahnt.

d) Mit bauchiger Schale und spitzigem Gewinde.

Das Treppenkinkhorn, Buccinum spira-tum Linn.; Fr. la double Spire. Es ist glatt, mit spiralgewundenem Nabel und einem Kanale auf der Vereinigungslinie der Windungen. Die Farbe ist weiß, mit bräunlich gelben Flecken. Linné zählte hierher zwei verschiedene Abänderungen, näm-lich: Den Christianshafuer Thurm, die weiße genabelte, braunroth gezeichnete und gefleckte Fischreusse, und die länglich genabelte Fischreusse mit braunrothen Flecken. Die erste Konchylie wird etwa 2 Zoll lang, kommt aus Coromandel in Ostindien, und ist nicht selten; die letztere kommt aus China, und ist seltner.

Das Achatkinkhorn, der gelbe Bött-

chetsbohrer, Buccinum glabrum Linn.; f. unter Kinkhorn, Th. 37, S. 904.

Die schwarze Bohne, Buccinum praerosum Linn.; f. daselbst, S. 904.

e) Eckigte:

Die wellenförmige Fischreusse, das Eckhorn, Buccinum undosum Linn.; f. Th. 37, S. 905.

Der Manchettenmurer, die Neptunusmanschette, das Bezoar-Buccinum; Buccinum Bezoar Linn. Er hat einen etwas runden Bau, eine runzlichte Schale, blätterichte Windungen und eine durchbohrte Spindel. Ueber die Schale laufen starke Querstreifen, die Länge herab aber feine gerunzelte Streifen, und auf dem Rücken liegen drei hohle Zackenreihen. Inwendig spielt die Farbe ins Gelbe, die Mündungsspitze aber hat braune Striche, von außen ist die Schale auf schmutzig gelbweißem Grunde braun melirt, aber unansehnlich gefärbt. Man findet sie in China.

Das Spitzbergische Kinkhorn, Buccinum glaciale Linn.; f. Th. 37, S. 905.

Das Nordische Kinkhorn, das Wellenhorn, das Bartmännchen, Buccinum undatum Linn., f. daselbst, S. 905.

Das gegitterte Kinkhorn, Buccinum reticulatum Linn.; f. daselbst, S. 906.

Das Glanzhorn, Buccinum nitidulum Linn.; f. daselbst.

Das glatte Horn, Buccinum laevigatum Linn., f. daselbst.

1) Mit gethürmter Schale. Brügières Schrauben.

Das Doppelschraubenkinkhorn, Buccinum dimidiatum Linn.; Fr. la double Vis lisse. Die Schale dieser Conchylie ist glatt, hat ein langes

fpiges Gewinde, und eine einzige, der Länge der
Windungen nach laufende Furche. Schröter's
Beispiel war gelb mit blaßweißen geraden Strichen.

Das gestreifte Doppelschraubenkinkhorn, die Stahlnadel mit verdoppeltem
Gewinde, Buccinum duplicatum Linn.; Fr.
la double Vis rayée. Der Bau ist thurmförmig,
und die verdoppelten Windungen sind gestreift. An
guten Beispielen ist die Farbe braun, die Farbe der
Gürtel aber viel heller, und auf der ersten Windung
sieht man ein schmales weißes Band; an andern ist
die Farbe stahlgrau, und wenn sie etwas gelitten haben röthlich. Sie werden über 4 Zoll lang und
kommen aus Ostindien.

Das große dicke Tigerbein, die Pfrieme, Buccinum maculatum Linn.; Fr. le Cloud,
la Vis grande, l'Alene. Es hat einen thurmförmigen Bau, der sich dem spindelförmigen nähert; die
Windungen sind glatt, ungetheilt, und durch gar
keine Furche von einander getrennt. Diese Conchylie hat zwar einen langen gestreckten pfriemenförmigen Bau, welcher aber zugleich dick und aufgeblasen ist. Der weit ausgeschnittene Kanal hat
hinter sich eine Furche, und vor dieser einen Wulst,
der bis an die Spindel reicht. Man gewahrt auf
gelblichem Grunde nicht nur einige weiße Bänder,
sondern auch auf jeder Windung einige Reihen
braunrother Flecken, von welchen die obern größer
sind, als die untern. Sie erhalten wohl vierzehn,
auch wohl mehr Windungen, eine Länge von 8 Zoll
und werden in Asien, Afrika, im Persischen Meere
und auf Amboina gefunden, und sind nicht selten.

Das dünne Tigerbein, Buccinum subula-
tum Linn.; Fr. la Vis tigrée. Es hat einen
thurm- und pfriemförmigen Bau, eine glatte
Schale, und Windungen, die ununterbrochen bis zur

Endspitze fortgehen. Die Farbe ist blaßgelb, worauf sich braune Flecken befinden, die in einer solchen Richtung stehen, daß der eine Fleck der folgenden Windung am Winkel des Flecks der vorigen Windung ruht. Vom Buccinum maculatum unterscheidet es sich durch seine weniger bauchige Form. Das Tigerbein erreicht eine Größe von 5 Zoll, und wird in Indien, auf Amboina und auf den Molukken gefunden. Es ist nicht selten.

Die gekrönte oder gekörnte Pfrieme oder Nadel, Buccinum crenulatum Linn. Der Bau dieser Conchylie ist thurmförmig, und von den Windungen ist jede durch eine Linie gleichsam in zwei abgetheilt, und am Rande ringekerbt. Die Grundfarbe ist fleischfarbig, auch zugleich bräunlich; man findet aber die mehrsten ausgebleichte, und folglich weiß. Sie erreichen die Größe von 5 Zoll, und werden in den Afrikanischen Meeren, auch zu Madras und an den Ufern der Nicobarischen Eylande gefunden.

Die gedruckte Nadel, Buccinum hecticum Linn. Die Schale ist thurmförmig, die Windungen sind durch eine Linie in zwei Theile getheilt, der obere Rand ist gedrückt, und dadurch niedriger, als der untere. Diese Conchylie, welche durch das braungefleckte Band, welches sich am Fuße jeder Windung befindet, kenntlich ist, indem übrigens die ganze Schale weiß ist, ist selten, wird 4 Zoll, auch wohl etwas darüber, lang, und findet sich im Afrikanischen Meere.

Die gekerbte Nadel, die weitmündige Schraubenschnecke mit gekerbtem Gürtel, Buccinum vittatum Linn.; Fr. le Rasel. Diese Nadel hat einen thurmförmigen, jedoch mehr eyförmigen Bau, die Schale ist einigermaßen gestreift, und in jedem Winkel der Windungen gewahrt man zwei gekerbte Einschnitte. Sie ist weiß und hat weit auseinander stehende Querstreifen. Die Farbe ist bei einigen bläulich, und fällt in das Aschgraue, und dann der Gürtel weiß, bei andern ist die Grundfarbe weiß, die obern Windungen aber sind röthlich, grau oder bläulich. Eine Abänderung hat statt des gekerbten Gürtels eine tief einschneidende Furche. Man findet sie an den Küsten Afrikas und auf Tranquebar eben nicht selten. Sie werden etwas über 2 Zoll lang.

Die geflochtene Nadel, die granulirte Nadel, Buccinum strigulatum; Fr. l'Aiguille tressée. Der Bau dieser Conchylie ist pfriemen- oder nadelförmig, folglich dünn und lang gestreckt. Ueber die Windungen laufen feine Querstreifen, und dann liegt am Fuße einer jeden Windung erst ein schmaler und dann ein breiter, mit schrägen Streifen versehener Gürtel. Der schmalere Gürtel ist an manchen Beispielen sehr unkenntlich. Die Farbe ist manchmal strohgelb, manchmal braun. Nach Linné sollen sie nur sechzehn Windungen haben; allein Schröter hatte Beispiele mit einigen zwanzig Windungen, bei einer Länge von 2¾ Zoll, welche Länge man aber selten überschritten findet. Man findet sie im Asiatischen Meere, auf Amboina, und auf Tranquebar.

Die Lanzette, der Pikenier, Buccinum lanceatum; Fr. l'Alene. Der Bau dieser Conchylie ist gestreckt, die Windungen laufen spitzig, thurmförmig zu, und sind bloß durch einen Einschnitt von einander getrennt. Die dunkelgelben Striche ruhen auf einem weißgraulichen Grunde. Die Schale ist zart und durchsichtig. Nach Linné ist Indien das Vaterland dieser Conchylie.

Die Dornnadel, Buccinum murinum Linn. Sie hat einen thurmförmigen Bau, etwas winkliche

Windungen, und auf jeder Windung drei knotige oder gedornte Querstreifen. Sie ist von Farbe schwarz, unten aufgeblasen und höckerig, und im Winkel jeder Windung liegt oft ein weißes Band. Afrika ist das Vaterland.

h) Schwielichte, die an ihrer Spindel einen breiten starken Saum haben.

Das große Kufferhorn, die Dosenschnecke, Buccinum arcularia Linn., Arcularia major; Fr. le Casque ventru, le Casquillon, l'Arculaire, f. auch Th. 54, S. 540. Diese Conchylie hat nach Linné eine mit Knoten gekrönte Schale, und einen breiten erhabenen oder starken Spindelsaum; nach andern Conchyliologen ist die Schale bauchig und mit feinen Querstreifen versehen. Manche sind weiß oder grau, andere bräunlich oder braun, mit und ohne einer weißen Binde. Schröter hatte eine röthliche Abänderung mit breitem weißem Bande. Man findet sie häufig auf Java und Amboina.

Das braune Kufferhörnchen, das Brünettchen, Menschen, Buccinum pullus Linn. Diese Conchylie ist kaum halb so groß, als die vorhergehende, hat eine aufgeblasene, schräg gestreifte Schale, und einen breiten ungleichen, aber ausgebreiteten starken Spindelsaum. Sie ist rostfarbig und hat eine weiße Querbinde; es giebt auch Beispiele von röthlicher Farbe, mit zwei Bändern, auch nur mit einem Bande. Man findet sie im Mittelländischen Meere.

Das bucklichte Kufferhörnchen, der Buckel, Buccinum gibbosulum Linn. Die Schale ist ganz glatt und nicht nur stark aufgeblasen, sondern hat auch nach der rechten Seite zu einen Höcker. Die obern Windungen ragen regelmäßig hervor. Der Lippensaum ist breit, und geht bis zur Endspitze der Schnecke hinauf, und eben so läuft auch der breite bucklichte Spindelsaum zur Endspitze. Die Windungen liegen daher bis zur Hälfte in den Saum eingedrückt. Beide Säume sind glatt. An Farbe sind sie schneeweiß, aber auch gefärbt und marmorirt. Man findet sie in dem Mittelländischen Meere, in Ostindien, und in Indien.

Das veränderte Kufferhörnchen, die Aftersturmhaube, Buccinum mutabile Linn. Die Schale dieser Conchylie ist glatt, wird aber bei zunehmendem Alter runzlicht, die Windungen erscheinen sehr verengert, und der Spindelsaum ist nur gewissermaßen ausgebreitet. Die jungen Schalen sind glatt und blaßgelb, und die Windungen sind an dem obern Rande jeder Windung weiß und roth, jedoch sehr bleich. Der Zopf ist schmal oder vorragend, jedoch so, daß die Windungen auf das Deutlichste von einander unterschieden sind, und zwar durch die Länge der Schale; wird sie dagegen alt, so ist sie die Länge herab gerunzelt, grau und undurchsichtig. Der Spindelsaum ist unten ausgebreitet und ziemlich stark.

Das neritenartige Casquet, Buccinum neriteum Linn. Diese Conchylie hat die Größe einer Erbse, die Gestalt einer Nerite, ist fast rund, convex, glatt, abgestumpft und blaßgelb. Im Winkel jeder der Windungen liegt im Einschnitte derselben eine rothe Linie; unten ist sie etwas platt, weiß und bucklicht. Die Mündung ist unten ausgeschnitten, wodurch sie sich von den Neriten unterscheidet. Man findet sie im Mittelländischen Meere. S. auch Th. 54, S. 546.

Außer diesen hier angeführten Gattungen und Abänderungen der Buccinen, giebt es nun noch mehrere, welche Linné nicht angeführt hat, die aber hier wegen Beschränkung des Raumes übergangen

werden müssen. Man findet sie in Schröter's
Einleitung in die Conchylienkenntniß, 1r Bd., 1783,
S. 356 u. f.

Die Walzenschnecke, Volutae; Fr. les Volutes. Ihre mehr oder weniger verlängerte Mündung endiget sich unten in einen breiten Ausschnitt.
Die Spindel ist wie gefaltet, das heißt, von einigen
starken Vertiefungen spiralumwunden. Das Thier
selbst ist ein Bauchfüßler mit zwei Hörnern oder
Fühlfäden. Sowohl das Maul, als die Respira-
tionsröhre verlängern sich wie ein Rüssel. Es giebt
Walzenschnecken a) mit kurzem und zugerundetem Gewinde, eigentlich bauchigt, die sogenannten Kahnschnecken, die Krüniz, Th. 32,
hierher verwiesen hat.

Die Mohrenkrone, Voluta aethiopica; Fr.
la Couronne ethiopique. Die Schale dieser Con-
chilie ist eingebogen oder ausgeschnitten, und bauchigt, der Wirbel ist gekrönt, und mit hohlen Stacheln besetzt, die Endspitze ist warzenförmig, und die
Spindellefze hat vier Falten. Es giebt von dieser
Gattung mehrere Abänderungen. Ueberhaupt kommen alle Gattungen dieser Schneckenfamilie darin
überein, daß sie sehr bauchig sind, eine weite ausge-
schweifte Mündung, keine eigentliche Windung, sondern statt derselben eine Warze, und an der Spindel
Falten haben, woher sie auch den Namen der Kahnschnecken führen. Die Mohrenkrone ist an ihren
Stacheln kenntlich genug. Die Abänderungen sind
dem Bau nach viel kürzer und bauchigter, andere
länger und schmäler. Bei einigen sind die Dornen
vorzüglich lang, bei andern kürzer, auch wohl ganz
kurz, manchmal schmäler, manchmal breiter. Der
Farbe nach ist solche auf mancherlei Art auf gelblichem Grunde gefleckt und marmorirt, manche haben
auch Bänder, die aber unterbrochen sind, und aus

einzelnen Würfeln bestehen. Sie werden zum Theil 7 auch wohl 8 Zoll lang, und sind nicht sehr gemein. Man findet sie im Persischen Meere, auf der Insel Key in Asien, auf dem Vorgebirge der guten Hoffnung ꝛc.

Die Neptunskreuzwalze, der Kahn, die Kahnschnecke, der Neptunslöffel, Voluta cymbium Linn; Fr. le Cuiller de Neptune, la Tasse de Neptune. Diese Conchylie ist sehr groß, glatt, bräunlich gelb, die Vereinigung der Windungen bildet einen tiefen Kanal oder eine Art von Graben, welcher sich um das ganze Gewinde dreht. Die Spindel hat zwei große Falten; die Mündung ist sehr weit. Man findet sie in Afrika, auf Senegal, in Guinea, in Curacao, und in dem Spanischen Meere. Sie sind, besonders die marmorirten, nicht selten.

Die Philippinische Kahnschnecke, Voluta olla Linn.; Fr. la Tonne à mammelon. Sie hat eine eingebogene oder ausgeschnittene bauchigte Schale, geglättete Windungen, die sich in eine Warze endigen, und eine mit vier Falten versehene Spindellefze. Schröter sagt, daß man sich bei dieser Conchylie mehr an die Natur, als an Linné halten müsse. Diese Gattung hat mit der vorhergehenden viel gemein, der Unterschied besteht nur: 1) in dem Bau der Schale, welcher ungleich breiter, als an der vorhergehenden ist. 2) In den Windungen, welche da, wo sie anfangen, zwar auch eine Hohlkehle haben, die aber sehr schmal und ungleich tiefer ist; ihr Rand ist auch nicht scharf, sondern mehr abgerundet. 3) In den Falten, indem sie gemeiniglich nur zwei, selten drei Falten haben. Uebrigens sind sie einfarbig, gelblich oder röthlich, oder braun marmorirt. Die Letzteren sind eine große Seltenheit, die Ersteren sind schon gemeiner. Sie

erlangen nur eine mittlere Größe, höchstens von
4 Zoll, und werden auf den Philippinischen Inseln,
auf Curacao, auf Senegal, in dem Spanischen
Meere, und sonst in Westindien gefunden.

b) Mit etwas spitzig erhabenem Gewinde, das nämlich in eine mehr oder
weniger verlängerte Röhre oder Nase
ausgeht, also spindelförmig ist.

Das Schnepfchen, Voluta tringa Linn.
Die Schale der Schnepfe ist sehr wenig ausgeschnitten, länglich und glatt, die Spindel hat drei
Falten, und die Mündungslefze hat inwendig schwache Zähne. Die Schale ist glänzend weiß und
braun gewölbt. Man findet sie in dem Mittelländischen Meere.

Das Hörnchen, die Krähe, Voluta corni-
culata Linn. Die Schale des Hörnchens ist unmerklich eingebogen oder ausgeschnitten, länglich
und hornartig, der Zopf ist verlängert, die Spindellefze hat vier Falten, und die Mündungslefze hat
weder Saum noch Zähne. Ihre Farbe gleicht
durchgängig der Farbe des Horns, jedoch ist auch
eine schwarze Abänderung vorhanden, die ganz
schwarz ist; die Mündungslefze ist weder aufgeworfen noch verdickt, noch gezahnt. Die Mehrsten dieser Conchyliengattung sind glatt, wenige haben feine
Querstreifen; denn hier ist das eine gelbbraun, fast
röthlich, das andere gelblich in das Braune spielend
gestammt, und das dritte hornfarbig, mit zwei weißen
bleichen Querbändern. Man soll sie im Mittelländischen Meere finden; auch in Guinea.

Die Jungfrau, die Mennonitenvolute,
Voluta virgo Linn. Die Schale dieser Volute
ist nicht eingebogen, oder ausgeschnitten thurmförmig gefalten und quergestreift, die Spindel ist offen
und hat drei Falten. Nach Linné ist sie einen Zoll

lang, hat schwache Falten, ungefähr zwölf Vertiefungen, ist quergestreift, und unten gegittert. Die zehn Windungen haben zwei Bänder, davon das untere weiß, das obere aber roth ist. Eine rothe Linie trennt die Windungen und auch die Bänder. Der Kunstverwalter Spengler in Kopenhagen hat dieses Thierchen entdeckt.

Die rauhe Nadelwalze, die rauhe Bandpenne, Voluta scabricula Linn. Sie ist eingebogen oder unten ausgeschnitten, spindelförmig, gestreift und quergerunzelt. Die Spindelsäule hat vier Falten und ist durchbohrt. Die Mündungslefze aber ist gekerbt. Die Querreifen sind braun gefärbt, oft mit der weißen Grundfarbe unterbrochen. Auch hat man Beispiele, wo die Rippen auf aschfarbigem Grunde weiß sind. Man findet sie in Ostindien und auf der Küste von Tranquebar. Sie wird ungefähr 2 Zoll lang.

Die gerippte Nadelwalze, Voluta russina Linn. Dieses Thierchen ist sehr unmerklich eingebogen und beinahe gar nicht ausgeschnitten, spindelförmig, mit Querrunzeln versehen, die Spindelsäule hat vier Falten, und die Mündungslefze Einkerbungen. Sie ist hin und wieder roth gefleckt. Sie kommt aus Ostindien.

Der Blutsauger, die Korallenschnur, das Paternoster, Voluta sanguisuga Linn, Fr. le Rosaire; s. Th. 108, S. 127. Diese Conchylie hat eine ausgeschnittene spindelförmige Schale, die lange herablaufende zarte Rippen, welche durch Querstreifen durchschnitten werden, eine mit vier Falten bewaffnete Spindel, und eine glatte Mündungslefze. Ueber die Mündung hinweg laufen gemeiniglich rothpunktirte Bänder. Die Furchen sind zuweilen roth gemalt, und andere haben feine braune und weiß abwechselnde Querbänder; gemei-

niglich haben sie blutrothe Punkte Bandweise über
die Windungen laufen, wo gewöhnlich immer zwei
Reihen bei einander stehen, jedoch fehlen auch diese
Punkte an manchen Beispielen gänzlich. Das
Mittelländische Meer, vorzüglich aber Ostindien ist
ihr Vaterland.

Die braune Bandnadel, der Neger von
der Kaffernküste, Voluta caffra Linn; Fr.
la fausse ou petite Mitre. Diese Nadel hat
eine eingebogene oder ausgeschnittene spindelförmige,
runde, platte Schale, die Windungen sind gefaltet
und gestreift, und die Spindel hat vier Zahne, unter
welchen der eine unkenntlich ist. Die Abänderungen
dieser Conchylie betreffen theils die Farbe, welche
schwarz, violett oder gelb mit weißlichen Bändern
gefärbt ist, theils den Bau, der entweder einigermaßen gefalten ist, oder ganz unkenntliche Falten hat.
Die Anzahl und Breite der weißen Bänder ist sich
nicht gleich, auch setzen die Windungen bald weniger,
bald merklicher ab. Die Grundfarbe ist dunkel.
Die erste Windung ist zuweilen ganz glatt, zuweilen
hat sie einige unmerkliche Falten. Dasselbe muß
man auch von den obern Windungen sagen. Sie
werden 2 1/2 Zoll lang und gehen in eine scharfe
Spitze aus. Je dunkler ihre Grundfarbe ist, um
so schöner nehmen sie sich aus. Man findet sie im
Asiatischen Meere. Sie sind nicht gemein.

Die schwarze Bandnadel, der gezahnte
Moor, Voluta moria Linn. Die Schale dieser
Conchylie ist nur ein wenig gebogen oder ausge-
schnitten, spindelförmig, rund und glatt, und ihre
Spindel hat drei Falten. Uebrigens ist sie der vor-
hergehenden ganz ähnlich.

Der Fuchs, Voluta vulpecula Linn. Die
Schale dieser Conchylie ist eingebogen oder ausgeschnitten, etwas winklicht, aber ohne Knoten und

quergeſtreift, die Spindel hat vier Falten, und die Mündung iſt inwendig geſtreift. Ueberhaupt iſt der Bau dieſes Thürmchens lang und ſchmal, der Rüken und alle Windungen ſind gerippt, welche Rippen aber ganz rund ſind. Die Querſtreifen ſind an der Naſe am ſichtbarſten. Die Farbe iſt fuchsroth oder gelb, heller oder dunkler, einige haben aber dunkle Bänder. Sie wird an 2 Zoll lang und kommt aus Oſtindien.

Die Faltenwalze, das gerippte Thürmchen, Voluta plicaria Linn.; Fr. le Minaret à cotes de vive arrete. Sie hat eine eingebogene, ſpindelförmige gerippte Schale, die Rippen laufen durch alle Windungen hindurch, ſind nach der Naſe zu etwas ſchräg gebogen, oben aber auf allen Windungen etwas knotig. Die Spindel hat vier Falten, die Mündungslefze iſt aber glatt. Der Grund dieſer Conchylie iſt weiß, und die Bänder und Farben, die bald roth, bald violett, bald aſchgrau, bald grün ſind, laufen über die Schale und machen dieſe nicht ſeltene Schnecke zu einer der ſchönſten. Sie werden über 2 Zoll lang, kommen aus Oſtindien, und werden auf den Molukken und auf den Nicobriſchen Eylanden gefunden.

Der braungefleckte Mönch, die brandige Pabſtkrone, die Baſtartmütze, Voluta pertusa Linn.; Fr. la Thiare batarde. Dieſe Volute hat eine ausgeſchnittene, ſpindelförmige, geſtreifte, und mit ſtumpfen Punkten oder Körnchen beſetzte Schale, eine gezähnte Mündungslefze und eine mit fünf Falten beſetzte Spindel. Auf braunem Gewinde laufen dunkle gelbbraune Streifen die Länge herab. Sie wird 3 Zoll lang, kommt aus Oſtindien und wird unter die ſeltenen Conchylien gezählt. Einige Schriftſteller belegen eine ganz andere Conchylie mit dem Namen Voluta pertusa

welches aber der sogenannte Cardinalshut, Fr. la
Cardinale ist. Die Schale ist bei dieser Conchylie
ungleich breiter, bauchigter und abgestumpfter, als
die vorhergehende. Sie ist durchgängig mit feinen
Querstreifen versehen, auf welchem man kleine punktirte Löcherchen gewahrt; also nicht Voluta pertusa,
und diese drei Stücken unterscheiden sie von der Bischofsmütze. Auf weißem Grunde gewahrt man braunrothe Flecken, die mehrentheils viereckig sind, in ordentlichen Reihen liegen, sie haben aber keine Flammen.

Die Bischofsmütze, Voluta mitra episco-
palis Linn.; Fr. la Thiare episcopale. Sie
ist lang und schmal, hat eine eingebogene, spindelförmige, glatte Schale, eine fein gezähnte Mündungs-
lesse und vier Zähne auf der Spindelsäule. Die
zwei ersten Mündungen sind glatt, die folgende zart
in die Quere gestreift. Unter einer schmutzig gelben
Oberhaut liegen auf weißem Grunde in regelmäßigen Reihen rothe, seltener gelbe, mehrentheils vier-
eckigte Flecken von verschiedener Größe, die nicht selten zusammengeflossen sind. Sie wird an 5 Zoll
lang, ist gemein, und wird in Ostindien gefunden.

Die Pabstkrone, Voluta mitra papalis
Linn.; Fr. la Couronne Papale. Nach Linné
soll diese Conchylie nur eine Abänderung der vorigen
seyn; allein andere Conchyliologen halten sie für eine
besondere Gattung. Sie hat mit der Bischofsmütze einerlei länglichen Bau, einerlei Umriß der
Mündung, auch vier Falten, und eine gefleckte
Schale, allein die Schale ist 1) gestreift, und von
der zweiten Windung an gar mit kleinen Löchern
getüppelt; 2) hat sie stark absetzende Windungen und
diese Windungen sind 3) gekront, oder am Fuße derselben mit Stacheln versehen, und 4) haben die rothen oder rothgelben Flecken nicht einerlei Form,
liegen auch nicht in der strengsten Ordnung, und

viel häufiger, als bei der Bischoffsmütze bei einander.
Sie wird 5 Zoll lang, und wird auf der Molukki-
schen Insel Cerum an den Ufern gefangen. — Eine
Abänderung der Pabstkrone ist weit kleiner und hat
einen längeren und schmäleren Bau, nur vier Falten, wovon die erste so unmerklich ist, daß man sagen
könnte, sie hätte deren nur drei, häufigere Zacken auf
den Windungen und größere, mehr zusammengeflossene
Flecken. Sie wird in Batavia in Ostindien gefunden. Cüvier bringt die Bischofsmütze und
die Pabstkrone unter eine besondere Abtheilung:
mit ganz gethürmtem Gewinde.

Die Musikschnecke, die Notenwalzenschnecke, die Notenschnecke, Voluta musica
Linn.; Fr. la Musique; s. Th. 98, S. 642. Sie
hat eine gesäumte spindelförmige Schale, mit stumpfen Zacken versehenen Windungen, eine mit acht
Falten versehene Spindel, und eine glatte, etwas
dicke Mündungslefze. Ihre Flecken sind mit längs-
laufenden gelben Linien und von eckigen schwarzen
Flecken bezeichnet, welche der Schnecke einige Aehnlichkeit mit einem Notenblatte geben. Die Spindel
hat acht Falten. Man hat von dieser Conchylie
mehrere Abänderungen. So hat man eine kleinere
Art, welche einen kurzen gedrungenen Bau, und
starke Zacken oder Knoten fast am Ende jeder
Windung hat, und bauchigt, aber gar nicht spindelförmig ist; auch ist der Saum sehr klein, und sie hat
nicht durchgängig acht Falten oder Zähne, sondern
einige haben neun, andere zehn, noch andere eilf und
sogar zwölf Falten. Man hat ferner eine Abänderung die länger und winklich spindelförmig ist, und
kürzere und stumpfe Zacken hat. Beide unterscheiden
sich auch durch die Anzahl der Linien und durch die
größeren und kleineren Punkte. Die grüne Musikschnecke, welche selten ist, hat den Bau der

langen Notenschnecke, aber eine andere Zeichnung;
denn man gewahrt auf olivenfarbigem Grunde fünf
bis acht weiße Querbänder, und auf dem ganzen
Rücken und allen Windungen braunrothe Punkte.
Man fängt die Notenwalzen- oder Musikschnecken
häufig in Jamaika, auf Barbados und den Antillen.

Der Fledermausflügel, die Fledermaus,
Voluta vespertilio Linn.; Fr. la Chauve-Sou-
ris. Diese Conchylien erscheinen bald kürzer und
bauchigter, bald gestreckter. Die Ersteren haben viel
längere und schärfere Zacken, als die Letzteren; bei allen gewahrt man aber eine Reihe von Zacken, die
sich von der dritten Windung an in Knötchens verwandeln, die bis zur Endspitze fortgehen. Die Spindel hat vier Falten und die Mündungslefze ist glatt.
Auf einem weißen, schmutzig gelben oder gelblich röthlichen Grunde sieht man dunkelbraune oder braunrothe Winkelzüge mit untermischten häufigeren oder
sparsameren Flecken, die den Flügeln der Fledermäuse
gleichen sollen. Man hat sie bis zu 6 Zoll, am
häufigsten aber kleiner, etwa zu 3 Zoll. Man findet
sie in beiden Indien, besonders auf Amboina in Ostindien.

Die wilde Musik- oder Notenschnecke,
die Hebräische Notenschnecke, Voluta he-
braea Linn.; Fr. la Musique sauvage ou batarde, Hebraique. Diese Conchylie hat mit den
vorigen Fledermäusen eine große Aehnlichkeit, nur
ist ihr Bau langer, als an den scharfgezackten Fledermäusen, und spitziger und größer, als an den kurz-
gezackten, sonst ziehen diese Zacken ebenfalls nur auf
den großen beiden Windungen, und verwandeln sich
auf den folgenden in bloße Knoten. Die Windungen ragen spitziger hervor. Die Zeichnungen bestehen in braunrothen helleren oder dunkleren Querlinien,
die eine gerade Richtung haben, aber oft unterbro-

chen sind, und bisweilen wie Bänder erscheinen.
Sie werden durch einzelne senkrechte Linien und
Flammen unterbrochen. Sie erreichen eine Größe
von 6 Zoll, und werden in Ostindien und in Amerika
auf Jamaika gefunden.

Der zweite Morgenstern, die gezackten
Schweitzerhosen, Voluta turbinellus Linn.;
Fr. la grosse Culotte de Suisse. Der Bau dieser Conchylie ist kurz, die erste Windung ist vorzüglich breit, und unten läuft sie schnell schmal zu.
Ueber diese Windungen hinweg laufen einige vier
oder fünf Reihen Dornen, und zwischen ihnen im
Mittelpunkte drei Reihen Knoten, die aber sehr
schwach und kaum kenntlich sind. Die oberste Reihe
hat die längsten Dornen, die über 1/4 Zoll lang, dagegen etwas gebogen, oben aber stumpf sind. Die
obern fünf Windungen bilden eine stumpfe Pyramide, die aus unmerklichen Zacken besteht. Auf
weißem Grunde gewahrt man hell oder dunkelbraune,
breite und schmale Bänder. Die Zacken sind oben
braun. Sie erreichen eine Größe von 3 Zoll und
werden auf Amboina, oder im Asiatischen Meere bei
Russanna gefunden, und sind nicht sehr gemein.

Die weiße Schweitzerhose, die Vase,
Voluta capitellum Linn.; Fr. l'Aigrette, l'Urne
epineuse, ou la Culotte de Suisse blanche. Die
Vase ist oval, sie hat Runzeln und Knoten, und ihre
Spindel hat vier Falten. Ueber den Leib und über
die fünf Windungen des Wirbels laufen dicke und
starke Rippen horizontal herunter, die durch viele schwächere Querrippen, die aber noch immer stark genug
sind, durchschnitten werden, woraus ganz natürliche
Runzeln und Knoten entstehen. An jungen Beispielen kann man auch Zacken wahrnehmen, die bei
älteren Beispielen nach und nach verwachsen, und
sich in Knoten verwandeln. Die Schale dieser Con-

chylie ist dick und schwer, entweder ganz weiß, oder
mit braunen Bändern umgeben. Schröter's
größtes Beispiel war 2 3/4 Zoll lang. Man findet
sie im Indischen Meere, auch auf Jamaika.

Der Lucifer, der erste Morgenstern, Voluta ceramica Linn.; Fr. la Chausse-Trappe,
l'Etoile de matin. Die eyförmige Schale geht in
eine scharfe Spitze aus, hat gebogene Dornen, und
an der Spindellefze fünf eben nicht zu deutliche Falten oder Zähne. Die schwere Schale ist durchgängig mit Zacken oder Knoten besetzt, auf der ersten
Windung sind vier Zackenreihen, davon die oberste
die längsten Zacken hat, die, wie die übrigen, nicht
ganz verschlossen sind. An der zweiten Windung
sieht man noch eine Zackenreihe, an den obern Windungen gewahrt man nur bloße Knoten. Diese Conchylie hat auf weißem Grunde braune Striche und
Flecken, besonders an den Zacken und Knoten. Sie
ist nicht gemein, und wird auf der Insel Ceram und
auf der Küste Koromandel gefunden.

Die Birne, das Opferhorn, der Sjanko,
Voluta pyrum Linn.; Fr. le Sjanco blanc. Der
Bau dieser Conchylie ist etwas eyförmig und einigermaßen geschwänzt. Die Windungen des Wirbels
sind gestreift, die Endspitze ragt hervor, und ist ganz
glatt, und die Spindelsäule hat drei Falten. Ueberhaupt hat die Schale einen birnförmigen Bau, ist
wellenförmig gestreift, und mit blassen braunen
Punkten bezeichnet. Sie werden über 7 Zoll
lang und fallen auf Ceylon und Tranquebar. Man
hat davon eine Abänderung, welche die gefleckte
Birne genannt wird, Fr. la Poire pointillée.
Sie hat ganz den Bau des Opferhorns, allein sie
ist ungleich kleiner, hat keinen so scharfen Rand auf
der ersten Windung; ihr Zopf ist lang, ragt weit
hervor, ist aber auch stumpf, jedoch weniger gekrönt.

Die Nase ist etwas gebogen, die Streifen sind stärker, und der ganze Leib ist braun gefleckt, und hat
auch einige senkrechte Flammen. Man findet sie auch
auf Tranquebar.

Das **Lappländische Lapphorn**, Voluta
lapponica Linn.; Fr. l'Allée Lappoune. Der
Bau der Schale ist länglich eyförmig, und daher nicht
zu bauchigt, unten ist sie ausgeschnitten, oben ragt
sie aber spitzig hervor. Die ganze Schale ist glatt,
die Spindellefze aber, die ein dunkleres übergeschla-
genes Blatt hat, ist mit fünf Zähnen bewaffnet.
Der Grund der Schale ist gelblich, mehr oder weniger weiß, und man gewahrt auf einigen häufigere
braune dunklere oder hellere Punkte, auf andern zarte
längere oder kürzere Striche, die bei einigen gerade
Linien, bei andern aber geschlängelte Flammen bilden; die letzteren sind die seltensten. Sie kommen
aus Ost- und Westindien, werden aber auch auf
Tranquebar und auf den Holländischen Inseln gefunden.

c) **Mit keinem Einschnitt in der Mundöffnung, sondern mit einem ganzen Umriß.**

Das **Midasohr**, Voluta Auris Midae Linn;
Fr. l'Oreille de Midas. Nach **Linné** sind diese
und die folgende Conchylie Mittelgattungen unter
Bulla und Helix. Sie hat einen länglich ovalen
verengerten Bau, einen gerunzelten Zopf, und eine
mit zwei Zähnen bewaffnete Spindellefze. Die
Schale ist stark, gerunzelt oder gestreift, besonders
an den obern Windungen, die man aber der Querstreifen wegen lieber gegittert nennen sollte. Die
Farbe unverletzter Beispiele ist bis zur Endspitze
braun. Sie werden über 4 Zoll lang. Man findet
sie in den morastigen Wäldern von Ceram, oder auch
in den morastigen Flüssen. Sie gehört daher nicht
unter die Seeschnecken.

Das Judasohr, das dreizähnigte Midasohr, Voluta auris Judae Linn.; Fr. IOreille de Judas. Diese Conchylie hat einen länglichen gedrengten oder verengten Bau, feine gerunzelte Windungen, und eine mit drei Zähnen bewaffnete Spindellefze. Nach Linné ist es mit dem vorhergehenden sehr nahe verwandt; der Bau ist auch dem vorigen ganz gleich, nur ist er schmäler, länglicher und wird nicht so groß. Die Farbe ist braun, weiß oder braun geflammt. Der Fundort ist derselbe, wie bei der vorigen.

Die Drechselwalze, Voluta tornatilis Linn. Diese Conchylie hat einen verengerten ovalen Bau, feine Streifen, hervorragende, etwas spitzig zulaufende Windungen, und einen Zahn an der Spindellefze. Die Schale ist röthlich mit weißen Bändern. Diese eben angeführte Conchylie des Linne ist den andern Conchyliologen gänzlich unbekannt.

Die Dickschale, Voluta solidiuscula Linn. Diese Conchylie ist verengert, länglichrund, undurchsichtig und gestreift; die Windungen ragen etwas spitzig hervor, und die Spindellefze ist stumpf oder dunkel gezahnt. Auch diese Conchylie wird unbestimmt beschrieben. Nach Müller soll sie zwei stumpfe Zahne haben.

Die Bleywalze, Voluta lividia Linn. Diese Conchylie hat einen verengerten oder gedrängten eyförmig colindrischen Bau, etwas hervorragende stumpfe Windungen, und eine mit fünf Falten versehene Spindellefze. Die Farbe ist schwärzlich oder bleyfarbig, und besitzt blasse unkenntliche Querbinden, welche über die Schale hinweglaufen. Der Bau nähert sich sehr den eigentlichen Cylindern, nur daß der Körper bauchigter und der Wirbel stumpfer ist. Dieser Bau, die Wirbel, die fünf Zähne und

die dunkeln Querbinden unterscheiden sie hinlänglich
von Voluta porsicula. Das Vaterland ist Afrika.
Ihre Größe ist nicht viel über 1 Zoll.

Die Caffeebohne, Voluta Coffea Linn. Sie
hat einen gedrängten Bau, ist glatt, die Windungen
ragen stumpf hervor, und die Mundöffnung ist auf
beiden Seiten gezahnt. Die Farbe fällt aus dem
Schwarzen ins Bläuliche oder Bleyfarbige. Dem
Bau nach kommt sie den Kegeln nahe, nur die oben
verengerte Mundöffnung unterscheidet sie hinlänglich von den Kegeln.

d) Mit einem cylindrischen oder cylin-
derähnlichen Bau, und unten ausgeschnitten. Cüvier hat diese Gattung unter dem Namen Olivenschnecken, Oliva; Fr. les Olives,
davon getrennt.

Die Porphyrwalze, das Türkische Lager, Voluta porphyria Linn.; Fr. la Porphyre
marbrée, l'Olive de Porto. Diese Conchylie hat
eine ausgeschnittene cylindrische glatte Schale, die
Zeichnungen der Windungen sind unten nicht sichtbar, sondern wie ausgelöscht, die Mündungslefze ist
im Mittelpunkte eingebogen, und die Spindellefze
ist mit schrägen Querstreifen versehen. Die Schale
ist wohl viermal so groß, als die der unten folgenden
Olivenwalze, und hat auf röthlichem oder blaß-
bräunlichgelbem Grunde Zickzackfiguren, welche den
Zelten eines Lagers gleichen. Sie erreicht eine Länge
von fünf Zoll, auch darüber. — Eine Abänderung
davon ist die bandirte Porphyrwalze, Fr. la
Moirée fasciée, l'Olive satinée à bandes. Sie
hat fast ganz den Bau der vorhergehenden. Der
Zopf ist kürzer, die Windung des Zopfes ist stark
übergeschlagen und hat einen scharfen Rand, die
Windungen sind auf weißlichem Grunde gestammt.
Die Zickzackfiguren sind auf weißem und bläulichem

Grunde dunkelbraun, unregelmäßiger, dunkler, häufiger oder sparsamer vorhanden, und bilden nur hin und wieder Triangel. Die Schwüle der Nase ist auf weißem Grunde braun geflammt, die Zähne sind nur auf weißem Grunde weiß, und die Mündungslefze ist viel stärker eingebogen. Ueber den Rücken laufen zwei auch drei dunkle Querbänder. Diese Abänderung erlangt zwar auch eine ziemliche Größe, jedoch kommt sie der vorigen an Größe nicht gleich. Das Vaterland ist nicht angegeben.

Die Olive, die Olivenwalze, die Dattel, Voluta Oliva Linn.; Fr. l'Olive, la Datte. Diese Conchylie hat eine ausgeschnittene cylindrische glatte Schale, der Anfang des Wirbels ist zurückgeschlagen oder er ragt merklich in die Höhe, und die Spindellippe hat schräge Querstreifen. Diese Gattung, die man an ihrem übergeschlagenen Rande oben am Wirbel sehr leicht kennt, hat in Rücksicht auf die Farbenmischung unzählige Abänderungen; die Buchstabendattel zieht man aber allen übrigen vor. Martini hat diese Abänderungen am besten aus einander gesetzt, obgleich es unmöglich ist alle Abänderungen dieser Gattung anzugeben. Unter die Oliven gehört:

1) Die Mohrin, die schwarze Dattel, Fr. l'Olive noire. Sie hat das Kennzeichen der Olive, aber eine schwarzbraune dunklere oder hellere Farbe, welche der ganzen Schale eigen ist; nur ein kleiner Theil der Nasenschwüle, die Spindellefze und die Mündung sind weiß, der übergeschlagene Saum des Wirbels ist aber von Außen und von Innen grau.

2) Die braune Dattel mit Banden. Fr. l'Olive brune fasciée. Ihre Farbe ist viel heller als an den vorhergehenden, und ist bandweise mit schwarzen viereckigen Flecken und senkrecht laufenden Adern oder Strichen gezirrt. Sie fällt auf Honimoa und ist selten. Man muß von dieser Gattung

diejenigen unterscheiden, welche dunklere Querlinien über den Rücken haben. Nach Schröter sollen diese unter die seltenen Eichenholzdatteln gehören.

3) Die braune Dattel, Fr. l'Olive brune. Sie haben ganz den Bau wie Nr. a und b, und sind gemeinere Abänderungen von der vorhergehenden. Ihre Farbe ist hellbraun oder vielmehr braungelb, und sie haben größtentheils senkrechte Streifen, auch wohl auf braunem Grunde grüne und gelbe Schattirungen.

4) Die dicke milchfarbige Dattel mit olivenfarbigen Punkten und braunen Buchstaben. Sie wird höchstens 2 Zoll lang, ist vorzüglich kurz und gedrungen gebaut, auf weißem oder gelblichem Grunde gewahrt man dunkle Flecken und braune Winkelzüge, die oft Buchstaben gleichen. Hin und wieder sind auch schwarzbläuliche Flecken zu sehen, die gerade nicht in der besten Ordnung daliegen. Inwendig ist die Schale weiß.

5) Die bandirte Netznadel. Sie wird nicht leicht 2 Zoll lang, der Wirbel hat stark ausgekehlte Windungen, auf weißem Grunde sieht man nicht nur dunkle Wolken, sondern auch braune Winkelzüge, die einem Netze gleichen. Dunklere Bänder laufen über die Schale hinweg, die sehr oft, besonders ihre Bänder, stark in das Grüne spielt. Sie ist gemein.

6) Das Prinzenbegräbniß, Fr. les Funérailles de Prince, l'Olivo à funérailles. Das Eigene dieser Abänderung besteht in einigen mehr oder weniger Querbändern, zwischen welchen einige dunklere irreguläre Flecken und Züge gesehen werden, welche eine Trauerprozession vorstellen sollen. Sie haben außerdem vorzüglich flache Windungen, sonst aber verschiedene Farben. Gemeiniglich haben

Q 2.

sie einen gelblichen olivenfarbigen Grund; seltener sind sie mit rothbraunen Winkelzügen, und noch seltener die olivenfarbigen braunen mit breiten schwarzen Wellen besetzt. Die Prinzenbegräbnisse gehören nicht unter die gemeinsten Cylinder und werden seltener groß, als klein gefunden.

7) Die kleine Buchstabentüte, das Glimmerchen mit rothbraunen Buchstaben. Sie hat auf weißem Grunde oben ein geflecktes Band, woraus die Einbildung Buchstaben macht. Dieses wären nun die vorzüglichsten oder vielmehr die schon von älteren Schriftstellern als vorzüglich herausgehobenen Abänderungen. Die übrige große Zahl kann hier nicht angeführt werden.

Das Glimmerchen, die glühende Kohle, Voluta ispidula Linn, Mica; Fr. le Mica. Die Glimmerchen haben eine ausgeschnittene cylindrische glatte Schale, hervorragende Windungen, einen einfachen Rand, und eine schräg gestreifte Spindellefze. Die mehrsten dieser Gattung sind inwendig braun, heller oder dunkler. Manche haben auf einem weißen Grunde bloße Tüpfelchen, andere ein oder zwei Bänder von verschiedenen Farben, andere sind gewölkt oder marmorirt, reicher oder sparsamer, manche bloß gefleckt. Sie gehören unter die schönsten, aber auch unter die gemeinsten Cylinder, deren gewöhnliche Länge einen guten Zoll beträgt. — Eine Abänderung davon sind die sogenannten blauen Tropfen, welche vorzüglich stark ausgekehlte Windungen haben, und auf weißlichem Grunde entweder ochergelb besprengt und mit einzelnen schwärzlichen Flecken von mancherlei Figuren betüpfelt sind, oder sie haben auf solchem Grunde unregelmäßige weiße pyramidenförmige Flecken, welche bläulich hindurch schimmern. Die Mündung ist röthlich oder roth, zuweilen überaus feurig. Sie werden nicht leicht über 2 Zoll, und fallen in Ostindien.

c) Eyförmig oder länglich oval, mit einem Einschnitte an beiden Enden der Mündung, und ausgeschnitten.

Das Schweinchen, Voluta dactylus Linn. Diese Volute ist länglichrund, hat auf glattem Grunde kreuzweis Querstreifen liegen, eine stumpfe Endspitze, und eine mit sechs Falten bewaffnete Spindellefze. Die Schale ist weiß und roth gemischt, die Mündung hat flache, fast unmerkliche Kerben, und die Falten der Spindel sind überaus platt. Auf dem Rücken sieht man starke, mehrentheils rothpunktirte Querstreifen, welche von unmerklichen einzelnen, die Länge herablaufenden Streifen durchschnitten werden. Diese Volute wird nach Linné in Indien, nach Lister aber in Bengalen in Ostindien gefunden.

Das Hirsenkorn, Voluta miliaria Linn. Es ist schwach, oder unmerklich gebogen, oder ausgeschnitten, länglich rund, die Windungen sind kaum merklich und gelb eingefaßt, und die Spindellefze ist mit schrägen Querstreifen versehen. Man findet sie sehr häufig im Mittelländischen Meere. Eine Abänderung, die Schröter besitzt, ist honiggelb gefärbt und ihre Schale ist sehr dünn und durchsichtig.

Der kleine Kornelkirschkern, das Waadat der Araber, Voluta monilis Linn. Die Indianer bedienen sich dieser kleinen Conchylie um mancherlei Zierrathen davon zu bereiten. Die Mündungslippe ist etwas hervorstehend, die Mündung für eine Schale, die nicht 1/2 Zoll lang ist, ziemlich weit; kaum daß man an der Mündung eine Lippe, und an der Nase eine Schwiele, unten und oben aber einen Ausschnitt bemerkt. Die Spindel hat vier bis fünf schräge Falten, die zwar scharf, aber so

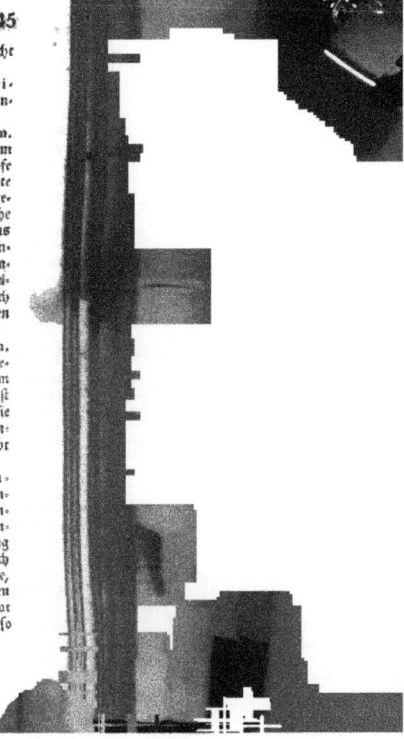

fein find, daß man sie Streifen nennen kann. Sie
gehört in China zu Hause. Siehe auch Th. 46,
S. 210.

Die Kornelkirsche, Voluta persicula Linn.
S. Th. 46, S. 208. Sie hat eine eingebogene
oder ausgeschnittene enförmige oder glatte Schale,
eingedrückte nabelförmige Windungen, sieben Falten
auf der Spindellefze, und einen gekerbten Mündungssaum. Nach Schröter wird die Schale
nicht leicht über 1 Zoll lang, ist aber völlig enförmig,
ganz glatt und verschieden gezeichnet. Der Rand
der Mündung ist von außen schmal, nicht zu sehr
aufgeworfen, aber durch einen Einschnitt von den
Rücken getrennt; inwendig ist er breiter, etwas übergeschlagen, und gezähnelt oder gekerbt. Es giebt
davon eigentlich vier Abänderungen.

1) Die rothpunktirte Kornelkirsche, s.
Th. 46, S. 210, Nr. 4.

2) Die einfarbige weiße oder bläuliche
Kornelkirsche, s. daselbst, S. 209, Nr. 1.

3) Die Kornelkirsche mit rothen Querbändern, s. daselbst.

4) Die röthliche Kornelkirsche, mit weißen Tropfen und gelb geflecktem Saume,
s. daselbst.

Die bleiche Gurke, Voluta pallida Linn.
Diese Conchylie übersteigt nicht leicht die Größe eines halben Zolles; sie ist oval, aber länglich und
schmal, schmutzig weiß oder bleich. Die Windungen
ragen hervor, hängen aber so dichte zusammen, daß
man sie kaum unterschieden kann. Die vier Zähne
sind scharf. Eine Abänderung hat eine feine durchsichtige, bald weiße, bald wachsfarbige Schale, und
die schiefe Mündungslefze ist ein wenig ausgeschnitten.

Die gefaltene Gurke, die Bohne, Voluta
faba Linn.; Fr. le Concombre plié. Der Bau

der Schale ist lang und schmal, länger und schmäler, als an der folgenden, und oben am Rande der ersten und an der zweiten Windung gewahrt man schwache Falten, welche auf der ersten Windung fast selbst nicht zu bemerken sind. Der Wirbel ragt spitzig hervor, und auf dem weißgrauen, aber glänzenden Rücken, sieht man schwarze Punkte in regelmäßigen Reihen häufiger oder sparsamer bis zum Wirbel hinauf laufen. Sie erlangen höchstens die Länge eines Zolls, und werden in dem Afrikanischen Meere eben nicht häufig gefunden.

Die Gurke, die glatte Gurke, Voluta gla-bella Linn. Fr. la Prune, le Concombre. Die Schale dieser Gurke ist durch nichts, weder durch Falten, oder durch Streifen, oder durch Linnen, oder durch sonst etwas unterbrochen; sie ist glatt, und auch ihre Windungen sind geglättet. Die Spindel hat vier Falten, die Mündungslippe ist aufgeblasen, gesäumt und gezähnelt. Unten ist sie kaum merklich ausgeschnitten, sondern mit einem dicken Saume versehen. Es giebt aber auch Beispiele, deren Mündungslefze keine Zähne hat. Die eyförmige Schale ist gegen das Ende der ersten Windung bald mehr, bald weniger gewölbt, und hat bis zur zweiten Windung eine merkliche Vertiefung. Einige sind mehr, andere weniger oval, die fünf bis sechs Windungen ragen mehr oder weniger hervor, und gehen zuweilen in eine scharfe, zuweilen in eine stumpfe Spitze aus; alle Windungen stoßen aber so dicht an einander, daß man sie kaum von einander unterscheiden kann, obgleich sie im Mittelpunkte ein wenig gewölbt sind. Diese Gurken erscheinen in vielen Abänderungen. Einige haben an der Mündungslefze keine Zähne, andere nur schwache, andere weit stärkere Einkerbungen. Einige erreichen kaum die Größe eines Zolles, andere werden wohl 2 Zoll lang,

und diese unterscheiden sich auch durch die Farbe.
Einige sind einfärbig, weiß, grau, bräunlich, röthlich,
andere sind gestreift, geflammt, mit Zickzacklinien versehen, gewässert, mit weißen Augen versehen ꝛc.
Man findet sie in den Afrikanischen Meeren, in Brasilien, auf Barbados und Gorea häufig.

Der Batavische Bauerjunge, der Rost,
Voluta reticulata Linn.; Fr. le Paysan Batave,
s. Th. 127, S. 382.

Das brütende Täubchen, Voluta mercato-
ria Linn.; Fr. le Pigeonneau couvan. Nach
Linné ist diese Conchylie dem punktirten Olivenkern
sehr ähnlich, von dem sie sich nur dadurch unterscheidet, daß sie eine stärkere Schale, einen kürzeren Bau,
und eine feinere weiß und braun gewölbte Farbe,
öfters auch ein braunes unterbrochenes Band hat,
vorzüglich unterscheiden es die Querstreifen, welche
erhaben und gewissermaßen knotig sind. Die ovale
Schale ist etwas breit, und die Mündungslefze, welche in ihrem Mittelpunkte erhaben ist, ragt etwas
hervor. Die Windungen setzen deutlich ab, und
bilden eine etwas stumpfe Spitze. Hinter den
feinen Zahnen der Spindel, wird man noch zwei
Zöhne gewahr, die aber inwendig an der Spindel
nur eine einzige Falte bilden. Sie sind einfarbig,
weiß oder gelb, oder auf mancherlei Art gefleckt, gewölkt, gestreift, braunröthlich, gelb auf weißem
Grunde. Sie werden ungefähr 3/4 Zoll lang, und
im Mittelländischen Meere, auf Gorea, Jamaika und
Guinea häufig gefunden.

Der gesprengte, marmorirte oder punktirte Olivenkern, Voluta rustica Linn.; Fr.
le Noyau d Olive. Diese Conchylie unterscheidet
sich von der vorhergehenden nur dadurch, daß sie
nicht gestreift ist, sie kommt aber darin mit jener
überein, daß ihre Spindel etwas platt, daß sie auf

beiden Seiten gezahnt, und daß die Mündungslefze im Mittelpunkte erhöht ist. Sie zeigt sich in
vielen Farben-Veränderungen, die aber nicht so lebhaft sind. Sie sind einfarbig roth oder gelb, oder
mehrfarbig, mehrentheils aber auf weißem Grunde
braun, braunroth, braungelb, gefleckt, gestreift,
gewölkt, marmorirt ꝛc. Ihr Bau ist schwächer,
ihre Spitze hervorragender, sonst sind sie in der
Größe, so wie in allem Uebrigen der vorigen ähnlich.
Man findet sie in dem Mittelländischen und Afrikanischen Meeren, auf Gorea, Barbados und Guinea.

Das Buttelweib, der Thurm des Ar-
menhauses, Voluta papercula Linn. Der
Bau dieser Conchylie ist den beiden vorhergehenden
gleich, nur ist die Farbe schwarzbraun, mit weißen,
die Länge herab etwas gebogenen Flecken oder
Linien. Diese Conchylien sind selten, und werden
im Mittelländischen Meere, auch auf den Nikobari-
schen Eylanden gefunden.

Der Bettler, das trauernde Täubchen,
Voluta mendicaria Linn. Die Schale dieser
Conchylie hat die Größe einer Bohne, ist schwarz
und etwas rauh oder maschig; der Bauch hat drei
gelbe Binden, über die etwas knotige Windungen
aber läuft nur eine einzige gelbe Linie fort; weder
die Spindel, noch die Mündungslefze sind gezahnt.
Man findet sie in Asien und in dem Indischen und
Mittelländischen Meere. Sie sind nicht gemein.

Die gegitterte Volute, die netzförmige
Faltenschnecke, Voluta cancellata Linn. Die
Schale hat keine Einkerbungen oder Ausschnitte, ist
eyförmig, gefalten und gegittert. Sie hat die
Größe einer Haselnuß, hat Runzeln, welche die
Länge herablaufen, und Querstreifen, welche erhöhet
und scharf sind. Auf weißem Grunde laufen über

den Rücken zwei braune Bänder. Man findet sie
in dem Afrikanischen Meere und auf Senegal.

Porzellanschnecken, Cypraeae; Fr. les
Porcelaines; s. Porzellane, Th. 115, S. 568
u. f.

Tutenschnecken, Kegel, Voluten, Coni
Linn., Cochleae concideae; Fr. les Cornets,
les Volutes. Das Gewinde dieser Conchylien ist
flach, die Mündung ganz linienartig, enge und ohne
Zähne. Die Windungen ziehen sich nach unten
zusammen, so daß die ganze Schale einem Kegel
gleicht, dessen Grundfläche das Gewinde bildet.
Das Thier hat zwei Fühlfäden, an welchen nahe am
Ende die Augen sitzen. Seine Luftröhre ist röhren-
artig und der Mantel sehr schmal. An dem hintern
Theile des Fußes ist unten ein kleiner runder Deckel.
Die Tutenschnecken werden wegen ihres Glanzes und
ihrer bunten Farben geschätzt, und sind sehr zahlreich.
Man theilt sie in:

a) Tutenschnecken mit kegelförmigem
gekrümmtem Gewinde, das heißt, an welchem die Windungen gegen die Spitze hin
mit Höckern besetzt sind.

Die Harztutenschnecke, das Harzhorn,
das Ringhorn, das Marmorhorn, Conus
marinoratus oder marmoreus Linn.; Fr. le
Damier, le Tigre, le Leopard. Sie ist groß,
glatt, mit braunem Grunde, und großen, dicht stehenden, dreieckigen weißen Flecken. Das Vaterland
die Molukken. Die Abänderungen dieser gar nicht
seltenen Tute betreffen die Farben. Als eine besondere Abänderung sieht man den sogenannten Schout
bei Nacht an, der auch der Contreadmiral,
Fr. le Contre Admiral genannt wird. Er unterscheidet sich nur dadurch, daß er wenig weiße Flecken
hat, die zum Theil wie Bänder über die Schale hin-

weglaufen. Die Grundfarbe, die gemeiniglich braun ist, macht den größten Theil dieser seltenen Conchylie aus.

Die **Reichskrone**, das **Kronenhorn**, Conus imperialis Linn.; Fr. la Couronne imperiale. Diese Conchylie erlangt eine ansehnliche Größe. Die Bänder und die einzelnen ordentlich laufenden, aber allenthalben unterbrochenen stärkeren und schwächeren Linien, welche auf weißem Grunde braun sind, erhöhen die Schönheit dieser Schnecke. Der Wirbel ist fast ganz flach, stärker oder schwächer ausgezackt, und mit braunen Flammen auf weißem Grunde geschmückt. Wenn der Wirbel schwächer gezackt, die Bänder mehr unterbrochen, und die unterbrochenen Linien unregelmäßig sind, so heißt die **Schnecke die Reichskrone vom zweiten Range.**

Die **Buchstabentute**, der **weiße oder hellrothe Tiger**, das **ABC Buch**, Conus litteratus Linn., Tigris alba, Pardus; Fr. la Tigrée, le Tigre, le Damier. Sie hat einen conischen Bau und auf weißem Grunde braune Punkte. Schröter sagt, daß man diese Tute nicht sehr vom Conus betulinus und vom Conus glaucus unterscheiden kann, und hält daher alle drei für bloße Spielarten. Die Abänderungen betreffen 1) den Wirbel, welcher geflammt, an manchen Beispielen ganz flach und ausgefehlt, an andern mehr erhaben ist, und gewölbte Windungen hat. Die letzteren haben gemeiniglich sparsamere Flecken, als die erstern. 2) Die Beschaffenheit der Flecken. 3) Haben auch einige mehr oder weniger, breitere oder schmälere gelbe Bänder, die zuweilen blaß gelb, zuweilen mit braunen oder braungelben Flecken, die ebenfalls regelmäßig laufen, geschmückt sind.

Der General, das ächte Spitzen- oder Klöppelkissen, die geflammte Bandtute, **Conus** generalis Linn., Voluta flammis insignita; Fr. la Flamboyante. Dieser Kegel ist conisch aber schmal, der Wirbel ist glatt und uneben, und die Windungen sind durch einen Einschnitt von einander getrennt. Der Grund ist auf mancherlei Art gefärbt, und darüber gehen mehr oder weniger breitere oder schmälere weiße Bänder, die durch anders gefärbte Flammen häufiger oder sparsamer unterbrochen werden. Die Abänderungen betreffen: 1) den Bau, der an manchen Beispielen vorzüglich schmal ist. 2) Die Anzahl der Bänder, die von zwei bis auf vier gehen. 3) Die Farbe, die entweder kaffebraun, oder orangenfarbig, oder braungelb oder gelb ist. 4) Wenn man die Veränderungen der Flammen, Striche, Wolken, Punkte ꝛc. in Anschlag bringen wollte, so würden die Abänderungen dieser nicht gemeinen Conchylie ins Unendliche fallen.

Die Mennonitentute, die Jungfrau, und wenn ihre Nase blau, die Grundfarbe aber weiß ist, das Wachslicht, das Kerzchen, **Conus** virgo Linn., Cereola, Conus cereola, Onix; Fr. le Bout de Chandelle, le Cierge, l'Onix, le Mennonite. Die Mennonitentute hat einen conischen Bau, und einen blaugefärbten Ausgang an ihrer Mundöffnung. Die Schale ist ganz glatt, der Wirbel platt und zuweilen etwas erhöht. Die glatten Windungen sind durch feine Einschnitte von einander abgesondert. Wenn ihre Oberhaut abgerieben ist, so erscheinen einige gelblich, die meisten aber weiß, mit einer blauen Basis, welche **Wachslichter** genannt werden. Andere haben Farben und auf mancherlei Art gefärbte Bänder, mit einem flammigten oder weißen Wirbel. Eine der merkwürdigsten Abän-

berungen ist das sogenannte Italienische Est-
rich, die Mosaische Flur; Fr. le Pavé Italien; le Mosaique, la Natte d'Italie. Die Nase
oder Basis ist amethystfarbig und quergestreift, auf
der ganzen schneeweißen und glänzenden Schale liegen lange ziegel- oder carminrothe Vierecke von verschiedener Größe, die zuweilen ununterbrochene Linien bilden, allemal aber in der regelmäßigsten Ordnung liegen. Der rothgefleckte Wirbel ist ein wenig
erhaben.

Der Kapitain, der grüne Käse, der Her-
melin, Conus capitaneus Linn.; Fr. la Her-
mine. Die glatte Schale hat einen conischen Bau,
einen etwas erhabenen Wirbel, und eine braune
Nase, welche allemal dunkler ist, als die Schale sonst
zu seyn pflegt, und ist quer gestreift. Das Uebrige
ist glatt und olivenfarbig, gelb oder braun gefärbt.
Man gewahrt hier eins oder zwei breite weiße Bänder, die zuweilen mit Flammen, zuweilen mit viereckigten Punkten geschmückt sind; außerdem laufen
über die Schale eine Menge schmaler punktirter oder
gefleckter Schnüre regelmäßig hinweg. Der Wirbel ist mehr oder weniger erhaben, selten ganz flach
und heller oder dunkler geflammt.

Der Soldat, das Arakansgarn, die
Arakanische Zwirntute, Conus miles Linn.,
Voluta filosa Rumph; Fr. le Navet, le faux
Admiral ou Navet. Diese Conchylie ist unansehnlich, die Basis braun, und der Wirbel convex
erhaben. Die Nase ist braun und mit Querstreifen
versehen. Der übrige Theil der Schale ist zwar glatt,
aber sehr unansehnlich, und gegen den Wirbel zu
gewahrt man noch ein braunes Band, welches bald
schmäler, bald breiter, nie aber so breit, als das untere Band der Basis ist. Das Uebrige der Schale
ist schmutzig weiß oder gelblich, und mit dünnen ge-

schlängeltern, die Länge herablaufenden Faden versehen. Wenn man die Schale abschleift wird der
Grund schön weiß, die Faden verschwinden, und
bloß die braunen Bänder bleiben übrig.

b) Tutenschnecken mit kegelförmiger,
umgekrümmter Schale, oder Birnför-
mige, mit abgerundeter Basis, die mehr,
als noch einmal so lang, als breit sind.

Der Fürst, Conus princeps Linn. Er hat
eine gelbe Grundfarbe mit braunrothen die Länge
herablaufenden astförmigen Linien, welche eben nicht
enge bei einanderstehen, und etwas Astförmiges
haben.

Der Admiral,
l'Admiral. Nach
kelheit, welche nach
weil man nach dieser
deckte. Schröter
Weise. Die Admir   Schnüre
liche Bänder, die nämli
und Flecken unterbrochen   ist der
Westindische Admiral, Conus Admeralis
Linn.; Fr. l'Admiral Americain. Die Grundfarbe ist braun, und mit mehr oder weniger weißen
Wolken und Flecken gemalt, mit und ohne Bänder,
deren man eins, zwei auch drei zählen kann, die aber
alle durch Flecken und Wolken unterbrochen werden.
Ueber den Rücken laufen körnige Streifen, die bald
braun, bald braun und weißgefleckt, bald weiß sind;
der Wirbel ragt spitzig hervor, und ist knotig. Dieser Admiral ist nicht selten.

2) Ordentliche Bänder, die so regelmäßig laufen, als wenn sie mit dem Lineal abgemessen wären.
Diese Bänder, deren Anzahl und Breite verschieden
ist, haben eine Orangefarbe, ein etwas dunkles sehr
feines Netz, was das bloße Auge kaum erkennen

kann. Die Grundfarbe ist braungelb, mit weißen und hellgelben Herz- und andern Figuren auf das prächtigste bemalt. Die Schale ist glatt, und nur an der Nase mit feinen schrägen Querstreifen versehen. Der Wirbel ist auch glatt, schwach ausgekehlt, spitzig, und mit hell- oder dunkelbraun gelben Flammen geschmückt. Manchmal ist ein Band mit einer dunklern gefleckten Schnur unterbrochen, und wird dann für zwei Bänder gezählt. Man nennt sie durchgängig, Oberadmirale, Fr. Grands Admirals. Sie haben: a) drei Bänder, Conus Admiralis ordinarius Linn.; b) vier Bänder, Conus Admiralis summus et Admiralis occidentalis Linn.; c) fünf und mehrere Bänder, die durch gefleckte Schnüre unterbrochen werden.

3) Keine Bänder, sondern bloße Perlenschnüre. Admiralis cedo nulli; Fr. le Nonpareille. Der Bau dieses seltenen Admirals ist bauchigt, kurz und gedrungen, die hintern Windungen des Wirbels gehen spitzig hervor, und sind wie Körper gezeichnet, doch ohne Perlenschnüre. Der Grund des Körpers ist gelb, spielt aber zugleich in das Röthliche oder Bläuliche. Auf dem Grunde ruhen amaranthförmige Zeichnungen mancherlei Art, und es ist oben mit sieben, in der Mitte mit einer, und unten mit drei glänzend weißen Perlenschnüren umwunden. Hiernach erklärt Schröter den Linné wie folgt:

a) Bei dem Admiral, Conus Admiralis, ist die Basis rauh und gekörnt; das Uebrige der Schale glatt und ohne Körner.

b) Der Oberadmiral, Conus Admiralis summus, hat eine braungelbe, mit weißen Flecken bemalte Grundfarbe, vier gelbe mit dem feinsten Netze bemalte Bänder. Das dritte Band ist durch einen weißgefleckten Gürtel unterbrochen.

γ) Der eigentliche Admiral, Conus Admiralis ordinarius Linn. Er hat eine sehr feine Schale, weiße zugespitzte Flecken, und drei weiße Bänder mit einer netzähnlichen Zeichnung. Das dritte Band ist durch einen gegliederten Gürtel unterbrochen.

δ) Der Abendländische Admiral, Conus Admiralis occidentalis. Er hat eine feine weißgefleckte Schale, vier gelbe netzförmige mit einem gegliederten Gürtel unterbrochene Bänder.

ε) Der Cedo-Nulli, die Oberadmirals-Tutenschnecke, Conus Admiralis cedo nulli. Er hat eine weißgefleckte Schale, drei Perlenschnüren gleichende Gürtel, deren oberer gleichsam in zwei abgetheilt ist. Cüvier zählt diesen Admiral zu der Abtheilung a.

Der Viceadmiral, Conus vicarius Linn., Archithalassus secundus; Fr. le Vice-Admiral. Er hat eine feine, weißgefleckte Schale, vier gelbe ungefleckte Bänder, unter welchen das zweite durch einen ungleichen Gürtel unterbrochen ist. Man darf diesen Viceadmiral, welcher sehr selten ist, nicht mit dem Viceadmiral der Holländer verwechseln. Der zuerst genannte hat vier gelbe Bänder, welche ganz einfarbig sind; auf braungelbem Grunde gewahrt man weiße Flecken von mancherlei Bildung. Der Wirbel ist spitzig und ebenfalls braungelb und weiß gefleckt.

Der Rathsherr, Conus senator Linn. Diese Conchylie hat eine glatte ebene Schale, und stumpfe mit schriftähnlichen Zeichnungen bemahlte Windungen. Die Schale ist ferner gelb und weißgefleckt, und hat sehr viele weiß und braun gegliederte Querstreifen.

Der Edelmann, die gelbe Herztute, Conus nobilis Linn.; Fr. le Leopard jaune.

Der Edelmann hat nach Linné eine etwas cylindrische glatte und ebene Schale, welche sehr fein ist. Die Grundfarbe ist gelb, mit fein punktirten, aber unkenntlichen Querstreifen, und einzelnen weißen Flecken. Das Vaterland ist nicht angegeben.

Die Guineische Tute, der Guineische Admiral, Conus genuanus Linn.; Fr. la Volute de Guinée, l'Admiral de Guinée. Die Guineische Tute ist, nach Linné, an ihren dünnen braun und weiß gefärbten und gegliederten Gürteln kenntlich. Der Grunde der Farbe ist hellroth mit durchschimmerndem Weiß. Auf diesem Grunde gewahrt man gewürfelte regelmäßige Bänder, die mit braun und roth abwechseln, und unter sich von verschiedener Breite sind; auch ihre Zahl ist sich nicht gleich. Der Wirbel ist sanft erhaben, ziemlich spitzig, und bald mit Würfeln, bald mit Flecken und Flammen bemalt. Für eine Abänderung hält Linné den Papillonsflügel, Fr. l'Aile de papilion. Auf einem rosenrothen Grunde wechseln breite und schmal gefleckte Bänder regelmäßig ab. Die braunrothen Flecken sind schuppig gekrümmt, und mitten auf jedem weißen Fleck ruht ein braunrother Punkt.

Das Butterweckchen, das Damenbrett, Conus glaucus Linn. Die Basis oder die Nase dieses Butterweckchens ist ausgeschnitten und mit schrägen Querstreifen versehen; die Windungen des Wirbels sind so an einander geschlossen, daß man sie schwer unterscheiden kann. Braune oder rothbraune, rothgelbe Flecken liegen häufiger oder sparsamer auf der Schale, jedoch allemal in regelmäßigen Reihen. Bei den eigentlichen Butterwecken ist der Wirbel fast platt, und mit einzelnen Querstreifen versehen, daher kann man die Windungen schwer unterscheiden. Bei andern ist der Wirbel mehr erhöht, aber fast allemal mit würfelartigen, seltener mit flammichten

Flecken geschmückt. Das Vaterland ist Ostindien und Afrika.

Der Mönch, der graue Mönch, Conus monachus Linn.; Fr. le Capucin, le Cornet chagriné. Nach Linné hat der Mönch eine gewölbte Schale, eine aus dem Braunen in das Bläubliche spielende, und mit Wolken bestreute Grundfarbe; er geht spitzig zu und hat eine gestreifte Basis. Die Farbe ist sich aber nicht allemal gleich, und wenn die andern Kennzeichen passen, so ist dies nur zufällig. Man findet auch nicht allemal Wolken, sondern oft auch regelmäßige Reihen von Punkten, mit mehr oder weniger eingestreuten Wolken. Das Vaterland ist Ostindien.

Der braune Kegel, Conus minimus Linn.; Fr. la Minime. Der Kegel hat eine graue Schale, und ist mit länglich punktirten Punkten umgeben.

Der Bauer, der Aschenstöper, Conus rusticus Linn., Voluta cinerea. Diese Conchylie hat nach Linné einen eyförmigen Bau, eine gerunzelte, mit Dornen oder erhöheten Punkten versehene Basis, und einen conisch convexen Wirbel. Die Farbe ist schwärzlich mit einer schmutzigweißen Binde umgeben.

Der Kaufmann, die netzförmig bandirte Tute, der Fischer, Conus mercator Linn., Conus reticulatus; Fr. le Cornet à réseau, le Drap à réseau. Diese Conchylie hat eine eyförmige weißgefärbte und mit gelbgefärbten und netzförmig gezeichneten Binden umgebene Schale. Die Grundfarbe ist weiß, spielt aber zuweilen in das Gelbliche. Die Bänder, welche sich an der Zahl und Breite gar nicht gleich sind, gleichen einem Netze, und sind bald gelb, bald gelb- bald rothbraun gefärbt. Die Schale hat nur eine mittlere Größe, und iſt nicht gemein, obgleich ſie Adanſon auf Senegal häufig fand.

Der gelbe Tiger, die gelbe Butter‐wecke, Conus betulinus Linn., Meta butyri flava; Fr. la Pelote ou Tinne de Beurre. Die Grundfarbe dieſer Conchylie iſt gelb, ſie iſt aber, beſonders wenn ſie einen Schaden erlitten hat, ſo blaß, daß ſie faſt weiß zu ſeyn ſcheint. Auf dieſem Grunde liegen würflicht geſleckte Bänder, und zwi‐ſchen dieſen ſchmale Schnüre von brauner oder gelblicher Farbe. Der Wirbel iſt hingegen geflammt. Das Vaterland dieſer Conchylie iſt Oſtindien. Sie erlangt eine anſehnliche Größe.

Die Eichenholztute, die Eichenholztu‐tenſchnecke, Conus figulinus Linn.; Fr. la Minime, la Fileuſe. Dieſe Conchylie hat eine eingebogene, oder mit einem Einſchnitte verſehene gerunzelte Baſis, und einen zugeſpitzten Wirbel mit etwas flachen Windungen. Sie iſt kenntlich genug; denn auf einem hellen oder dunkelbraunen, gelben oder hellen olivenfarbigen Grunde laufen viele dunk‐ler gefärbte Linien in regelmäßiger Ordnung über den Rücken hin. Der Wirbel hat die dunklere Farbe der Querlinien, zwiſchen welchen nur ein‐zelne hellere Farben durchſchimmern. Die Mund‐öffnung und das Innere ſind weiß, an den oliven‐farbigen ebenfalls olivenfarbig. Einige haben hel‐lere weiße oder gelbe Bänder. Sie ſind in Indien und beſonders auf Amboina zu Hauſe, und erlangen eine Größe von höchſtens drei Zoll, und ſind eben nicht gemein.

Die Hebräiſche Buchſtabentute, die Bauernmuſiktute, Conus ebraeus Linn., Musica rusticorum; Fr. l'Hebraïque, la Muſi‐que. Dieſe Conchylie hat einen eyförmigen Bau, und auf weißem Grunde ſchwarze Bänder, die aus länglichten viereckigten Flecken bestehen. Die Grundfarbe ist manchmal auch röthlich. Ueber den ganzen Leib laufen feine Streifen. Die Flecken, obgleich ihre Figur ganz verschieden ist, stehen allemal in einer regelmäßigen Ordnung. Eine seltene Abänderung, die Valentin abbildet, hat oben Flecken und unten Flammen. Der Wirbel ragt hervor, und ist nur selten zugespitzt; die oberen Windungen sind mit einer schwarzen Linie umwunden, die übrigen, manchmal nur die erste, sind gefleckt. Die Farbe der Flecken ist schwarz oder braunroth. Sie sind in verschiedenen Gegenden Indiens zu Hause, und eben nicht selten, erlangen aber nie eine ansehnliche Größe.

Eine Buchstaben-Tutenschnecke, Conus litteratus Linn., welche Cüvier hier anführt, ist schon oben unten der Abtheilung o) angeführt worden, wohin oder worunter sie Linné und Schröter verwiesen.

Das Sandhorn, der Fliegendreck, Conus stercus muscarum Linn., Voluta arenata; Fr. la Piqûre de Mouche, la Moirée. Die Basis dieser Conchylie ist eingebogen und gestreift, und die Windungen des Wirbels sind durch eine Rinne von einander getrennt. Der Bau der Schale ist lang und schmal; auf einem glänzenden weißen Grunde liegen schwarze oder rothe Körner unordentlich, oft in Klumpen beisammen, die Windungen ragen stumpf hervor, und sind ebenfalls mit Punkten bestreut. Manchmal bilden die zusammengestossenen Punkte dunklere Bänder. Eine besondere Abänderung dieser Conchylie ist der gekrönte Fliegendreck, das gekrönte Sandhorn, Stercus culicum; Fr. la Moiréo chagrinée. Die kürzere gedrungene, bauchige Figur, die vielen feineren Körner, und besonders die gekrönten oder stumpf ausgezackten Windungen machen dieses Sandhorn kenntlich genug, welches vielleicht mehr als eine bloße Abänderung ist. Man findet es selten über 2 Zoll lang, gemeiniglich kleiner; daher es auch Rumph Voluta arenata minor nennt.

Die gekörnte oder glattgewundene Landkartentute, der Bastard Cedo-Nulli, Conus varius Linn.; Fr. la Peau de chagrin, le Cornet geographique, le Faux Cedo nulli. Die Schale ist verlängert und rauh, der Wirbel ist spitzig und ausgezackt, oder gekörnt. Die Schale hat auf weißem Grunde nicht nur gelbbraune, braunrothe oder gelbe Wolken, die reicher oder sparsamer, größer oder kleiner aufgetragen sind, sondern auch körnigte Streifen, die häufig, aber in regelmäßiger Ordnung über den Körper hinweglaufen, und nur an abgeriebenen Beispielen fehlen. Der Wirbel läuft spitzig zu, ist gekrümmt, das heißt, ist ausgezackt oder ausgeschnitten, und hat ebenfalls Körner, Wolken oder Flecken. Man hat eine Abänderung, die dieses Alles an sich hat; nur ist der Wirbel verschieden. Er ist nicht gekrönt, sondern mit feinen Querstreifen versehen, und mit braunen Flecken bezeichnet. Die Endspitze ist rosenroth. Indien und Mauritanien sind das Vaterland der gekrönten, Amboina aber das der ungekrönten Landchartentute.

c) Walzenförmige Tuten, mit fast gleicher und bauchiger Schale, oder verlängerte, deren Basis abgerundet, der Körper aber zweimal länger, als der Wirbel ist.

Das goldene Netz, Conus clavus Linn.; Fr. le Drap d'Orange. Die Schale dieses Netzes hat gebogene, glatte Streifen, und ist unten bläulicht. Der Grund der Schale ist gelb mit netzartigen

Flecken bezeichnet; zwei breitere Bänder, die über die Schale laufen, sind dunkler, und haben größere weiße Flecken, und die Streifen sind kaum zu bemerken. Der Bau der Schale ist lang und schmal, die netzartigen Zeichnungen sind verschieden. Einige der größern Flecke sind rothbraun eingefaßt, der Wirbel steigt allmählig in eine stumpfe Spitze, und ist gefleckt; die dunklen Bänder haben bald mehrere, bald wenigere, bald größere, bald kleinere weiße Flecken. Diese Schnecke ist selten.

Der rauhe Böttchersbohrer, der punktirte Bohrer, Conus nussalanta Linn., Terebellum granulatum; Fr. la Tarrière chagrinée. Die Schale ist fast cylindrisch, auf einer glatten rothgefärbten Fläche befinden sich knotige Streifen, wodurch sie ganz rauh wird. Die Grundfarbe ist blaß, der Bau länger, als bei den übrigen, und die Punkte oder Körner der Streifen sind braun. Nach Schröter hat dieser Kegel rothe Wolken und Flecken, womit diese Schale auf weißem Grunde bemalt ist. Die Farben sollen aber sehr abwechseln, bald blaß oder höher roth, bald gelbbraun zc. bewölkt seyn. Man findet sie auf der Insel Nussa-Laut in Asien.

Die granulirte Tute, das granulirte Kätzchen, Conus granulatus Linn., Anus Rumph.; Fr. la Volute fasciée à cordonnets de Corail. Die Schale dieser Conchylie ist rauh, aber ohne Knoten oder sonstige Unebenheiten, und hat glatte gefurchte Streifen. Die Schale hat nach Linné ein lebendigeres Roth, und ist mehr gebogen, als die übrigen. Sie hat weiße Bänder und einige Knötchen oder Körnchen von einer purpurrothen Farbe auf den Streifen. Das Vaterland ist nicht bemerkt.

Der Orangeadmiral, der Admiral von Oranien, Conus aurisiacus Linn., Architalasus aurisiacus; Fr. l'Admiral d'Orange. Diese

Conchylie hat eine glatte inkarnakroth gezeichnete, und mit weißlichen Querbändern bezeichnete Schale. Die Windungen sind oben eingekerbt. Die Grundfarbe des Admirals ist eigentlich weiß, und mit zwei oder drei orangenfarbenen Bändern, die höher und blässer von Farbe, breiter und schmäler, deutlicher und undeutlicher seyn können, geschmückt. Ausserdem gewahrt man eine Menge weißer, mit schwarzbraunen Würfelflecken bezeichnete Schnüre, die nicht sehr breit, unter sich aber von verschiedener Breite sind, regelmäßig über die Schale hinweglaufen, und deren Anzahl sehr zufällig ist. Sie ist in Ostindien zu Hause.

Die gefleckte Katze, der Zauberer, Conus magus Linn., Voluta maculosa Rumph.; Fr. le Cornet chagriné et pointillé. Die Schale ist ganz cylindrisch, und mit Bändern, welche die Länge herablaufen, und mit Punkten auf weißem Grunde versehen. Das Entscheidende dieses Kegels sind die braunrothen, gelben oder gelbbraunen, auch wohl dunkelbraunen langen Flecken, von verschiedener Bildung, welche Linné wahrscheinlich mit den Charaktern der Zauberer verglich. Zwischen diesen gewahrt man eine Menge eben so gezeichneter Punkte, welches Alles auf einem weißen Grunde ruht; zuweilen findet man auch ein Querband von der Farbe der Zeichnung. Der Wirbel ist spitzig und gefleckt. Diese Conchylie ist in Amboina zu Hause.

Der gestreifte Tiger, das Wolkhorn, Conus striatus Linn., Voluta tigrina Rumph.; Fr. l'Ecorchée. Die Schale ist länglich eyrund gewölbt, und ohne besonderen Glanz; auch ist sie ausserdem mit sehr feinen parallellaufenden braunen Streifen bezeichnet. Diese Conchylie wächst oft bis über 4 Zoll, und hat eine weiße Grundfarbe, die an gut polirten Exemplaren Glanz hat. Ueber den Rücken

hinweg laufen feine Querstreifen, die zum Theil
braun, hell oder dunkel, schwarzbraun, röthlich, gelblich ꝛc. gezeichnet sind. Das Vaterland ist Afrika.

Das goldene Zeug, das goldene Netz,
das Haselhuhn, Conus textile Linn., Voluta
pennata; Fr. le Drap d'or. Die Schale hat gelbe
netzförmige Adern, und gelbe und braune Flecken.
Schröter sagt: „Man sieht hier ein wahres gol-
denes Netz vor sich, welchem die Schriftsteller nach
der Verschiedenheit seiner Zeichnung, verschiedene
Namen, z. B. den Namen der Spitzberge ertheilt haben, wenn es wenig Goldfarbe, und desto
mehr weiße Flecken und Schuppen hat." Da
diese Conchylie gemein und bekannt ist, so muß hier
noch angemerkt werden, daß einige hellere oder dunklere Querbänder haben, die bald regelmäßiger, bald
unregelmäßiger sind, und daß bei andern das Netz
vorzüglich sauber gestrickt ist. Eine besondere Abänderung ist der sogenannte Admiral vom goldenen Zeuge. Der Grund dieser Conchylie ist
mehrentheils Orangen-, seltener Pfirsichblütefarben,
und dunkler, als die Grundfarbe. Die eingefaßten
Flecken liegen sparsamer oder regelmäßiger da, die an
einigen Beispielen wie Querbänder zu sehen sind.
Ueber den ganzen Leib weg laufen die regelmäßigsten
weiß gefleckten Schnüre, die dicht an einander liegen,
aber ein aufmerksames Auge fordern, wenn sie nicht
übersehen werden sollen.

Die Brünette, die Hühnerfeder, Conus
Aulicus Linn.; Fr. la Brunette, le Drap-d'O-
range. Das Gewinde ist kegelförmig und conver,
und auf braunem Grunde gewahrt man dreieckige,
weiße, unregelmäßig vertheilte Flecken. Martini
giebt folgende drei Abänderungen an:

1) Die Ostindische und Mauritanische
Gloria maris mit weißen Flecken. Sie ist flach

gewunden, und kürzer und gedrungener gebaut, als die folgende. Auf einem hellen oder dunkelbraunen Grunde sind große weiße Flecken ohne Ordnung hingestreut.

2) Die eigentliche Brünette, welche viel länger gewunden ist. Sie hat einen langen hervorstehenden Wirbel, und auf zimmetfarbenem oder caffeebraunem Grunde viele weiße, fast herzförmige größere oder kleinere Flecken, zwischen ihnen aber unzählige kleine weiße Punkte.

3) Das gelbe Netzhorn, welches der vorigen ganz gleich ist, und nur durch die gelbe oder orangenfarbige Grundfarbe, und durch die Seltenheit unterschieden. Hierzu setze man noch:

4) Das Türkische Lager. Die Herzfiguren laufen senkrecht, aber auf mancherlei Art gebogen auf der Schale herunter. Die Grundfarbe ist hellbraun.

d) Mit weit abstehender Mündung und bauchigt, die, auf den Rücken geworfen, einen Klang von sich geben.

Das Gespenst, die Gespenstertute, Conus spectrum Linn., Voluta spectrorum; Fr. la Volute des spectres. Die Schale dieser Tute hat einen bläulichen Grund, der zugleich in ein trübes Gelb spielt, und ist ausserdem mit braunroth und weißen Punkten und Flammen bemalt. Viele Conchyliologen schränken sich aber nicht bloß mit diesem Namen auf die genannte Tute ein, sondern haben dieses Wort in einen weitern Sinn genommen, und nennen auch Gespenstertuten, was auf weißem oder gelblichem Grunde allerlei unregelmäßige Flammen hat, welche die Länge herablaufen. Einige haben auch Querbänder. Die eigentlichen Gespenstertuten gehen in einen ziemlich spitzen Winkel aus. Sie sind

bullatus Linn.; Fr. les Tonnes d'Achate. Sie
haben eine gelb und weiß gewölkte Schale. Ueberhaupt
haben diese Conchylien fast den Bau der Kahnschnecken,
eine weite, mehrentheils bläuliche Mündung, und sind
bald bauchiger, bald flächer, haben bald einen einge-
drückten, bald einen spitzen Wirbel mit den sichtbar-
sten Windungen. Ihr Schale ist sehr dünn, und
ist bald einfarbig, bald, und zwar in den mehrsten
Fällen, auf mancherlei Art gefleckt, gefärbt und gewölkt. Sie erscheinen mit und ohne Bänder, verändern sich aber sehr oft, weil sie durch das geringste
Reiben eine andere Farbe und Gestalt annehmen.

Die Tulpe, die Achattute, Conus tulipa
Linn., Voluta achatina; Fr. la Tulpe. Diese
Conchylie hat eine gestreckte bauchigte glatte Schale,
und eine weite Mundöffnung. Sie hat braune oder
braungelbe, rothe rc. Wolken und Flecken; der weiße
Grund spielt hin und wieder in das Bläuliche, und
braunrothe unterbrochene Linien gehen über den ganzen Körper hinweg. Der spitzig hervorragende Wirbel ist glatt, die Windungen sind etwas ausgefehlt,
mit den allerfeinsten Querlinien umzogen, und gefleckt. Die Mundöffnung ist bläulich, matt gefärbt,
und weit, und an der Nase gewahrt man einige
schwache, schwach gekörnte, schräglaufende Querstreifen. Das Vaterland ist Ostindien, Afrika und das
Spanische Amerika.

Die achatne Kronbacke, der Geograph,
Conus geographus Linn., Voluta nubecula, tex-
tile sericum; Fr. le Brocard de Soie. Diese
Conchylie hat eine länglich aufgeblasene Schale, ei-
nen gekrönten Wirbel, und eine weite Mundöffnung.
Die Schale ist cylindrisch und unten nicht viel schmä-

ler, als oben. Die Nase ist ziemlich stark gerunzelt,
etwas gebogen und ausgeschnitten, aber weit. Der
Wirbel ist fast platt, und nur im Mittelpunkte erhöht, die Windungen sind etwas ausgekehlt, und mit
einem scharfen knotigen Rande eingefaßt, und also
gekrönt. Auf weißem mit schwachem Roth vermisch-
ten Grunde, gewahrt man braune Flecken, Wolken,
Schattirungen, Faden, von heller oder dunkler
Farbe, aber keine punktirte Linien. Schröter
hatte zwei Beispiele, deren Wirbel rosenroth einfarbig geschmückt war. Man findet sie auf Amboina,
in Afrika auf Jsle de France rc.

Von dieser Schneckenfamilie giebt es auch eine
große Anzahl Gattungen und Abänderungen, die
aber hier nicht angeführt werden können, man findet
sie in Schröter's Einleitung in die Conchylien-
kenntniß. 1r Bd., Halle, 1783, S. 59 u. f.

Linné zählt nun noch zu den Schnecken: Die
Dentalen, Röhren, Meerröhren, die röh-
renförmige Schnecken, Dentalis; Fr. les Den-
tales, nennt, s. unter Röhre, Th. 126.

Die Seewurmgehäuse, Wurmgehäuse,
Serpulae; Fr. les Serpules, s. Seewurmgehäuse.

Die Sabellen, die sandigen Röhren,
sandigen Wurmröhren, oder Wurmgehäuse, Sabellae Linn, s. Sabelle, Th. 129.

Ueber den Bau, Wachsthum rc. der Conchylien ist schon Manches unter Muschel, Th. 98, S.
217 u. f., vorgekommen, hier nun noch Einiges darüber. Wie bei den verschiedenen oben angeführten
Schneckenfamilien, Gattungen und Abänderungen
angeführt worden, haben die meisten Gattungen von
außen entschiedene Schönheiten und Vorzüge in Ansehung ihres Baues und ihrer Farben; allein nicht
minder schön ist auch ihr innerer Bau. Sehr we-

nige Schalen sind zwar so fein und dünn, daß man
ihren inneren Bau von außen sehen kann; man hat
aber dem zuvor zu kommen gewußt, indem man die
Schnecken entweder aufsägt und zerschneidet, oder
so viel davon hinwegschleift, daß man alle verschlossene Windungen von außen sehen kann. Das Erste,
was man erblickt, ist die Spindel, die sich bei der
zweiten Windung anfängt und bis zur Endspitze
fortgeht. In einer Sammlung befanden sich über
zweihundert aufgeschnittene Conchylien, und man
fand die Spindel bei den meisten sehr verschieden.
Da nun diese Spindel eigentlich die Stütze des ganzen Gebäudes ist, so kann man leicht begreifen, daß
sie sich genau nach der Beschaffenheit der Windungen, als der einzelnen Stockwerke in diesem Gebäude,
richten müsse. Sie ist allemal unten, wo sich die
neue Windung anfängt, und oben, wo sie aufhört,
am stärksten; in dem Mittelpunkte ist sie bald gerade,
bald leicht gebogen, bald gedreht. Bei vielen Schnecken, z. B. bei den Schrauben, ist sie durch die
Schale hindurch gestreckt, bei andern ist sie gebogen.
Oft, z. B. bei der Seetonne, bei der Bischoffsmütze, liegen um sie herum Rippen, die aber von den Zähnen an
der innern Leße der Schnecke herrühren, daher sie
auch an allen ungezahnten Conchylien fehlen. Sind
die Windungen kurz und gedrückt, so ist die Spindel
eben so beschaffen. Außer daß diese Spindel der
Schneckenschale zur Stütze dient, so hat sie auch für
das Schneckenthier den Nutzen, daß sich der Sipho
desselben durch alle Windungen, so weit sie offen
sind, herumdreht, und an der letzteren offenen Windung mehrentheils an der Endspitze befestiget ist,
wodurch das Thier sein Gehäuse völlig regieren und
zu seinen Bedürfnissen anwenden kann. Am merkwürdigsten ist diese Spindel bei den plattgedrückten
und wenig erhöhten Schnecken, dergleichen z. B. die

Posthörner und die Neriten sind. Kaum daß man
an den geöffneten Posthörnern die Spindel gewahr
wird, welche kleine Flaschen mit Hälsen gleicht, wo
immer die eine in dem Mittelpunkt der andern sitzt,
und so viel das Posthorn Windungen hat, so viel
solcher flaschenförmiger Körper sitzen aufeinander.
Bei den Neriten gleicht die Spindel kleinen Stufen
oder Körnern, wo immer eine tiefer, als die andere
liegt, und diese Stufen haben sich dergestalt in die
Schale gelegt, daß die Windungen, die bei den gewöhnlichen Neriten schräg liegen, hinlängliche Festigkeit haben.

Von der äußeren Farbe der Conchylien darf man
gar nicht auf die innere schließen. Gemeiniglich
sind alle Schnecken inwendig weiß, und haben oft
den schönsten Perlmutterglanz. Schnecken, die von
außen schöne Farben haben, haben sie darum nicht
inwendig, jedoch giebt es hier verschiedene Ausnahmen. Wenn die Schale zart und dünn ist, so
schimmern die äußeren Farben durch. Man hat
aber hier manche Beispiele, die merkwürdig sind, und
die von innen ihre eigenen Schönheiten haben.
Manche Neriten und manche Kothschnecken haben
ihre anders farbigen Bänder inwendig. Der Gold-
mund ist bis auf wenige seiner letzten Windungen
sanft vergoldet. Unter dem gegitterten Isländischen
Kinkhorn, das von außen so unansehnlich ist, und
daher den Namen Murex despectus, den ihm
Linné gegeben, verdient, findet man Beispiele,
die inwendig auf das schönste vergoldet sind. So
spielt die Sternspindel auf weißem Grunde in das
angenehmste Blau, und man findet überall Schönheiten, die auch von innen betrachtet, diese Gehäuse
zu wahren Meisterstücken der Schöpfung machen.
Wenn man nun noch hinzufügt, daß einige Schnecken so klein sind, daß sie das bloße Auge kaum faßt,

und dagegen andere in einer wahren Riesengröße erscheinen, daß einige eine so dünne Schale haben, wie
das feinste Papier, und andere dagegen eine Stärke
von 1/2 Zoll bekommen, so belohnt gewiß Alles die
Mühe reichlich, die man auf die Betrachtung der
Schnecken verwendet, und die Unkosten, die uns unsere Sammlungen abforderten, werden dadurch ver-
gütet.

Die Conchylien haben von jeher viele Liebhaber
gefunden, und in der gegenwärtigen Zeit erstreckt
sich diese Liebhaberei bis auf die Knaben, die jetzt
eben so nach schönen Schnecken haschen, als nach
einem farbigen Schmetterling. Aber auch große
Naturforscher betreiben dieses Fach mit besonderer
Liebe, wodurch es immer mehr an Ausdehnung gewinnt. Große und reiche Sammlungen findet man
in Holland, England, Frankreich, Dänemark und
Deutschland. S. auch den Artikel Schnecken-
Sammlung.

Mit den Gartenschnecken wird in dem Ulmschen
Gebiete ein ordentlicher Handel getrieben. Sie
werden im Juni aufgesucht, in besondere Schnecken-
gärten zusammen gebracht, und da mit Kohl oder
auch Schneckenblättern fett gefüttert. Um Martini haben sie sich gedeckelt, und dann werden sie in
Tonnen von etwa 10,000 Stück um 25 bis 40
Gulden verkauft. Jährlich werden an vier Millio-
nen solcher Schnecken außerhalb Landes geführt,
wofür 10 bis 15,000 Gulden ins Land kommen.

Wie man die Schnecken von den Gartenbeeten
rc. entfernt, oder sie am besten vertilgt, ist schon
oben, S. 168, angeführt worden. Auch bei mäßi-
gem Feuer gebrannter Gyps, welcher gestoßen auf
die Stellen, wo man Schnecken bemerkt, Handvoll
gestreut wird, soll sie leicht vertilgen. Auch frisch gebrannter, ungelöschter, zerstoßener Kalk thut gleiche

Wirkung. Um die Pflanzen gegen die Gartenschnecken zu sichern, soll man auch rings um das
Beet ein Haarseil auf die Erde legen, und solches mit
kleinen hölzernen Gabeln befestigen; die Schnecken
können nicht darüber hinwegkriechen, und werden
auf diese Weise von dem Beete abgehalten. Von
dem Schaden, welchen die kleinen nackten Schnecken
am verpflanzten Salat anrichten, s. Th. 65, S. 579
u. f. — Von der fortschreitenden Bewegung der
Schnecken, s. Th. 71, S. 532 u. f. — Vom Gebrauch der Seeschnecken bei den Griechen zu schallen-
den oder musikalischen Feld- oder Kriegszeichen, s.
Th. 53, S. 270 u. f. — Die übrigen Bedeutungen des Wortes Schnecke, s. in nachste-
hendem Register.

Schnecke, (Acker-), s. oben, unter Schnecke,
S. 167.
— (Admirals-Tuten-), s. daselbst, S. 256.
— (Amphibien-), Kahnschnecke, s. das., S. 189.
—, in der Anatomie, eine Benennung der äußeren
Höhle des Ohres, Concha; auch die innere, hinter
der Trommelhöhle, Cochlea, erhält diesen Namen;
s. auch unter Ohr, Th. 104, S. 766, 769.
— (Architektur-), Perspectivschnecke, s. un-
ter Kreisel-Schnecke, Th. 48, S. 567.
— (Assel-), s. oben, unter Schnecke, S. 206.
— (Asselflügel-), s. das.
— (Bad-), s. unter Mondschnecke, Th. 93,
S. 422.
— (Ball-), s. oben, unter Schnecke, S. 215.
— (Bauch-), Tonnenschnecke, s. das.
—, in der Baukunst, Fr. Volute, die nach einer
Schneckenlinie gebildete Verzierung, welche bei aller-
hand Grotesken gebraucht wird. Ihre vornehmste
Stelle erhält sie bei der Jonischen, Römischen und Ko-
rinthischen Bauordnung. Diese Verzierung wird aus

lanter Viertelkreisen zusammengesetzt, und auch ein
Schnörkel genannt; s. diesen Artikel, und
Säule, Th. 136. Auch eine Wendeltreppe, Schneckentreppe, wird oft nur die
Schnecke schlechthin genannt; in welchem Verstande diess Wort schon im Theuerdank vorkommt.

— (Berg-), s. oben, unter Schnecke, S. 167.
— (Bernstein-), s. das., S. 168.
— (Bezoar-), s. unten, unter Schnecken.
— (Blasen-), Kugelschnecke, s. oben, S. 191.
— (Bock-), s. Th. 93, S. 401.
→ beim Brunnenmacher, eine Art Bohrer, s.
Schneckenbohrer.
— (Buchstabentuten-), s. Buchstabentute,
oben, S. 251, 259, 260.
— (Busch-), s. das., S. 167.
— (Canarien-), s. Schnecke (Kanarien-).
— (Cap-), Kapschnecke, s. unter Porzellane,
Th. 115, S. 570.
— (Chagrin-), die Corduanschnecke, Fr. la
Pourpre chagrinée, eine im Linné fehlende Gat-
tung der Stachelschnecken, Murex.
— (Citronen-), s. Schnecke (Nabel-).
— (Cochenillen-), s. Schnecke (Purpur-).
— (Corduan-), s. Schnecke (Chagrin-).
— (Deckel-), s. oben, unter Schnecke, S. 182.
— (Distel-), s. unter Murex, Th. 98, S. 112.
— (Dosen-), s. oben, unter Schnecke, S. 226.
— (Draht-), s. unter Kinkhorn, Th. 37, S. 904.
— (Eichenholztuten-), s. oben, unter Schnecke,
S. 259.
— (Elster-), s. unter Mondschnecke, Th. 93,
S. 414.
— (Erd-) Wegeschnecke, s. oben, unter Schnecke,
S. 165, 168; graue Erdschnecke, s. das., S. 186.

Schnecke (Erdteller=), Sammtschnecke, mit dreieckigem Munde, Cochlea hispida, apertura triangulari; Fr. la Veloute à bouche triangulaire. Eine Gattung Helix von brauner Farbe, welche im Linné fehlt.

— (eßbare), s. Schnecke (Weinbergs=).

— (Eyer=), eine Gattung Voluta, welche im Linné fehlt. Sie ist apfelblütfarbig.

— (Falten=), die netzförmige Faltenschnecke, s. oben, unter Schnecke, S. 249.

— (Feigen=), s. oben, unter Schnecke, S. 200.

— (Felsen=), die lange, schmale, spindelförmige Felsenschnecke, eine Gattung Voluta, welche im Linné fehlt. Sie hat über die ganze Schale auf blaßgelbem Grunde gelbbräunliche geschlängelte Strahlen.

— (Flügel=), die gedornte, s. oben, unter Schnecke, S. 209; die gefaltene, die gezahnte, s. das., S. 210; die gesäumte, eine Benennung der Lappenschnecke, s. das., S. 204; die Löhönische, s. das., S. 205; die Westindische knotige, s. das., S. 203.

— (Fluß=), die gelbe bauchige, eine Gattung Helix, welche im Linné fehlt. Die Mündung ist halbmondförmig, und die Schale dünn und durchsichtig. Die gelbe Französische, auch eine Gattung Helix, welche im Linné fehlt. Sie hat eine gelbe Farbe, ist sehr groß und ohne Nabel. Die halbmondförmige Mundöffnung ist gesäumt. Die kleine genabelte, mit vier Gewinden, gleichfalls ein im Linné fehlender Helix, mit halbmondförmiger Mundöffnung und weitem und offenem Nabel. Die lebendig gebährende ohne Bänder. Diese im Linné fehlende Gattung Helix, hat fast ganz den Bau von Helix vivipara, nur ist sie runder, weniger bauchig, und etwas mehr

gestreckt. Die Windungen sind weiß, braun und
bräunlich. — Die röthliche, mit einem Bande, welche auf röthlichem Grunde ein braunrothes
Band hat, und im Linné fehlt. — Die spitzige,
f. oben, unter Schnecke, S. 188.

Schnecke (Französische Schellen·), f. oben
unter Schnecke, S. 195.

— (Frosch·), die rothe Froschschnecke, eine
Gattung Flügelschnecken, Strombus Linn.,
welche beim Linné fehlt. Sie hat eine Pomeran-
zenfarbe, eine dünne Lippe, und stark hervorragende
Zacken an der größten Windung. Inwendig ist die
Mündung weiß und glänzend.

— (Garten·), f. oben, unter Schnecke, S. 175;
gefleckte Gartenschnecke, f. daf., S 183.

— (gefleckte Garten·), f. den vorhergehenden Artikel.

— (gelbrändige), f. oben, unter Schnecke, S.
167.

— (Gnemon·), eine Gattung Walzenschnecken,
Voluta Linn, welche im Linné fehlt. Sie hat
eine Citronenfarbe, auf welcher fuchsrothe Binden
schimmern, und wird 2 1/2 Zoll lang.

— (graue), Buschschnecke, siehe oben, unter
Schnecke, S. 167.

— (graue Erd·), f. Schnecke (Erd·).

— (Gürtel·), f. oben, S. 183.

— (Harztuten·), f. daf., S. 250.

— (Haut·), f. unter Murer, Th. 98, S. 102.

— (Helm·), f. oben, unter Schnecke, S. 211;
die rothe Helmschnecke, f. daf., S. 213; die
Knotenhelmschnecke, f. daselbst, S. 213; die
Striemenhelmschnecke, f. daf., S. 212; die
gehörnte Helmschnecke, f. daf., S. 214.

— (Hermannische Mond·), eine Abänderung
von der Spenglerischen Mondschnecke, wel-

che im Linné fehlt. Sie hat funfzehn glatte Rippen, und ist schmutzig weiß und braungelb marmorirt.

Schnecke (Horn=), s. oben, unter Schnecke, S. 199.

— (Imperialmond=), eine Schneckengattung, welche im Linné fehlt, und die zu den Mondschnecken, Turbo Linn. gehört. Sie hat eine seltene Größe, sechs hochgewölbte Windungen, und ist hellgrün und glänzend.

— (Italienische Land=), s. oben, unter Schnecke, S. 184.

— (Käfer=), Helix scarabaeus, eine Benennung der Sturmschnecke, s. oben, S. 176.

— (Kahn=), s. Schnecke (Amphibien=).

— (Kanarien=), die breite, siehe oben, unter Schnecke, S. 208.; die bucklichte, s. das., S. 205; die geblümte, eine Abänderung der knotigen Kanarien=Schnecke, Strombus urceus Linn.; die gefleckte, eine Abänderung von der Löhönischen Flügelschnecke, Strombus luhuanus, welche das Mittel zwischen dieser und den Kanarienschnecken halten soll. Sie hat eine schön gefleckte Zeichnung; die gestickte dünnschälige Kanarienschnecke, der Samoar, Fr. le Sama, eine Gattung Flügelschnecken, Strombus Linn., welche im Linné fehlt. Sie hat auf weißem Grunde orangefarbige Flecken und Wolken, wie gestickt. Die knotige Kanarienschnecke, s. oben, S. 209.

— (Karfal=), s. oben, unter Schnecke, S. 178.

— (Käse=); sie wird von Schröter unter den Gattungen und Abänderungen von Helix angeführt. Er sagt: „diese merkwürdige Linksschnecke gehört unter die genabelten, flachgewundenen Mondschnecken. Sie hat eine plattrunde Form; ihr Nabel ist ganz offen und rund, geht bis an das Innerste der Spitze,

hält genau das Mittel der Schale, und hat sechs
Windungen. Die Farbe ist in den Windungen
milchweiß, mit einem bräunlichen durchschimmernden
Schatten. Bei der dritten und vierten Windung
wird sie dunkelbraun und an der Spitze röthlich.
Man findet sie auf der Küste von Guinea. Martini nennt sie die Dämmerung.

Schnecke (Kegel=), von Oma, eine Gattung Tutenschnecken, Conus Linn., welche einen schmalen
und kurzen Bau hat, und oben gegen den spitzen
Winkel etwas bauchigt ist; auf weißem Grunde liegen mehrere Bänder, die aus orangenfarbigen Strichen bestehn. Sie heißt auch der lange Westindische Admiral, die St. Omastute.

— (Kerben=), s. unter Mondschnecke, Th. 93,
S. 422.

— (Klappen=), die dornigte Klappenschnek-
ke, s. unter Nerite, Th. 102, S. 298.

— (kleine Mond=), s. unter Mondschnecke,
Th. 93, S. 401.

— (kleine platte), s. Scheibenschnecke, oben,
unter Schnecke, S. 177.

— (Klipp=), s. Th. 115, S. 578.

— (Knotenhelm=), s. Schnecke (Helm=)

— (knotige Schellen=), s. Schnecke (Schellen=).

— (Koth=), Schlammschnecke, s. oben, unter
Schnecke, S. 181; die große Kothschnecke,
s. daselbst; die längliche Kothschnecke, s.
Schnecke (Morast=).

— (Krabben=), s. ob., S. 202; bucklichte Krabbe.

— (Kraus=), s. unter Murex, Th. 98, S. 92.

— (Kräus=l=), Kreisel, Küselschnecke, s. oben,
unter Schnecke, S. 197; die Krauselschnecke
mit einem umgelegten Reif; eine Gattung Helix, welche im Linné fehlt. Der Bau dieser kleinen Conchylie ist pyramidalisch. Die Endspitze ist

stumpf, die Mundöffnung halbmondförmig, oben
schmal, unten ausgeschweift, und der Nabel ist rund
und ganz offen.

Schnecke (Kreiden=), Helix cretacea, eine Gat=
tung Helix, welche im Linné fehlt. Die durch=
bohrte, einigermaßen kugelförmige Schale ist von
weißlicher Farbe mit braunen Querbändern.

— (Kreisel=), s. Schnecke (Kräusel=).

— (Kröten=), Murex rana, und Murex gyrinus, s.
Th. 54, S. 110.

— (Kuffer=), s. oben, unter Schnecke, S. 226.

— (Kugel=), s. Schnecken (Kugel=).

— (Kusel=), s. Schnecke (Kräusel=).

— (Labyrinth=), s. unter Kreiselschnecke, Th.
48, S. 568.

— (Lampen), s. oben, unter Schnecke, S. 176.

— (Land=), s. daselbst, S. 175.

— (Lappen=), s. daselbst, S. 204, 207.

— (Larven=), s. unter Mondschnecke, Th. 93,
S. 401.

— (Lieberey=), s. Schnecke (Wald=).

— (Links=), Topfschnecke, siehe oben, unter
Schnecke, S. 185.

— (Livree=), s. unter Murex, Th. 98, S. 104.

— (Löhönische Flügel=), s. Schnecke (Flü=
gel=).

— (Mohren=) s. oben, unter Schnecke, S. 200.

— (Mond=), s. Th. 93.

— (Moos=), s. oben, unter Schnecke, S. 168.

— (Morast=), die längliche Kothschnecke, s.
oben, unter Schnecke, S. 185.

— (Musik), Notenwalzenschnecke, Noten=
schnecke, s. daselbst, S. 235; grüne Musik=
schnecke, s. daselbst, S. 235; wilde Musik=
schnecke, wilde Notenschnecke, Hebräische
Notenschnecke, s. das., S. 236.

Schnecke (Nabel-), Citronenschnecke, f. oben,
unter Schnecke, S. 183; die dünnschalige,
hornfarbige, oder röthliche Nabelschnecke,
eine Gattung Helix, welche im Linné fehlt. Sie
hat einen etwas rundern Bau, als die Waldschnecke, Helix nemoralis, und ihre fünf bis sechs
Windungen ragen nicht stark hervor, und die Mundöffnung ist halbmondförmig, aber kurz, der Nabel
steht mehr oder weniger offen. Man hat sie fahl,
röthlich, achatfarbig und weiß, und der Saum ist
schmal weiß oder braun. Man findet sie in England, in der Schweiz, in Thüringen, in der Mark
Brandenburg zc. Sie hält sich in Waldungen auf,
und soll, nach Lister, den Turteltauben eine Lecker-
speise seyn. — Die perlenfarbige Nabelschnecke, die hornfarbige, erdfarbige oder
weiße tellerförmige Nabelschnecke; auch
eine Gattung Helix, welche im Linné fehlt. Sie
hat die Größe eines Silbersechsers und eine zarte,
sehr glänzende Schale. — Die scharf gewundene braunbunte Nabelschnecke, f. oben,
unter Schnecke, S. 176.
— (Nabel-), die geflügelte Nabelschnecke.
Die Grundfarbe ist dunkelbraun, und um die Gewinde stehen einige Reihen Knoten, deren mittelste
die größten Körner hat, die aber alle nach der Mündung zu kleiner und flacher werden, ungeachtet die
Lippe auch noch einigermaßen gerippt ist. Diese
Gattung fehlt im Linné, sie gehört zu der Familie
Strombus.
— (Napf-), f. unter Klippkleber, Th. 40, S.
616. Hier die Benennung der Gattungen, die
Schröter in seiner Einleitung in die Conchylienkenntniß, 2. Bd., Halle, 1784, unter
dieser Benennung anführt. Die auf den Seiten
gestrahlte, rothpunktirte; die blaue, die

braungeflammte eyförmige, mit weißem
Auge; die braungestrahlte dickschalige; die
fein gestreifte und gestrahlte, mit eingekehr-
tem Rande; die flach gerippte, mit rothbraunem
Wirbel; die flache ganz braun gestreifte;
die gelbe flachgestreifte, mit glänzend weißem
Wirbel; die gelblich gestreifte, mit schwarzbraunen Strahlen; die gerippte schwarzge-
strahlte; die geschliffene Carthaginensische; die gestreifte kreiselförmige, mit Kammern und einem gelben Auge; die gewundene,
körnigt gefaltete; die gewundene stach-
lichte, mit Kammern; die gewundene stark
gefaltene; die große stark gerippte rosenfarbige, mit weißem Bande; die große weiß
und grünliche Magellanische, mit offenem
Wirbel und geflammten violetten Strahlen; die in-
und auswendig gelbe gefurchte, die kammmuschelförmige; die kegelförmige gestreifte, mit rothbraunen und weißen gekörnten Strahlen; die kleine hornartige, mit verkehrtem
krummen Wirbel; die kleine kugelförmige, mit
scharfem eingebogenem Rande; die kleine schwarz
und weiß gestreifte, mit weißem Wirbel; die
kleine schuppicht gefleckte, mit krummen spi-
zem Wirbel; die kleine weiße gestreifte, mit
purpurfarbigen Ringen; die kleine weiße gestreifte, mit zehn bis zwölf rosenrothen Strahlen;
die länglichte, mit einfachen Streifen; die längliche rothbraune oder rothfahl und weiß
gestrahlte, mit körnigten oder schuppichten Streifen; die Magellanische fahlrothe pyramidenförmige; die muschelförmige; die platte
faltig gestreifte, mit braunen Körnchen; die
rothpunktirte Carthaginensische; die
schuppichte kammmuschelförmige; die

ſchwarze dickſchalige, mit ſchwarzem gefurch=
tem Rücken; die ſchwarze geſtrahlte; die
ſtachlicht gerippte; die einfach röthlich ge=
ſtrahlte; die weiße Cypriſche; die weiße
grau geſtrahlte und ſchwarz punktirte; die
weiße knotig gerippte, mit gefaltenem Rande;
die weiße, mit vielfarbigen Punkten; die weiße
zartgeſtreifte, mit hellrothen Flecken.

Schnecke (neritenartige Mond=), ſ. unter
Mondſchnecke, Th. 93, S. 396.

— (neritenartige Strandmond=), ſ. daſelbſt.

— (Netz=), ſ. unter Murex, Th. 98, S. 105.

— (Noten=), ſ. Schnecke, (Muſik=)

— (Notenwalzen=), ſ. daſelbſt.

— (Ohr=), ſ. oben, unter Schnecke, S. 189.

— (Papiermond=), die papierne Mondſchnek=
ke, eine Gattung Turbo Linn., welche im Linné
fehlt. Sie iſt ſelten, ſo dünn, wie Papier, durch=
ſichtig und zerbrechlich. Ihre erſte Windung iſt im
Verhältniß mit den folgenden ſehr groß, ihre letztern
aber, die ſehr ſpitz zulaufen, ſind um ſo kleiner und
enger. Sie wird von vielen feinen, auf's artigſte
geſtrichelten Linien umwunden. Nahe an der zwei=
ten Windung liegt ein weiß und roth geflecktes Band.
An den innern geriffelten Windungen glänzt das
feinſte, mit blauen Farben ſpielende Perlenmutter.
Die äußere Farbe wird von Chemnitz die Achat=
farbe genannt. — Eine der eben erwähnten nahe
verwandte Papiermondſchnecke hat eine etwas
röthliche Farbe. Die Windungen haben erhabene
Streifen, auf welchen weiße und ſchwarze Punkte
abwechſeln. Sie iſt kleiner, als die vorhergehende,
und kommt aus Oſtindien.

— (Perſpectiv=), ſ. Schnecke (Architektur=).

— (Perlenmutter=), ſ. Th. 108, S. 575.

— (Perſiſche), ſ, oben, unter Schnecke, S. 219.

Schnecke (Pethola-), f. unter Mondschnecke,
Th. 93, S. 401.

— (Pharao-), f. unter Kreiselschnecke, Th. 48,
S. 568.

— (Pharaokreisel-), f. oben, unter Schnecke,
S. 198.

— (Philippinische Kahn-), f. daf., S. 229.

— (Podagra-), f. Schnecke (Scorpion-).

— (Portugiefische Land-), siehe oben, unter
Schnecke, S. 184.

— (Porzellan-), f. daselbst, S. 250.

— (Posaunen-), f. Kinkhorn, Th. 37, S. 901.

— (Purpur-), Coccionel- oder Cochenille-
Schnecke, f. oben, unter Schnecke, S. 180.

— (rauhe), f. Schnecke, (Sammt-).

— (Regen-), f. Schnecke, (Sturm-).

— (Reißbrei-Mond-), f. unter Mondschnecke,
Th. 93, S. 399.

— (rothe Wege-), f. Schnecke (Wege-).

— (Rüben-). Sie soll, nach Schröter, wahr-
scheinlich eine Abänderung vom Franchehorn,
Strombus lucifer Linn., feyn. Sie ist selten, an den
Gewinden spißig und mit tiefen Furchen umgeben.

— (Rudolphus-), siehe oben, unter Schnecke,
S. 219.

— (Sammt-), rauhe Schnecke, f. daf., S. 181.

— (Schlamm-), f. Schnecke, (Koth-).

— (Scheiben-), f. Schnecke (kleine platte),
und, oben, unter Schnecke, S. 175.

— (Schellen-), die Französische, f. diesen Artikel im Register; die kleine, eine Gattung
Buccinum, welche im Linné fehlt. Sie kommt
vom St. Malo, hat aber nicht den Bau einer Schellenschnecke; denn sie ist gefleckt, die Nase ist verengert, und ragt etwas hervor. Die erste Windung
ist sehr bauchig, die folgenden drei sind gewölbt und

bilden keinen langen Wirbel. Der Leib besteht aus horizontalen Flammen und Wolken, die zwischen sich einen deutlichen Zwischenraum haben. — Die knotige, s. oben, unter Schnecke, S. 214.

Schnecke (Schlamm.), s. Schnecke (Roth.).

— (Schlauch.), die gesäumte, eine Conchylie, welche eine kurze, gedrungene, fast kugelförmige Gestalt hat, die aber mehr platt, als rund zu nennen ist. Die ganze Schale ist glatt, und nur um die Nase herum gewahrt man einige schräge Streifen. Die Farbe fällt in das Braune. Man findet sie im Piemontesischen. — Die labyrinthische Schlauchschnecke, ist gleichfalls eine im Linné fehlende Gattung Buccinum. Die Schale ist schwer, glatt, gelbbräunlich, stark gewölbt, mit einer weiten eyförmigen Mündung, und einer schräg und stark gefalteten Mittellefze versehen.

— (Schmaragd.), von Neuseeland, eine im Linné fehlende Gattung Turbo. Sie ist über 2 Zoll breit und hoch, und hat nur vier Windungen, davon die erste sehr rund gewölbt, weit und groß ist. Die Schale ist stark und schwer, und wird von einer grünen, ziemlich glatten und durch einige schieflaufende Querrunzeln etwas schilfricht gemachten dicken Farbenrinde umgeben. Wo diese fehlt, da gewahrt man das schönste Perlenmutter.

— (Schnirkel.), die bunte, Helix versicolor Linn., eine Gattung Helix, welche im Linné fehlt. Die undurchbrochene rundliche glatte Schale hat eine rosenrothe Spindel, dünne Querlinien, mit dazwischen liegenden Bändern von verschiedenen Farben. Die sechs Gewinde sind erhaben rund, das unterste bauchig, die den Schnirkel bilden stumpf, die Mündung eyförmig. Die Spindel ist schnirkelförmig undurchbohrt. Die Farbe ist schneeweiß, mit braunen gleich weit stehenden Querlinien, mit safrangelben und ro-

senrothen Zwischenbinden. Sie hat fast die Größe
der Weinbergsschnecke; — die gemahlte
Schnirkelschnecke, der gemahlte Helix,
auch eine Gattung Helix, welche im Linné fehlt.
Die undurchbrochene rundliche glatte Schale ist an
der Spindel und an dem Rande der Gewinde gefärbt. Die Schale ist einigermaßen kugelförmig und
glatt. Man hat davon α) lichtgraue mit brauner
Spindel und einer braunen Querlinie nächst der
Naht, und um die Mitte des Rückens; β) rosenrothe, mit brauner Spindel und einer braunen Querlinie nächst der Naht, und um die Mitte des Rük-
kens; γ) schwefelgelbe, mit brauner Spindel und
rothen Linien an den Rändern der Gewinde. Das
Vaterland ist Italien. — Die offene Schnirkelschnecke, der offene Helix, Helix aperta.
Die undurchbohrte rundliche Schale hat einen stumpfen kleinen Schnirkel und eine schnirkelförmige oder
gedrehete offene Spindel. Die Schale besteht aus
drei Gewinden, davon das unterste bauchig ist. Die
Farbe ist braun.

Schnecke (Schnirkelmond-), eine Gattung
Mondschnecker, Turbo Linn., welche im Linné
fehlt. Die glatte Schale ist rundlicht und dicht;
die sechs Gewinde sind erhaben, glatt und berühren
einander. Die Spindel ist verdicht, übergeschlagen,
mit einem verdeckten unvollkommenen Nabelloche.
Die Oberhaut ist purpurfarbig und grünlich; der
Schlund hat einen silbernen Perlenmutterglanz.

— (Schrauben-), die glatte, unten abgebrochene, eine Gattung Turbo, welche im Linné
fehlt. Sie hat eine abgerundete Mundöffnung,
runde, genau an einander passende Windungen, von
welchen die obern aber abgebrochen sind. Sie soll,
nach Argenville, in der Seine gefunden werden.
— Die seltene linke Schraubenschnecke aus

Guinea, eine im Linné fehlende Gattung Helix.
Sie ist nicht sehr zugespitzt, sondern ziemlich walzen=
förmig. Die Schale ist größtentheils durchsichtig
weiß, ganz braun an den letzten Windungen, übri=
gens hin und wieder mit rothbraunen Flecken oder
Strichen der Länge nach bestreut. — Die marmo=
rirte Schraubenschnecke, Turbo imbricatus
Linn., s. unter Mondschnecke, Th. 93, S. 429.
— Die weitmundige Schraubenschnecke,
s. oben, unter Schnecke, S. 224. — Die weit=
mündige grünliche Schraubenschnecke,
Buccinum subviride, eine im Linné fehlende
Gattung Helix, welche thurmförmig gebaut ist. Die
erste Mündung ist zweimal so groß, als die zweite,
die Endspitze ist abgebrochen, die Mündung ist ge=
säumt und oval. Auf grünlichem Grunde liegen ab=
gebrochene Striche wie Bänder. Jamaika soll das
Vaterland seyn. — Die schwärzliche Schrau=
benschnecke, mit weißen Reifen. Diese Schnecke
ist unter allen Flußconchylien am schwersten zu fin=
den. Man trifft dergleichen, jedoch in der Seine
und in der Marne, auch in dem kleinen Flusse Lievre
an. Die Schale ist wie eine Treppe, die eine Py=
ramide vorstellt, gebaut. Auf den Windungen ist
sie einfarbig, und nur mit einer weißen Linie
gestreift. Ihr platter Mund unterscheidet sie von
der Trompetenschnecke. Diese Conchyliengat=
tung gehört zu Helix, und fehlt im Linné. —
— Die weiße gewolkte Schraubenschnecke.
Diese Schneckengattung gehört gleichfalls zu Helix
und ist milchfarbig, und über alle sieben Gewinde
die Länge herab zart gestreift. Die Mündung ist
eyförmig und inwendig weiß; die Gewinde stoßen
dicht an einander, und endigen sich in eine stumpfe
Spitze. Nach Schröter sollen wir zwei Abände=
rungen davon haben, weiße und fahlbraun gestreifte.

Sie sind selten über 1/2 Zoll lang, und werden häufig auf den Bergen bei Arnstadt, Weimar, Rudolstadt, Sachsenburg, Sondershausen und Bleicherode unter den Dornhecken gefunden.

Schnecke, (Schüffel=), s. oben, unter Schnecke, S. 174.

— (schwarze Wege=), Wandschnecke, siehe Schnecke (Wege=).

— (Schwimm=), s. oben, unter Schnecke, S. 174.

— (Scorpion=), Podagraschnecke, s. daselbst, S. 202.

— (Seemoos=), s. daselbst, S. 171.

— (Spanische Land=), s. daf., S. 184.

— (Spindelflügel=), s. daf., S. 200.

— (Spinnenstachel=), s. daf.

— (Spiß=), die glänzende Spißschnecke, Turbo nitidus, Fr. la Brillante. Die sechs Windungen dieser Schnecke haben kaum die Länge eines Viertelzolls und ihr Bau ist schraubenförmig. Die Farbe ist hellbraun. Diese Gattung fehlt im Linné und gehört zu Helix.

— (Sporn=), der Sporn, eine Gattung Mondschnecken, s. Th. 93, S. 407.

— (Stachel=), s. oben, unter Schnecke, S. 199.

— (Stern=), eine Art Schwimmkoralle, Madrepora Limax, s. Th. 44, S. 282.

— (Strandmond=), s. unter Mondschnecke, Th. 93, S. 397.

— Strauben=), die mit weißen und rothgelben Banden umwundene Straubenschnecke, eine Gattung Voluta Linn., welche beim Linné fehlt. Sie hat einen breiteren Bau, als die übrigen Thürnchens, und ihre Spindel hat fünf Falten. Ihre hintern Mündungen sind mit erhabenen Reisen umgeben, welche wechselsweise mit weißen und rothen Bändern umlegt sind. Sie kommt aus Ostindien.

Schnecke (Striemenhelm=), s. Schnecke (Helm=).
— (Sturm=), Regenschnecke, s. oben, unter
Schnecke, S. 176.
— Sumpf=), Morastschnecke, Helix limosa
Linn. Sie gehört zu den oben, S. 175 u. f., an-
geführten Helix-Gattungen und hat eine etwas ver-
längerte, ungenabelte, durchsichtige und spitzig zulau=
fende Schale, und eine eyförmige Mundöffnung.
Sie gehört in Europa zu Hause, und hält sich in den
Sümpfen auf.
— (Teleskop=), s. oben, unter Schnecke, S. 199.
— (Teller=), die sechsfach gewundene, eine
Benennung des Posthörnchens, s. oben, unter
Schnecke, S. 178. Die ziegelförmige, s.
unter Mondschnecke, Th. 93, S. 440.
— (Tonnen=), s. Schnecke (Bauch=).
— (Topf=), s. Schnecke (Links=)
— (Trichterspindel=), s. oben, unter Schnecke,
S. 199.
— (Trompeten=), die linke marmorirte, eine
Gattung Helix, welche im Linné fehlt. Sie ist
höchstens 3/4 Zoll lang, hat fünf runde, wenig auf=
geblasene, gestreckte und schraubenförmig gebaute
Windungen. Die erste Windung hat einzelne ho=
rizontale Streifen, und die ganze Schale ist weiß,
grau und blau marmorirt.
— (Tuten=), s. oben, unter Schnecke, S. 250.
—, beim Uhrmacher, eine in kegelartiger Gestalt mit
Reifen versehene Walze, worauf sich bei dem Gange
einer Taschenuhr die Kette befindet, und von dersel=
ben auf das Federhaus gewickelt wird. Sie wird auch
wegen ihrer kegelartigen Gestalt konische Schnecke
genannt. Mit dieser Schnecke wird das Schnecken=
rad durch ein Gesperr vereiniget. An der Grund=
fläche der Schnecke ist nämlich ein Sperrrad, und
auf dem Schneckenrade unten ein Sperrkegel mit

einer Feder, wie bei den Stubenuhren. Die Schnecke
sitzt auf einer senkrechten Kette, die den Unterboden
der Uhr durchbohrt, und bildet gewöhnlich über demselben einen Zapfen. Auf diesen steckt man beim
Aufziehen den Uhrschlüssel. Wenn nun die Uhr ab-
gelaufen ist, oder besser, die Kette sich von der Schnecke
ab, und um das Federhaus gewickelt, und die Feder
sich wieder so weit ausgedehnt hat, als es die Weite
des Federhauses erlaubt, und man dreht mit dem
Uhrschlüssel auf dem Zapfen die Schnecke, und zugleich
das Federhaus vermittelst der Kette links um, so wird
sich die Kette um die schraubenartigen Umgänge der
Schnecke wickeln, und die Feder in dem Federhause
spannen. Ein Federstift ist nämlich mit dem vereinig-
ten Ende der Feder unbeweglich, aber das Federhaus
mit dem andern Ende der Feder, dreht sich ungehindert auf dem Federstifte um. So oft daher das Federhaus von der Kette einmal umgedreht wird, eben
so oft nähert sich ein Umgang der Feder dem Federstifte, und hierdurch wird die Feder bei jeder neuen
Umwälzung des Federhauses um einen Umgang gespannt. Gewöhnlich muß die Schnecke beim Aufziehen siebenmal umgedrehet werden, weil sie sieben
Schraubenzüge hat. Sie ist aber oben dünn und
unten stark, das Federhaus hingegen durchgängig
gleich dick. Daher kommt es, daß sich das Federhaus
nur viermal umwälzt, während man die Schnecke
siebenmal umwälzen oder umdrehen muß, wenn man
sie aufzieht, Dieses ist jedoch nicht für allgemein
anzunehmen; denn wenn die Schnecke schwach, das
Federhaus aber groß ist, so dreht sich das Federhaus
auch wohl weniger, als viermal um. Hieraus fließt,
daß sich die Feder bei jeder Umwälzung des Federhauses um einen Umgang dem Federstifte merklich
nähert. Drei bis vier Umgänge der Feder bewegen
die Uhr acht und zwanzig bis dreißig Stunden, der

fünfte bleibt aber jederzeit gespannt. Hat aber die
Schnecke nur sechs Umgänge, so wird die Feder
gleichfalls weniger gesparnt, als bei sieben Umgängen.
Wenn man die Schnecke beim Aufziehen umdreht,
so schleift sich der Sperrkegel auf dem Schneckenrade
über die Sperrzähne unter der Schnecke weg. Daher wird dieses Rad beim Aufziehen nicht bewegt,
weil hierdurch der gewöhnliche Lauf des Räderwerks
gestört werden würde. Nach dem Aufziehen greift
aber der Sperrkegel wieder in das Sperrad, und die
Schnecke wird mit dem Schneckenrade vereiniget.
Die Feder sucht sich von der Rechten zur Linken
wieder auszudehnen, und zieht durch die Kette die
Schnecke, und zugleich das Schneckenrad nach eben
der Richtung. Das Federrad ist aber nach der kegelartigen Schnecke darum vereiniget, weil hierdurch
der Uhrmacher den ungleichen Zug der Feder hebt.
Man verwandle in Gedanken die hohen Umgänge
der Schnecke in eben so viele Scheiben oder Räder,
und achte darauf daß ein größeres Rad auch eine
größere Kraft äußere, als ein kleines. Dies letzte
läßt sich leicht auf den gegenwärtigen Fall anwenden;
denn man weiß aus der Erfahrung, daß die Feder
gleich nach dem Aufziehen die Schnecke in ihrem obersten und kleinsten Umgang zieht, noch vier Stunden
aber in dem zweiten ꝛc. Die Feder äußert also ihre
ganze Kraft, wenn die Schnecke in dem kleinsten
Umgange von der Kette gezogen wird. Wird die
Schnecke aber von der Kette in dem zweiten Umgange
bewegt, so läßt die Kraft der Feder schon etwas nach,
und so auch bei den übrigen Umgängen. Um so viel
aber die Feder bei dem zweiten Umgange schwächer
zieht, als bei dem ersten, um so viel stärker ist der
zweite Umgang der Schnecke, folglich wird durch
die zunehmende Stärke der Schnecke die abnehmende
Kraft der Feder beständig ersetzt. (Jacobsons

technologisches Wörterbuch, 4r Bd., S. 16
u. folgend.)

Schnecke (Venus=), eine Benennung der Porzel=
lanschnecken, s. Porzellane, Th. 115, S. 568.

— (Wald=), Liebereyschnecke, s. oben, unter
Schnecke, S. 185.

— (Walzen=), s. oben, unter Schnecke, S. 228.

— (Wand=), s. Schnecke (Wege=).

— (Wanzen=), s. unter Mondschnecke, Th. 93,
S. 400.

— (Warzen=), s. oben, unter Schnecke, S. 168.

— (Wasser=), kleine trockene Wasserschnek=
ke, s. das., S. 189.

— im Wasserbau, die Archimedische Wasserschraube,
deren Röhre in einem Schraubengange um eine
Achse geführt ist.

— (Wege=), s. Schnecke (Erd=); rothe Wege=
schnecke, s. oben, unter Schnecke, S. 167;
schwarze Wegeschnecke, Wandschnecke, s.
daselbst.

— (Weinbergs), Gartenschnecke, eßbare
Schnecke, Deckelschnecke, s. oben, unter
Schnecke, S. 182.

— (weitmündige Schrauben=), s. Schnecke
(Schrauben=).

— (Wellen=), eine Benennung der Tutenschnecke.

— (Wendel=), Mondschnecke, s. Th. 93, S.
393 u. f.

— (wilde Musik=), s. Schnecke (Musik=).

— (wilde Noten=), s. Schnecke (Musik=).

— (Wolken=), Admiral derselben. Sie hat
einen verlängerten Bau und ist nur ein wenig bau=
chig. Der Wirbel ragt spitz hervor, und ist gelb ge=
fleckt. Auf dem Körper sieht man große braune
Flecken, und zwischen diesen einzelne bläuliche und

weiße Flecken und Wolken, und über dieselben laufen braune unterbrochene Querlinien.

Schnecke (Zauber-), Trochus Magus L., eine Art Kreisel-Schnecken, s. Kreiselschnecke, Th. 48, Nr. 7.

Schnecken (Bauch-), Tonnenschnecken, Buccinum Linn., s. oben, unter Schnecke, S. 215.

— (Bezoar-), s. unter Kinkhorn, Th. 37, S. 902.

— (Blasen-), Kugelschnecken, Bulla Linn., s. oben, unter Schnecke, S. 191.

— (eßbare), s. oben, unter Schnecke.

— (Flügel-), Strombus Linn., s. daf., S. 200.

— (Fluß-), Schnecken, welche in den Flüssen gefunden werden, worunter besonders die Scheibenschnecken, Planorbis Linn., und mehrere Gattungen Helix gehören; s. oben, unter Schnecke, S. 175.

— (halbe Mond-), s. Schnecken (Schwimm-).

— (Helm-), Cassidea Linn., s. oben, unter Schnecke, S. 211.

— (Horn-), s. Schnecken (Stachel-).

— (Kahn-), s. oben, unter Schnecke, S. 228.

— (Klapper-), s. Schnecken (Schwimm-).

— (Kräusel-), Kreiselschnecken, Küselschnecken, Trochus Linn., s. daf., S. 197 u. f.

— (Kreisel-), s. den vorhergehenden Artikel.

— (Küsel-), s. daselbst.

— (Land-), Helix Linn., s. daf., S. 175. Man nennt eigentlich Land- oder Erdschnecken, alle Arten Schnecken, welche vier Hörner haben, und sich auf dem trockenen Lande aufhalten.

— (Meer-), Seeschnecken, Schnecken, welche sich nur in den Meeren aufhalten, und wozu die meisten Schneckenfamilien oder Schneckengeschlechter gehören.

Schnecken (Mond-), Wendelschnecken, Schrau-
benschnecken, Turbo Linn., s. oben, unter
Schnecke, S. 197.

— (nackte), s. daselbst, S. 165. u. s.

— (Napf-), Schüsselschnecken, Patella Linn.,
s. das., S. 174.

— (Oliven-), Oliva Cuv., s. das., S. 241.

— (Porzellan-), Cypraea Linn., s. das., S. 250.

— (Purpur-), s. Schnecken (Stachel-), und
oben, unter Schnecke, S. 219.

— (Röhren-), Dentalium Linn., s. das., S. 267.

— (Schalen-), s. das., S. 173 und f.

— (Schellen-), s. unter Kinkhorn, Th. 37, S. 902.

— (Scheiben-), Planorbis Linn., s. oben, unter
Schnecke, S. 175. Linné rechnet diese Schnek-
ken zu der Familie Helix; neuere Conchyliologen
haben sie aber davon getrennt, und unter dem Namen
Scheibenschnecken, Planorbis, ein eigenes Geschlecht daraus gebildet. Man rechnet hieher die
Gattungen: Helix planorbis, Helix vortex, Helix
cornu arietis etc., s. oben, unter Schnecke, S.
177, 178, 180, 181 rc.

— (Schnirkel-), eine Benennung des Geschlechtes
Helix.

— (Schrauben-), s. Schnecken (Mond-).

— (Schüssel-), Patella Linn., s. Schnecken
(Napf-).

— (Schwimm-), Klapperschnecken, halbe
Mondschnecken, Nerita Linn., s. oben, unter
Schnecke, S. 174, und Nerite, Th. 102, S.
292 u. s.

— (See-), s. Schnecken (Meer-).

— (Seemoos-)Scyllaea, s. oben, unter Schnecke,
S. 171.

— (Stachel-), Hornschnecken, Straub-
schnecken, Trompetenschnecken, Purpur-

X 2

schnecken, Murex, s. oben, unter Schnecke,
S. 199.
Schnecken (Straub-), s. Schnecken (Sta-
chel-).
— (Topf-), s. unter Kreiselschnecke, Th 48,
S. 564.
— (Tuten-), Conus Linn., s. oben, unter Schnecke,
S. 250.
— (Venus-), eine Benennung der Porzellanschnecken.
— (versteinerte), versteinerte Conchylien,
die Conchylienschalen; denn da die Versteinerung nicht
ihre Bewohner betrifft, weil diese im Steinreiche gewiß nicht mehr vorhanden sind, so sind es also bloß die
Schalen, auf welche man Alles anwenden kann, was
von den Gehäusen oder Schalen schon unter Muschel, Th. 98, S. 218 u. s., und oben, unter
Schnecke vorgekommen. Was ihnen sonst als
Versteinerung noch eigen ist, wird unter Versteinerung, in V., vorkommen. Hier ist nur noch zu
bemerken, daß die Conchylien für die Versteinerungen
Originale genannt werden, daß wir viele Originale
zu Versteinerungen haben, daß wir aber noch sehr
viele versteinerte Conchylien finden, zu denen wir entweder gar kein, oder kein passendes Original kennen,
und daß wir daher die versteinerten Conchylien mit
den natürlichen verbinden müssen, wenn wir diesen
großen Zweig des Thierreichs gehörig übersehen
wollen. S. auch Schneckensammlung.
— (Vielfraß), Bulimus, eine Schneckenfamilie,
welche neune Conchyliengen aus den Geschlechtern
Helix, Voluta und Bulla Linn. gebildet haben. Von
Linne werden sie zu den Landschnecken gezählt, sie
sind aber daran von denselben unterschieden, daß ihre
Mündung mehr hoch, als breit ist; die vorletzte Mündung macht, wie bei den Landschnecken, in der letzten

einen Ausschnitt. Das Gewinde erhebt sich auf
verschiedene Weise. Es werden zu dieser neuen Familie gezählt: Helix stagnalis Linn., Helix amarula Linn. etc.; f. oben, unter Schnecke, S. 188;
ferner Voluta Auris Midae Linn., f. daf., S. 239,
und Bulla Zebra, eine Gattung Bulla Linn., welche
im Linnè fehlt. Sie ist bauchigt, groß, glatt, hat
eine abgestumpfte weiße Spindel, der Gürtel in den
Mündungen fehlt, und auf weißem Grunde laufen
schmälere Linien dicht neben einander wellenförmig
herab. Diese Gattung lebt auf dem Lande in Senegal von Blättern und jungen Baumschößlingen.
Das Thier selbst hat vier Fühlfäden, obere
an ihren Enden die Augen haben.

Schnecken (Walzen=), Voluta
unter Schnecke, S. 228.

— (Wendel=), f. Schnecke (Mond=).

Schneckenabdrücke, Abdrücke von Conchylien. Dahin gehören die Buccinotypolithi, Strombotypo-
lithi etc., f. unter Abdrücke, im Supplem.

Schneckenarten, die verschiedenen Arten und Abarten
der Schnecken; f. oben, unter Schnecke.

Schneckenauge, Fr. Oeil de Volute, der Mittelpunkt einer jeden Schneckenlinie oder eines Schnörkels, von welchem eine solche Linie ausgeht. Sie
hat den achten Theil der Höhe der Schnecke oder der
Schneckenhöhe zum Durchmesser.

Schneckenbeinchen, f. Schneckensteinchen.

Schneckenberg, Schneckengehäge, in der Oeko-
nomie, ein kleiner Berg oder Hügel in einem Garten, auf welchen man eßbare Schnecken bringt, um
sie zu mästen. Man wählt gewöhnlich dazu einen
mürben Boden und schüttet so viel Erde auf denselben, daß das Ganze einen Hügel bildet. Auf diesen
Hügel bringt man nun im Sommer so viele Schnek-
ken, als man will, und füttert sie mit Salatblättern

oder mit Weitzenkleyen, die man ihnen nach einem
Regen vorschüttet, wovon sie sehr friß zu werden pflegen. Im Herbste, wenn sie sich geschlossen haben, sucht
man sie wieder auf, und liefert sie in die Küche. —
Man kann auch in einem Küchengarten Schnecken-
gruben anlegen. Eine solche Grube muß nicht zu
tief und mit einem Haufen großer Feldsteine ausge-
legt werden. Man umgiebt sie mit einem Wasser-
graben, oder mit einem Drahtgitter etwas von weitem, damit die Schnecken nicht außer ihrem Bezirke
davon laufen. — Man nannte auch einen in den
Gärten ehemals üblichen Lustberg, um dessen Fläche
sich ein Weg, wie eine Schraube herumwand, einen
Schneckenberg.

Schneckenbohne, Phaseole, Phaseolus caracalla
Linn, eine Art steigender Bohnen mit einem gewundenen Stamme, und einer schneckenförmig zusammengerollten Fahne und Schiffchen. Das Vaterland
ist Ostindien. S. auch unter Bohne, Th. 6,
S. 111.

Schneckenbohrer, beim Zeugschmid, ein Bohrer,
mit gewundenen Schärfen und mit einer schraubenartigen Spitze versehen. Sie werden nicht nur von
den Stellmachern, sondern auch von allen übrigen
Holzarbeitern gebraucht, und sind auch im gemeinen
Leben am gewöhnlichsten. Sie werden wie die geraden Bohrer geschmiedet, und nur auf einer Seite
verstählt. In dem Biegeisen erhalten sie die ausge-
bohlte Gestalt eines halben Kegels; hernach werden
sie auf dem Richteisen gewunden. Man legt sie erhitzt auf den Kopf des Richteisens, schlägt mit dem
Hammer auf den Bohrer, und dreht ihn auf dem
genannten Werkzeuge langsam um. Das Augenmaaß muß aber auch wissen die Proportion zu erhalten. Die Windung auf der vordersten oder
ersten Spitze, wozu beim Schmieden ein zuge-

spitzer Zapfen stehen bleibt, wird beinahe wie die
Schraubengänge einer Holzschraube ausgefeilt. Er
erhält auf dem Stiele einen Ring, worin ein hölzerner Griff befestiget wird. Man schmiedet ihn auf
dem Sperrhorn rund, und schweißt ihn auf dem
Stiele des Bohrers an.

Schneckenbrut, die junge Brut der Schnecken, die
entweder aus dem Ey entspringen, oder gleich lebendig aus der Schale erzeugt werden; s. auch unter
Muschel, Th. 98, S. 226.

Schneckenbund, in der Feuerwerkskunst, s.
Schwärmer.

Schneckendeckel, s. Operculiten, Th. 105, S.
104; auch Affensterz, im Supplement.

Schneckenerde, s. Schneckensand.

Schneckeneyer, die Eyer, welche einige Conchylien
legen; s. unter Muschel, Th. 98, S. 218.

Schneckenfamilie, Schneckengeschlecht, die
ganzen Familien oder Geschlechter der Schnecken,
welche sich durch den Bau ihrer Schale rc. von einander unterscheiden; s. oben, den Art. Schnecke.

Schneckenfäßchen, Schneckenhäuslein, beim
Zinngießer, kleine von Zinn in Form eines stehenden Eyes hohl gegossene, und mit einem kleinen
Deckel versehene Gefäße, worin die gekochten und
in der gehörigen Brühe zubereiteten Schnecken aufgetragen, und daraus gegessen werden.

Schneckenförmig, gleich einer Schnecke oder in Gestalt einer Schnecke gewunden.

Schneckengang, in der Gartenkunst, ein Gang
in einem Garten, welcher in einer Schneckenlinie
zu einem Mittelpunkte oder offenen Platze führt.

Schneckengebackenes. Man nehme 1/4 Pfund But-
ter und 1 Loth frisches Schmalz, rühre es eine gute
Viertelstunde ab, und schütte hierauf einen Löffel voll
Sahne und 1/2 Loth Salz hinzu Während dieser

Zeit werden drei ganze Eyer, von Vieren das Gelbe in einem Topfe gut zerklopft, 1/8 Quart Berme oder Hefen unter die Eyer gethan, und dann dieses Gemisch unter das abgerührte Schmalz gerührt. Man rühre nun ein Maas feines Mehl darein, klopfe den Teig wohl ab, lege ihn auf ein Brett, schneide Stükken 2 oder 1 1/2 Loth schwer daraus, rolle sie zu länglichen Würfeln, bestreiche sie auf der einen Seite mit Eyweiß, rolle sie dann wie eine Schnecke zusammen, schneide beim Kopfe mit einem Messer zwei Schnitte darein, und richte sie in die Höhe, welches die Ohren bedeuten. Wenn sie nun so bereitet sind, werden sie vor den Ofen gesetzt, daß sie ein wenig gehen; hierauf in ziemlich heißes und wieder abgekühltes Schmalz gelegt, und langsam ausgebacken.

Die Zuckerbäcker oder Conditor machen Schnecken von einem Viertel gerösteten Mandelzeugs und lassen es trocknen. Man mache dann eine Farbe von zwei Löffeln voll Wasser, vierzehn Tropfen Gummi Traganth, einem Tropfen schwarzer Farbe (schwarzer Tusche, oder Frankfurter Schwarz, welches mit Wasser abgerieben worden) und etwas Armenischen Bolus, rühre sie gut durcheinander, und bestreiche oder bemale damit die Schnecken, überstreiche sie hierauf mit aufgelößtem Traganth und Zucker, und zuletzt, nach den Wiener Zuckerbäckern, mit Muskatenblüthe.

Schneckengehäge, s. **Schneckenberg.**

Schneckengehäuse, Schneckenschale, s. **Schneckenhaus.**

Schneckengeschlecht, s. **Schneckenfamilie.**

Schneckengewölbe, Fr. Voute en limaçon, in der Baukunst, das um eine Spindel herumlaufende und schräge aufsteigende Gewölbe bei einer gemauerten Wendeltreppe, Schneckentreppe; s. Wendeltreppe.

Schneckengrube, f. Schneckenberg.

Schneckenhandel, der Handel mit eßbaren Schnecken, und mit den Schneckengehäusen oder den Schalen der Meerschnecken. In Ostindien, besonders auf den Inseln Borneo, Celebes und Tidore, auf der Küste von Neu-Guinea zc., fangen die Indianer eine große Menge Seeschnecken, und führen diese nach China, wo sie zur Speise sehr beliebt sind. Sie holen diese Schnecken tief aus dem Wasser mit eisernen Gabeln, oder tauchen bis auf den Grund, und fischen sie heraus. Die schwarzen werden für die besten gehalten, doch werden die weißlichen, welche man tief in der See findet, und die oft so groß sind, daß sie ein halbes Pfund wiegen, in China noch höher geschätzt. Der Pekul von dieser Waare wird für 40 Taels verkauft. Die ganz weißen, welche häufig in niedrigem Wasser und auf dem Sande zwischen Korallenfelsen bei der Ebbe gefunden werden, sind die schlechtesten; denn diese gelten nur den achten oder zehnten Theil so viel, als jene. Die Chinesen trocknen sie an der Sonne, packen sie hernach in von Bambusrohr geflochtene Körbe, die mit Mandang oder mit Thekblättern ausgefüttert sind, und versenden sie weit und breit. Eine andere Art Seeschnecken ohne Haus (Doris), s. oben, unter Schnecke, S. 170, kochen sie ab, und salzen sie nachher ein. Diese Speise ist sehr beliebt bei den Chinesen. Die Mohamedaner und Papuer oder Papuaner essen diese Schnecken auch noch in kleine Stücken geschnitten, mit Salz und Citronensaft angemacht. Die Stachelschnecken, Murex Linn., von denen es auch zwei verschiedene Arten giebt, nämlich weiße und schwarze, findet man häufig in Amerika. Die Ersteren werden am stärksten gesucht; sie sind an 4 bis 5 Zoll dick. Man findet in den Schalen zungenförmige Stücke Fleisch, die

gegessen werden. — Bei uns werden die Land- und
Gartenschnecken gleichfalls zum Verspeisen ge-
braucht und Schock- auch Hundertweise verkauft.
Sie werden weit verfahren, und besonders sind die
Ulmer sehr beliebt; s. oben, unter Schnecke,
S. 270.

Die Gehäuse der Meerschnecken, die von
so mannigfaltiger Größe, Bildung und Farbe sind,
daß man den Reichthum der Natur in diesen Werken nicht genugsam bewundern kann, werden größtentheils in Ost- und Westindien; aber auch mehrere
Gattungen in Europa gefunden. In dem Indischen
Meere findet man sie so groß, daß sie fast ein Maaß

schönen   so daß sie zu Trinkge-
schirren und andern Prunkgefäßen dienen. Mit diesen Gehäusen wird nun ein sehr wichtiger Handel
von den Holländern, Dänen 2c. getrieben, weil solche
zu Conchylien- oder Schneckensammlungen
sehr gesucht werden. Man bezahlt manche Stücke
mit 20, 30, 50 bis 100 Gulden und darüber, wenn
es seltene und unverletzte Exemplare sind. S. auch
den Artikel Schneckensammlung.

Schneckenhanf, eine Königsberger Hanfgattung, davon der beste Hanf dem Rigaischen Reinband gleich
kommt. Diese Sorte ist schön lang und stark, und
wird häufig nach Frankreich versandt.

Schneckenhaus, Schneckengehäuse, Schnek-
kenschale, die gewundene Schale einer Schnecke,
die derselben zur Wohnung dient, und daher diesen
Namen erhalten hat. Die Schneckenschalen können
auch abgeschliffen und polirt werden, um die Farben
bei einigen schöner hervortreten zu lassen; s. auch
oben, unter Schnecke, wo die verschiedenen Schnek-
kenhäuser oder Schalen von jeder Gattung beschrie-

ben worden. Der Handel damit, s. oben, unter
Schneckenhandel; auch sehe man den Artikel
Schneckensammlung nach.

Schneckenhaut, die Haut, womit das Schneckenthier
überzogen ist.

Schneckenhorn, eine große nach einer Schrauben-
linie zugespitzte Schnecke in Gestalt eines Frucht-
horns, dergleichen man den Tritonen an den Mund
zu geben pflegt. Auch das Füllhorn hat oft die Gestalt eines solchen Schneckenhorns.

Schneckenindig, Schneckenindigo, s. unter In-
dig, Th. 29.

Schneckenkegel, in den Taschenuhren, ein Kegel ohne
Spitze, mit schiefen parallelen Einschnitten, worauf
die Uhrkette gewunden wird; s. oben, Schnecke,
beim Uhrmacher.

Schneckenklee, Medicago Linn., eine Art des Klees,
dessen zusammengedrückte Schale eine schneckenförmige Gestalt hat, und wohin sowohl die Lucerne,
als auch der Sichelklee und andere Arten gehören; s.
unter Klee, Th. 39, S. 578 u. f.

Schneckenknoten, der schneckenförmige Knoten des
Faschinenbundes, oder dessen Schloß, welches durch
zweimaliges Umlegen und Unterstecken des starken
Endes der Winde entstanden ist.

Schneckenkönig, eine Benennung der links gewundenen Weinbergsschnecke, oder Gartenschnecke, Helix pomatia Linn. Man schickt
nämlich in der Fastenzeit ganze Schiffsladungen aus
dem Würtembergischen oder aus Schwaben nach
Wien, und da finden sich den unter ihnen nicht selten linksgewundene, die daselbst Schneckenkönig
genannt werden.

Schneckenkoralline, Sertularia rugosa, eine Art
Blasenkoralline, Sertularia, s. diesen Artikel,
im Supplement.

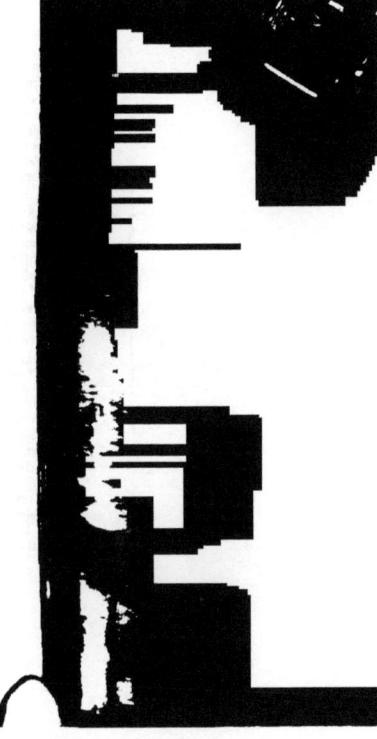

Schneckenkrabben, Schneckenkrebse, Ein-
siedler, Parasitici, s. unter Krebs, ein Thier,
Th. 48, S. 169 und 217 u. s.

Schneckenkraut, s. Kraut, im Supplement.

Schneckenkrebse, s. Schneckenkrabben.

Schneckenlauf, eine Uebung im Laufen nach einer
Schneckenlinie; s. unter Turnen und Turnkunst.

Schneckenlinie, s. unter Linie, Th. 79, S. 305.
Die Schneckenlinie ist eine krumme Linie, die aus
einem Punkte, als aus ihrem Auge, sich mit dem andern Ende von demselben immer weiter und weiter
entfernt, und wie eine Schnecke ein- oder etlichemal
um sich selbst läuft, bis sie in einem Punkte en-
det. Sie wird auf folgende Weise gezeichnet oder aufgerissen. Auf der Linie H I, Fig. 8483, setze man
in die Mitte zwei Punkte A und B. Aus A beschreibe man den Kreis C D, aus B, D E, und
wechsele mit der Erweiterung des Zirkels von einem
Punkte zu dem andern. Soll die Schneckenlinie
stark zunehmen, so nimmt man allezeit noch halb so
viel von dem ersten Punkte, wie die blinden Linien anzeigen. Eine oblonge Schneckenlinie, Ever-
linie, aufzureißen, ziehe man eine Linie A N, Fig.
8484, und auf dieselbe zwei einander durchschnei-
dende Winkel, M F L und I D K; bei E macht
man ein Strichlein gegen O, der Linie A N gleich-
laufend. Aus O reißt man den Bogen B B, dann
mit erweitertem Zirkel aus D den Bogen B C, und
so nach und nach weiter, wie man in der Figur gewahrt.

Schneckenmarmor, ein mit versteinerten Schnecken
durchsetzter Marmor, wie der Muschelmarmor, s.
diesen, Th. 98, S. 403 u. f. Man hat auch eine
Art alten orientalischen Marmors mit Schneckenzü-
gen, der auch diesen Namen führt.

Schneckenmus. Die eßbaren Schnecken werden ge-

tiget, die Schnecken mit
rösteter Semmel backen
aufgetragen werden soll, mache man d
sie gesotten worden, warm, und schütte sie darüber.

Schneckenphaseole, s. Schneckenbohne.

Schneckenpost, ein Scherzausdruck, eine im höchsten
Grade langsame Gelegenheit fortzukommen, welche
man im gemeinen Leben auch die Ochsenpost
nennt; daher auf der Schneckenpost fahren.

Schneckenrad, beim Uhrmacher, das horizontal-
liegende Rad einer Taschenuhr, auf welchem die
Schnecke liegt, und vermittelst eines Sperrkegels
mit dem unter der Schnecke befindlichen Sperrade
vereiniget ist. Es hat eine senkrechte Welle, auf
welcher die Schnecke steht. Dieses Rad hat 48
Zähne, und setzt das ganze Räderwerk in Bewegung;
denn indem die Kette von der Schnecke durch das
Federhaus gezogen wird, und sich die Schnecke herumdreht, so dreht sich auch ganz natürlich das mit
der Schnecke verbundene Schneckenrad herum, und

ebes des

welche

chneckenrundung,
Weg, welcher nach

ell rein,
heißem
ange kochen,
ziehen kann.
nehme man sie vom
lege sie in frisches
tze sie ordentlich; dann lege
Wasser. Nach dieser Vor-
richtung wird ein wenig Wasser und Salz in einem
Topfe zum Feuer gesetzt, eine Weile gekocht, und
dann wieder in frisches Wasser gethan. Wenn sie
nun zugerichtet werden sollen, nimmt man sie aus
dem Wasser heraus, trocknet sie ab und richtet sie
mit ein wenig Salz und Pfeffer an, schüttet Essig
und Baumöl darüber, und giebt sie so auf den Tisch.
Die Italiener pflegen sie ungeputzt aus den Häusern
zu ziehen, in Baumöl zu tauchen, und mit Salz und
Pfeffer zu spicken.

Schneckensammlung, s. Sammlung (Conchy-
lien-), Th. 135.

Schneckensand, Muschelsand, Schneckenerde,
Calx cochleata Linn., ein Kalksand, der weiß,
zuweilen aber gelblich oder violett ist. Er hat gar

keinen Zusammenhang, und besteht größtentheils aus
lauter kleinen Schalthieren, deren Gestalt noch un-
zerstört ist, und wenigstens durch das Vergrößerungs-
glas deutlich unterschieden werden kann, die aber so
mürbe geworden sind, daß sie sich zwischen den Fingern zerreiben lassen. So besteht der Schwedische
Schneckensand größtentheils aus den Schalen der
gemeinen Miesmuschel, der Würtembergische aus den
Schalen einschaliger Schalenthiere, zum Theil solcher,
die man auf dem trocknen Lande und in süßen Wassern findet, und der Italienische von Rimini enthält
die Urbilder der Ammonshörner und Orthoceratiten.
Er brauset stark in Säuren auf, und verwandelt sich
im Feuer in wahren Kalk. S. auch Muschelsand, Th. 98, S. 415.

Schneckenschale, s. Schneckenhaus.

Schneckenschild, Cassida reticularis, eine Art
Schildkäfer.

Schneckenschlange, eine Art Schlangen.

Schneckenschmetterling, Sphinx tipuliformis,
eine Art Dämmerungsfalter, Schwärmer,
Sphinx, s. Schwärmer.

Schneckenschneidezeug, beim Uhrmacher, ein
Werkzeug, womit die Umgänge der Schnecke ausge-
dreht werden. Es besteht aus einem kleinen Gehäuse von Messing, in dessen einer Wand sich ein
Zapfen umdrehen läßt, der gerade über einer Schraube
in der entgegengesetzten Wand steckt. Außerhalb
dem Gehäuse trägt oft der gedrehte Zapfen einen
kleinen Wechsel oder eine gezahnte Scheibe, die in
einen andern unter dem ersten befindlich greift; der
letzte Wechsel sitzt auf einer stählernen Schraube,
welche einen messingenen Arm im Gehäuse durchbohret. Die Schraube geht durch beide Wände des
Gehäuses. Da der gedachte Arm durch eine Schraubenmutter auf der Schraube befestiget ist, so läßt

er sich durch das Umdrehen der Schraube hin und
her bewegen. Auf der äußersten Spitze des gedachten Armes steht ein Geißfuß oder ein Stück von einem Grabstichel. Der Uhrmacher befestiget zwischen
den beiden obersten Zapfen des Gehäuses die neue
Schnecke in ihrer Achse. Auf der Seite, wo ihre
größte Grundfläche angebracht ist, da wird auch der
gedachte messingene Arm angeschraubt. Wenn man
mit einem Schlüssel den obersten Zapfen umdreht,
so bewegt sich die Schnecke mit diesem in einem
Kreise, und nach eben dem Verhältnisse wird auch
der messingene Arm im Gehäuse von der untern
Schraube, von der linken nach der rechten Seite,
verschoben, welches die Wechsel verrichten, da einer
in den andern greift. Hält nun der Uhrmacher bei
der Bewegung den gedachten Geißfuß gegen die neue
Schnecke, so wird dieser, nach Beschaffenheit der untern stählernen Schraube, Schraubengänge in die
Schnecke schneiden. Bei einer langen Schnecke
müssen aber die Schraubengänge weit auseinander,
bei einer kurzen dagegen umgekehrt dicht neben einander stehen. Sind die Umgänge dicht neben einander, so haben beide Wechsel einerlei Anzahl Zähne;
sollen aber die Schraubengänge noch einmal so weit
von einander abstehen, so hat der oberste Wechsel zehn,
der unterste aber zwanzig Zähne. Die Umwälzung
des letzten Wechsels verhält sich also, wie 1 : 2.
Eben so verhält sich auch der Abstand der Windungen zweier Schnecken. Sind diese Umgänge weit
auseinander, so bringt der Uhrmacher die Schnecke
auch wohl auf den Drehstuhl, und läßt dann die
Schraubengänge von einer kleinen Feile weiter
auslaufen. Um aber auch zu versuchen, ob die geschnittenen Umgänge der Schnecke gerade zur einge-
setzten Uhrfeder passen, so muß dieses durch ein neues
Werkzeug erforscht werden, und dies geschieht durch

das Abgleichen mit der Abgleichstange. S. auch
den Art. Uhr, in U.

Schneckenstein, ein kleiner, weißer, dünner, länglich
runder Stein, welcher in dem Kopfe der Wegeschnecke
gefunden wird, und am Halse getragen, das Fieber
vertreiben soll; ja man legte diesem Steine ehemals noch viele andere Kräfte bei, so z. B. unter
der Zunge gehalten soll er den Mund anfeuch-
ten, und den Durst in der Fieberhitze lindern; gepülvert, in Wein eingenommen, soll er den Harn treiben; den Kindern an den Hals gehängt, den Durch-
bruch der Zähne befördern. — Man nennt auch einen Marmor, in welchem sich versteinerte Seeschnek-
ken befinden, und der aus verschiedenen Schnecken
besteht, Schneckenstein. Finden sich dergleichen
versteinerte Schalen oder Abdrücke von Schnecken
im Sandstein, Kalkstein ꝛc., so erhalten sie auch diesen Namen.

Schneckensteintopas, Schneckentopas, ein To-
pas, welcher auf dem im Vogtlande gelegenen, mit
Topasen angefüllten Fels, der Schneckenstein genannt, gebrochen wird.

Schneckenstich, s. Schlimmstich, Th. 146,
S. 50.

Schneckensuppe. Man lasse die Schnecken nebst ihren Schalen so lange im Wasser kochen wie harte
Eyer, thue sie hernach heraus, ziehe die schwarze
Haut davon ab, schneide das hintere Theil davon,
und wasche sie mit heißem Wasser gut ab. Wenn
man will, kann man sie auch vorher mit Salz abreiben; allein sie bleiben kräftiger, wenn man nur mit
warmen Wasser das Schlüpfrige davon abwäscht. Hierauf lasse man sie in Fleischbrühe kochen, damit sie
weich werden; dann klein gehackt, bis auf einige,
die man ganz läßt. Die gehackten thue man in einen
Topf, gieße Fleischbrühe daran, würze sie mit

Muskatenblüthe, Pfeffer und Kardamom, lasse sie
aufwallen, thue dann Butter daran; wenn sie ein
wenig aufgesotten richte man sie über gebähetes
Weißbrod an, nehme nacher die ganzen Schnecken,
welche noch übrig geblieben sind, und nicht mit gehackt worden, und lege sie auf eine gebähete Sem-
melscheibe in die Mitte der Suppe.

Schneckentopas, s. Schneckensteintopas.

Schneckentreppe, s. oben, Schnecke, in der Bau-
kunst, S. 271. Man hat runde und ovale
Schneckentreppen. Ein Mehreres über diese
Treppen, s. unter Treppe, in T.

Schneckenwindung, Windungen, welche gleich einer
Schnecke gekrümmt sind, oder sich gleich einem
Schneckenhause hinaufschlängeln.

Schneckenzubereitung, Schneckenzurichtung.
Die Zurichtung oder Zubereitung der Schnecken geschicht auf verschiedene Art. Erstlich werden sie in
Wasser gekocht, bis sie sich aus der Schale ziehen
lassen, welches bald geschieht; dann nimmt man sie
aus dem Gehäuse, putzt sie sauber und reibt sie mit
Salz tüchtig ab; nimmt dann Fleischbrühe, thut gehackte Petersilie, Pfeffer und Muskatenblüthe darein, läßt die Schnecken ein wenig darin sieden; dann
werden die Gehäuse geputzt, mit Salz ausgerieben,
in jedes Haus ein Stückchen Butter, das mit Pfeffer und gestoßener Muskatennuß gut bestreut worden, gethan, darauf die Schnecken, und oben wieder ein Stückchen Butter mit geriebener Semmel.
Das Ganze in einen Topf gelegt, Brühe darauf gegossen und ein wenig sieden lassen. — Man bratet
sie ferner auf dem Roste, wie die Austern, mit
Butter und Citronen. Man nimmt hierzu fette
gute Schnecken, putzt die Häuser sauber ab, thut
dann die Häuser mit den Schnecken in einen Topf
oder Kessel, gießt heißes Wasser darauf, setzt sie zum

Feuer, und läßt sie zu kochen anfangen; dann nimmt man sie vom Feuer, zieht s... aus den Häusern, putzt die Schnecken sauber, schlägt sie mit Salz ab, wäscht sie aus, und läßt sie im Wasser und Salz eine Stunde lang kochen. Hierauf nimmt man die Häuser, putzt sie sauber aus, setzt sie auf den Rost, laßt frische Butter warm werden, gießt etwas davon in ein jedes Häuschen, steckt ein oder zwei Schnecken darein, thut etwas gestoßenen Pfeffer darauf, auch Macisblumen, setzt sie mit dem Rost auf Kohlen und läßt sie braten. Wenn sie alle gebraten sind, werden sie geschwind in eine warme Schüssel gesetzt, Butter braun gemacht, in ein jedes Häuschen ein wenig gegossen, Citronensaft darauf gedrückt, und warm auf den Tisch gegeben. Man kann die Schnecken auch auf diese Weise mit frischem Oele, als Oliven- oder Mohnöl, statt der Butter, braten. — Man ißt sie schließlich auch kalt mit Essig, Oel, Pfeffer und zerschnittenen Zwiebeln.

Schneckenzurichtung, s. den vorhergehenden Artikel.

Schneckenzug, mit Rosen und mit Blättern, in der Baukunst, s. Glieder, im Supplement.

Schneckerln, heißen in Oesterreich gedrehete Nudeln.

Schneckerlnreinel, heißen in dem ebengenannten Reiche eine Art von blechernen Gefäßen zum kochen der Maccaroni.

Schnede, Schnäde, wird beim Eisgange der Saum des Eises genannt, welcher sich bis zu einer gewissen Breite längs den Ufern, hinter den Wasserwerken, und überhaupt da, wo das Wasser zu einiger Ruhe gekommen, zu oft nicht geringem Schutze und Vortheile der Ufer, Deiche und Wasserwerke, gemeiniglich sehr bald und fest ansetzt. Sonst heißt noch Schnede so viel als ein Abzugs- oder Scheidegraben, und nach Richey's Jdioticon wird in der

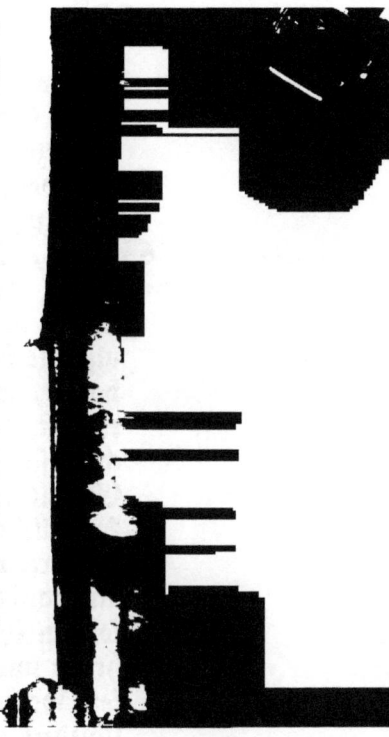

Gegend von Hamburg auch ein Stück Landes, das durch Graben abgeschnitten ist, oder dadurch seine Gränze hat, eine Schnede genannt.

Schneder, in der Porzellanfabrik, s. unter Porzellan, Th. 115.

Schnee, Nix, Griech. νιφας; Fr. la Neige; Ital. Nive, Neve, in der Luft gefrorene Wassertheile, welche in Gestalt weißer Flocken herunter fallen; sich also noch nicht in Körner oder Kugeln gesammelt haben, wie der Hagel. Wenn die Atmosphäre so kalt ist, daß die Dünste im ersten Augenblicke, in welchem sie sich niederschlagen, oder in welchem sie die Gestalt der Bläschen ablegen, sogleich gefrieren, so krystallisirt sich das Wasser, wenn die Verdichtung im Freien geschieht, zu kleinen Eisnadeln, die sich aneinander hängen und Flocken bilden. In einer solchen Gestalt fallen sie aus dem Luftkreise langsam herab und bedecken den Erdboden, als eine sehr lokkere weiße Masse. Die Gestalt des Schnees ist verschieden und richtet sich nach dem Grade der Kälte; denn bei strenger Kälte sind die Flocken feiner, welches vielleicht daher rührt, weil die Theile zu schnell erhärten, um sich in großer Anzahl an einander hängen zu können. In den Nordländern fällt unter diesen Umständen bisweilen der feine und trockne Staubschnee, wie ihn Maupertius in Lappland und Middleton in Nordamerika beobachteten. Dieser Staubschnee bringt nach Maupertius durch die Ritzen der Fenster, macht die nächsten Gegenstände unsichtbar, greift die Augen sehr an, und scheint gleich über der Erdfläche zu entstehen, weil die Sonne dabei oft hell scheint; er bedeckt bisweilen den Boden 4 bis 5 Fuß hoch, und ist so fein und trocken, daß man nicht darauf gehen kann. Gewöhnlich bestehen die Schneeflocken aus länglichten, dünnen Nadeln, die sich bisweilen ohne Ordnung und

unter verschiedenen Lagen und Richtungen über einander häufen, sehr oft aber auch zu drei und dreien
an einander hängen und dadurch sechsspitzige Sterne
bilden. Bisweilen sind die Nadeln dieser Sterne
glatt, bisweilen aber auch mit kleinern Nadeln oder
Aesten besetzt. Die Figuren, welche hieraus entstehen, sind unendlich mannigfaltig. Muschenbröck
giebt die merkwürdigsten derselben an. Alle haben
die sechsspitzige Sterngestalt unter sich gemein, in der
sich die Neigung der Theile unter Winkeln von 60
und 120 Grad zusammen zu gehen nicht verkennen
läßt. Auch sitzen die kleinern Nadeln oder Zweige
an den größern unter Winkeln von dieser Größe;
nur selten hat man Sterne von zwölf Spitzen oder
Verbindungen unter Winkeln von 30 Graden bemerkt. So verschieden nun übrigens die Figuren
der Schneeflocken sind, so bestehen doch gewöhnlich
bei jedem Fallen des Schnees alle Flocken aus Sternen von einerlei Gestalt. Kepler war der Erste,
der diesen regelmäßigen Bau der Schneeflocken wahr-
nahm. Da man nun eben dieses Bestreben nach
Vereinigung unter Winkeln von 60 und 120 Graden
auch bei der Entstehung des Eises wahrnimmt, so ist
kein Zweifel, daß es dem Gefrieren des Wassers eigen ist. Dieses Gefrieren ist nämlich eine wahre
Krystallisation, wobei die Theile, wenn der Uebergang
in den festen Zustand nicht zu schnell geschieht, allemal eine regelmäßige Gestalt annehmen. Die Masse
des herabgefallenen Schnees ist sehr locker, besonders
wenn große Flocken gefallen sind. Sedileau fand,
daß eine fünf bis sechs Zoll hohe Schneelage, von der
Sonne geschmolzen, nur einen Zoll hoch Wasser gab;
de la Hire erhielt aus zwölf Zoll hoch Schnee nur
einen Zoll hoch Wasser. Musschebröck führt einen zu Utrecht gefallenen, sternförmigen Schnee an,
der vier und zwanzigmal weniger Dichte, als das

Wasser hatte. Wenn viel Schnee gefallen ist, und
die Kälte anhält, so verdichtet sich seine Masse, indem
er zusammensinkt, stark ausdünstet, und sich dadurch
allmählig immer mehr verzehrt, wozu auch die Wirkungen der Sonnenstrahlen beiträgt. In den höheren Gegenden des Luftkreises ist die Temperatur so
kalt, daß die große Masse des daselbst erzeugten und
auf die Gipfel der Berge gefallenen Schnees nie völlig zerschmilzt; es giebt daher eine beständige Schnee-
gränze, über welche hinaus auch im Sommer allezeit
Schnee liegen bleibt, obgleich ein großer Theil desselben in den Sommermonaten abschmilzt und Wasser
zur Unterhaltung der Flüsse hergiebt. Man bemerkt
auf den Alpen, daß der Schnee durch warme Luft bei
bedecktem Himmel weit häufiger geschmolzen wird,
als durch die unmittelbare Wirkung der Sonnenstrahlen, vielleicht darum, weil der Schnee die Sonnenstrahlen so stark zurückwirft, welches auch die
Ursache seiner blendenden Weiße ist. Heftige Kälte
dringt zwar in den liegenden Schnee ein wenig ein,
aber niemals tief, daher erklärt sich auch die Wirkung
des Schnees als Decke zum Nutzen der Vegetation,
indem der Frost die Saat in der mit Schnee bedeckten Erde nicht treffen kann. Darum wünscht auch
der Landmann, daß seine Felder, ehe strenger trockner
Frost eintritt, erst mit Schnee bedeckt seyen. Nach
Guettard's Beobachtungen hält sich der Schnee
vier Fuß tief unter der Oberfläche immer auf der
Temperatur des Eispunktes. Hieraus wird begreiflich, warum in den Nordländern Personen, welche
die Nacht im Freien bleiben, sich unter den Schnee
legen, um sich vor der Kälte zu schützen. Sehr oft
nimmt die Kälte ab, wenn es schneiet, und dieses nach
Gren's Erklärung darum, weil beim Gefrieren der
Dünste die Wärme, die vorher in ihnen gebunden
war, frei wird, und sich als fühlbare Wärme durch

den Luftkreis vertheilt. Also ist die Wärme eine
Folge, nicht Ursache des Schneiens, und der gemeine
Mann, welcher sagt, es kann vor Kälte nicht
schneien, verwechselt Ursache und Wirkung. — Von
den Gipfeln hoher Berge fängt zuweilen ein kleiner
Schneeball an herabzurollen, der während des Falls
zu einer ungeheuren Größe heranwachst, und in den
Thälern, in die er herabstürzt, die schrecklichsten Ver-
wüstungen anrichtet. Solche Fälle, welche die Alpen-
bewohner Lauwinen, Schneelauwinen nennen,
verursachen ein dem Donner ähnliches Krachen, ver-
schütten Häuser und Felder, verstopfen den Lauf der
Flüsse, und verheeren ganze Gegenden durch die darauf folgende Ueberschwemmungen. — Die Alten
glaubten, es schneie nicht auf dem Meere, dies ist
aber ungegründet, denn in der Nordsee schneit es
oft, obgleich nicht so häufig, als auf dem festen Lande,
und überhaupt in niedrigen Gegenden nicht so oft,
als in hohen; daher regnet es oft in den Planen,
während auf den Bergen Schnee fällt.

Nach den Bemerkungen unserer Vorfahren ist der
Schnee die Säugamme der Saat im Winter, wird
aber zur Stiefmutter, wenn er über sechs Wochen
darauf liegt. Weniger schädlich ist der sogenannte
trockene Schnee, das ist, ein solcher, der mit einem
Ost- und Nordwinde in seinen kleinen Flocken gefallen
ist, weil dieser, nach der Erfahrung, beim Aufthauen weniger Wasser, als der mit dem Westwinde
gefallene grosflockigte giebt. — Nach den Beobachtungen des Sedileau und de la Hire giebt 6 Zoll
hoher Schnee 1 Zoll hoch Wasser; hierbei ist aber
nicht bestimmt worden, ob solches von dem feinflo-
ckigten oder grosflockigten erhalten wird. Dem Getreide ist der Schnee besonders nützlich, indem er es
vor dem Eindrucke des Frostes beschützt, und wenn
er ja zuweilen schadet, so ist es bloß beim falschen

falschen Aufthauen, und dann schadet er nicht als
Schnee, sondern als gefrornes Wasser. Ueberhaupt
schadet das falsche Aufthauen des Schnees dem Getreide weit mehr, als abwechselndes Thauwetter mit
einigem Regen; denn der Regen schmilzt nie, ohne
zugleich die Luft an der Oberfläche der Erde merklich
zu erkälten, wovon man sich durch den Wärmemesser
überzeugen kann. Kommt der Frost schnell, so müssen die Pflanzen, die nicht tief in die Erde treiben,
weit mehr leiden, als durch einen Frost nach dem
Regen, welcher letztere nichts weiter ist, als Eis, welches durch eine gewisse Menge Wärmestoff, den es
der Erde zuführt, flüssig erhalten wird. Auch hat
die Erfahrung bewiesen, daß das wiederholte Gefrieren des Schneewassers weit schädlicher ist. Von der
andern Seite betrachtet, ist der Schnee dem Getreide, das er bedeckt, vortheilhaft, indem er den
in der Erde enthaltenen Wärmestoff zusammenhält,
und noch mehr Nutzen bringt derselbe, wenn er mit
Regenwasser schmilzt, welches viel Wärmestoff in
die Erde bringt, und die erstarrten Pflanzen wieder belebt. Der Schnee muß aber auf keinen nassen, sondern völlig trocknen Boden, besonders nach
vorhergegangenem Froste, fallen, wenn er den Saaten auf alle Weise zuträglich seyn soll; ist dagegen
der Boden von vorhergegangenem Regen naß geworden, und es fällt hinterher ein lange liegen blei-
bender Schnee auf die Saaten, so nehmen sie bald
Schaden, und faulen aus, welches man gemeiniglich
ein Auswintern zu nennen pflegt. Verschiedene Landwirthe haben versucht, den frisch gefallenen Schnee
auf ihren Aeckern mit einer Walze festzudrücken, und
haben gefunden, daß diese Aecker eine weit reichere
Erndte geliefert haben, als andere, worüber die Walze
nicht gezogen worden; diese Methode verdient daher
schon nachgeahmt zu werden, oder wenigstens könn-

ten doch noch mehrere Verſuche dieſer Art gemacht
werden, um zu ſehen, ob ſich die angegebene Wir⸗
kung derſelben auch überall beſtätige.

Einige Naturforſcher wollen die Beobachtung ge⸗
macht haben, daß der Schnee eine feine Erde von
fetter öligter Eigenſchaft nach ſeiner Auflöſung zu⸗
rücklaſſe, die nach Homes Behauptung ſogar fähig
ſeyn ſoll Feuer zu fangen; allein hier waltet wohl
ein Irrthum ob; denn dieſe öligte, ſogar entzündbare
Erde iſt nur ein feiner Staub, der durch den Wind
von Felſen, Feldern ꝛc. fortgeführt wird, wohl eine
gewiſſe Fettigkeit bei ſich haben, ja ſich ſogar ent⸗
zünden kann, allein deſſen ungeachtet dem Schnee
ganz fremd iſt. Eben ſo haben ſich manche Naturfor⸗
ſcher geirrt, wenn ſie behaupteten, daß ſie auf der
Oberfläche gewiſſer Waſſer Schwefel entſtehen geſe⸗
hen, da doch bei genauer Unterſuchung dieſe vertrock⸗
nete Materie nichts weiter iſt, als der befruchtende
Staub mancher Baumgeſchlechter, die in der Nähe
oder entfernt ſtanden. Dieſer Staub ſoll ſehr ent⸗
zündbar ſeyn. Aus dem eben Geſagten gewahrt man
alſo, daß der Schnee nur als Decke der Saat von
Nutzen iſt, innerlich aber keine wohlthätigere Wir⸗
kung auf die Pflanzen äußert, als das Waſſer; er
wirkt daher aufgelöſet nur als bloßes Waſſer. Daß
der Schnee nicht ſo ſehr den Pflanzen zu einer Be⸗
deckung, wie man gemeiniglich glaubt, gegen den
Froſt, als vielmehr gegen die Sonne, welche die ver⸗
dickten Säfte ihrer von Froſt erſtarrten Blätter und
Zweige zu ſchnell verdünnen oder aufthauen, und da⸗
durch ihr Verderben verurſachen würde, dienen, iſt
unter Froſt, deſſen Wirkung auf Gewächſe,
Th. 15, S. 206 u. f., gehörig gezeigt worden. —
Wenn ein großer oder ſogenannter fetter Schnee fällt,
ſo muß derſelbe ſogleich von den zu Alleen beſtimm⸗
ten jungen und ſchlanken Bäumen abgeſchüttelt wer⸗

den, damit sie die Schwere desselben nicht umbreche. Diese Vorsicht ist in allen Winter- und Schneemonaten nothwendig.

Da der Herr Professor Rößig in Leipzig die Bemerkung gemacht hat, daß der Schnee nach getrennter Oberfläche, und wenn sie Erhöhungen und Vertiefungen hat, selbst bei anhaltender Kälte, in sofern nur die Sonne scheint, weit leichter schmilzt, als wenn sie eben und ungetrennt ist, indem theils die Sonne in den Vertiefungen durch den Rückprall ihrer Strahlen und die dadurch vermehrte Wärme, theils die mehr eindringende erwärmte Luft zum Schmelzen des Schnees nachdrücklich wirkt, so hat derselbe, um dieses zu Polizeyanstalten im Großen zu benutzen, im Jahre 1785 ein sehr einfaches Instrument vorgeschlagen, welches er einen **Schneepflug** nennt. Dieser Pflug besteht bloß aus zwei Brettern, die wie zwei mit einander verbundene Schrauben zusammengefügt und an einer Stange befestigt werden. Hierdurch kann eine einzige Person, welche dieses Werkzeug vor sich hinschiebt, in kurzer Zeit große Schneeflächen in die Länge und in die Quere durchfurchen, und dadurch jene vortheilhafte Vertiefungen bewirken. Daß indessen nur dieses Mittel an Orten, wo sich keine Gewächse befinden, und wo man überhaupt vom schnellen Aufgange eines sehr häufig gefallenen Schnees Wasserfluthen zu befürchten hat, anzuwenden sey, darf wohl nicht erinnert werden. Wo Gewächse stehen, z. B. Saaten auf dem Felde, da muß zum Schutz derselben der Schnee wenigstens eine Viertelelle hoch ungestört gelassen werden.

Auch der Herr Commissionsrath Riem erwähnt in seiner monatlich-praktischen ökonomischen Encyklopädie, 3. Bd., Leipzig, 1789, S. 97, eines Schneepfluges, der dazu dient, den

Schnee theils aus den Hohlwegen zu bringen, theils
auch auf ebenen Stellen, wo sehr große Windweben
sind, denselben zur Seite zu schaffen; denn wenn der
herabfallende Schnee die Wege unbrauchbar macht,
so wird alles Fuhrwesen lieber über die Saat-
felder gehen.   Dieser Pflug soll in Schweden erfunden worden seyn, und ein Herr Pruscha hat in
seinen Prager interessanten Nachrichten,
1789, S. 6, einen von ihm verbesserten für Böhmen angezeigt. Diese Maschine besteht aus Spund-
brettern, die nach der Breite des nöthigen Gleises
zusammengesetzt und an der Schärfe mit Eisen be-
schlagen werden.   Wenn man nun zwei bis vier
Pferde oder Ochsen vorspannt und einmal damit über
den Weg fährt, der gebahnt werden soll, so wird
hernach alles folgende Fuhrwesen viel lieber nachfah-
ren, und dadurch aller Schaden von den Aeckern
abgewendet werden, welcher besonders darin besteht,
daß an solchen gebahnten Wegen der aufgefahrene.
feste Schnee weit später schmilzt. Riem räth schon
dieserhalb durch einfache Schlitten die verschneiten
Wege zu bahnen, damit unsere Saat und Wiesen
verschont bleiben.   S. auch Pflug (Schnee-),
Th. 112, S. 326.
     Ein zweites Instrument, welches zum Fortschaf-
fen des Schnees dient, ist die Schnee-Egge; sie
wird angewendet, um den zu lange liegenden Schnee
aufzueggen, besonders, wenn sich auf ihn eine dicke
Eiskruste gebildet hat. Auch die kleinen Landleute
bedienen sich der Rechen auf ihren nur geringen
Saatfeldern, um die oberen Schneekrusten aufzure-
chen, und Riem sagt am angeführten Ort, S. 49:
„So mühsam und anscheinlich unthunlich es im Großen ist, so sehr bezahlt sich die angewandte Mühe
durch reichere Erndten.“   Es giebt Bauern, die
sogar die hohen Schneestellen durch Vertheilung mit

Schaufeln auf die niedrigen Plätze bringen, und daselbst ausbreiten, und dadurch gegen ihre Nachbaren, welche es versäumen oder die Arbeit scheuen, weit reichere Erndten und einen seltenen Mißwachs haben. Man befolge daher diese angerathenen Vorsichtsmaaßregeln im December und Januar, auch bei anhaltendem Winter später hinaus. Da in manchen Wintern der schnell aufthauende Schnee die Fruchtfelder unter Wasser setzt und den Saaten Schaden zufügt, so müssen die Polizeybehörden, Landräthe rc. ihre Ackergemeinen erinnern und anhalten, daß sie in Zeiten den Schnee aus den Laufgräben herausbringen, und dem Thauwasser die Vorfluth verschaffen.

Da schon von den ältesten und überhaupt von allen Völkern, welche Erdgegenden bewohnen, wo Schnee fällt, dieses Meteor einstimmig als ein Mittel betrachtet worden ist, deren sich die Natur bedient, um den Pflanzen mehr Stärke, und ihrer Entwickelung mehr Elasticität zu geben, so haben sich die Französischen Physiker ganz besonders bemüht, die Wirkungen des Schnees auf die Vegetation in ein helleres Licht zu stellen oder zu erklären. Besonders hat sich Haffenfratz*) bemühet, den Einfluß des Schnees auf die Vegetation zu beobachten, und es wird daher hier zweckmäßig seyn, seine Resultate mitzutheilen.

Mehrere Völker glauben, daß wenn im Winter kein Schnee fällt, es eine schwache Vegetation und eine schlechte Erndte andeute. Die Wirkungen desselben schreiben sie gewissen Salzen zu, welche, ihrer Meinung nach, in diesem gefrornen Wasser enthalten sind. Man

*) Journal polytechnique, 4. Band, daraus von Bourguet übersetzt und eingerückt in die neuesten Beschäftigungen der Neufränkischen Naturforscher, 1. Heft Berlin, 1797.

hat Schnee in großer Menge gesammelt, ihn schmelzen,
und in irdenen Gefäßen abrauchen laßen, und da man
keinen Rückstand fand, so erklärte man die obige Behauptung für eine Chimäre. Man ging nachher noch
weiter, und behauptete, der Schnee habe gar keinen
Einfluß auf das Wachsthum der Pflanzen.

Bei Phänomenen, welche von einer Generation auf
die andere übertragen werden, muß man stets die von
Betrachtungen herrührende Resultate sorgfältig von den
Erklärungen unterscheiden, welche man ihnen zu geben
suchte. Es giebt Phänomene, die im Ganzen, wie im
Einzelnen genommen, sich unsern Sinnen in ihrem
ganzen Glanze darstellen, und auch dem weniger aufmerksamen Beobachter keinen Zweifel übrig lassen.
Andere lassen dagegen kaum einige Spuren zurück,
welche man nur durch besondere Instrumente, durch
eine Nebeneinanderstellung der Thatsachen, welche gerade dahin leiten, oder nach einer Reihe oft wieder-
holter Beobachtungen wahrnehmen kann. Wenn diese
Spuren mehrere Generationen hindurch von einer
Menge Personen beobachtet werden, und wenn sie auch
noch so unvollständig, noch so dunkel übertragen worden, so muß sich der Physiker hüten, zu voreilig zu
urtheilen; denn je größer die Anzahl der Beobachter
ist, und je einstimmiger sie in der Meinung von den
Phänomenen sind, desto sorgfältiger muß der Gelehrte es
untersuchen, bevor er es für falsch erklärt.

Der Einfluß des Schnees auf die Pflanzen ist der
Untersuchung einer zu großen Menge Beobachter unterworfen, als daß eine solche Gleichheit der Meinungen möglich wäre, wenn nicht Wirkungen vorhanden
wären, die mit denen, welche man vorgiebt, überein-
stimmten. Ich will hier versuchen, ihre Wirkungen
und deren Ursachen zu erklären, und die Aehnlichkeit
zu entdecken, welche zwischen der von dem Landwirthe
längst gegebenen Erklärung und einer genauen Untersuchung des Schnees Statt findet. Es ist eine bekannte und durch lange Erfahrungen bestätigte Wahrheit, daß nach einem strengen und sehr kalten Winter
das Wachsthum der Pflanzen desto stärker und kräftiger ist, je höher die Pflanzen mit Schnee belegt waren. Die Ursache davon ist sehr einfach und natürlich.

Alle Pflanzen sind fähig, einen größeren oder geringeren Wärmegrad zu ertragen, manche können die Temperatur des Eisschmelzgrades nicht aushalten; andere dagegen widerstehen der allerheftigsten Kälte, ohne die geringste Veränderung zu erleiden. Jede Pflanze hat also ein gewisses Maaß von Widerstand gegen die Kälte, eine gewisse Temperatur, über welche hinaus sie erfriert und abstirbt. Mehrere Pflanzen, welche man einer Kälte aussetzt, die nahe an die Temperatur gränzt, worin sie erfrieren würden, kommen nicht auf, allein sie bekommen von der grimmigen Kälte, die sie ausgehalten haben, eine Art von Siechkrankheit, welche ihnen die ganze übrige Zeit ihrer Dauer anhängt. Setzt man einer großen Kälte eine Reihe Pflanzen aus, welche verschiedene Grade von Kälte vertragen können, so wird von dieser Reihe eine um so größere Menge zu Grunde gehen, je heftiger die Kälte war; wenn man aber mittelst einer Decke die Kälte abhalten kann, und die Pflanzen keiner so großen Verminderung der Wärme aussetzt, als diejenige ist, welche äußerlich herrscht, so werden mehrere von denen, welche krank waren, sich wieder erholen und gesund werden, und zwar desto mehrere, je besser die Dicke die Kälte abgehalten hat. Der Erdball hat in seinem Innern eine angehäufte Wärme, die man in allen unterirdischen Gemächern und Höhlen bemerkt, wenn sie tief genug liegen, daß weder die obere Kälte, noch Wärme hineindringen kann. Diese Wärme beträgt 13 Grad nach der Decimalskale des Quecksilberthermometers. Der Schnee ist ein sehr schwacher Leiter der Wärme, eben so schwer durchdringt ihn die Kälte, und seine Temperatur, wenn er gerget, ist der Nullgrad nach dem Quecksilberthermometer. Wenn die Oberfläche der Erde mit einer beträchtlichen Schneeschicht bedeckt ist, so strebt die kalte Luft, die den Schnee berührt, seine Masse zu durchdringen und zu erkalten, die innere Wärme der Erde strebt dagegen ihn zu erwärmen. Es entsteht dadurch in der Schneemasse ein Streit der Wärme, dessen gewöhnliche Folge ist, daß ein Theil des Schnees geschmolzen, und daß die Temperatur der mittlern Schicht, in welcher die Pflanzen sind, auf Null gebracht wird. Der Schnee hat also die Eigenschaft, die Pflanzen, welche er bedeckt, bei der Temperatur des schmelzenden Eises zu erhalten, sie vor dem Einfluß einer strengen Kälte zu schützen, sie beständig feucht zu erhalten, und zu verhindern, daß ein großer Theil derselben nicht zu Grunde gehe, daß eine noch größere Menge nicht krank werde, und folglich überhaupt genommen, den Pflanzen mehr Kraft und Stärke zu geben, als sie haben würden, wenn sie nicht mit Schnee bedeckt wären.

Man gewahrt hieraus schon, daß sich ein Theil des Einflusses des Schnees auf die Vegetation erklären läßt, ohne die Salze und den Salpeter zu Hülfe zu nehmen, welche er vorgeblich enthalten soll, und die man durch Untersuchung und Zerlegung nicht in ihm finden kann. Erklärt man den Einfluß des Schnees durch die beständige Feuchtigkeit, welche er den Pflanzen mittheilt, so ist diese Erklärung ein Resultat der Beobachtungen, welche den aufmerksamen Landwirthen zu keiner Zeit entwischt ist, allein die Kenntniß des Einflusses, den er durch seine Nichtfortleitung der Wärme hat, ist eine Folge der Erfahrungen, welche neuerdings über die Wärmematerie gemacht worden. Die Alten hatten weder die Reihe von Thatsachen, noch die Instrumente, welche zu diesen Untersuchungen erfordert werden, sondern mußte sich mit den Angaben, Resultaten, Beobachtungen und den Instrumenten begnügen, welche sie hatten. Sie beobachteten z. B., daß die Luft die Metalle rosten mache, eben so wie die Säuren, und schlossen daraus, daß in der Luft eine Säure enthalten seyn müsse. Sie bemerkten ferner, daß auf kalkartigen Massen von freien Stücken Salpeter entsteht, und schlossen daraus, daß die Luftsäure (Kohlensäure) Salpeter seyn müsse. Diese Folgerung war nicht sehr entfernt von der Wahrheit, indem die neuesten Erfahrungen und die merkwürdigsten Entdeckungen, wodurch die Physik die schnellsten Fortschritte gemacht, bewiesen haben, daß die Luft aus zwei Elementen bestehe, welche zur Zusammensetzung der Salpetersäure erfordert werden, nämlich aus Sauerstoff und Stickstoff. Wir müssen also gestehen, daß eine große Einsicht und ein großer Scharfsinn des Geistes von Seiten der vorigen Physiker dazu erfordert wurde, um seit langer Zeit

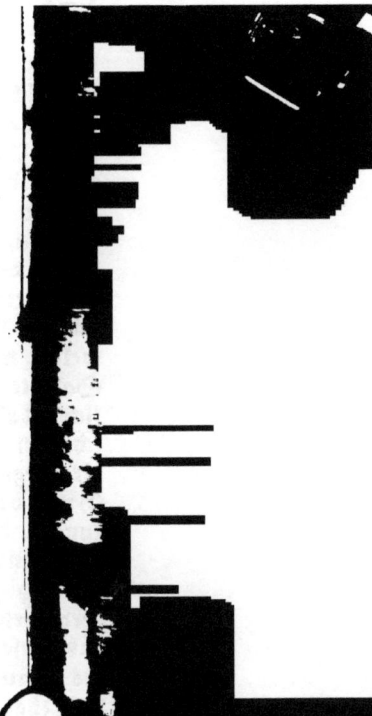

durch Annäherung mehrerer indirekter Erscheinungen
dasjenige zu finden, was uns jetzt die genaueste Unter‑
suchung bewiesen hat. Hätte der Schnee bloß die
Eigenschaft, die Vegetation zu erhalten, und sie als
Madratze vor dem Erfrieren zu schützen, so wären die
alten Philosophen schwerlich auf den Gedanken gekom‑
men, daß er salpetrige Salze in die Erde bringe, da
sie sich durch eine sehr leichte Erfahrung überzeugen
konnten, daß derselbe gar kein Salz enthält; denn sie
haben diese Eigenschaft nicht einmal dem Regenwasser
zugeschrieben. Sie bemerkten aber, daß der Schnee, so
wie die Säuren das Leder und mehrere andere Körper,
welche man hineintaucht, verbrennt, da sie nun schon
Salpeter in der Luft annahmen, so war es sehr natür‑
lich, daß sie diesem Luftsalpeter die brennenden Eigen‑
schaften des Schnees, und folglich dessen Einfluß auf
die Vegetation zuschrieben. Da mich nun der Bürger
Guyton ersuchte, die Ursachen der verschiedenen Wir‑
kungen des Schnees und des Regenwassers auf mehrere
Substanzen zu untersuchen, so fand ich, daß sie von
der Fähigkeit des Schnees, sich mit dem Sauerstoffe zu
verbinden (Oxigenation des Schnees) herrühren, und
daß diese Wirkungen von einer besondern Verbindung
des Sauerstoffs mit diesem gefrornen Wasser abhängen.
Ich that 1000 Grammen (eine Gramme hat 18 Gran
$\frac{841}{1000}$) Schnee in eine, und eben so viel destillirtes
Wasser in eine andere Flasche, und goß in jede eine
gleiche Menge von einerlei Lackmusauflösung, setzte die
Flasche an einen warmen Ort, und nachdem der Schnee
zergangen, sah ich, daß die Tinktur in dem Schnee‑
wasser röther war, als in dem destillirten. Ich habe
diesen Versuch wiederholt und dasselbe Resultat erhal‑
ten. Ich that 1000 Grammen destillirten Wassers in
eine, und eben so viel Schneewasser in eine andere
Flasche, und goß in jede dieser Flaschen 6,5 Grammen
sehr reine und feine Eisenauflösung, worauf sich in
der ersten Flasche 0,150 Grammen Eisenkalk, und in
der zweiten 0,010 niederschlugen. Da nun der Eisenkalk
durch den Sauerstoff aus der Eisenauflösung niederge‑
schlagen wird, so folgt daraus, daß das Schneewasser
mehr Sauerstoff enthält, als das destillirte; und aus
dem ersten Versuche erhellt, daß diese Menge Sauer‑

stoff beträchtlich genug war, um die Lackmus-Tinktur zu röthen. Aus beiden Versuchen erhellt, daß der Schnee ein mit Sauerstoff gesättigtes Wasser ist, und also auf das Wachsthum der Pflanzen eine ganz andere Wirkung haben muß, als das gewöhnliche Eis-wasser. Die Versuche, die Ingenhous über das Keimen der Samenkörner angestellt hat, lehren, daß durchaus die Gegenwart und die Berührung des Sauer-stoffs erfordert wird, wenn sich der Same entwickeln soll. Dieselben Versuche beweisen ferner, daß, je häu-figer der Sauerstoff vorhanden ist, desto schneller ent-wickeln sich die Keime. Die meisten Pflanzen, welche man ganz reif werden läßt, lassen einen Theil ihres Samens auf die Erde fallen; diese herumliegenden und der Kälte ausgesetzten Samenkörner werden von dem Schnee bedeckt und gegen den Frost geschützt, und fin-den zugleich in seinem Schmelzwasser einen Theil des Sauerstoffs, welcher auf das Grundwesen (Elasticität der Organenfasern) der Keimung mächtig wirkt, und die Samenkörner, die ausserdem zu Grunde gegangen wä-ren, zum Keimen, Wachsen und Entwickeln reizt, wo-durch nachher die Menge der Pflanzen, welche den Erdboden bedeckt, vermehrt wird.

Eine beträchtliche Menge Pflanzen, welche wie zu un-serer Nahrung und Bedürfnissen bestimmen, werden in den Monaten October, November und sogar im December gesäet; mehrere dieser Samenkörner keimen, ehe die Kälte ihre Wirkung auf sie äußern, und ihr Lebensprincip stören kann Der Schnee, der die übri-gen bedeckt, wirkt durch seinen Sauerstoff auf den Keim, nöthiget ihn, sich zu entwickeln, und die Menge nöthiger Pflanzen zu vermehren, welche der Acker-mann der Erde anvertraut, wodurch dann eine Ver-mehrung des Ertrages entsteht. Wir haben also hier drei sehr bestimmte Wirkungen des Schnees auf die Vegetation, davon jede ins Besondere das Ihrige bei-trägt, jedes Jahr die Anzahl der Pflanzen zu vermeh-ren, ihnen mehrere Kraft mitzutheilen, und folglich den Ertrag mehrerer Erndten zu vervielfältigen. Diese Wirkungen sind: Erstlich zu verhindern, daß die Pflanzen von dem Froste nicht unmittelbar angegriffen, dadurch beschädiget, und durch dessen zusammenziehen-

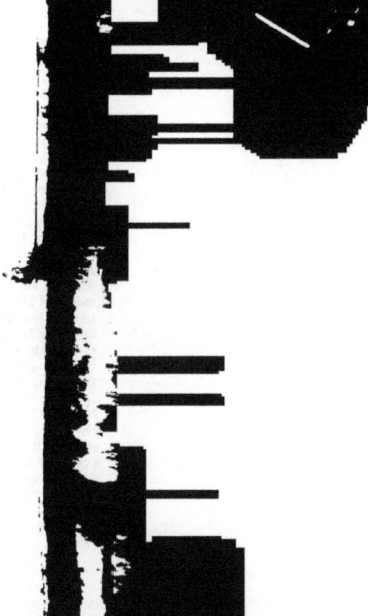

der Gewalt ganz unelastisch gemacht und zerstört werden. Zweitens den Pflanzen die nöthige Feuchtigkeit zu geben, welche ihnen die zu ihrer Erhaltung erforderliche Substanzen mittheilt, und sie in einem unveränderlichen Zustande der Kraft und des Wohlbefindens erhält. Drittens eine weit größere Menge Samen aufkeimen zu machen, und folglich die Anzahl der Pflanzen, die auf der Erde wachsen, zu vermehren.

Der Schnee schmilzt bei 32 Grad Fahrenheit oder 0 Reaumür. Wenn man Schnee mit concentrirter Salzsäure übergießt, so löset sich derselbe schnell auf, und es wird dadurch ein hoher Grad von Kälte hervorgebracht. Wenn man ein Gefäß mit Wasser in eine Vermischung von Schnee, Salmiak und Salpeter stellt, welche man durch ein Kohlenfeuer zum schnellen Schmelzen bringt, so wird die Kälte so groß, daß das Wasser im Gefäße in der über dem Kohlenfeuer stehenden Vermischung des Schnees mit den Salzen zu Eis wird. Das Schneewasser ist übrigens, wie das Regenwasser, sehr rein, und zu den meisten chemischen Operationen eben so wohl, als das destillirte Wasser zu gebrauchen, wenn es nämlich mit der gehörigen Vorsicht aufgefangen worden. Zu diesem Zwecke muß es bei einem stillen Schneien, ohne Sturm, und wenn es bereits eine Zeit lang geschneiet hat, unter freiem Himmel, entfernt von den Wohnungen der Menschen, in irdenen, oder, noch besser, in weiten gläsernen Gefäßen aufgefangen werden, und dennoch soll es, nach Margraf und Bergmann, noch immer etwas Salzsäure haltige Kohlensäure, und einen geringen Antheil Salpetersäure enthalten. Den Glashauspflanzen soll es schädlich seyn, sie mit diesem Wasser zu begießen; dagegen schadet es den Pflanzen im Freien nichts.

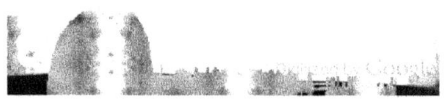

Schon die Alten waren aufmerksam auf den Schnee und bedienten sich desselben in der Haushaltung. Athenäos führt im dritten Buche viele Stellen von Schriftstellern an, welche davon reden. Ein alter Dichter Alexis *) sagt: „Auch sorgen wir für Schnee zu unserm Trank"; und ein anderer Dichter, Euthykles **): „Ob feil der Schnee, erforschet er zuerst." Athenäos führt eine Stelle aus Chares an, der eine Geschichte Alexanders des Großen geschrieben hat, aus welcher wir sehen, daß Alexander den Schnee ungefähr so verwahren ließ, wie er noch jetzt in Italien und Sicilien verwahrt wird. Er ließ bei Belagerung einer Indischen Stadt dreißig Graben dicht an einander machen, sie mit Schnee füllen, und diesen mit Eichenzweigen bedecken, weil auf diese Weise, sagt Chares, der Schnee sich lange hält. Stratis ***) sagt: „Keiner würde gern warmen Wein trinken, sondern vielmehr solchen, der im Brunnen abgekühlt, und mit Schnee vermischt ward." Auch ein Epigramm des Simonides †)

---

*) Και χιονα μεν πολιν παρασκευαζομεν.

**) Πρωτον μεν ιδων ει χιων ις ωνια

***) 'Οιον γαρ πιειν ἐκ αν ιις
Διξαιταθιερμον, αλλα πολυ τεναιτιον,
Τυχομενον εν τω Φρεατι, χιονι μεμιγμενον.

†) Τω' ρα ποτ' Ουλυμποιο περι πλευρας εκαλυψεν
'Ωκος απο Θρηκης ορνυμενος Βορεης,
Ανδρων δαχλαιναν ιταχε Φρενας, αυταρ εκαμφθη
Ζωη πιερην γην επιεσσαμενη,
'Ει τις εμοι γαιης χειτω μερος, ουγαρισιχε
Θερμον Βαραξιν αιδρι Φιλον, τεροτοσιν.

Die oben angeführten Uebersetzungen sind von F. L. Grafen zu Stollberg. S. dessen Reise in Deutschland, der Schweiz, Italien ꝛc. 4. Bd. Königsberg, 1799, S. 169.

K.

führt Athenäos an, in welchem der Dichter vom
Schnee sagt: „Eilend daherrauschend von Thrazien,
streuete der Boreas diesen Schnee auf die Seiten des
Olympos. Mantellose Männer durchdrang er
mit kältendem Schmerz, aber milde ward er, als man
ihn lebendig mit Pierischer Erde bestattete. Es
reiche mir Jemand davon, denn es geziemet sich nicht,
einem Freunde warmes Wasser zum ersten Trunk
beim Gastmahle zu bieten." Simonides war ein
Zeitgenosse des Xerxes.

Da der Gebrauch des Gefrornen in Italien und
Sicilien als unentbehrlich zur Erfrischung angesehen,
und als ein kräftiges Mittel in vielen Krankheiten
gebraucht wird, so bedient man sich dazu nicht wie
bei uns des Eises, sondern des Schnees. Der Schnee
ist nicht nur leichter aufzubewahren, als das Eis,
sondern sie halten auch den Gebrauch des Schnees
für gesünder. Daß der Schnee leichter aufzubewahren ist, als das Eis, wird dadurch augenscheinlich,
daß wir in warmen Sommern oft Mangel an diesem
in unsern Eiskellern haben, wo es den Südländern
in ihren heißen Sommern nie an Schnee gebricht.
Sie verwahren ihn theils in Bergklüften, theils in
Löchern, welche sie auf hohen Gegenden in die Berge
gegen Norden eingraben. In diesen wird der Schnee
fest zusammengestampft, um die ihm dauernde Festigkeit zu geben, mit Stroh, Sand, oder in Vulkani-
schen Gegenden mit Asche vermischt. Die Magistrate der Städte sorgen für den hinlänglichen Vorrath des Schnees, und würden Gefahr laufen, den
Zorn des Volkes zu empfinden, wenn es einmal
an diesem Bedürfniß Mangel haben sollte. Für die
Stadt Neapel hat die Regierung zu Ende des verwichenen Jahrhunderts selber diese Sorge auf sich
genommen, und einem Mann das Privilegium, ihre
400,000 Einwohner mit Schnee zu versehen, ver-

pachtet. Er wird hier verwahrt in Klüften und Gruben des Berges San Angelo, zwischen Castell-a Mare und Sorenta. Alle Nächte bringen Esel den Schnee ans Ufer, und man beladet Böte damit, welche Vorrath für den folgenden Tag nach der Hauptstadt bringen. Sollte der Schnee einen Tag ausbleiben, so würden die Neapolitaner lauter murren, als unsere Soldaten, wenn es im Lager an Branntwein fehlt, oder an Rauchtabak. Im Pachtkontracte hatte sich daher der Pachter einer Geldbuße von zweihundert Dukaten unterwerfen müssen für jeden Tag, an welchem nicht Schnee genug nach der Hauptstadt gebracht werden sollte. Das Gefrorne von Milch, von Früchten, von Chocolade findet man fast in allen Städten Italiens und Siciliens; rechnet man nun noch dazu, was die Aerzte in diesen Ländern an Schnee verbrauchen, so kann man auf das ungeheure Quantum desselben schließen, was erfordert wird. Die Aerzte in diesen Ländern geben nicht viel Arznei, verordnen aber dafür eine strenge Diät, wodurch sie mancher Krankheit im Entstehen gleich ihre Kraft benehmen; sie geben dem Kranken verschiedene Tage nur Wasser, welches im Schnee gekühlt worden, mit süßen Pomeranzen und mit Gefrornem von Früchten. Auch auf Sicilien wird wegen des vielen Verbrauchs an Schnee ein förmlicher Handel damit am Etna getrieben.

Bei uns wird auch hier und da der Schnee in Eisgruben ꝛc. aufbewahrt, und zur Abkühlung der Getränke benutzt, das heißt, man schüttet den Schnee in zinnerne oder von Eisenbleich verfertigte Abkühlungsgefäße, und setzt darein den auf Bouteillen gefüllten Wein, auch andere Getränke, die recht kühl genossen werden sollen; jedoch bedient man sich hierzu auch des Eises, indem man die genannten Gefäße zur Hälfte, auch darüber, mit Brunnenwasser an-

fülle und ein Stück Eis hineinlege, und dann die
Bouteillen hineinsetzt. Durch das Eis wird dem
Wasser der hinlängliche Kältegrad mitgetheilt, um
das Getränk zu erfrischen.

In den Gewerben wird der Schnee und das
Schneewasser zum Leinwandbleichen angewendet.
In Frankreich hat Pajot mehrere Beobachtungen
und Versuche darüber angestellt. Er sagt:

„Die Landleute in den hohen und gebirgigen Gegenden der ehemaligen Pikardie, und selbst diejenigen,
welche in Ebenen wohnen, wo das Wasser selten ist,
rösten ihren Flachs auf den Wiesen oder Brachfeldern
im Winter, während der Monate December, Januar
und Februar im Regen, Nebel und Schnee. Ungeachtet diese Jahreszeit und Witterung sehr ungünstig
dazu scheint, so erhält dennoch der auf diese Art geröstete Flachs dieselbe Farbe, als wenn er im Wasser
geröstet worden, und wird sogar dem letztern auf dem
Markte nach Ostern vorgezogen Weit entfernt, dem
Flachse zu schaden, beschleuniget und begünstiget der
Schnee dessen Weiße, welche Erfahrung von allen
Landwirthen, die diese Methode befolgen, bestätiget
werden kann. Sie haben noch besonders bemerkt, daß
je stärker der Boden mit Schnee bedeckt ist, um so
schneller wird der Flachs geröstet. Im Jahre 1788
hab' ich diese Erfahrung in einer Abhandlung vorgetragen, welche von der Gesellschaft der Arzneiwissenschaft
zu Paris den Preis erhielt Im Jahre 1791 übergab
ich der Gesellschaft des Ackerbaues zu Paris eine andere Abhandlung, worin ich von den wiederholten Versuchen Rechenschaft gab, die ich mit dem zum Bleichen
schon gebrauchten, mit dephlogistisirter Salzsäure ge-
schwängerten Wasser auf verschiedene Pflanzen angestellt hatte Ich zeigte darin, daß Blumenkohl, gemeiner Kohl, Kohlkraut, Erbsen, Lauch rc, mit diesem
Wasser begossen, nicht nur schmäler emporschossen, als
andere, welche mit gemeinem Flußwasser begossen worden, sondern daß sie auch beinahe noch einmal so stark
geworden, als gewöhnlich Die zu diesen Versuchen
bestimmte Pflanzen wurden aus einerlei Gattung Erde

genommen. Ein in der Nähe des Laboratoriums wohnender Gärtner, wo ich gewöhnlich die zum Bleichen bestimmte Salzsäure bereitete, und dem ich die Anwendung dieses gebrauchten Wassers empfahl, wurde durch eigene Erfahrung so sehr von der Güte desselben überzeugt, daß er sich die Aufbewahrung dieses Wassers, als die größte Gefälligkeit von mir erbat."

Der Schnee blendet sehr die Augen, und um diesem Uebel zu begegnen, haben diejenigen Völker, welche in den Polarländern, überhaupt in der kalten Zone wohnen, wo der Erdboden den größten Theil des Jahres mit Schnee bedeckt ist, verschiedene Schutzmittel dagegen erfunden. So tragen die Eskimos an der Hudsonsbay Schneeaugen, welches Stücke Holz oder Elfenbein sind, die das Gesicht bedecken. In diesen sind zwei Löcher, die so lang, als die Augen, aber schmal sind. Diese Instrumente verhindern die Schneeblindheit, und die zu stark einfallenden Lichtstrahlen; s. Th. 58, S. 95. Nach Georgi *) brauchen die Tungusen wegen des blendenden Schnees hölzerne Brillen, mit einem Paar schmale Ritzen, die nur wenig Licht durchlassen. Besonders tragen sie diejenigen, welche schon an Augenentzündungen leiden. — Von den durch den Schnee herrührenden Schmerzen und Entzündungen der Augen in Kamtschatka, befreien sich die Russen durch Eyweiß, Kampher und Zucker; s. Th. 34, S. 75 u. f. — Das Schneewasser ist auch die Ursache der Kröpfe, s. Th. 54, S. 34 u. f.; dagegen braucht man dasselbe, besonders von dem Schnee, welcher im März gefallen, wider den Brand; s. unter Brand, Brandschaden, Th. 6. — Von dem Schnee unter dem Getreide auf Böden, s. Th. 44, S. 919.

*) Russische Reisebeschreibung im Jahr 1772; 1. Bd., S. 264.

Benennung Anlaß gegeben haben. Die in der an=
ständigen Sprechart ungewöhnliche Mehrheit, kommt
: Es sind diesen

Bluntschli.
Schnee (rother Alpen=), ein mit einer lebhaften
Röthe gefärbter Schnee, welchen Herr von Sauf=
fûre, *) als er zum ersten Male den Berg Breven im
Jahre 1760 bereisete, auf den abhängigen Flächen des=
selben, an verschiedenen Orten antraf. Diese Farbe hatte

---

*) Voyage dans les Alpes. T. III, 1786.

ihre größte Lebhaftigkeit, besonders in der Mitte derjenigen Pläße, deren Centrum tiefer gesenkt war,
als die Ränder, oder da, wo die verschiedenen ge-
neigten oder mit Schnee bedeckten Ebenen zusam-
menliefen. Da er diesen

t

Zoll
Dieses   en

                                                          eit
                                                          es
auch nicht von den Win   n,
weil es sich nicht Strich
und die wahrscheinlichste Vermuthung war, es als
ein Produkt des Schnees selbst, oder als ein Rückbleibsel seiner Schmelzung anzusehen, das an seiner
Oberfläche, wie an einem Siebe bei der Durchseige-
rung des Wassers hängen geblieben wäre. Was
diese Vermuthung noch begünstigte, war der Umstand,
daß sich diese Farbe an den Rändern der kesselförmi-
gen Pläße, wo wenig geschmolzenes Wasser einge-

dem Maaße stärker zeigte, in welchem das geschmolzene Schneewasser in den Ueberrest des Schnees gedrungen war. Herr v. Saussüre nahm ein Trink-
glas von diesem Schnee mit sich, und behielt es so
lange in der Hand, bis der Schnee geschmolzen war,
da sich denn der rothe Staub bald auf den Boden
desselben setzte, und hier schien seine Farbe nicht mehr
so blendend, wie vorher, und er verlor sie fast gänzlich, als er trocken wurde; eben so verminderte sich
auch seine Menge bis fast auf Nichts. Im folgenden Jahre bestieg Herr v. Saussüre abermals den
Breven, und fand wieder dieselbe Menge von rothem

Schnee auf demselben; er packte ein großes Schnupftuch voll davon fest zusammen; allein ehe er nach
Hause kam, hatte die Sonne Alles zu Wasser gemacht. Der Breven war es aber nicht allein, wo er
diesen Schnee gewahrte; er fand ihn auf allen hohen Bergen, wenigstens um dieselbe Jahreszeit und
in ähnlichen Lagen, so daß er sich wunderte, daß die
Schriftsteller, welche über die Alpen geschrieben, wie
z. B. Scheuchzer, seiner nicht erwähnt hatten.
Man findet ihn jedoch nur an niedrigen Orten oder
Plätzen, wo der Schnee tief liegt; und zu einer
Jahreszeit, wo die Schmelzung schon bis auf einen
gewissen Grad gegangen ist; denn wenn Schnee noch
gar nicht, oder nur sehr wenig davon geschmolzen
ist, so ist die zu geringe Menge des Pulvers nicht
im Stande die Augen zu rühren, und ist dagegen die
Schmelzung schon zu weit gediehen, so ist alles Pulver mit dem Wasser durchgegangen, und ebenfalls
nichts mehr davon zu sehen. Ueberdies vermischen
sich auch gegen das Ende des Schmelzung viele fremde
Erdtheile und von den Winden herbeigeführte Unreinigkeiten so mit demselben, daß man seine Farbe nicht
mehr bemerken kann.

Als Herr v. Saussüre im Jahre 1788 auf dem
St. Bernhard war, so gab es auf demselben viel
dergleichen Schnee, von dem er auch so viel sammelte, als er nur konnte, und der Herr Kanonikus
Murrith, ein geschickter Naturforscher, sammelte
noch so viel dazu, daß man einige Versuche damit
anstellen konnte. Wegen der beträchtlichen eigenthümlichen Schwere behandelte Herr v. Saussüre
das rothe Pulver wie eine Erde, zuerst mit destillirtem Weinessig, wovon er aber so wenig genommen
hatte, daß es kein Resultat gab. Mit Salzgeist
gekocht, hatte das Dekoct, nachdem es sorgfältig
bestillirt und filtrirt worden war, eine so braune

Farbe, daß er über die Natur dieser Substanz stuzzig wurde; er brachte sie deshalb vor das Löthrohr, und sah, daß sie sich mit einem Geruch, wie von verbrannten Kräutern, entflammte. Dieser Versuch veranlaßte Herrn v. Saussüre 40 Gran von dem Pulver in Weingeist digeriren zu lassen; die Auflösung wurde filtrirt, und man fand das Rückbleibsel um 7 Gran vermindert. Der Weingeist war schön goldgelb geworden; er wurde im Marienbade destillirt und er ging ganz rein über; auf dem Boden des Kolben blieb eine öligte, durchsichtige und gelbbraune Materie zurück, die sich durch die Wärme des Marienbades nicht trocknen ließ. Diese öligte Materie hatte einen Wachsgeruch, den sie auch beim Verbrennen noch von sich gab. Der Bodensatz, welchen der Weingeist nicht hatte auflösen können, war in Absicht seines extraktiven Theils ebenfalls verbrennlich, und die Asche, welche nach dem Verbrennen übrig blieb, schien nicht merklich alkalisch, und floß vor dem Löthrohre zu einem porösen grünlichen Glase.

Diese Versuche schienen zu beweisen, daß dieses Pulver eine vegetabilische Substanz, und wahrscheinlich ein Blumenstaub sey. Dem Herrn v. Saussüre ist zwar keine Pflanze in der Schweiz bekannt, die einen rothen Blumenstaub giebt, und die dabei so häufig vorhanden wäre, daß sie so vielen Alpenschnee roth färben könnte, zumal wenn man bedenkt, daß erst sehr viel davon verloren gehen müßte, ehe er bis dahin gelangte; vielleicht giebt ihm aber erst Sonne diese Farbe; und was seine große eigenthümliche Schwere anbetrifft, so ist diese nicht wunderbar, da er sich bei seinem langen Verweilen auf dem Schnee von der Feuchtigkeit stark ansaugt, und dadurch dicht und schwer wird.

Als Herr v. Saussüre seine Untersuchungen dem Herrn Bonnet mittheilte, so rieth ihm dieser, das

Pulver auch mit dem Vergrößerungsglase zu untersuchen, um zu sehen, ob sich da eine, dem Blumen-
staube ähnliche Gestalt zeige; er machte diese Beobachtung mit der größten Sorgfalt und mit den besten
Linsen; allein er konnte nicht die geringste Regelmä-
ßigkeit in der Bildung entdecken. Man war und ist
darüber noch nicht ganz einig, ob es ein vom Blu-
menstaube gefärbter Schnee ist, oder ob es eine vom
Schnee selbst abgesonderte, und durch einen unmittel-
baren Zutritt des Lichts mit entzündbaren Materien
geschwängerte Erde ist, welche in der reinen Luft
dieser erhabenen Gegenden mit einer so beträchtlichen
Lebhaftigkeit schimmert.

Schnee (Eyer-), in der **Kochkunst**, ein aus Eyern
bereiteter Schnee. Man quirle zu diesem Ende zehn
Eydotter, etwas Rosenwasser und fein gestoßenen
Zucker in 1 Nößel Milch ab, setze es aufs Feuer,
und lasse es unter stetem Rühren nur scharf heiß
und dicklich werden; dann setze man es in einer passenden großen Schüssel warm. Hierauf quirle man
das Eyweiß mit Zucker und Rosenwasser ab, lasse
ein Nößel Milch aufkochen, thue die Eyweißmasse
darein, und schlage sie mit einer Ruthe zu Schaum,
bis sie aufkocht; dann nimmt man den Schnee mit
einem Löffel heraus, und legt ihn um jene Eydotter-
masse rund herum, überstreut das Gericht mit gereinigten Corinthen (kleine Rosinen), läßt es im Keller
erkalten, und beim Auftragen überstreut man es noch
mit Zucker und Zimmt. Soll die Schüssel kleiner
seyn, so nehme man sechs Eyer, und nur 1/2 Quart
Milch dazu.

— (geschmolzener), s. Schneewasser.

— (März-). Der Märzschnee soll viele gute,
aber auch böse Eigenschaften an sich haben. So soll
man das Wasser des Märzschnees wider den Brand
und die Brandschäden, wie auch schon oben an-

ter Schnee, S. 327, angeführt worden, gebrauchen können. Ferner soll dieses Wasser einen sehr weißen Teint machen, wenn man sich damit des Morgens wäscht; daher wurde der im März gefallene Schnee noch zu Ende des verwichenen Jahrhunderts von den Schönen aufgesammelt, geschmolzen und das Wasser in Krügen an kühlen Orten zu dem genannten Gebrauche aufbewahrt; auch nimmt dieses Wasser keinen üblen Geruch beim Aufbewahren an. Von bösen Eigenschaften desselben führt man das Sprichwort an: „Märzschnee thut der Saat weh;" allein dieses Sprichwort trifft nur dann ein, wenn vorher durch gelindes Wetter die Saat zum Wachsen gekommen ist, sonst hat er keinen bösen Einfluß darauf.

Schneeammer, gescheckter Emmerling, Schneeortolan, Schneelerche, Schneevogel, Wintersperling, Winterling, Neuvogel, Emberiza varia Klein; Passer hybernus, Avis peregrina, Gesn. Schwenkf., Miliaria avis Frisch; Engl. The lesser pied mountain Finch; Fr. l Ortolan de neige; eine Art Ammern oder Emmerlinge, welche in Lappland, auf Spitzbergen, der Hudsonsbay, und in andern nördlichen Ländern angetroffen wird, während der schönen Jahreszeit unter diesen Himmelsstrichen wohnt er in den Lappländischen Schneegebirgen ꝛc., im Winter aber zieht er in die südlichen Gegenden Schwedens und zuweilen nach Deutschland. Wie bekannt, hat die Kälte auf die Farbe des Haars der vierfüßigen Thiere Einfluß, und eben so auch auf das Gefieder der Vögel, und man darf sich nicht wundern, daß dieser Vogel, von welchem hier die Rede ist, im Winter, nach Linné, weiß ist, noch weniger über die zahlreichen Abänderungen, welche man zu dieser Art rechnet, und wovon aller Unterschied in

dem mehr oder wenigerem Weiß, Schwarz oder Rothgelblichen besteht, und man gewahrt, daß die Verbindung dieser drei Hauptfarben beständig abwechseln
muß. Zuweilen hängt sie auch von dem Grade der
Kälte ab, den diese Vögel ausstehen; denn man kann
ihnen das ganze Jahr hindurch ihre Sommertracht
erhalten, wenn man sie des Winters in der Stube
oder jedem andern gut geheizten Zimmer hält.

Das Männchen ist im Winter am Kopfe, den
Flügeldecken, und dem ganzen Unterleibe weiß wie
Schnee, nur am Kopfe ist eine schwache, gleichsam
durchscheinende rothgelbliche Farbe; der Rücken ist
schwarz; die Schwungfedern und Ruderfedern sind
halb getheilt von schwarz und weißer Farbe. Im
Sommer verbreiten sich über den Kopf, den Hals
und den Unterleib, auch auf den Rücken gelbröthliche
Querwellen, die mehr oder weniger ins Dunkle fallen, aber nie in einem solchen Grade, als bei dem
Weibchen, bei welchem diese Farbe vorherrscht, und
auf demselben Streifen in die Länge bildet. Einige
Vögel dieser Art sind am Halse aschfarbig, und auf
dem Rücken aschfarbig und braunbunt; um die Augen geht ferner eine Purpurfarbe, und auf dem Kopfe
ist eine röthliche. Die Farbe des Schnabels ist auch
veränderlich, bisweilen gelb, bisweilen an der Wurzel
aschgrau, und ziemlich beständig schwarz an der Spitze.
Die Nasenlöcher sind rund, ein wenig erhoben, und
mit kleinen Federn bedeckt. Die Zunge ist ein wenig
gespalten, die Augen sind klein und schwarz, und die
Füße schwarz oder schwärzlich. Nach Otto's Beschreibung ist der Schnabel gelblich, an der Spitze
schwärzlich, kurz, beinahe so hoch, als lang; die untere
Kinnlade faßt mit ihren eingebogenen Rändern in
die obere. Die Füße sind schwarz und die Dünnbeine kurz, als der mittlere Zehe. Der hintere Zehe
ist ziemlich lang, und dessen Nagel dreimal so lang,

als die vordern, jedoch etwas mehr gekrümmt, als an der Lerche. Die Brust, der Bauch, die Seiten und der Steiß sind ganz weiß; auch sind die mittelsten Schwungfedern und die äußeren Ruderfedern mehrentheils weiß. Die Kehle und die Seiten des Kopfes sind weißlich und mit hellbraunen Schattirungen. Die Stirn ist schwarzbraun, der Scheitel, Hinterkopf und Nacken, wie auch eine Querbinde über die Brust sind weiß und hellbraunbunt, indem die weißen Federn braungelbe Enden haben; oben sind der untere Theil des Halses, die Schultern, der Rücken und die obern Flügeldecken gemischt schwarzbraungelb und weißgelb, indem die schwarzen Federn hellbraune Ränder und Enden haben.

Die Schneeammer verlassen ihre Gebirge, wenn der Frost und Schnee ihre Nahrungsmittel vernichtet, welche auch für die weißen Birkhühner dieselben sind, im Frühjahr kehren sie aber wieder in ihre bereisten Gebirge zurück. Sie nehmen zwar nicht immer denselben Weg, doch sieht man sie gewöhnlich in Schweden, Sachsen, Niederschlesien, Polen, Rothreussen, Podolien und England, hier besonders in der Provinz York, in welcher Provinz man sie im Winter in Menge fangen soll. Im Südlichen gewahrt man sie sehr selten, und sie sind fast ganz unbekannt in der Schweiz und in Italien. Ihre Nahrung besteht aus Samen einer Art von Birken und einigen andern ähnlichen Samen. Wenn man sie im Bauer hält, kann man sie sehr gut mit Hafer, grünen Erbsen, Hanf, Hirse, Flachskrautsamen rc., füttern. Hanf muß man nur sparsam geben, weil er sie zu fett macht, und verursacht, daß sie für Fettigkeit sterben. In der Streichzeit halten sie sich auf den Landstraßen auf, wo sie kleinen Samen, und was zu ihrer Nahrung gehört, auffammeln, und wo man ihnen dann Schlingen legt. Man sucht sie nur wegen des

wohlschmeckenden Fleisches und der Seltenheit ihrer
Federn, aber nicht um ihrer Stimme willen; denn
**man hat sie noch niemals in den Vogelhäusern, Kä-
figen zc.,** so eingesperrt, singen hören. Ihr bekann-
tes verwirrtes Geschrei läuft auf ein Geschwätzer,
welches so viel als nichts bedeutet, hinaus, oder auf
einen scharfen Laut, der dem Geschrei des Hahnes
nahe kommt, welches sie von sich geben, wenn man
ihnen nahe kommt. Wenn man aber über ihre
Stimme urtheilen will, so muß man sie zur Zeit der
Liebe hören, in welcher, nach Büffon, die Stimme
der Vögel eine neue Pracht und Biegsamkeit bekommt.
Nach Fabricius soll das Männchen in der
Nachbarschaft des Nestes ganz vortrefflich singen, und
dabei beständig seine Stelle verändern. Wenn die
Jungen auskommen, hört es auf. Man kennt nach
einigen Ornithologen nicht die Gegend ihres Brütens,
es soll aber in den Ländern geschehen, wo sie den
Sommer über zubringen. Nach Fabricius nistet
er auf den kahlen Gebirgen von Grönland. Sein
Nest baut er in den Ritzen der Felsen im Mai. Es
besteht aus drei Schichten, von welchen die äußerste
von Gras, die mittlere von Federn, und die Innere
von Haaren des Schneefuchses gemacht ist. Das
Weibchen legt fünf nicht sehr spitz zulaufende Eyer,
welche von weißer Farbe sind, mit braunen und
schwarzen Flecken, die besonders am dickern Ende
dicht stehen. Das Männchen wechselt mit dem
Weibchen im Brüten. Er fliegt übrigens wie die
andern Ammern, und lauft gleich ihnen an der
Erde. Diese Vögel setzen sich nicht gern auf Ge-
sträuche und Bäume, sondern halten sich an der Erde,
wo sie wie die Lerchen laufen, mit welchen sie auch
in Ansehung ihrer Bewegung, Größe, und fast eben
so langen Spornen zc. übereinkommen, jedoch nicht

mit dem Uebrigen, wie oben angeführt worden. Man
hat sie daher auch Schneelerche genannt.

Nach Otto kommt der Schneeammer auch, in
Pommern in einigen Wintern sehr häufig vor, und
wird daselbst Schneelerche, Schneesperling,
Schneevogel genannt. Man hat ihn hier, wenn
er ankommt, für einen Vorboten vieles den Winter
über einfallenden Schnees gehalten. Zu Anfange
des Winters kommen sie sparsam an, ziehen aber gegen das Frühjahr in größeren Schaaren hindurch
nach Norden zurück. Der eben genannte Schriftsteller sah sie niemals in Pommern auf Bäumen oder
Büschen sitzen, sondern immer in Schaaren auf
den vom Schnee befreiten Aeckern laufen, und
Samenkörner suchen. Sie laufen darauf gleich den
Lerchen, und zwar ziemlich ohne Geräusch, und
sind in steter Bewegung, meist nach einer Richtung,
so daß die ganze Schar vorwärts läuft, als wenn
eine Herde Vieh getrieben wird. So schnell sie
übrigens laufen, so scheint ihnen solches wohl noch
zu langsam zu gehen, indem sie oft dabei fortflattern,
oder alle ein wenig nahe an der Erde weiter fliegen,
und dann wieder fallen und laufen; sie sind in den
Haufen dann so dicht an einander, daß man oft zehn
auf einen Schuß erlegen kann.

In den nördlichen Gegenden fangen sie die Knaben mit kleinen Bogen oder mit Schlingen, die um
sein Futter angebracht werden, besonders zur Herbstzeit, in welcher er Scharenweise von den Gebirgen
nach den Ufern herabkommt, und die südlicheren Gegenden besucht. An der Hudsonsbay ist dieser Vogel einer der ersten kleinen, die daselbst im Frühling
zum Vorschein kommen, wenn die Erde noch mit
Schnee bedeckt ist. — Fabricius hält diesen Vogel für einerlei mit dem Schneefinken. — Abarten
des Schneeammers sind folgende:

1) Der schwarze Schneeammer, der Ja-
kobiner Ortolan, Passer nivalis cervice alba
oder vielmehr nigra Klein ordo av. p. 89. n. VIII.;
Hortulanus nivalis niger Briss. tom. III. p. 289.
Emberiza hyemalis nigra, ventre albo; Linn.
Syst. nat. ed. XII. p. 308; Fringilla hyemalis,
Linn. Syst. X. p. 183, Fr. le Moineau de neige,
l'Ortolan de neige; Engl. Snow-bird, The pied-
chatfinch. Dieser Vogel ist eine Abart durch das Klima
erzeugt, mit weißem Schnabel, Brust und Bauch;
seine Füße sind grau, und alles übrige schwarz. Er
erscheint alle Winter in Carolina und Virginien, verschwindet aber auch daselbst in der genannten Jahreszeit wieder. Es ist wahrscheinlich, daß er von da
weggeht, um im Norden zu nisten.

2) Der Schneeortolan mit dem Halsbande, der weißköpfigte Ortolan, l'Ortolan
de neige à collier. Kopf, Kehle und Hals dieses
Vogels sind weiß; von den zwei Arten der Halsbinden oder Halskragen ist der oberste bleifarbig, der unterste blau, beide durch die Grundfarbe getrennt,
welche eine Art von weißer Halsbinde dazwischen
bildet; die Schwungfedern sind weiß, mit einem grünlich gelben Anstrich, und mit einigen schwarzen Federn vermischt. Die acht mittelsten und beiden äußersten Schwanzfedern sind weiß, die andern beiden
schwarz; alles übrige Gefieder ist röthlich braun, mit
grünlich gelben Flecken; der Schnabel roth mit asch-
grauem Rande, die Iris weiß und die Füße fleischfarbig.
Dieser Vogel ward in Essex gefangen, und man konnte
ihn nur nach langer Zeit, und nach vielen vergeb-
lichen Versuchen in die Schlingen bekommen.

Büffon's Naturgeschichte der Vögel, 12r Band, S.
173 u. f.

Klein's Vorbereitung zu einer vollständigen Vögelhisto-
rie 2c Leipzig und Lübek, 1760, S. 170.

Schneebahn, eine mit Wagen und Schlitten durch den Schnee gemachte Bahn.

Schneeball, ein aus Schnee mit den Händen geformter Ball, ein Klumpen Schnee, den man mit den Händen von allen Seiten so zusammendrückt, daß er die Gestalt eines Spielballs erhält. Man nennt auch einen großen Klumpen durch das Herabwälzen von einem Berge sich rundlich geformten Schnee einen Schneeball, und einen noch größeren Klumpen, wie sie in der Schweiz von den Alpen herabrollen, eine Schneelauwine.

—, Schwelken, Viburnum Linn., eine Pflanzengattung, welche in die dritte Ordnung der fünften Klasse (Pentandria Trigynia) des Linnéischen Pflanzensystems gehört, und folgende Gattungskennzeichen hat. Die auf dem Fruchtknoten sitzende Blume hat einen sehr kleinen fünfzähnigen Kelch, eine glockenförmige oder radförmige fünfspaltige Blumenkrone mit fünf Staubfäden, und keinen Griffel, statt desselben aber eine kleine Drüse auf dem Fruchtknoten mit drei Narben. Die Beere ist einsamig. Die bekanntesten und beliebtesten Arten sind:

1) Der Lorbeerschneeball, der Bastardlorbeer, der wilde Lorbeer, der Laurus Tinus oder Lorbeer Tinus, Viburnum Tinus, foliis integerrimis ovatis, ramificationibus venarum subtus villoso-glandulosis. Linn. Spec. plant. Tom. I., S. 383. Viburnum foliis ovatis integerrimis. Hort. ups. 69. Laurus Tinus s. sylvestris: trium generum. Bauh. hist. 3. p. 418. β Laurus sylvestris, foliis venosis. Bauh. p. 461. γ Laurus sylvestris, folio minore. Bauh. pin. 461. Viburnum Tinus et Viburnum lucidum. Mill. Dict. Nr. 4, 5. Fr. le Laurier Tin.; Portugiesisch Uva de Perro oder Follado; Spanisch Durillo.

Dieser Strauch oder kleine Baum wächst in Portugal, Spanien, Italien und den südlichen Theilen von Frankreich wild, erreicht eine ungleiche Höhe, und wächst bald strauchartig, bald baumartig, je nach der Beschaffenheit der Lage oder der Kultur desselben. Seine Blätter stehen auf kurzen Stielen gerade gegen einander über, und sind eyrund, spitzig, am Rande ungezähnt, glatt, 2½ bis 3 Zoll lang, ungefähr 5/4 Zoll breit, von ziemlich dicker und steifer Consistenz, und bei einigen glänzend dunkelgrün, bei andern aber ein wenig haarig. Die Blumen wachsen in unächten Dolden, meistens an den Enden der Zweige, und sind schneeweiß, zuweilen auch röthlich, und wohlriechend, und die darauf folgende Beere ist mit dem aufrechten fünfzähnigen Kelch gekrönt, ungefähr so groß wie die Myrthenbeere, rund oder länglicht, schwarz oder schön blau. Diejenige Art oder Abart, welche größere, glänzendere und steifere Blätter hat, trägt auch größere Blumendolden mit größeren, weißeren und wohlriechenderen Blumen, und größere und mehr länglichte blaue Früchte, und hat eine glättere und purpurrothe Rinde. In warmen Ländern blüht dieser lorbeerartige, immergrüne, schön aussehende Strauch fast das ganze Jahr hindurch, weshalb man ihn auch zur Zierde in Holland, England und Deutschland cultivirt, wo seine Blumen gemeiniglich im Spätherbste zum Vorschein kommen und den ganzen Winter hindurch bei einer mäßigen Wärme von 8 bis 14 Grad im Glashause blühen, und ihren süßlichen angenehmen Duft aushauchen; in den beiden letztern Reichen dauern sie auch so ziemlich den Winter über in freier Luft aus, und werden nicht leicht, besonders wenn sie bedeckt stehen, ausgenommen von der strengsten Kälte, beschädiget. Er verlangt eine nahrhafte, mit Lehm vermischte Erde, und viel Feuchtigkeit. Die Vermehrung geschieht durch das Ablegen der an dem Stamme aufschlagenden jungen, starken Zweige. Die Beeren dieses Strauches purgiren mit großer Heftigkeit, und sind so scharf, daß sie leichtlich eine Entzündung im Halse verursachen; daher mißräth Börhaave ihren Ge-

aum   elder, Wafferho.

Schwedisch Olwoon oder Ularoon, Vogelbaer.

Dieser Strauch oder Baum wächst in allen Landern Europas, selbst in den nördlichen, als in Holland und Schweden, wild, und liebt besonders einen etwas nassen Boden. Man findet ihn daher hauptsächlich in den Weidenbüschen und unter andern Gesträuchen, an den Ufern der Bäche, in

bis

graue, aufgeriffene, glatte Rinde, und wenn er jung
ist, eine große Markröhre, und ein weislichtes, ziemlich weiches Holz; mit dem Alter aber wird die Markröhre kleiner, und das Holz fester und härter. Seine
Zweige sind gestreift und stehen einander gerade gegenüber, so auch die Blätter, deren Stiele fast einen
Zoll lang, und oben und unten mit einem oder zwei
Paar nierenförmigen Drüsen besetzt sind. Die Blätter selbst sind drei bis vier Zoll lang, und vorn fast
eben so breit, an der Basis schmäler, nach vorn zu
aber breiter, und in dreispitzige sägenartig-gezähnte
Lappen zertheilt; ihre Oberfläche ist glatt und hellgrün
die untere blaß und ein wenig haarig. Die Blumen
sind weiß und wachsen an den Enden der Zweige,
in schönen, ziemlich flachen, unächten Dolden, welche
ungefähr aus sechsästigen mit Deckelblättchen versehenen Stielen zusammengesetzt sind. Die in der
Mitte befindlichen Blumen sind klein, gelblich, vollkommen und fruchtbar; die im Kreise herumstehen-
den sind ganz weiß, fast sechsmal größer, haben eine
ungleiche Blumenkrone, und weder Staubfäden,
noch Fruchtknoten, und sind also unfruchtbar. In
den Gärten zieht man eine Varietät, welche lauter
unfruchtbare Blumen trägt, die ihrer Größe und
Farbe wegen mehr Schönheit geben, und welche
Art gemeiniglich gefüllter Schneeball, und von
den Engländern und Holländern Geldrische Rose
genannt wird. Ihre Blumenbüschel haben eine fast
kugelrunde Figur. Auf die fruchtbaren Blumen
folgen eyrunde Beeren, welche bei vollkommener
Reife schön hellroth sind, und in einem schleimichten
Marke einen eyrunden, plattgedrückten Samen
enthalten. Die Blumen erscheinen im Mai oder
Junius, und die Beeren werden im September reif;
von den erstern sammeln die Bienen Wachs und

Honig, die Beeren dienen aber den Vögeln, besonders den Haselhühnern zur Speise.

4) Der nacketblumige Schneeball, der
nacketblumige Schwelken, Viburnum ru-
dum, foliis integerrimis lanceolato-ovatis.
Linn. Spec. plant. Tom. I., p. 383. Tinus
foliis ovatis in petiolos terminalis integerrimis.
Gron. virg. 33, 46. Dieser Strauch ist in Nordamerika, besonders in Virginien und Karolina' zu
Hause, wird zehn bis zwölf Fuß hoch, und hat mit dem
Schneeball Nr. 1 viel Aehnlichkeit, von welchem er
sich aber, ausser der Figur der Blätter, auch dadurch
unterscheidet, daß seine Blumendolden nackt und ohne
Hülle sind. Seine Zweige haben eine glatte purpurrothe Rinde, die ungezähnten lanzettförmig-eyrunden
Blätter sind fünf Zoll lang, drittehalb Zoll breit,
steif, glänzend grün, und bleiben meistens das ganze
Jahr hindurch. Seine Blumen wachsen im Julius
an den Enden der Zweige und sind schneeweiß; die
darauf folgenden Beeren sind dunkelpurpurroth und
enthalten einen plattgedrückten Samen.

5) Der pflaumenblättrige Schneeball,
der pflaumenblättrige Schwelken, Viburnum Prunifolium, foliis subrotundis crenato-
serratis glabris. Gron. virg. 33. Viburnum
canadense glabrum. Vaill. act. 1722, pag. 200.
Mespilus prunifolia virginiania non spinosa,
fructu nigricante. Pluk. alm. 249, t. 46, f. 2.
Dieser kleine in Nordamerika einheimische Baum
oder Strauch wird zehn bis zwölf Fuß hoch, und
hat an dem Stamm und den älteren Zweigen eine
braune, an den jungen Zweigen aber eine glatte purpurrothe Rinde. Die rundlichen, am Rande gekerbten oder sägeartig gezähnten, glatten Blätter sind zwei
bis drei Zoll lang und fast eben so breit, und stehen
auf dünnen kurzen Stielen theils gegeneinander über,

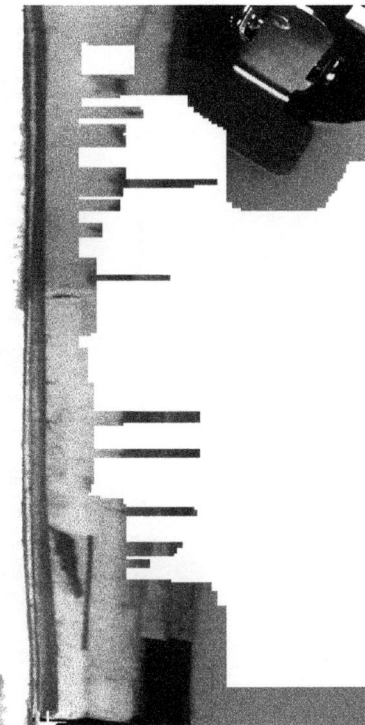

theils ohne besondere Ordnung. Die Blumen sind klein und weiß, und kommen im Junius in kleinen Dolden an den Seiten und den Enden der Zweige zum Vorschein; die darauf folgenden dunkelrothen oder schwärzlichen Beeren sind länglicht, enthalten einen plattgedrückten Samen, und werden von den Einwohnern in Virginien und Canada gegessen.

6) Der wollige Schneeball, der Mehlbeerbaum, Mehlbaum oder Schlingbaum, Viburnum Lantana, foliis cordatis serratis venosis, subtus tomentosis. Vir. cliff. 25; Hort. ups. 68. Roy lugdb. 242. Sauv. monsp. 136. Viburnum vulgo. Bauh. pin. 249. Lantana. Dod. pempt. 701. Fr. Virone, Blanche Putain ou Maussane, Riorte, Hardeau; Engl. Wayfaring-tree.

Dieser Strauch oder Baum wird sechs bis zwölf, und manchmal gegen zwanzig Fuß hoch, hat eine glatte aschgraue Rinde, und zertheilt sich in Aeste oder Zweige, die gerade gegen einander über, und sehr weit auseinander gesperrt stehen. Seine Blätter stehen auf beinahe einen Zoll langen Stielen gerade einander gegenüber, und sind eyrund, manchmal an der Basis etwas herzförmig, stumpf oder spitzig, ungleich sägenartig gezähnt, adericht, runzlicht, auf der Oberfläche haarig und ein wenig hellgrün, auf der untern aber blaßgrün und filzig, und sowohl, als die jungen Zweige, mit einem weißen Staube oder mit Mehl bestreut; sie sind gemeiniglich drei bis vier Zoll lang und anderthalb oder zwei Zoll breit, zuweilen aber auch bei neun Zoll lang und fünftehalb Zoll breit; im Herbste, ehe sie abfallen, werden sie röthlich. Die Blumen sind weiß, alle vollkommen gleich, regulär und fruchtbar, und wachsen an den Enden der Zweige in schönen, flachen, unächten Dolden, die meistens auf sieben Stielen stehen, deren jede zwei-

mal dreitheilig, und mit seinen eigenen Deckblättchen
besetzt ist; hierauf folgen eyrunde, zusammengedrückte,
saftige Beeren, welche zuerst gelb sind, hernach aber
roth und endlich schwarz werden, und einen rundlich-
ten, flachgedrückten, in der Mitte mit einer Furche
gestreisten Samen enthalten. Dieser Strauch blühet im Mai, und bekommt im September weiße
Beeren, welche an einigen Orten von gemeinen Leuten gegessen werden, obgleich sie einen schleimigen,
ekelhaft süßlichen Geschmack haben. Die Blätter
sind zusammenziehend, und werden in einer Lauge gekocht gebraucht, um die Haare des Kopfes schwarz
zu färben. Aus der Wurzel macht man Vogelleim;
die innere Rinde des Stammes zieht auf der Haut
Blasen. Wegen seiner schönen Blumen wird er bei
uns auch in den Gärten gezogen. Man trifft ihn
nicht nur in den südlichen Ländern von Europa, sondern auch in England, in der Schweiz, in Oesterreich,
Würtemberg und in andern Theilen von Deutschland
wild wachsend an. Er liebt einen kiesigten und
thonigten Boden; denn man findet ihn auf steinigten
Anhöhen und Bergen, und im thonigten Erdreiche
an Mauern und Hecken.

. 7) Der gezahnte Schneeball, der gezahnte Schwelken, Viburnum dentatum, foliis
ovatis, dentato serratis plicatis. Linn. Spec plant
Tom. I., p. 384. Diese Art hat mit der vorhergehenden gleiches Vaterland und viele Aehnlichkeit;
nur ist ihre Rinde grau, und die Blätter sind mehr
eyrund, aderichter und stärker oder tiefer gezehet; auch
haben sie längere Stiele.

8) Der ahornblättrige Schneeball, der
ahornblättrige Schwelken, Viburnum Ace-
rifolium, folus lobatis, petiolis laevibus, Linn.
Spec. plant. Tom. I., p. 384. Opulus. Gron.
Virg. 149. Diese Art hat mit Nr. 6 viel Aehn-

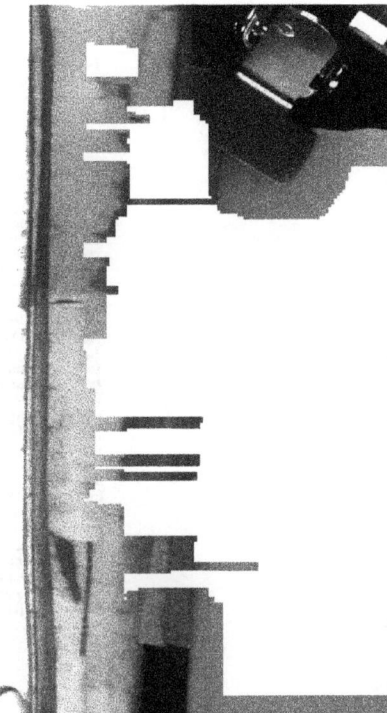

lichkeit, unterscheidet sich aber von derselben sowohl
durch die Gestalt der Blätter, welche denen des gemeinen Wachholders (Acer campestre) ähnlich sind,
als durch die Blattstiele, welche nicht mit Drüsen
besetzt sind. Das Vaterland ist Virginien.

9) Der Kanadische Schneeball, der Kanadische Schwelken, Viburnum Lentago, foliis serrulatis ovatis acuminatis glabris, petiolis marginatis. Kalm hat diese Art in Kanada
entdeckt. Sie hat zurückgebogene, oder gegen den
Boden herabhängende Zweige; ihre Blätter sind dick
und glatt, wie beim Bastardlorbeer, haben aber
am Rande sehr kleine, spitzige, sägenartige Zähnchen,
und ihre Blattstiele sind der Länge nach mit einer
wellenförmigen Haut eingefaßt.

10) Der cassineartige Schneeball, der
cassineartige Schwelken, Viburnum cassinoides, foliis ovatis crenatis glabris, petiolis
eglandulatis carinatis. Linn. Spec. plant. Tom.
I., p. 384. Viburnum cassinoides phyllyreae
folio. Duham. arb. 2. p. 350. Diese Art wächst
in Südkarolina, und ist daselbst ein zwölf bis vierzehn
Fuß hoher Strauch, dessen Blätter nur ungefähr
einen Zoll lang und höchstens einen halben Zoll breit
sind, und auf kurzen Stielen gerade gegen einander über
stehen; die untersten Blätter sind umgekehrt oder
stumpf eyrund, die mittleren eyrund, und die obersten
lanzenförmig. Die Blumen sind gelblich und wachsen in kleinen Dolden.

Der von Linné angeführte Rosen-Schneeball
oder der Rosenartige Schneeball, Viburnum roseum, ist die oben, S. 342, angezeigte Varietät von Viburnum opulus.

Die aus dem nördlichen Amerika zu uns gekomme-
nen Schneeballarten sind lauter dauerhafte Gewächse,
die bei uns in freier Luft fortkommen, besonders wenn

sie an einem etwas verdeckten Orte in einem leichten und feuchten Boden stehen, in welchem sie viel besser, als in einem trocknen und sandigen Lande gerathen, weil sie in ihrem Vaterlande in niedrigen und moorigten Gegenden wachsen. Diese Sorten kann man, wie oben bei Nr. 1, S. 339, angeführet worden, durch Schößlinge fortpflanzen, oder sie auch aus dem Samen ziehen, welchen man aus der Fremde erhält. Man muß denselben, sobald er ankommt, in Töpfe mit leichter und fetter Erde säen, und solche des Winters bei strenger Kälte unter der Einfassung eines Mistbeetrahmns verwahren, ihnen aber bei gelindem Wetter viel freie Luft geben, sie vom Unkraute reinigen, und bei trocknem und warmen Wetter oft begießen. Auf diese Weise kommen die jungen Pflanzen im folgenden Frühjahr zum Vorschein, wo man dann eine jede, wenn sie zum Versetzen taugen, in einen kleinen, mit eben solcher Erde angefüllten Topf setzen, und solche so lange, bis sie stark genug sind, zwei bis drei Jahre auf die eben beschriebene Art gegen die strenge Kälte verwahren muß. Nach Verlauf dieser Zeit kann man sie im Frühling mit der Erde aus den Töpfen herausnehmen und ins freie Land setzen; und wenn man sie hier so lange, bis sie mit ihren Wurzeln in dem Boden fest sitzen, nur gehörig beobachtet, so haben sie nachher keine Wartung mehr nöthig, als nur diejenige, welche alle andere dauerhafte und blühende Pflanzen im freien Lande verlangen.

Die im südlichen Amerika wachsende Arten müssen bei uns im Winter in Glashäusern gezogen werden. Man zieht sie aus Stecklingen, welche man in Töpfen mit leichter und fetter Erde halten muß. Das Einpflanzen der Stecklinge geschieht in den Sommermonaten, wo man dann die Töpfe in ein Mistbeet setzt oder eingräbt. Man muß sie hier so lange,

bis sie anfangen Wurzel zu schlagen, welches in Zeit
von einem Monate geschieht, vor der starken Son-
nenhitze im Schatten halten, und sie dann nach und
nach, so wie sie im Wachsthume zunehmen, an die
freie Luft gewöhnen, damit man sie gegen das Ende
des Julius mit einem guten Ballen Erde ausheben,
und eine jede Pflanze besonders in einen kleinen, mit
eben der Erde angefüllten Topf setzen kann. Wenn sie
sich festgewurzelt haben, bringt man sie so lange
man einen vor den starken Winden verwahrten und
im Schutz gelegenen Ort, bis man sie zu Ende Sep-
tembers ins Glashaus setzt.

Im Sommer wollen diese Pflanzen häufig, im
Winter nur sehr wenig begossen seyn. Das Glashaus, worin sie stehen, muß aber niemals zu warm
gehalten werden, weil sie zu dieser Jahreszeit gern
treiben und ihre Zweige alsdann sehr schwach werden;
dergestalt, daß die ganze Pflanze dadurch nicht allein
entkräftet, sondern auch am Blühen gehindert wird.
Hält man dagegen dasselbe in temperirter Wärme,
so, daß sie bei gelindem Wetter genug freie Luft haben, und bei der Kälte die dumpfichte Luft in dem
Glashause verdünnet wird, so wachsen sie in demselben
sehr gut und blühen fast das ganze Jahr hindurch.
Sobald im Sommer die warme Witterung beständig
wird, so kann man sie wieder, nachdem sie vorher
wohl abgehartet worden, völlig an die freie Luft bringen, wo man sie an einen verwahrten Ort setzen
und stark und oft begießen muß, weil die Erde in den
Töpfen alsdann viel eher, als im Hause austrocknet.
Auf diese Art werden sie bei einer sorgfältigen Wartung nicht allein beständig, worin ihre größte Schönheit besteht, sondern auch sehr stark blühen; und
da ihre Blumen in dicken Büschen wachsen und fast
alle von schöner Farbe sind, so gewähren sie in den
Gärten ein schönes Ansehen. Besonders verdient

aber der oben, S. 339, angeführten Lorberschneeball
gezogen zu werden, weil er mit seinem schönen Aussehen, auch noch einen angenehmen Geruch verbindet.

Schneeball, in der Kochkunst. a Man nehme
schönes Mehl, ein halbes Quart oder Maaß gute
Milch und zwei Loth frische Butter. Die Butter
läßt man in der Milch zergehen, schlägt zwei ganze
Eyer darein, klopft sie wohl ab, schüttet sie unter das
Mehl, macht davon einen Teig, walzt ihn recht dünne
aus, und bildet mit einem Krapfenrädchen Schneebälle daraus, legt sie in die Form, dann in Schmalz
und bäckt sie aus. Die Form muß aber immer herum-
gedreht werden, bis man glaubt, daß der Schneeball
fertig ist. Hierauf nehme man die Form heraus,
mache sie auf, thue den Kuchen heraus, und fahre
damit so lange fort, bis alle Schneebälle gebacken sind.

Will man trockne Schneebälle machen, so
nehme man ein Pfund recht feines Mehl, ein Pfund
Butter und eben so viel Wasser. Das Wasser und
die Butter setze man zum Feuer, und wenn es zu
kochen anfängt, rühre man das Pfund Mehl nach hinein und thue ein wenig Muskatenblüthe hinzu. Wenn
es nun auf dem Feuer ein wenig abgerühret worden,
wird es herunter genommen, und abkühlen gelassen,
zuweilen aber fort umgerührt. Nachdem es nun
meistentheils abgekühlt worden, muß man erstlich drei
bis vier Eyer hineinschlagen, und damit wohl umrühren, und dieß so lange verrichten, bis es recht zähe
wird, und sich mit dem Löffel in die Höhe ziehen läßt.
Hierauf kann man kleine Klümpchen daraus bilden,
solche in eine Tortenpfanne setzen, unten und oben
mit Feuer langsam gar backen; denn wenn sie zu geschwind gar gebacken worden, fallen sie wie ein platter
Kuchen wieder zusammen, backen sie aber langsam
und hart aus, so bleiben sie stehen. Wenn sie nun
aus der Pfanne gethan worden, darf man nichts gleich

eins auf das andere setzen, sondern solche erst abdämpfen lassen, so werden und bleiben sie gut.

Schneeball (Ahornblätteriger), f. oben, S. 345.
— (caffineartiger), f. daf., S. 346.
— (gemeiner), f. daf., S. 341.
— (gezahnter), f. daf., S. 345.
— (Kanadischer, f. daf., S. 346
— in der Kochkunst, f. daf., S. 349.
— (Lorbeer-), f. daf., S. 339.
— (nacktblümiger),
— (Pflaumenblätter
— (Süd-Amerikanische
— (wolliger), f. daf., S.

Schneeballen, bei den Bergleuten, f. Wettergotten.

Schneeballenstrauch, der wilde, die Gelderrose, Viburnum opulus, f. oben, S. 341.

Schneeballgefecht, f. unter Leibesübungen, Th. 72, S. 732.

Schneeballwerfen, das Werfen mit Schneebällen, ein Vergnügen der Knaben im Winter auf den Straßen und auf dem Eise, besonders in Norddeutschland. In Italien ist das Schneeballwerfen eine Art Galanterie, die Herren und Damen gegeneinander ausüben.

Schneebank, f. Th. 66, S. 454.

Schneebaum, Schneeflockenbaum, Schneetropfenbaum, Schneebeerbaum; Chionanthus Linn., eine Pflanzengattung, welche in die erste Ordnung der zweiten Klasse (Dyandria Monogynia) des Linnéischen Pflanzensystems gehört, und strauchartig 7 bis 8 Fuß in die Höhe wächst, daher sie auch den Namen Schneebaum erhalten hat.

Der Virginische Schneebaum, Chionantus. Virginica, pedunculis trifidis. trifloris. Linn. Spec. plant. Tom. I, pag. 11. Amelan-

chier Virginiana, laurocerasi folio. Petiv. zict.
241. Catesb. carol. 1. p. 68. Dieser Strauch,
dessen Vaterland das nördliche Amerika ist, wird 7
bis 8 Fuß hoch und hat große, den Blättern am Lor-
berrbaume an Größe und dem Färbebaume an Gestalt ähnliche Blätter, nur daß sie dünner, als an
beiden Sorten sind. Die Blumen, welche im May
erscheinen, hangen an langen schwachen Ästen, sind
schneeweiß und geben dem Strauche von weitem das
Ansehn, als wenn er mit Schnee bedeckt wäre; daher
haben ihm die Holländer den Namen Schneebaum
gegeben. Gleich nach den Blumen zeigt sich die
Frucht, welches eine schwarze Beere von der Größe
einer Erbse ist, die einen einzigen harten Kern in
sich enthält. Am sichersten zieht man dieses Gewächs
aus dem Samen, wenn solcher frisch zu uns gebracht
wird; denn die Stecklinge oder Absenker schlagen selten unter zwei Jahren Wurzel. Man muß den
Samen sogleich, nachdem man ihn erhalten hat, in
mit frischer und fetter Erde gefüllte Töpfe säen, und
solche in ein altes Mistbeet an die Sonne setzen, damit man sie vor strenger Kälte und vieler Nässe verwahren, aber auch bei trocknem und warmen Wetter
gehörig begießen kann. Im folgenden Frühjahr
gräbt man die Töpfe in ein temperirtes Mistbeet ein,
und hält sie, so wie die Sonne höher und näher zu
uns kommt, um Mittag vor der gar zu großen Hitze
im Schatten. Auf diese Art kommen die Pflanzen
viel eher zum Vorschein, da sonst der Same oft wohl
ein ganzes Jahr in der Erde liegen bleibt. Sobald
aber die jungen Pflanzen herankommen, muß man
sie allmählig an die freie Luft gewöhnen, damit sie
stark werden, und man sie gegen den Herbst ausheben, und eine jede in einen besondern kleinen Topf setzen kann, um sie im ersten und zweiten
Winter vor der strengen Kälte verwahren zu können.

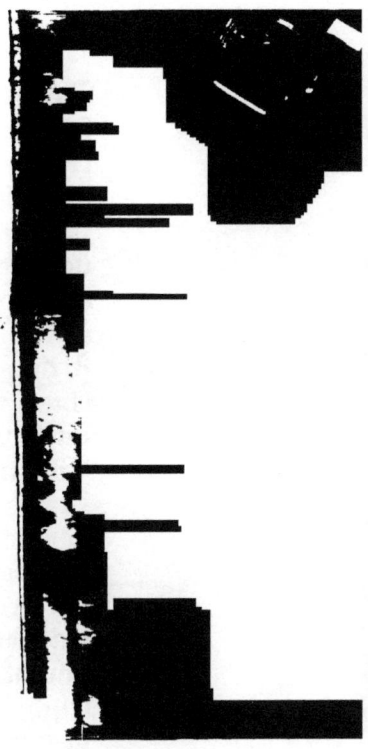

Denn die Kälte ist diesen Pflanzen in der Jugend
sehr nachtheilig. Verwahrt man sie hingegen unter
der Einfassung eines alten Mistbeets, und giebt ihnen
bei gelinderem Wetter genug frische Luft, daß sie recht
zu Kräften kommen, so kann man sie im dritten Jahre
nach dem Aussäen aus den Töpfen nehmen, und in
diejenigen Plätze, wo sie bleiben sollen, setzen. Bei
einer solchen Wartung vertragen sie alsdann die
strengste Kälte in freier Luft, treiben, wenn sie in
einem feuchten und fetten Boden stehen, ungemein
stark, und bringen in kurzer Zeit jährlich eine Menge
Blumen; dagegen wachsen sie in einem trocknen
Lande selten recht gut. — In ihrem Vaterlande,
nämlich in Carolina, und in andern nördlichen Theilen von Amerika, soll diese Pflanze an den Seiten der Bäche und andern feuchten Plätzen häufig
wachsen, und von da erhalten wir auch noch jährlich ihren Samen, der aber, wenn er aufgehen soll,
frisch seyn muß. Diese Pflanze verdient vorzüglich
in den großen Rabatten unter andern Stauden von
gleichem Wachsthume einen Platz.

Zeylonischer Schneebaum, Chionantus
Zeylonica, pedunculis paniculatis multifloris.
Fl. Zeyl. 14. Arbor Zeylonica, cotini foliis,
subtus lanugine villosis. Burm. Zeyl. 31.
Arbuscula Zeylonica, cotini foliis, subtus lanugine villosis, floribus albis cuculli modo la-
ciniatis. Pluk. alm. 44. t. 241. f. 4. Dieser
in Ceylon wildwachsende Strauch, hat dem Färber-
baume ähnliche Blätter, welche unterhalb wolligt
und zottig sind, und weiße kappenförmige Blumen
haben, welche an einem ährenförmigen Stiele sehr
reichlich sitzen. Die Behandlung ist gleich dem vorigen.

Schneebeerenbaum, s. Schneebaum.

Schneeberg, eine der reichhaltigsten Silberstädte im
Königreiche Sachsen; s. unter Sachsen, Th. 129.

Schneeberger Groschen, eine alte Sächsische Münze.

Schneeberger Schnupftabak, s. unter Tabak.

Schneeblind, von der glänzenden Weiße des Schnees verblendet. Man findet dergleichen Augenkrankheiten, die oft in Schwäche der Seenerven ausarten, besonders im Norden, wo viel Schnee liegt, daher die Einwohner daselbst sogenannte Schneebrillen, Schneeaugen tragen; s. oben, unter Schnee.

Schneeblume, s. Schneeglöckchen.

Schneebruch, im Forstwesen, ein durch die Last des Schnees an den Bäumen durch deren Zerbrechung verursachter Schaden. Daher das Bei- und Nebenwort schneebrüchig, von dem Schnee zerbrochen. Schneebrüchige Bäume, schneebrüchiges Holz, welches der große angelegte Schnee zu Boden gedrückt hat.

Schneedohle, in einigen Gegenden ein Name der gemeinen Dohlen, weil sie sich bei einem gefallenen tiefen Schnee, oder vielmehr bei hohem Schneestande mit großem Geschrei gern um die Wohnungen aufhalten, und daher auch Schneegäcken genannt werden; s. unter Dohle, Th. 9, S. 358.

Schneedrossel, Turdus torquatus Klein, ein Name der Ring- oder Meerdrossel; s. Th. 87, S. 21.

Schneeegge, s. oben, unter Schnee, S. 315.

Schneeenzian, Gentiana nivalis Linn., eine Art Enzian, welche auf den höchsten Alpen der Schweizer und Lappen einheimisch ist, wo er unter und in dem Schnee wächst; s. Enzian, im Supplement.

Schneefelder, s. Th. 66, S. 454.

Schneefeuer, ein Luftzeichen, welches beim Schneewetter bemerkt worden.

Schneefigur, Schneefiguren, künstliche und natürliche. Wenn man Wasser zwischen geschliffene Glastafeln einschließt und dem Froste aussetzt, so bekommt man das feinste und schönste Eisgewebe aus

der dünnen Wasserhaut. Eben so entstehen aus
Seifenblasen im Froste harte Eiskugeln, welche an
dem Fenstervorhange auf- und abrollen, bläulichte Eis-
strahlen zeigen, zerbrochen werden können, ausdünsten,
zu einer dünnen, lockeren Haut zusammenwelken,
und einen weißlichen Bodensatz zurücklassen. Hier
zeigt sich die Ausdünstung des Eises augenscheinlich.
Um das Gefrieren der Blase genauer zu betrachten,
läßt man sie an dem Tabakspfeifenkopfe hängen, mit
dem man sie aufbläset, um sie an das offene Fenster
zu tragen, wo sie zur Frostzeit in wenigen Augen-
blicken sich mit kleinen, sechseckigen Sternen bekleidet,
welche vollkommen wie die schönsten Schneefiguren
aussehen, und der Blase das Ansehen einer Himmels-
kugel geben, an welcher die Sterne frei unter einander hin und her schweben. Es schicken sich jedoch nicht
alle Frosttage zu dieser schönen Eisastronomie. Damit dieser Versuch nicht versage, ist folgendes Verfahren nöthig: Man löse so viel Seife in Brunnenwasser oder noch besser in Schneewasser auf, als man
davon mit dem Kopfe einer Tabakspfeife aufblasen
kann. Dieses Seifwasser setze man zugleich mit der
Pfeife der Kälte aus. Wenn nun das Wasser zu
gefrieren anfängt, so ist es die beste Zeit, Blasen zu
machen, um die Schneefiguren entstehen zu lassen,
und die Kugel zu besternen, man mag sie an der Pfeife
hängen oder auf einen kalten trocknen Körper fallen
lassen. Anfangs zeigen sich die Schneegestalten mit
kleinen Elementarpunkten, welche sichtbar vegetiren
oder vielmehr krystallisiren, und sie wachsen so an,
daß bisweilen die halbe Blase von einem einzigen
solchen Sterne der ersten Größe eingenommen wird.
Sobald die erste Erscheinung ihren Anfang nimmt,
so scheinen es kleine Sternchen zu seyn, deren ge-
sammte Strahlen aus dem erwähnten Centralpunkte
herkommen. Sie behalten diese Figuren und Rich-

tung wachsend, obgleich die ersten Elementarstrahlen, deren es gemeiniglich sechs giebt, nach und nach kleine Aeste heraustreiben, wodurch das Sechseck allmählig eine andere Gestalt oder ein anderes Ansehn gewinnt. Sie schwimmen oder rudern frei und ledig für sich an der Blase, gehen auf und unter den Horizont, beweisen auch die Natur der Planeten dadurch, daß sie sich wie kleine Wasserräder schnell um ihre Mittelpunkte herumschwingen, sobald ein von der Pfeife herunterrieselnder Wasserstrom auf sie trifft. Zwei Sterne, welche sich einander erreichen, ziehen sich sogleich an, und verwickeln sich mit ihren äußersten feuchten Stacheln, während sie an der andern Seite ungestört fortwachsen. Wenn ihre Anzahl zugenommen, oder wenn die Gestirne so groß herangewachsen sind, daß sie die ganze Blase einnehmen, oder keinen Horizontring über die Kugel schließen, so zerspringt die Blase in dem nämlichen Augenblick, und bei starkem Froste, mit einem deutlichen Geräusche. Geschieht dies Zerspringen, ehe sich alle Gestalten einander anziehen konnten, so zerstäuben einige dieser kleinen Eisgestalten wie Schneeflocken in der Luft, und sie sinken und steigen langsam. Wenn man diese Schneetrümmer auf kalter und trockner Wolle auffängt, so ist ihr Rand mit Eis bestachelt.

Je dünner das durchgeseihete Schneewasser, oder die daraus gemachte Seifenauflösung ist, desto zartere Figuren malen sich an der Kugel. Sie entstehen in großer Menge, wachsen geschwind, aber sie zersprengen auch leicht die Blase, weil zu viel Wasser dabei ist, und sie erscheinen nicht eher, als bis das Thermometer auf Null herabfällt. Etwas dickes zähes Seifenwasser giebt weniger Figuren, aber dauerhaftere Blasen, die zwar nicht so klar sind, aber reinere Zeichnungen liefern. Diese wachsen langsam, und gehen auf, wenn das Seifenwasser noch sechs bis

3 2

zehn Grad Wärme hat. Die Figuren ändern nicht ihr Ansehen, die Mischung mag dick oder dünn seyn; erst fängt das Wasser an den Rändern der Blase an zu Eis zu werden, welches Eis die fremden Theile von sich stößt; welche sich gegen die Mitte sammeln, und daselbst nach und nach verdicken; die Kristallisirung ist aber immer einerlei. Die schönsten Zeichnungen giebt das Seewasser, und das Schneewasser übertrifft es noch im Umrisse der Figuren, daher macht die Reise von Alikante oder die reine Venetianische mit Schneewasser die größte Deutlichkeit. Auch der Grad der Kälte macht in Ansehung der Figuren keine Aenderung, und geht das Wachsen davon geschwinder oder langsamer von Statten. Einerlei Mengsel hat bei den Graden sechs, zehn oder drei und zwanzig einerlei Zeichnung. Freie Luft, sonderlich eintreffender Wind, zeichnet sehr geschwind und beschleuniget den Wachsthum. An einem geschlossenen Orte geht die Sache schon langsamer vor, und sie glückt nur in desto stärkerem Froste. Am besten ist es, den Versuch an einem offenen Fenster vorzunehmen, weil sich unser Standpunkt leicht erwärmen läßt, und oft wieder abkühlen muß. Zugleich ist der Umstand dabei nothwendig, daß man das Blaserohr mit etwas Eis überlaufen unterhält.

Alle Figuren, die der Zufall übereinander schichtet, sind nicht möglich zu beschreiben; zuweilen verwandeln Strahlen und Blumen die ganze Blase in eine gesteckte feste Eiskugel. Bisweilen zeigen sich sehr feine Eislinien, die einem Haare glichen, mit etwas gespaltenen Enden, oder kleine Eisgabeln. Gleich nach diesen geometrischen, überkreuzten Linien, entstehen die sechsstrahligen Sterne, deren Strahlen aus einem Mittelpunkte ausfahren, und Winkel von 60 Graden machen. Diese Sechsecke wachsen an ihren Strahlen allmählig größer, und je schlechter die

Seife ist, desto unregelmäßiger werfen sich die Figuren über einander. Von der Seife von Alikante und Schneewasser, zeichnen sich die zarten Faden am vollständigsten, ob sie gleich anfangs kurz und von einander abgesondert, wie Spieße von der Natur abgeschossen erscheinen, und sich einander so nahe kommen, daß sie ein einziges Sterngeflechte ausmachen. Unten an der Blase sind die Sterne oder Sechsecke größer, weil hier die Blase am dicksten, und oben am Nordpol am kleinsten, weil daselbst die Haut der Blase am dünnsten ist. Wenn man gegen die Blase gelinde haucht, so schmelzen die Sterne erst am Rande, entstehen aber bald wieder, und ihr Umriß, der erst strahlig war, macht nunmehr eine Art Rose von sechsbogigen Blättern. Das Wasser einer Schaumblase hat nicht Zähigkeit genug, als Blase auszuhalten; aber die Potasche, oder das Sodasalz und Oel oder Talg der Seifen thun hier nichts anders, als daß die Seife die Wasserhaut zähe und biegsam macht, um dem Eise einen Boden zu verschaffen, worauf die Natur ihr Eisgestirn sticken kann; denn unser Seifenschnee ist dem natürlichen ganz ähnlich, wozu doch kein Alkali oder Baumöl kommt.

Was die natürlichen Schneegestalten betrifft, so zeigen sich dieselben als zarte, spitze, weißliche Nadeln, die einzeln, oder auch in Klumpen im Frühlinge oder Herbste fallen, und als Gabeln oder Haken gebildet sind; oder man erblickt sie als zarte, weiße Hagelkörner unter den übrigen Schnee, oder als Walzen, oder als strahlige Sechsecke, und dieses sind die gemeinsten Flecken, oder mit Blättern an den sechs Hauptstrahlen, oder mit abgebrochnen Spitzen, oder als zusammengefrorene Eisnadeln, Sechsecke, Cylinder, oder als Hagelkörner mit einer zarten Wolle bewachsen, oder als Schneesechsecke mit Reif gepudert, gemeiniglich bei dem Beschlusse des Schneyens

In Frankreich, und in dergleichen gemäßigten Vosthöhen, schneit es bloß einstrahlige Nadeln, und nicht Sterne. In England, Holland und Deutschland erscheinen die beschriebenen Schneegestalten; an Gewässern soll aber der Reifschnee mit seinem Schmelzwerke oder der Sechseckkandirung gemeiner seyn. In Lappland ist er körnig, aber auch sternförmig, und vor Kälte gleichsam trocken. In der Hudsonsbay fälle Gaub-schnee, oder Schneestaub, und in der Luft schimmern zarte, glänzende Nadeln, die in die Kleider und Haut eindringen.

Wie die Schneefiguren eigentlich entstehen, ist noch nicht ganz aufgeklärt, so viel ist indessen gewiß, daß sie aus den Wasserdünsten sich bilden, welche in der Atmosphäre schweben, und deren zusammende Nebel man Wolken nennt. Wenn Wasser zu Eis gefriert, so wird es nicht, wie andre Flüssigkeiten nach und nach dick, sondern es verwandelt sich plötzlich in einen festen Körper, und zwar erst von außen, und dann auch innen, nicht als ob sich über der Oberfläche eine gleich dicke Schale bilden sollte, sondern es schließen von gewissen Stellen gleiche Strahlen oft schnell wachsend auf, treiben Aeste, und bedecken die ganze Masse des Wassers wie mit einem Netze, dessen Maschen sich endlich ausfüllen, und auf dem Wasser eine dichte Rinde machen. Da man das langsame Wachsen des Eisstrahls, wenn derselbe einmal auf dem Wasser als ein Nebel zu erscheinen anfängt, mit dem Auge Schuß für Schuß verfolgen kann, und er eben so in seinem Ursprunge vorgerückt seyn muß, so scheint sein Anfang ein geometrischer Punkt zu seyn, dessen Fortschuß endlich eine Eislinie beschreibe. Eben so wachsen die Schneesterne auf den Seifenblasen aus einem einzigen Punkte, und aus diesem schießen die sechs Durchmesser, deren jeder sich von dem andern immer weiter entfernt, je länger sie wachsen. Die-

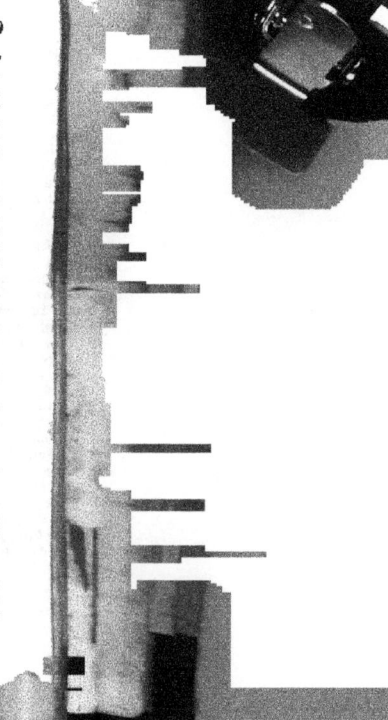

felbe Bewandniß hat es daher auch mit den Waffer-
dünften in der Luft, wenn sie zu Schnee werden.
Wenn es regnet, so ist der Regentropfen so groß,
als eine Erbse, weil er Meilentief gefallen, und un-
terweges eine Menge seines gleichen verschlungen.
Je höher man sich nun die Dünfte von der Erde ge-
denkt, desto feiner sind ihre Punkte, um sich in der
Oberluft schwimmend zu erhalten. Aus jedem dieser
einzelnen, hier und da schwebenden Punkte schießen
nach allen Seiten sechs Strahlen hervor; diese
Sternchen wachsen zu immer größeren Sternen,
wenn sich andere Dunftmonaden anhängen und sie
schwer machen, so daß nun der überladene Punkt
flatternd fallen muß. Es ist also das Sechseck des
Schnees ein Wasserpunkt, an den sich die nächsten
Dunftpunkte anschließen und geradlinigte Ansätze machen, da sie alle gleich klein, in einerlei Lufthöhe und
von gleicher Masse oder Anziehungskraft sind. Man
findet auch an bereiften Mauern Schneegestalten.
Wenn reines Wasser in stiller Luft unbewegt steht,
ohne zu gefrieren, so gefriert es den Augenblick, wenn
man es schüttelt oder schnell die Luft darauf stößt,
oder dem Wasser einen Eiszapfen oder Stahl nahe
bringt, welches geschieht, weil die Wärme des Körpers, oder die größere Kälte des Eiszapfens, hier
eben das thut, als wenn man auf einer glühenden Koh-
lenpfanne, aus Schnee und Salpeter, in dem obern
Wasserteller Eis entstehen läßt; und bei recht strenger Kälte, stiller Luft, und hohem Barometer, kann
es, wie schon der Landmann sagt, vor Kälte nicht
schneien. So ist es an allen Bergen, welche über die
Schneelinien hinaufstiegen, gemein, daß es oben schneit
und unten regnet.

Nach den Erfahrungen an dem Schnee und an
den Seifenblasen, zerspaltet der Frost alle Wasser-
dünfte zu kleinen, geraden und steifen Fasern oder

Splittern. Diese Fasern des Wassers setzen sich
jederzeit unter gewissen Winkeln zu Sechseeken aneinander, wie sich jede Salzart, nach ihren gewissen
Winkeln, und wenn sich Haufen vereinigen, z. B.
das Küchensalz als ein Würfel krystallisirt, indem
das Wasser des Salzes nicht nur eben so gefriert,
als der Schnee, sondern auch mit Schnee vermischt
in warmen Wasser Eis bildet. Fleißige Naturforscher haben nun die Beobachtung gemacht, daß sich
die Eisfäden in Winkeln von 60 Graden, oder auch
in Winkeln von 30 und von 120 Graden aneinander setzen um auszustrahlen. Diese drei Arten von
Winkeln allein haben ein ausschließendes Recht, dem
Zwecke der Natur im Eismachen an der Hand zu
gehen. Reines und freies Wasser, denn der Rand
der Gefäße orientirt die Strahlen falsch, friert im
schnellen Froste zu platten Schiefern, die allerlei Nei-
gungen gegen einander haben, und eben das thut der
Urin, das Seifenwasser etc.; oder wenn man in das
Wasser Luft zusammenpreßt. Wasser, das in einem
Glase gefriert, überzieht sich anfangs rings umher
an allen Seiten mit einer durchsichtigen Eisrinde,
welche bald an Dicke zunimmt, und alle fixe Luft von
sich weglößt, die vorher im Wasser unsichtbar steckte,
und dessen Theile trennte. Diese Luft dräugt sich
bei ihrer Ausstoßung zu Blasen, welche sich nach dem
noch ungefrornen Wasser hinziehen, das sich mitten im
Eise befindet. Die im Wasserkerne zusammengedrückte Luft, die keinen Ausweg findet, bildet hohle
Eisröhren, und zersprengt, wie eine Windbüchse,
große Eistafeln mit heftigem Krachen. Läßt man
abgekochtes Wasser in einem Kupferkessel gefrieren,
so ist im Wasser weniger Luft, und daher kann die
Eisschale darin stärker werden, ehe sie berstet. Ist
das Eis auf allen Seiten im Kessel drei Zoll dick,
und man durchbohrt es mit einem dünnen Stahle

bis an den Wasserkern, so springt das freigemachte Wasser indem man den Stahl herauszieht, wie ein Springbrunnen einige Fuß hoch, und dies verursacht die zusammengepreßte Luft. Durch dieses Mittel verschafft man sich ein blasenfreies Eis, wenn man gleich anfangs die erste Rinde oder Eisscheibe aufbohrt, und diese Oeffnung jederzeit offen erhält, damit das Wasser durch einen kleinen Heber fortgeschafft werden kann, und die Luftblasen einen Ausweg finden mögen. Endlich feiert der blasenvolle Wasserkern zu Eisscheiben von allerlei Richtung; folglich feiert ein mit zu viel Luft überladenes Wasser, das ist, Wasser, dessen Theile ziemlich von einander getrennt erhalten werden, gern zu Scheiben; und in eben dieser Scheidung befinden sich die Wasserdünste in der Atmosphäre. Das wahre Frostgesetz ließe sich nun auf folgende Weise erklären: Anfangs wird aus einem frierenden Wassertröpfchen oder Wasserdunste, wenn man beide als nasse Punkte annimmt, ein gerader Faden oder Strahl, welche sich sogleich unter Winkeln von 60 und 120 Graden an einander setzen, also aus einem Punkte in dieses sechsstrahlige Wesen ausschießen, welches die gewöhnlichste Eiskrystallisirung ist; mehr oder weniger Strahlen scheinen bloß eine zufällige Verstümmelung durch den Fall oder Wind zu seyn. Diese ebenen, sechsstrahligen Flächen schmelzen oft halb in einer wärmeren Luft, und gefrieren von neuem, oder es schmelzen die fallenden in einander, und davon entstehen die verschiedenen Blumenfiguren, deren Grundanlage aber jederzeit das Originalsechseck ist. So schmelzen beim Anhauchen die sechs Strahlen, und wenn sie von neuem gefrieren, so werden daraus körperliche Sechsecke. Eben so schafft die Ausdünstung des Schnees neue Flächengestalten. Das Eis zehrt selbst in starkem Froste ein; die Luft löset etwas davon auf. Schnee

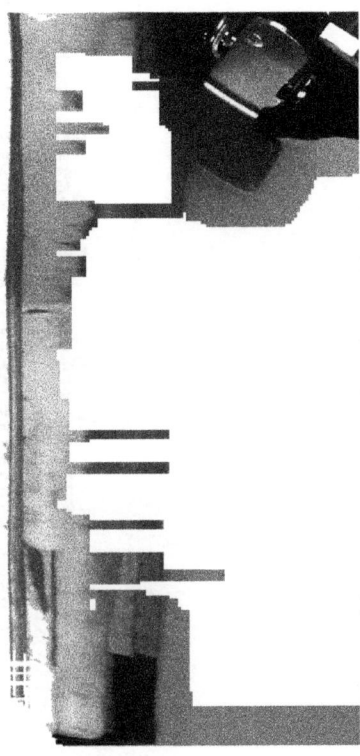

ist bloß eine Hautschuppe des Eises, und dunstet also
noch eher aus, und selten gewahrt man noch die Fi=
guren an einem zweitägigen Schnee auf der Erde und
schon die große Kälte magert den Schnee aus.

Schneefink, Winterfink, Fringilla hyberna, s.
unter Fink, Th. 13, S. 419.

Schneeflocke, Schnee in Gestalt einer Flocke, das
heißt, die in Gestalt einer Flocke zusammenhängenden
gefrornen Dünste. Kepler entdeckte zuerst an den
Schneeflocken von 60 bis 120 Grad Ecken.

Schneeflockenbaum, Chionanthus, s. Schneebaum.

Schneefloh, Podurala nivalis, und der Floh, s.
Floh, im Supplement.

Schneegäcke, s. Schneedohle.

Schneegans, Anser hyperbor., s. das Thier=
geschichte, VI., 30. Anser gramm nivalis Klein,
s. unter Gans, Th. 16, S. 10 nach eine Be=
nennung der Kropfgans, Pelecan. Onocrotalus
Linn., s. unter Pelikan, Th. 108 und 274 u. f.
und unter Gans, Th. 16, S. 9

Schneegarn, im Jagdwesen,
im Winter bei starkem Schnee
fange, so wie der Tiraß im
wird. Dieses Garn ist dem Ti
daß der Tiraß wegen der jungen
und Lerchen enge, das Schneegam
feinem, doch starkem Zwirne
solcher Weite wegen auch größer
kann. Dieses Schneegarn wird feine Größe nach
in seinen Säumen gezogen, welche an beiden Enden
zum wenigsten 10 bis 15 und mehrere Klafter einge=
hen, damit die zwei Personen, so dasselbe regieren,
nicht zu stark auf die Hühner zu gehen und sie dar=
über aufstäubern. Diese Säume werden auf eine
besondere Art mit einer besonderen Schleife zusammen=
gebunden, daß es sich nicht verwirrt. Wenn man

nun im Winter, bei stark gefallenem Schnee, ein Volk
Rebhühner von ferne liegen sieht, so breiten ihrer
zwei das Schneegarn aus, fassen die Säume so lang,
als sie können, und gehen also gerade auf die Rebhühner zu. Einer oder zwei folgen hinten nach u b
geben ein Zeichen, wenn die Vorangehenden nach der
rechten oder linken Hand zu viel abweichen. Wenn
die Hühner das Garn über sich merken, so stehen sie
auf, und verwickeln sich in den Maschen. Das Garn
wird gemeiniglich, wie der Tiraß, niedrig und wie man
die Hand vor sich streckt gezogen und geführt. Wenn
das Huhn, so unter dem Hause die Schildwach hält,
sich schnell unter den Schnee verbirgt, so ist es ein
gewisses Zeichen, daß die Hühner gern halten, und
ein guter Fang zu vermuthen; wenn aber dasselbe zu
schreien anfängt, um die andern vor der bevorstehen-
den Gefahr zu warnen, so stäubern sie auf, und es
ist ihnen nichts abzugewinnen. Die Ueberziehung
des Schneegarns geschieht am besten des Morgens,
ehe die Hühner aus ihrem Nachtlager aufbrechen,
und das Geäse suchen; denn sie liegen dann noch hart
und halten am liebsten. Auch wenn sie des Abends
ihr Nachtlager machen, sind sie ebenfalls gut mit diesem Garne zu fangen.

Schneegebirge, ein Gebirge, welches die größte Zeit
des Jahres mit Schnee bedeckt ist, wozu man alle
diejenigen Gebirge rechnen kann, deren Gipfel in der
sogenannten Schneeregion liegen. Auch die im tief-
sten Norden liegenden Berge.

Schneegestöber, Schnee, welcher bei einem starken
Winde fällt, und von demselben bald hier, bald dort-
hin gestäubt wird.

Schneegeyer, s. unter Geyer, im Supplement.

Schneeglöckchen, Schneetröpfchen, Schneetropfen, Schneeviole, Schneeblume, große
Schneeleukoje, Galanthus nivalis, eine Pflan-

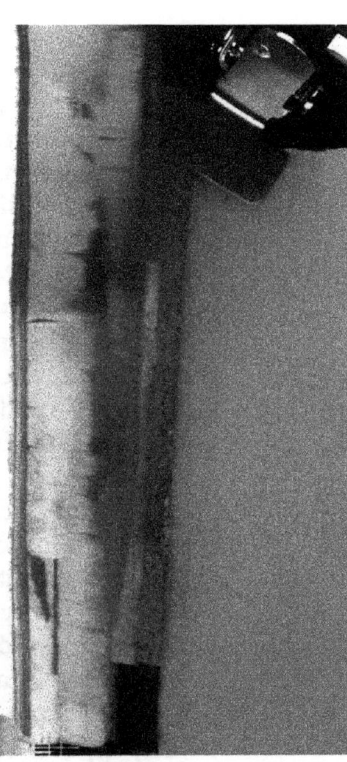

zengattung, welche in die erste Ordnung der sechsten Klasse (Hexandria Monogynia) des Linné ischen Pflanzensystems gehört. Tournefort nannte diese Pflanze, weil sie der Narcisse und Levcoje gleicht, Narcisso-Leucojum; Linné verwandelte diesen zusammengesetzten Namen in Galanthus. Hort. cliff. 134. Hort. ups. 73. Roy ludgb. 35. Leucojum bulbosum, trifolium minus. Bauh. pin. 56. Erangelia. Reneal. Spec. 97, t. 96. Die Blume dieses Zwiebelgewächses, welches nicht über 8 bis 10 Zoll hoch wächst, hat etwas länglichte, höhle Blätterchen, welche, wenn sie sich ausbreiten, alle gleich groß sind. Ihre Scheide ist länglicht, stumpf und zusammengedrückt, und hängt, wenn sich die weiße Blume öffnet, gemeiniglich nach einer Seite zu. Das in der Mitte sitzende stumpfe und walzenförmige Honigbehältniß hat eine Einfassung, und das in der Mitte der Blume mit sechs Staubfäden umgebene Samenbehältniß ist eyförmig und in drei Fächer abgetheilt, die, wenn es reif ist, mit runden Samen angefüllt sind. In den Gärten sind zwei Abarten beliebt, nämlich: das gemeine Schneeglöckchen oder Schneetröpfchen, Galanthus vulgaris Linn., und das gefüllte Schneeglöckchen oder Schneetröpfchen, Galanthus flore pleno.

Diese Pflanzen sind sehr dauerhaft und kommen in jedem Boden und in jeder Lage gut fort. Besonders erhalten sie aber dadurch einen Werth, daß sie schon im Februar, spätestens im März, wenn öfters der Boden noch mit Schnee bedeckt ist, hervorkommen. Die Blumen sind zwar dann noch sehr klein; allein sie gewähren doch, wenn sie Haufenweise oder in einem Beete ganz dicht beisammen stehen, ein sehr schönes Ansehen. Die gefüllte Sorte wird vornämlich der einfachen wegen der Größe und Schönheit der gefüllten Blumen vorgezogen. Beide können

e, wegen
ihre weißen   en, die sich schon bei gelinder Witterung im Januar zeigen. Was die Verschiedenheit
der Benennung dieser Blumen anbetrifft, s. den Art.
Levkoje, Th. 77, S. 407 u. f.; und den Art.
Knotenblume, im Supplement. Krünitz
hat zwar den Art. Knotenblume, Th. 41, S.
758, hierher verwiesen; allein Floerke hat in dem
oben angeführten Theile der Encyklopädie unter Levkoje den Namen Knotenblume für Leucojum vernum, aestivum und autumnale beibehalten, und so
wird diese Pflanzengattnng auch unter dem letztern

Namen im oben angeführten Art. abgehandelt werden. — Das hier erwähnte Schneeglöckchen führt auch den Namen Sommerthierchen, Schneeviole und Märzblume. Die Behandlung ist eben so, wie oben bei dem Schneeglöckchen, Galanthus nivalis, angeführt worden. Man erzieht es aus Samen, noch besser aber aus den Setzlingen, welche es in großer Anzahl treibt.

Schneehandel, der Handel mit Schnee. Dieser Handel wird besonders in Italien stark getrieben, wie auch schon oben unter Schnee, S. 324 u. f. angeführt worden. In Rom hat eine gewisse Art Krämer unweit dieser Stadt ihren Platz, Stand und Kramrecht, um Schnee zu verkaufen. Diese Erlaubniß kaufen sie jährlich um mehr als 6000 Scudi an sich, welches der Schneezoll heißt, wogegen sie gehalten sind, das ganze Jahr Schnee bei der Hand zu haben, und um einen festgesetzten Preis zu verkaufen. Auch in Sicilien ist der Schneehandel kein unbedeutender Zweig, wie auch schon oben, S. 325, angeführt worden. Er wirft den Bischof von Catania, von dem ihn die Schneepächter verliehen bekommen, mehrere tausend Dukaten jährlich ab. Mit dergleichen Schnee erfrischen die Italiener nicht nur das Quellwasser, sondern auch Wein, Früchte und andere Sachen, welche theils des Sommers, theils des Winters genutzt werden, sogar Arzneien; s. oben, S. 325.

Schneehase, s. unter Hase, Th. 22, S. 184.

Schneehaube, im Jagdwesen, zweierlei Netze. Die erste Gattung wird spiegelicht mit einem Himmel und etlichen Einkehlen viereckigt gestrickt. Die andere Gattung ist rund, und wird an einem eisernen Ringe, etwa 2 Zoll weit, gestrickt, und in einen großen hölzernen Reif gebunden. Beide werden im Schnee aufgestellt, und die Fedhühner vorher dahin angekörnt.

Schneehuhn, Berghuhn, Weißhuhn, weißes Wildhuhn, Steinhuhn, weißes Haselhuhn rc.; s. Th. 22, S. 196.

Schneehuhnlaus. Pediculus lagopi, eine Art kleines Insekt, welches sich auf dem Körper der Schneehühner aufhält; s. unter Laus, im Supplement.

Schneeig, welches nur in den gemeinen Sprecharten üblich ist, mit Schnee bedeckt. Ein schneeiger Berg, ein mit Schnee bedeckter.

Schneeinsekten, kleine Insekten, welche sich gern im Schnee aufhalten; s. unter Insekten, im Supplement.

Schneeklöße. Man nehme Eyweiß, welches man vielleicht schon stehen hat, indem man das Gelbe des Eyes gebraucht, und schlage es auf einer reinen Schüssel zu Schnee mit einem Schneebesen oder, in Ermanglung desselben, mit einem Span von einem Haarsiebe, thue Kraftmehl und Zucker, ungefähr auf ein Ey einen Theelöffel voll Kraft- oder Kartoffelmehl, und 1/2 Theelöffel gestoßenen Zucker, hinzu, und mische es mit dem Schnee zu einer festen Masse. Man koche die abgestochenen Klöße in Milch und gebrauche sie zur kalten Milch oder zu Suppen. Statt des Mehls kann man sich auch der geriebenen Chocolade bedienen; auch kann man etwas Vanille zur Veränderung darunter nehmen.

Schneekönig, in einigen Gegenden, besonders im Oesterreichischen, eine Benennung des Zaunkönigs, weil er sich noch Anfangs des Winters im Schnee aufhält; s. Zaunkönig, in Z.

Schneekraut, eine Art des Hornkrautes, Cerastium Lann., s. Hornkraut, im Supplement.

Schneekuchen, von Quitten oder Stachelbeeren. Man koche von den durchgeriebenen Quitten eine sehr steife Marmelade mit feinen Gewürzen, gehackter Citronenschale und Zucker wohl gewürzt.

Wenn sie kalt ist, so rühre man sie eine halbe Stunde
mit drei ganzen Eyern ab, thue auch wohl einige Bis-
quite darunter, damit der Kuchen nicht so leicht zusam-
menfalle. Schlage hernach das Weiße von funfzehn
Eyern zu Schnee, rühre denselben nach und nach
unter die Masse, streiche dieselbe auf einen Teller
und lasse sie in gelinder Hitze eine halbe Stunde bak-
ken. Je langsamer sie bäckt, um so besser wird der
Kuchen. Man muß nachher eilen, ihn zu Tische zu
geben. Mit Stachelbeeren kann man ebenfalls so
verfahren, nur muß man sie so lange in einer Kasserolle über Kohlenfeuer trocken schwitzen lassen, bis
sie weich sind, und dann durch ein Haarsieb schlagen.
Auch von andern Obstmarmeladen kann man Schneekuchen auf diese Art backen.

Schneeläufer, Podura nivalis, eine Art Spring-
schwänze, Podurae, welche zu den Schmarotzer-
Insekten gehören.

Schneelauwine, Schneeriese, s. Lauwine, Th.
66, S. 450 u. f.

Schneelerche, s. Schneeammer. Auch eine Art
Lerchen, welche sehr spät, wenn schon Schnee gefallen,
zu streichen pflegt; die Berglerche, s. unter
Lerche, Th. 77, S. 200.

Schneelevkoje, s. Schneeglöckchen.

Schneeluft, im Winter, eine dicke nebelartige Luft im
Dunstkreise, welche Schnee verkündet. Der Horizont ist nämlich mit dicken weißgraulichen Wolken
umzogen, welche sich in Schnee auflösen.

Schneemann, Schneeriese, eine aus Schnee geformte Figur, die einer Mannsgestalt ähnlich ist.
Die Knaben machen dergleichen Figuren im Winter,
wenn der Schnee sich zu ballen anfängt, und der Auflösung nahe ist, indem sie erst einen Haufen Schnee
zusammentragen, und dann solchen mit den Händen
so lange fortwälzen, bis er eine ansehnliche Größe

hat; dann richtet man den Schneemann oder Schnee-
riesen auf und bildet ihn vollends zu einer dem Menschen ähnlichen Gestalt aus, indem man einen Kopf
von Schnee aufsetzt, und so auch Arme von Schnee;
die Füße bleiben in der Gestalt eines Blocks.

Schneemaus, s. Schneewiesel.

Schneemeise, s. unter Meise, Th. 88, S. 29.

Schneemerkur, eine Benennung des dunkelbraunen Birkhuhns, s. unter Waldhuhn.

Schneemilch, Schneemus, Fr. Crème Lattue,
in der Kochkunst, eine mit Weißem geschlagene
Milch. Man nimmt süßen Rahm, läßt ihn durch
ein Tuch in einen reinen Käsekorb abtriefen, thut etwas Eyweiß daran und schlägt es mit einer Ruthe,
so wird es wie Schnee in der Schüssel aufsteigen.
Wenn diese Milch lange stehen bleiben soll, so lege man
Schnittchen von weißem Brode darunter, welche
alle Feuchtigkeiten an sich ziehen.

Schneemöve, s. unter Möve, Th. 90, S. 36.

Schneemus, s. Schneemilch.

Schneenelke, eine Art des Hornkrautes. Cerastium Linn., s. Hornkraut, im Supplement.

Schneeortolan, s. Schneeammer.

Schneepacht, s. den folgenden Artikel.

Schneepachter, in Italien, besonders auf Sicilien
und in Neapel, eine Person, welche den Bedarf des
Schnees für eine Provinz, Hauptstadt ꝛc. in Pacht
genommen, daher die Schneepacht, s. oben, unter
Schnee, S. 324 u. f.

Schneepflug, s. oben, unter Schnee, S. 314.

Schneeriese, s. unter Schneelauwine und Schneemann.

Schneerose, s. Rhododendron, Th. 123, S. 319.

Schneesalz, eine Benennung des flüchtigen Alkali,
weil es bei seiner Gewinnung durch die Destillirung

oft in der Gestalt von leichten weißen Flocken erscheint.

Schneeschaufeln, auf dem Lande, den auf den öffentlichen Landstraßen, und besonders in den hohlen und engen Wegen gefallenen Schnee auseinander werfen, und solche zum Besten der Posten oder Fuhrleute oder für andere Reisende wieder eben und brauchbar machen. Zu diesem Zwecke werden vornämlich die Fröhner und andere Bauersleute, von einem Gerichte zum andern, wie zu andern nöthigen Frohndiensten, erfordert und aufgeboten.

Schneeschlangte, Coluber nivous, eine Benennung des Weißlings, Coluber Alidras Linn, wegen der schneeweißen Farbe; s. unter Natter, Th. 101, S. 450.

Schneeschnepfe, s. unter Schnepfe.

Schneeschuh, bei den nördlichen Einwohnern von Europa, besondere, unten aus einem Brette bestehende Schuhe, um mit denselben schnell über den Schnee fortzugehen, ohne einzusinken.

Schneeschoeck, s. unter Schneefigur.

Schneesperling, s. Schneeammer.

Schneestaub, Staubschnee, der feine, gleich einem Staube herabfallende Schnee; s. auch oben, S. 308.

Schneesteinbrech, Saxifraga nivalis Linn., eine Art des Steinbrechs, welche auf den höchsten Schneegebirgen des nördlichen Europas und Amerikas einheimisch ist, s. unter Steinbrech.

Schneestein, Schneesterne, s. Seesterne.

Schneetropfen, Galanthus nivalis, s. Schneeglöckchen.

Schneetropfenbaum, Chionanthus, s. Schneebaum.

Schneetröpflein, Levcojum vernum Linn., s. Schneeglöckchen.

Schneeveil, Schneeveilchen, Schneeviole, s. Schneeglöckchen.

Schneeveilchen, s. den vorhergehenden Artikel.

Schneeviole, s. daselbst.

Schneevogel, s. Schneeammer; u. Th 22, S. 196.

Schneewasser. Wasser aus aufgelösetem Schnee, der aufgethauete Schnee; s. oben, unter Schnee.

Schneeweiß, Bei- und Nebenwort, weiß, wie ein neu oder erst gefallener Schnee.

Schneewetter, derjenige Zustand des Dunstkreises oder der Atmosphäre, da es schneiet; anhaltendes Schneewetter, wenn es mehrere Tage hinter einander schneiet oder Schnee fällt, im gemeinen Leben auch schneeiges Wetter.

Schneewiesel, Mustela nivalis, s. unter Wiesel, in W.

Schneewind, ein Wind, mit oder bei welchem es schneiet; auch ein Wind, welcher Schnee bringt, ein eisiger Wind, der wehet, indem die Atmosphäre schon düster, schon Schneebeladen erscheint.

Schneewolke, eine mit Schnee beladene Wolke, im gemeinen Leben, eine Wolke, welche Schnee drohet, die sich in Schnee entladet.

Schneewürmer, s. unter Würmer, in W.

Schneezeit, die Jahreszeit, in welcher der Schnee oder das Schneewetter eintrifft oder eintritt, der November und December.

Schneezoll, s. unter Schneehandel.

Schneezucker. Man koche 1 Pfund gestoßenen Zucker, schlage dann das Weiße von drei Evern zu steifem Schnee und rühre dazu noch 1/4 Pfund fein zerstoßenen Zucker. Dieses rühre man nun Alles unter den kochenden Zucker und lasse ihn noch einmal aufkochen. Hierauf gieße man ihn ganz geschwind in kleine, mit Butter ausgestrichene Kapseln, und lasse ihn mehrere Stunden ruhig stehen; dann kann man

.; den Schnezucker herausschlagen und an einem warmen Orte trocknen lassen.

Schneffel, eine Benennung des Pfeilfisches, s.
diesen, Th. 109, S. 633.

Schneide, in einigen Gegenden dieGränze, s. Schnate.
— Bei den Jägern werden die Sprenkel oder
Dohnen in einigen Gegenden gleichfalls Schneiden, Schneideln, Schnaten, und mit der gewöhnlichen Vertauschung des d, t, u, s, Schnei-
sen genannt. Das Geschneide und Geschnat
ist alsdann eine Reihe oder Menge solcher aufgestellten Dohnen oder Sprenkel. Es stammt, nach Adelung, nicht von schneiden her, wie Frisch behauptet, sondern allem Anscheine nach von Schnate, ein
Reiß, weil sie aus biegsamen Reisern bestehen.

Von dem Zeitworte schneiden, ist Schneide
die Schärfe eines Dinges. Das Messer oder
die Scheere hat die Schneide verloren, die
Schärfe. — Der eigentliche schneidende Theil eines
schneidenden Werkzeuges; die Schärfe. Die
Schneide eines Messers, im Gegensatz des
Rückens. Die Schneide einer Axt, eines
Degens ꝛc. Ein Eisen, welches an der
Schneide ungeschliffen bleibt, Pred. 10, 10.
Die Schneiden an Sensen, Hauen, Gabeln und Beilen waren abgenutzt, 1 Sam.
13, 21. Für Klinge aber, wie Richt. 3, 22, das Heft
der Schneiden (Schneide) ist es im Hochdeutschen
ungewöhnlich. Im Bergwerke braucht man es
bei einem Bohrer, wenn man die abgebrochene Spitze
desselben wieder anschmiedet, die Schneide am
Bohrer machen.

Schneidebank, bei dem Böttcher, ist die Schneidebank, Schnitzbank, so ziemlich derjenigen des
Stellmachers ähnlich, nur daß der Kopf des Fußhol-
zes, womit das zu schneidende Holz auf dem Hals

der Schneidebank fest hält, rund ist, weil auf diesem
Kopfe der Böttcher den kleinen Reifen die Rundung
giebt, und sie darauf biegt; dieserhalb wird dieser
Kopf auch oft die kleine Biegscheibe genannt.

Schneidebank, Schnitzbank, Hänselbank, bei
den Bürstenmachern, die Bank, worauf sie den
hölzernen Bürstenstiel einer Kopfbürste glatt beschneiden.

In den Gazemanufakturen ist die Schneidebank ein Werkzeug, worauf die geblümte Gaze, da,
wo es lose Fäden giebt, abgeschnitten und gehörig
geputzt wird. Es ist ein länglichtes viereckigtes Fuß-
gestell von guten starken Stäben. An den langen
Stäben, die oben einen Rahmen bilden, sind an den
Enden halbrunde Einschnitte, worin zwei runde hölzerne Walzen liegen, welche durch ein Kreuz, so an
dem einen Ende angebracht wird, umgedreht werden
können. An jeder Walze ist ein Sperrrad und ein
Sperrkegel, damit solches gehörig geschont werden
kann. Der fertige Zeug wird auf die eine Walze
aufgewickelt, ganz straff ausgespannt, und vermöge
des Sperrrades und Kegels gehörig angezogen, so,
daß die Walzen nicht nachgeben können. Dann
wird eine scharf und spitz geschliffene Scheere genommen, mit welcher alle überflüssige freiliegende Fäden
weggeschnitten werden, sowohl in den figurirten Stellen, als auch neben denselben, und die nicht fest sind,
und folglich auch nichts zur Bildung der Blumen
beitragen. Hierdurch werden alle überflüssige Fäden
auf der linken Seite fortgeschafft. Auf der rechten
Seite sind die Bilder schon gehörig gebildet. Das
Beschneiden muß gut und genau geschehen.

Bei dem Lichtzieher ist die Schneidebank,
Stückelbank, ein Tisch mit einem sechs bis sieben
Zoll hohen Rande an drei Seiten umgeben, worauf
das Talg zerstückt wird. An demselben ist eine große

Klinge an einem Gewinde befestiget; womit das Zer-
stückeln des Talgs geschieht.

Bei dem Stellmacher ist die Schneidebank,
Schnitzbank, eine Bank, worauf bei dem Beschneiden der Hölzer mit dem Schneidemesser, jene
fest gehalten werden; s. unter Kutsche, Th. 57,
S. 300.

Schneidebank, beim Böttcher, s. oben, S. 372,
beim Bürstenbinder, s. das., S. 373.

—, in der Gazemanufaktur, s. das.

—, beim Lichtzieher, s. das.

—, beim Stellmacher, s. das., S. 374.

Schneidebohrer, eine Art Bohrer mit scharfen Schneiden zu harten Körpern.

Schneidebüchse, bei dem Edelsteinschneider, ein
kleiner hölzerner Kasten, in welchen oben ein Einsatz
von Messingblech eingeschoben wird, der genau in
den Kasten paßt. Der Einsatz füllt nur die Hälfte
des Kastens aus. Die Absicht dieses Kastens ist
diese, daß sich der Diamantboord, der sich bei dem
Schneiden auf dieser Büchse abreibt, darin sammle.
Daher sind in dem Boden des Einsatzes kleine Löcher,
gleich einem feinen Siebe, durch welches der Diamantboord in den untern Raum fallen kann. Auf
jeder langen Seite des Kastens steht ein messingener
Stift, woran der Künstler beim Beschneiden des
Diamants die Kittstöcke anlehnt, und worauf er denselben aufgekittet hat. Die hölzernen Kittstöcke gleichen einem abgekürzten Kegel, und die Steine werden auf demselben in den warm gemachten Kitt von
Ziegelmehl und weißem Pech auf der kleinsten Grundfläche des Kittstocks eingesetzt.

Schneideeisen, ein eisernes Werkzeug, Holz rc. damit
zu schneiden, wo es jedoch nur in einzelnen Fällen
von gewissen zusammengesetzten Werkzeugen dieser
Art, welche nicht schon die Namen Messer, Scheere rc.

erhalten haben, üblich ift, und dann auch das eigentliche fchneidende Eifen in einem folchen Werkzeuge
bezeichnet.

Das Schneideeifen, im Bergwerke, ift einer der Zwicker oder Unterftücke eines Bergbohrers.
Diefes Bohrenftück ift 20 bis 24 Zoll lang, 1 1/2 bis
2 Zoll dick, und bis in die Gegend der Schraube
rund und hohl, unten mit einer Schneide, und in
Seite mit einem langen Ritz verfehen, der 1/8 bis
1/4 Zoll weit ift, wodurch fich das Bohrmehl fam-
melt.

Bei den Eifenarbeitern ift das Schneideeifen ein Werkzeug, mit welchem die Schrauben auf
mancherlei Art gefchnitten werden. Es ift ein von
Stahl verfertigtes Stück, das verfchiedene Schraubengänge hat, die fcharffchneidend find. Die als ein
Nagel gefchmiedete und rund gefeilte Schraube, die
genau in die Schraubenmutter des Schneideeifens
paffen muß, wird in einen Schraubftock eingefpannt,
das Schneideeifen darauf gefetzt, und folches um die
runde Schraube gedreht, damit fich die Schraubengänge auf folcher eindrehen. Da man zu den Schrauben von verfchiedener Größe befondere Schneideeifen
haben muß, fo find auf der langen ftarken Platte des
Schneideeifens mehrere Löcher mit Schraubenmut-
tern angebracht, damit man fich nach Verlangen eine
wählen kann, und das Eifen felbft har auf jedem
Ende einen Handgriff, damit man es bequem umdrehen kann.

Das Schneideeifen der Grobfchmiede,
f. unter Kutfche, T. 57, S. 332.

Bei dem Kammmacher ift das Schneideeifen
eine Art von Stichfage, womit die gröbften Zähne
weiter Kämme aus freier Hand nach dem Augenmaaße eingefchnitten werden; f. **unter Kamm,
Th. 33.**

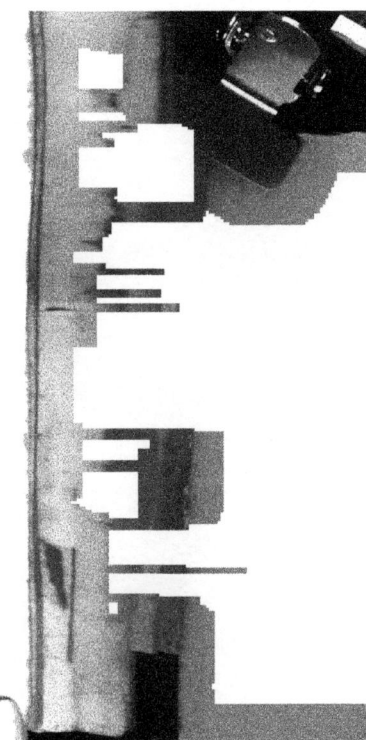

Jahre wieder
Linde, die W
Pappel,
ch
solchem Nutzen, wie die
weiß aus der Erfahrun

gehauen und genutzt werden
statt des festen Kerns Mulm oder Erde gefunden.
Das Tangelholz, die Tanne und Fichte, kann das
Schneideln nicht vertragen; s. auch unter Forst-
Cameralwesen, Th. 14, und unter Waldbe-
nutzung, in W. — Auch den Art. Schneideln.

im Messen der Nahrungssaft von dergleichen unnützen Zweige nicht entzogen werde, und der Baum eine ordentliche Gestalt und ein gutes Ansehen gewinne. Es gehöret hierzu ein praktischer Blick, am meisten aber ein geschickter, und durch die Erfahrung erlernter Handgriff, welche Aeste nützlich oder schädlich, welche kurz oder lang hinweg geschnitten werden sollen, weil man hierbei entweder durch allzu öfteres und häufiges, oder durch allzu seltenes und unordentliches Beschneiden der Sache zu viel thun kann. Anders werden die hochstämmige, anders werden die Zwerg- oder Busch- und wieder anders die Spalierbäume beschnitten. Die zum Schneiden gebräuchlichen Instrumente sind: eine Hippe oder ein Gartenmesser, von den Franzosen Serpette genannt, welche als ein Taschen- oder Einlegemesser zusammengelegt werden kann, und daran das Heft so groß seyn muß, daß die Hand darin Platz haben und sich regen kann, und eine Säge, welche eben so, wie die Hippe, zusammengeleget wird, und deren Klinge stark und von guter Materie seyn muß, damit sich solche nicht biege; so sollen auch die Zähne nicht zu genau bei einander, und ein wenig auswärts stehen, damit man im Sägen, wenn das Holz grün ist, nicht gehindert werde; sie wird zur Absägung der alten Aeste, welche man mit der Hippe nicht beschneiden kann, gebraucht, und soll, nach der besten und bequemsten Art, mit Klinge und Heft, zwölf bis vierzehn Zoll lang seyn. Wenn man mit der Hippe oder dem Gartenmesser einen Schnitt an einem Aste thun will, so muß mit einer Hand der Ast unter dem Schnitte fest gehalten, und mit der andern geschnitten werden. Desgleichen ist dabei auch in Acht zu nehmen, daß man bei jungen oder neu gesetzten Bäumchen den Stamm im Schneiden fest halte, damit sich solcher nebst der Wurzel nicht

biege oder bewege; es soll auch das Gartenmesser, mit welchem man beschneidet, jederzeit so scharf seyn,

Zug damit ... Stamm auf einen ... Die beste Zeit zur Beschneidung der Bäume ist der Februar; s. auch unter Beschneiden der Obstbäume, Th. 4, S. 261 u. f. — Beim Winzer, das Beschneiden der Reben, s. unter Wei ... Das Beschneideln der Bäume wirthschaft, s. oben, unter S. 376.

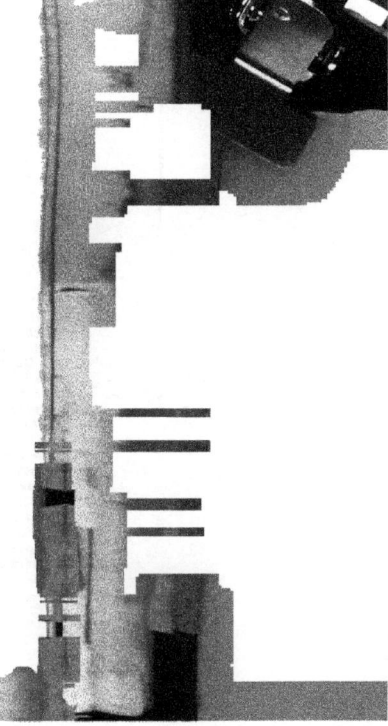

wird, breite en Bottichs gut auf der Schneidebank halten lassen, besonders wenn sie sehr lang sind. Der Böttcher steckt ein solches Stück in das Schneideloch, und richtet es in demselben etwas schief, damit es sich spanne und darin fest halte.

Schneidemaschine der Knopfmacher, Knopfgießer, eine Maschine, welche von den gepreßten Knopfplatten, die versilbert werden, den Grad abnimmt. Sie gleicht fast der Presse desselben, nur weicht sie in der Größe von jener ab, indem sie kleiner ist; s. unter Knopf, Th. 41, S. 636.

In den Tabaksfabriken ist die Schneidemaschine ein Werkzeug, worauf man die Blätter zum Rauchtabak zerschneidet. Sie gleicht einer Futterschneidebank. Auf dem Boden der Bank läuft ein bewegliches Brett, auf welchem der Klotz steht. Diesen Klotz durchbohrt eine eiserne Schraubenspindel, welche in eine Mutter des Klotzes steckt. Auf der Spitze der Schraubenspindel befindet sich ein Sperrrad, nebst einem Sperrkegel, und vor dem Sperrrade steckt auf der gedachten Schraubenspindel eine Kurbel. Neben dem Sperrrade steht eine eiserne Klaue,

, die an einer kleinen Welle befestiget ist. Diese Klaue
hängt mit einem Stabe zusammen, der zugleich mit
einer senkrechten Stange hinter der Schneidemaschine
vereiniget ist. Diese eiserne Stange ist mit dem
Untertheile des Gestelles vermittelst eines Gewindes
verknüpft, und gleichfalls durch ein Gewinde hänge
ein Schwengel an dieser Stange, unter welchem eine
eiserne Klinge ist, welche die Breite der Schneidemaschine zur Länge hat, oder so lang, wie diese breit ist.
Diese Klinge muß zum öftern geschliffen werden, und
ist sehr gut verstählt. Wenn die Tabaksblätter zerschnitten werden sollen, so schraubt der Arbeiter das
oben erwähnte bewegliche Brett mit der Kurbel von
vorn nach hinten zurück, und weil der gedachte Kloß
auf dem Brette steht, so geht er gleichfalls zurück;
denn die Schraubenspindel ist dergestalt befestiget,
daß sie sich nur umdrehen läßt; und da sie in einer
Mutter des Klotzes steckt, so kann man diesen Kloß,
wie gedacht, nur dem Brette vermittelst der Spindel
zurück bewegen. Der Tabak, welcher geschnitten
werden soll, wird vor den Kloß auf das bewegliche
Brett geleget, und die ganze Lade fast mit Tabak angefüllt. Auf den Tabak legt nun der Arbeiter ein
Brett, und preßt dieses mit einer angebrachten Presse
gegen den Tabak, weil sich dieser zusammengedrückt
besser schneiden läßt. Statt dieser Presse legt man
noch auf das Brett, nach der Breite der Schneidemaschine, einen starken Baum. Diesen Baum befestiget man hinten an der Maschine mit einem Gewinde, damit man ihn zurücklegen kann, wenn die
Schneidelade mit Tabaksblättern geladen oder gefüllt
wird. An der vordern Spitze des gedachten Baumes hängt ein schweres Gewicht, welches den Baum
und das Brett über den Tabak hinabdrückt und ihn
zusammenpreßt. Zwei Arbeiter ergreifen nun den
Hebel, drücken ihn hinab, und schneiden denjenigen

Theil des Tabaks, der aus der Lade herausragt, mit
der Klinge ab. Da nun die Stange dieses Hebels
an der andern untern Stange befestiget ist, so geht
die oben erwähnte Klaue zurück, und verläßt das
Sperrrad, wenn man den Hebel erhebt, drückt man
aber den Hebel hinab, so nähert sich die Klaue dem
Sperrrade, und er ergreift einen Zahn des letzten.
Ein Sperrkegel hindert, daß das Sperrrad nicht zu-
rücklaufen kann, wenn es von der Klaue rechts umgedrehet wird. Während man dieses Sperrrad in
Bewegung setzt, läuft zugleich die Spindel herum,
und bewegt das Brett mit dem Klotze und dem Tabak. Der Klotz hindert zugleich, daß der Tabak nicht
zurückfallen kann. Hieraus gewahret man nun, daß,
wenn der Hebel hinabgedrückt wird, das Sperrrad
um einen Zahn weiter fortgestoßen wird, und daß
zugleich die Spindel das Brett mit dem Tabak
um etwas weiter vorrückt; daher wird die
Klinge jederzeit einen vorspringenden Theil des Tabaks finden, den sie vor der Lade abschneiden kann.
Man kann den Hebel mit einem besondern Eisen dergestalt stellen, daß jedesmal weniger oder mehr Tabak
vor der Lade hervorragt. In dem letztern Fall muß
die Klaue stärker auf das Sperrrad stoßen und den
Tabak also stärker vorwärts rücken, als in dem ersten
Fall. Daher kommt es, daß man den Tabak fein
oder grob schneiden kann. Wenn eine Lade voll geschnitten ist, so bewegt man das bewegliche Brett
mit der Kurbel zurück, füllt die Schneidlade von
neuem mit Tabak an', und setzt das Schneiden auf
gedachte Art fort. — Man hat noch eine kleinere
Tabacksschneidemaschine, eine sogenannte
Handmaschine; s. unter Tabak, in T.

Schneidemesser, eigentlich ein Messer zum Schneiden,
oder mit dem geschnitten wird; allein dieses würde
ein Pleonasmus seyn, weil ein Messer schon ohnehin

zum Schneiden bestimmt ist. In engerer Bedeutung wird das Messer mit zwei Handhaben, dessen man sich auf der Schneidebank bedienet, das Schneidemesser oder Schnitzmesser genennet. Nach dem Wiegemesser ist das Küchen breite zweites Schneidemesser, um es namentlich von dem Hackmesser zu unterscheiden.

Das Schneidemesser, Schnitzmesser, Schnitzelmesser ist ein fast unentbehrliches Werkzeug aller Holzarbeiter. Dasselbe besteht aus einer geraden, ungefähr 18 Zoll langen Klinge, die an einer Seite einen Rücken hat, gut verstählt und recht scharf geschliffen ist. An beiden Enden ist eine Angel, die auswärts nach einem rechten Winkel gebogen ist, worauf ein hölzerner Heft steckt, woran das Messer beweget wird. Auch ist die Klinge nach der Länge etwas gebogen, womit gehöhlte Flächen ausgeschnitten werden können; oder auch wenn ein Brett neben der hohen Kante nicht wie gewöhnlich schräge, sondern dergestalt abgeschliffen werden soll, daß der geschärfte Theil durchgängig gleich dick ist. In diesem Fall kann er das gerade Schneidemesser nicht anbringen, mit welchem alle gerade Flächen aller Art beschnitten werden. In der Werkstatte des Stellmachers giebt es noch eine Art von Schneidemessern, die keine Schneide, sondern dagegen in ihrer Mitte ein vierkantiges Loch haben. In dieses Loch steckt man den Zapfen des Schneideisens, wenn man mit diesem Eisen das Gesimse an den Säulen des Kastens einer Kutsche ausschneiden will, s. unter Kutsche, Th. 57, S. 299.

Das Schneidemesser der Böttcher, s. Th. 6, S. 89, und Reifmesser.

Das Schneidemesser in der Küche, s. Hackmesser, Th. 20, S. 578.

Das Schneidemeſſer der Stellmacher,
ſ. unter Kutſche, Th. 57, S. 299.

Das Schneidemeſſer in den Tabaksfabriken, iſt ein gewöhnliches Schneidemeſſer, womit
die ſtarken Tabaksrippen aus den Blättern geſchnitten werden.   Bei dem Gebrauche des Meſſers wird
die Klinge an einem Schwengel befeſtiget, und dieſer
wieder mit einem Gewinde an einer eiſernen Stange.
Die eiſerne ſenkrechte Stange ſteht auf einem Brette,
und auf dieſem iſt ein Kloß befeſtiget, worauf das
Bund Tabak beim Schneiden gelegt wird, und indem
man den Schwengel bewegt, ſo ſchneidet die Klinge
die ſtärkſten Endrippen mit einmal weg.

Schneidemeſſer, der Böttcher, ſ. oben, S. 382.
—, in der Küche, ſ. daſelbſt.
—, der Stellmacher, ſ. daſ., S. 383.
—, in den Tabaksfabriken, ſ. daſ.

Schneidemühle, Sägemühle, im Mühlenbau,
ein Mühlenwerk, auf welchem aus Blöcken, Bohlen,
Dielen, Kreuzholz, Latten ꝛc. alle Arten zum Bauen
brauchbares Holz geſchnitten wird, welches beim Auf-
bau der Häuſer, Palläſte ꝛc. dient.   Dieſe Art Mühlen erhalten, ihren Trieb und Bewegung nach Be-
ſchaffenheit des Landes; ſind Bäche mit Gefällen
vorhanden, ſo bauet man ſie oberſchlächtig, an Strömen unterſchlächtig, iſt keins von beiden da, ſo ſieht
man auf eine Anhöhe oder ob eine Anhöhe zu finden,
und bauet eine Windmühle.   Man ſetzt ſie auch durch
Thiere in Bewegung, auch hängt man ſie an andere
Mühlen mit an.   Es ſei z. B. eine Mehlmühle vorhanden, und man iſt Willens, eine Schneidemühle
dazu zu legen, ſo legt man eine Kumpfwelle an, die
ſich in das Kammrad aus- und einrücken läßt; ſoll
die Schneide-Mühle gehen, ſo ſchiebet man das
Kammrad zurück, damit ſolches hinter dem Getriebe
weggehet, und rückt die Kumpfwelle in das Kammrad.

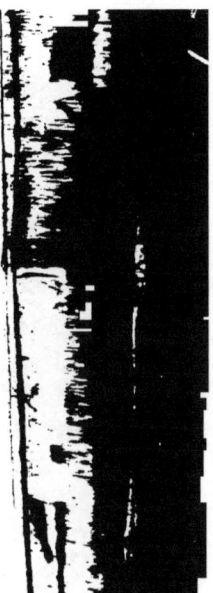

Diese Kumpfwelle läßt man durch eine Mauer oder Wand gehen, bringt an dieselbe das Schwungrad und den Kurbelzapfen, welcher die Säge in Bewegung setzt, und auf diese Art ist eine Sägemühle mit wenigen Kosten anzulegen. Wenn man aber mit der Kumpfwelle den Ort nicht erreichen kann, wo die Schneidemühle hinkommen soll, so setzt man die Säge mit einem Schwengel oder einem Balanzierbalken in Bewegung, da dann die Säge von oben ihre Bewegung erhält. Ueber diese Mühlen, s. den Art. Sägemühle, Th. 130, S. 486 u. f.

Eine Schneidemühle, die durch Ochsen in Bewegung gesetzt wird, führt Kunze, in seinem Schauplatz der gemeinnützigsten Maschinen, 1r Bd., Hamburg, 1796, S. 488 an. Die Deichsel dieser Mühle ist sechzehn Fuß lang, das liegende an der Welle, woran die Deichsel befestiget ist, angebrachte Kammrad hat zweihundert und vier und zwanzig Zähne mit 4 1/2 Zoll Theilung, der Durchmesser beträgt 25 Fuß 11 10/11 Zoll. Der Drehling hat zwei und dreißig Stecken, der Durchmesser desselben beträgt daher 21 2/11 Zoll. Das Stirnrad hat sechzig Kämme mit 4 Zoll Theilung. Das Kumpf hat acht Stecken, das Schwungrad hält 5 Fuß im Durchmesser, die Kurbel hat 8 Zoll Länge, oder einen Hub von 8 Zoll Höhe. Die Berechnung ist folgende:

$$\begin{array}{llll} \text{Das Kammrad} & 224 & \dfrac{224}{32} = 7 \\ \text{Der Drehling} & 32 \\ \text{Das Stirnrad} & 60 & \dfrac{60}{8} = 7\,1/2 \\ \text{Das Kumpf} & 8 \end{array}$$

und $7 \times 7\,1/2 = 52\,1/2$, so vielmal geht die Säge auf und nieder, ehe die Ochsen einmal herumkommen. Der Umfang des Gebäudes, wo die Ochsen gehen, ist im Lichten 20 Ellen.

Schneiden, ein unregelmäßiges Zeitwort, welches in
doppelter Gestalt vorkommt. I. Als ein Zeitwort
der Mittelgattung. — 1. Eigentlich, andre
Dinge mit der Schärfe durchdringen, wo es von
allen mit einer eigentlichen Schärfe versehenen Werkzeugen und Körpern gebraucht wird, und oft so viel
als scharf seyn bedeutet. Schneidende Werkzeuge, welche eine Schneide haben, zum Unterschiede
von stechenden. Das Messer, die Scheere, die Sense
und die Säge schneidet vortrefflich, oder auch schneidet nicht gut, will nicht schneiden. — 2. Figürlich
(1) Einen empfindlichen Schmerz verursachen, welcher dem Schmerze gleicht, welchen schneidende Werkzeuge verursachen. Ein schneidender Wind,
eine schneidende Kälte. Der Wind schneidet, schneidet in das Gesicht. Ein schneidender Schmerz. Es schneidet mir im
Leibe. Das Schneiden im Leibe haben.
Das schneidende Wasser, die Strangurie; in
den niedrigen Sprecharten die kalte Pisse. Nach
einer noch weitern Figur sagt man auch, das schneidet mir ins Herz, in die Seele, verursacht
mir einen plötzlichen durchdringenden Schmerz. —
(2) Das schneidet in den Beutel, in der niedrigen Sprechart, verursacht beträchtlichen Aufwand,
empfindliche Verminderung des Geldvorraths. —
(3) Schneidende Farben, schneidende Umrisse, Fr. Couleurs tranchantes, Contours coupés, in der Malerei, welche mit der nächsten Farbe
nicht gehörig verschmolzen, sondern gleichsam abgeschnitten sind.

II. Als ein thätiges Zeitwort, mit einem
solchen schneidenden Werkzeuge verletzen oder theilen,
wo es doch eigentlich nur dann gebraucht wird, wenn
solches vermittelst eines Zuges oder einfachen Druk-
kes geschieht, zum Unterschiede von dem Hauen,

Hacken ꝛc. **1.** Eigentlich, vermittelst eines folchen Werkzeuges oder der schneidenden Schärfe eines Dinges verletzen oder verwunden. Sich schneiden, einen Theil seines Leibes an einer schneidenden Schärfe eines Dinges oder einem schneidenden Werkzeuge verwunden; daher die Ausdrücke: Sich in den Finger, in die Hand, in den Fuß schneiden; sich mit dem Messer, mit der Scheere, mit der Sichel, mit der Säge, mit der Sense schneiden. Ingleichen vermittelst eines schneidenden Werkzeuges mit Ziehen oder Drücken theilen; daher etwas klein schneiden, in kleine Stücke schneiden. Brod, Fleisch schneiden, wo es oft für abschneiden steht; ein Stück Brod schneiden. Das Getreide schneiden, es mit der Sichel abschneiden, zum Unterschiede von dem Mähen oder Hauen, welches mit der Sense geschieht; ❨ aber schneiden da, wo man sich der Sichel bedient, absolut auch für erndten gebraucht wird. Stroh schneiden, es klein schneiden, zerschneiden. Ingleichen durch Schneiden hervorbringen. Bretter schneiden, sägen, wie denn schneiden fast in allen Fällen für sägen gebraucht werden kann, weil solches auch mit einem drückenden Ziehen verbunden ist. Eine Feder schneiden, Riemen, Pfeifen, Leisten, Formen, Häckerling schneiden, durch Schneiden hervorbringen, ferner durch Schneiden bearbeiten. Einen Bruch schneiden, ihn vermittelst des Schneidens oder Schnittes heilen. Den Stein, den Wurm schneiden, ihn ausschneiden. ❩ Den Wein schneiden, beschneiden. Ein Thier schneiden, ihm die Zeugungstheile durch den Schnitt nehmen, es castriren. Von den mit Graben oder Stechen verbundenen künstlichen Bearbei-

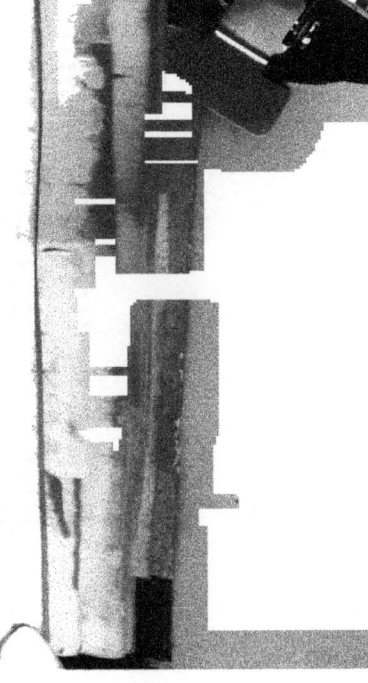

tungen des Holzes, des Stahls und der Steine ist
gleichfalls Schneiden üblich, obgleich solches eigentlich eine Art des Stechens oder Grabens ist. In
Holz, in Stein, in Stahl schneiden; daher
der Stempelschneider, Formenschneider,
Stahlschneider. Auch gebraucht man es zuweilen für schleifen, von dem Glase oder glasartigen
Steinen. Geschnittene Steine, welche durch
Schleifen eine gewisse Figur erhalten haben. Ge-
schnittnes Glas.

2. Figürlich. (1) Geld schneiden, im gemeinen Leben, einen unerlaubten Gewinn am Gelde machen. Viel bei einer Sache schneiden, sich bei
einer Sache einen beträchtlichen unerlaubten Gewinn
machen, wofür man auch sagt, seinen Schnitt
bei einer Sache machen. Vielleicht ist die Figur von dem Schneiden in der Erndte entlehnt. —
(2) Minen schneiden, Gesichter schneiden,
im gemeinen Leben, ungewöhnliche Minen und Geberden machen oder ziehen, wegen der ähnlichen Bewegung. Ein Amtsgesicht schneiden. Auf
eben diese Art sagt man auch Capriolen schneiden, aber nicht Sprünge schneiden. — In den
Gewerben kommt schneiden, wie schon oben angeführt worden, verschiedentlich vor; hier nun die vorzüglichsten Anwendungen.

Bei den Buchdruckern heißt Schneiden,
wenn das Papier, so an das Rähmchen gekleistert
worden, im Druck verhindert, daß einige Buchstaben,
als Custos, Columnentitel, nicht davor kommen; es
wird solches daher mit der Scheere ausgeschnitten.

In der Chirurgie oder Wundarzneikunst
ist das Schneiden, die Operation irgend einer körperlichen Verletzung mit einem Messer, einer Scheere
oder den ähnlichen Instrumenten. Siehe dergleichen

B b 2

Verletzungen, als Bruch ꝛc., unter ihrem Namen
in der Encyklopädie nach.

Das Schneiden der Diamanten bei den
Diamantschneidern, s. unter Diamant, Th. 9,
S. 197, und unter Edelstein, Th. 10. — In der
Kunst oder in den Künsten ist das Schneiden so viel als das Graben, Fr. graver, wenn es nämlich in Holz, Stein, Stahl oder andere Metalle
geschieht. Daher nennt man das Graben oder
Schneiden in Holz Formschneiden; s. auch oben,
unter Schneiden, S. 387. Der Formschneider
schneidet mit einem feinen Messer die Figuren, Landschaften und andere Verzierungen, welche ihm auf
Holz vorgezeichnet worden, wenn er nicht selbst Zeichner ist, aus, so daß sie, gleich den Lettern oder Buchstaben in den Druckereyen, erhaben zu stehen kommen,
und so abgedruckt werden können. In dieser Kunst
haben wir jetzt in Landschaften ꝛc. eine große Höhe
erreicht, obgleich wir in den Figuren wohl noch etwas
hinter den alten Holz- und Formschneidern stehen,
die denselben mehr Ausdruck und mehr Charakter ga-
ben; s. den Art. Formschneider, Th. 14, S. 468,
und unter Sammlung (Holzschnitt-), und
Formschneidekunst, im Supplement. —
Man sagt auch Schneiden oder Einschneiden,
Fr. tailler, von der in Kupfer gehenden Spitze der
Nadel oder des Grabstichels; daher nennt man die
mit der Nadel oder dem Grabstichel gemachten Züge
Schnitte oder Einschnitte. Die Franzosen verstehen
ferner noch durch Schneiden die Art, den Grabstichel
zu führen, und man sagt: dieser oder jener Kupferstecher schneidet das Kupfer wohl, um dadurch anzuzeigen, daß er sauber und zierlich sticht, daß seine
Schnitte nicht gekratzt sind, und daß der Abdruck seiner Arbeit nicht schmutzig ausfällt. Auch heißt
Schneiden die Zierrathen mit Sauberkeit schnitzen.

Das Steinschneiden, f. oben, Schneiden der Diamanten, und das Schneiden in Stahl, den Art. Stahl.

In der Landwirthschaft ist Schneiden, das Getreide auf dem Felde mit der Sichel abschneiden, wie auch schon oben, S. 386, erwähnt worden. Das Schneiden macht zwar kürzer Stroh, als das Mähen, man bekommt aber nicht so viel Wirrstroh; auch werden nicht so viel Körner ausgeschlagen, als durch das Mähen; s. den Art. Erndte, Th. 11, und dann Gerste, Hafer, Rocken, Waizen ꝛc.

In der Malerey wird Schneiden, Fr. couper, trancher, von einer zu lebhaften und glänzenden Farbe gesagt, welche mit der zunächst anstehenden Farbe nicht ganz verschmolzen ist. Die schneidenden Farben, Fr. couleurs tranchantes, sind meistentheils eine Wirkung der Unwissenheit des Helldunkeln. Sie verursachen in den Umrissen einen Mangel der Wendung und Rundung, welcher die Arbeit hart und trocken macht; dergleichen Umrisse nennt man geschnittene, oder auch schneidende Umrisse, Fr. Contours, coupés, tranches, qui tranchent.

Bei den Menschen und Thieren, heißt Schneiden, Castriren, Verschneiden, den Menschen und Thieren männlichen Geschlechtes durch das Ausschneiden der Hoden oder Geilen die Mannheit, oder die Fähigkeit, ihr Geschlecht fortzupflanzen, benehmen. Bei dem männlichen Geschlechte der Menschen geschiehe solches, um eine feine biegsame Stimme zu behalten, und wurde ehemals in Italien an Knaben verrichtet, welche man zu Sängern in der großen Oper zu erziehen die Absicht hatte, von da aus verbreiteten sich dann diese Castraten an alle große Höfe von Europa, wo die große Italienische Oper eingeführt war; f. auch unter Sang, Th. 136, S. 328 u. f., und unter Sänger (Discant.), daselbst,

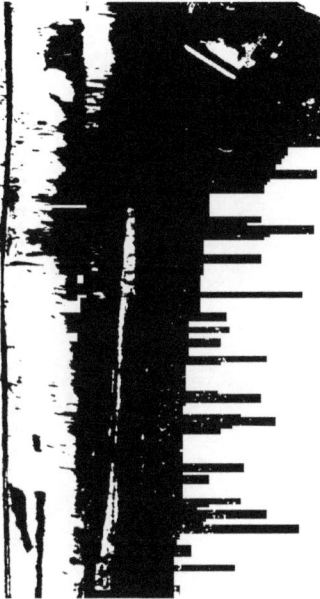

S. 379. — In der Türkei geschieht das Castriren
nicht des Gesanges wegen, sondern damit dergleichen
Individuen, mit denen dieser Prozeß vorgenommen
worden, als Wächter der Weiber in den Harems dienen können. So hat der Sultan oder Großherr ein
ganzes Heer von schwarzen und weißen Verschnittenen, Eunuchen, die unter dem Kislar- und Kapi-Aga
stehen, deren Ersterer, als vornehmster Vertrauter
seines Herrn, einen bedeutenden Einfluß hat. S.
Verschneiden, unter V. — Bei den Thieren
männlichen Geschlechts geschieht es, um theils den
Begattungstrieb zu hemmen, theils auch um sie zu
mästen oder zum Küchengebrauch, zur Kochkunst,
feister zu machen.   Man legt dieser Operation nach
den verschiedenen Thieren, daran es geschieht, auch
verschiedene Benennungen bei; so heißt diese Operation z. B. bei den Hengsten Wallachen oder auch
Reissen, welches letztere auch von den Bullen gebraucht wird. Bei den Böcken sagt man Hammeln,
bei den Hähnen heißt es Kapaunen oder Kappen
ꝛc.; s. auch den Art. Verschneiden, unter V.

Das Schneiden des Sammtes, bei dem
Sammtmacher, wenn bei dem Weben des Sammtes die eingelegten Ruthen, die den Flor des Sammtes bilden, mit dem Dreget ausgeschnitten werden.
Dieses geschieht jedesmal, nachdem der Schneidetritt
getreten, die Ruthe genugsam befestiget ist, und die
ganze Poulkette in die Höhe gezogen worden.   Das
Schneiden muß hier sehr genau geschehen, und das
Instrument, um diese Genauigkeit zu erhalten, muß
bei dem Zuge des Schnitts von einem Ende der Ruthe bis zum andern Ende fest und nicht schwankend
gehalten, und die Spitze des Eisens recht auf die
Rinne der Ruthe gesetzt werden, weil sonst leicht die
Spitze des Hakens vom Dreget aus der Fuge der

Ruthe herausspringen und einen falschen Schnitt machen könnte; s. unter Sammet.

Schneiden (Aus-), eine Sache mit einem Messer, einer Scheere, oder mit sonst einem Instrumente durch Ausschneiden wozu bilden. Bei den Bilderhändlern oder Kunsthändlern, besonders in Augsburg, Nürnberg 2c., geschieht das Ausschneiden mit der Scheere oder mit einem feinen Messerchen, indem die auf Papier, Pergament 2c. gemalten Figuren oder auch Kupferstiche mit Unterlegung eines glatten Brettes behutsam ausgeschnitten werden; dergleichen ausgeschnittene Bilder werden häufig zum Lackiren auf Pappe, zur Belegung der Tische, künstlichen Tapeten 2c. gebraucht; s. unter Ausschneiden, Th. 3, S. 248, und unter Bild, Th. 5, S. 294. — Bei den Kaufleuten, Schnitthändlern, Ellenhändlern ist das Ausschneiden, Waaren zerschneiden oder zerkleinern, um sie einzeln, in Detail, zu verkaufen, so werden Tuche, Kattune, Ginghams, Leinwand 2c. nach der Elle ausgeschnitten und verkauft; s. Th 3, S. 248. — Bei den Näherinnen, die aufgenäheten Blumen oder Dessins mit einer feinen Scheere sauber von dem aufgelegten Zeuge trennen, dann einige Blätter oder das Inwendige von einigen Blumen mit dem Grundzeuge herausschneiden, und diesen leeren Platz mit Spitzen oder andern Stichen wieder anfüllen. — Bei den Augen-Operateuren, Augenärzten, ist das Ausschneiden der Augen, das durch einen Schnitt zu bewerkstelligende Herausnehmen des ganzen Augapfels. Da wir aber zum Verluste eines Theils unsers Körpers nie zu spat schreiten können, das Auge einer der vorzüglichsten Theile desselben ist, und man diese Operation zuweilen in Fällen vorgenommen hat, wo man durch andere Mittel helfen und das Auge erhalten konnte, so müssen die Fälle, wo diese Operation noth-

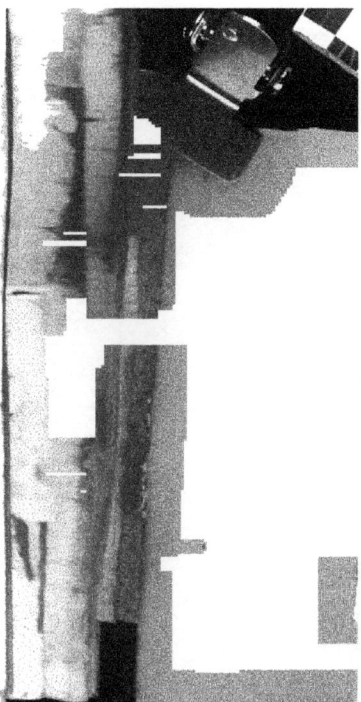

wendig ist, genau bestimmt werden. Diese sind folgende: 1) Wenn der Augapfel aus der Augenhöhle
ganz und gar hervorgetreten und so ausgewichen ist,
daß er über den Backen herunterhängt, und dieser
Zufall nach und nach von widernatürlichen im Grunde
der Augenhöhle entstandenen Geschwülsten seinen
Ursprung genommen hat, und bei dem sorgfältig fortgesetzten Gebrauche verdünnender und abführender
Mittel, und der Anbringung der Fontanellen oder
Haarseile ꝛc. nicht zum Weichen zu bringen ist. Ist
aber der Zufall noch neu, und die Wirkung einer heftigen Ursache, so darf man nicht gleich zu dieser Operation schreiten, sondern muß erst alle, sowohl äusser-
liche, als innerliche, Mittel versuchen. — 2) Die
schwammigten Gewächse, die auf der Oberfläche des
Auges hervorkommen, eine bösartige Beschaffenheit
haben, nach und nach entstanden sind, und dieserhalb
sehr tiefgehende Wurzeln haben. Man muß, ohne
Rücksicht auf ihre Größe und Umfang zu nehmen,
erstlich die angemessenen Mittel in Gebrauch ziehen,
ehe man zur Operation schreitet; eben so bei denen,
die auf einmal entstanden sind, und daher vermuthen
lassen, daß ihre Wurzeln nicht tief eingehen. —
3) Der Krebs des Auges, bei welchem sie unter allen
Krankheiten des Auges am nothwendigsten ist. ꝛc.

Die Operation selbst geschieht mit einem dazu eingerichteten krummen Messer oder mit einer Scheere.
Bei den Alten geschah sie besonders mit Ersterem,
welches die Gestalt eines Löffels hatte. Da nun
dieses Werkzeug wegen seiner krummen Gestalt nicht
scharf genug geschliffen werden konnte, und man auch
Gefahr lief, die Beine der Augenhöhle mit demselben
zugleich zu verletzen, so wurde es bald wieder verworfen, und man bediente sich statt seiner eines graden
Messers. Hierauf riethen Einige an, das Auge hinter dem Augapfel mit einem Messer abzusondern,

und hernach mit einem starken Faden zu umbinden, um es dadurch, wie ein Gewächs, abfaulen zu lassen. Diese Methode ist aber, wegen der daraus entstehenden Zufälle, als Entzündung, heftigen Schmerzen, Zuckungen ꝛc. ebenfalls verworfen worden. Jetzt bedient man sich einer krummen Scheere zu dieser Operation und verrichtet sie folgendermaßen. Man macht in die Falte des zusammenfügenden Häutchens einen Einschnitt, bringt eine krumme Scheere auf der Fläche der Blätter in den Grund der Augenhöhle ein, und schneidet daselbst den Sehnerven, nebst den denselben umgebenden Muskeln auf einmal durch. Nach vollendetem Ausschnitt fülle man die Augenhöhle mit Karpiewelgern an, die man in einer Mischung von Honig und Wein angefeuchtet hat, und befestiget sie mit einem Verbande, welchen man, wenn der auf den Ausschnitt erfolgende Blutfluß nur ein wenig stark gewesen ist, nicht eher, als nach Verfließung von zweimal vier und zwanzig Stunden wieder abnimmt. Nach vollkommen geheilter Wunde setzt man ein künstliches Auge ein. Nicht selten wächst nach dem Ausschneiden des Auges in dem Grunde der Augenhöhle schwammigtes Fleisch, das leicht eine zweite Operation nothwendig machen könnte. Um diese zu verhüten, oder den schon gegenwärtigen Auswuchs zu hemmen, bringt man einige mit Oxyfwasser angefeuchtete Karpiewelger in den Grund der Augenhöhle, und bedeckt diese wieder mit andern trocknen, um dadurch zu verhüten, daß von dem Wasser nichts an die Augenlieder komme, welches zu üblen Zufällen Anlaß geben würde. Die eingebrachten Karpiewelger muß man dabei mit einer Binde recht hart zusammenpressen; man kann auch, um solche noch fester zusammen zu drücken, ein Bleyplättchen zugleich mit einbinden; ein Mehreres hierüber, s. unter Wundarzneikunst.

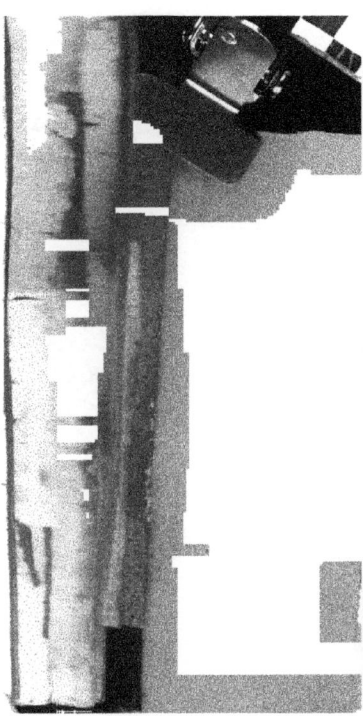

cher, das Aushö
man nämlich dem

und
auch

ikunst,

—
—
—

f. daf., S. 387.
der Säge das Holz zum Haushalt,

zum Küchenbedarf schneiden, durchschneiden, welches eigentlich nach dem Instrumente, womit es verrichtet wird, sägen heißt. So schneidet man auch Bretter und anderes Holz in den Künsten und Gewerben.

Schneiden, in Holz, in der Holzschneidekunst, s. oben, S. 388.

—, in der Kunst, s. daf.

—, in Kupfer, s. daf., S. 389.

—, in der Landwirthschaft, s. daf.

— (Leib-), s. oben, S. 386, und unter Leibschneiden, Th. 71, S. 431.

—, in der Malerey, s. daf., S. 389.

—, bei Menschen und Thieren, s. daf.

—, des Sammtes, s. daf., S. 390.

— (Stämpel-), s. diesen Artikel.

— (Stahl-), s. oben, S. 388.

— (Stein-), s. daf.

—, bei Thieren, s. Schneiden, bei Menschen und Thieren.

—, in der Wundarzneikunst, s. Schneiden, in der Chirurgie.

Schneider, von dem Zeitworte schneiden, s. dasselbe, S. 385. 1. Ueberhaupt derjenige, welcher schneidet, wo es nur in manchen Zusammensetzungen üblich ist, z. B. der Futterschneider, welcher wirklich Futter oder Häcksel schneidet; der Brettschneider, welcher Bretter schneidet. — 2. In engerer Bedeutung, dessen vornehmste Beschäftigung im Schneiden besteht, gleichfalls eine Zusammensetzung, z. B. der Bruchschneider, Steinschneider, Stämpelschneider, Stahlschneider, Holzschneider, Formenschneider, Leistenschneider, Gewandschneider, Schweinschneider, Beutelschneider x. — 3. In der gewöhnlichsten Bedeutung versteht man unter Schneider, schlecht-

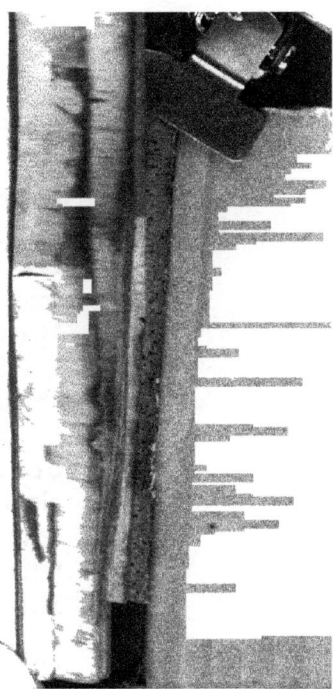

hin den Handwerker, welcher Manns- und Frauens-
kleider verfertiget.

Der Schneider, Kleibermacher, Kleider-
rtiger, Sartor, Fr. Tailleur, ist ein Handwerker, welcher sich mit der Anfertigung von Kleidern beschäftiget, oder allerlei Kleidungsstücke aus
gewebten Zeugen verfertiget. Die Benennung ist
von einem Theile seiner Arbeit entlehnt, nämlich von
dem Zuschneiden, welches man ehemals für das
wichtigste Geschäft gehalten haben muß, weil das
Zeitwort suiden im Schwabenspiegel auch von dem
Ausbessern eines Kleides gebraucht wird. Dieser
Handwerker hieß auch im Niederdeutschen ehemals
Schröder, Schröter, von schroten, schneiden; im Schwedischen heißt noch jetzt Skraedder,
ein Schneider. Die Schneider rühmen sich das älteste Handwerk in der Welt zu seyn, indem sie dasselbe aus dem Paradiese herleiten, und Gott zum
Urheber desselben angeben; auch werden sie in der
heiligen Schrift weise Leute genannt; denn im 2
B. Mos., Kap. 28, B. 3 steht: „Und du sollst reden mit Allen, die eines weisen Herzens sind, die ich
mit dem Geiste der Weisheit erfüllt habe, daß sie
Aaron Kleider machen zu seiner Weihe, daß er mein
Priester werde." Ferner heißt es daselbst, B. 4 u.
f.: „Das sind aber die Kleider, die sie machen sollen:
das Schildlein, Leibrock, seiden Rock, engen Rock,
Hut und Gürtel. Also sollen sie heilige Kleider machen deinem Bruder Aaron, und seinen Söhnen, daß
er mein Priester sey. Dazu sollen sie nehmen Gold,
gelbe Seide, scharlaken, rosenroth und weiße Seide.
Den Leibrock sollen sie machen von Gold, gelber
Seide, scharlaken, rosenroth und gezwirnter weißer
Seide, künstlich, daß er auf beiden Achseln zusammengefügt und an beiden Seiten zusammengebunden
werde rc." Was übrigens die Kleider der verschie-

denen Nationen alter und neuer Zeit anbetrifft, s.
den Art. Kleid, Th. 40. Daß dieses Gewerk sehr
alt ist, leidet wohl keinen Zweifel; denn die Bedeckung
der Körper war gewiß das Erste bei der Civilisation
der Völker; wann und wie diese Zunft sich aber gebildet, ist geschichtlich nicht zu erweisen. Daß die
Hebräer oder Juden ihre Schneider gehabt, beweiset
schon die oben angeführte Stelle in der Bibel; eben
so hatten die Griechen und Römer dergleichen Handwerker, bei dem Letzteren hießen sie Vestiarius, worunter man auch einen Kleiderverkäufer verstand. In
Deutschland erhob sich dieses Gewerbe wohl erst unter
Kaiser Heinrich dem Ersten, dem Vogelsteller, mit andern Zünften. In Berlin ist die Innung der Schneider vom Jahre 1272. Dieses Ge-
werk theilt sich in zwei Haupt-Aeste, in Manns-
und Frauenschneider; es giebt aber auch Einige,
die beides zugleich sind. Nebenzweige sind die Zeltschneider, welche eine große Verwandschaft mit
den Tapezierern haben, und von roher dichter Leinwand die Gezelte für die gemeinen Soldaten, Unter-
officiers und Officiers, die Gewehrzelte, Wachtzelte
x. verfertigen, welche alle durch Stricke, Besatzgur-
ten und Stangen befestiget und getragen werden, s.
unter Zelt, in Z; die Jagdschneider, s. Th. 28,
S. 474; Schnürbrustschneider, welche sich
nur mit den mancherlei Arten von Schnürleibern
beschäftigen, s. unter Schnürbrust xc.

Das Handwerkszeug oder die Geräthschaften des Schneiders bestehen in Näh-
nadeln, wozu man Englische und Tyroler, mit runden Oehren wählt; Schnürnadeln; Nähringen
von Metall, mit eingehauenen Tiefen; Pfriemen
zu den Schnürleibern, Scheeren, Bügeleisen,
der Elle, zum Ausmessen der Zeuge, dem Knopf-
löcherholze, dem Wachse, zum Wichsen des

Zwirns, und dem Werktische, worauf gearbeitet
wird. Man findet auch bei vielen Schneidern Lineal,
Zirkel ꝛc., um, wo das Augenmaaß trügen sollte,
sicherer mit dem Körpermaaße zu gehen. Von den
oben erwähnten Handwerkszeugen sind die Nähe-
nadeln, schon Th. 100, S. 443, 483, 511 u. f.,
u. Th. 101, S. 2 u. f.; die Nähringe, unter
Fingerhut, Th. 13, S. 396; die Pfriemen,
Th. 112, S. 400, und oben, S. 4; die Scheere,
unter Messerschmid, Th. 89, S. 276; das Bügeleisen, Th. 7, S. 370; die Elle, Th. 10,
S. 742 u. f.; das Knopflöcherholz, Th. 42,
S. 699 abgehandelt worden; die Schnürnadel,
s. diesen Artikel. Außer der großen Scheere gebrauchen diese Handwerker auch kleinere.

Der Werktisch oder der Arbeitstisch ist ein
großer viereckigter Tisch, der einen Boden hat, und
auf ziemlich starken Pfosten oder Säulen ruht. An
den vier Ecken des Tisches, ungefähr 9 Zoll nach der
Mitte desselben, sind halbmondförmige Löcher von
der Größe angebracht, daß eine Person bequem die
Beine durchstecken und so auf dem Werktische sitzen
und arbeiten kann. Die Füße ruhen auf dem unter
der Tischplatte ungefähr zur Hälfte der Höhe des Tisches angebrachten Boden. Der leere Raum unter
dem Boden ist bei einigen Werkstätten mit Kasten
ausgefüllt, welche, gleich den Kasten unter den Fen-
sterbänken, herausgezogen und hineingeschoben werden
können, und die zur Aufbewahrung der auszubessern-
den Beinkleider, Westen, und der Lappen dienen.
Auf den Boden des Tisches werden gleichfalls alte
Kleidungsstücke, Lappen ꝛc. geworfen. In der Mitte
auf dem Tische steht ein großer offener Kasten, der
in verschiedene Fächer abgetheilt ist, worin der Zwirn,
die Seide, die Nähringe ꝛc. liegen, so daß jeder Gesell sein Fach für sich hat, worein er seine zur Arbeit

nöthigen Geräthschaften legen kann. In einer großen Werkstatt stehen oft vier bis sechs solcher Tische. An den Wänden sind Riegel angebracht, wo die Kleider der Mannsleute aufgehängt werden können. In den Werkstätten der Damenschneider sind auch wohl Rundbäume die Mitte des Zimmers entlang angebracht, worüber die Kleider, Mäntel rc. geschlagen werden können.

Der Schneider verarbeitet seidene, wollene, baumwollene und leinene Zeuge. Die wollenen Tücher zu den Kleidern, als zu Ober- oder Ueberröcken, Fracks oder Leibröcken, und zu Mänteln sind gemeiniglich 2, 21/2 bis 3 Ellen breit. Man theilt sie in feine, mittlere und geringe oder Landtücher ein, die der Schneider bei dem Tuchbereiter krempen, das ist, in Wasser legen, scheren und preffen läßt, damit sie künftig vom Regen nicht um einige Zoll einlaufen mögen. Man rechnet auf ein Mannskleid, mit Weste und Beinkleidern, sechs Ellen breites oder acht Ellen schmales Tuch, oder 31/2 Ellen für den Rock, 1s/4 Ellen für die Beinkleider und s/4 Ellen für die Weste. Ein Frauenskleid mit Rock, Roberonde und Schürze, nebst der Frisirung erforderte ehemals, das heißt, zu Ende des verwichenen Jahrhunderts, von s/4 breitem Seidenzeuge in allem 40 Ellen; jetzt braucht man zu einem Kleide von demselben Zeuge und von eben der Breite 13 Ellen; es versteht sich von selbst, daß die jetzigen Kleider einen ganz andern Schnitt und daher eine andere Form haben, wobei man die Menge von Zeug nicht mehr gebraucht. Obgleich zu reich besetzten Kleidern, auch noch gegenwärtig viel Zeug gehört, so kommt es doch gegen die früheren in keinen Betracht, wo auch schon die Schleppe viel wegnahm. — Die übrigen Zuthaten sind gezwirnte Seide von der Farbe des Tuches, auf ein Mannskleid 2 Loch geleimte und

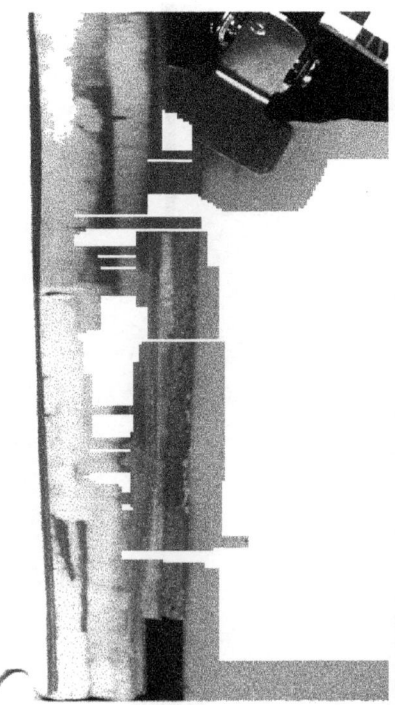

gerollte steife Leinwand zu den Knopflöchern und
Taschen, Haarsiebe von geflochtenen Pferdshaaren,
geleimte und geschlagene Seidenwatten, halbseidenes
Kameelgarn zu den Knopflöchern, Knöpfe mit Tuch
überzogen, Knöpfe von Kameelgarn, Seide, seidene
mit Lahn unterlegt, gelbe und weiße Metallknöpfe,
mit Stahl, Lahn und Perlenmutter ausgelegte, Stahl-
knöpfe 2c. Die Röcke werden jetzt auch noch mit
Futterkattun, und mit Seide, ehemals auch mit Sey,
Rasch, Chalon, feinem Flanell, Plüsch, Etamin 2c.,
gefüttert. — Zu Kachemir-Pantalons werden 3¾
Ellen gebraucht, und so auch von andern nur schmalen Sommerzeugen. — Zu einem Frauenzimmer-
kleide sind die Zuthaten: Seide, Zwirn, Kindschnur,
steife Leinwand, Band, Haken und Oesen, Watten
zu Ueberröcken, Spenceen 2c. Mit Zwirn, auch mit
Seide werden die Kattun-, Gingham- und dergleichen Kleider genäht, mit Seide, die seidenen, die
Merino-, Kachemir-, Circassienne- 2c. Kleider.

Der Schneider nimmt mit einem Papierstreifen
das Maaß der Breite und Länge der Person ab, wobei er Alles genau mit der Scheere an dem Maaße
bezeichnet, und dann das Maaß mit Kreide genau
auf den Zeug überträgt, und Alles nach der neuesten
Mode nachschneidet. Auf das Zuschneiden folgt das
Ansetzen der Streifen von steifer Leinwand zu den
Knopflöchern und Taschen. Die Theile des Kleides
werden einzeln durch Nähte zusammen geheftet, und
das Knopfloch geöffnet, bearbeitet, gebiegelt, und durch
die Hitze des Bügeleisens werden die umgelegten
Nähte niedergedrückt; man setzte man ehemals noch
das Haarsieb mit Leinwand ein, und bügelte es.
Der Kragen wird wattiert und gesteppt, eben so auch
der Brusttheil, wozu man auch alte Tuchlappen 2c.
nimmt. Hierauf werden die Knöpfe aufgenäht, und
das Futter von falschen oder echten Farben unter das

Kleid gezogen. Ehemals versuchte nun der Schneider das zusammengesetzte Kleid erst der Person an, welche es machen ließ, ehe er es gänzlich vollendete, jetzt geschieht dies nicht mehr, sondern das Kleid wird, ohne weitere Probe des Sitzens, sogleich fertig dem Besteller überliefert. Wenn nun das Kleid zusammengestückt worden, werden die Aermel mit Leinwand oder mit Seide gefüttert, das Unterfutter sauber angenäht, der Kragen und die Bruststücke fertig gesteppt — welches jetzt bei feinen modischen Röcken mit besonderer Eleganz geschicht, so daß die mit der Nadel gemachten Schnörkel 2c. wie mit dem Zirkel abgemessen erscheinen — das Uebrige auch nach der Mode ausgefertiget, Alles auf einem wollenen Tuche glatt gebiegelt, die Knopflöcher mit Kamelgarn oder Seide benäht. Was nun reich am Kragen, den Aufschlägen 2c. bei Departements-Männern, beim Militär 2c. gestickt werden soll, wird dem Sticker zugeschickt.

Angefertiget werden von Mannsschneidern: Pelze, Regen- und Staubmäntel, Mantins, Trauer- und Priestermäntel, Schlafröcke, Oberröcke, Leibröcke oder Fracks, Beinkleider, Westen, Kamaschen 2c.; von Frauensschneidern: Enveloppen, Wienermäntel, Staubmäntel, Redingots, und Kleider von verschiedenen Façons mit Frisuren und Besätzen nach der Mode 2c. 2c. Ein gewandter fleißiger Schneider näht an einem Frauenskleide zwei, und an einem vollständigen Mannskleide drei Tage. An einem Kleide, so umgewandt werden soll, werden die Nähte zertrennt, umgebiegelt, das Tuch geschoren, in der Tuchpresse nochmals gepreßt und zusammengenähet. — Die hauptsächlichste Wissenschaft eines Schneiders besteht nicht nur darin, daß er die Zeuge nach dem Maaße mit Vortheil zuschneide, die Klei-

ber, nach der verschiedenen Beschaffenheit der Körper, die er bekleiden soll, richtig anpasse, und hierzu ein richtiges Maaß nehme, auch nach dem Augenmaaße und bloßen Ansehen es richtig anpasse oder zu treffen wisse, sondern auch, daß er zweckmäßige neue Moden erfinde, und allerlei fremde Trachten bei großen Bällen ꝛc. anzugeben wisse, oder doch nach der Anleitung Anderer arbeiten könne. Er muß einem verwachsenen Körper durch Wattirung desjenigen Theils, wo er Höhlungen bildet, ein besseres Ansehen zu geben suchen; überhaupt durch seine Kunst Alles anwenden, dem Körper ein schönes Ebenmaaß zu geben, welches er Alles durch Wattirungen der Kleidungsstücke erreicht. Ferner muß er die Güte und den Preis der Waaren, welche er verarbeiten soll, genau kennen, damit er seine Kunden bei ihren Einkäufen, oder wenn es ihm überlassen worden, richtig leite und nicht übertheure. Ein Schneider, der sein Fach ganz kennen will, muß die oben angeführten Eigenschaften auch ganz besitzen; dieses Gewerbe ist daher nicht so geringe und so verächtlich, wie es Mancher wohl ansehen mag; denn es gehört dazu Geschmack, und ein geübter Blick, um alles Neue genau aufzufassen, und wo möglich noch verschönerter, vollendeter wiederzugeben.

Der Lehrling lernte ehemals bei dem Schneiderhandwerke nur drei bis vier Jahre, wenn er Lehrgeld gab, geschah dies nicht, so daß er sich loslernen mußte, fünf, sechs und sieben Jahre. Jetzt ist im Preußischen die Verordnung ergangen, daß sie nur vier Jahre lernen sollen, und nach dieser Zeit losgesprochen werden müssen. Diese Verordnung ist zu Gunsten des Militärs gegeben, damit der junge Mann nicht zu spät seine Zeit abdiene.

Der Gesell muß in den Staaten, wo die Gewerbefreiheit nicht eingeführt ist, wandern, wo dieses

wortung, und nachdem die Zeichnungen für richtig befunden worden, er zum Meister gesprochen wurde. — Der Frauenzimmerschneider mußte ehemals zum Meisterstück eine Robe, ein Rock und Kleid, Rock und Contusche machen, gegenwärtig ein seidenes Kleid mit Besatz.

Der Geselle bekommt von dem Meister täglich 8 Gr. Cour., wöchentlich, alle Sonnabend, an welchem der Wochenlohn gezahlt wird, 2 Rthlr. Cour.; besondere Arbeiten, das heißt, über die festgesetzte Zeit, wenn nämlich eine Arbeit schnell fertig werden soll, und auch die Nacht zu Hülfe genommen werden muß, werden auch besonders vergütiget.

Man hat jetzt auch angefangen dieses Handwerk künstlerisch, ja wissenschaftlich zu betreiben, indem man den Körper nach mathematischen Gesetzen eingetheilt, und darnach die verschiedenen Längen und Breiten desselben und seiner Theile, die sonst genossen worden, berechnet und in eine Tabelle gebracht hat; f. die beistehende Tabelle. Obgleich diese neue Methode, die Mathematik bei diesem Handwerke zu benutzen, und es dadurch aus dem gewöhnlichen Schlendrian der Handwerke zu ziehen, nicht unfruchtbar bei weiterer Fortbildung seyn würde, so scheint sie doch wenig Eingang zu finden, indem man immer noch das Maaßnehmen, als sicherer, ausübt, und vielleicht mag hier auch bei so manchen körperlichen Fehlern, die durch Watirungen ꝛc. verdeckt werden sollen, diese alte Methode vorzuziehen seyn.

Ehemals war in Berlin nur den wenigen Individuen von der Französischen Kolonie, welche die Schneiderkunst erlernt hatten, das Schneidern der Frauenzimmer-Kleider gestattet, jedoch war ihre Anzahl auf drei und siebzig festgesetzt, und unter Friedrich dem Großen, in seinen letzten Regierungsjahren, wurde diese Anzahl, um den

Schneidern in diesem Fache, die Mit den Deutschen Schneiderinnen in immerwährender Fehde lagen, nicht zu sehr zu schaden, auf funfzig beschränkt; gegenwärtig, bei der eingeführten Gewerbefreiheit, kann ein jedes Frauenzimmer diese Kunst ausüben, wenn sie solche erlernt hat.

Das Reglement, welches die Französischen Schneiderinnen betraf, und welches auf Befehl Friedrichs des Großen am 16ten December des Jahres 1779 öffentlich bekannt gemacht wurde, und worin die bis dahin Statt gefundenen Klagen zwischen den Deutschen Schneidern und den Französischen Schneiderinnen gänzlich beseitiget wurden, lautet im Original, von dem die Uebersetzung unten folgt:

La Commission ayant examiné les Actes du différent entre les tailleurs d'habits de femmes et les tailleuses françoises de la Colonie refugiée, de même que le Privilège des tailleurs et les lettres patentes ou declaration d'iceluy ayant encore pesé toutes les circonstances relatives, et ou suffisamment les parties de part et d'autre, Les Commissaires ont mis en deliberation au présent terme les differens points litigieux, et se sont reunis à l'avis suivant pour le soumettre à l'approbation de Sa Majesté.

1) Les Réfugiés françois ayant les assurances pour eux et leurs Descendans qu'ils jouiroient des mêmes droits et prérogatives dont ils jouissoient en France, il sera libre aux françoises de la Colonie refugiée qui auront appris le métier de tailleuses chez d'autres tailleuses, de continuer cette profession sans aucune empêchement, le même droit ayant été accordé en france aux filles ou femmes connues sous le nom de coutaurière, qui font une maitrise separée, mais elles s'abstiendront sous peine de Dix Risthlr. d'amende, de faire des habillemens d'hommes.

2) Elles pourront pour la commodité de leurs pratiques travailler hors de chez elles, mais avant tout elles seront obligées de prêter serment par devant le

... que travaillent hors de chez elles ne pourront
... en tout, il leur ser permis d'avoir double bou-
tique.

... de septante trois tailleuses étant trop
fort pour Berlin, se réduira à 50, et jusqu'à ce qu'il
... 50, aucune fille ou apprentisse qui serra
... soumis à trois années d'apprentissage, ne
... le métier de tailleuse, mais restera chez
... jusqu'à ce qu'il y ait une vacance parmis
les ...

... Cependant toutes les tailleuses actuelles pourront
... continuer leur Profession, mais des
... les dites 73 nommées une celle se mariera à
... après la publication des presentes, si elle
... pour un tailleur, elle ne pourra continuer le
métier de tailleuse sous peine de 50 Rthlr, en cas de
contravention.

... qu'une des 50 vienne à manquer, la Justice
française indiquera au Magistrat l'apprentisse qui doit
la remplacer.

... Chaque tailleuse pourra ... d'une légitimation,
... par quartier 12 Gr. à la caisse du Corps
des tailleurs, ce qui est d'autant plus juste qu'en France
... travailler sans payer un contingent
... et la justice Françoise aura soin de faire
... par quartier cette somme au Magistrat.
... sans que les françoises refugiées ou

descendantes de lisfugiés qui jouiront des droits et
prérogatives accordés ci dessus.

Signé,

Philippi, Humbert, Catel.

Nachdem die Commission die Verhandlungen der
Streitigkeit zwischen den Französischneidern und den
Schneiderinnen von der Französischen Kolonie, so wie
das Privilegium der Schneider und die daselbst ertheilenden offenen Briefe untersucht, alle sich darauf beziehende Umstände noch einmal erwogen, und die Partheyen von beiden Seiten hinlänglich angehört hat; so
haben die Commissarien die verschiedenen strittigen
Punkte in Ueberlegung gezogen, und sich dahin vereiniget, folgendes Gutachten der Genehmigung seiner
Majestät zu unterwerfen:

1) Die Französischen Schützlinge haben die Versicherung für sich und ihre Nachkommen erhalten, daß sie
dieselben Rechte und Vorrechte erhalten sollen, welche
sie in Frankreich genossen. Es soll den Französinnen
der Kolonie, welche das Damenkleidermacherhandwerk
bei andern Schneiderinnen erlernt haben, frei stehen,
dieses Gewerbe ohne die geringste Behinderung fortzusetzen; indem dieselben Rechte in Frankreich den Mädchen oder Frauen zugestanden worden, die unter dem
Namen der Nätherinnen bekannt sind, welche Beschäftigung ein besonderes Gewerbe bildet, es ist ihnen aber
bei zehn Thalern Strafe untersagt, Mannskleider zu
verfertigen.

2) Sie können, der Bequemlichkeit ihres Gewerbes
wegen, auch ausserhalb des Hauses arbeiten, allein sie
müssen vor allem erst vor dem Magistrate, dem alle
diese Gewerbeangelegenheiten unterworfen sind, den
Eid leisten

daß sie keine Schleichhandelswaaren, sei es von
Wolle, oder von Seide, verarbeiten wollen, daß
sie solche vielmehr jedesmal, wenn sie ihnen zum
Verarbeiten angeboten werden, pflichtmäßig anzeigen wollen.

3) Sobald eine Schneiderin den erwähnten Eid geleistet haben wird, so wird der Magistrat derselben einen Schein zu ihrer Beglaubigung umsonst ausfertigen

gen; diejenige aber, welche das Gewerbe als Schneiderin ohne diese Beglaubigung ausübt, soll zu einer Geldbuße von zehn Thalern verurtheilt werden.

4) Die Schneiderinnen, welche im Hause arbeiten, können, in Gemäßheit der Gewerbescheine, welche sich auf das Privilegium der Schneider gründen, zwei Gehülfen oder Lehrlinge halten, aber diejenigen, welche außer dem Hause arbeiten, ist dieses untersagt, indem es nicht gestattet ist, ein doppeltes Geschäft zu haben.

5) Da die Anzahl von drei und siebzig Schneiderinnen zu groß für Berlin ist, so soll diese Anzahl auf funfzig vermindert werden, und bis diese Zahl erreicht worden, soll kein Gehülfe oder Lehrling, welcher letztere wenigstens drei Jahre in der Lehre gewesen seyn muß, dieses Geschäft ausüben, sondern er soll bei seiner Lehrmeisterin so lange bleiben, bis sich eine offene Stelle unter den oben gedachten funfzig gesetzlich bestimmten Schneiderinnen findet.

6) Uebrigens können alle gegenwärtige Schneiderinnen ohne Behinderung ihre Beschäftigung forttreiben, sobald aber eine von den oben erwähnten drei und siebzigen sich, von dem Tage der Publikation des Gegenwärtigen an, verheirathet und nicht einen Schneider ehelicht, so darf sie das Geschäft als Schneiderin bei zehn Thalern Strafe im Uebertretungsfalle nicht fortsetzen.

7) Sobald eine Stelle unter den bestimmten Funfzigern offen wird, so wird der Französische Gerichtshof dem Magistrate diejenige Ausgelernte empfehlen, welche in die Stelle zu rücken würdig ist.

8) Jede, mit einem Gewerbescheine versehene, Schneiderin, muß zur Kasse des Schneidergewerkes vierteljährlich 12 Gr. Cour. vorausbezahlen, welches um so gerechter ist, da sie selbst in Frankreich nicht arbeiten dürfen, ohne einen Beitrag an die besagte Kasse zu zahlen; und der Französische Gerichtshof wird Sorge tragen, jedes Vierteljahr die gedachte Summe dem Magistrate zu überliefern.

9) Schließlich wird nur den Französischen Flüchtlingen oder den Nachkommen derselben dieses Recht und Vorrecht zu genießen gestattet.

Gezeichnet.
Philippi, Humbert, Catel.

Ueber die Schneiderrechnungen, Berechnungen
der Zuthaten rc. kann hier nichts gesagt werden, weil
sie einem Jeden bekannt sind. — In Wien lassen
die Schneider zur bessern Uebersicht ihrer Artikel und
deren Preise Preiscourante drucken, welches auch
schon Nicolai in seinen Reisen, Th. 4, S. 481,
erwähnt. — Das Wiegen des Tuches, ehe es dem
Schneider überliefert wird, um dadurch wegen des Zu-
rückbehaltens des Ueberflüssigen gesichert zu seyn, indem beim Abliefern der Kleider solche wieder gewogen
werden und sie das abgelieferte Gewicht an Tuch wieder
enthalten müssen, nachdem die Abfälle rc. mitberech-
net worden, ist doch sehr trüglich; und hat schon zu
manchen lustigen Prozessen Veranlassung gegeben.
In Deutschland möchte solches wohl selten vorfallen,
wohl aber bei den Engländern, da diese Nation an
Sonderbarkeiten reich ist. — Daß diese Professionisten an einigen Orten Fenstergeld erlegen müssen, ist schon Th. 33, S. 548 erwähnt worden.

Die Krankheiten, welchen dieser Professionist vor
andern unterworfen ist, rühren von der sitzenden Lebensart desselben her, und bestehen in Hypochondrie,
Verstopfungen, Brustkrankheiten rc., worüber man
diese Artikel in der Encyklopädie nachsehen kann. —
Adelung sagt: „Da diese Handwerker, vermuthlich
wegen der von ihrer sitzenden Lebensart herrührenden
schwachen Beschaffenheit ihres Körpers, bei den übrigen stärkern Deutschen sehr früh verächtlich geworden, so wird es auch noch jetzt in manchen Fällen
gebraucht, etwas Verächtliches in seiner Art zu bezeichnen. So nennen die Jäger die geringen unjagd-
baren Hirsche Schneider, und in manchen Spielen ist der Schneider derjenige, welcher nicht bloß das
Spiel verliert, sondern auch nicht einmal eine gewisse
geringe Anzahl Augen hat.‟

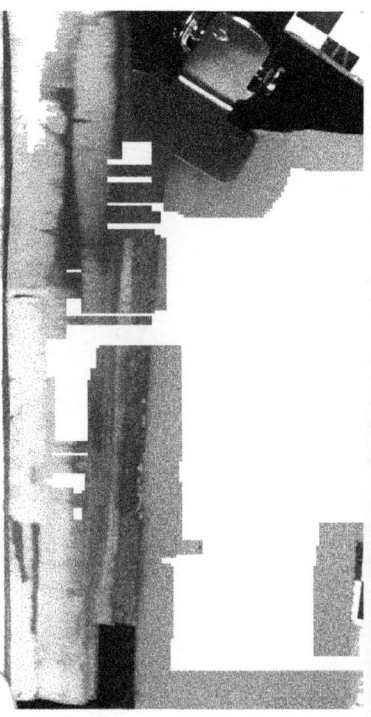

Schneider (Auf-), Jemand der etwas aufschneidet. In der Kochkunst ist der Aufschneider derjenige, welcher den Braten tranchirt und auf die Schüssel zum Auftragen auf die Tafel legt. — Figürlich heißt der Aufschneider, der Prahler, Großthuer.

— (Beutel-), ein listiger Dieb, der einer Person etwas aus der Tasche mit vieler Gewandheit heimlich entwendet: als Geldbeutel, Uhr, Dose ꝛc. Sie werden willkührlich bestraft, nach dem Werthe des Gestohlenen und nachdem sie schon öfters bei dergleichen Diebstählen ertappt worden, sich also schon öfters dergleichen Vergehen haben zu Schulden kommen lassen. In älterer Zeit waren mehrere Rechtsgelehrte dafür, daß sie wie andere Diebe gehangen werden sollten, welches auch noch gegenwärtig in England geschieht. — In der Botanik, eine Benennung des Hirtentäschels, Thlaspi Bursa pastoris.

— (Brett-), s. Th. 6, S. 657.

— (Bruch-), nennt man in der Medizinischen Polizey diejenigen Menschen, welche sich mit dem Pferde- oder Schweinschneiden (castriren) abgeben, aber auch Menschen von Brüchen heilen wollen, und diese Kuren hauptsächlich auf dem Lande an den Landleuten vornehmen, welches noch hin und wieder in Deutschland geschieht, obgleich die Regierungen gegenwärtig ein wachsames Auge darauf haben. In der Deutschen Encyklopädie, Th. 4, S. 416, wird Folgendes darüber gesagt:

> Die Brüche kommen unter den arbeitsamen Landleuten häufig vor, theils wegen des vielen Hebens und Tragens, theils wegen zu frühzeitigen, ungeschickten Reitens, auf schlecht gebaueten oder schwere trabenden Pferden, oder harten oder sonst gefährlichen Sätteln, theils auch oft wegen barbarischer Behandlung der Kinder und Ehegatten, oder großen Balgereyen der Knaben unter sich selbst. Diese Bruchschneider haben nun, wie alle Afterärzte, die Dreistigkeit, alles zu ver-

sprechen und alles zu unternehmen, wozu noch bei dem
gemeinen Manne das Zutrauen zu allen Künstlern,
die ihnen an Stand, Kleidung und Sprache ähnlicher
sind, als die, so in Städten wohnen, und die oft, ja
meistentheils irrige Meinung, daß der Arzt wohlfeiler
sei, als der Doctor (welche sie auf diese Weise auch
in der Benennung unterscheiden) kommt. Es ist leicht
zu begreifen, daß diese Bruchschneider alle Hände voll
zu thun haben. Die Art zu operiren, deren sie sich
bedienen, ist bekannt, und geht, so grausam sie ist, oft
glücklich von Statten. Ein Scheermesser, lange Nägel
an den Fingern, und ein starker einfacher Bindfaden,
oder eine Schnur, sind ihre einzigen Werkzeuge. Da
nun die meisten Brüche bloß ein Vorfall der Därme,
oder des Netzes oder auch beider zugleich sind, welche nach
und nach durch eine zwar natürliche, aber zu sehr aus=
gedehnte Oeffnung, den Bruchring, auf beiden Seiten
des Unterleibes, oder nur auf der einen, in den Geilen=
sack herabtreten, und sich in einer besonderen Höhle der
zelligten Haut des Darmfells, in deren Nachbarschaft
die Geilen liegen, aufhalten, so bringen diese waghernde
Hälftegötter die widernatürlich ausgetretenen Theile mit
Gewalt in die Bauchhöhle zurück; binden hierauf den
Bruchsack nebst dem daneben liegenden Saamenstrange
fest, sondern den Geilen, er mag gesund seyn oder nicht,
von der einen Seite des Hodensackes ab, schneiden etwas
unter dem angelegten Band den Testikel unbarmherzig her=
unter, sprechen dazu einige geheimnißvolle Sprüche; bedie=
nen ihren Patienten etwa ein paarmal, lassen sich so theuer,
als es kein ächter Wundarzt zu fordern unverschämt genug
gewesen wäre, bezahlen, und gehen ihres Weges über
die Gränze. Ist der Bruch doppelt, so wird diese
Operation, womit sie in wenigen Minuten fertig sind,
auf beiden Seiten vorgenommen, und so ist der arme
Kranke halb oder ganz castrirt, ohne daß er es gedacht
oder gewollt hätte. Oefters, wenn der auf diese Weise
Geheilte glaubt, daß er sich wieder schwere Arbeiten
erlauben könne, treten die Därme nach und nach wie=
der hervor, das Bauchfell dehnt sich zu einem wahren
Bruchsacke abermals aus, und der Betrogene findet,
daß er einen Bruch, aber keine neuen Hoden am Leibe
habe. Er hat sich also diesem Verluste, den größten

Schmerzen, ja manchmal der Todesgefahr ganz umsonst ausgesetzt, und ist noch überdies um sein Geld geprellt. Der Verfasser des vortrefflichen Systems einer vollständigen medizinischen Polizei, und vor ihm viele menschenfreundliche Aerzte wünschen demnach, daß die Obrigkeiten nicht einmal den Chirurgen ihres eigenen Landes, vielweniger den herumstreichenden Bruchschneidern erlauben möchten, eine in jedem Betracht so gefährliche, und der Bevölkerung schädliche Operation, ohne Beiseyn erfahrner oder geprüfter Aerzte vorzunehmen; da man jetzt wirklich auf eine vorzüglichere Art dergleichen Uebel zu heilen weiß. Diesen Wunsch haben auch, ehe er noch in dem belobten neuen Werke geäussert worden, die Baaden-Durlachsche Verordnungen nicht nur schon 1725 dadurch, daß den Unterthanen überhaupt befohlen ist, nirgends, als bei inländischen Medicis und Chirurgis Rath und Hülfe zu suchen, sondern insbesondere durch ein Rescript, worin den Chirurgis die Heilung der Brüche mittelst der Castration gänzlich bei schwerer Strafe verboten, hingegen befohlen ist, die Heilung der Brüche ohne Castration theoretisch und praktisch zu erlernen, wirklich erfüllt, welches wir hierdurch zur Nachahmung empfehlen wollen."

Die jetzige Art, den Bruch zu operiren, s. unter Leistenbruch, Th. 77, S. 60 u. f., und unter Bruch, im Supplement, da unter Bruch, Th. 7, S. 1 und f., nur wenig darüber gesagt worden. Bei uns, im Preußischen, darf nur ein approbirter Wundarzt die Operation eines Bruches, wenn solche durchaus nöthig ist, und Bruchbänder dem Uebel nicht begegnen, vornehmen, und sich kein Anderer bei Gefängnißstrafe damit befassen. Daß übrigens dergleichen Operationen auf dem Lande nicht noch gegenwärtig von dazu Unberufenen vorgenommen werden mögen, ist nicht zu bezweifeln; es darf aber der Regierung nicht bekannt werden, und also nur unter der Hand geschehen; daher haben sich der-

gleichen Bruchkranken, die sich solchen After-Wund-
ärzten anvertrauen, und verstümmelt werden, dieses
Uebel selbst zuzuschreiben.

Schneider (Damen-), s. Schneider (Frauen-).

— (Formen-), s. Th. 14, S. 488.

— (Frauen-), Damenschneider, Damenklei-
dermacher, s. oben, unter Schneider.

— (Futter-), s. oben, S. 395 u. Th. 15, S. 590.

— (Gewand-), s. Th. 18, S. 102.

— (Haus-), ein Schneider, der im Hause bei Jemanden arbeitet und Beköstigung und Tagelohn
erhält. Gewöhnlich erhalten sie 8 bis 10 Gr. Cour.
täglich. Dieser Zweig der Schneiderkunst gehört
besonders den Schneiderinnen an.

— (Hof-), s. Hofkleidermacher, unter Hof-
Handwerker, Th. 29, S. 164.

Schneider (Holz-), der mit einer Säge Holz zum
Küchenbedarf klein schneidet. Von dieser Beschäfti-
gung leben in den großen Städten Deutschlands viele
Menschen, weil das Holzkleinmachen Sommer und
Winter hindurch verrichtet wird, jedoch aus begreif-
lichen Ursachen, mehr im Herbste und Winter, als im
Frühjahr und Sommer. Der Haufen klein zu machen wird in Berlin nach der Härte und wenigeren
Härte und Zähigkeit des Holzes mit 4 1/2 bis 5 Rthlr.
Cour. bezahlt. Das in die Wohnung Tragen desselben
wird noch besonders bezahlt. Da nun mit einem Haufen
Holz gewöhnlich vier Arbeiter beschäftiget sind, und
denselben in zwei Tagen im Winter klein machen,
das heißt, zersägen und zerhauen können, so verdient
jeder Arbeiter, das Geld zu Branntwein, Schmier
2c. hinzugerechnet, 14 bis 16 Gr. Cour. täglich, nachdem nämlich, wie oben angeführt worden, das Holz
beschaffen ist; und da nun die Frauen und Kinder
dieser Arbeiter oft auch noch das Holz in die Wohnung an Ort und Stelle tragen, und dafür noch be-

sonders bezahlt werden, 20 Gr. bis 1 Rthlr. Cour.
täglich, und oft noch mehr, wenn das Holz nicht ästig,
zähe oder hart ist, wo die oben angeführte Zahl von
Arbeitern dann oft im Sommer an einem Tage mit
einem Haufen fertig wird. Gewöhnlich sind es aus-
gediente oder sonst entlassene Krieger; die sich mit
diesem Erwerbszweige beschäftigen, und dazu auch
wohl am meisten Ausdauer und Kräfte besitzen. —
Auch die Formenschneider werden Holzschneider genannt, oder besser Holzschneidekünstler;
s. auch oben, S. 388.

Schneider (Jagd-), s. Th. 28, S. 474.
—, beim Jäger, s. oben, S. 409.
— (Kugel-), s. Th. 54, S. 668.
— (Lauf-), s. Th. 66, S. 26.
— (Leder-), s. Th. 68, S. 630 und 658.
— (Leib-), s. Th. 71, S. 431.
— (Leisten-), s. Th. 77, S. 63.
— (Manns-), s. oben, unter Schneider.
—, in der Naturgeschichte, ein Amerikanischer
Vogel, s. Gabelschwanz, Th. 15, S. 602.
— (Schwein-), s. diesen Artikel.
—, im Spiel, s. oben, S. 409.
— (Stahl-), s. diesen Artikel.
— (Stämpel-), s. diesen Artikel.
— (Stein-), s. Steinschneider.
— (Wagen-), s. Th. 57, S. 308.
— (Zelt-), s. Zeltschneider, unter Z.

Schneiderarbeit, Schneiderarbeiten, alle Arbeiten, welche diese Professionisten verfertigen. Zu
den Arbeiten der Mannsschneider und Frauens-
schneider gehören die schon oben, unter Schneider, S. 401, angeführten Artikel; überhaupt Alles,
was die neue Mode nur erfindet, und welches in diese
beiden Fächer einschlägt.

Schneiderbachstelze, s. Bachstelze, im Supplement.

Schneiderbursche, der Lehrling eines Schneiders, der Schneiderlehrling, s. diesen Artikel.

Schneiderey, die Beschäftigung eines Schneiders in seinem Gewerbe. Die Schneiderey verstehen, das Handwerk, die Kunst eines Schneiders. Adelung will hierunter auch die Lebensart eines Schneiders verstanden wissen; allein dies ist wohl unrichtig; denn die Art zu leben, ist wohl von dem Gewerbe, was Jemand betreibt, ganz verschieden, und bezieht sich nur auf seine Lebensverhältnisse ausser dem Gewerbe. S. auch den Art. Schneider und Schneiderhandwerk.

Schneiderfingerhut, Schneidernähring, s. oben, unter Schneider.

Schneiderfisch, eine Benennung der Weißfische, weil sie nur auf die Tische der Schneider und ähnlicher geringer Personen zu kommen pflegen. Auf eben die Art pflegt man auch die Heringe im Scherze Schneiderkarpfen zu nennen.

Schneidergesell, der Gehülfe eines Schneiders, der seine Lehrjahre überstanden hat und jetzt um Lohn bei einem Meister arbeitet und ihm in der Arbeit hilft.

Schneiderhandwerk, die Kunst oder das Gewerbe der Schneider, die Schneiderzunft, s. oben, Schneider.

Schneiderherberge, der Ort, das Wirthshaus, wohin sich die in eine Stadt einwandernden Schneider-Gesellen begeben, um Arbeit zu erhalten, weil auf derselben nicht allein die Meister, welche Gesellen brauchen, sie suchen, sondern auch der fremde einwandernde Gesell sich daselbst an den Altgesellen wenden und durch ihn nach Arbeit in dem Orte oder der Stadt umschauen lassen kann. Der Herbergsvater borgt auch den Gesellen, welche arm einwandern, die Zeh-

rung, welches als eine Art Vorschuß betrachtet wird,
der ihnen dann von dem Wochenlohne, wenn sie Arbeit erhalten, wieder abgezogen wird.

Schneiderkarpfen, s. Schneiderfisch.

Schneiderkrankheit, Krankheiten, welchen die Schneider wegen ihrer sitzenden Lebensart besonders unterworfen sind; s. oben, unter Schneider. In engerer Bedeutung wird im gemeinen Leben, im Scherze,
die Krätze mit diesem Namen belegt.

Schneiderkreide, eine Benennung der Spanischen
Kreide; s. diese, unter Kreide, Th. 48.

Schneiderlehrling, Schneiderbursche, derjenige
Jüngling, der sich dem Schneiderhandwerke, der
Schneiderkunst widmet. Wie lange die Lehrjahre
dauern, ist schon oben, unter Schneider, angeführt
worden. Das Erste, wozu ein Lehrling bei dieser
Kunst angeführt wird, ist das Auseinandertrennen
derjenigen Kleidungsstücke, welche umgewandt werden
sollen, hierbei muß er sehr eigen verfahren, damit er
nicht mit dem Messer einschneide, auch muß er die
Nähte gut ausputzen, das heißt, von den Fäden und
dem Schmutze befreien, welches durch das Abkratzen
mit dem Messer geschieht. Nach dem Trennen folgt
das Zusammenstücken des Futters, überhaupt wird
dem Lehrling jetzt eine Naht zu machen gewiesen.
Er fängt nun an das Unterfutter der Beinkleider,
wenn sie nämlich gefüttert werden, der Weste 2c. zu
nähen, dann alte Kleidungsstücke auszubessern, und
so geht es dann weiter fort, bis zur Lehre des Knopf-
lochs, des Steppens der Kragen, des Verän-
delns der Nähte 2c., bis dann in dem letzten Jahre
das Maaßnehmen, das Zuschneiden 2c. gezeigt wird,
und er nun schon förmlich einem Gesellen gleich arbeitet.

Schneiderlohn, der Lohn, welchen die Hausschneider

erhalten, wenn sie irgendwo bei Jemanden arbeiten; auch der Gesellenlohn der Schneider.

Schneidermäuslein, Musculus sartorius, in der Anatomie, ein Mäuslein, durch welches das Schienbein einwärts bewegt wird, weil es den Schneidern im Ueberschlagen der Beine dienlich ist.

Schneidermeister, der die Schneiderey, als sein Gewerbe für eigene Rechnung treibt, sich selbst besetzt hat, und Meister geworden ist. Jetzt unterscheidet man sogenannte Patentmeister, welche die Schneiderey nur auf einen Gewerbeschein treiben, und kein Meisterstück gemacht haben, und eigentliche Meister, die ihr Meisterstück zunftmäßig gemacht haben.

Schneidern, ein regelmäßiges thätiges Zeitwort, welches nur im gemeinen Leben üblich ist, Schneiderarbeit verfertigen; daher die Redensarten: Schneidern können. Den ganzen Tag schneidern. Bei Jemanden schneidern rc.

Schneidernadel, beim Schneider, eine dreiseitige oder dreikantige Nähenadel, womit diese Professionisten gemeiniglich Alles nähen.

Schneidernähring, s. Schneiderfingerhut.

Schneidernaht, unterscheidet sich von der Naht der Näherinnen in Weißzeug durch einen eigenthümlichen Stich und Verschürzen des Zwiens.

Schneiderrechnung, die Rechnung eines Schneiders, die von einem Schneider seinen Kunden angefertigte Rechnung desjenigen, was er hat machen lassen. Die Schneiderrechnungen sind zu bekannt, als hier ein Schema davon zu geben.

Schneiderscheere, s. oben, unter Schneider.

Schneiderische Methode des Bergzeichnens. Diese Methode unterscheidet sich von der Lehmannschen Manier nur durch die Bezeichnungsart der Böschun-

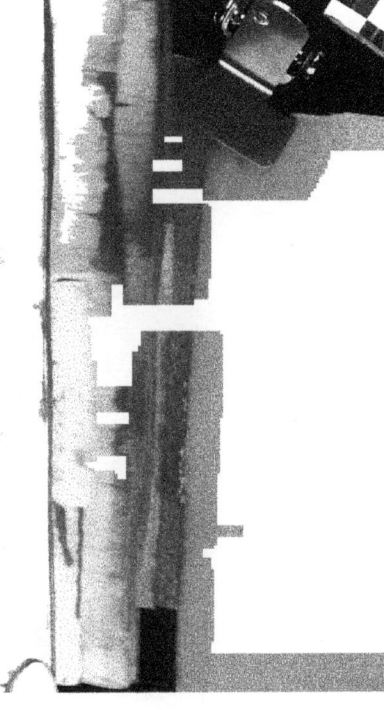

gen. Es sind hierbei folgende Bestimmungen gewählt:

Bei 5 Grad ist ein gerader Strich von zwei geschlängelten eingeschlossen.

Bei 10 Grad, sind zwei gerade Striche
— 15 — — drei
— 20 — — vier
— 25 — — fünf
— 30 — — sechs
— 35 — — sieben

und bei 40 Grad können die Striche gekreuzt werden.
— Was nun die Stärke der Striche anbetrifft, so
ist der Strich von 10 Grad zweimal so stark, als der
von 5 Grad angenommen worden; der von 15 Grad
dreimal, der von 20 Grad viermal, und die Striche
von 25 Grad bis 40 Grad fünfmal so stark; der geschlängelte Strich richtet sich nach der Stärke der geraden von derselben Böschung. Beim Kroquiren
der Berge dividirt man mit 5 in die erhaltenen Bö-
schungsgrade, und erhält sodann die Anzahl der zu
zeichnenden geraden Striche.

Schneidertisch, Schneiderwerktisch, s. oben,
unter Schneider.

Schneidervogel, s. Gabelschwanz, Th. 15, S. 607.

Schneiderwerktisch, s. Schneidertisch.

Schneiderzunft, die Innung, das Handwerk der
Schneider, s. oben, Schneider und Schneiderhandwerk.

Schneidesäule, des Stellmachers, s. Th. 57, S.
304, und Fig. 3478.

Schneidescheibe, Schneidezeug, eine stählerne
Scheibe der Uhrmacher, die Zähne der Räder in den
Uhren damit auszuschneiden; s. unter Uhrmacher.
— Bei den Steinschneidern, die kupferne oder
zinnerne Scheibe in der Schleifmühle dieser Künstler;
s. unter Steinschneider.

Schneidesohle, bei den Stellmachern, eine starke Bohle mit drei Löchern, worin die Deichsel und andere Hölzer im Schneiden oder Bearbeiten befestiget werden.

Schneidestein, im Bergwerke, ein Felsstein, welcher aus Glimmer und Speckstein besteht, sich schneiden läßt, und sowohl in Schweden, als auch in andern Ländern gefunden wird; s. auch Topfstein. — Auch eine Art Sandstein; Fliesenstein, Werkstückenstein und Baustein genannt. Es ist ein Quarzartiger Stein von weißgrauer und rother Farbe, der ein zarteres und genauer zusammenhängendes Gewebe hat, als der Mühlstein; er ist bald hart und mit etwas Thon vermischt, welcher Feuer schlägt, bald weich und zart. Er wird bei dem Baue zu Quaderstücken, Bildhauerarbeiten ꝛc. gebraucht; s. unter Sandstein und Sandsteingebirge, Th. 136.

Schneidestichel, beim Petschierstecher, ein kleiner Grabstichel, womit der Umriß der Figur auf einem Petschaft eingeschnitten wird. Er hat eine scharfe Spitze.

Schneidetritt, beim Sammetmacher, der zweite Polltritt in der Ordnung, im Treten aber der dritte, nach welchem die Poilkette in die Höhe geht, und die eingetragte und nun mehr gut befestigte, durch den zweifach eingeschlagenen Einschlagfaden gut verschlungene Ruthe aus dem Flor geschnitten wird; s. Schneiden des Sammtes.

Schneidezahn, Schneidezähne, die vordern scharfen Zähne bei Menschen und Thieren, womit die harten Speisen abgebissen werden, welches Abbeissen dem Abschneiden gleich kommt; daher die Benennung.

Schneidezeiger, bei dem Edelsteinschneider, ein kleiner Steinzeiger, dessen Scheibe nur einige Linien im Durchmesser groß und scharf ist, womit die Umrisse der Figur auf einem Steine, worauf ein Wappen

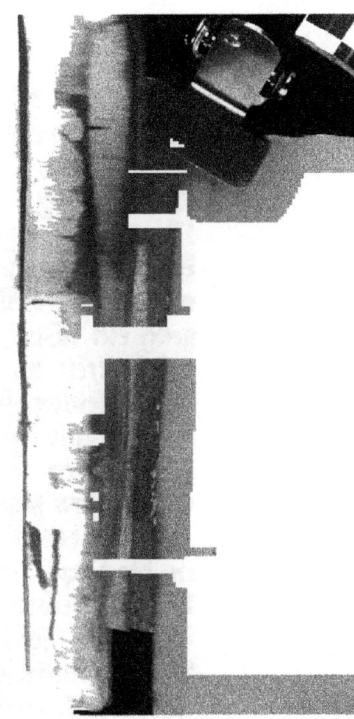

geschnitten wird, eingeschnitten worden; s. Dia-
mantschneider, Th. 9, S. 223, und Steinschneider.

Schneidezeug, bei verschiedenen Handwerkern, ein
Name desjenigen Werkzeuges, womit die Schrauben, sie bestehen aus Holz oder Metall, geschnitten
werden. — Beim Drechsler ist das Schneidezeug ein Werkzeug, womit die hölzernen Schrauben
geschnitten werden. Dieses Werkzeug wird aus
zwei kleinen hölzernen Scheiben zusammengesetzt,
welche eine gleiche Größe haben. Man schraubt
diese beiden Scheiben entweder mit zwei hölzernen
Schrauben zusammen, oder fügt sie auch nur mit
zwei hölzernen Zapfen zusammen, ░░░░ diese
in die Zapfenlöcher der Scheiben ░░░░ Wenn
beide Scheiben zusammengefügt ░░░░ ░░░░ durch
beide ein senkrechtes Loch ░░ Schr░░░░en.
Auf der innern Seite einer Scheibe ░░░░░░░░
nur gedachten Loche ein horizontal░░░░░░░░
zwei in einen spitzen Winkel zusam░░░░░░ in
etwas aufgerichtete kleine Klingen har░░░░░
Lateinischen V. Dieses Eisen heißt ░░░░░░
und zwischen seinen beiden Sch░░░░░░░░
Schraubengang erhöhet ausgesch░░░░░░░
Winkel, in welchen beide Kling░░░░░░░░
sind, fällt auf den Beschluß ein░░░░░░░
im Loche, und man kann die Kl░░░░░░░░░
len, daß ihre Spitzen mehr oder w░░░░░░░
eingreifen, je nachdem man ein stark░░░░░
Gewinde ausschneiden will. Der ░░░░░░░
diesem Schneidezeuge in eine Sch░░░░░░░░
werden soll, muß vorher auf der Drehbank ░░░ ░░-
gedrehet werden, aber aus einem durchgängigen harten Holze, weil sonst die Schraubengänge ausbrechen.
Wenn nun beide Theile des Schneidezeuges zusammengesetzt sind, der Zapfen zur Schraubenspindel, und

nach der Weite des Loches der Scheiben abgedrehet ist, so steckt man diesen auf der äußeren Seite der Scheibe in das Loch derselben, dreht den Zapfen von der Linken nach der Rechten in dem Loche um, und neigt ihn anfangs ein wenig, bis einige Gänge von dem Geißfuße eingeschnitten sind. Diese greifen in das Schraubengewinde des Loches ein, und der runde Zapfen wird bloß durch das Umdrehen in eine Schraube verwandelt.

In den Papiermühlen ist das Schneidezeug die Maschine, womit die sortirten Lumpen in kleinere Stücke zerschnitten werden; s. unter Papier, Th. 106, S. 796 u. f. Die erste Beschreibung und Abbildung des Lumpenschneiders findet man in Schübler's Zimmermannskunst. Nürnb., 1736. S. 134, Tab. 38, 39.

Beim Stahlplattenmacher ist das Schneidezeug ein scherenförmiges Instrument, welches auf einem Klotze befestiget ist, und aus einem Zudrücker und einer Platte besteht. Der Zudrücker hat einen verlängerten Schnabel, an welchem ein Gegengewicht hängt, mit welchem der Stahlplattenmacher die Zähne zuschneidet.

Beim Uhrmacher heißt Schneidezeug, die oben, S. 418, angeführte Schneidescheibe.

Schneidig, im Bergwerke, wenn das Gestein in der Grube nicht fest, sondern leicht zu gewinnen ist. — Bei- und Nebenwort. 1) Eine Schneide habend, nur in den Zusammensetzungen einschneidig, zweischneidig ꝛc. gebräuchlich. 2) Was sich leicht schneiden läßt. So wird im Bergbau ein weiches Gestein, welches sich leicht gewinnen läßt, ein schneidiges Gestein genannt, in welcher Bedeutung es, nach Adelung, dem schneidig nahe kommt.

Schneidung, in der Schiffbaukunst, s. unter Schiffbau, Th. 143.

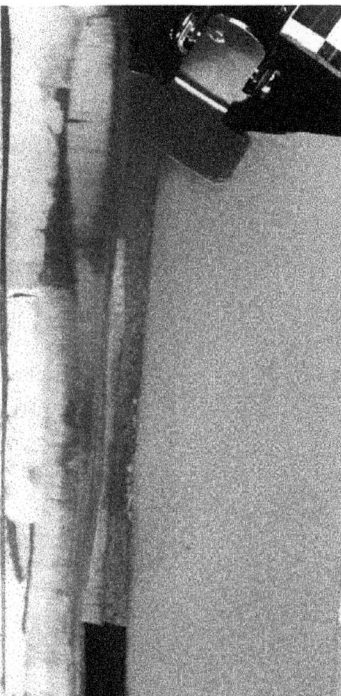

Schneidung, beim Seidenweber, die Verbindung, die in den langliegenden Fäden der Broschirung durch besondere Schäfte entsteht, die vorzüglich bei den reichen Stoffen, wenn Lahn eingeschärt wird, nothwendig sind, damit der Lahn nicht so leicht abgestoßen werde. Die Fäden dieser Schneidung werden als eine besondere Kette von 400 bis 800 einfachen Fäden auf einen besondern Baum gebracht, die in der ganzen Grundkette so vertheilt, und durch ihre besonders dazu bestimmten Schäfte, Ligageschäfte, gehoben werden, daß sie, wenn es nöthig ist, den Broschirfaden verbinden.

Schneien, ein regelmäßiges Zeitwort der Mittelgattung, welches nur unpersönlich gebraucht wird. Es schneiet, es fällt Schnee. Es schneiete, es hat geschneiet, es wird schneien rc. Im Oesterreichischen, nach dem Adelung, schneiben, wo es unregelmäßig geht, es schnieb, hat geschnieben; im Niedersächsischen snigen, im Schwedischen snöa, im Angelsächsischen snivan, im Griechischen, ohne Zischlaut νιφω, s. Schnee. Im Oberdeutschen wird dieses Zeitwort unregelmäßig abgewandelt, es schnie, es hat geschnien, welche Form auch im gemeinen Leben im Hochdeutschen gehört wird, wo man nach Art der Niederdeutschen auch wohl geschnugen sagt. In der anständigern Schreib- und Sprechart wird es lieber regelmäßig gebraucht.

Schneiße, s. Schneide 1. Auch bei dem Jäger eine Art von Schlingen, worin sich zur Herbstzeit Drosseln und andere kleine Vögel selbst zu fangen pflegen.

Schneiteln, ein bei Vielen für schneideln übliches Wort.

1. **Schnell,** Bei- und Nebenwort, welches nur im Forstwesen für schief, windschief üblich ist. Ein

Baum geht schnell, wenn er im Spalten windschief reißt. Schnell gehendes Holz. In
manchen Gegenden wird solches auch schällig genannt.

2. Schnell, Bei- und Nebenwort, welches den Laut
einer mit Schnellkraft verbundenen Bewegung nachahmt, die daher nicht ohne merkliche Zwischenräume
der Zeit geschehen ist. Es wird in einer doppelten
Bedeutung gebraucht. Für schleunig und das
niedrigere hurtig, ingleichen für plötzlich,
obgleich dieses letztere, weil es eigentlich einen starken
Schall andeutet, zunächst auch einen noch höheren
Grad des Unerwarteten bezeichnet, als schnell. Es
geschah schnell ein Brausen, Apost. 2, 2.
Schnell ward ein groß Erdbeben, Kap. 16,
26. Ein schneller Tod. Schnell sterben.
Zu schnellen Wendungen des Schicksals
bestimmt seyn, zu plötzlichen, unerwarteten.
Schnell mit dem Munde seyn, nicht sowohl
geschwind reden, als vielmehr, Fertigkeit besitzen, ohne
merkliche Zubereitung oder Ueberlegung zu reden,
welches man in manchen Fällen auch vorschnell,
vorzeitig nennt. Sei nicht schnell mit deinem Munde, Pred. 5, 1. — 2. In der Bewegung selbst einen großen Raum in unmerklich kurzer
Zeit zurücklegend, wo es, besonders in der edlern
Schreibart, für die gemeinern hurtig und geschwind gebraucht wird, eigentlich aber einen noch
höheren Grad der Geschwindigkeit andeutet, als diese.
Schnell wie ein Pfeil, wie ein Hirsch. Unser Leben fährt schnell dahin, Ps. 90, 10.
Schnell wachsen. Schnell daher kommen.
Schnell laufen. Ein schneller Hirsch.
Die Zeit vergeht schnell. Der Bach fließt
schnell. Einem Dinge eine schnelle Bewe-

gung mittheilen. Du kommest schnell den Baum hinauf, Geßn.

Nach dem Adelung schon bei dem Kero, Ottfried und Notker snell, im Angelsächsischen snell, im Schwedischen snell, im Isländischen sniallur, im Italienischen snello. Es ist der natürliche Laut einer mit Schnellkraft verbundenen geschwinden Bewegung, und daher mit schnalzen und schnellen eines Geschlechtes; s. diese Wörter. Die ähnlichen hurtig, schwind oder geschwind, schleunig, plötzlich; die Oberdeutschen stumpfs und stumpflich, das Niedersächsische rapp rc. sind gleichfalls von dem Laute schneller Bewegung anderer Körper entlehnt worden. Diese Onomatopöie ist, nach Adelung, aber auch die Ursache, daß diese Wörter in allen einzelnen Fällen für einander nicht gebraucht werden können.

Schnellbank, Catapulta, ehemals, in der Kriegskunst, ein Wurfzeug, große Steine damit auf den Feind zu werfen oder zu schleudern.

Schnellbalken, Gewicht-Schlagbalken, Fr. Bascule, bei den Blecharbeitern, eine eiserne Kette, wie an den Zugbrücken, mit einem Griffe oder Ringe, welche, indem sie den an ihr befestigten Hebebaum an sich zieht, sie nöthiger, sich mit einem Ende herunter zu neigen, und mit dem andern in die Höhe zu steigen, und durch dieses Mittel die an ihm befestigte Last weg zu heben. Dieser Gewichtbalken bedienen sich die Arbeiter der Manufaktur des gestreckten Bleches, um ihren Trog weg zu heben, und auf die Form auszugießen.

Schnelle, s. Schnelligkeit.

Schnellen, ein regelmäßiges thätiges Zeitwort, welches in doppelter Gestalt üblich ist. I. Als ein Zeitwort der Mittelgattung. 1. Eigentlich, sich mit Schnell- und Federkraft schnell fortbewegen. So schnellt ein gespannter elastischer Körper zurück oder ab, wenn er seiner Schnellkraft schnell und ohne Hinderniß überlassen wird. Eine Feder schnellen lassen, wenn sie gespannt war, und man sie nunmehr sich selbst überläßt. In weiterer Bedeutung läßt man auch eine Wage schnellen, wenn man sie ungehindert schnell auf- oder niedersteigen läßt. 2. Figürlich, schnell seyn, eilen, eine im Hochdeutschen veraltete Bedeutung, in welcher man ehemals sagte, schnelle dich, das ist, eile. Angelsächsisch snellian. Die Jäger brauchen es noch zuweilen figürlich von den Leithunden, wenn er vorschnell oder voreilig anschlägt. Er wird dann mit dem Hängeseil geschnelle, welches eine Strafe ist, damit er auf der Fahrt nicht laut werde.

II. Als ein thätiges Zeitwort. 1. Denjenigen Schall hervorbringen, welchen dieses Zeitwort nachahmt, wo es in der anständigen Sprechart für knippen, schnippen, Knippchen, Schulppchen schlagen, üblich ist, und dann auch wohl schnalken, und intensive schnalzen lautet. Mit den Fingern schnellen. — 2. Jemanden schnellen ist auch in vielen Gegenden, ihm mit dem an den Daumen gerückten und mit Schnellkraft losgelassenen Mittelfinger einen schnellen Stoß geben, wofür im Oberdeutschen auch schnallen und schnalzen üblich ist. Jemanden auf die Finger schnellen. Jemanden vor die Nase schnellen, ihm einen Nasenstüber geben; s. Schneller. Hierher gehört die oben angeführte Strafe des Leithundes mit dem Hängeseil auf den Rücken, dieses ist, ein mit einem Zuge verbundener Schlag, welchen man Zucker nennt. — 3. Schnellen machen, mit Schnellkraft fortreiben. (1) Eigentlich. Losschnellen, einen gespannten elastischen Körper seiner Schnellkraft über-

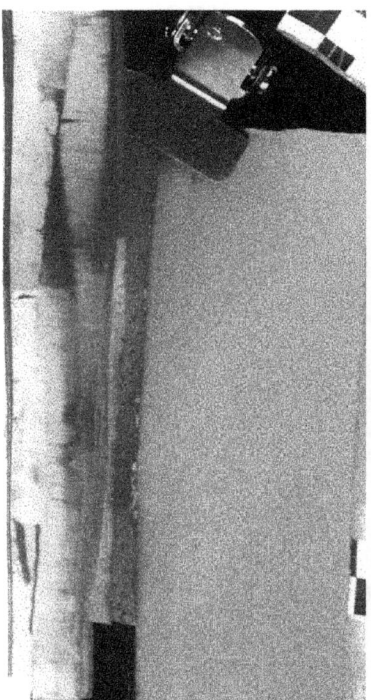

laſſen. Füchſe ſchnellen, ſie mit S
in die Höhe werfen, wofür auch preſſen
Einen Stein in die Luft ſ
manden in das
Schnellkraft
Koth in d
Leben
ma
der

ngern,
chen, Nied

uf=
ſchl   egel
oder   den
Füß   den
Büchſen   te=
cher an den Kugelbüchſen unter dem Schloſſe die
Feder', die daſelbſt an dem Biegel in dem Holz befe=
ſtiget iſt, und den Hahn, nachdem er aufgezogen

und gestochen worden, losdrückt. — In der Artillerie sind die Schneller Handarbeiter, die den
Feuerwerkern und Kanonieren an die Hand gehen,
um die Stücke auf= und abbringen zu helfen. In
den Zeughäusern werden sie zu aller vorfallenden
Arbeit verordnet, besonders werden sie aber dazu gebraucht, sowohl die Stücke, als das kleine Gewehr
zu säubern, und in einem guten Stande zu erhalten.
— Beim Musikus ist der Schneller eine Manier, welche durch zwei kleine vor der Hauptnote stehende Nötchen angezeigt wird, welche so schnell als
möglich abgefertiget werden müssen, wobei aber die
Hauptnote einen gelinden Druck erhält. — Ehemals
nannte man auch eine Fallbrücke einen Schneller
und mit einem andern Suffixo einen Schnelling.
— Vor Erfindung des schweren Geschützes waren
auch diejenigen, welche mit den Schnellbrücken
und andern Wurfzeugen zu thun hatten, unter dem
Namen der Schneller bekannt.

Schneller, bei der Artillerie, s. oben.

—, im Brückenbau, s. das.

—, beim Büchsenmacher, s. das.

—, beim Jäger, s. das., S. 426.

—, ein Fingerschlag, s. das.

—, beim Musikus, s. oben.

Schnellfalle, bei den Jägern, eine Falle, welche
aus einer gebogenen krummen Stange besteht, welche
bei der geringsten Bewegung oder Berührung in die
Höhe schnellt und das Thier fängt.

Schnellfluß, im Hüttenwerk, wird ein solcher Zu-
schlag oder Fluß genannt, der aus zwei Theilen Weinstein und einem Theile Salpeter gemacht wird, und
eine Sache geschwind zum Fluß bringt und reducirt.

Schnellgalgen, Wippgalgen, ein Galgen in Gestalt eines Griechischen Γ, gemeiniglich für die Deser-
teurs bestimmt. Ehemals wurden die Ausreißer an

einen solchen Galgen mit rückwärts gebundenen Hän=
den

dadurch
jetzt ver=
weiterer
Gestalt,

S

S

schnell
nell ist.
s, die Ge

P
ben
eine gewisse   lassen, ohne,
wie in Engl   verrichten zu
lassen; und   er schon genug, die
lebhafte Anstrengung und die stolze Nacheiferung
dieser Läufer gegeneinander zu bewundern, welche zu=
gleich neben einander die Bahn durchfliegen. Acht
oder zehn Barbarische Pferde, welche gemeiniglich
klein und unansehnlich sind, stehen in einer geraden
Linie und fangen den Galopp in dem Augenblicke an,

wenn das vor ihre Brust nieder=
fällt.
lich di

Geschwin
würde ein

schnelligkeit annimmt, so überfliegen die Sterlinge
selbst die besten Schiffe.

Schnellkäulchen, s. Schnellkugel.
Schnellkäulchenbaum, s. Schusserbaum.
Schnellkäfer, s. Käfer, im Supplement.

Schnellkraft, die Kraft eines Körpers zu schnellen, das ist, wenn er gedrückt, gestoßen oder auseinander gedehnt worden, schnell wieder in seinen vorigen Zustand zurück zu kehren, und dasjenige, was ihn daran hindert, fortzuschnellen; die Federkraft, Elasticität, s. diese Artikel.

Schnellkugel, Schnellkäulchen, kleine Kugeln von Marmor oder Thon, womit die Knaben zu spielen und sie nach gewissen Regeln in kleine Gruben zu schnellen pflegen. In Oberdeutschland Schusser, im Niedersächsischen Knippkäulchen, Knippel, Knicker, und wenn sie von Marmor oder Alabaster sind, Murmer, Murmel, Morrel; eben daselbst werden die größten Kaskes, und die größten Kaskedönnseers genannt.

Schnellläufer, Leute, welche ein Gewerbe daraus machen, durch schnelles Laufen, Botelaufen 2c. ihr Brod zu verdienen. — In neuester Zeit wird das Schnelllaufen auch als eine Kunst betrieben, und es reisen dergleichen Künstler, welche die Kunstfertigkeit besitzen, die Beine schnell im Fortschreiten zu bewegen, so daß sie in 45 Minuten eine gute Deutsche Meile und darüber zurücklegen können, in ganz Europa umher, um ihre Kunst zu zeigen, und damit Geld zu verdienen. Bis jetzt sind es Deutsche und Franzosen, welche diese Kunst üben.

Schnellloth, ein schnell oder leichtflüssiges Loth gewisser Metallarbeiter, damit zu löthen. Das beste Schnellloth, womit man Messing löthet, wird aus einem Viertelpfunde Zink und einem Pfunde Messing zusammengeschmolzen, und hiermit wird das geschmeidigste Messing gelöthet; daher man es weiches Schnellloth nennt. Zum Löthen des schlechten Messings macht der Metallarbeiter ein Schnellloth, wozu er zu dem obigen weichen Schnellloth und seiner Proportion, noch 1 Loth Zinn hinzu thut, und diese Mischung nennt man hartes Schnellloth. Kleinigkeiten, die im Feuer verbrennen würden, werden mit Silberschlagloth an der Lothlampe gelöthet. Dieses Silberschlagloth machen die Silberarbeiter, s. Silberschlagloth. — Bei den Glasern und Zinngießern besteht das Schnellloth aus drei bis vier Theilen Zinn und einem Theile Blei zusammengeschmelzen und zu dünnen Stangen gegossen. Man gießt dasselbe gewöhnlich auf einem Stein oder einer Stange Eisen aus; und hiermit wird das Fensterblei zusammengelöthet. Colophonium befördert aber noch die Schnellflüssigkeit dieses Schnellloths; s. unter Löthen, Th. 80, S. 745 u. f.

Schnellpulver, s. unter Schießpulver, Th. 142, S. 634.

Schnellschleife, im Jagdwesen, eine Art Schleifen mit einer krummgebogenen Ruthe, welche bei der geringsten Berührung in die Höhe schnellen, allerlei wildes Geflügel damit zu fangen.

Schnellseil, Schweiße, beim Jäger, diejenigen Seile, womit das Hauptnetz zum Zusammenschlagen in den Schwung gebracht wird.

Schnellwage, Besamerwage, Knippwage, Römische Wage, (lateinisch Libra Romana; Fr. Balance Romaine, Romaine; eine besondere Art einer Wage, auf welcher man mit einem einzigen Gewicht, z. B. mit einem Pfunde, eine Last von mancherlei Schwere, von 10 und mehreren Pfunden auf einmal abwiegen kann, da man sonst bei einer ordentlichen gemeinen Wage zu einer jeden besonderen Schwere, auch gleichviel Gewicht zum Gegengewicht einlegen muß. Die Schnellwage ist ein ungleichartiger physischer Hebel, dessen Unterschied und Vortheil in der ungleichen Länge besteht. An den kurzen Hebelarm hängt man die zu wägende

Waare oder die Last, an dem langen Arme schiebt man dagegen ein Gegengewicht oder Läufer, die Kraft, so lange hin und her, bis das Gleichgewicht Statt findet. Der kurze Hebelsarm ist 10, 20, 30, 40, 50, 80 und mehrere Male in dem langen enthalten, je nachdem man mit dem Gegengewichte weniger oder mehr will wägen können. Die Entfernung des Gegengewichtes vom Unterstützungspunkte oder Aufhängepunkte der Wage zeigt immer die Länge des langen Hebelarms an, und die mit Ziffern bezeichnete Abtheilung, worin das Gegengewicht hängt, das Vielfache dieser Länge und die Pfundezahl der zu wägenden Waare. Ist die Waare leicht, so erhält das Gewicht die Stelle des Gleichgewichtes mit der Waare nahe an der Zunge des Wagenbalkens, je schwerer aber die Sache ist, um so weiter muß auch das Gewicht gegen das Ende des langen Arms verschoben werden. Die Ursache gründet sich auf die mechanischen Gesetze des Hebels, s. unter Hebel, Th. 22, S. 567, und die zur Erklärung dienenden Figuren 1289 a, b, c, und 1290 und 1291 daselbst.

Man kann die Schnellwagen überhaupt unter zwei Abtheilungen bringen; 1) mit beweglichem Gewichte, und 2) mit beweglichem Ruhepunkte. Bei den Schnellwagen mit beweglichem Gewichte ist die Eintheilung des Wagebalkens folgende. Nachdem man die Länge jedes Armes bestimmt hat, nimmt man ein glattes Brett, nach der Länge des Balkens, und zeichnet die Grundlinie, Fig. 8485 A B C auf dasselbe, der kurze Arm sei = A B, der lange = B C. Die Länge des kurzen Arms besteht in der Entfernung der Last vom Ruhepunkte. Die Länge des kurzen Arms ist der Maaßstab zur ganzen Eintheilung des Balkens, den man von A bis B in fünf gleiche Theile theilt. Hierauf zieht man die Linie B b und A a, verbindet beide durch a B, und theilt auch diese in fünf gleiche Theile. Durch den Anhängepunkt wird die Linie S T, und durch den Ruhepunkt B die Linie D E gezogen. Man trägt nun aus B nach D zwei Theile des Maaßstabes a B, und drei Theile von B nach E ab, so daß die Linie D E = a B wird, folglich fünf Theile enthält. Durch diesen Punkt zieht man Parallellinien mit A B C, die oberste ist l, m, n, k, die zweite o P, die dritte H I, die vierte 2 und 2, die fünfte aber F G; dann trage man auf die Linie D E, nach F G, zwei Theile, und ziehe die Linie H F und G I, verlängere H I nach beiden Seiten, so lang der Arm seyn soll; dann giebt I G die Breite des Balkens. Ferner zieht man aus dem Durchschnitt F und G mit dem Durchmesser E G oder F E die beiden Kreisbögen H E und I E, aus I den Kreisbogen M m, und aus k den Kreisbogen N n. Um den Anhängepunkt zu bestimmen, setzt man die Zirkelspitze in B, den Mittelpunkt der Achse, und zieht den Kreis S T x v, dessen Durchmesser dreien Theilen von a B gleich ist. Um dem Kopfe seine ihm gehörige Gestalt zu geben, nimmt man den Durchmesser S T und macht damit Durchschnitte außer dem Kreise, setzt den Zirkel ein, und schneidet einen Theil des Kreisbogens ab; hat man dies auf allen Seiten gethan, so ist der Kopf fertig. Was nun die übrigen Theile der Schnellwage anbetrifft, so ist A B C, Fig. 8486, der Wagebalken, wovon A B den kurzen, und B C den langen Arm vorstelle. Die Einrichtung beruht auf der des ungleicharmigen Hebels. B D ist die Scheere, welche zum Aufhängen des Balkens dient, E der daran befindliche Ring oder Haken. G ist die Gabel, an welcher die Wageschalen hängen, H ist die Hauptachse, I die zweite Achse, woran die Schale angebracht ist, K stellt das Gegengewicht vor, L ist der Sattel oder

Schieber des Gewichts K, M ist die Schale. Bei
B ist, gerade wie bei jeder andern Wage, eine Zunge,
welche aber in der Zeichnung von der Scheere D
verdeckt wird, eingeschroben. Nach einer andern
Einrichtung fällt die hier befindliche Zunge ganz weg,
und man giebt dem Wagebalken zwei Abtheilungen,
s. weiter unten.

Dem Verfertiger einer Schnellwage muß man
vor allen Dingen die Größe des Gewichtes anzeigen,
welches auf der Wage gewogen werden soll; auch
muß man ihm die Länge eines jeden Armes sagen,
oder wenn man ihm auch nur die Länge des kurzen
Armes sagt, so kann er daraus sehr leicht die Größe
des langen Armes finden, wenn er die Länge des Abstandes am kurzen Arm mit der Zahl der Pfunde,
welche gewogen werden sollen, multiplicirt, das Facit
durch die Zahl der Pfunde des Gegengewichtes dividirt, der Quotient giebt die Länge des langen Armes.
Es sei z. B. der Abstand des kurzen Armes, oder
die Entfernung des Anhängepunktes vom Ruhepunkte = 4 Zoll, die Last, welche auf der Schnellwage gewogen werden soll, sei = 60 Pfund,
also $60 \times 4 = 240$ Zoll. Das Gegengewicht sei
= 6 Pfund, also $\frac{240}{6} = 40$ Zoll, es muß also wegen
der lange Arm 40 Zoll lang seyn. Es ist auch,
wenn der ganze Balken 8 Fuß und 4 Zoll lange
hat, und auf demselben 150 Pfund gewogen werden
sollen, wie muß man den Balken abtheilen? Der
Kopf soll gleich 4 Zoll seyn, es bleiben also noch 8
Fuß oder 96 Zoll, der Abstand des kurzen Armes
2 Zoll, für den langen Arm bleiben 94 Zoll, wie groß
muß das Gegengewicht seyn? Wäre es = 1 Pfund,
so könnte man 47 Pfund abwägen; denn 1 Pfund
erfordert in diesem Fall zwei Zoll Weite, nach der
Größe des Abstandes des kurzen Armes, wäre das
Gegengewichte 3 Pfund, so könnte man 141 Pfund,

mit 4 aber 188 Pfund aufwiegen; denn 3 Pfund
wäre zu wenig, und 4 Pfund zu viel zum Gegengewichte, man nimmt also 3 1/4 Pfund, womit sich
noch 153 Pfund wiegen lassen. — Wenn nun ein
Wagebalken 6 Fuß und 4 Zoll lang seyn soll, und
man soll 110 Pfund auf demselben wiegen können,
wie schwer muß nun das Gewicht seyn? Der kurze
Arm sei drei Zoll lang, es bleiben also noch 69 Zoll
für den langen Arm, wenn man 3 in 69 dividirt, so
bekömmt man 23, als Anzeige, der lange Arm soll
den kurzen drei und zwanzigmal an Länge übertreffen,
wozu dann etwas mehr als 6 Pfund Gegengewicht
gehört. Das Verhältniß der Schwere des langen
Arms gegen den kurzen, kann man aus folgender
Regel kennen lernen: Die Zahl der Theile mit sich
selbst multiplicirt, giebt eine Zahl, welche anzeigt, um
wie viel der lange Arm schwerer ist, als der kurze,
welches folgende kleine Maschine zeigt. Fig. 8487 ist
ein von Holz oder Metall gleich dicker Stab A B C,
man theilt ihn in verschiedene Theile, z. B. in drei,
wie dieses in der Zeichnung der Fall ist. Hiervon
giebt man dem langen Arm zwei, dem kurzen Arm
aber einen Theil. C ist die Unterlage, soll nun B C
und C A im Gleichgewicht stehen, so muß man auf
B C noch die drei Stücke D, e, f legen; jedes
Stück, sowohl D, als auch e und f haben gleiche
Länge, Breite und Dicke mit B C, es machen also
D, e, f und B C, zusammengenommen vier Stücke;
das Gegengewicht aus. Der lange Arm bestand
aus zwei Theilen, diese $2 \times 2 = 4$, folglich mußte
hier Gleichgewicht entstehen. Hätte man den Stab
in vier Theile getheilt, von denen der lange Arm drei,
der kurze Arm aber einen Theil bekommen hätte, so
müßten noch neun dem kurzen Arme gleichende
Theile auf denselben gelegt werden, um das Gleichgewicht zu bekommen. Die Schwere des langen

E e 2

Armes wächst nach den Quadraten der Länge. Wer
gern wissen will, wie schwer der Wagebalken, den er
sich schmieden lassen will, werden wird, kann es auf
folgende Art erfahren: Man lasse sich ein hölzernes
Modell, genau nach der Größe, welche der Wagebalken bekommen soll, verfertigen, schneidet solches
in verschiedene Stücke gleicher Länge; dann nehme
man ein so hohes Gefäß, daß das hineingesteckte
Holz mit Wasser bedeckt ist, darnach wird so viel
Wasser aus dem Gefäße getrieben, als der Raum
beträgt, den das Holz einnimmt; jetzt nimmt man das
Holz heraus, und wirft so viel Eisen hinein, bis das
Wasser der Höhe des Gefäßes gleich steht, und wiegt
das hineingeworfene Eisen, so erhält man, wie schwer
dieser Theil des Balkens wird, ... ist,
als das Holz war; so verfähr.... ......hen
übrigen Stucken, zähle die ....um,
und weiß nun die Schwere des .....

Eine Schnellwage gra. ....
20 Centner zu wiegen. .....
starke eichene Säule, so hoch, ...
die Wage angebracht werden ....
eiserner Zapfen im Boden fließt .....
B ist die Pfanne von W.....
angebracht, welche sich mit b.....
läßt. Diese Einrichtung soll.....
Zapfen vor Staub und U.....
Zapfen in der Säule befestiget, ...hen
Pfanne oben im Gewölbe D .....
Seite zwischen A und F ist die .....
nommen und darüber — über die ....
der starke eiserne Bügel E F, wie ....
befestiget. In diesem Ausschnitt der ....
zwischen dem Bügel ist ein starker Hebel mit ....
Bolzen angebracht, so daß er durch die Winde ....
mit der Schraube ohne Ende, Sternrad, Kurbel ....
und durch die gezahnte Stange H K kann erhoben,

oder herabgelassen werden, und eben **dadurch auch die**
Wage N O, welche mit ihrer Scheere in dem Haken
P G hångt, der hintere Theil bei q in einem Haken,
der an der Kette q R, welche der Arm I m R trågt,
befestiget ist. Unter dem Wagebalken ist wieder die
Såule bei I herab etwas ausgeschnitten, damit die
Wage und das Gewicht einen freien Platz zur Bewegung haben. Unter V ist der Balken w x befestiget, der mit einem Gelånder eingefaßt ist, damit
die Leute daselbst stehen und das Gewicht regieren
können; a ist die Treppe, welche zu dem Gange führt;
L und a sind Stützen, welche den Gang unterstützen;
d e f ist ein Arm, welcher die Winde trågt, i g f ein
Querbalken, welcher das Aufsteigen des Balkens
L, mit dem Getriebe und der Kurbel M, verhindert.
S ist der Haken, daran die Last gehångt wird. Soll
nun die daran befestigte Last erhoben werden, so wird
durch die Winde L der Hebel G H in H erhoben,
dadurch kommt die Wage tiefer herab, die Last wird
eingehångt und durch L und M der Hebel H herun-
tergetrieben. Die Bewegung ist åußerst langsam.
Das lange Ende des Wagenbalkens kann ungefåhr
4 Ellen lang seyn, das kurze aber 4 Zoll. Ist nun
das Gegengewicht 1/2 Centner, so giebt es ohne die
Uebewucht des Balkens, die hier wohl 4 oder 5
Centner bleiben wird, schon an 15 Centner und auch
soviel in der andern Reihe; weil aber bei dieser Wage
nicht mehr als 20 Centner zu wiegen verlangt werden, so kann das kurze Ende långer, etwa 5 bis 6
Zoll, gemacht werden. Man kann aber nicht wem
ger, als 3 bis 4 Centner wiegen. —— Eine åhnliche
Wage, nur im größern Maßstabe ist Leupold's
Leipziger Heuwage. Es ist hier ein großer
Balken mit einer kleinen Wage vermittelst einer Kette
verbunden. Der Balken wird durch eine gezahnte
Stange und Getriebe bewegt. Auf dieser Wage

werden ganze Fuder Heu sammt dem Wagen, und andern schweren Lasten auf einmal gewogen.

Schnellwage mit beweglichem Ruhepunkte. Diese Art Schnellwagen ist besonders bei Landleuten gebräuchlich, sie besteht aus einem etwa zwei Fuß langen, einen Zoll im Durchmesser haltenden Stabe, mit welchem ein fast 4 Zoll dicker, 5 bis 6 Zoll langer Kloß, der eine rundliche Gestalt hat, verbunden ist, welcher, wenn er nicht die gehörige Schwere hat, mit Eisen verstärkt wird, er vertritt die Stelle des Gewichtes; das andere Ende hat einen eisernen Haken, um die Last, welche gewogen werden soll, daran zu befestigen. Ein etwa 5 Zoll langes Stück Holz, mit einem eisernen Bogen verbunden, dient zum Handgriff. Der eiserne Bogen ist in der Mitte etwas ausgehöhlt, nach der Dicke des Stabes, diese Höhlung dient zum Ruhepunkte für den Wagebalken. Der Stab wird seiner ganzen Länge nach, in ganze und halbe Pfunde getheilt. — Man hat nun noch eine Art Schnellwagen, bei denen der Ruhepunkt und das Gewicht beweglich sind. Man giebt dem Wagebalken zwei Ruhepunkte, folglich zwei Scheeren oder Griffe zum Aufhängen, so daß der kurze Arm, nach Veränderung des Ruhepunkte, bald länger, bald kürzer und also die Größe der Gewichte wird; der lange Arm wird nach beiden Seiten eingetheilt. Bei der größten Länge des kurzen Arms kann man nicht so große Last wägen, als bei der kleinsten Länge geschehen kann.

Eine verkehrte Schnellwage Fig. 6489, ist ein kleines Brett, oder eine Messingplatte, auf welche eine Säule K H aufgerichtet, und bei H auf demselben beweglich ist, so daß sie niedergelegt werden kann; damit sie aber bei aufgerichteter Stellung im Gebrauche, gehörige Festigkeit habe, ist bei G ein Strebpfeiler angebracht, der sich ebenfalls zurücklegen

läßt. Bei K ist das Lager der Zapfen der Wage. L M ist der Wagebalken, dessen Theil L K etwas kürzer, als K M ist. Die Länge des Armes K L richtet sich nach der Größe der Sache, welche gewogen werden soll. Er ist in Grade nach dem Gewichte getheilt. N O ist ein metallenes Gewicht, welches nach der Dicke des Balkens L K ausgearbeitet ist, und sich hin und her schieben läßt. Der Arm K M ist länger, als L K, aber auch dünner. Die verschiedene Schnelligkeit dieser Wage hängt von der Länge oder Kürze des Arms K M ab; denn je kürzer dieser ist, je schneller ist die Wage. Weil aber die Wage sehr schnell gemacht werden kann, so ist es unmöglich, das Gewicht N O auf eine gewisse Schwere zu stellen, und daher genug, wenn man es so weit ab und zu schiebt, bis es schwerer, als die Wage wiegt. Wollte man z. B. ein Korn von einer Goldprobe wiegen, einen Gran schwer, so kann das Gewicht so weit abstehen, daß wohl zwei oder drei Gran nöthig sind, in die Schalen zu legen, daher kann der Balken nicht waagerecht stehen, er senkt sich und ruht auf der Querstüße Q. Wenn nun das Goldkörnchen in die Schale p gelegt wird, so muß noch so viel Gewicht zugelegt werden, bis der Balken horizontal steht. Nachdem dieses geschehen, nimmt man das Goldkörnchen heraus, und legt so viel Gewicht hinzu, bis die Wage den horizontalen Stand erhalten hat. Das letzte Gewicht zeigt den wahren Inhalt des Körnchens, das erste darf nicht einmal ein ordentliches
Sehr
einer
hältn

le theile, damit nicht beide Gewichte untereinander kommen, und man sie dadurch verwechselt.

Eine Schnellwage zu Goldmünzen, als Dukaten, Friedrichsd'or ꝛc. Auf einem kleinen gedrechselten Füßchen A B, Fig. 8489, von Holz oder Elfenbein ruht auf einem Stifte ein beweglicher Kleiner, nicht runder, sondern flacher Wagebalken G G, von derselben Materie, als der Fuß. Bei F ist derselbe durchbohrt, und mit einer Achse auf dem platten Stift A beweglich, wodurch der Balken in zwei Theile C F und F G abgetheilt ist, und wovon C F etwas länger, als F G ist. Bei C ist ein Tellerchen, von der Größe der Münze, welche gewogen werden soll. Der Teller ist mit einem flachen Rande umgeben, damit man das Goldstück bis an den Rand schieben kann, wenn man es wiegen will. Das Ende des Armes F G ist so schwer, daß ein vollwichtiger Dukaten, oder eine andere Goldmünze, nach welcher die Wage eingerichtet worden, den Wagebalken erst aus seiner Ruhe bringt. Die Wage würde aber nicht aus ihrer Ruhe bewegt werden können, wenn nicht das Stativ A B bei A neben dem Zapfen abgerundet wäre. Das wichtigste Stück ist an dieser Wage: daß der Stift, welcher durch F geschoben ist, recht glatt polirt worden, und sich sehr leicht bewegt, damit er gleich dem Balken eine Bewegung ertheilt, wenn der vollwichtige Dukaten aufgelegt wird. Dieser Stift muß etwas höher, als der Ruhepunkt liegen. Es läßt sich übrigens mit dieser Wage nur eine Münzsorte wiegen, das heißt, nur die, nach welcher sie eingerichtet worden; oder man müßte 1) den Teller so einrichten, daß er abgeschroben und mit einem größeren oder kleineren vertauscht werden kann; 2) ein Gewicht anbringen, welches entweder zwischen F und G beweglich ist, auch abgenommen werden kann, oder doch an einen Haken, der in G angebracht ist, gehängt werden kann. Das Gewicht, welches angehängt werden soll, muß mit der Schwere des Armes

F G gerade dem Gewichte der Münze gleich seyn;
folglich muß man mehrere Gewichte haben, um dem
Arme mehrere oder wenigere Schwere, wie es erfor=
dert wird, zu geben.

Man hat noch eine andere Art S c h n e l l w a g e n
z u m W i e g
der Hauptab   gleich; allein doch
so ein   bequem zusammen=
legen   Ein kleines Blech
hat a

sich
Ble
nen
dien

                                    et, daß

                                    Dreieck
                                    eich der

                                    ht, ist ein erha=
                                        dient,
                                            nebst

ruht der W   sten Art be=
schaffen ist.

                                    eingerichtet

worden.
  C a s s i n i   en W a a r e
den ganze   alfen, in
anzeigt.   sich in
                                    at eine

sowohl A C, als A B ist in verschiedene gleiche Theile
getheilt, hier in 90.   Will man sich nun der Wage

bedienen, so nimmt man ein Gewicht von einem Pfunde oder von einer Unze, je nachdem es Pfunde oder Unzen seyn sollen, und hängt solches an dem einen Arm, so daß man es hin und her schieben kann, auf der andern Seite, oder vielmehr am andern Arm wird die Last an einem Faden aufgehangen. Will man nun das Gewicht wissen, so hängt man die Last oder die Waare auf die Abtheilung Nr. 1 und verschiebt das Gegengewicht so lange, bis die Wage im Gleichgewicht steht, so zeigt diese Abtheilung, auf welcher sich das Gewicht befindet, die Summe des Gewichtes der Last oder der Arme. Um den Preis der ganzen Waare zu erfahren, verfährt man auf folgende Weise. Es kostet z. B. 1 Pfund 8 Schillinge, so schiebt man die Last auf die Abtheilung Nr. 8 desselben Armes, und rückt das Gegengewicht so lange, bis sich die Wage im Gleichgewicht befindet, so zeigt diese Zahl die Summe des ganzen Preises. Muß aber die Waare in einer Schale gewogen werden, so muß das Gewicht der Schale, Scheere und Haken davon abgezogen werden, weshalb man lieber das Gewicht ebenfalls in eine Schale legen kann, welche genau mit der vorigen gleiche Schwere hat.

Im Handel und Wandel bedient man sich der Schnellwagen nicht häufig, weil damit eher Betrug vorgehen kann, als mit den gemeinen Wagen; man gebrauche sie nur, wenn Waaren, bei denen es auf eine Kleinigkeit nicht ankommt; z. B. Fleisch, Heu rc. oder viele Centner auf einmal abgewogen werden sollen, wo die gewöhnliche Kaufmannswagen, Niederlagswagen zu schwach sind. Man findet sie besonders in den Zeughäusern, Zollhäusern, wo 100 und mehrere Centner auf einmal darauf gewogen werden.

Theatrum staticum von Leupold, 7r Th, Kap. 6.
Leupold's Leipziger Heuwage, Leipzig 1713.

Schauplatz der gemeinnützigsten Maschinen von C.
B. H. Kunze, 1ster Band. Hamburg 1796. S.
49 u. f.

Schnellzange, bei dem Uhrgehäusemacher, eine kleine Zange, womit die kleinen Stifte fest gehalten werden, die auf den Ueberzug des äußeren Gehäuses eingeschlagen werden. Die beiden Schenkel dieser Zange sind durch ein Gelenk vereiniget, und zwischen den Griffen ist eine Feder. Man kann diese Griffe zusammenpressen, wenn die auf den Griffen sich befindende Hülse hinabgeschoben wird. Das Maul oder die Kneipen der Zange sind flach und haben einige Reifen, worein die Stifte, die damit gehalten werden, passen.

Schnellzinn, s. Schnellloth.

Schnepel, Schnäpel, Salmo Lavaretus; Fr. le Lavaret; er gehört zur dritten Familie des Lachsgeschlechtes, zu den Aeschen (Salmo Thymallus), ist etwas kleiner, als die Zerte, hat einen längeren Oberkiefer, als der Lachs, ausgeschnittene Schuppen und vierzehn Strahlen in der Rückenflosse. Er geht in dreieckigen, spitzwinkeligen Truppen in die Flüsse hinauf. Man fängt ihn in der Elbe und in einigen Flüssen der Altmark Brandenburg, wo diese in die Elbe fallen. Er wird am Bauche aufgerissen, an der Luft oder mit wenigem Rauche gedörrt und so verführt. Sein Fleisch ist zart und wohlschmeckend, fast dem Lachse und der Forelle gleich, ist aber schwer zu verdauen. Man kocht ihn gewöhnlich mit weißen oder Märkischen Rüben; s. unter Rüben, Th. 128. Der Ferra in den Schweizerseen ist eine Abänderung davon.

Schnepfe, Scolopax; Fr. Bécasse, eine Gattung Vögel, welche einen langen, runden, schwachen Schnabel, und eine längere Hinterzehe, als der

Strandläufer, Tringa, hat, und solche beim Gehen auf dem Boden stützt.

Die Waldschnepfe, gemeine Waldschnepfe, gemeine Schnepfe, Schneppe, Graßschnepfe, Buschschnepfe, Holzschnepfe, Bergschnepfe, das Schnepfhuhn, Wasserrebhuhn, die Becassine, Scolopax Rusticula, rostro recto pedibus cinereis; femoribus tectis, fascia nigra. Rusticula Linn. Syst. nat. ed. XII. tom. 77. Sp. 7. Gallina rustica. Gesner, avi. p. 477. Rusticula vel perdix rustica major. Idem, ibid. p. 501. Scolopax sive perdix rustica. Aldrovande Avi tom. III, p. 471. Scolopax gallinago maxima Ray, Synops. Avi p. 104. Nr. 1. Perdix rustica, Gallina rustica; Griech, Σκαλοπαξ; neu Griechisch Κολαρου oder Κολαρου; Italienisch Becassa, Becaccia, Gallinella, Gallina arziara oder rusticella et salvatica; in der Lombardei Gallinacia; im Toskanischen Acceggia; im Römischen oder in Rom Pizzarda; in Katalonien Beccada; Flandrisch Sneppe; Polnisch Slomka und Parthra. Türkisch Tcheluk; Schwedisch Morkulla; Norwegisch Blom, Rokke, Ruit; Deutsch Holzschneppe; im Englischen Wood-cock; im Französischen Bécasse, Belon, Nat. des Oiseaux, p. 272. la Barge commune, Briss. Oiseaux VII. p. 500.

„Unter allen .... Schnepffen, machen die Jäger auf die Wald........ vielleicht am meisten Jagd, theils wegen ihres vortrefflichen Fleisches, theils weil sie sich so leicht, dieses guten dummen Vogels, der gegen die Mitte des Oktobers zu einerlei Zeit mit den Krammtsvögeln in nahen Gehölzen (in Frankreich) ankömmt, bemächtigen können."

Die Waldschnepfe findet sich schon in einer sehr

jagdreichen Zeit ein und vermehrt nach die Menge
des schönen Federwildprets. Der Dichter Neme-
sian beschreibt ihre Jagdzeit sehr reizend auf folgende Weise;

Cum nomus omne suo viridi spoliatur ho-
nore

. . praeda est facilis et amoena, scolopax *)

Im Spätherbst verlassen diese Vögel die hohen
Gebirge, die sie im Sommer über bewohnen, als die
Alpen, Pyrenäen ꝛc., und gehen, wenn der erste
Schnee im Anfange des Oktobers auf diese Höhen
fällt, in die Gehölze der unteren Hügel, und bis in
die Ebenen der angränzenden Länder, um ihre Nahrung zu suchen. Belon **) sagt: „Die Waldschnepfe ist ein Vogel, der sich des Sommers auf den
Alpen, Pyrenäen und den Gebirgen in der Schweiz,
Savoyen und Auvergne aufhält, wo wir sie öfters
zur Sommerzeit gesehen haben; im Winter ziehen
sie aber weg und suchen sich unten in den Ebenen
und Schlaghölzern ihre Nahrung. Weil es nun
solche hohe Gebirge in Griechenland giebt, so ist es
nicht befremdend, daß Aristoteles sie nicht Zug-
vögel genannt hat, und wahrlich die Waldschnepfe
gleicht nicht den andern, welche gänzlich aus der Gegend wegziehen, sobald sie nur ihren Aufenthalt verändern; des Sommers sind sie auf den höchsten Gebirgen, und des Winters, so lange die hohen Gebirge
mit Frost bedeckt sind, in den Ebenen, wo sie die
warmen Quellen und andern feuchten Oerter der Nah-

---

*) Wenn der Wald mit Ehren all seines Grüns beraubt
ist, so ist der Raub der Schnepfe leicht und er-
göblich.   K.

**) Nat. des Oiseaux, p. 273.

rung wegen besuchen, und die Regenwürmer mit
ihrem langen Schnabel aus der Erde ziehen, und in
dieser Absicht stiegen sie des Abends und Morgens,
und halten sich des Tags an verdeckten und des
Nachts an freien Orten auf."

Der Schnabel dieses wirklich sehr dummen Vogels ist holpericht, und an den Seiten, gegen die
Spitze zu, gleichsam bärtig, und seiner Länge
nach durch tiefe Fugen ausgehöhlt. Der obere
Kinnbacken bildet allein die gerundete Schnabelspitze
und reicht über den untern hinweg, welcher gleichsam
abgeschnitten ist, und sich unten hindurch eine schiefe
Fuge anschließt. Die Länge des Schnabels hat
diesem Vogel in den mehrsten Sprachen, bis zu der
Griechischen hinauf, seinen Namen gegeben *). Der
Kopf ist eben so merkwürdig, als der Schnabel, mehr
viereckig, als rund, und die Knochen der Hirnschale
machen beinahe einen rechten Winkel auf den Au-
genhöhlen. Ihr Gefieder, welches Aristoteles
mit dem Gefieder eines Haselhuhns vergleicht, ist
bekannt genug, es ist oben bräunlichroth und
schwarzbunt, am Bauche weiß mit braunen Streifen. Hinter dem Kopfe sind vier schwarze Querbänder. Büffon sagt über die Farbe des Gefieders dieses Vogels: „die schöne Wirkung des Hell-
dunklen, welche die durchkreuzenden, in einander
schmelzenden, mit grau, Ruß und Umbrafarbe ge-
tuschten Anstriche darin hervorbringen, so daß es noch
immer zum Dunklen gehört, sind zu schwer und zu
weitläuftig, um einzeln und im Kleinen beschrieben
zu werden." — Die weibliche Waldschnepfe kann

*) Σκολοπαξ von Σκολοπς, ein Pfahl. — Scolopax, quod
rostro, palo, scolopos, similia; quo sensu et ab hebraeo
kore, a nostris Langnasen, Langschnabel, dici-
tur. Klein, Avi p. 99.

von dem Männchen durch einen schmalen weißen
Strich auf dem untern Theile der äußeren Fahne
der äußersten Schwungfeder unterschieden werden.
Derselbe Theil an der äußersten Feder des Männchens ist schön und regelmäßig schwarz und weißlich-
weiß gefleckt. In dem .... auf jedem Geschlechte ist eine .... schmale Feder, welche
sehr elastisch ist ...... von den Malern zu Pin-
seln gesucht ...... Auch Büffon hat die Schnepfe
eine .... Belon sagt aber, daß sie keine
habe. Die Nase ergießt, nach dem zuerst erwähnten Schriftsteller, ihre Feuchtigkeit durch zwei Röhren in ... Zwölffingerdarm. Außer den zwei gewöhnlichen Blinddärmen hat Büffon noch einen
dritten bemerkt, ungefähr ..... Fall von dem ersten
entfernt, und welcher ...... Darm eine eben so
offenbare Verbindung hatte; da er dies aber nur bei
einem Vogel beobachtet hat, so ist dieser dritte Blind-
darm vielleicht nur eine individuelle Verschiedenheit,
und etwas bloß Zufälliges. Der Magen ist voll
Muskeln, und mit einer .... Haut, die nicht
angewachsen ist, gefuttert. Man findet darin oft
kleinen Kies, welchen ..... ohne Zweifel beim
Essen der Erdwürmer .... schluckt; die Darm-
röhre hat zwei Fuß ..... Fall in der Länge.
Nach Gesner ..... Schnepfe die Größe des
Rebhuhns; Aristoteles vergleiche sie mit einem Huhne; es ...... nach dieser Vergleichung, daß die gemeine ..... bei den Griechen
kleiner, als die unsrige war. Der Leib der größeren Schnepfen ist nicht so stark, als an dem Rebhuhn; allein die Flügel, Hals und Schenkel geben
derselben ein größeres Ansehen. Otto hat eine ge-

*) Magnitudine quanta gallina est. Arist. lib. IX. cap.
XXVI.

wogen, die 21 Loth und 2 Quentchen schwer war;
ihre Länge betrug 12 Zoll 3 Linien; ihre Flügelaus-
breitung 22 Zoll. Der Leib der Waldschnepfe ist
sehr fleischigt, und am Ende des Herbstes sehr fett,
und dann, und noch den größtern Theil des Winters
hindurch, dient sie uns zu einem ausgesuchten Gerichte;
obgleich ihr Fleisch schwarz und nicht sehr zart ist,
aber als ein festes Fleisch die Eigenschaft hat, lange
zu dauern.

Die Züge dieser Vögel, wenn sie im Sommer ihren Aufenthalt verlassen, geschehen nur in der Höhe,
nicht in der Länge, wie die Züge der Vögel, die von
einer Gegend nach der andern ziehen. Sie kommen
des Nachts und bisweilen des Tages bei trübem
Wetter oder bei einem bewölkten Himmel, nach Wil-
lughby*) an; ziehen einzeln oder ihrer zwei zusammen, niemals aber Haufenweise; allein wenn Letzteres gleich nicht geschieht, so kommen doch, nach
Otto, in einer Stunde oft sehr viele in eine Gegend. Sie fallen in große Hecken, in Schlaghölzer,
in hohe Wälder, und vorzüglich gern in solche Gehölze, wo es viel faule Erde und abgefallene Blätter
giebt; hier halten sie sich eingezogen und gedrückt den
ganzen Tag, und zwar so versteckt, daß man Hunde
haben muß, sie aufzustoßen, und oft gehen sie hinter
den Füßen des Jägers heraus. Nur beim Einbruch
der Nacht verlassen sie das Gebüsch oder den Dickicht
des Waldes, um sich in den lichten Oertern auszubreiten und ihren Weg zu verfolgen; sie suchen
sich, wie auch schon oben, angeführt worden,
weiches Erdreich, feuchte Wiesen am Rande des
Holzes, und kleine Sümpfe, wo sie sich ihren Schna-

---

*) Coelo nebuloso advolare et advolare dicuntur.

bei und Füße, die sie beim Suchen der Nahrung mit
Erde füllen, wieder abwaschen.

Beim Aufsteigen macht diese Schnepfe ein Geräusch
mit den Flügeln, und fliegt in einem hohen Walde
ganz gerade auf; dagegen sie ſie ſich in den
Schlaghölzern ⋯⋯⋯⋯⋯⋯⋯⋯ Die Flü-
gen tauche ſie ⋯⋯⋯⋯⋯⋯⋯, und bei dem
Fluge der ⋯⋯⋯⋯⋯⋯; und iſt doch ihr
Flug ſchnell iſt, ⋯⋯⋯⋯ weder hoch, noch lange
anhalten: ⋯⋯⋯⋯ mit ſolcher Schnelligkeit nieder,
⋯⋯⋯⋯⋯⋯ gänzlich überlaſſene Maſſe.
⋯⋯⋯⋯ ſeinem Fall läuft ſie ſchnell
fort, ⋯⋯⋯⋯ hebt den Kopf in die Höhe,
⋯⋯⋯⋯ Seiten um, um ſicher zu
⋯⋯⋯⋯ Schnabel in die Erde ſteckt.
⋯⋯⋯⋯ vergleicht daher die Waldſchnepfe ihres
⋯⋯⋯⋯ Laufes wegen mit einem Rebhuhne *);
denn ⋯⋯⋯⋯ läuft ſich auf eben die Art fort, und wenn
man ⋯⋯⋯⋯ zu finden glaubt, wo ſie niedergefallen, ſo iſt
ſie ſchon auf eine weite Strecke davon gelaufen und
⋯⋯⋯⋯

Allem Anſcheine nach ſieht dieſer groß-
⋯⋯⋯ Vogel nur in der Dämmerung gut, ſo daß
⋯⋯⋯eres Licht ihn blendet, welches ſein Flug und
⋯⋯⋯egungen beweiſen, welche niemals ſo leb-
⋯⋯⋯ bei der einbrechenden Nacht und bei Mon-
⋯⋯⋯ Tage ſind, und dieſe Bewegung vor Auf-
⋯⋯⋯ Untergang der Sonne iſt ſo dringend,
⋯⋯⋯ſt in ihrer Natur, daß Schnepfen die-
⋯⋯⋯ Zimmer eingeſperrt waren, ſich regel-
⋯⋯⋯ Morgen und alle Abend in die Höhe
⋯⋯⋯ da ſie doch ſonſt des Tages oder des
⋯⋯⋯erhielten, ohne ſich aufzuſchwingen oder
⋯⋯⋯, und daher iſt zu vermuthen, daß die

---

*) Rusticulae et perdicas currunt.

Waldschnepfen auch in den Gehölzen ruhig bleiben,
wenn die Nacht finster ist; wenn aber der Mond
scheint, so gehen sie herum, und suchen Nahrung;
daher nennen die Jäger auch den Vollmond des
Novembers den Waldschnepfenmond, weil
man sie dann in großer Menge fängt. Der Fang
oder die Jagd dieser Vögel geschieht gewöhnlich
des Abends; daher werden die Schlingen entweder
des Nachts oder des Abends aufgestellt. Man
fängt sie mit dem Hängegarn, einem Netze, das
den lichten Oertern und am Rande des Holzes,
man sie des Abends hat ankommen oder ziehen seh[en]
zwischen zwei großen Bäumen aufgespannt wird
ferner mit Schlingen und Stockschlingen; ma[n]
schießt sie auf Morästen, Bächen und Fuhrten
wenn sie niederfallen, und dies Abend
Bei der Jagd auf den Sümpfen
Jäger unter ein dickes Laubwerk, nah
oder einem Sumpfe gelegen, den die Wa[ld]
besuchen, und erwartet sie hier, wenn
Sie kommen nicht lange nach Sonnenun[tergang]
wenn überdies noch angenehme Süd- od[er]
Westwinde wehen, einzeln oder zu Paaren
fallen auf den Sumpf oder Morast, wo
ger fast ohne Fehlschuß erlegt, besonders
Wildbrett einen schwerfälligen Flug und
ches Gesicht hat. Diese Jagd soll ins
so fruchtbar und zuverlässig seyn, al[s]
welche mit liegenden Schlingen angeste[llt]
welche in den Fußsteigen aufgespannt
Dieses sind dünne Haselstauden, oder andere
same und elastische Hölzer, die in die Erde ge[steckt]
und so gebogen werden, daß sie Schnellkraft b[ehal]-
ten. Diese Hölzer werden nachher an der Erde
ein Fallhölzchen festgemacht und mit einer fliegenden
Haar- oder Zwirnfadenschleife gekrönt; den übrig-

bleibenden Theil des Fußsteiges, wo man diese hin-
gestellt hat, besetzt man mit Reißigen, oder wenn
man sie auf Wiesen aufstellt, so stickt man Pfriemen oder Wachholderstauche Rethenweise hin,
[...] so zusammen steckt [...] ein kleiner
Durchweg übrig [...] besetzt;
[...] damit die Wal[...] die Fußsteige ver-
[...] stoße oder überspringt,
[...] Stelle durchzugehen, wo
[...]es, sobald es berühre
[...]gel wird von der fliegen-
[...] durch den Zweig, der sich
[...]hoben. Die auf diese
[...]pfe schlägt und zappelt
[...] mehr als einmal des
[...] Ende der Nacht, ja öfter, als
[...] Aufstellung hingehen, widri-
[...], der von weitem durch das
[...]ser Vögel hiervon benachrichtiget
[...] eine nach der andern davon, und
[...] verschiedenen Oertern, um sie zur
[...] wieder zu finden. Man erkennt
[...] welche die Waldschnepfe be-
[...]ung, welches ein weißer Aus-
[...] Um sie auf Wiesen, wo kei-
[...]angen, ziehe man daselbst Fäd-
[...]pfe verfolgt, indem sie nach
[...]geworfenen Erde sucht, und
[...] Zeit in die längst der Furche
[...]en und Haarschlingen.
[...]a scheint die Waldschnepfenjagd
[...] Winter aber in Italien zu dauern; da-
[...]en zwingt die große Kälte in strengen Wintern
[...] im nördlichen Deutschland etwas weiter nach
Süden zu ziehen. Einige sollen indessen doch noch,
nach Otto, in den Gehölzen nahe bei den warmen

Quellen in Pommern bleiben; mehrere auch wohl
den ganzen Winter über an Holzbrüchen in der genannten Provinz Preußens; die meisten ziehen über-
fort. Den Hunden soll, nach Büffon, das Fleisch
der Waldschnepfe, überhaupt der Geruch derselben
zuwider seyn, und nur der Pudel soll daran gewöhnt
werden können diesen Vogel zu bringen; allein sie
uns bringen sie, nachdem sie geschossen worden, auch
Hühner- oder Vorstehehunde.

Wie schon oben, S. 444, angeführt
die Waldschnepfe ein sehr dummer
Iughby sagt: „Bei uns ist
seiner Dummheit sehr übel berüch
er den Namen Scolopax spräch
Dummheit empfangen *).“ Bewe
man sie in der Barbarei, diesen
Dummheit wegen, nach Shaw
hadjel, den Esel unter den Rebhühnern
sagt: „Diese Schnepfe ist ein sehr thö
und erzählt folgende Weise sie zu fa
Mensch, mit einer Kappe bedeckt, wel
trockner Blätter hat, geht gekrümmt
zen Krücken, nähert sich leise, sieht
Waldschnepfe auf ihn sieht, und sich
gehen, sobald sie anfängt umher
gewahrt, daß sie mit gesenktem
kann schlägt er sacht mit seinen ber
einander, und die Waldschnepfe ersch
so sehr, und wird so närrisch (et affol
daß der Jäger ihr hinlänglich nahe

---

*) Apud nos ob stoliditatem infami est haec avi
in scolopax pro stolido proverbialiter accipiatur.
**) Shaw, Travels, pag. 253.
***) Nat. des Oiseaux, p. 273.

eine Schlinge um den Hals werfen kann Wahrscheinlich ist diese Dummheit und das schlechte Gesicht der Grund, daß die Alten glaubten, dieser Vogel habe eine bewunderungswürdige Neigung zum
Menschen.

Die Nahrung der Waldschnepfe ist, wie schon
oben, S. 446, gesagt worden, animalischer Natur, und nicht, wie Naturforscher, unter andern Albertus, sagen, Samenkörner; denn die
sehr langen und an der
weiset sie allein schon auf
Schwenkfels sagt: solis
nunquam grana attingit —
die Würmern ernährt und rühret
Die Waldschnepfen haben
den Kibigen und Regenpfeifern
sie an ein Holz oder Gehölz
Haufen trockner Blätter lau-
oder sie wegstoßen, um die
greifen. In der weichen Erde
moraftigen Viehweiden und
gränzende Wiesen suchen sie
ble Erde mit dem Schna-
Rechten und Linken
sie ihre Nahrung
suchen, als mit den
oben bemerkt wor-
die Natur ihr vielleicht
Spitze des Schnabels einen besonderen, ihrer
Lebensart angemessenen, Sinn gegeben haben, welcher jedoch nur in einem sehr feinen Gefühle bestehen
könnte, wodurch sie beim Berühren der Gegenstände
sogleich die Nahrung zu erkennen im Stande ist, und

*) Aristot Hist lib IX

diese außerordentliche Organisation ist gleichfalls dem Heerschnepfen gegeben. Nach Bowles*) wur... die Waldschnepfen zu St. Ildephons... ...sant Don Ludwig ein, mit allen Umstä... ...fülltes Vogelhaus hatte ... ...tert. In der Mitte ... Fichte und Gesträuc... unaufhörlich, um ... Man brachte frische und ... sehene Rasen, als ... Diese Würmer verborgen ... Schnepfe hungrig war ... Geruch, steckte ihren ... ...mals tiefer, als ... Würmer heraus, und ... Luft hob, breitete ... über sich aus, und ... ohne irgend eine ... hinunter. Diese ganze ... blicklich, und die Bewegu... so gleichförmig und so u... thun schien. — Nach dem O... lius soll man sie in Itali... Weizenmehl (farina d'orzo) ... fett machen; dieses ziehen je... ...scher in Zweifel, weil diese... wild, sondern auch in der ... Leckerbissen gefangen wird, von ...

Gegen Ende des Winters, im Mä... Waldschnepfen die Ebenen und kehre... ...birge zurück, allein nicht alle ziehen aus ... Ebenen auf die nahen Gebirge, sondern durch ... ...ebene Länder, z.B. durch ganz Deutschland, und ...

*) Histoire naturelle d'Espagne, par. 6 pag. 454 et s.

Pommern durch das südliche Schweden, so daß sie
dort nur wenige Tage bleiben, und selten ein Paar
zurück bleibt. Dieser Durchzug geschieht daselbst
im März, oder im Anfange des Aprils, je nachdem
die Witterung es zuläßt. Man findet dann bisweilen schon Eyer in ihnen. Im October kehren sie
aus dem Norden zurück, halten sich, nach Oeto, in
dem flachen .... lange auf, sondern ziehen fort nach .... Sobald sie im Frühling gepaart .... so schnell und ohne sich des
.... des Morgens verbergen sie
.... den Tag über bleiben, und des
.... dann weiter fortsetzen. Den
.... sie an den einsamsten und
.... Gebirge, wo sie nisten. Dieser
.... kein Nest, wie alle Vögel, die sich nicht
auf .... der Erde. Es besteht aus
trock ....ttern, mit kleinen Holzreis .... ohne Kunst zusammengebracht .... kommt gelehnt oder unter
einer .... geschäft. Das Weibchen
legt ...., die ein wenig größer .... sind. Ihre Farbe
....ckern, schwärzlichen
.... Jungen ausgekrochen
.... laufen, obgleich erst mit
...., ja sie laufen schon
.... Flügelfedern haben.
...... hat gesehen, daß .... Jungen, indem sie entdeckt
werden, halb fliegend, halb laufend entfliehen, ja
selbst, daß der Vater und die Mutter eines von ihren
Jungen, wohl das schwächste, unter ihre Kehle genommen, und es auf diese Art weiter als tausend
Schritte getragen haben. Auch Scopoli[*] sagt,

[*] Pullos rostro portat fugiens ab hoste. Ann. l. l. c

daß sie die Jungen unter dem Schnabel tragen, indem sie vor dem Feinde fliehen. So lange die Jungen noch der Hülfe der Alten bedürfen, verläßt das
Männchen nicht das Weibchen. Erſteres läßt ſeine
Stimme nicht anders hören, als zu der Zeit, da es
die Jungen aufzieht, und [...] den
übrigen Theil des Jahres [...]
chen, ſtumm. Dieſer Geſang [...]
Geſchrei iſt, beſteht aus [...]
gehe vom Tiefen zum Fein[...]
pidi, pidi, pidi, cri, cri, [...]
Töne des Zorns zu ſeyn[...]
verſammelt ſind; ſie [...]
chel couan, couan[...]
freu, freu, freu, wenn [...]
das Weibchen brütet, [...]
immer nahe bei ihr, und [...]
noch fortzudauern; [...]
Schnabel auf den [...]
ſonſt einſamen und ein [...]
Vögel ſind während die[...]
lich, ja ſie zeigen ſogar [...]
daß ſich die Männchen [...]
und dabei ſo in Zorn [...]
auf die Erde werfen, [...]
ßen; ſie werden alſo [...]
wenn ſich die Empfin[...]
welche ſtets von dem [...]

Die Waldſchnepfe findet ſich nach [...]
und Geßner *) überall; ſowohl in [...]
als mitternächtlichen Gegenden in der [...]

*) Nulla non in regione reperitur haec avis Aldrov, Tom.
III., p. 473. — Reperitur haec Avis in omnibus [...]
regionibus. Gesner, p. 485.

der neuen Welt; man kennt sie in ganz Europa, in Italien, Deutschland, Frankreich, England, Pohlen, Rußland, Preußen, Dänemark, Schweden, Norwegen und bis in Grönland. In Island macht die Waldschnepfe einen Theil des Federwildes aus, welches auf dieser Insel, obgleich sie mit Eis bedeckt ist, in Ueberfluß vorhanden ist. Man findet sie in den äußersten mitternächtlichen und östlichen Gegenden Asiens, wo sie ganz außerordentlich ist, und daher in der Sprache der Kamtschadalen, Korjaken, und Kurilen auch ihren Namen erhalten hat. Gemein hat sie in Menge zu Wengach und Schirow an dem Jenisey gesehen, wo sie zwar in großer Anzahl vorhanden sind, jedoch nur einen kleinen Theil der vielen hier versammelten Wasser- und Ufervögel ausmachen. Man findet sie ferner in Persien, in Aegypten, um Kairo herum, in der Barbarei, wo man sie vom October bis zum März antrifft. Abanson fand sie auf den Inseln des Senegals, und andere Reisende in Guinea und an der Goldküste. Auch auf dem Meere findet sie Statt und Japan, so wie auf Zeylon will man sie angetroffen haben. Man findet sie auch in Nordamerika, im ganzen mitternächtlichen Amerika, besonders auf Louisiana, wo sie ein wenig größer sind als die Europäische. In den mehr südlichen verschiedenen Provinzen von Amerika ist sie seltener.

Von der Waldschnepfe giebt es folgende Abänderungen: 1) Die weiße Waldschnepfe, Scolopax rusticola, rostro recto basi rufescente, pedibus cinereis, lunoribus rectis fuscia capitis nigra, Linn. Syst. Nat. ed. p. Gmel. Tom. I. p. 660, n. 6. Scolopax alba, Klein, Avi p. 100, n. 6. Scolopax candida, Briss. Ornithol. tom. V., p. 297. Fr. La Bécasse

Buffon Oiseaux VII. p. 462; . White
wood-cok; Woodcock.

Diese Abart ist, nach B...
reich. Ihr ...
noch mit ... ... Flam-
men ver... die
Füße ... ge-
nannt ... von
einer ...
Verände...
ben Thier...
soll, und ...
weißen ...

2) Di...
ein roth...
schattier...
dunkle ...
seltenere ...

Zu die...
Die stroh...
holdersch...
pax rustic...
nat. ed. G...
seiner Natu... ...102,
n. 2, angef...
che Otto ...
weiße ... ...farb-
köpfige ... ...eps, mit
röthlich... ...raunen
Flügel, ...barf
anführet; ... ...pax
varia, und die weißflügelige Schnepfe, Scolopax corpore usitato alis totis niveis, welche
beide auch die eben genannten Schriftsteller anführen.

Büffon will dieses jedoch nicht zugeben, da beide Arten einerlei Naturell und Sitten haben, sich auch im Uebrigen ganz gleich sind; der kleine Unterschied in der [...] zufällig und individuell zu [...]

[...] 34.
[...] PAX mi-
[...] frons
[...] tuor trans-
[...] corpore supra,
[...] flavo, Gmel.
[...] n. 34. Sco-
[...] que varia,
[...] fasciis qua-
[...] cauda nigra.
[...] n. 2. Fr.
[...] oodcock.

[...] be des Schna-
[...] Zoll lang —
[...] länger — die
[...] au; der Hinter-
[...] Querstrichen;
[...] Schnabel bis zum
[...] heil des Halses,
[...] b; der Bauch
[...] halses schwarz,
[...] und die kleinern
[...] das Uebrige der
[...] chen Zickzacks
bezeichnet [...] dunkelbraun;
die innern [...] Schwanz schwarz
mit braunen [...] und blaß braun.
Die Länge von der Spitze des Schnabels bis zum Schwanzende 11 1/2 Zoll. Diese Art hat ganz die Gestalt der Europäischen Waldschnepfe, ist aber an Größe und Farbe verschieden. Sie erscheinen in

Newyork zu Ende des Aprils oder im Anfange des Mays; legen zu Ende des Mays oder Anfangs Junius 8 bis 10 Eyer, gewöhnlich in sumpfigen Gegenden. Lavson fand sie in Karolina im September. Nach diesem Schriftsteller soll sie in Ansehung des feinen Geschmacks der Europäischen Art noch übertreffen.

Unter die ausländischen Vögel, die mit der Waldschnepfe Aehnlichkeit haben, gehört:

Die Savanen-Waldschnepfe, die Sumpfschnepfe, Scolopax paludosa, rostro pedibusque fuscis, loris et superciliis nigris, corpore nigro vario supra rufo, subtus ex albido. Gmelin Linné Syst. Nat. I., p. 661, n. 35. Scolopax paludosa, rufo nigroque varia, subtus albida nigro undulata, loris superciliisque nigris. Latham Syst. ornith. II., p. 714, n. 3. Fr. La Bécasse des Savanes de Cayenne. Buffon planch. n. 895. La Bécasse de Savanes. Buffon Oiseaux VII., p. 481 ed. in 12. Tom. XIV. n. 249. Engl. Savanná Woodcock, Latham Synops. III., 1, p. 132. n. 3.

Diese Waldschnepfe, obgleich kleiner als die gewöhnliche, hat dennoch einen noch längeren Schnabel; sie hat auch ein wenig höhere Füße, welche, gleich dem Schnabel, eine braune Farbe haben. Ihr Gefieder ist grauweiß, von schwarzen Streifen durchschnitten, rothgelb ist weniger darin, als bei unsern Waldschnepfen. Bei diesem äußerlichen Unterschied den das Klima vielleicht zuwege bringt, läßt sich auch ein Unterschied in den Sitten und Gewohnheiten, den dieses auch hervorbringt, an der Savannen-Waldschnepfe erkennen. Sie hält sich in den unermeßlichen natürlichen Wiesen auf, welche in den Coulées oder Savannen-Vertiefungen liegen, wo es beständig Schlamm und dicke und hohe Kräuter giebt, daher

sie auch den Namen der Sumpfschnepfe von
Donndorf erhalten, wo aber die Erde feuchtet
und das Wasser salzig ist, da verliert sich solche.
In der Regenzeit suchen diese kleinen Schnepfen sich
die Höhen, und halten sich [...]

[...]ange-
[...] al-
[...] auf,
[...] dann
[...] zurück,
[...] noch mehr-
[...] Wald-
[...] und De-
[...] Feuer an,
[...] demsel-
[...] größer An-
[...] dem Feuer
[...] übrigens zu
[...] sich niemals
[...] die Savannen
[...] der Gewohn-
[...]
gehen sie, [...] immer
nur unter [...] Sie heben
sich ferner [...] eben den
Geräusch [...] gleichfalls ihre
Loosung, wenn sie auf [...] anfangen. Wenn
eine von diesen Waldschnepfen angeschossen ist, so
fliegt sie nicht weit weg, um sich auszuruhen, sondern
macht mehrere Umkreise, ehe sie niederfällt. Gemeiniglich ziehen zwei und zwei, zuweilen auch ihrer drei
zusammen, und wenn man eine gewahrt, so kann
man sicher seyn, daß die andere nicht weit ist. Wenn
es Nacht werden will, hört man sie sich durch ein

Versammlungsgeschrei zusammen rufen, daß ein wenig heisre und der groben Stimme Ka, Ka, Ka, Ka,
die das zahme Huhn öfters von sich hören läßt, ziemlich
ähnlich ist. Des Nachts gehen sie umher, und man
sieht sie beim Mondschein bis an die   der
Wohnungen kommen.   das
Fleisch dieser Savanne   so
gut seyn, als das Fleisch
der Meinung, daß Ka   el-
schnepfe oder
Schnepfe, Sco
hört, deren Be

Die Doppel   nepfe
die grosse Sib   ttel
schnepfe, Su
Moosschnepfe
et vertice nigris,
lidam libartito,
oculos, corpo
Gmelin Linné
Scolopax maj
cea, subtus albid   al-
tera utrinque m   II.
p. 714, n. 7.

Diese Sch
gern und selbst   viele   Heerschnepfe
gerechnet worden. Büffon   sie aber für eine
von Linné nicht angeführte Art. Frisch sagt
von derselben, daß sie den Namen Doppelschnepfe daher bekommen habe, weil sie noch einmal so
groß, als die sogenannte Heerschnepfe sei, und den
Namen Sumpfschnepfe, weil sie die in den Sträu-
chern gelegenen Sümpfe bewohnt. Ihre Nahrung
ist wie die der Waldschnepfe, Gewürme und zarte
Wurzelchen. W.e diese legt sie vier bis fünf Eyer,
und brütete solche in den vom Wasser ausgespülten

und nahe am Rohr befindlichen Erdhöhlen aus. Sie fliegt schnell, ist schüchtern, und zieht, ehe der Frost einfällt, weg. Ihr Fleisch ist zart und wohlschmeckend. Von Pennants großer Schnepfe soll die Beschreibung ziemlich auf diese passen. Er sagt: Der Kopf ist der Länge nach durch eine ziegelrothe Linie getheilt, welche an jeder Seite von einer schwarzen eingefaßt ist, und sowohl über, als unter dem Auge ist eine dritte. Hals und Brust sind gelblichweiß, mit halbkreisförmigen schwarzen Flecken. Die Seiten sind wellenförmig schwarz gezeichnet, der Rücken und die Deckfedern sind ziegelroth, schwarz gefleckt und weiß eingefaßt; die vordern Schwungfedern sind braunschwarz, der Schwanz ist rothbraun, die äußern Federn schwarz gestreift. Das Gefieder wechselt oft etwas. Sie bewohnt die arktischen Gegenden von Sibirien, wird in England und Deutschland gefunden, und steht zwischen der gemeinen und der Halbschnepfe in der Mitte. Bechstein hält [...]s Doppelschnepfe für ein Weibchen der Heerschnepfe. Nach Otto ist die Doppelschnepfe größer, als die Heerschnepfe, von welcher man sie nicht leicht unterscheidet; sie hat ungefähr die Größe des Brachvogels eines Kampfhahns oder der Streitschnepfe, Tringa pugnax. Der Schnabel hat die Bildung wie derjenige der Heerschnepfe, ist mehr als doppelt so lang, als der Kopf; er ist gerade, an der Spitze etwas selbig, und mit ausgehöhlten Punkten versehen, wie an der Waldschnepfe, Heerschnepfe und Pfuhlschnepfe, nur ist er kürzer, als derjenige der Heerschnepfe. Die Farbe ist aber ziemlich dieselbe. Die Farbe des Gefieders ist auch derjenigen ähnlich der Heerschnepfe; mitten über den Kopf geht ein gelblicher Strich, der von zwei breiten schwarzen eingefaßt ist, wie bei der genannten Schnepfe, jedoch laufen bei der Doppelſchnepfe dieſe beiden breiten ſchwarzen Striche in einem zuſammen, bei der Heerſchnepfe ... bleiben ſie dagegen am Schnabel getrennt. Vom Schnabel bis zu den Augen gehen bei der ...

ist in Pommern ... nicht ... lange nicht ſo häufig, als die Heerſchnepfe, ſie iſt nicht allein größer, als dieſe, ſondern auch gewöhnlich fetter, und ... deshalb noch höher geſchätzt; auch fliegt ſie nicht ſo ſchnell, als iene. Sie iſt in den Sitten und ...

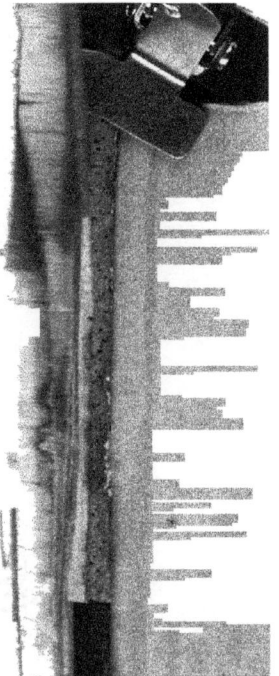

... wahret aus dem oben über diese Schnepfe
... gten, daß die Schriftsteller in der Beschrei-
... berselben nicht einig sind, obgleich Otto's
... ... reibung wohl die richtigste zu seyn scheint.
... unterscheidet sie richtig von der Heerschnepfe.
... Sie ist kleiner, als die Waldschnepfe,
... die größte unter den Moorschnepfen. Der
... ist 14/5 Zoll Franz. Maaßes lang, bei der
... lich und am Ende braun. Der Kopf
... bei den Augen über einem weißen Grund
... ... tirt, u ... ei langen Strichen versehen;
... und be ... auch aschgrau; der Rumpf
... gelb u ... schuppenförmig, der Schwanz
... lich mit schwarzen Querstrichen.

... Cayennische Schnepfe, Sco-
... ... mensis rostro obscuro basi rufescente,
... fascia, corpore supra ex cinerascente
... ... cente-maculato, subtus albo. Gmelin
... ... Nat. 1, p. 661, n. 37. Scolopax
... cinereo-fusca testaceo varia, cor-
... ... us uropygioque albo, tectricibus ala-
... ... ribus remigibusque primoribus basi
... Latham. Syst. ornith. II. p. 715, n. 5.
... enne Snipe. Latham Synops. III.,
... 5.

... ... setzt diese Schnepfe zwischen die Dop-
... ... und die Heerschnepfe. Die Farbe dieser
... ... graubraun und gelblich bunt, unten auf
... ... d auf dem Burzel weiß. Die großen
... ... der Flügel und die ersten Schwungfedern
... en der Wurzel weiß. Der Schnabel ist dunkel
... ... Wurzel röthlich, die Beine braungrau.
... ... ist etwas gefleckt. Der Schwanz hat
... ... Striche und eine solche Spitze. Sie ist
... ... 1 Zoll lang, und weniger größer, als die

f erschnepfe. Otto vermuthet, daß diese E
vielleicht zur gem en Heerschnepfe gehört.

Die Heerschnepfe, Wasserschn
Grasschnepfe, Moosschnepfe, ger
Schnepfe, Sumpfschnepfe, Riedschr
Großschne, e, Bruchschnepfe,
schnepfe, kleine Pfulschnepfe, De
schnepfe, das Schnepfchen, die a
das Wasserhühnchen, die m
die Schnibbe, das
berbock, das Haber chen. Sco
Gallinago, rostro rect berculato, pe
fuscis, fronte lineis fuscis quaternis. G
Linn. Syst. Nat. I., p. 662, n. 7. Sco
sen gallinago minor. Aldrovande. Avi,
III., p. 476, Jonston Avi, p. 110. I
rustica minor. Schwenkfeld Avi siless.
Gallinago, sive rusticula minor. Gess. A
505. Scolopax cinerea minor, rostro
Barrere Ornithol. clas. III. gen. 12. S
Fr. La Becassine ou Becasseau; Engl. Co
Snipe, Suite, Snipe; Jtal. Pizzardella; E
Mall-snaeppa, Wald-snaeppa; Polnisch
Kosielek, Baranek; Türkisch Jelve; Si
Hrossagaukin.

Diese Schnepfe soll mit Recht, nach Bü
den Namen Becassine, kleine Waldschn
führen, und Belon sagt, sie würde auch ein
wenn sie nicht verschiedene Sitten an si
Sie hat, wie die Waldschnepfe, einen sehr
Schnabel, und einen viereckigten Kopf. Das
der ist flammig, nur daß das Rothgelb nicht
darin vermischt ist, und daß das Grauwei
Schwarze darin herrscht. Nach Otto soll
doch an Größe, Farbe, einem längeren Schnab
durch längere Beine genug von der Waldschne

unterscheiden. Ob nun gleich die äußere Aehnlichkeit ziemlich da ist, so ist doch die Lebensart von der
Waldschnepfe ganz verschieden. Die Heerschnepfe
besucht nicht die Gehölze, sondern hält sich an sumpfigten Oertern, auf Wiesen, im Kräuterwerk und
Weidengesträuch, das an Flüssen liegt, auf. Beim
Fliegen erhebt sie sich sehr hoch; allein man hört sie
noch, wenn man sie auch schon aus dem Gesichte verloren
hat. Sie hat ein kleines Ziegengeschrei, mee, mee,
mee, weswegen ihr einige Systematiker, als Klein,
Schwenckfeld, Rzaczynski, den Beinamen
fliegende Ziege gegeben haben; auch mit dem
Wiehern des Pferdes hat ihr Geschrei einige Aehnlichkeit, daher hat sie auch in einigen Sprachen den
Namen Himmelspferd erhalten. Beim Auf-
fliegen stößt sie auch ein kleines kurzes und pfeifendes
Geschrei aus. Sie hat die Größe einer Wachtel,
und wohnt zu keiner Jahreszeit auf den Gebürgen.
Nach Büffon lassen sich die Heerschnepfen im
Herbste sehen, wo man oft drei bis viere beisammen
sieht; am öftersten trifft man sie aber einzeln an, sie
gehen von weitem mit einem sehr geschwinden Fluge
auf, und nach dreien Bogen ziehen sie zwei oder drei
hundert Schritte gerade aus, oder schwingen sich in
die Höhe, so daß man sie aus den Augen verliert.
Der Jäger kann ihren Flug lenken und sie nahe an
sich locken, wenn er ihre Stimme nachmacht. Einige
dieser Schnepfen bleiben den ganzen Winter in
Frankreich, um warme Quellen, und in kleinen
Sümpfen, die nahe an solchen Quellen liegen. Die
Weggezogenen kommen im Frühling in großer Anzahl daselbst zurück, und so auch in dieser Jahreszeit
in die mehrsten Länder, als in die Schweiß, in
Deutschland rc. Man findet ihr Nest in sumpfigten
Wiesen und Morästen, es sitzt auf der Erde unter
einer dicken Elsen- oder Weidenwurzel, wo das Vieh

nicht hinkommen kann.   Es ist von trocknen Kräutern und Federn gemacht, und es enthält vier ode
fünf längliche weißliche Eyer mit rothgelben Flecken.
Die Kleinen verlassen das Nest, wenn sie aus de
Schale kriechen, und sehen häßlich und ungestalte
aus.   Die Mutter sorgt so lange für sie, bis ih
großer allzuweicher Schnabel fester geworden, und
verläßt sie erst, wenn sie sich leicht selbst versorge
können.   Die Nahrung dieser Schnepfe ist ungewiß
man findet in ihrem Magen nur irdische Ueberbleibse
und Feuchtigkeiten, welche wahrscheinlich aufgelöset
Substanzen der Würmer sind, die sie genießt; denn
sie bohrt unaufhörlich in die Erde.   Nach Aldro
vand ist ihre Zunge am Ende wie eine Stange, mi
einer scharfen Spitze versehen, um die Würmer zu
durchbohren, welche sie im Schlamme aufsucht.   Nach
Otto soll sie auch Hafer fressen und davon Hafer-
schnepfe heißen.   Der Kopf bewegt sich bei diese
Schnepfe mit einem horizontalen Hin- und Herwan-
ken, und der Schwanz bewegt sich von oben, nach
unten.   Sie geht Schrittweise, den Kopf in die
Höhe, ohne zu springen, noch hin und her zu fliegen
man findet sie aber selten in dieser Vorfassung; denn
sie hält sich sorgfältig im Schilf und in den Kräutern
morastiger Erde versteckt, wo die Jäger diese Vögel
nur vermittelst einer Art von Raketen auffinden
können, die von leichten Platten gemacht werden,
und breit genug seyn müssen, daß sie nicht in Schlamm
einsinken.   Da nun die Heerschnepfe von weitem
und sehr schnell aufgeht, und dabei mehrere Bogen
macht, ehe sie gerade fliegt, so ist sie sehr schwer zu
schießen.   Man fängt sie daher leichter mit Steck-
schlingen auf ähnliche Art, wie man sie in den Fußsteigen der Gehölze anlegt, um die Waldschnepfen zu
fangen; s. Th. 21, S. 695.

Die Heerschnepfe ist gewöhnlich sehr fett, und ihr

Fett ist von einem feinen Geschmack. Es hat gar
nicht das Widrige des sonstigen Fettes. Man rich=
tet sie wie die Waldschnepfe zu, ohne sie auszuneh=
men; s. weiter unten.

Die Heerschnepfe soll sich, nach den Berichten
mehrerer Reisenden, in mehreren Ländern der
Welt befinden, als sonst irgend ein Vogel; denn sie
ist fast in ganz Europa, Asien und Amerika gemein.

Von dieser Schnepfe soll die **Finnmärkische
Schnepfe,** Scolopax Gallinaria, nach **Müller,**
eine Abart seyn. Sie unterscheidet sich von der vor=
herigen bloß dadurch, daß sie einen geraden höckeri=
gen Schnabel, gelbe Füße, und einen ganz grauen
Kopf hat, und aus Finnland kommt.

Die **kleine stumme Schnepfe, die Heer=
schnepfe, Pudelschnepfe, kleinste Schnepfe,
Halbschnepfe, Mausschnepfe, Rohr=
schnepfe, Haarschnepfe, Wasserschnepfe,
das Wasserhühnchen, der Haarbull, Haar=
pudel.** Scolopax Gallinula, rostro recto tuber-
culato, pedibus virescentibus, loris fuscis, uropygio violaceo-vario. Linn. Syst. Nat. c. Gmelin I. p. 662, n. 8. Fr. La plus petite espece
de becassine. Belon. Nat. des Oiseaux p. 207;
Engl. Jud-cock, Jack-snipe; Dänisch rov-sneppe.

Diese kleine Schnepfe ist nur halb so groß, als
die vorhergehende, daher kommt es, nach **Belon,**
daß die Einkäufer sie zwei für eine nennen. Sie
legt sich im Schilf der Teiche unter trockne Binsen
und Schwertel, das an Wasserufer gefallen ist, und
hält sich daselbst so hartnäckig versteckt, daß man bei=
nahe auf sie treten muß, um sie aufzustoßen, und sie
geht einem, sagt **Büffon,** nur unter den Füßen
heraus, gleich als wenn sie von dem Geräusche nichts
hörte, das man macht, wenn man an sie kommt, da=
her haben die Jäger sie die Taube, la sourde, ge=

nannt. Ihr Flug ist nicht so schnell und nicht so
bogenförmig, als bei der großen Heerschnepfe; ihr
Fleisch soll von einem nicht minder zarten Geschmack
und ihr Fett eben so fein, allein die Eier soll nicht so
zahlreich, oder wenigstens nicht so in verbreitet seyn. Diese kleine Sch verhält-
niß einen nicht so langen
ihr Gefieder ist eben so,
Wiederschein auf dem Rü
chen Pinselstrichen auf den
ten des Rückens liegen,
länglich, sanft wie Seide, un
zum Namen Haarschnepfe
Scopoli nimmt den
der Schnabelwurzel bis
chen an. Die Füße
Schnepfe nistet beina
Sümpfen; ihre Eyer
der großen Heerschnepfe
gesteckt, nur sind sie kleiner
gels, der nicht stärker, als
oft diese kleine Schnepfe für
sten gehalten. Otto besch
zu Büffon's Naturgesch
S. 193, eine kleine Haar
schnepfe, die er in Pom
der Schnabel ist nicht viel
doch zuweilen 2 Zoll lang,
längern Oberkiefers kolbig,
ten, schwarz, aber auf dem
bis zur Mitte gelblich; von Ge
schnepfe, nur zur Hälfte kürzer.
der an der Doppel- und der Heerschn
ist sie durch den breiten schwarzen Streif
längst des Kopfs verschieden, welcher nämlich zwischen
zwei schmälern rostfarbigen weggeht. Von ihm

Eschnabel bis zu den Augen geht, wie bei der Doppelschnepfe, noch ein schwarzer Strich an jeder Seite.

... Scolopax pusilla, ... et pauca albo ..., collo inferiore ... ntibus variis; medio ... andatis; rectricibus ... usq̃ maculatis, latera ...
Gallinago Anglicana ...
... 380. n. 5. Sco ... ... mitre pré ... ... ne et rectricibus ... albo-lineatis.
... p. 663, n. 40.

mit weißen Flammen, und der obere Leib ist mit
schwarz und ein wenig weiß auf einem braunrothen
Grunde gesteckt. Sie hat übrigens die Gestalt und
einerlei Sitten mit der kleinen Schnepfe, Scolopax Gallinula, und ist davon wahrscheinlich nur
eine Abart.

Mit der Heerschnepfe leben folgende
ausländische Vögel verwandt:

1) Die Schnepfe vom Kapsche
Schnepfe, Scolopax Capensis, rostro recto
lineaque verticis rufescentibus, linea pectorali
nigra, linea utrinque dorsali alba. Linn. Syst.
Nat. ed. XII. p. 246. n. 14. Bécassine
du Cap de bonne Espérance, Buff. Oiseaux;
Engl. Cape Snipe. Latham Syn. p. 136.

Sie ist etwas größer, als
hat aber einen weis kürzeren Schnabel
ben ihres Gefieders sind ein wenig
bläuliche Farbe, von kleinen
durchkreuzt, macht den Grund ihres
chen eine weiße von der Schulter bis
gezogene Linie durchläuft; ein kleiner
zel zeichnet den hohen Theil der
Bauch ist weiß, der Kopf wird von
geziert, wovon die eine auf dem
zwei an jeder Seite grau,
die das Auge einfassen, und sich
ken, weiß sind. — Latham
der Capischen Schnepfe olivengrün,
Halse, rostbraunem Scheitel und
Augenbraunen, Schulterfedern und
rothgelb gefleckten Schwungfedern und Schwanz.

2) Die Madagaskarische Schnepfe, Scolopax Capensis, cinereo grisco nigroque undulata, capite colloque rufis, orbitis gula, scapu-
laribus abdomineque albis, fasica pectorali

superciliisque nigris, remigibus caudaque maculis ovatis nigris. Latham Syst. ornith. II, p. 717. n. 10. γ. Fr. la Becassine de Madagascar.

Diese Schnepfe hat eine rothgelbe Farbe, welche über dem Auge von einem weißen Strich durchschnitten wird, über welchem ein schwarzer Strich liegt. Der ████ ███ ██ einen breiten schwarzen Reif; die ██████████ ██ schwärzlich, mit grauer Einfassung ████ ██. ███ ██████gelbliche, Graue und Schwärzli███ ████ ██ ██ügeldecken von kleinen wellenfö███ ███pielenden und enge liegenden Querstreifen durchschnitten, die aus dieser Farbenmischung schön bunt sind, und von drei oder vier Reihen ovaler, hellrothgelber in schwarz eingefaßter Flecken von einander getrennt werden; schwarze und rothgelbe Streifen laufen wechselsweise quer durch die großen Schwungfedern. Der untere Leib ist weiß. Diese Schnepfe hat beinahe 10 Zoll in der Länge.

3) Die Chinesische Schnepfe, die Rebhühnerschnepfe, Scolopax Capensis s. Sinensis; caerulescente fusco rufo nigroque variegata, superciliis linea verticiis, gula abdomineque albis. Latham Syst. ornith. II, p. 717. Fr. la Becassine de la Chine; la Becassine de Madras; Engl. Madras Snipe; Patridge-Snipe.

Diese Schnepfe ist etwas kleiner, als die große Heerschnepfe, jedoch sind die Beine derselben höher; der Schnabel ist beinahe eben so lang; ihr Gefieder ist nicht so dunkel. Auf dem Mantel ist sie mit ziemlich breiten Flecken und mit Wellen besetzt, die graubraun, bläulich, schwarz und hellrothgelb sind. Die Brust ziert eine breite schwarze Binde; der untere Leib ist weiß, der Hals ist grauweiß und röthgelblich gepickelt, und über den Kopf gehen schwarze und weiße Querstriche.

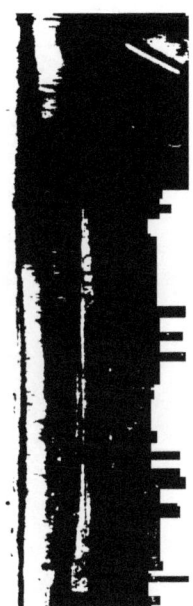

4) Die Schnepfe von Madras, Scol
Maderaspatana, welche zu den Heerschnepf
rechnet wird. Diese Schnepfe ist oben schw
und rothgelb, unten weiß, an der ____ und
am Halse fuchsroth und ____ ____ ____ ____
bunt; oben am ____ ____ ____ ____
braunschwärzliche ____ ____
Länge nach zwei bra____
Brust ist eine schw____
federn und zwölf ____
gelb und graubun____
Der Schnabel fällt in ____

5) Die weiße Ind____ ____
Indianische Schw____
grisea-fusco undulata,
Indo, collo subtus str____
que subtus griseis, ro____
Latham Syst. ornithol. II.
la Becassine blanche de____
Indian Snipe.

Dieser Vogel ist etwas ____ ____
päische Heerschnepfe. Der ____ ____
bel mit sehr lichtem Erdgrau____ ____
obern Wirbel des Schna____ ____
grauer Streif, der von ____ ____
und sich fast bis hinter ____ ____ ____
unter dem Auge hebt ____ ____ Streif
eben dieser Farbe an, ____ ____ fast bis
ter den Kopf. Die ____ ____ weiß; der Hals
die Brust sind schmutzigweiß, mit erdgrauen Fle
und länglichten Streifen bezeichnet. Der Rü
der Steiß, die kleinen Flügelfedern, die kür
Schwungfedern der Flügel und die des Schwan
sind erdgrau, mit dunkelbraunen wellenförm
Querstreifen durchschnitten. Die kleinen Fl
federn sind auf der äußern Seite beinahe weiß,

Schwungfedern dunkelerdgrau, der Bauch und die
untere Bedeckung des Schwanzes sind weiß; die
Seiten am Bauche von eben dieser Farbe, mit lichten erdgrauen Querstreifen; der Schnabel und di
Füße sind schwarz.

Die Uferschnepfe, Straubschnepfe, Totanus, Limosa, Barge; Fr. la Barge. Linné
und Latham rechnen diesen Vogel zu den Schnepfen, und ihnen sind auch die meisten neueren Naturforscher gefolgt. Büffon sagt: die Uferschne-
pfen machen unter den Sumpfvögeln eine kleine Familie aus, und stehen unmittelbar unter der Waldschnepfe; denn sie haben dieselbe Leibesbildung, nur
höhere Beine und einen noch längeren Schnabel, obgleich eben so gebildet, mit einer stumpfen und platten Spitze, gerade oder ein wenig gebogen, und
leicht erhaben.   Diese Schnepfen leben nur von
Würmern, die sie aus dem Schlamme holen.   Man
findet in ihrem Magen durchsichtigen Kies.   Ihre
Stimme vergleicht Belon mit dem Geblöke einer
Ziege.   Dieser Schriftsteller sagt: „Die Uferschnepfe ist argwöhnisch, und läßt den Menschen
nicht nahe an sich kommen; trifft es sich bisweilen,
daß sie zu Furcht aufgeht, so fängt sie an ein Geschrei auszustoßen, welches dem Blöken der Böcke
und Ziegen gleicht, wenn sie den Schlund voll haben.“ — Ueberhaupt sind diese Vögel unruhig,
gehen von weitem auf, und stoßen im Auffliegen ein
Geschrei des Schreckes aus.   In vom Meere entfernt liegenden Gegenden sind sie selten, und ein besonders Behagen finden sie an salzigten Sümpfen.
An den Küsten Frankreichs, insbesondere an den
Küsten der Picardie haben sie im September ihren
regelmäßigen Zug; man gewahrt sie daselbst Haufenweise, und hört sie des Abends im Mondscheine
sehr hoch vorbeiziehen.   Die mehrsten fallen auf die

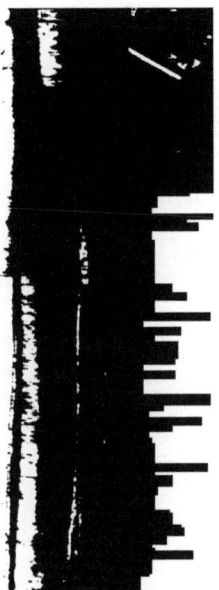

oft keine einzige mehr in den ███████, wo f
Tag vorher in sehr großen ██████ waren.
Baillon nisten sie nicht an ███ Küsten ?
reichs. Ihr Fleisch ist zart ███ gut zu
Büffon führt acht Arten ███ Vögelgesch
an:

1) Die gemeine Uferschnepfe, Scol
Limosa, rostro laevi, pedibus fuscis remi;
macula alba, quatuor primis immaculatis
mosa. Linn. Syst. Nat. ed. X. ███ 77. ?
10. Barge gallorum. Aldrovando avi tom
pag. 434. t. 436. Fedoa secunda, quae
dem cum totano Aldrovando. ███
Ornithol. p. 219, 243, 53. ██. la Barge,
lon.

Das Gefieder dieser Uferschnepfe ist ███
grau, Stirn und Kehle ███████, welche
gelblich sind; der Bauch und ███ Wurzel sind ?
die großen Schwungfedern ███ auswendig sch
lich, inwendig weißlich; ███████ Schwa
dern und die großen Deckfedern haben viel W
Der Schwanz ist schwärzlich und am Ende ?
die beiden äußersten Federn sind weiß, und
Schnabel ist an der Spitze weiß und in seiner ?l
die vier Zoll beträgt, röthlich. Die Füße mit
bloßen Theile der Beine sind 4 1/2 Zoll. Die ?
Länge von der Schnabelspitze bis zum Ende
Schwanzes beträgt 16 Zoll und bis an das ?
der Zehe 18 Zoll.

2) Die bellende Uferschnepfe, Scol
Totanus, rostro sub recto, pedibus fuscis

perciliis pectore, abdomine uropygioque albis.
Linn. Syst. Nat. XII. 1 p. 245 n. 12. Gmelin Linn. Syst. Nat. I. p. 665. n. 12. Glareola, barker Albini. Klein, Avi p. 102,
n. 12. Fr. le petit corlieu ou aboyeur des
Anglois, la grande Barge aboyeuse, la Barge
grise.

Otto ſagt, in den Anmerkungen zu Büffons Naturgeſchichte der Vögel, Bd. 26, S. 221.
,,Die Verwirrung bei dieſen ſchwer zu beſtimmenden
Vögeln. wächſt beinahe mit jedem Schriftſteller.
Pennant und Gmelin haben Büffons bellende
Uferſchnepfe bei Linné's Scolopax aegocephala
angeführt, und der erſt genannte Schriftſteller hat
in der arctiſchen Zoologie bei ſeiner gefleckten Pfulſchnepfe, Linné's Scolopax Totanus angeführt ꝛc. Das Geſchrei dieſes Vogels
gleicht wahrſcheinlich einem Gebell, weil er bei den
Engländern den Namen eines Bellers (barker)
bekommen hat; der Name graue Uferſchnepfe
unterſcheidet ſie nicht genau von der erſten Art, die
auch grau iſt, und noch einförmiger, als dieſe, deren
Mantel braungrau und um jeder Feder mit weißlichen
Franzen beſetzt iſt. Die Ruderfedern ſind mit weißen und ſchwärzlichen Querſtreifen verſehen. Dieſe
Uferſchnepfe unterſcheidet ſich von der erſten auch
durch die Größe; ſie hat von der Schnabelſpitze bis
zu dem Ende der Zehe nur vierzehn Zoll. Sie
bewohnt die Sümpfe der Meerküſten von Europa,
ſowohl des großen Weltmeeres, als des Mittelländi-
ſchen. Man findet ſie in Salzſümpfen, und ſie iſt,
wie die andern Uferſchnepfen, furchtſam, geht von
weitem auf, und ſucht ihre Nahrung auch nur zur
Nachtzeit.

Otto beſchreibt eine graue Uferſchnepfe oder
Pfeifſchnepfe, die er im Jahre 1789 zu Frank-

statt an der Oder geschossen, wie folgt, seyn
Diese Schnepfe wog 10 1/2 Loth, die Flügel-
tung betrug 1 Fuß 11 Zoll Rheinländisch; die
von der Spitze des S.... das Ende
mittlern Zehen ..... Länge
das Ende des Schie.....
bis zur Stirn .....
Zoll; die Stirn .....
hats 1 1/2 Zoll .... Au...
.... 1 1/2 Zoll
Zoll; die Spitze des Flügels der .....
reicht bis zum Ursprung des mittlern Flügels;
hinterste Flügel reicht mit dem Zehen bis zu
Fußsohle. Das erste Glied von .... äußersten un
dem mittelsten Zehen ist .... Schwimmhaut verbunden. .... die Spitze
ein wenig in die Höhe .....
hat keinen Nagel .....
hat. Der S..... .....
breit, oder .... gedrückt; .... die
die länglich.... ist ungefähr ....
lang, und reicht .... Hälfte der ....
welcher bis .... an der ....
schwarz ist. Die Beine .... sind halb nackt, und
wie die Dünndärme und .... gelblichgrau oder ins
nahe olivengrüne. Die .... sind klein und ....
fast dreieckig, am innern Rande schneidend; Die
Iris ist schwärzlich. Die Farbe des .... ist
oben und unter dem Halse braun mit weißlichen ....
über; übrigens unten am Leibe schön weiß; .... die
Flügen liegen in einem weißen Streif, der ....
Schnabel auf der Stirn bis dicht hinter ....
geht. Kopf und Hals sind schwärzlichbraun
weißgrau gestreift, indem jede schwärzlichbraun
der weißgraue Ränder hat. Die Rücken-
gedecken sind schwärzlichbraun mit schmalen ....

weißen Rändern. Hebt man die Rückendecken auf,
so ist der ganze Rücken, die Seite und der Bürzel
schneeweiß, wie die Brust, der Bauch, der Steiß,
die Lenden, die unteren Schwanzdecken und die
Kehle. Der Hals ist unten der Länge nach weiß
mit wenigen grauen feinen Strichen. Die Flügel
sind wie bei andern Schnepfen, gleichsam dreilappig,
indem die vordern Schwungfedern den längsten Lappen, die Schwungfedern der zweiten Ordnung, welche nach dem Leibe zu länger werden, den zweiten,
und die Seiten- und Rückendecken den dritten Lappen bilden; unter dem letztern sind die langen Federn
wie bei andern Schnepfen. Die Schwungfedern
der ersten Ordnung sind oben schwarz, und nur an
der Spitze etwas heller; die erste hat einen weißen
Schaft; die Schwungfedern der zweiten Ordnung
sind ebenfalls schwarz; die langen nach dem Leibe
zu haben aber weiße und gleichsam gelblich gezackte
Ränder; die Decken der zweiten Schwungfedern
sind ebenfalls weißlich gerändert. Ueber den Flügeln sind die Schwungfedern dunkelaschgrau, und
ihre Decken weiß mit aschgrauen und schwärzlichen
gezackten Bögen. Die zwölf Schwanzfedern reichen nicht völlig bis zur Spitze der anliegenden Flügel, und die mittelsten sind etwas länger und spitziger, als die äußeren, die fast ganz weiß sind, das
mehrste an den mittelsten oder mittleren ist auch
ganz weiß. Die spitze Zunge reicht nicht weiter,
als die Mitte des Schnabels. Dieser Schriftsteller
beschreibt auch noch eine zweite Art, welche die
Größe eines Brachvogels hat, und mit der gelbbei-
nigen Uferschnepfe übereinkommt; s. diese.

3) Die bunte Uferschnepfe, die große
graue Pfulschnepfe, die Regenschnepfe,
das Grünbein, das Meerhuhn, Scolopax
glottis, rostro recto, basi inferiori, rubro, pe-

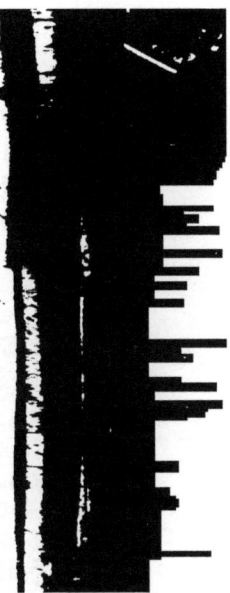

dibus virescentibus. Linn. Syst. nat. ed. X.
Gen. 77. Sp. 9. Fr. la Barge variée; Engl.
Greenshank.

Das ganze Gefieder dieser Uferschnepfe ist wie bei
der bellenden, weißbunt, welche Farbe die graubrau-
nen Mantelfarben einfaßt und sie mit Franzen besetzt. Der Schwanz ist gleichfalls gestreift, und der
untere Leib ist weiß.

4) Die schwimmende Uferschnepfe, Scolopax natans. Sie ist beinahe so groß, als der
Kibitz, Tringa Vanellus, der Schnabel ist aber
doppelt so lang, als der Kopf, platt, pfriemenförmig,
schwarz, der unterste Kinnbacken bis zur Hälfte
roth, die Füße gelbroth, länger als der Rumpf, und
haben schwarze Nägel. Die Kopfplatte, der Rücken
des Halses, und der obere Theil des Rückens sind
aschgrau; die ersten Schwungfedern schwarz, und
die erste hat einen weißen Schaft; die innern
Schwungfedern sind schwarzgrau, mit weißen dreieckigen Flecken gleichsam besäet, und unten, wie die
Schwanzfedern, mit Querstreifen versehen. Der
Streif über jedem Auge vom Schnabel an, die Kehle,
unter der Hals, die Brust, der Bauch, der Steiß
und die Augenlieder sind weiß. In diesem Weißen
sind ein aschgrauer Streif vom Schnabel durch die
Augen, aschgraue häufige Flecken an der Mitte des
Halses, wenige an dem Bauche und an den Backen.
Diese Schnepfe kann mit ihren kurzen Füßen in
ziemlich tiefem Wasser gehen. Die hier beschriebene
wurde aber schwimmend geschossen.

5) Die fuchsrothe Uferschnepfe, das
rothbrüstige Wasserhuhn, das rothge-
brüstete Haselhuhn, die rothe Pfui-
schnepfe, die Lappländische Schnepfe,
Scolopax Lapponica, rostro subrecurvato fla-
vescente pedibusque nigris, subtus tota rufo-

ferruginea. Linn. Syst. Nat. ed. XII. p. 266.
n. 15; ed. Gmelin pag. 667. n. 15. Fr. la
Barge rousse.

Nach Büffon hat diese Schnepfe beinahe die
Größe der bellenden; Vorderkiel und Hals sind
schön rothgelb, die Manteffedern braun und schwärzlich, und mit feinen weißen und rothgelblichen Franzen besetzt; der Schwanz ist mit rothgelblichen und
braunen Querstreifen besetzt. Nach Linne ist der
Schnabel an der Schnepfe etwas aufgebogen, gelb-
..., die ..., der Leib unterhalb ganz rost-
... Diese Schnepfe findet sich an den Küsten
... auch im Norden bis nach Lappland, in
... Aus der Hudsonsbay wurde sie nach
... geschickt. Büffon macht hieraus den
... hier stehe es vielmehr als ein Beispiel mehr
..., daß die am Wasser lebenden Vögel den nördlichen Ländern in beiden Welten gemein sind. Otto
... Schnepfe mit verschiedenen Spielarten in
...; auch sollen sie im Frühjahr an
... Meere erscheinen.

...furschnepfe, Tringa gro-
... kommt an Größe,
..., dem Kiebitz nahe.
... mit seinen grauschwar-
... Der Schnabel ist etwas
... Rheinländische Zoll lang,
... schwarz. Bauch und
... schen Rändern; Rük-
... und hellrostbraun
... über dunkelbraun und
... Ecke aus der breitesten rostbraun, an den
Flügeln haben sie weißliche Flecken. Die Schwungfedern sind schwärzlichbraun mit weißen Schäften;
die erste bis vierte sind ungefleckt, die folgenden aber
weiß gerändert. Die äußersten Seitenfedern im

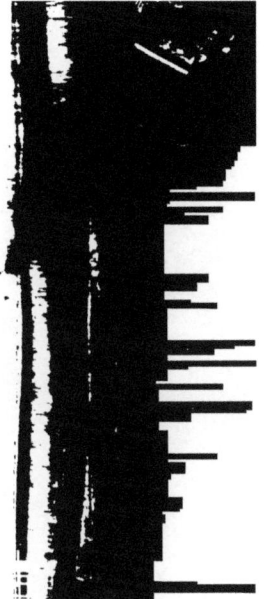

der rothe Griſtfaf, Scol... ...
var. A. Gmelin Linn. Syst. ...
Barge, seu aegocephalus Baleus...
Ornithol. p. 215; st. la gr...
Dieſe Schnepfe iſt größer, al...
ſchnepfe, hat aber nur eine...
rothgelbliche Kanten an den
federn. Bruſt und Bauch...
weißen Grunde mit ſch...
ſehen. Die Länge b...
Schnabel bis zu dem...
Schnepfe lebt, wie die...
aber abgeſondert von...
tung jedoch nur an...
gemacht worden.

Die Hudſoni...
pfe, das lange...
das größte Amerikaniſche Waſſe...
das rothe Amerikaniſche Bergſch...
rothe Waldſchnepfe, Scolopax Fedoa...
roſtro arcuato, pedibus fuscis, remigi...

cundariis rufis nigro punctatis. Linn. Syst.
Nat. XII. 1. p. 242. ... la Barge
... la Baie d'Hudsod. Engl. Great
... American ... curlew
... Die Schnepfe hat zwar
...
...
...
... Sie hat 16 Zoll von
... bis zum Ende des Schwanzes,
... Zoll. Der Schna-
... Einst schwarz.
... bisweilen derselben hat
... mit schwarzen Quer-
... Schwungfedern sind schwärz-
... haben Querstreifen von
... Farbe. Die sehr langen, bis
... nackten Beine sind nach Pen-

... terschnepfe, der ge-
Scolopax fusca, rostro api-
... nigro albo-nebuloso,
... albis. Linn. Syst.
... p. 3. N. la Barge
... Sie hat den Wuchs
...schnepfe, einen dunkelbraunen
...grund, durch kleine weiße
... die Hals- und Rückenfedern
... sie angenehm schattirt
..., die mittlern Schwung-
... sind gleichfalls am Rande
... mit solchen Düpfeln ver-
... Schwungfedern gegen auswendig

nur ein einförmiges Braun, und die Rückenfedern
sind braun und weiß gestreift, der Bürzel ist weiß.
Nach Brisson ist diese Schnepfe etwas größer,
als die graue Uferschnepfe. 11 1/4 Zoll lang, der
Schnabel 2 1/3 Zoll, der Schwanz 2 2/3 Zoll, der
nackte Theil der Dickbeine weiß, ... der mittlere
Zehe 15/12 Zoll; der äußern 13 ...... der innern
14 Linien; der hintere ..... Zoll ...... die .....
ausbreitung 17/12 Fuß und ...
bei ist schwarz, außer der weiß.....
teckfedern. Der nackte Theil....
Dünnbeine und die Nägel....
Sie lebt an dem Wasser ....
nach Rußland und ....
ser Vogel von Nah.....
worden. ......

Die weiße Uferschne.....
Schnepf, die weiße Schne....
der weiße Strandläufer ...
selhuhn, die weiße Avocet...
alba, tota alba, tectricibus ....
fuscescentibus, rostro auran...
Gmelin Linn. Syst. Nat. ....
Fr. la Barge blanche; ....
White godwit, from ....
Schnabel dieser Uferschnepfe ....
wie der Schnabel der Avoce...
schwarz und in seiner übrigen....
Das ganze Gefieder ist weiß....
großen Schwung- und Ruder....
Nach Edward's soll das w....
Kleidung dieser Vögel an der ....
im Sommer sollen sie ihre ....
bekommen.

Die Steinschnepfe, Scol.....
corpore maculis, uropygio ....

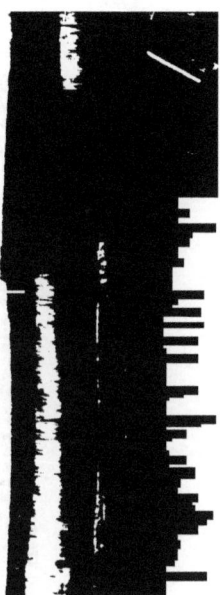

[illegible] albis [illegible] nigri- [illegible] pedibus [illegible] Latham. Syst. ornith. [illegible] Snipe. Der [illegible] Hals [illegible] und [illegible] Die [illegible] dunkelbraun [illegible] und weissen Rändern; [illegible] lang und gelb. Diese [illegible] so groß, als die Herr[illegible] sie auf den Sandbänken in [illegible] der [illegible] von [illegible] mit dem Kopfe.

[illegible] Schwimmschnepfe, Scolopax semi[illegible], nigro maculata, supra cinerea, sub[illegible] remigibus primoribus fascia, secun[illegible] [illegible]que extimis solo albis. Latham. Syst. ornith. II. p. 722. n. 27. Engl. Semipalmated Snipe.

Der dunkelbraune Schnabel dieser Schnepfe ist 2 Zoll lang, Kopf und Hals sind schwarz und weiß gestreift; die Brust ist weiß, mit runden braunen Flecken; der Bauch und die Seiten sind weiß, letztere haben braune Querstreifen; der Rücken und die Deckfedern der Flügel sind aschgrau, mit großen pfeilförmigen schwarzen Flecken. Die vordern Schwungfedern sind dunkelbraun, mit einem weißen Querstreifen; die hintern Schwungfedern sind weiß; die mittleren Schwanzfedern sind aschgrau, schwarz gestreift; die äußersten weiß; die Beine dunkelbraun; die Zehe bis zur Hälfte durch eine Schwimmhaut verbunden. Ihre Länge beträgt 14 Zoll. Das Vaterland ist Newyork.

Die Niederländische Schnepfe, Scolopax Belgica, rostro rectissimo apice nigro, capite collo et pectore ferrugineis, abdomine albo,

dorso, alis, cauda, pedibusque nigris.
Linn. Syst. Nat. I. p. 667. n. 39.
Schnepfe hält sich in den Niederlanden auf
Der Schnabel ist ... an der
schwarz; Kopf, Hals ... Kehle
Bauch weiß, der ... ...
und die Beine sind ... ...
Erdinsekten.

Die purpurschnäblige, ...
purpurfarbige Schnepfe, ...
rostro recto purpureo, pedibus ...
pite cinereo, remigibus ex atro griseis.
Linn. Syst. Nat. I. p. 663. ...
Gmelin überwintert diese Schnepfe ...
Der Schnabel ist purpurfarbig, ...
länger, als die Länge des Kopfes. ...
länglich, mit dem Halse gleich ... ...
aschgrau. Die Federn sind in der Mitte
grau, worunter einige oberfarbige sind, ...
aschgraue, die kastanienfarbene Spitzen und ...
haben. Der vordere Hals gleicht dem Kopf
untere, so wie der Rücken sind schwarz, ...
Federn sind alle kastanienfarbig, und ...
Der ganze Unterleib ist aschgrau, und die ...
dem hintern Theile desselben dunkelgelb. ...
gend um den Alter und die Schenkelbeinfede
len von der dunkelgrauen in eine erhöhete Kas
farbe. Die Gegend unter den Flügeln ist ...
mit untermischten weißen und gelben Federn
Augengegend weiß, der Regenbogen safran
und die Stern bläulich. Der Schwanz besteht
zwölf ganz kurzen, schwärzlichen Regierfedern,
einige kastanienfarbene Endungen haben. D...
gel hält sich stets an dem Gestade des Kas
Meeres auf.

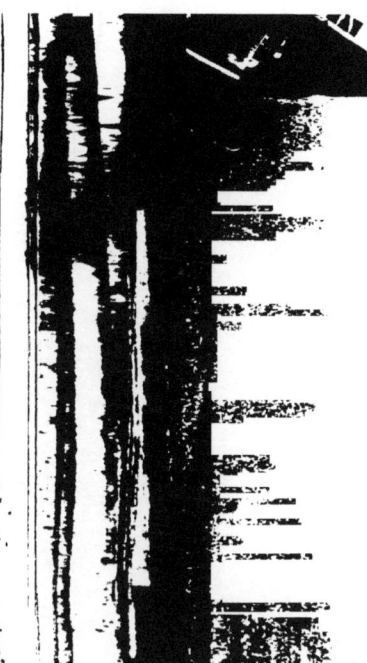

in Supplement.

Die Zubereitung oder Schnepfen in der Kochkunst. Die Schnepfen werden in der Kochkunst auf verschiedene Weise zubereitet, von ...

... Gedämpfte Schnepfen ...

... man die Gebräte ...

... Leber und Gekröse ...
... werden sie ausgenommen, mit ...
... und auswendig gerieben, ...
... legt; Wein darüber gegossen, und ...
... dämpfen lassen. Wenn ...
... Krumen von schwarzem Brode ...
Brühe, worin die Schnepfen gelegen ...
und rührt es wohl durcheinander ...
zu dick seyn sollte, kann man ...
oder Citronensaft daran ... ...
die Brühe mit Salz, ...
tenblüthe. Man gießt es ... ...
die Schnepfen liegen, und ...
dämpfen, hernach angerichtet und ...
tenen Citronenschalen bestreut. ...

Schnepfen auf Burgunder ... gerichten. Man schneidet die Schnepfen ...
sie vorher gut präparirt werden, ...
thut das Eingeweide heraus. Man thut sie ...
mit Kälbermilch, Champignons und Trüffeln, welche ...
in Butter, besser Schmalz, gesäet worden, in eine
Kasserolle, gießt eine Rindfleischbrühe herum, wirft
Alles gehörig, thut dann noch einige Gläser Wein
hinzu, und läßt das Ragout wohl kochen. Wenn
es gekocht hat, verdickt man die Sauce mit dem
Eingeweide der Schnepfen, welches darein geschlagen
wird, und wenn es gar geworden, wird das Ragout

wohl abgefettet, in einer Schüssel angerichtet, und mit dem Safte von einer Citrone aufgetragen.

Schnepfen mit Coulis. Wenn die Schnepfen sauber gerupft worden, müssen sie eingenommen, fein gespickt, und mit einem Faden umwunden werden, damit sie nicht aneinander fallen. Hierauf legt man einige Speck- und Kalbfleischscheiben in eine Kasserolle, die geschickten Schnepfen darauf, auch Zwiebeln und Gewürz, läßt Alles verdeckt auf gelindem Kohlenfeuer in seinem eigenen Safte schwitzen, und gießt zuletzt ein wenig Fleischbrühe, oder, in Ermangelung derselben, ein wenig siedendes Wasser daran, und kocht es damit durch. Man nimmt hierauf die Schnepfen heraus, macht an die Brühe ein wenig braunes Mehl, und was aus den Schnepfen genommen worden, drückt man fein und thut es gleichfalls hinein. Jetzt wird das Coulis durchgekocht und durchgestrichen, die Schnepfen wieder hinein gelegt, und bis zum Anrichten warm gehalten.

Schnepfenragout. Man schneidet die gereinigten und in der Speck und halb Fleischbrühe gedämpften Schnepfen in zwei Theile, röstet hierauf ein wenig Mehl zur Brühe braun, legt die geschnittenen Schnepfen sammt Kopf, rührt die gehackte Leber, und was sonst vom Schnepfenweiß gebraucht wird, unter das wenige Mehl, richtet es über die Schnepfen an, und gießt, dann den Wein und die Fleischbrühe, worin sie zuvor gesotten worden, wieder darüber. Man würzt es nun mit Muskatenblüthe, Pfeffer, Gewürznelken und Salz, thut einige Champignons dazu, und läßt alles zusammen aufsieden.

Schnepfen auf Französische Art zuzubereiten, oder gebackene Schnepfen mit einem Französischen Ragout. Die Schnepfen werden feingespickt und an einem Spieße gebraten; sie müssen aber auf kleine Spieße gesteckt

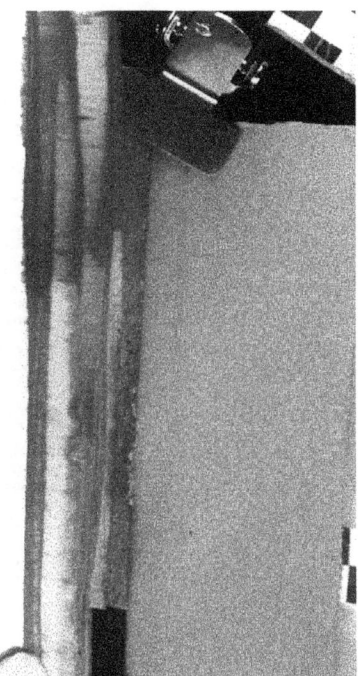

und an einen Spieß festgebunden werden. Man
macht nun etwas Schinkencoulis, mit ein wenig in
Scheiben oder Würfel geschnittener Aria, abgeschälten
Oliven, Champignons und in Würfel geschnittenen
Artischockenstielen, kocht es durch, jagt es mit ein
wenig Butter ab, schavit es mit Citronensaft und
giebt es über die Schnepfen. — Auch auf folgende
Weise. Man macht etwas braunes Mehl mit vielen Zwiebeln, etwas Kruste von grobem Rockenbrod,
einigen dünnen Schinkenscheiben, und läßt solches
gehörig durchschwitzen. Dann gieße man gute Brühe
darauf und läßt es eine halbe Stunde damit kochen,
hierauf durchgestrichen, gehackte Petersilie, abgeschälte Oliven und Muskatennuß daran gethan, wieder ein wenig gekocht, jagst mit klein geschnittener
Aria und einem Stückchen frischer Butter ablegst,
die gebratenen Schnepfen angerichtet, und die Sauce
darüber gegeben.

Gebratene Schnepfen. Die Schnepfen
werden gerupft, gehörig von allen Federn gesäubert
und gesengt. Dann ziehe man die Kopfhaut herunter, werfe auch den Untertheil des Schnabels und
die Gurgel fort, und nehme die Schnepfe aus. Diese
Gegenstände werde, außer dem Magen, nicht wegge-
worfen. Der lange Schnabel vertritt die Stelle
des Speilers, der durch die Keulen gestochen wird.
Sobald die Schnepfen auf diese Weise präparirt
worden, legt man auf die Brust ein Paar Wein-
blätter und über diese Speckbarden. Man steckt sie
dann an ein kleines Spieß so auf, daß der Braten
nicht unansehnlich wird, und bratet sie bei langsamen
Feuer. Man röste Mundbrod, lege es unter den
Braten, damit das Innere der Schnepfe darauf läuft,
welches dann Schnepfenbrod genannt wird. Man
thut aber besser, wenn man die Därme aus dem Vogel zieht, sie mit ein wenig Butter hackt, auf geröstete

Semmel streicht, und sie gratiniren läßt. Man lege nun diese Croutons, wenn der Braten angerichtet werden, auf die Schüssel, und die Schnepfen darauf. Ueber diesen Braten giebt man keine Jus, begließe ihn aber sorgfältig mit Butter. Man bratet alle Schnepfen auf diese Weise.

Schnepfen à la Regia. Die kleinen Schnepfen müssen gut gereinigt und ausgelöset werden, damit die Brustfilets nicht zerschnitten werden; der Kopf bleibe aber an Hals. Man spicke nun die Brustfilets der Schnepfen innerhalb, auf die auswendige Seite legt man geschnittene Trüffeln und nähet es zu, damit die Schnepfen ihr voriges Ansehen wieder erhalten. Die Beine werden wieder an ihren Ort eingesteckt, so auch der Hals. Auf den Kopf steckt man einen Crouton von Trüffeln, gleich einem Hahnenkamm, und den Schnabel durch die Schnepfe. Man schneide nun 3 bis 4 Stück weiße Zwiebeln mit 1/4 Pfund Schinken und 1/2 Pfund Butter, lege die Schnepfen darauf, thue etwas Salz und Gewürze, decke Papier darüber, und lasse es, ohne Flüssigkeiten daran zu thun, gar werden. Vor dem Anrichten nimm man den Zwirn heraus und glacire die Schnepfen in ihre Glace mit Krebsbutter. Man nehme das Fett von den Zwiebeln, versehe diesen Fond mit 1/2 Kanne Madera und 2 Löffeln weißen Coulis, und lasse es so weit einkochen, damit es Sauce genug wird. Man streiche es gleich einem Péré durch, schärfe es mit dem Safte von einer Citrone ab, richte es auf einer Schüssel an, und thue die Schnepfen mit der Glace darauf. Zwischen jede Schnepfe lege man einen großen Crouton, mit der Farce von den Lebern, den Gedärmen, Sardellen und Parmesankäse.

Salmi von Schnepfen. Man schneide die gebratenen Schnepfen, wenn sie noch warm sind, in

Gekröſ, mache von dem Abfall ein Coulis mit einem Paar Spalten Rocambolle, einem halben Schoppen weißen Wein und [illegible], welche das Coulis etwas [illegible] [illegible] oder drei Citronen [illegible] [illegible] im Tuch, gebe es zu [illegible] laſſe es zuſammen [illegible] warm an.

Schnepfen [illegible]
Wenn die Schn[illegible] ſpicke man ſie mit [illegible] Speck, lege ſie in [illegible] werden. [illegible] lege ſie in [illegible] einer Kaſſerolle mit [illegible] ſtreue ein wenig [illegible] ſo auch eine [illegible] ſchals und [illegible] chen. Dann [illegible] dazu, nebſt etwas [illegible] und laſſe es zuſam[illegible]

Kalte Schne[illegible] Die Schnepfen aller Gattungen [illegible] flammirt, [illegible] der Rücken lang [illegible] Man mache [illegible] eine Farce von [illegible] folgende Weiſe: 6

lege auf jede Schnepfe eine Citronenschribe, welche
vorher abgeschält worden, etwas Mousserous dazwischen, bedecke sie mit Teig, und faciontre sie dann gut.
Diese Pastete muß zwei Stunden im Ofen gebacken
und kalt mit Consommé garnirt werden.

Schnepfenpastete auf Französische Art.
Eine Pastete wird auf 3 Zoll hoch gestellt, die Brust
der Schnepfen wird gut geklopft, mit mittelmäßigem
Speck gespickt, hineingeschlagen, und dann die Pastete
noch mit zerstoßenem Speck, Salz, Pfeffer, einem
Lorbeerblatt, kleinen Zwiebeln oder Schaloten, Trüffeln, Champignons und ein wenig Citrone ausgefüttert. Man macht einen Deckel aus demselben Teige darüber, streicht die Pastete an, läßt sie zwei Stunden
im Ofen backen, und wenn sie gar ist, thut man Citronensaft daran.

Schnepfenpastete auf Wiener Art. Aus
den sauber gerupften und abgesengten Schnepfen
nimmt man das Eingeweide, hackt es klein, steckt
hierauf die Füße in die Schnepfe ein, und läßt sie
in einer Casserolle, mit Butter belege, anlaufen, damit sie schön weiß werden. Hierauf eingesalzen,
Citronensaft darauf gedrückt, den gehackten Schne-
pfenschwanz in Butter geröstet, und Semmelkrumen,
Milchrahm, grüne Petersilie und feines Gewürz dazu
gethan. Man nimmt gebähete Semmelschnitte und
weicht sie in Milch, wenn dieß geschehen, kann man
feines Mehl, Butter und Schmalz mit einem Nu-
delwälger gut untereinander arbeiten, drei ganze Eyer
und von sechsen das Gelbe, Wein und Wasser nehmen, den Teig recht fest anmachen, ihn, wie gewöhnlich, ausbreiten, die Semmelschnitte mit halbem Theile,
den Schnepfendreck darauf streichen, die Schnepfen
darauf legen und die Form der Pastete drei oder viereckig machen.

Schnepfentorte. Die Schnepfen müssen

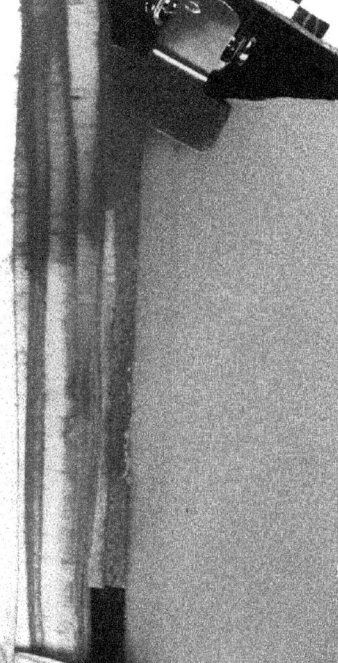

vorher gerupft, ausgenommen und das Eingeweide
derselben besonders gethan werden. Man spickt sie
nun mit gewürztem Mittelspeck, löset die Krusen und
Flügel ab, und schneidet das Gerippe von einander.
Hierauf wird das .... Speck
ein wenig Hochwild ....
.... wein, und ge..............................
danm ein Dermelstern ....
gestoßene Eingeweide und ....
feinem Gewürz und gut...............................
auf den Boden gethan, man...........................
die geschnittenen Schne.............................
oben, so wie man gut ....
und Speckstreifen be................................
Butter belegt. Hie..................................
nem Boden von ....
rundherum zierlich ....
Ey bestrichen, und ....
nochstehendes Coulis ....
eine Schnepfe, lasse ....
ten, ziehe sie dann ab..............................
auf lege man den Bo.................................
Pfund Kalbfleisch und...............................
cher in Scheiben geschni............................
Stücke gelbe Rüben und..............................
in Scheiben geschnitten.............................
Castrolle, und lasse es.............................
zen. Wenn es angeb.................................
schmelzner Speck mit so............................. man füh-
schen drei bis vier Finger h............. dazu gethan,
umgerührt, hierauf mit Sal........... und halb Brühe
angefeuchtet, mit einigen Thy............lein, ein wenig
Petersilie, einer kleinen ganzen ....bel, zwei oder
drei Semmelrinden, und ein wenig feinen Kräutern
gewürze, und bei gelindem Feuer langsam gekocht.
Wenn es gar ist, nimmt man die Kalbfleischscheiben

heraus, zerläßt darein die gestoßenen Schnepfen, schlägt es durch ein Haartuch, thut das Durchgeschlagene in eine Casserolle, und hält es warm. Nachdem nun die Torte im Ofen gar gebacken worden, wird sie herausgenommen, in eine Schüssel gesetzt, solche geöffnet, von den Kalbsfleischscheiben und Speckstreifen befreit, abgewischt, das Coulis, welches einen guten Geschmack haben und nicht zu dick seyn muß, in die Torte geschüttet, sie wieder zugedeckt, und zu einem Gerichte warm angerichtet.

Schnepfensauce. Wenn die Schnepfen gar gebraten worden, werden sie vom Spieße genommen, das Eingeweide und die Leber herausgethan, solches in eine Casserolle gelegt, mit Pfeffer und Salz gewürzt. Hernach ein wenig rothen Wein daran gegossen, und wenn solches geschehen, die Schnepfen in die Sauce geschnitten. Wenn solche nicht dicklich genug seyn sollte, kann man noch zwei bis drei Löffel voll Coulis, von Kalbfleisch und Schinken daran thun, es zusammen warm werden lassen, und es versüchet, ob es einen guten Geschmack hat; dann drücke man den Saft von zwei Pomeranzen daran, und richtet es warm an.

Auf Art des Schnepfendrecks. Hiervon ist schon oben, unter gebratenen Schnepfen oder Schnepfen zu braten etwas vorgekommen. Am besten geschieht dies, wenn man die Schnepfen gut mit Zimmt und Gewürznägelein bestreut, die Semmelschnitte vorher in gutem Wein weichen läßt, auch etwas davon an die Brühe gießt und es dann der Schnepfe unterlegt. Auf dieselbe Weise, wie die Zubereitungen der Waldschnepfen hier angeführet worden, werden auch die übrigen Schnepfen in der Kochkunst bereitet; jedoch kommt am häufigsten nur die Waldschnepfe und die Wasserschnepfe darin vor.

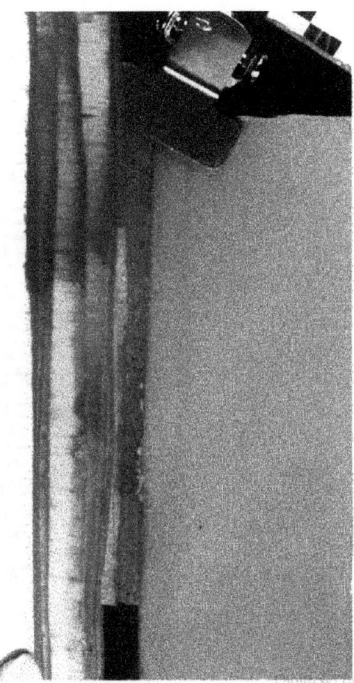

Schnepfe (aschgraue), Scolopax canescens, eine von Pennant angeführte Uferschnepfe.

— (bellende Ufer-), Scolopax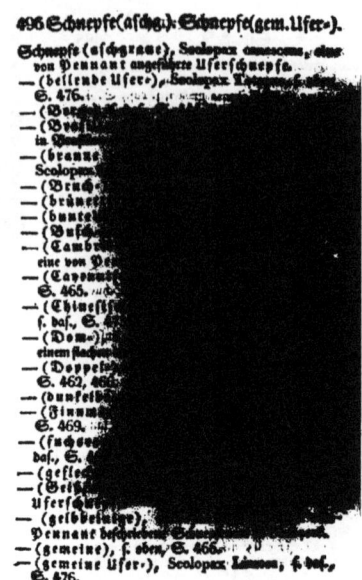
S. 476.

— (Berg

— (Brach
in Deu

— (braune
Scolopax

— (Bruch

— (brünet

— (bunte

— (Busch

— (Cambr
eine von Pe

— (Cayenn
S. 465.

— (Chinesis
f. daf., S.

— (Dom-)
einem flachen

— (Doppel
S. 462, 465

— (dunkelbr

— (Finnm
S. 469.

— (fuchs
daf., S.

— (gefleck

— (Gelb
Uferschn

— (gelbbeinige),
Pennant beschriebene

— (gemeine), f. oben, S. 466.

— (gemeine Ufer-), Scolopax Limosa, f. daf.,
S. 476.

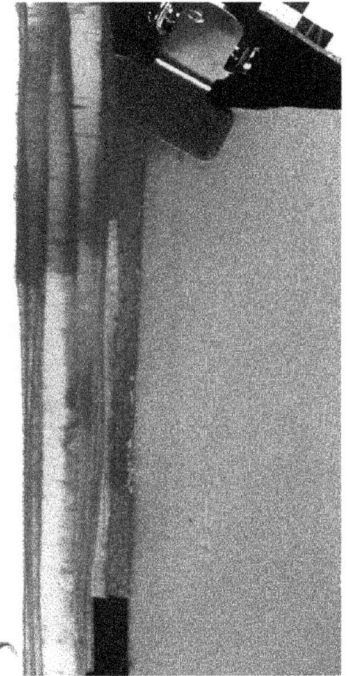

— im Hüttenwerk, ein Werkzeug auf den Hohen-
öfen, womit die Aufträger den Schlund des Ofens
untersuchen, ob es Zeit ist, von neuem aufzugeben.
Es ist ein Dreschflegel, woran der Theil, der
den gewöhnlichen Flegel vorstellt, von Eisen und mit
einem Ringe an dem Stiele befestiget ist. Der
Schwengel der Schnepfe ist 2 1/2 Fuß lang. Wenn
der Schwengel ganz in den Schlund hineingeht, ist
es Zeit zu laden.

Schnepfe (kleine Wald=), Scolopax minor, s.
oben, S. 459.
— (Lappländische), Scolopax Lapponica, s. daf.,
S. 480.
— (Macholler=), s. daf., S. 458.
— (Madagascarische), Scolopax Capensis s.
Madagascariensis, s. daf., S. 472.
—, von Madras, Scolopax Maderaspatana, s.
daf., S. 474.
— (marmorirte), marmorirte Pfuhlschnepfe,
Scolopax marmorata, s. daf., S. 487.
— (Maus=), s. daf., S. 466.
— (Mittel=), s. daf., S. 462.
— (Moos=), s. daf., S. 462, 466.
— (Neuyorkische), Scolopax noveboracensis,
eine sich am Meere in Neuyork aufhaltende Schne=
pfenart.
— (Nick=), Scolopax nutans, eine mit dem Kopf
nickende Schnepfe an der Küste von Coromandel, wahr=
scheinlich mit der Steinschnepfe verwandt.
— (Niederländische), Scolopax Belgica, s. daf.,
S. 485.
— (Pful=), s. daf., S. 479.
— (Pudel=), s. daf., S. 466.
— (purpurschnäblige), Scolopax chinensis, s.
S. 486.
— (Rebhühner=), s. daf., S. 473.
— (Regen=), s. daf., S. 479.
— (Ried=), s. daf., S. 462, 466.
— (Rohr=), s. daf., S. 469.
— (rothgelbe Wald=), s. daf., S. 458.
— (rothe Pful=), s. daf., S. 480, 482.
— (rothköpfigte), s. daf., S. 458.
— (Savannen=Wald=), Scolopax paludosa,
s. daf., S. 460.
— (schwarze), Scolopax nigra, eine wenig bekannte
Schnepfenart.

Schnepfe (**Schwimm-**), Scolopax semipalmata,
f. daf., S. 485.

— (**Schwimmende Ufer-**), Scolopax natans, f. daf.,
S.

Scolopax melanoleuca, f. daf., S. 484.

S. 485.

— ax L., f. daf., S. 463,
Fahn.
daf., S. 458.

452.
475.

Den Namen
Grieshuhn oder
f. Grieshuhn.
Scolopax Indica,

alba, f. daf., S.484.
lba, f. daf., S. 457.

oth, der Koth der
Gedärmen der-
fe gegessen wird;
Zubereitungen der-

tesim, f. oben,
S. 452, die zu die-
obre Ziehgarne, f.
695.

Schn e die Centrisques, les
Béc r dieser Fische ist zu einem
Schnabel n, an dessen Ende sich das Maul
ohne Zähne befinder. Der Körper ist von den Sei-
ten platt gedrückt, eyrund; der Bauch schneidend.
Die Bauchflossen sind vereiniget. Die erste Rücken-

Ji 2

stoffe hat nach vorn einen [...]
Der Kiemendeckel ist groß und [...]
haut. Von diesen Fischen [...]

1. Der [...]
Centriscus [...]
Der Körper [...]
bedeckt. Der [...]
kleine Fisch lebt im [...]

2. Der [...]
Fr. La Bécasse [...]
ser Schnepfe [...]
wie ein Schild [...]
als der Schnabel [...]
sind ungefähr [...]
selben gänzlich [...]
kommt aus [...]

Schnepfenfliege, [...]
im Supplement [...]

Schnepfengarn, [...]

Schnepfengasse, [...]
ein Weg in einem [...]
pfen gern laufen, [...]
mit Schlingen [...]

Schnepfenjagd, die [...]
pfen schießen. [...]
streichen, so pflegen [...]
gern ordentlich [...]
pfen giebt, stellen [...]
Hofleuten an, lassen [...]
sie die Schnepfen [...]
bringen; s. oben [...]

Schnepfenkorb, s. Schnepfen [...]
Schnepfenkopf, dorniger und [...]
Brandaris et Cornutus, s. unter Murex, Th.
98, S. 86.
Schnepfenschnabel, Murex Haustellum, s. unter
Murer, Th. 98, S. 83.

Schnepfenstoß, bei den Jägern, eine Art des Schnepfenfanges, wo Klebegarne im Herbst und Frühling vor die Hölzer gestellt werden, damit die Schnepfen im Ein- und Ausstreichen daran stoßen und sich fangen; s. auch unter Schnepfenfang.

Schnepfenzug, das Ziehen der Schnepfen, sowohl aus dem Holze in Felde, als auch die Ankunft derselben im Frühling und ihr Abzug im Herbst. Eine Menge mehrere in Gesellschaft ziehender Schnepfen. Ein Zug Schnepfen.

Schnepffisch, Esox hepsetus, eine Art Hechte.

Schnepfhuhn oder Schnephuhn, ein Name, welchen an einigen Orten die großen Wald- oder Holzschnepfen führen, weil sie den wilden Hühnern nicht unähnlich sind.

Schneppe, bei den Putzmachern, ein Stirnblatt, welches die Frauenzimmer noch zu Ende des verwichenen Jahrhunderts unter dem Kopfzeuge trugen, und es auch jetzt noch in tiefe Trauer tragen. Es hat eine zugespitzte Gestalt und wird zur Trauer von Kreppflor über die ganze Stirn weg getragen, sonst ist es von feiner Leinwand oder Nesseltuch. Man trägt letzteren auch jetzt noch in verschiedenen kleinen Städten des Preußischen Staats, und in Sachsen. Auch ist es jetzt noch an verschiedenen Arten des Kopfputzes eine Zierde. Auch die Schnäbel oder Schnauzen an den Kannen werden in manchen Gegenden Schneppen genannt. Im Niedersächsischen Snebbe, Snippe. Es soll, nach Adelung, mit Schnabel, Schnepfe c. eines Geschlechtes seyn, die spitzig zulaufende Gestalt einer Schneppe zu bezeichnen.

Schneppenhaube, der Name einer Art Strohhut; auch einer weißen Haube.

Schneppenpfeifer, Charadrius Utopiensis, eine Art Regenpfeifer, s. diesen Artikel.

Schnepper, beim Huf- und Waffenschmidt, ein
Sperrkegel in der Werkstatt, der [...]
befestiget wird, und daß [...]
Ein solcher [...]
durch ein [...]
er besser in die [...]
er vorne einen [...]
gehauen wird. Die [...]
zösischen Winde. [...]
Schnepper (Sperrer) [...]
breiten Bleche besetzt, [...]
befestiget, und oben [...]
gen ist. Im gemeinen [...]
B. im Hüttenbau [...]
Blasebälgen der [...]
Chirurgie, den [...]
Schnäpper und [...]

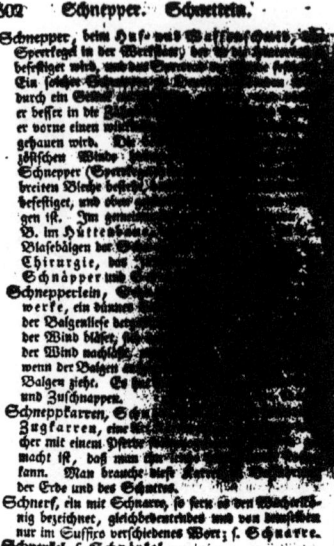

Schnepperlein, [...]
werke, ein dünnes [...]
der Balgenliese der [...]
der Wind bläset, [...]
der Wind nachläßt [...]
wenn der Balgen [...]
Balgen ziehe. Es [...]
und Zuschnappen.

Schneppkarren, Schn[...]
Zugkarren, eine [...]
cher mit einem Pferde [...]
macht ist, daß man [...]
kann. Man brauche diese [...]
der Erde und des Schuttes.

Schnerf, ein mit Schnarre, so fern es den Nachah[...]
nig bezeichnet, gleichbedeutendes und von demselben
nur im Suffixo verschiedenes Wort; s. Schnarre.

Schnerkel, s. Schnörkel.

Schnetteln, im Forstwesen, wenn die Äste von

den Bäumen zu der Streu mit Aexten und Beilen abgehauen werden; im Gegensatz des Geschnittenen, wenn solches mit einem krummen Messer an einer Stange gebunden geschieht, und mit solchem die Aeste abgerissen werden.

Schneutzen, s. Schnäutzen.

Schneyen, s. Schneien.

Schnibbe, s. Schneppe.

Schnick, in der Schifffahrt, ein Fahrzeug, beinahe wie ein Kaagh, nur etwas breiter und kürzer, und mehr geschnitten. Ihrer Breite nach sind sie ziemlich kurz, führen gewöhnlich Sprietsegel, bisweilen auch Gaffelsegel, wo man sie dann zum Unterschiede Gaffelschnicken nennt. Man bedient sich dieser Fahrzeuge in der Nordsee zum Fisch- und Austernfang.

Schnicken, ein unregelmäßiges Zeitwort der Mittelgattung und zugleich ein thätiges, welches von schnellen nur im Suffixo verschieden ist, und als das Diminutivum desselben angesehen werden kann. Es wird wenigstens nur von dem Schnellen oder der elastischen Bewegung kleiner Körper gebraucht. Die Feldhühner schnicken mit den Schwänzen, wenn sie solche schnell und mit einer gewissen Federkraft auf- und nieder bewegen, welches bei den Jägern auch schnippen genannt wird, von dem Niedersächsischen snippen, schnellen. Die Vögel schnicken das Wasser, die Körner umher, wenn sie solche mit dem Schnabel umherwerfen oder schnellen. Dieses Wort ist, wie schnippen, eine Onomotopöie, der Form nach aber ein Intensivum von nicken. Nach andern Onomotopöien ist schnicken im Niedersächsischen sowohl schluchsen, nach der Lust schnappen, als auch ersticken.

Schnickschnack, ein nur in den gemeinen Sprecharten Nieder-Deutschlands übliches Wort, ein albernes,

Schnaufen. 508 Sch

Schniebel, ein nur bei dem [...]
wo es die zweite Reihe [...]
meiler bezeichnet. [...]

Schnipfeln, Schnippeln oder Schwippern, ein
regelmäßiges Zeitwort der [...] welch[es]
das Diminutivum von Schnipp [...]
gemeinen Leben und der vertrau[...]
hört wird, mit der Scheere [...]
schneiden.

Schnippchen, in der vertrau[...] [...]
Handlung, da man den mittle[...] [...]
Daumen in die Hand hine[...] und [...]
welchen Schall es eigentlich nachah[met]. [Es]
Schnippchen schlagen. Jemanden [ein]
Schnippchen schlagen, wenn man ihm troz[en]
will.

Schnippe, soviel als Schwepp[e] [...]
Schnippeln, s. Schnipfeln. [...]
Schnippen, ein regelmäßiges Zeitwort, welch[es] [die]
unmittelbare Nachahmung des Lautes ist, [welchen]
Schnipp ausdrückt, daher wird es in verschiedene[n]
Fällen gebraucht, wo dieser Laut statt findet. Es
ist in doppelter Gestalt üblich. I. Als ein Zeitwort
der Mittelgattung, diesen Laut von sich geben, hervor bringen. 1. Bei den Jägern gebraucht man es
von einem gewissen Laute der Schwarzamseln, wel-

chen sie machen, wenn sie des Morgens oder Abends
ein wildes Thier gewahr werden. Die Amsel
schnippt. — 2. Ein Schnippchen schlagen
heißt in vielen Gegenden gleichfalls schnippen.
Jemanden vor die Nase schnippen. Niedersächsisch knippen. — 3. Ein Brett schnippt
in die Höhe, im gemeinen Leben, wenn es in die
Höhe kippt, mit Schnellkraft in die Höhe fährt, wo
es von kleineren Körpern, oder einem schwächeren
Laute gebraucht wird, als schnappen.

II. Als ein thätiges Zeitwort solch
rungen an den Körpern vornehmen, welche sich
durch diesen Laut vornehmlich bezeichnen. 1. Mit
der Scheere zu kleinen Stücken schneiden oder beschneiden, wo es den Laut der Scheere genau nachahmt. So beschnippen die Tuchmacher das
Tuch, wenn sie die Spitze der Wolle mit der
Scheere abschneiden. Diminutive davon sind,
schnippeln, schnipfeln und schnippern.
Das Vergrößerungswort schnuppen wird aber
von dem Lichte gebraucht. — 2. Mit Schnellkraft fortstoßen, wo es von größeren Dingen, als
schnicken, und von kleineren, als schnellen gebraucht wird. Die Feldhühner schnippen
mit dem Schwanze, wenn sie denselben mit
Schnellkraft auf- und niederbewegen.

Schnippern, s. Schnipfeln.

Schnippisch, s. Schnäppisch.

Schnirkel, s. Schnörkel.

Schnitt, von dem Zeitworte schneiden, oder vielmehr von dessen veralteten Intensivo schnitten.
1. Als ein Abstractum, die Handlung des Schneidens, eigentlich ohne Mehrheit, außer wenn es als
ein Concretum von einzelnen Handlungen gebraucht
wird. (1) Eigentlich. Einen Bruch durch
den Schnitt heilen. Den Stein in der

geben weiß. [...]
dem Tuch[...]
den Flug zu [...]
dern und [...]
Gestalt, [...]
Das Führen [...] einer [...]
oder Holzschneid[...] Schnitt [...]
(1) Im gemein[...] ein unerlaubter [...]
winn, ein un[...] ein Schnitt [...]
Seinen S[...] was machen, wo man
auch im Diminutiv[...] [...]ittchen sagt. Des
Schnitt verstehen, [...]ich auf den Schnitt
verstehen, [...] gemeinen Lebens ist auch
Schnitt [...] des Prahlens, in sofern
nämlich schneiden und auffschneiden dafür gebraucht werden; so auch eine Prahlerei. Das
war ein Schnitt! Große Schnitte thun,
sehr prahlen.

II. Als ein Concretum. 1. Die durch das
Schneiden verursachte Wunde oder Vertiefung.

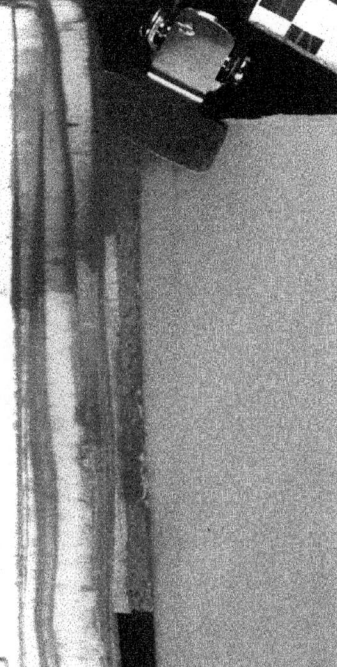

Die **Schnitte** des Messers auf einem zinnernen Teller. Der Schnitt des Diamants in das Glas. Bei den Kupferstechern sind die Schnitte die mit dem Grabstichel oder der Nadel gemachten Züge. Einen Schnitt im Gesicht, auf der Hand haben. Einem einen Schnitt geben, aus Unvorsichtigkeit oder Zorn. Der Wundarzt macht dagegen einen Schnitt; wenn er aber den Schnitt vornimmt, so ist es das vorige Abstractum. Figürlich nennt man auch manche einem Schnitte ähnliche Vertiefungen Schnitte, z. B. die Schnitte in der Hand, die vertieften Linien. — 2. Ein abgeschnittnes Stück, wohl nur von Speisen. Ein Schnitt Brod, Fleisch, Braten. Der Pfaffenschnitt, im gemeinen Leben das beste Stück an einer Fleischspeise, z. B. die Brust von einer gebratenen Gans. Ein Schnittchen Schinken, ein kleines abgeschnittenes Stück. — 3. Ein durch Schneiden hervorgebrachtes Ding, **nur in** einigen Fällen. Ein papiernes Muster, welches nach einem andern Dinge abgeschnitten worden, heißt bei den Näherinnen, Putzmacherinnen, Schneidern ꝛc. der Schnitt; daher heißt eine in Holz geschnittene Figur und deren Abdruck ein Holzschnitt. — 4. Der Ort, wo etwas abgeschnitten oder eine Sache beschnitten worden. Ein Reis **in den Schnitt** oculiren, in die Stelle, wo ein Ast, oder ein junger Baum abgeschnitten worden. Der Schnitt eines Buches, wo es beschnitten worden. Ein Buch mit vergoldetem Schnitt. — Der Schnitt in den Gewerben.

In der Baukunst ist der Schnitt aus freier Hand, diejenige Arbeit, wozu man weder Zirkel noch Lineal gebraucht, sondern die man mit der Hand macht.

Bei den **Buchbindern** heißt der Schnitt,

die beschnittenen Kanten oder Seiten eines
Buches, die auf mancherlei Art einfarbig
gesprengt, marmorirt gefärbt, oder weiß gelassen
werden. Zu dem einfarbigen Schnitt wird das
beliebige ████ gedunkene ████████████████
von jedem gleichwie ████████████████
Mischung mit ████████████████
einem zarten Berg, und ████
von unten bis oben ████
nimmt man Zinnober ████
Indigo mit Auripigment ████
den Schnitten werden die ████
Schnitt gut ringer ████
aufgesprengt, ████████████
wohl breierlei ████████████
damit den Spra ████
Fingern, und ████ ████
Ist eine Farbe trocken ████
zweite Farbe auf u. ████
die Farbe voll ████
glatt gemacht, ████
Soll der Schnitt ████
das beschnittene ████
preßt es zwischen ████, die mit dem Vor-
balken einerlei ████ legt die Presse auf ████
Tischecke, klopft ████ zieht die Schwamm
stark an, und ████ den Schnitt mit einer Ra-
spel, die Ungleichheiten werden zuletzt beschabt.
Man überfährt dann den Schnitt mit Wasser,
wovon er aufschwillt, läßt ihn trocken werden, und
glättet ihn mit einem Wolfszahne. Man reibe dann
ein Stückchen Indigo in einem Kleister von Stärke
hin und her, bestreiche den Schnitt mit dünnem
Kleister, und zieht den Indigokleister mit dem Fin-
gerballen darauf zu Flammen oder krausen Wellen.
Berlinerblau giebt blau, Saftgrün grüne, Umbra-

erde braune, Lack und Zinnober rothe Flammen.
Die Flammen müssen von dem Buchbinder nach
seiner eigenen Erfahrung gezogen und getrieben
werden, damit sie ein gutes und gimmeartiges
Ansehen erhalten. Das Buch muß, nach muß,
aus der Presse genommen und ausgeblättert werden,
damit die Blätter nicht zusammen kleben. Dann
wird der Schnitt getrocknet und glatt gemacht.

Bei dem Buchdrucker ist der Schnitt die bestimmte Größe der Gestalt des Buchstabens; der
Kegel zeigt aber die Stärke seines viereckigten Säu-
lenkörpers an. Der Schnitt einer Schrift kann
z. B. kleine Cicero seyn, und der Kegel kann
Mittel seyn. Kleinere Schriften können auf größere Kegel gegossen werden; diese nennt man hohe
Schriften, welche dann im Druck mehr Raum
zwischen den Zeilen haben, als die, welche auf ihren
eigenen ordinairen Kegel gegossen sind.

Beim Färber ist der Schnitt des Tuches das
Innere oder Dichteste in dem Gewebe des Tuches.
Wenn die Farbe nicht gut durchgedrungen ist, so
kann man das Weiße auf dem Schnitt oder Innern
des Tuches sehen, wenn aber die Farbe ganz durchgeht, so kann man dieses auf den Schnitt auch
nicht bemerken, und man sagt dann die Farbe geht
durch, Fr. la Couleur tranche. Da es fast
unmöglich ist, fertig gewebte Tücher so durchzufär-
ben, daß der Schnitt nicht etwas weiß bleiben sollte,
so müssen alle gut und durch und durch gefärbte
Tücher schon in der ungesponnenen Wolle gefärbt
werden.

Beim Formschneider ist der Schnitt die vornehmste Arbeit in Führung des Instrumentes zum
Formschneiden. Dieses ist die Art, die Nadel anzu-
setzen und in das Holz einzudrücken, um dasjenige,
was ausgehöhlt werden soll, abzulösen, und das

Holz zum Nachschnitte vorzubereiten. Auch heiße
Schnitt die Art den Marmor zu hauen. Man
sagt von einem Bildhauer, er hat einen vollkommenen, guten, saubern, dicken Schnitt. Die Kupferstecher sagen, dieser von ihrem Grabstichel.

Beim Glasschneiden, wie auch schon
oben S. 507, daß man die
Stelle eines Diamants, ab-
wischt. Jeder Stein hat ...
den der Glaser durch öffnen ...
machen muß. Man hat die ...
beste erst nach vielen Jahren ...
der Stein diese ganze Zeit über ...
Ein guter Diamant hält selten ... bis 12
Jahre und länger. Verliert er ...
rühret dieses entweder daher, ...
Glase nach und nach abgesplittert ...
sich seine Kante durch die Länge der ...
hat. Man sucht denn eine neue ...
hält, es für einen wohlgerathenen ...
derselbe, indem er auf dem Glase ...
einem weder zu hartem, noch ...
fortläuft, und, wenn er an ...
berner Death wird, ohne ...
weißen Staub zu hinter ...
das Glas nicht geschnitten ...
seyn. Der Schnitt darf ...
öffnen, weil man, indem ...
von dem Diamante auf dem ...
nung ziehen würde, zu befürchten hätte, es möchte
das Glas, wenn es zerbräche, die Zertrennung
einen ganz andern Weg nehmen, als man machen
mit der Diamantspitze zeigen wollte. Das Kennzeichen eines glücklich ausgefallenen Schnittes ist
folgendes: Wenn man nach geschehener Absonderung zweier entzweigeschnittener Scheibe, hält die

ihre Trennung formirenden Randes, sieht, daß die
zwei Oberflächen von jeder Abtheilung glatt und
eben sind; indem jeder höckerichter Schnitt, zu großem Nachtheile des Glases, geneigt ist, Ritzen zu
geben. An dem Schnitte erkennt man, ob eine
Glastafel gut gebrannt ist; denn eine schlechtge-
brannte läßt sich hart schneiden. Der Diamant
greift wenig auf derselben an, ja sie zerbricht oft
schon, ehe der Zug noch offen ist. Die Hand, womit man die Glastafel in der Luft hält, um deren
Schnitt zu dirigiren, und solche zu öffnen, wird,
indem man solche berührt, von den Stücken, die
von derselben abspringen, fast eben so, wie durch
eine schlaff gewordene Feder, zurück gestoßen. Der
Grund dieses Zufalls und dieser wunderbaren Erscheinung, ist in dem zu schnellen Kaltwerden des
Glases zu suchen, dessen Theile einen gewissen Grad
von Zusammenziehung erlitten haben, der aus solchen gleichsam kleine schlaffe Federn gemacht, die,
indem sie durch den Druck der Diamantspitze, oder
durch die angewandte Gewalt solches zu öffnen, los-
gegangen sind, eine verschiedene Wirkung hervorbringen; denn bisweilen zerspringt die Glastafel in
Stücken, bisweilen springt aber der mit dem Diamant auf selbiger gemachte Zug schnell nach seiner
ganzen Länge.

Beim Hutmacher ist der Schnitt der runde
Umfang oder Rand des gefachten Hutfaches.

Beim Kupferstecher ist der Schnitt oder
Einschnitt, die Züge, welche mit dem Grabstichel
oder mit der Nadel gemacht werden. Die nach der
Regel und der Kunst angebrachten Schnitte,
Schraffirungen und Punkte bilden alle Figuren,
welche in Kupferstichen vorgestellt werden können.
Wenn man ein Gemälde kopirt, so müssen die ersten
Schnitte dem Pinsel folgen, die zweiten müssen dar-

über gehen, um die Fourniere dadurch sicherer zu
machen. Die ungleichen Schnitte sind besser, und
machen eine schönere Arbeit, als wenn sie von gleicher Stärke sind. [...] zu absehen, wenn
nicht [...] anzudeuten,
und [...] dieselbe
[...] Arbeit
in einem üblen Geschir
schattierten Ton zu [...]
Schnitte aber ein ganzes
Die kurzen und halbflachen
Charakter, und sind weit besser
dichten Schnitte. Man [...]
zusammenschließet, welches
verlieren; s. auch unter [...]
Th. 56.

In der Münze ist der [...]
einer Münze, die auch die [...]

Im Schiffbau ist die [...]
dung, s. diese.

Beim Schneider, [...]
18, S. 103.

Beim Steinmetz [...]
nige Gestalt oder der [...]
der Bogensteine behaue [...]

Beim Weingärt[...]
den vornehmsten Reben [...]
vorgenommen werden [...]
Schnitt ein Weinberg [...]
werden kann. Man [...]
Schnitt beim Weinstocke einen Theil seiner zurück
nen Reben und Schosse, damit er desto mehr Kraft
zur Hervorbringung reiner Früchte behalten. Solches Schneiden geschieht gemeiniglich in hohen und
unbedeckten Gebirgen, besonders im Februar, so
fern das Wetter offen ist, wie auch im folgenden

Märzmonat. Man spart die in Gründen liegenden
Weinstöcke bis zuletzt, weil solche von der Kälte
—ichter Schaden nehmen, als die auf den Hügeln.
— muß aber im Schneiden mit den jungen Stök-
— anders, als mit den alten verfahren werden.
—en jungen Stock muß man niedrig schneiden,
— er das erste Jahr die Reben herunterwirft;
— man ihn in die Höhe schneidet, so wächst er
— in die Höhe, und trägt unten keine Re-
— Jahr ausgeschlagen, wirft er das
— mehr Reben. Eine junge oder
— nämlich zum ersten Male ge-
— schneidet man auf drei Au-
— so, daß das alte Holz der Erde
— Rebenschossen müssen aber alle
—ben. Eine zweijährige Senke
—derthalb Knoten, das ist, man
— Auge weg, und läßt die zwei
— zwar auf drei und das unterste
— Eine drei-, vier- oder fünf-
— man nur auf anderthalb
—stark, so giebt man derselben
— Eine sechs-, sieben-, acht-,
— Senke schneidet man auf
— sie stark ist, einen Bogen
— elf-, zwölf- und mehrjährige
— vollkommenen Stock gerech-
— Knoten und zwei Bogen aus-
— schädlich. Der Schnitt ge-
— im Alt-Lichtmeß, wenn der
—stark —, keine Fröste mehr zu be-
— und der Schnee im Hohen und Ungedeckten
— Ein wenig Frost schadet nicht, und die
— die nicht gedeckt sind, können wohl vor
— Ausgang des Frostes geschnitten, und hernach noch
geräumt werden. Wenn man langsamer oder spä-

ter schneidet, so thränt das Holz zu sehr, oder das
Rebenwasser läuft stark aus.   Man wähle
Schnitt angenehme Tage, an welchen sich Son
blicke zeigen.   Der Schnitt im niedrigen und
ten Gebirgen geschieht gleich nach dem Anf
ungefähr um Georg

Schnitt, in der Baukunst, oben, S. 507.
—, beim Buchbinder, s. dase
—, beim Buchdrucker, s. das., S. 509
—, in der Chirurgie, oder beim Wu
, oben, S. 505, und unter Wundar
—, beim Färber, s. oben, S. 509.
—, beim Formschneider, s. dase
—, (Gewand-), s. diesen Arti
—, beim Glaser, s. oben, S.
—, (Holz-), s. das., S. 507.
—, beim Hutmacher, s. das.
—, (Kleider-), s. das., S.
—, beim Kupferstecher, s.
—, in der Landwirthscha
—, in der Münze, s. das.,
—, (Pfaffen-), s. das.,
—, im Schiffbau, s. das.
—, beim Schneider, s.
—, beim Steinmetz, s.
—, beim Weingärtner
—, beim Wundarzt, s.
Schnittbank, s. Schneid
Schnittchen, beim Zucker
bein, Zucker ꝛc. bereitetes
schnittchen.   Man stoße
Mandeln klein, röste gerieb
thue sie zu den gestoßenen Mandel
sel, dazu ein wenig süßen Wein, Zucker,
nuß und Cardamom, auch mit Zucker
Zitronenschale, streiche die Masse dann au
schnitte, in der Mitte etwas hoch auf, bestreiche es

oder ... mit Eydottern, und backe sie in zerlassener ... schön gelb. Man kann die Schnitte auch ... Ey ziehen. — Zuckerschnitte. ... hierzu sechs Eyer, Mehl; solche gut ... etliche hierauf ein Pfund fein gestoße... ... so viel ... Mehl, ... ein ... Eyer. Man bestreiche ... Form mit Butter, thue ... gelegten, nach dem Backen in ... lang gesetzt, hierauf in belie... schnitten, und wieder in den ... auf folgende Weise: ... Eyer, thue 1/2 Pfund gut ... ... und rühre es eine halbe ... führen. Man bestreiche nun ... umgeherum mit einem Rande ... schütte den Teig zwei Fin... ... hierauf, wenn es gebacken ... mit einem scharfen Messer ... lege sie auf Blech, setze es in ... Will man überzuckerte ... kann man auch geläuterten ... lange, bis er Faden zieht, ... vom Feuer abheben, die ... und sie dann mit fein ... mit verschiedenen guten ...

... Schnittchen, Schnitt. ... Stück, besonders wird es ... wo es hier ein abgeschnitte... ... setzt: daher eine Schnitte ... Die Butterschnitte, ein ... ... mit Butter beschmiertes Stück Brod.

In der Koch ... kommen folgende Schnitte beim Tranchieren vor: der rechte Oberschnitt,

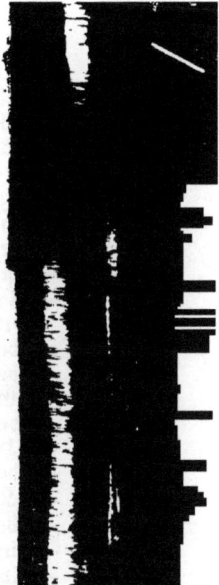

ter schneidet, so thränt das Holz zu sehr, oder
Rebenwasser läuft stark aus. Man wählt
Schnitt angenehme Tage, an welchen sich Son:
blicke zeigen. Der Schnitt in niedrigen und gel
ten Gebirgen geschieht gleich nach dem Aufzie
ungefähr um Gertraud.

Schnitt, in der Baukunst, s. oben, S. 507.

—, beim Buchbinder, s. daselbst.

—, beim Buchdrucker, s. daf., S. 509.

—, in der Chirurgie, oder beim Wundarzt
oben, S. 505, und unter Wundarzneikuns

—, beim Färber, s. oben, S. 509.

—, beim Formschneider, s. daselbst.

— (Gewand-), s. diesen Artikel.

—, beim Glaser, s. oben, S. 510.

— (Holz-), s. daf., S. 507.

—, beim Hutmacher, s. daf., S. 511.

— (Kleider-), s. daf., S. 506.

—, beim Kupferstecher, s. daf., S. 507, 511.

—, in der Landwirthschaft, s. daf., S. 506.

—, in der Münze, s. daf., S. 512.

— (Pfaffen-), s. daf., S. 507.

—, im Schiffbau, s. daf., S. 512.

—, beim Schneider, s. daf., S. 506, 507.

—, beim Steinmetz, s. daf., S. 512.

—, beim Weingärtner, s. daselbst.

—, beim Wundarzt, s. Schnitt i. d. Chirur

Schnittbank, s. Schneidebank.

Schnittchen, beim Zuckerbäcker, ein mit M
deln, Zucker ꝛc. bereitetes Gebacknes. Man
schnittchen. Man stoße oder hacke abgezo
Mandeln klein, röste geriebene Semmel in Bu
thue sie zu den gestoßenen Mandeln in eine S
sel, dazu ein wenig süßen Wein, Zucker, Muska
nuß und Cardamom, auch mit Zucker abgerieb
Zitronenschale, streiche die Masse dann auf Sem
schnitte, in der Mitte etwas hoch auf, bestreich

in kleine Stückchen eines halben Querfingers breit
schneiden, wieder auf das Blech legen, und noch ein
wenig gelblich backen lassen.

Butterschnitte. Man nehme 1/2 Pfd. schö-
es Mehl, 1/2 Pfd. Butter, ein wenig Salz, nebst
wei Kelchgläsern voll guten Weins, knete Alles zu-
ammen; dann mit dem Nudelholze auseinander gerieben, wieder zusammen geschlagen, und solches muß
rei bis viermal wiederholt, auch an einem kühlen Orte
errichtet werden. Hierauf wälgert man diesen Teig
starken Messerrückens dick, schneidet aus dem-
erwärmten Messer viereckige Stück-
sie mit geklopftem Eyweiß, streut ein
Zucker darüber, und läßt sie in einem nicht zu
en Ofen backen.

Englische Schnitte. Man rühre eine Klare
e zu den Büchsenkuchen ab, bestreiche eine Torten-
anne mit Butter, schütte das Klare hinein, setze
in einen nicht zu heißen Backofen, und lasse es
ocknen. Hierauf, wenn sie aus- und inwendig
en geworden, schneide man Stückchen nach Be-
daraus; kerbe sie auf beiden Seiten, setze zu-
Schmalz über Feuer, und wenn es heiß ge-
en, lege man einige Stückchen hinein, und backe
ach und nach. Man vergesse auch nicht sie mit
Kelle ohne Unterlaß zu begießen, indem sie da-
m so schöner auflaufen.

Gebackene Schnitte. Man koche vorher
Kalbsbregen, Krebse, Schnecken und Morcheln ab,
und hacke es unter einander klein. Hierauf röste
man geriebenes Eybrod in Krebsbutter, mische Alles
wohl untereinander, schlage Eyer daran, und mache
es zu einem feinen Füllsel. Man schneide hierauf
Eyerbrod zu Schnittchen, streiche das bereitete Füllsel darauf, bestreiche es mit geklopften Eyern, und

buckwerk zum steifen Schnee [...]
Schnitte zum Schnee [...]

Gefüllte Sch[...]
den Eyer geflopft, [...]
zu Hauf werden, [...]
eines und Zucker [...]
Semmelschnitte, [...]
Schnitte aufeinander, [...]
lege die zusammen[...]
backe sie wie andere S[...]

Güldne Schnitte.
Schnitten, schneide von [...]
gesalzen und beguffen [...]
und rühre es wohl unter [...]
so viele Schnitte, als man [...]
zuerst durch Sahne oder Milch [...]
gerührten Eyer, lege [...]
Schnitte in Schmalz, [...]
Feuer zerlassen worden, [...]
Auch auf folgende Weise [...]
bereiten. Man schreibe [...]
ziehe sie ein wenig durch [...]
Wein, lege solche in [...]
wenig angerührte Eyer, [...]
geib, und richtet sie mit [...]

Käseschnitte. Man [...]
abgeriebenen Käse Eyer, [...]
Semmelmehl, mache davon [...]
sistenz eines dicken Mußes haben [...]
solchen etwas erhaben auf Semmel [...]
es in Schmalz.

Mandelschnitte. Man bereite [...]
von einem Viertelpfunde zerstoßnen Mandeln [...]
Viertelpfunde schönen Mehls, eben so viel [...]
Zucker, nebst zwei Eyern. Man [...]
durch, und wälgere ihn so aus, als wenn ein Mand

... einer ... Schüssel gesetzt werden sollte, dann mit
einem Nudelholze ein wenig platt ...lle, ungefähr
...wei Finger breit in längliche ... geschnitten,
... langsam gebacken.

Schnitte von einem Rebhuhne. Nachdem
... her das Fleischigte von dem Vorder-Viertel oder
... Brust eines gebratenen Rebhuhns abgelöset
... den, hacke man solches mit ein wenig von ge-
... ner Kalbsmilch, nebst dem daran hangenden
... oder auch mit ein wenig Rindsmark klein,
... Semmelmehl oder geriebenes Eybrod
... Gelbe von einem Ey darein, mache
... ...lichter Dicke an, würze ihn mit Salz,
... Muskatenblüthe, rühre auch kleine Ro-
... ...härmer, streiche dieses Füllsel auf Semmel
... oder Schnitte von weißem Brode, und backe
... Schmalz aus; dann giebt man sie trocken oder
... gelben Sauce auf den Tisch.

...erschnitte. Sechs ausgeschlagene Eyer
... vorher wohl unter einander gerührt. Dann
... ...hen: 1/2 Pfund fein zerstoßenen Zucker, eben
... Mehl, und auch ein wenig Rosenwasser.
... ...miere eine viereckige Form mit Butter aus,
... den Teig darein und lasse ihn backen. Nach
... ...acken setze man es in einen Keller, lasse es
... ...cht darin stehen, schneide dann solches in
... ...e Schnitte, setze es wieder in den Ofen, und
... ...darin aufwärmen.

Schnitte (Anis-), s. oben, S. 516.
— (Butter-), s. das., S. 517.
— (Englische), s. daselbst.
— (gebackene), s. daf.
— (gefüllte Semmel-), s. daf., S. ...
— (goldene), s. daselbst.
— (Käse-), s. daf.

Schnitte (Mandeln), s. oben, S. 518, und

Schnitthem ...

— (Rebhühn.) s. daf. S. 519.

— (Backer-) s. dafelbst, und oben, unter S ...

Schnitteln, bei dem ...

Schnitzer, in der Landw ...

das Getreide auf dem ...

bet, zum Unterschiede von ...

der, der das Getreide ...

unter Sendte, Th. 11 ...

Schnitterurtheil, in den Rech ...

dasjenige Urtheil, welches ge ...

Grunde des Beklagten und Kläger ...

sind, und solche gleichsam auf gleich ...

werden, ...

Schnittgras, Carex acuta L., s. Bot ...

Art. Gras, Th. 19, S. 735.

Schnitthandel, Detailhandel, Klei ...

bei den Kaufleuten der Ellenwaaren ...

kauf im Einzelnen, wenn die Waaren ...

sondern nach der Elle verkauft werden ...

tingen in dem Würtembergischen Staate ...

der Handel des daselbst in Menschen ...

teuren und gedörrten Obstes so genannt ...

Schnitthauf, eine Königsberger Dattel ...

an Güte wenig von dem ...

aber doch weit besser, als der ...

Schnitthippe, beim Winzer, eine ...

Rebenmessers.

Schnitthobel, beim Buchbinder, ...

womit ein Buch beschnitten wird; auch ...

schneidehobel genannt; s. unter Hobel, Th. ...

S. 25.

Schnittholz, im Weinbau, abgeschnittene Reben,

welche als Füchser eingelegt werden können, Schnit ...

linge, Knorholz, s. unter Weinstock. —
Schnittholz, kleines Nutzholz, die sechste
Gattung des Nutzholzes, zu welchem die Holzschuhe,
Mulden, Kellen, Maaße, desgleichen das Reisig zu
Feldzäunen, Faschinen und Würsten; auch zu Dach-
stöcken und kleinen Faßbänden, Spießruthen, als
solche noch bei dem Militär angewendet wurden, Be-
senreising, gehören, welches Alles außer der Saftzeit in
den Schlägen gehauen oder abgeschnitten werden muß.
Schnittkohl, s. unter Kohl, Th. 42, S. 559 u. f.
Schnittkohlöl, das aus dem Schnittkohle gezogene
Oel; s. unter Oehl, Th. 104.
Schnittkohlsamen, s. unter Kohl, Th. 42.
Schnittlauch, s. unter Lauch, Th. 65, S. 719 u. f.
Schnittling, beim Gärtner, ein neuer Jahresschoß
von einem Baume oder Strauch, welcher unter dem
Knoten so abgeschnitten werden, daß ein Stückchen
von dem überjährigen Holze daran geblieben, und
solchergestalt zum Fortpflanzen gebrauche wird. Man
macht in gutem Erdreiche eine kleine Grube, einen
Fuß tief, und legt Kuh- oder Schafmist hinein; schneidet sodann den obersten Gipfel des Schnittlings ab,
bedeckt den Schnitt mit Baumwachs, krümmt den
Schnittling ein wenig in einen Bogen, und legt ihn
so ein, daß beide Enden in die Höhe, jedoch nur das
obere über die Erde, etwa drei bis vier Querfinger
hoch hervorgeht, bedeckt ihn mit Erde, und tritt solche
fest ein, so bekommt der Schnittling in der Erde
Wurzel, und schlägt oben aus, so weit er aus der
Erde ragt. Auf diese Art kann man besonders die
Rosen vermehren, welche sonst ohne Wurzel nicht
leicht bekleiden. Außer diesen lassen sich auch junge
Bäume, als Weiden, Pappeln, Linden, Kastanien,
Haselstauden, wilde Misteln, ja fast alles Laubholz
durch Schnittlinge fortpflanzen. Diese Arbeit kann

ter diesem ....
rechnen, ...
Handsägen ....
Wagener: ....
Länge nach ....
Alle Gattungen ....
bringen, nämlich ....
mes Schnitt ....
Bauhölzern, als ....
b) in Bohlen und ....
und d) zu Latten ....
worunter die Schiff ....
Stellmacherbäume, ...
Kante halbirt oder ....
ten, mit der Hand ....
getrennt werden. ....
Krumme Holz gleich ....
befreit worden, ...
es gehauen wird, besonders wenn es ....
geschnitten werden kann; wenn aber dieses ....
Statt findet, so muß die Fällung außer der ....
geschehen. Es muß an sich, bis auf die Eigen ....
des Geradespaltens, alle übrige Güte eines roth ....
sunden, fehlerfreien Kernnutzholzes haben, weil

Zerlegen alle Mängel sichtbar werden. Zu dergleichen werden alle diejenige Hölzarten gebraucht, deren
Stärke

mit den

so genau an
Mörtel und

Schnittsal   ein jeder Salat, von   Blätter abgeschnitten   Th. 130.

Schnittsalatsamen, der Same des vorgenannten
Salats. Zur Erziehung dieses Samens muß der
Gärtner in der ersten Woche des Aprils einige Pflanzen Fußweit von einander setzen, sorgfältig hacken,
und bei trockner Witterung begießen.

Schnitttag, in der Landwirthschaft, gewisse Tage, an welchen die Bauersleute und Fröhner entweder wöchentlich oder monatlich zu Hofe gehen, und ihrer Herrschaft Getreide, Heu und Stroh schneiden müssen; diese Tage werden daher gemeiniglich zu den gemessenen oder gesetzten Frohndiensten gerechnet.

Schnitttuch, eine Art Pommerscher schlechter Tücher, welche daselbst unter das Landvolk verschnitten werden. Zu diesen Tüchern kommt die schlechteste Wolle. Man kaufte ehemals diese Tücher die Elle für 6 bis 8 Groschen.

Schnittvergoldung, beim Buchbinder, die Vergoldung des Schnittes eines Buchs. Zu diesem Zweck wird das eingepreßte Buch beschabt, mit Wasser überfahren, getrocknet, mit Papierspänen abgerieben und geglättet. Einige Buchbinder mischen Safran unter das Wasser, um dem Golde eine tiefere Farbe zu geben; hierauf wird der Schnitt grundirt. Dieses geschieht mit zwei Theilen Wasser, mit einem Theile mit ein wenig Salz durchzogenen Eyweißes vermischt, welches sich von dem Schaume abgesondert hat. Zuviel Eyweiß dringt auch durch eine doppelte Schicht Goldblätter hindurch. Wenn der Schnitt auf diese Weise behandelt worden, so müssen die Goldblätter etwas reichlich nach der Länge und Breite des Schnitts mit dem Zirkel abgemessen werden; man wirft das Gold über das Auftrageblatt, und läßt das überhangende Ende von dem mit einem Schwamme aufgetragenen Eyweiße des Schnittes ansaugen, indem man das Auftrageblatt schnell mit der Hand zurückzieht; denn der geringste Luftzug verweht die Goldblätter. Das Goldblatt wird mit einem scharfen zweischneidigen Messer ohne Spitze auf einem kalbledernen, mit Haaren ausgestopften Kissen zerschnitten. Zur gewöhnlichen Vergoldung bedient man sich des Zwischengoldes, welches auf einer Seite

Silber hat; zur besseren des Französischen Goldes oder auch der feinen großen oder kleinen Goldblätter, von denen das Buch 7 und 12 Gr. kostet. Das auf den Schnitt gebrachte Gold wird mit Baumwolle aufgedrückt, wobei man Sorge tragen muß, daß ein jeder Druck ohne Nässe zurückkomme. Die Vergoldung muß eine halbe Stunde trocknen. Wenn das Gold an dem Eyweiße völlig trocken geworden, so wird der Schnitt mit der Schärfe der Hand bedrückt, wenn man nämlich dieselbe mit einem Körnchen Eyß vorher eingerieben hat. Hierauf wird das Gold quer über den Schnitt mit einem Hundszahn oder einem polirten Achatstein polirt. Das Glätten wird dann nach der Länge und Breite einigemal wiederholt. Den Zahn reibt man auf einem rauhen Kalkleder mit Kreide glatt; s. auch unter Buchbinder, Th. 7, S. 164.

Schnittzwiebel, bei den Gärtnern, versetzte Zwiebeln, an welchen die Blätter um des besseren Wachsthums willen weggeschnitten worden.

Schnitz, nach dem Adelung, wird ein in Gestalt einer Scheibe abgeschnittenes Stück, in der Kochkunst Schnitz genannt, Aepfelschnitz, Aepfelschnitte, Citronenschnitze, Citronenschnitte oder Scheiben. Dürre Aepfelschnitze, Citronenschnitze, gedörrte Aepfelschnitte rc. Man gebrauchte es gewöhnlich nur von dünn oder klein geschnittenen Stücken, wodurch es sich von Schnitt oder Schnitte unterscheidet; daher auch klein durch Schneiden oder Schnitzen gemachte Späne im Diminutivum Schnitzchen und Schnitzlein heißen; also Papierschnitzlein. In der Lausitz wird halb verdorbenes Obst, welches man im Ofen oder an der Sonne dörrt, Schnitz genannt. In einigen Oberdeutschen Gegenden, besonders in der Schweitz, wird die Accise der Schnitz genannt, wo

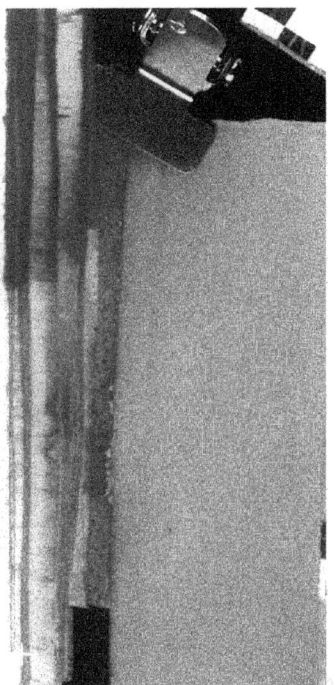

werke und ......
Schnitzwerk ......
geschirren oder ......
jederzeit kostbar ......
durch Holzschn ......
tigen und ......
ten unbekannt ......
15ten Jahrhu ......
druckerey, von ......
worden; f. ...... 5......
S. 297; unter ......
unter Schni......
Schnitzbank, eine ......
chen Tritte, deren sich die ......
bedienen; f. Schneidebank.
Schnitzeisen, Kratzeisen, bei dem Papiermachern
ein kleines Messer, dessen sich die Ausschüsserin be
dient, um Flecke und andere Unreinigkeiten wegzu
bringen.
Schnitzeln, das Diminutivum von schnitzen, oft
und viel an einer Sache schneiden, und zwar so, daß

nur kleine Schnitte geschehen, oder kleine Späne abfallen, wo es jedoch mehr von einem innützen, als
künstlichen Schneiden dieser Art gebraucht wird; f.
Schnitzen.

Schnitzen, erhabne Figuren im Holz ausschneiden,
oder auch hölzerne Bildsäulen bilden. Letzteres nennt
man eigentlich Bildstöcke, oder Schnitzwerk.
Der Bildner in Holz wird Schnitzer oder auch
Holzschnitzer genannt. Auch heißt Schnitzer
der in Holz zum Schneiden oder Schnitzen. Es
ist ein langen gekrümmten Hefte befestigtes,
ein gekrümmtes Messer.

Schnitzer, beim Böttcher, ein kleines Messer, welches gebraucht wird. Brey zwischen zwei Stäbe zu
streichen, wenn man befürchtet, daß das Flüssige hindurchgeht. — Beim Sattler, Riemer und
Täschenmacher ist der Schnitzer ein vorne breites,
nach hinten zu aber schmal zulaufendes Messer,
mit einer scharfen Schneide, einem dicken Rücken,
fast in Gestalt eines vorn abgerundeten Scheermes-
sers, womit der Profeßionist ein Stück Leder beim
Zuschneiden an einer Kante abschärfen, oder auch
wohl selbst das Leder zuschneiden kann. — Beim
Zeugschneider, ein scharfschneidiges, kurzes Messer
an einem kurzen hölzernen Heft. Die Klinge bildet
ein länglichtes Dreieck, und wird aus Schwedischem
Eisen nebst einer Angel ausgehauen und gut verstählt,
nachher gehärtet und sehr scharf geschliffen. Fast
alle Holzarbeiter bedienen sich desselben.

Schnitzer (Bild-), derjenige Künstler, welcher erhabene Figuren aus Holz schnitzt oder schneidet; f.
Bildhauer, Th. 5.

—, beim Böttcher, f. oben, S. 5.

— (Donat-), ein Fehler wider die Lateinische Gram-
matik.

f. oben, S. 527

— (Schn...) ...reiffe
damit...

—, beim ...
ler Ahw...

— (Schn...) ...
melt ein...
auch: Einer...
Worte in der...
schlägel...

—, in der Spra...
Artikel.

—, beim Tischler...
welcher auf...
mit ausspul...

—, beim Zeug...

Schnitzern, ...
tung, von dem...
zer machen, ...
der Sprach...

Schnitzkunst; ...
zu schnitzen; ...

Schnitzmesser...
Man nennt ...
sehene Schnek...
Holzarbeiter.

Schnitzwerk, s. Schnitzarbeit. ... Schnit-

ment, wählt man bei uns am besten Lindenholz, weil diese Holzart dem Wurms nicht so sehr ausgesetzt ist, und die Jahrringe oder Holzstreifen, Holzan...

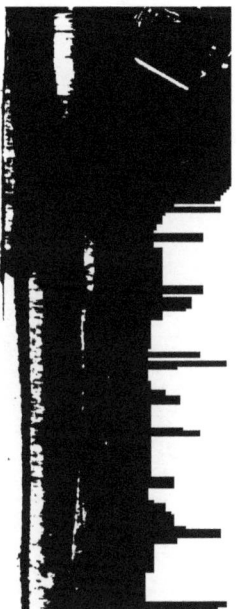

das ...Schneide, das Flacheisen ...rümmung; das ganze Flach...habeig einer halben Walze ...dessen Krümmung sehr ...Hohleisen, das nach einer ...ist. Die Bossereisen sind ...schwächer, womit er die Ur...schleift sie auf einem Sand...Abziehsteine, und am Ende ...ein glatten Stücke Lindenholz ...holz nennt, und welches ...chschnuppen überzogen ist. ...mit einem Klippel. Bei ...die scharfen Eisen mit der ...ger, und scheuert sie mit ...Bimstein; s. auch den

...tigen sich auch, au...Holzarbeiter, als die ...leute, Geigenmacher, ...cher rc. An vielen Orten ...stein auf das Schnitzwerk, als auf eine stete ...derung, wozu denn auch besondere Eigenschaften erfordert werden. Dergleichen Leute verfertigen nicht nur Zierrathe, sondern auch verschiedenes anderes kleines Geräth, kleine hölzerne Maschinen, Modelle rc. Ein guter Schnitzer ist zu

auf einem frisch...
wähle hierzu ein Ey...
wäscht es in frischem...
an Leinwand ab. W...
in einem silbernen Löf...
über das Feuer. ...
und recht heiß, so be...
Dinte, und mache mit...
der, die noch nicht ...
Zeichnung auf das ...
man die zwei Enden, ...
zweien Fingern, und ...
starkem Weinessig. In...
liegen, während welcher...
essigs einen ziemlichen Theil...
weil sie aber dieselbe Wirkung nicht ...
verrichten kann, so behalten solche ihre ...
und bilden daher das verlangte Relief. ...
Weise läßt sich der Name einer Person, ...

ein Medaillon, oder eine jede magische Hieroglyphe, welche auf eine geschehene oder noch künftige Begebenheit Beziehung hat, oder auch ein Geheimniß ausdrücken.

Schnöde, ein Bei- und Nebenwort, welches in einer doppelten Bedeutung vorkommt. 1. In einer subjectiven, weder den inneren Werth, noch die gehörige Güte habend, daher schlecht, untauglich. Snode Vestin, bei dem Jeroschin, schlechte, untaugliche Festungen. Schnöde Wahre, schlechte untaugliche. In weiterer Bedeutung, niedrig, geringe, verächtlich. Schnöden Geschlechts seyn, bei dem Frisch, von niedriger Herkunft. Schnöde Werke, bei dem Kaisersberg, verächtliche, geringe Arbeiten; auch kommt es in dieser Bedeutung einige Male in der Bibel vor. Im Hochdeutschen ist es in dieser subjectiven Bedeutung größtentheils veraltet, und kommt mit einigen Hauptwörtern nur noch in der Poesie vor, um, nach Adelung, ihre eitele und verächtliche Beschaffenheit anzudeuten. — 2. In einer objectiven, sein Urtheil von eines Andern verächtlichen Beschaffenheit durch Worte und Handlungen auf eine ihm empfindliche Art an den Tag legend, und darin gegründet; verächtlich. Jemanden schnöde begegnen, ihn schnöde halten. Einem schnöde Worte geben. Die schnödesten Worte von Jemanden anhören müssen.

Im Osnabrückischen, nach Adelung, in der letzten Bedeutung snäe, und in der ersten snode für schlecht. Die Abstammung dieses Wortes ist ungewiß, weil mehrere Stämme mit fast gleichem Rechte darauf Anspruch machen können. Frisch leitet es von schnäuzen her, was man als Unreinigkeit der Nase wegwirft. Nach Adelung's Meinung soll die Ableitung dieses Wortes von dem Schwedischen

snöd herkommen, welches nackend bedeutet, und
in figürlichem Verstande arm, dürftig, eitel, verächtlich, boshaft, schlecht; snöda werld, die schnöde,
das ist, eitle und verächtliche Welt.
Wort ist das Niedersächsische
schlau.

Schnödigkeit, der Zu
ein Ding schnöde ist.
burg gedruckten Buche, wel
Schnödigkeit genannt, eig

Schnolle, in den Tabakspfei
Tünche, mit welcher man die
bakspfeifen überzieht, und hern
ten läßt.   Man kocht sie aus
ßen Wachs und Seife, bestre
Pfeifen, und reibt sie, wenn
Minuten ausgetrocknet ist, m

Schnopfweife, Zahlweife,
man das Garn aufweifet, und
Anzahl Fäden zu einem Gebi
selbst anzeigt, daß das Gebinde
besteht aus einem weiten Ra
und an den Enden ein horizo
hat, worauf sich das Garn b
Ihre Achse hat in dem Mittel
welcher sie umgedrehet wer
Achse beweglich in einem
Achse greift eine Schraub
rad von vierzig Zähnen, oder so viel, als das Gebinde
Fäden haben soll, welches so oft, als es herum kommt,
einen Klapp thut, indem ein kleines angebrachtes
Brettchen über einen etwas längern Zahn schnappt,
zum Zeichen, daß die Anzahl Fäden, so das Gebinde
haben soll, vollzählig ist.

Schnörkel, ein im gemeinen Leben sehr gangbares
Wort, eine Schneckenlinie, überhaupt jede auf ähn-

liche Art krumm gezogene oder geschlungene Linie zu
bezeichnen, wo es in manchen Sprecharten auch
Schnirkel und Schnerkel lautet. In der Baukunst sind die Schnörkel Verzierungen an den Ka-
pitälen der Jonischen, Korinthischen und zusammengesetzten Ordnung in Gestalt einer Schnecke oder einer gewundenen Baumrinde. Nach dem Vitruv
wollten die Griechen, die diesen Zierrath erfunden
haben, die aufgebundenen Zöpfe der Frauenzimmer
nachahmen. Die Schnörkel bestehen daher nicht nur
aus Schneckenlinien, sondern auch aus Schlangen-
linien in Gestalt eines Lateinischen S. Wegen des
Mißbrauches dergleichen Verzierungen, werden oft
auch alle überflüssige, und nach einem schlechten Geschmacke aus krummen Linien bestehende Zierrathen
Schnörkel genannt. — Ein laubiger Schnörkel, Volute fleuronnée, ist ein Schnörkel, welcher
das Ansehen eines Astes hat. — Bei den Eisen-
arbeitern ist der Schnörkel eine Biegung, die
man dem Eisen giebt, welche gemeiniglich schneckenförmig ist.

Schnörkelperpendikel, Cathetus volutae, in der
Baukunst, eine Perpendikularlinie, die durch das
Auge des Schnörkels einer Säule gezogen wird.

Schnorpel, eine Benennung des Schnepels.

Schnotfisch, eine kleine Fischart, welche auch Häse-
ling genannt wird, s. Th. 20, S. 817.

Schnottolf, Cyclopterus nudus, eine Art Seehasen, s. diesen Artikel.

Schnucht, eine Benennung des Hechtes, s. diesen,
Th. 22.

Schnucke, ein nur im Niederdeutschen übliches Wort,
eine Art kleiner Schafe zu bezeichnen, daher Heideschnucke, Heideschnacke; s. unter Schaf und
Schafzucht, Th. 138.

Schnuffeln. Schnüffeln, ein regelmäßiges Zeitwort der Mittelgattung, den Athem […] und sich einen merklichen Laut […] ziehen; beyde erst […] Gestalt bezeichnen, wie […] […] feln, es auf einen […] Die verstärkenden […] werden auf schlimme Art […]

Schnupfen, ein regelmäßiges Zeitwort der Mittelgattung, […] der Form nach ein Zusammen […] schnauffen seyn, welches eigentlich […] ahmt, welcher entsteht, wenn man mit […] ter Heftigkeit durch die Nase […] […]treulichen Spracharten der Nieder[…] sen auch schnuppen lautet. […] schnuppen, als ein Neutrum, die Feuchtig[…] keit in die Nase ziehen, daher es im […] auch von einer ungesitteten Art des Nieder[…] wird, wofür man in gemeinem Schrift […] deutschen auch das Diminutivum […] Im Hochdeutschen braucht man […] schnuppen nur auf eine solche Art […] die Nase ziehen; daher Tabak […] Schnupftabak. […]

Schnupfen, Gravedo; Fr. […] welche ihren Sitz in dem Gehirn […] woselbst sich gewisse Feuchtigkeiten […] gewöhnlich, wenn sie nicht stocken […] durch die Nase abfließen. Der […] dem Katarrh gleiche Ursachen; s. Catarrh […] S. 720 u. f.; er entsteht, wenn man mit […] stark ausdünstendem Körper sich plötzlich in kältere Luft, feuchten Witterung rc. ausstellt, wodurch die Ausdünstung sogleich gehemmt wird, die Ausdün-stungsmaterie geht dann zurück und macht Stockun-

gen in den Säften. In großen Städten ist man
diesen Abwechselungen sehr oft ausgesetzt, und man
kann ihnen hier kaum ausweichen, welches auch schon
mit in der mehr verzärtelten Erziehung liegt, dagegen
müssen die Landbewohner wenig von dergleichen
Krankheiten, da ihr an jede Witterung gewöhnter
Körper, einen solchen Grad von Abhärtung erhalten
hat, daß ihm ein plötzlicher Wechsel von Hitze und
Kälte nichts schadet. In großen Städten sind aber
so viele Lokalursachen, welche auch den Vorsichtigsten
betrügen und ihn Erkältungen Preis geben, welchen
er oft nicht auszuweichen im Stande ist. Begegnet
man z. B. einem Manne auf der Straße, dem man
seines Ansehens oder seines eigenen Nutzens wegen
den Hof machen muß, so muß man natürlich seinen
Hut ziehen; spricht er mit Einem, so ist man genöthiget, wenn man auch in vollem Schweiße ist, lange
unbedeckt zu bleiben, bis es ihm gefällt, das Gespräch
zu enden, oder er müßte Einen dieser Ceremonie,
unbedeckt zu bleiben, überheben. Wie oft kommt
man nicht in heiße Zimmer, und muß plötzlich wieder
in die Kälte, wenn man gleich stark transpirirt, dies
ist besonders der Fall bei Abendgesellschaften, Bällen,
Concerten, Redouten, Schauspielen ꝛc., wo durch
eine Menge Menschen die Transpiration gesteigert
wird; geht man nun schnell aus einer solchen Ver-
sammlung in die Luft, so ist das Wenigste, was man
davon trägt, einen Schnupfen.

Die Voranzeigen, oder vielmehr die Merkmale des
Schnupfens sind: eine gewisse Schwere im Kopfe, welche sich bald in ein Drücken, einen Kopfschmerz verwandelt, wobei sich ein leichtes Fieber einstellt; ein
starkes Niesen, welches oft hintereinander erfolgt,
und wenn der Schnupfen ausbricht, ein Brennen
in den Augen, und ein Laufen aus der Nase. Sobald der Schnupfen im Anzuge ist, und man einen leich-

ten Schnee verschluckt, so auch niemals die Schnupfen-
ben, das Zimmer halten und sich der gleich
und sich der gleich
chen, welchen man
wie etwas Kühnes
Bekommt man
Körper auf folge
nigten Weinstein (Cre
nehme solche früh
derhole dieses so lange
Hierauf nimmt man
zu welcher man 1 Loth
Kohlen, bis der Zucker
Milch nicht zum Sieden
nimmt man auf warme
derhole solches drei Tage
man dann gewöhnlich schon
kann seinen Geschäften
Vorschrift der Englischen
Kranke sogleich seine Diät
ker Getränke enthalten,
etwas Honig versüßt, trinken
von Melissen oder Lein
Limoniensaft säuerlich ge
Gerste und Süßholz mit
anderes kühlendes, verdünn
Sein Abendessen soll leicht
dünnen Biers, oder Hafer
und etwas geröstetes Brot
welche sich an etwas starke Ge
können, statt der Hafergrütze,
Zucker versüßt nehmen. Der
länger im Bette liegen, als gewöhnlich, und den
Schweiß abwarten, der sich gegen Morgen solche einstellt, wenn er Thee, oder irgend ein warmes verdün-
nendes Getränk trinkt. Viele Leute sind durch die-

ses Verfahren in einem einzigen Tage vom Schnu=
pfen erlöset worden. In England giebt es auch
Viele, die durch einen Rausch den Schnupfen zu
heben suchen, welches auch zuweilen gelingt, indem
man plötzlich die Ausdünstung wieder herstellt; allein
der Versuch ist sehr gefährlich, weil durch ein solches
Verfahren ein gemeiner Schnupfen in ein entzün=
dungsartiges Fieber verwandelt werden kann. Auch
die Englischen Aerzte rathen an, bei den Sympto=
men des Schnupfens sich warm und ruhig zu ver=
halten, und enthaltsam zu seyn; denn durch ein
solches Verfahren kann man den üblen Wirkungen
desselben begegnen; wenn aber erst die Krankheit
durch ein falsches Verfahren Stärke bekommen hat,
so sind die Bemühungen, sie zu heben, sehr oft ver=
geblich. Seitenstiche, Lungenentzündungen, oder
eine tödtliche Lungenschwindsucht sind dann die ge=
wöhnlichen Folgen der Schnupfenkrankheiten, welche
vernachlässiget oder ungeschickt behandelt worden.

Diejenigen, welche leicht den Schnupfen bekom=
men, müssen sich häufig mäßige Leibesbewegungen
machen, und solche Arzneien nehmen, welche die Leb=
haftigkeit des Blutumlaufs vermehren, und den gan=
zen Körper stärken. Sie können die zu große Reiz=
barkeit ihres Körpers durch Opium, Chinarinde,
durch das Wohnen an trocknen, kalten Oertern rc.
schwächen. Die Neigung des Körpers sich zu erkäl=
ten, kann in einem hohen Grade verringert werden,
wenn man sich nach und nach angewöhnt sich schleu=
nigen Veränderungen von Hitze und Kälte auszu=
setzen. Auch läßt sich im Anfange die Krankheit
leicht dadurch heben, wenn man die Füße gerade vor
dem Schlafengehen in warmes Wasser setzt.

Ein genauer Beobachter der Symptome des
Schnupfens im nördlichen Deutschland, hat folgende

Bemerkungen an sich selbst gemacht. Ich rücke hier seine eigenen Beobachtungen wörtlich ein: *)

„Einst befand ich mich im Theater auf dem Parterre, wo es sehr voll und heiß war [...] Gicht hatte fünf Aufzüge, bei seinem Anhange [...] Kopf von einer so [...] daß ich einem starken Schnupfen [...] Tag war der Schnupfen [...] zuge, und er war wie um [...] nehm, da ich schon längst verlangen [...] ihm nicht einen Unterschied finden [...] wie den Kopf durch Räuchern und [...] Der Unterschied war ziemlich auffallend, [...] ete keinen Schnupfen mehr. Erstlich blieb die Beschwerde des Niesens weg, und zweitens [...] die Brust von Schleim frei. So lange ich [...] Schauer spürte, blieb ich zu Hause, [...] als des Morgens meines gewöhnlichen [...] Kopfschmerzen, die trüben triefenden [...] sonst gewöhnliche, höchst unangenehmen [...] bei einem starken Schnupfen fielen weg. [...] laß von einem starken Zufluß vom [...] Nase beschwert, der mir drei Tage [...] erlaubte die Luft durch dieselbe einzuziehen, [...] wuthete nun, weil ich dennoch sie [...] bei gehabt und in drei Tagen nicht [...] lassen hatte, daß sich im [...] Schärfe abgesehet haben möchten [...] ich alle Stunden sechs Minuten [...] Bewegungen. Die Folge davon war, daß [...] Stunden nunmal ohne Zwang [...] Leib erhielt. Auch hatte ich nachher [...] die geringste Mattigkeit, wie dieses oft bei [...] Fall ist. Die Eßlust, der Geruch, die gute Verdauung, der Schlaf, kurz Alles blieb während der acht Tage

*) Die Heilkraft gewisser Bewegungen des Körpers zur Beurtheilung hartnäckiger Hypochondrie. Sicht in N. Leipz. 1817, S. 97 u. f.

dieses Schnupfenanfalls so gut wie vorher. Die gewöhnlichen Beschwerden des Schnupfens und Katharrs blieben hier also aus, und hieran war nichts schuld, als die fortwährende Reinigung des Kopfes; der Schleim wurde immer fortgeschafft und nicht angehalten, er konnte daher die benachbarten Theile sowohl, als diejenigen, wo er unmittelbar saß, nicht reizen. Ich habe seitdem die stärksten Katharre gehabt, wo der Auswurf von der Brust sehr wenig und nur des Morgens gekommen ist; der Schleim ist dagegen vom Kopfe durch die Gewohnheit der Reinigung, besonders in den Wintermonaten so häufig abgegangen, daß ich nicht genug auswerfen konnte. Dieses geschah aber ohne Kopfschmerzen, ohne Niesen, und überhaupt ohne das geringste Zeichen eines Schnupfens. Wollte ein starker Tabaksschnupfer meiner Art den Kopf zu reinigen sich angewöhnen, so muß er den Tabak nicht so geschwind und gewaltsam hinaufziehen, weil solcher die Nerven zu sehr reizt, und wenn man nun die Reinigung macht, leicht Kopfschmerzen entstehen. Wenn der Kopf recht rein ist, hört ohnedies die meiste Ursache auf, warum man den Tabak nimmt; der Kopf ist frei; es ist daher irrig Tabak zu nehmen, um sich, wenn man verstopft in der Nase ist, Luft dadurch zu verschaffen. Dies geschieht zwar zuweilen augenblicklich; allein die Verstopfung wird nachher ärger, als zuvor. In meinem dreißigsten Jahre wurde ich von einem sonderbaren Schnupfen täglich einmal überfallen, und zwar zu ungleichen Stunden. Plötzlich kam Niesen, ohne vorher das Geringste zu vermuthen. Das Wasser lief dabei häufig aus Augen, Mund und Nase. Dieser Zufall überraschte mich oft in der Kirche, in Gesellschaften und in den wichtigsten Geschäften, so daß ich, ohne ein Wort sprechen zu können, abtreten mußte. Er hielt zuweilen eine Stunde, aber nie länger an, denn wenn sich der Kopf von diesen scharfen Feuchtigkeiten gereinigt hatte, konnte ich sogleich wieder erscheinen, als wenn nichts vorgefallen wäre. Von Natur mußte ich stark niesen, und aus diesem Grunde wurde mir dieser Zufall, der mehrere Jahre dauerte, bedenklich. Alle meine Freunde sahen sich nach Hülfsmitteln um, es fand sich aber Niemand,

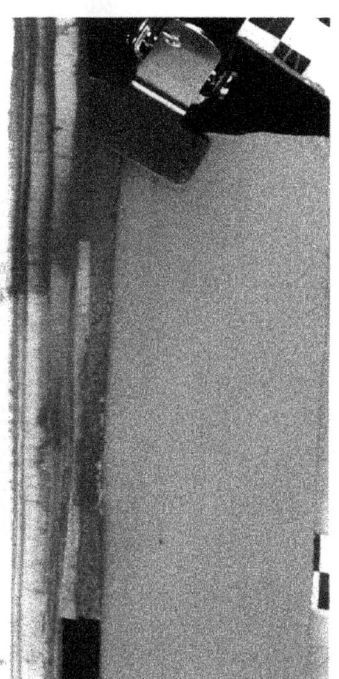

der mir etwas rathen oder helfen konnte. Ich dachte daher sehr ernstlich über diesen Zufall nach, und mit viel Mühe die Ursache desselben zu entdecken. Indessen verstrichen dennoch einige Jahre, ehe ich geachtet ich höchst aufmerksam auf was war, entdecken konnte, weil doch in behutsamen den Tag. Ursache meines besondern ich ihn so neuern weil von Jugend auf gewohnt fand ein besondres Vergnügen Lichtes der aufgehender Sonne ergötze es ungemein, wenn ich genstände nach und nach erhellt, Licht und Schatten so schön gezeichnet Abwechselung von Tag und Nacht, die herrliche Ansicht des Gewölbes, wo die Größe Schöpfers sich in ihrer ganzen große Stille und das allmählige nigfaltigen Bewohner des Waldes machte auf mich den größten Eindruck Genusse nun, oder vielmehr in der Schönheiten der Natur genoß, ses Geschwindschnupfens verborgen nämlich so gewöhnt, daß ich täglich se, mit dem noch ausduftenden Kopfe hinausfuhr, um meine Begierde zu befriedigen, und die Sonne zu belauschen. Selbst im Sommer wird die Luft bei aufgehender Sonne sehr kühl; die Ausdünstung meines Kopfes mußte folglich plötzlich zurückschlagen und Stockungen verursachen, die sich jedoch zu meinem Glücke täglich Sobald ich dieses entdeckt hatte, öffnete ich das Fenster acht Tage lang gar nicht, und mein Schnupfen blieb weg. Um mich hiervon recht zu überzeugen, entschloß ich bei aufgehender Sonne wie zuvor den Kopf zum Fenster hinauszustecken, und siehe da, das Niesen kam denselben Tag weit heftiger wieder, als je. Hierauf verriegelte ich einige Zeit das Fenster, und so ward dieser unangenehme Zufall auf immer gehoben. So brachte ich also sechs Jahre zu, um die Ursache dieses Übels, die doch leicht zu finden war, zu entdecken."

Schnupfen. 545

Der sogenannte Stockschnupfen, ist, wie

*) Makrobiotik, 2. Th. Berlin, 1805, S. 256.

Schnupftabak, Pulvis Tabaci s. sternutatorius; Tabac en poudre, ein von gedörrten, gestampften gestoßenen oder gemahlenen Tabaksblättern, entweder fein, oder gekörnt verfertigter Tabak, welcher von den Spaniern zuerst gebraucht, und von dort nach Frankreich und Italien gebracht worden, s. unter Tabak in T. — Die zum Schnupftabak bestimmten meistens von der Brühe noch triefenden, Blätter, werden dergestalt in einem leinenen Tuche zusammengelegt, durch Hülfe des Karottenzugs zusammengepreßt, und mit einem Seile umschnürt, damit ein spindelförmiger Körper, den man Karotte*) nennt, entsteht. Die Karotten werden nachher aus dem Seile und Tuche wieder herausgenommen, und dagegen mit Bindfaden umwunden oder fisellirt **). Der Karottenzug ist ein Gestell, an dem der Faden fest um die Karotten angezogen werden kann, sowohl um diesen die erste Bildung und Festigkeit zu geben, als auch um sie nachher fiselliren zu können. In einigen Fabriken, z. B. in Weende ward das Seil an zwei Wände befestiget, und nicht mit einer Winde, sondern mit einem Kloben angezogen. Ein Arbeiter legte die Blätter auf einem groben leinenen Tuche zu recht; ein Anderer zog die Karotten. Auf diese Weise wurden in einem Tage 60 große Karotten gezogen, welche einige Tage nachher noch einmal stärker geschnürt und dann fisellirt wurden. In Frankreich wird der Schnupftabak gesponnen. Man windet nämlich das gesponnene Seil zu einer Rolle, die unter eine Presse gebracht wird. Die

---

*) Ein aus dem Französischen entlehntes Wort, weil die Wurzel dieses Namens Carotte heißt.
**) Dieses Wort ist aus ficeller, ficellage, mit Bindfaden umwickeln, entstanden.

gepreßten Rollen zerschneiden sie in gleich große Enden, legen solche einzeln zwischen zwei Formen oder
halbe Röhren.   Dergleichen Formen bringen sie
viele auf einmal unter eine große Presse, welche, nach
Art der Tuchpressen, mit einem Hebel getrieben wird.
Erst nachher werden diese walzenförmige Karotten,
ohne Karottenzug, durch Hülfe einer hölzernen Nadel, mit Garn umwunden oder fisellirt, und zuletzt
an beiden Enden mit einem Messer abgestutzt oder
gleich gemacht.   Das Karottiren oder Fiselliren geschieht, um durch Abhaltung der freien Luft die
Gährung zu befördern, und die dadurch entwickelten
Theile beieinander zu erhalten. Die Karotten werden
dann, um wieder in Gährung zu gerathen, einige
Zeit in einem Schranke verwahrt, und hierauf entweder ohne weitere Zurichtung verkauft, oder sie
werden rapirt, das ist, auf einer aus vielen großen
Sägeblättern zusammengesetzten Reibe, die man die
Rape nennt, zerrieben.   Der rapirte Tabak wird
gesiebt, und das Gröbere mit einer Handstampfe
oder einem Stampfeisen zu einem gröblichen Pulver
gemacht.   Diese Arbeit wird auch in einigen Fabriken von einer vom Wasser getriebenen Stampf-
mühle verrichtet.   Die Rapirmühle ist auf folgende
Weise gebauet.   Durch einen Kasten geht eine
Welle, deren Oberfläche eine Reibe ist.   In der
obern Decke des Kastens ist eine Oeffnung, durch
welche der Arbeiter die Karotte an die Welle hält,
deren Kurbel er mit der andern Hand umdreht.
Unten ist eine Schieblade, in welche der rapirte Tabak fällt.   In einigen Fabriken Frankreichs und
Hollands geschieht auch das Sieben des Tabaks
durch Hülfe des Mühlwerks, da nämlich ein krummer
Zapfen eine Ramme, worauf Siebe von verschiedener Feinheit stehen, über einem Kasten hin- und
herzieht.   So z. B. hob die Daumwelle in dem

oben angeführten Werke fünf Paar Stampfen, davon allemal zwei in gewissen ...

... niederzusinken ... Schnupftabak ... hatte ...

... ter ... und ...

... werden. Der ...

macht, daß ...

... ohne Welle, der ...

... blättern besetzt ...

... war ein Gewicht ...

... nung jeder Arbeiter ...

... ten konnte. Der ...

... der Welle angebracht ...

... führte Handstampfe ...

... Decke des Zimmers ...

... stiger, mit ...

... einen Gewinde ...

... Stange sind an ...

... stampfen sich ...

... bracht, die zum Sto...

... Unter diesen ...

... welchen ...

... den St...

... daß die ...

... Stelle des ... in ...

... bak, gemahlnen ... Nach ...

... mahlnte Tabak gestoße. Der ...

... ben wird so lange fortgesetzt, ...

... Masse völlig in Schnupftabak verwandelt ...

Die auf die oben erwähnte Mühle gebracht ...

... ter und Rippen werden erst in eine ...

... Trockenstube gebracht, und darin auf ...

worfen, die auf einem Gerüste liegen. In dieser
Trockenstube werden nun die Blätter und Rippen
vorbereitet, so daß sie auf der Mühle gemahlen werden können. Die schweren Rippen Schnupfta-

[Text heavily obscured by ink damage]

Eine solche

ein Kumit-
greift, zwei senkrechte
Gerüste hat, welchen ein
demselben die auf die Armen der
umlaufenden. Mühlsteine
war der Durchmesser des
Fläche, der Durchmesser der beiden
ungefähr 5 Schuh; die Dicke derselben
1 Schuh. Nach Beckmann sol-
große und schwere Steine nicht nö-
auch wird der vorsolchen Stei-
tabak leicht durch das abgerie-
In wurden
die Amerikanischen später ange-
Walzen zusammen
Platten einer Kur-
bel gedreht dieses Platt-
werk wurde werden, und
daher war nur ig, um die
Rippen zwischen die

In dem gemahlen
Tabak gehört Se. Omer
x., zu dem gemahlen Espagnol x.
Bei denjenigen Sorten aus
Blättern gemahlen werden hat einigen

Arten die Blätter vor dem Mahlen, bei andern aber
nach dem Mahlen saucirt, einige auch erst, █████████
sie gesiebt worden, weil die Rippen nicht so █████
mit den Blättern saucirt ██ ████ Die Farbe █
man durch █████████
Fabrik██████████
nige; Witt█████████
chen aber ██████████
Geruch ██████████
circhende███████
frisch bi█████████
nimmt m████ Weitlau
Safran, Tamarinden;
auch das Ruchgras,
oder Asperula odorata.
So werden von dem Se█
tabak die Blätter in Sal█
suppe saucirt, und herum█
Bei dem Rapé finden beim ██████
Statt. In den Spanischen ███
Holländischen Tabaksorten wer███
Stiele getrocknet, gepülvert ██
Siebe nach Nummern ██████████
rung gesuchet bald mit Bisa████ ████
man mit Zucker abreibt, bald ██████
wie beim Spanischen Tabak████████
Wein, Zucker und Bran██████ wie beim █████
tanischen ████ mit Ban███ ██ beim Seu██ mit
Tonkabo████ wie ███ ████nischen sogl██████
Touca oder ████ der ████ ████ oder mit Amb██ und
Zucker ab████ ████ ████ seinen Italienern;
mit Ambra███████ █ mit Orangenblüthessen, wie
beim Malte████████████. Bisam und Zucker,
wie beim Ri████ ████tabak; mit Veilchen█
wurzt, wie beim ████ Violettapé; mit Stein█
kerblumen, wie ██ ██ ████verschen Tabak ꝛc. In

den Ungarischen und Französischen Fabriken wird
der Schnupftabak zum Theil ohne allen Zusatz fa-
bricirt, man macht ihn aber auch mit mancherlei
künstlichen Beizen und Salzen an. Man
kann auch Schnupftabak aus Lendtabak machen.
Dieser Tabak mag dann fermentirt und ein
Centner Blätter mit folgender Anfeuchtung ver-
mischt werden: 2 Pfund Weinhefen, 12 Quart
Wasser, 1/2 Metze Kochsalz, 1 Pfd. Honig, und 1/2
Pfund Weinsteinsalz. Mit dieser Anfeuchtung oder
Ansprengung muß der eingerührte Landtabak acht
Tage lang fermentiren.

Man schlägt den Schnupftabak, nachdem er bereitet worden, entweder in blecherne Dosen oder in
Bley ein, und dann in Papier. — Das Einschlagen oder Einpacken geschieht auf folgende Weise:
Auf der obersten Fläche eines Klotzes steht eine vier-
kantige oder runde Form von Holz, die zum Theil in
dem Klotz versenkt und gerade so weit ist, als das
künftige Pack Tabak, nur etwas länger. Man kann
in den Klotz eine Form zu 1/4, 1/2 und 1/1 Pfund
einsetzen, und mit einem Keile befestigen. In jede
Form paßt ein hölzerner Trichter; an den untern
Theil desselben wird eine dünne Bleyplatte, und ein
Papier um diese geschlagen, und beydes an der untern
Oeffnung des Trichters zusammengesetzt. Man setzt
hierauf den umwickelten Trichter in die Form, und
wirft in den obern weitern Theil desselben etwas Tabak, zieht den Trichter heraus, und stampft den Tabak mit der hölzernen Stampfe in das Bley und
Papier fest ein. Die Stampfe muß daher auch
genau in die Form passen. Auf diese Weise wird
das Papier und das Bley nach und nach mit Tabak
angefüllt, und jede Lage eingestampft. Zuletzt, nachdem das Pack seinen gehörigen und abgewogenen
Tabak erhalten hat, wird dasselbe aus der Form ge-

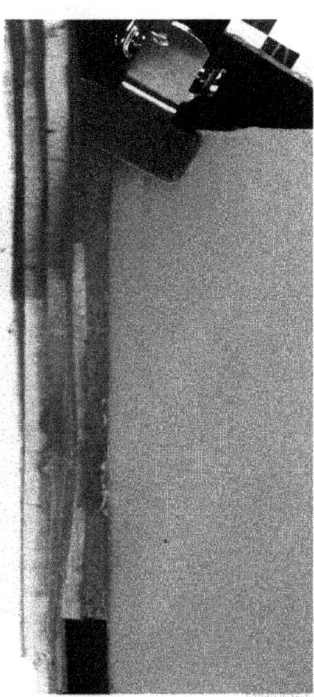

zogen, oben zusammengelegt, gestegelt und gestem-
pelt. Das Stempel

menfügung.

Der
Weiss
eigen
neu
teru
schieren
dan
men,
über
hängt
eigen
ged bei. In einer
den dauf solche Weise. Thin
gossen davon jedes
und 2 reit ist.

Die der Schnupftab
wigsch em von Zeit zu
Wan neue Namen
pfehlen Viele frem
uns acht, und ihnen ver
ben, frembe zu verkaufen.
Ende underts
Deute England di
weigern sere Samm
den von ein Englischer Se-
wand machte sammelte
Leute dachte Englische Dosen,
und verf die Tabaksfabo
un es nach schlage zu gebrauchen.
Folgende fünden jetzt in dem
Handel den flüss Der St. Omer
oder Rapé, wei Karotten, die
Dünkirchen, St. Omer, Strasburg, Ostende, Al-

tona, Hamburg, St. Gallen und Holland liefern, gemacht, oder aus Virginischen, Ungarischen und zum Theil Ukrainischen Blättern verfertiget. Man erhält ihn auch in Fässern, bleyernen Büchsen ꝛc. von Dünkirchen, St. Omer, St. Gallen und Straßburg. Es muß gut rapirt und saucirt seyn, und einen angenehmen säuerlichen Geruch haben. — Eine Sauce zur Anfertigung des St. Omer oder Dünkircher Schnupftabaks. Man nehme 1 1/2 Pfd. gute reine weiße calcinirte Pottasche, 3/4 Pfd. Salmiak, 1/2 Pfd. rothen Weinstein, nebst 15 Pfd. Küchensalz, und zerlasse es in so viel reinem Fluß-Wasser, als dazu nöthig ist. Diese Lösung wird hierauf mit 4 Pfd. rothem Wein, einem Pfunde Honig, und einem Pfunde Wacholdersaft gut untereinander gemengt, und bei gelindem Feuer eine Viertelstunde lang im Sieden erhalten. Nachdem dieses geschehen, werden 16 Loth Aland-wurzel, 16 Loth Galgantwurzel, 12 Loth Sassafrasholz, 16 Loth Althaeawurzel, und 6 Loth gereinigte Pottasche, alles im verkleinerten Zustande, mit 12 Pfd. Flußwasser eine Stunde lang gelinde im Sieden erhalten, dann das Fluidum durch Leinwand gegossen, der Rückstand ausgepreßt, und nachdem die Brühe mit der vorher gewonnenen Flüssigkeit gemengt worden, kann man die Sauce zum Gebrauche anwenden. Diese Sauce, welche der Geheime Rath Hermbstädt in seinem Bülletin[*) mittheilt, giebt unserm Landtabak einen so guten Geruch und Geschmack, wie der beste und zugeführte Dünkircher nur haben kann.

2) Der Holländische Schnupftabak, von dem es braunen und schwarzen giebt, und der von

*) s. Bd. 44 Heft, Berlin, 1810, S. 458.

Amsterdam, Rotterdam, Ameersfort ꝛc. häufig in den Handel kommt. Der schwarze ist in vierecktigten Stangen, und geht insbesondere nach Polen, und in die angrenzenden Länder ꝛc. — 3) Der Ma-reco......

... 4) Der Spa...
schiedene Arten...
ropa geht. D...
hen aus Sevill...
mit Zusatz einer...
Man macht den ...
ser rothen Erde an...
tigkeit, Farbe, und...
Geschmack bekommt...
tige, in Europa ...
Eylande Trinidad...
Insel Cuba, welch...
tabaks dienen, ...
Mühlsteine von unt...
und hernach auf das...
erhält man die Pu...
oder den allerfeinsten ... Alle Sorten des
Spanischen Tabaks, nämlich Sevilla, Havanna oder
Espannel, Tonka, und Son de Tonca, Cuba, kommen in Vasen von einem Spanischen Pfunde, in

doppelten dergleichen, in ganzen und halben Suro-
nen rc. zum Handel. — 5) Ungarischer Tabak, der entweder braun oder schwarz von Farbe
aussieht, und sehr stark ist, wird am besten im Lande
selbst, und zwar zu Presburg, Debreczin, zu Diöszeg,
im Biharer Komitat, zu Janoschaza, im Eisenbur-
ger Komitat, zu Debree in der Hewescher Gespann-
schaft, wie auch zu Hapar, Jant, klein Manok und
Izmeny, verfertiget. Der Debreer ist in sogenannten
Karten von einem halben Pfunde Wiener Gewicht.
Auch der Fünfkirchner und Insulaner Schnupftabak
in Ungarn findet starken Vertrieb. — 6) Bra-
silientabak ist nicht durchgängig beliebt, doch
giebt es Länder und Gegenden, wo man Geschmack
daran findet, z. B. die Afrikanischen Küsten, Italien,
die Böhmischen Grenzen nach Sachsen zu rc. —
7) Granitter oder granulirter, gekörnter
schwarzer Tabak, der besonders in Italien stark
verbraucht wird. Außer diesen hier angeführten
Hauptsorten der Schnupftabake, welche größtentheils auch jetzt noch in Gebrauch geblieben, und
durch keine anderen Sorten oder vielmehr andern
Namen verdrängt worden, wie dies bei dem Rauch-
tabake fast täglich geschieht, hat man nun noch mehrere andere Sorten, welche theils den Namen der
ersten Fabrikanten führen, theils auch ihre Namen
von den Oertern entlehnt haben, wo die Art am
ersten gemacht worden oder am meisten gemacht
wird, oder auch ihren Ursprung von der Farbe, von
dem Geruche, oder dem aufgedruckten Zeichen des
Fabrikanten oder Kaufmanns haben rc. So hatte
und hat man, Scholten d'Hollande, Tabac de
Chevalier, Cusco oder Cuzco, sowohl fleur de
cusco, als grascusco, (von Cusco einer Stadt in
Südamerika) Robillard, eine Gattung Pariser Tabake, welche den Namen des Fabrikanten trägt, und

sehr beliebt ist; Tonka oder Son de Tonca,
Marino, Dünkirchner, ꝛc. ꝛc., worüber man die
Preiscourante der Tabakshändler nachsehen kann. —
Die erste Eigenschaft, die man von gutem Tabak
verlangt, ist die, daß er sich lange unverdorben erhalte und gut von Gerud, ... sei ... ... Das
erste erlangt der Fabrikant ... ... Sal-
saucirung, das andere durch ... ...
welche den Tabak einen angenehmen Gerud mittheilen,
wie solches zur Befriedigung der Liebhaber erforderlich ist, und oben angeführt worden. Ueber
die Bereitung des Schnupftabaks, s. auch
den Art. Tabak, in T.

Was nun die Benutzung des Schnupf-
tabaks anbetrifft, so sind die meisten Aerzte gegen
dessen Gebrauch, weil er der Gesundheit keineswegs
vortheilhaft seyn soll, und statt die Augen zu stärken,
aus welcher Ursache ihn sich viele Personen angewöhnt haben, sie nur schwäche; auch soll er, übermäßig
gebraucht, sogar Verstopfungen im Kopfe bewirken.
Hufeland verwirft das Schnupfen durchaus, ja
er hält es in Absicht der Unreinlichkeit noch für
schlimmer, als das Rauchen. Er sagt darüber in
seiner Makrobiotik [*]: „Das Schnupfen reizt die
Nerven und schwächt sie am Ende, und erzeugt
Kopf- und Augenkrankheiten. Zu allem dem
kommt nun noch etwas, was die Nachtheile des
Schnupfens ausnehmend vermehrt, die mancherlei
Zusätze und Beizen, wodurch die Tabaksfabrikanten
die Käufer mehr zu reizen suchen, die zum Theil
wahre Vergiftungen des Publikums sind. Es ist
mir unbegreiflich, daß die Gesundheitspolizeyen, die
alle Consumtiblien so genau beobachten, diese jetzt

[*] Th. 2, Berlin, 1805, S. 209.

so wichtige Klasse derselben nicht genauer untersuchen; denn es ist doch wohl am Ende einerlei, ob ein Mensch durch Verschlucken oder durch Rauchen und Schnupfen vergiftet wird. Nur ein Factum zum Beispiel, was ich ganz genau weiß. In einer Tabaksfabrik war es herkömmlich, den Spanischen Tabak immer mit rother Mennige zu vermischen, um ihm schönere Farbe und Gewicht zu geben. — Hier schnupsten also die Käufer täglich eine Portion Bleikalk, das fürchterlichste schleichende Gift. Muß man sich denn noch wundern, wenn manche Arten Schnupftabak unheilbare Blindheiten und Nervenkrankheiten nach sich ziehen, wie mir Fälle vorgekommen sind, und ist es nicht Zeit, diese, der öffentlichen Gesundheit so gefährlichen, Betrügereyen der Dunkelheit zu entziehen, und keinem Rauch- und Schnupftabak den Verkauf zu erlauben, bis er chemisch untersucht und unschädlich befunden worden ist." Dasselbe sagt auch Beckmann, der von dem Hofrath Mönch schon im Jahre 1778 den Beweis erhielt; denn dieser erhielt aus einem halben Pfunde Tabak durch Auslaugen, Einkochen und Reduciren ein Korn Bley von 9 Gran, ein Beweis, daß Bleyzucker ꝛc. beigemischt gewesen. Die gefährlichen Verfälschungen des Tabaks gehören nicht bloß der neueren Zeit an, sondern man findet auch schon in Johann Neander's Tabacologia, welche im Jahre 1626 zu Leiden herauskam, eine Anweisung Tabak mit schädlichen Brühen oder mit solchen, die der Gesundheit nachtheilig sind, anzumachen. Dieses geschah nicht in der Absicht um zu schaden, sondern weil man wahrscheinlich deren Schädlichkeit nicht kannte, wohl aber ihre reizende, anziehende Wirkung. Uebrigens ist bei den verschieden beobachteten Wirkungen des Schnupftabaks seine eigentliche Schädlichkeit und Nützlichkeit schwer

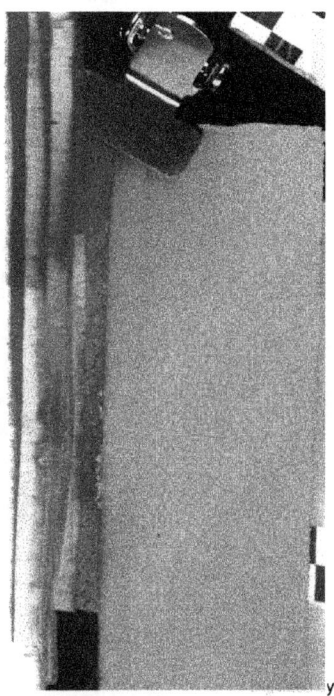

zu entscheiden; denn Einige wollen eine sehr gute
Wirkung von seinem ununterbrochenen Gebrauche
verspürt haben, und sind daher voll der Lobeserthei-
lungen, die sie ihm ertheilen; Andere wollen ihn dagegen gar nicht loben, und ergehen sich in Redensarten über seinen Nachtheil, und ——————
hier eine Gränzlinie zwischen seinen ——————
Eigenschaften zu ziehen. Wenn ——————
rein und gut bereitet worden, ——————
nachtheilige beigemischte Ingredienzen ————, so
kann sein mäßiger Gebrauch wohl ——————
theiligen Folgen begleitet seyn, welche eine Eigenschaft sich dadurch offenbart, wenn der Tabak noch
Niesen erregt, ist aber dies nicht mehr der Fall, so
hat er seine arzneiliche Eigenschaft abgelegt und ist
ein Gewohnheitsprodukt geworden, wie Kaffee, Thee
und Chocolade, und er soll dann schädlich auf die
Gehirnnerven wirken; da er ihre Thätigkeit vermindert
und unheilbare Verstopfungen, Kopfschmerzen und
Augenkrankheiten erzeugt. — Daß das Schnupfen des Tabaks immer eine garstige Ungewohnheit
ist und bleibt, besonders bei dem Frauenzimmer, welches mit der Bereitung der Speisen rc. zu thun hat,
ist gewiß, allein seine wahre Schädlichkeit ist wohl
noch in Zweifel zu ziehen, besonders wenn er nicht
im Uebermaaß genommen wird; denn man findet viele
Leute, die sich desselben schon von ihrer Jugend an
bedient haben, ohne davon den geringsten Nachtheil
zu verspüren; auch Friedrich der Große bediente sich des Espaquols in starken Portionen des
Tages bis zu seinem Tode, ohne davon Nachtheil zu
verspüren. Es thut hier allerdings die Gewohnheit
sehr viel, wie wir dieses bei dem Opiumnehmen der
Türken gewahren; allein ist nicht so Manches bei uns
Gewohnheit geworden? wir dürfen nur eine Menge
von Speisen annehmen, die dem Körper eher Scha-

den zufügen, als ihm Nutzen gewähren, nur die Gewohnheit und ein anhaltender Gebrauch hat sie minder schädlich gemacht. Hierher gehören auch die schon oben erwähnte Getränke Kaffee, Thee und Chocolade, welches erst Arzneien waren, und jetzt alltägliche Getränke geworden sind, und so geht es auch mit dem Schnupftabak. Seine Schädlichkeit liegt daher wohl nur in den mancherlei Beizen, wozu oft der Gesundheit schädliche Ingredienzen genommen werden; s. auch den Art. Tabak.

Schnupftabaksdose, s. Tabaksdose. Ein Kunststück mit einer Schnupftabaksdose vom Ritter Pinetti. Der Künstler hat sich von den Zuschauern zwei Schnupftabaksdosen aus, von denen er die eine ausleerte, die andere aber mit Tabak anfüllte. Die eine wurde hierauf auf den einen Tisch, die andere auf den zweiten Tisch in die Mitte der Schaubühne gestellt. Die Zuschauer überzeugten sich davon, daß die eine noch mit Tabak angefüllt, und die andere leer war. Auf die eine legte nun ein Zuschauer seine Hand, die andere wurde unter einen Leuchter mit einem großen hohlen Fuße gestellt, und sowohl die Dose, als der Leuchter wurden fest gehalten. Der Leuchter fing sich nun mit einem Male an zu bewegen, und die Dose, welche unter ihm lag, dergestalt an zu schwingen, daß es schien, als ob sie in die Luft springen wollte, und da man beide öffnete, fand man die gefüllte leer, und die leere gefüllt. In der anfangs mit Tabak gefüllten Dose entdeckte sich nun ein Billetchen, welches künftig vorsichtiger zu seyn und die Dose fester zu halten bat, damit so kostbare Sachen nicht verloren gehen möchten.

Die Enthüllung dieses Kunststückes ist folgende. Beide geliehene Dosen wurden sorgfältig unter mehreren ausgewählt, damit gewisse Platten, welche der Künstler besaß, in sie passen möchten.

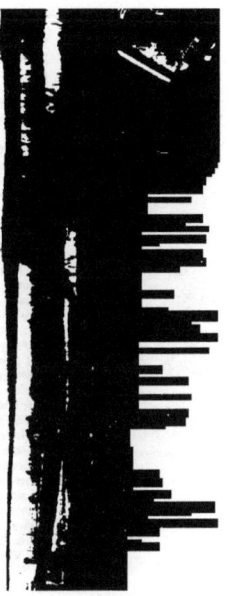

Unter dem Vorwande, solche zu füllen, […]
die eine mit einer eisernen Platte, […]
und den Deckel man das […]
einschob, die andere aber mit […]
seinem Schnupftuchall […]
welche die Springfeder […]
deckte. Jene wurde […]
den mechanischen Tisch […]
die eiserne Platte an, die […]
zu Boden drückte, daß sie […]
der Schwunghebel aber, […]
wegte, ließ die Spring[…]
dem Deckel hinaus[…]
bak zum Vorschein […]

Schnupftuch, N a […]
Schnenztuch, […]
chief, ein viereckigtes […]
Stoffe, dessen Geb[…]
Die Alten sollen leinene […]
ben, wie man solches in […]
deckungen, Th. 7, S. 61 […]
Es giebt seidene, baum[…]
gemischter Materie, z. B. […]
wolle, aus Baumwolle und […]
und aus Leinen. Man hat […]
glatte, gedruckte, gestreifte, […]
mustert, gefärbte, bemalte, […]
seidenen, welche Dutzendweise […]
wichte gehandelt werden, […]
Mayland, Como, Mantua, […]
dig und Neapel; aus Spanien […]
Barcellona; aus der Schweiz, […]
Gallen; aus Frankreich und […]
uns in Deutschland liefern: Barmen, Crefeld, […]
feld, Berlin, Mühlheim, Leipzig, Nürnberg; […]
in Steyermark seidene Schnupftücher. Die […]

ländischen Tücher werden wegen ihrer Güte und ihres
billigen Preises in ganz Europa sehr gesucht; eben
so die von Barcellona und Valencia, die man noch
zu Anfange dieses Jahrhunderts in übergroßer Menge
nach den Seestädten an der Ostsee und ganz Norden,
so selbst nach Frankreich verführte. In neuester
Zeit hat freilich der politische Zustand Spaniens vieles geändert. Aus England gehen, besonders von
Manchester und Spitalfields, viele leichte seidene
Tücher nach dem übrigen Europa, vorzüglich aber
nach Amerika. Auch die Schweizer Waare wird
sehr gesucht. — Die halbseidenen oder leinenen, mit
Seide durchschossenen Tücher macht man in Schlesien, Sachsen und Böhmen von vorzüglicher Güte;
florettseidene liefern das Mayländische und die Schweiz.
Von baumwollenen Schnupftüchern kommen die
schönsten und feinsten aus Ostindien, besonders von
Bengalen, welche entweder ganz baumwollen, oder
halb baumwollen und halb Seide sind. Sie haben
verschiedene Farben, welche der Baumwolle oder
Seide, woraus sie gewebt worden, erst vorher gegeben wird. Sie sind meist in ganzen Stücken, die
nach Beschaffenheit bald mehr, bald weniger Tücher
enthalten. Die von Cairo werden Bundweise verkauft; ein Bund von den feinern und mittleren Tüchern enthält achtzehn, von den gemeinen aber nur
zehn Stück. Sie werden auf den Auctionen der
Compagnien zu Kopenhagen, London, Amsterdam ꝛc.
eingekauft; ihre Güte, Größe und Preise findet man
unter den Artikeln Ketmis, Romals, Palicat,
Musseline ꝛc. beschrieben. Man bekommt auch
aus Ostindien gemalte Schnupftücher, welche mit
unter die seidenen Zeuge gerechnet werden. Mittel-
feine baumwollene Tücher kommen aus der Schweiz,
besonders von Basel, Genf, Zürich, St. Gallen,
Herisau, wie auch von Hamburg, Augsburg, Chem-

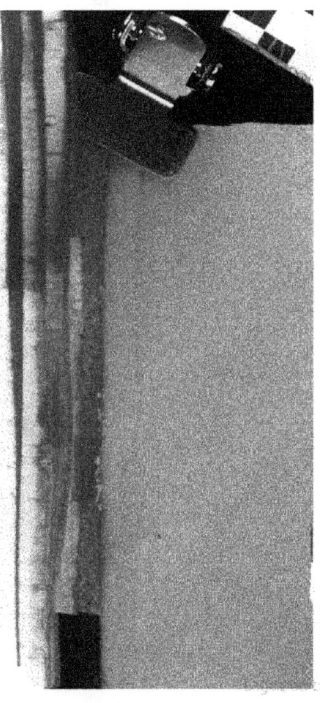

..., Elberfeld, Bremen, Hirschberg...
Hof im Voigtlande, Grimma, ...
... die Leinene Schnupf...
Sachsen, Schle...

Wien...
Schlesien, ...
... In der Lausitz ...
kommen jetzt auch ...
... mit John Bull ...
mit Landwaaren. — ...
tücher werden in ...
... sel gedeckt gemacht. ...
Papiere gemacht und ...
tücher von Baum...
36, S. 51; reich ge...
den Philippinischen Inseln ...
Wie baumwollene Schnupf...
36, S. 75.

Schnupftuch der Venus, ...
Venus, ein Schnupftuch, ... die ...
einer die Schönheit beför... Schnupf...
reitet worden. Man ... hierzu ...
des Wallraths. Die auf folgende Weise ...
Schnupftücher werden fast gar nicht ...
nimmt 1/2 Briazoner Kreide, calzinirt ...
Glasofen, oder auf eine andere Art, ...
guten Brantwein auf die calzinirte Masse, ...
es vier und zwanzig Stunden stehen, taucht ...
das Tuch darein, und läßt es im Schatten, ...
weder Staub, noch Sonne oder Feuer dazu ...
trocken werden, und wiederholt diese Operation drei...
mal. Diese Schnupftücher bedient man sich, ohne ...
sie naß zu machen. — Eine andere, jedoch ...
ständlichere Art vergleichen Schnupf...

cher zu verfertigen. Man nehme 2 Pfund
Feisalaun, 1 Pfd. Borax, Gummi Arabikum und
Traganth, von jedem 4 Pfd. Auf Alles gieße man
2 Pfd. Malvasier und 2 Maaß Jirgenmilch. Dann
nimmt man 2 Pfd. Bleyweiß, thut es in ein leinenes
Tuch, und läßt es in einer hinlänglichen Menge gemeinen Wassers kochen. Dieses Wasser gießt man
auf die vorher erwähnte Infusion. Man nimmt
dann 2 Pfd. weißen Honig, 3 Pfd. Terpenthin, und
eben so viel weißen Zucker, und läßt es in weißem
destillirten Weinessig kochen. Wenn es halb eingekocht ist, gießt man es zu dem vorigen Mengsel, thut
dann 3 Unzen klein zerstoßene Myrrhe hinzu, und
einige Schnecken ohne Schalen, die im gemeinen
Wasser gut gereiniget werden müssen. Man rühre
nun das Ganze eine halbe Stunde tüchtig um, damit
sich Alles gehörig mische. Man werfe nun Alles in
einen Kolben mit einem fetten Huhne, welches rein
gewaschen und in Stücke geschnitten werden muß,
thue 1 Unze Kampher, das Weiße von 10 frischen
Eyern, und die Schalen von 5 Pomeranzen hinzu,
und destillire es. Das erste Wasser, welches bei der
Destillation zum Vorschein kommt, ist sehr klar, und
dieses muß besonders aufgehoben werden; das zweite
sehr weiße Wasser, dient zur Bereitung des Tuches,
und wird auf folgende Weise genutzt: Man nimmt
ein feines Tuch, wäscht es in Rosenwasser, und läßt
es trocken werden. Hierauf läßt man es vier und
zwanzig Stunden in dem vorher beschriebenen weißen
Wasser liegen, und darauf im Schatten trocknen.
Will man sich des Schnupftuchs bedienen, so sehe
man vorher zu, daß das Gesicht recht rein sei, dann
kann man damit über das Gesicht hin und her fahren, wovon man eine wunderbare Wirkung verspüren
soll; denn die Haut wird davon klar, glänzend und
so weich wie Atlaß. Man kann dieses Schnupftuch

in der Tasche tragen. Wenn das Gesicht voll Schweiß ist, und man wischt sich damit ab, so thut es eine herrliche Wirkung. Wenn man Eierweiß unter diese Zubereitung nimmt, so thut den Gebrauch ...

... einen ...
... einen ...
A. Schnupftuch ist ein ...
... welcher sie auf ihre ...
Sie wischen sich mit dem ...
die Nase ab, auch dem ...
Staub weg. Wenn ...
worden, stecken sie ihn ...
sehr geschickt hin und her ...
ist. Dieses ...
ihrer Sprache. Schzeck ...
schnupftuch, s. unter ...
18. — Vom Zumerfen ...
ein Türkischer Gebrauch der ...
Frauen im Serail, s. den ...
einem im Schnupftuche ...
als ein Gedächtnißmittel ...
Berglius neues Magazin, ...
Prager Gewerbezeitung, 1787, S. ...
Journal der Moden, December-heft, 17.. ...
Hamburgisches Magazin, 1787, Col. 220. ...
Fabricii und Schröel, encyklopädisches ...
von, 3r Th., Leipzig, 1800, S. 1066. ...

Schnuppe, der ausgebrannte Docht von ... welcher abgeschnuppt wird oder abge... worden; die Lichtschnuppe. Die ... Lichtschnuppen kann man auf das Leder eines ... holzes streichen, oder vielmehr solches damit ... um Barbier- und Federmesser zu schärfen.

1. Schnuppen, Schnupfen, ein regelmäßiges thätiges Zeitwort, welches eigentlich eine Onomatopöie

ist, und einen gröbern Laut als schnappen und
schnippen ausdrückt. Es wird nur noch in einigen Fällen des gemeinen Lebens figürlich gebraucht;
so sagt man, das schnupft ihm vor die Nase;
wenn Jemand über einen unerwarteten, unangenehmen Vorfall, besonders über eine unvermuthete Beleidigung mit Unwillen stutzet, unvermutheten Beweis
betreten oder betroffen wird, nennen auch verschnu-
pfen braucht man — Schnur fr ihn, stieß ihm vor
den Kopf, schnappt in die Nase, welche Redensart
sich auf schnupfen gründet. Nach Adelung
soll schnippen und schnappen einen unvermutheten Stoß oder
Fall bedeuten, weil schnuppen im Oberdeutschen
und das verwandte snubben im Niederdeutschen
noch für schnäubeln üblich sind.

2. Schnuppen, ein regelmäßiges thätiges und ein
Zeitwort der Mittelgattung, wie schnupfen, f.
dasselbe. In einigen Gegenden, besonders Ober-
Deutschlandes, bedeutet es auch das Licht putzen, entweder als eine Onomatopöie, oder auch nach derselben
Figur, nach welcher auch schnäuzen in diesem Verstande gebraucht wird; s. diesen Artikel.

1. Schnur, Diminutivum das Schnürchen,
Schnürlein, ein im Hochdeutschen veraltetes, aber
noch im Oberdeutschen übliches Wort, die Schwie-
gertochter zu bezeichnen, welches auch in der Bibel
vorkommt. Du sollt deiner Schnur Schaam
nicht blößen; denn sie ist deines Sohnes
Weib, 3 Mos. 18, 15, und so an andern Stellen
mehr. Nach Adelung soll es aller Wahrscheinlichkeit nach von dem Hebräischen Naor, ein Sohn,
dem Lappländischen und Finnländischen Nuori, ein
Sohn, Jüngling, und dem veralteten Deutschen
nar, klein, wovon noch im Schwedischen snert,
dünn, schmächtig, und im Niedersächsischen nürig,
nürig, klein und artig ist, abstammen, weil Söhne

und Schwiegertöchter in Ansehung der Väter- und
Schwiegerältern doch allemal gleichsam noch jung betrachtet werden können.

2. Schnur, Schnüre, ... Schnür-
leder, ein ....
.... das Band .... die
Schnur .... Ba-
.... bei .... Kleid
... die Schnur ....

Schnur ...
Angelschnur ...
Meßschnur ...
..f. weiter unten ...

.. dient, gewisse ..
dergleichen Schn..
.. per führen, der ..
spiel Perlen, Ko..
auf eine Schnur ...
Perlen, Korallen ...
eine schöne gereih.. ...
den schönen Künsten Frim..
schnur. Nach Adelung ...
im gemeinen Leben üblich..
etwas an einem Schnü..
keit darin besitzen. — J..
spannte Schnur den Werkleuten ...
gewissen Körpern eine gerade Richt..
Richtschnur. Bäume nach der ...
setzen, in der Gartenkunst sie ganz ...
einer Schnur pflanzen. Daher schnurgleich,
schnurgerade, so gleich, so gerade, ...
nach der Schnur gemacht wäre. ....
auch die figürlichen Redensarten. .... Der
Schnur leben, ordentlich, nach der .... der
Vorschrift. Alles nach der Schnur haben
wollen, pünktlich und ordentlich, .. dies die

Schnur hauen, das gehörige Maaß der Menge, der Billigkeit, der Wahrscheinlichkeit rc. überschreiten; s. auch im Art. Hauen, Th. 22, S. 263. In so fern die Schnur zum Messen gebraucht wird, gehört hierher auch die schon oben erwähnte Meßschnur. Etwa .... daher im .... Leben von sie-be......................... gemeinen Leben üb-lic............................ Schnur zehren oder le......................... vorher ersparten oder er-wo........................... leben, ist es ein wenig be.......................... Erklärung soll diese Re-........................ ...igen Gebrauche, besonders g.................... Gold- und Silbermünzen zusam-mu................. sie an eine Schnur zu reihen, und zur .... den Hals zu tragen, herkommen. Im 14ten und 15ten St. der freiwilligen Beiträge zu den Hamburger Nachrichten aus dem Reiche der Gelehrsamkeit aus dem Jahre 1779, S. 119, wird derselbe Grund der Entstehung dieser Redensart an-gegeben. Es heißt daselbst: das Sprichwort von der Schnur zehren ist in den Gegenden Oberdeutschlands gewöhnlich und will so viel sagen: nichts erwerben, zu seinem Unterhalte keine zureichende Einkünfte haben, so daß ein zum Nothpfennig bestimmtes kleines Ka-pital angegriffen und solches nach und nach verzehrt werde. Der Ursprung desselben ist vermuthlich fol-gender. Vor hundert und mehreren Jahren, da unsere Großväter und Großmütter auch schön ge-schmückt erschienen; aber bei ihrem Staate mehr auf Solidität, als auf glänzendes Flitterwerk sahen, war es Mode, daß wohlhabende Frauen vom Bürgerstande ihre Halsbänder aus zusammengerollten und auf Schnüren gezogenen Dukaten und Rosenobeln ver-fertigten. Mit wem es also so weit gekommen war, daß er von dem Halsbande ein Stück nach dem an-

dern nehmen, und zu seinem und der Seinigen Un-
terhalt anwenden mußte, der gehört im buchstäblichen
Verstande von der Schnur. — In diesem Verstande
findet nun dieses Sprichwort _____ ____ keine
Statt mehr, _____ völlig
aus _____
_____
gekommen, _____
nach dem, was _____

   In den Gewer___
Corde, überhaupt _____
sammengedrehter _____
Verfertigung gesch___
eines sogenannten S___
Klöppeln oder Kegeln___
ben macht oder macht___
der Schnüre aus Hanf, Fla___
wolle, Seide, Wolle, _____
Silberdraht, entweder _____
mischt; und nach diesen ver____
sie verfertiget werden, heißen _____
flächsene, bastene, baumwo____
2c. Schnüre. Man macht _____
rund oder platt; jene wer____
Senkelschnüre, Schrank____
gemeine Schnüre genann____
woraus sie gemacht werden, sind ____
der Posamentirer oder Bortenwirker, ____
und Silberspinner. Die Ungarischen und Pohl-
schen Schnüre werden gemeiniglich auf einer Art
Werkmühlen, Maschinen, welche bei Manufakturen
und andern Gewerben gebraucht werden, welche Dreh-
mühle, von Einigen auch Schnur-Mühle genannt
wird, verfertiget. Die Anwendung der Schnüre ist
zu allerlei Putz beiderlei Geschlechter.
   In Bergwerke ist 1) die Schnur ein Faden

mit einem schweren Gewichte als Ende, damit die
seiger-Linie einer hohen Sache untersuche wird; s.
Bleymurf, Th. 3, S. 721. 2) Ein Faden, daran

Vorderrade hängt er jeden dieser beiden Fäden in einen besondern Faden ein, und läßt hierauf die Schnur des Vorderrades links drehen. Die zwischen dem Haken des Vorderrades ...

hernach der Bindsaden rund gedrehet; s. Bindsaden, Th. 5, S. 317.

Bei dem Ziegelbrenner ist die Schnur, die in einem Ziegelofen rückwärts parallel liegende Ziegel, wenn solche zum Brand eingelegt worden. Diese Ziegel werden nach jeden zehn Feldern aufgesetzter Ziegel so gelegt, daß sie eine Oeffnung von 3 Zoll zwischen sich lassen, so hoch der Ofen durchstreichen kann.

Bei dem Zimmermann ist die Schnur ein starker Bindsaden auf eine Rolle gewickelt, welche auf einem kleinen hölzernen Bocken läuft, der einen Stiel hat. Mit dieser Schnur schnürt man das Bauholz.

Nach dem Adelung in Hinsicht der Sprache, schon in dem alten Fragmente auf Karl den Großen bei dem Schilter Suur, im Niedersächsischen Snoor, wo auch Snirre, eine Schlinge; daher ist im Engl. Suare, im Schwedischen Snara und Snöre, im Böhmischen und Polnischen Sznur, im Finnischen ohne Zischlaut Nuora, woraus die Verwandtschaft mit dem Griechischen ϰϱϰ und Lateinischen Neruus erhellt. Dem oben genannten Schriftsteller scheint die Zusammendrehung, welche zu einer Schnur nothwendig ist, der Grund ihrer Benennung zu seyn, so daß dieses Wort zu dem Niedersächsischen snar, schnell, schnurren und andern ähnlichen gehört, in welchen eine schnelle Bewegung, besonders in die Runde, der Stammbegriff ist.

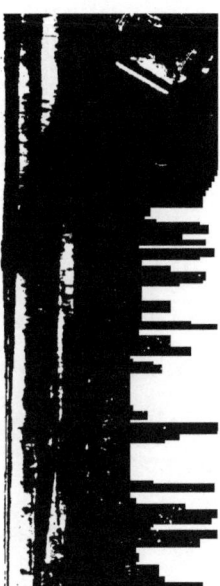

Schnur (Frucht-), s. Th. 15, S. 341, und Frucht-k., Th. 12, S. 647.

— (gelöthete), s. Th. 61, S. 654.

— (gekreuzte), beim Wallfpinner. Das [unleserlich] ...

[durch Fleck unleserlich]

— (Haar-), [unleserlich]

— (Hals-), [unleserlich]

— (Hut-), s. Th. 33, S. 198 [unleserlich]

— (Regel-), s. Th. 66, [unleserlich]

— (Ratten-), bei den Knopfmachern, s. unter Knopf, Th. 41.

— (Kleider-), Schnüre, welche zum [unleserlich] der Frauenzimmerkleider, auch der Mannskleider dienen, und aus Zwirn, Seide 2c. verfertiget [unleserlich]

— (Korallen-), f. oben, S. 562, und [unleserlich]

— (Lachter-), f. Th. 58, S. 565.

— (Laub-), f. Th. 65, S. 629.

— beim Maurer, f. oben, S. 565. [unleserlich]

— (Meß-), in der Geometrie, f. Th. 60, [unleserlich] 568.

— (Nabel-), f. Th. 99, S. 655.

— (Nagel-), Nahtfchnur, an dem Kaften einer Kutfche, f. Th. 57, S. 294, u. 392. [unleserlich]

— (Naht-), f. Schnur (Nagel-).

— (Perlen-), f. oben, S. 562 und Th. 108, S. 576.

— bei den Pferden, eine Art eines fchleichenden Fiebers, welches von einer Erhöhung herrühret. So

hat den Namen Schnur daher erhalten, weil sich
bei dem Athemholen an jeder Seite nach den Rippen
zu, eine Rinne bildet, in welche man eine Schnur
legen kann.

Schnur (Rad=), Spinnradschnur, eine Darm-
saite, welche an dem Spinnrade die Spule und
das Rad, um welche beide sie geschlagen worden,
herumlaufend macht.

— (Richt=), s. oben, S. 562, und Th. 123.

— (Rund=), s. oben, S. 564, und Th. 128, S. 690.

—, beim Seiler, s. oben, S. 565.

— (Spinnrad=), s. Schnur (Rad=).

— (Schraub=), s. oben, S. 564, 565, und Th.
128, S. 690.

— (Schweiß=), s. unter Jagdhorn, Th. 28, S. 400.

—, beim Ziegelbrenner, s. oben, S. 567.

—, beim Zimmermann, s. daselbst.

— (Zwirn=), Schnüre von Zwirn werden von den
Frauenzimmern mit vier Kegeln oder Klöppeln, einer
Spanne lang von Holz gedrehet, von weißem, zu-
weilen auch von blauem oder weißem Zwirne in ein-
ander geschlungen, und zu den Kissen=, Deck= und
Bettzügen, um solche damit einzuschnüren, gebraucht.

Die übrigen Benennungen der Schnüre nach der
Materie, woraus sie gemacht worden, als baumwollene, flachsene, hanfene, seidene, wollene rc. können hier nicht mit einregistrirt werden,
weil sie oben, unter den Angeführten schon mit begriffen sind, indem man wollenes, seidenes,
Kamelgarnenes, zwirnenes Rundschnur
rc. hat.

Schnürband, Schnursenkel, Schnurnestel,
ein Band oder eine Schnur, gewisse Kleidungsstücke
damit zusammen zu schnüren. Ist ein solches Band
von Leder, so heißt es ein Schnürriemen.

Schnürbret, beim Buchbinder, Bretter, welche

zum Schnüren der Bücher gebraucht werden. Sie bestehen aus hinlänglich langen buchenen Leisten, die auf der rechten Seite, das ist, auf der, mit welcher sie gegen das Buch anliegen sollen, glatt gehobelt sind. Auf der .... in der Länge herunter, ungefähr .... die sie hier gegen die andere Seite ...., in einer geraden Linie, so lang, als .... bestrig und so durchbohret, daß .... von Nägel, die die Dicke .... haben, und einen Zoll .... herabhängend geneigt sind. Diese .... von dem andern 1/2 Zoll weit ob; f. auch .... S. 750.

Schnürbrust, Schnürleib, bei den Frauenschneider, diejenige Bekleidung der Frauenzimmer, womit sie den Oberleib einschnüren, um dadurch eine gute Leibesproportion zu unterhalten. Die Schnürbrust hat vorn ein ungeteiltes steifes und gerundetes Bruststück, und .... hinten zugeschnitten. Das Maaß wird dazu auf folgende Weise von dem Schneider genommen. Zuerst mißt derselbe mit seinem Papierstreifen hintern vom Halse .... zur Taille, dann die hintere Breite zwischen beiden Schultern, hierauf an dem Vorderleibe gleichfalls bis zur Taille, ferner die Brustbreite und endlich den ganzen Umfang des Leibes, sowohl in der .... in der Mitte, zuletzt auch in der Taille. Jedes genommene Maaß an jeder Stelle legt er doppelt zusammen, und markiert es mit der Scheere auf dem Papierstreifen durch einen besondern und ihm eigenen Einschnitt. Die Schnürbrust wird aus .... gewöhnlich aber aus zehn besondern Theilen, ... mengesetzt. Daher muß der Schneider die Kunst verstehen, das nach dem Umfange des Leibes genommene Maaß dergestalt abzutheilen, daß jeder Theil allenthalben die erforderliche Weite erhält, ... die

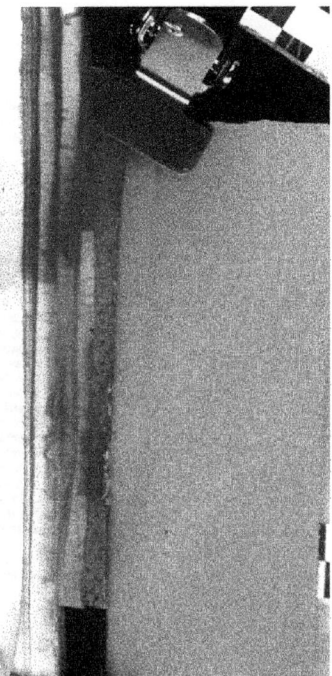

fertige Schnürbrust paßt. Um nun seiner Sache
gewiß zu seyn, wenn er besonders hierin noch nicht
recht geübt ist, so bedient er sich bei dem Zuschneiden
papierner Modelle oder Muster, nach welcher er zuschneidet, und dabei, nach Anleitung seines genom-
menen Maaßes, zu oder abnimmt. Die Vorderbrust,
oder das eigentliche Bruststück besteht aus vier einzelnen Theilen, woran sowohl die beiden äußeren,
als mittleren Stücke einander gleich sind, bloß daß
die Mittelstücke etwas größer, als die Seitenstücke
sind. Jeder Theil wird vorläufig aus einfacher Leinwand zugeschnitten, welches auch an den übrigen
Stücken gilt, als den beiden Seitenstücken unter dem
Arme, die wieder jedes in zwei Stücke getheilt sind.
Endlich sind noch zwei einzelne Hinterstücke, die an
die beiden äußern Seitenstücke unter dem Arme ange-
setzt werden, welche gleichfalls aus zwei Stücken bestehen, wenn nämlich das Ganze aus zwölf Stücken
zusammengesetzt wird. Eine gute Schnürbrust besteht aus sehr vielen Stangen Fischbein, die zwischen
die doppelte Leinwand in einer Reihe neben einander
gesteckt werden. Die zugeschnittenen einfachen
Leinwandtheile dienen gleichsam nur zur Grundlage, und nach der Größe dieser müssen noch mehrere
Stücke zugeschnitten werden. Denn gewöhnlich besteht sowohl der Ueberzug, als auch das Unterfutter
aus doppelter Leinwand, so daß also das Fischbein
oben und unten mit doppelter Leinwand bedeckt ist.
Zuweilen nimmt man auch zu dem Brustücke einfache Leinwand, und schlägt dagegen steife Leinwand
unter, um dem Brustücke hierdurch mehr Steife zu
geben. Zuerst wird der doppelte Ueberzug auf dem
doppelten Unterfutter jedes einzelnen Theiles, besonders an der Kante, gewöhnlich zusammengenäht,
jedoch muß bei jedem Theile die obere Kante offen
bleiben, weil hier in der Folge das Fischbein einge-

starke wird. Aus dieser Ursache zeichnet sich der
Schneider die Lage des Fischbeins auf jeden Theile
vermittelst eines Zirkels mit Kreide durch Parallellinien ab. Je breiter und dicker das Fischbein ist,
[…] so mehr […] von einander
[…] werden […] wird
[…] Hinterstücken […] so
daß für jede […] Schiene oder ein
Futteral […] dieses Schienen wird
nunmehr eine […] Stelle, das
Brnststück und vorzüglich die Mitte desselben, erhält
die stärksten Stangen, und wenn die Theile dieses
Brnststücks zusammengefügt sind, so […] die Stange
entweder durch eine gekrümmte eiserne […] oder
durch eine krummgebogene Fischbeinstange […] um
die Brust zu liegen kommt, nach einem […]
[…]. Bei den Seitenstücken wird bei […]
kel, da wo jedes Theil mit dem andern […]
setzt wird, und ein Stück von jedem Theil […]
dem andern zusammengenäht zu werden, […]
ein besonderes Zwickelstück untergesetzt, […] das
Ende des daselbst befindlichen Fischbeins […].
An beiden Hinterstücken an ihrer einen […]
Kante wird gleichfalls ein Eisen oder eine […]
starke Stange Fischbein angebracht, damit die […]
selbst vorhandenen Schnürlöcher nicht […]
Diese werden mit einem starken Oert oder Pfriemen
durchgestochen, und wie ein Knopfloch benäht.
Jetzt werden alle einzelne Theile mit der übereinander-
lichen Nath zusammengesetzt. Erstlich die Bruststücke, dann an jeder Seite derselben die Seitenstücke,
und an jeder das ihm zugehörige Hinterstück. Diese
sind der Länge nach rund ausgeschnitten, und bei
dem Zusammennähen zieht der Schneider die vordere
Seite derselben nach und nach ein, damit der Schluß

der Taille entſtehe. Es verſteht ſich, daß vor dieſer
Zuſammenſetzung der Haupttheile erſt alle einzelne
Theile jedes Haupttheils auf eben die Art zuſammen-
genähet werden. Hierauf wird das Schulterſtück
auf beiden Seiten zugeſchnitten, und an das Hintertheil angeſetzt, und an dem Vorder- und Bruſttheile
vermittelſt zweier Schnürlöcher und einem Bande
zuſammen gebunden. Dann wird der ganze Umfang der Schnürbruſt mit einem ſeidenen Bande eingefaßt, auch wohl mit Seide ſtatt Zwirn geſteppt,
auch wohl mit ſeidenem Zeuge überzogen.

Ob die Schnürbrüſte oder Schnürleiber,
und das Schnüren des Körpers ſchädlich ſei, darüber iſt in dem verwichenen Jahrhunderte, wo das
Schnüren Mode und alſo an der Tagesordnung
war, viel geſtritten worden. Die Meiſten, ſowohl
Aerzte als Erzieher der weiblichen Jugend, erklär-
ten ſich dagegen. Es wird daher hier nicht unwich-
tig ſeyn, dasjenige darüber einzurücken, was damals
von unterrichteten und erfahrenen Männern darüber
geſagt worden, beſonders da jetzt die Mode oder die
Sucht, den Körper einzuſchnüren, um ihm eine
ſchlanke Geſtalt zu geben, wieder anfängt in einem
hohen Grade einzureiſſen. — Was nun das
Schnüren anbetrifft, ſo iſt dabei ſowohl bei den Er-
wachſenen, als auch bei kleinen Kindern die höchſte
Vorſicht nöthig; denn ſowohl die erwachſene Jugend, als auch kleine Kinder können verſchnürt
werden. Unter dem Verſchnüren wird das Verfahren der Anziehenden verſtanden, wenn ſie von
unten anfangend gleich in den unterſten oder allererſten
Zügen ſchon aufs Allerfeſteſte ſo zuziehen, daß damit auf gleiche Weiſe bis oben hinauf fortgefahren
und beſchloſſen wird. Dieſe Art zu ſchnüren,
wenn ſie beſonders in der Eile und mit ſtarken Ruk-
ken geſchieht, kann ſchon einen Rückgratswirbel ver-

rentern, oder eine Schulter hochwachsen und schief werden lassen, welches noch bis zum zwölften Jahre und wohl noch darüber hinaus geschieht. Fast der sechste Theil der Mädchen haben in der Modezeit des Schnürleibes im verwichenen Jahrhunderte vom Verschnüren eine hohe Schulter bekommen, die in der Folge von dem Schnürleibe verkleidet und dem Auge entzogen werden mußte. Obgleich dieser Mangel der graden ██████ nur ein geringerer Fehler, als der ██████ ist es doch ██████ ██████ ██████ ██████ ██████ jungen Mädchen auf ██████ ██████ ██████ ██████ schädlich und zu Brustbeschwerden ██████, wovon sie dann gewöhnlich frühzeitig ██████ sterben müssen; und gesetzt auch, ██████ sich mit ihren Schwächlichkeiten bis ██████, so können sie doch dem Geschäfte ██████ wesens nicht ganz obliegen. Dieses auf alle ██████ schädliche Schnüren, muß daher auf jede ██████ Weise abgewendet werden. Da nun das Schnüren auf die oben angezeigte Weise, das Schnürleib unvermerkt nach einer Seite in die Höhe zieht, hiermit aber Rücken und Schultern gleichfalls mit gehoben werden, und nach einiger Zeit so stehen bleiben, und ihre feste schiefe Richtung davon auch nach abgelegtem Schnürleibe nun völlig behalten, so muß die schnürende Person in den zwei untersten Schnürlöchern zuerst noch nicht feste, sondern nur lose den Schnürsenkel lassen, und nach diesem Anfange in allen übrigen Löchern eben so lose Züge machen, und den Schnürsenkel in allen Schnürlöchern so weit auseinander stehen lassen, daß man mit zwei Fingern ganz gemächlich zwischen dem Leibe des Kindes und dem Schnürsenkel hindurch kommen kann. Ist man nun mit dem Schnüren bis an das oberste letzte Schnürloch ge-

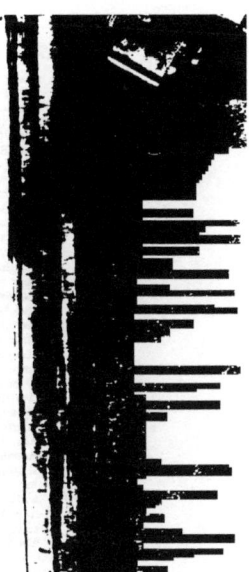

kommen, so wird der Strahl aufhört ihre Schleife darin befestigt. Steht der Strahl etwas zu dunkeln Schwung, zweckmäßig so ist, daß dieser die erste Richtung bekommt, und ziehe ihn mit dem mit gleicher Breite feile bis zu dem das Schwanken dieser Anzeige.

...
herauszieht die Höhe ziehen, die Schwere dem Örte. Endlich Kindes während des auf die schon vor die Anschaben. Steht ein schlanker Platz bege sondern Lage nach dem eines Ungeradestehens ni sonst richtiger Art zu schwimm tigung des Schnürleibes zul hohen Schulter. Ein gleiches die Unterröcke nicht über den schief aufsitzen. Das Schn ungerade aufsitzenden Röcken Eine erfahrene Mutter soll vor einigen dazu bestimmten Tagen, sowohl wie Mütter

als größeren Kindern den Rücken entblößen, und
mit dem Zeigefinger vom Halse an bis gegen das
Kreuz zu, die Rückgrathswirbel betasten. Schreie
oder zucke das Kind, bei der Berührung eines Or-
tes, so glaube es zu erkennen, daß eine Verrenkung
geschehe, und daß [...] gleich selbst dawider Hülfe brauchen, oder [...] einem geschickten
Wundarzt suchen müssen [...] Schaden als wird
und bann [...]

[...]

dergleichen sich [...] Da halten können man durch [...] Bewegung
wieder schaffen [...] die Kinder können
sich dabei ein [...] liche, und nur mit-
ber. Zeit auch [...] recht in die Augen
fallende Erhöhung [...] Schultern sich zugezogen
haben. Dieses [...] meistern den in Schmer-
leibern gehenden [...] weshalb man sie auch
beim Aus- oder Anziehen, öfters an beiden Hüften
begreifen und danach erforschen soll, ob sie einen
Schmerz beim Angriffe äußern. So hat man auch
Beispiele, daß junge Mädchen unter vierzehn Jahren, bevor sie ihrer Glieder sich geschickt zu bedienen
gewußt haben, beim Tanzenlernen, besonders der
Englischen zu raschen Tänze, sich eine Verrenkung
der Hüften zugezogen haben. Wenn eine hohe
Schulter zu erscheinen anfängt, so muß man versuchen das Schnürleib gegen die zu niedrige Seite
höher, als auf die andere zu bringen, und ein solches
Verfahren im Zuschnüren gegen die niedrige Seite
eine Zeitlang zu beobachten, als vorher widerrathen
worden, — um das Verschnüren zu vermeiden. Es
muß daher in Ansehung der niedrigen Seite das

Gegentheil geſchehen; es muß gerade darauf ange=
legt werden, ſie zu verſchnüren. Die Kinder, die
einiger Ueberlegung fähig ſind, müſſen ſich ferner
Zwang anthun, die niedrige Schulter beſtändig hoch
zu tragen, auch ſtändlich auf der hohen Seite eine
ſchwere Laſt ▉▉▉▉▉▉▉▉▉▉▉ Waſſer zu
tragen, ▉▉▉▉▉▉▉▉▉▉▉▉ etwa in
einem ▉▉▉▉▉▉▉▉▉▉▉ Orte her, um
Blu ▉▉▉▉▉▉▉▉▉▉ ießen. Mit
d ▉▉▉▉▉▉▉▉▉ Seite muß
▉▉▉▉▉▉▉▉ oder getragen
▉▉▉▉▉▉ e Hand oder der
r ▉▉▉▉▉ nicht nur unſchädlich,
ſo ▉▉▉▉▉ llen nützlich, wenn man
mi ▉▉▉▉▉ auch Fertigkeiten erlangt, und
ſich ▉▉▉▉ s, als rechts gewöhnen kann.

Di ▉▉▉▉ der Einführung der Schnür=
brüſte ▉▉▉▉▉ den Körper in einer gera=
den S ▉▉▉▉▉ und ſich gegen einen jeden
gefähr ▉▉▉▉▉ heit zu ſetzen; man hat
aber ▉▉▉▉ andere Abſicht damit verbun=
den, ▉▉▉▉ indern, beſonders den Mädchen, einen
ſchlan ▉▉ dünnen Leib, und eine ſchöne Taille zu ver=
ſchaffen. Man hat dadurch die armen Kinder in
ihren Schnürleibern dem größten Zwange unterwor=
fen. Der große, daraus entſtandene, Schaden hatte
die engen und ſteifen Schnürleiber bei vielen Aeltern
endlich in Mißkredit gebracht, nachdem mehrere be=
rühmte Männer, als Andry, Winslow, Platt=
ner, des Eſſarz ꝛc. ſie eifrigſt widerriethen.
Winslow behauptet beſonders, daß unter hundert
gegen einander geſtellten Frauen kaum zehne zu ſin=
den wären, deren Achſeln gleich hoch und ſtark ſeyen.
Zückert ſagt, daß die rechte Schulter und das
rechte Schulterblatt größer, ſtärker und mehr hervor=
ſtechend wären, als die der linken Seite. Dieſes

kommt daher, weil die Armlöcher der Schnürkleider gemeiniglich so enge sind, daß sie auf die Schultern drücken, weil aber der rechte Arm am meisten zur Bewegung gebraucht wird, so ziehen sie diesen Arm aus dem Loche in die Höhe, woven kann, da er mehrere Freiheit hat, _____ als höher und stärker wird, _____ niedergedrückt, und _____ und gehindert. _____

macht, daß bei _____ leiber der Zufall _____ wachsenden Rückens _____ entstehe, wie solches oft _____ Die Knochen der Brust und _____ gedrückt, der freie Wu_____ des Körpers verhindert _____ che, Mutterbeschwerden _____ der Frauen hervor_____ leibern eingepreßt _____ ihre Gesäße enge und _____ Dieses soll der Grund sein _____ oft so wenigen Vorrath von _____ haben, und wovon sie zum Stillen _____ und sich, wenn sie solches unternehmen, _____ zehrungen und Schwindsuchten dem Tode in die Hände liefern. Um die Nothwendigkeit der Schnürleiber zu widerlegen, darf man nur die Dorfmädchen oder andere Mädchen in den Städten ansehen, welche ihrer Arbeit wegen keine Schnürleiber tragen können, man erblickt unter ihnen viele, welche ganz gerade sind, und einen schlanken Körper haben. Zückert sagt ferner: es habe mit dem jungen menschlichen Körper eben die Bewandniß, wie mit einer Pflanze, die, sich selbst überlassen, gerade wachse, zwinge man sie aber sich zu biegen, so werde sie anfangs der Gewalt nachgeben, aber bald darauf ihr

erste Richtung wieder annehmen. Es sei ausgemacht, daß diejenigen Kinder, welche ihren Leib
verwahrten hohen Leibern, nichtsdestoweniger solche sind,

Die aber der-
keinen stärkeren
geschnürt gehen.
der Schnürleiber
aber nöthig, daß sie eine
wodurch der Zweck, den
Gewalt zu schützen, ohne
und der Gesundheit
werde. Wenn daher die
der Körper nicht einst verunstalten
müssen sie aus biegsamen, wohl ausgefüt-
Fischbeine bestehen, vorn an der Brust
und abstehen, nach dem Unterleibe nicht zu
spitz zugehen, mäßig zugeschnürt werden, so,
locker ansitzen, und weite Armlöcher haben,
die Arme zureichend auswärts gestreckt werden
Diese sind die Eigenschaften eines guten
Schnürleibes. Einige wollen diejenigen ganz und
gar abgeschafft wissen, welche von Fischbein verfertiget
werden, und so hart sind, daß man sie nicht umbiegen
kann. Zu Ende des verwichenen Jahrhunderts
wurden von mehreren Aerzten zum Gebrauche des
erwachsenen Frauenzimmers wollene, seidene, oder
auch aus anderem Zeuge verfertigte Leibchen ange-
rathen, welche vorn mit sehr breiten Bändern zuge-
stochen werden, und unter deren Schnüren Läße, die

aus recht geschmeidigem steifem Fischbeine verfertiget
sind, zu nehmen, damit diese Leibchen gerade bleiben,
und den Körper in einer beständigen geraden Stellung erhalten, ohne daß sie auf die Brust einen gefährlichen Druck ausüben. Was die Kinder anbetrifft, so sollen diese Schnürleiber von Dormaixeux
tragen, welche weicher sind, als diejenigen, deren
man sich gewöhnlich zu bedienen pflegt, und solche
niemals fest zu schnüren. So wie das Kind größer
und dicker wird, muß man ihm auch größere und
weitere Schnürleiber anziehen. Wenn es zwei Jahr
alt geworden, soll man wohl thun, das Schnürleib
etwas stärker zu machen, es muß aber dabei immer
weich und schlaff genug seyn, damit es beim Athemholen nicht hinderlich werde. Ueberhaupt muß das
Schnürleib so gemacht seyn, daß es sich nach der
Gestalt des Leibes bequeme, und nicht, wie man gewöhnlich glaubt, durch seinen Bau und Gestalt die
Taille zwinge, und den Körper schlank erhalte. Auch
Schnürbrüste von Filz, ohne allen Fischbein, werden
für Kinder empfohlen. Sie werden von den Hut-
machern verfertiget, und mit Leinwand von außen
und innen überzogen. An dem hintern Theile, wo
sie zugeschnüret werden, muß an jeder Seite ein
schmales, kurzes und biegsames Stückchen Fischbein
gut eingenähet seyn, weil sie sich sonst nicht gut zuschnüren lassen. Diese Art Schnürbrüste haben alle
die Eigenschaften, die man von einer Schnürbrust
nur verlangen kann, sie erhalten den obern Körper
gerade, der Filz weicht leicht, wo eine andere Schnürbrust von Fischbein oder Rohr heftig drückt; sie liegen ordentlich an dem Körper, wenn sie gut gemacht
worden sind, an, und die Kinder lassen sich recht gut
in ihnen warten und behandeln. Von ihnen kann
man auf keine Weise die Nachtheile, die andere
Schnürbrüste so oft nach sich ziehen, die Verunstal.

tungen und das Eindrücken der Ränder der Darmbeine beſürchten.

Unter dem 14ten Auguſt 1783 erſchien zu Wien ein K. K. Hofdecret, in welchem den Waiſenhäuſern, Klöſtern, wie auch allen öffentlichen weiblichen Erziehungsanſtalten und Schulhalteren anbefohlen ward, in Rückſicht der ſchädlichen Wirkungen der Schnürleiber auf die Geſundheit, den Wuchs und die Fruchtbarkeit des weiblichen Geſchlechts, das Tragen derſelben nicht zu geſtatten, und keine Mädchen, die mit Miedern von dieſer oder jener Gattung angethan ſind, in ihre Schulen aufzunehmen. Am 30ſten Auguſt deſſelben oben angeführten Jahres, meldete man von Prag, daß eine Kleiderordnung erſcheinen und das Tragen der Schnürbrüſte verboten werden würde, theils weil dieſes unnatürliche Preſſen des Körpers eine Haupturſache ſo vieler Auswüchſe und das Beförderungsmittel nicht weniger Krankheiten ſei; theils auch, damit der Mann bei der Wahl ſeiner Frau, nicht mit ſehenden Augen betrogen werde, weil das ſchöne Geſchlecht hier und da unglücklicher weiſe exiſtirende Vertiefungen und Erhöhungen ſehr künſtlich auszugleichen und zu verbergen wiſſe, nach welcher Entdeckung ſich nicht ſelten Stoff zu unvergnügten Ehen ergäbe. Auch in Ungarn wurden die Schnürbrüſte im Jahre 1784 in den Waiſenhäuſern, Klöſtern, Stiftern und andern Erziehungshäuſern für Mädchen zu tragen auf das ſtrengſte verboten.

Aus dem Allen gewahret man nun, wie wichtig es iſt, beſonders bei der Jugend, auf die Schnürleiber Rückſicht zu nehmen, damit ſolche nicht aus wenig biegſamen Materien verfertiget werden, die dem Körper beim feſten Zuſammenſchnüren Nachtheil bringen können. Das Schnüren iſt beſonders jetzt wieder an der Tagesordnung, und geſchieht, um ein

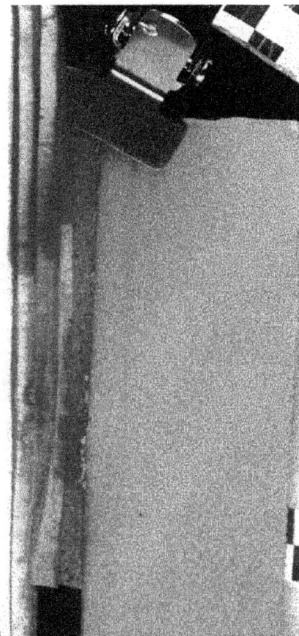

schlanke Taille und den Cul de Paris recht sichtbar werden zu lassen, mit ungewöhnlicher Strenge, so daß sehr oft junge Mädchen im Schauspiele, auf Conzerten, Bällen ꝛc. ohnmächtig davon geworden sind. Man achtet aber dennoch nicht auf die Warnungen, welche die Natur selbst durch dergleichen Unfälle giebt, man hört nicht auf die Stimme der Aerzte, so viel auch schon ████████████ geschrieben und der Nachtheil ████████ gezeigt worden ist. Bei ████████████ ausgewachsenen Personen ████████████████ da es ihren eigenen Körper ████████████ dem Nachtheil fühlen ████████████, nur bei der auftretenden ████████████ Cultur des weiblichen Geschlechts, sollte ████████ besonders berücksichtiget werden, ████████████ ein ████████, sicher Körper auf die ████████████████████. Etwas über den Nachtheil des Tragens ████████████ brüste bei den Kindern, f. auch unter Kind, Th. 37, S. 640 u. f. und 651. ████ Was die Frage der Schnürbrüste bei Verwachsenen anbetrifft, um hierdurch den Körper wieder seine gerade Gestalt zu geben, f. unter Verwachsen, in W. — Ueber die Schnürbrüste und Schnürleiber, ████████ noch von älteren Schriften nach: ██

Der deutsche Merkur Febr 1776, in K.
Taschenbuch zum Nutzen und Vergnügen auf dem Jahre 1778, S. 65, u. f
Leipziger Intelligenzblatt, 1780, S. 115 ████
Wittenberger Wochenblatt, 1781, S. 113.
Hausmutter, Bd █.
Gothaisches Wochenblatt, 1781, S. 73.
Der Arzt für Liebhaber der Schönheit. Heidelberg, 1751, S 236.
Kunk, medicinische Polizey III, 756.
Rahn's gemeinnütziges Magazin IV, S. 604.
Dessen Archiv. 2, S. 727.

Koſtüm, vom Schaden des Einwickelns und des Tragens der Kinder, wie auch der Schnurbrüſte. Erlangen, 1788

Göttingiſches Taſchenbuch, 1789, S. 162.

Journal der Moden. Febr. 1791, S. 47.

Streit, Schleſiſche Monatsſchrift, 1792, ites Stück, S. 111

Scherf's, Archiv der mediziniſchen Polizey. III, S. 273.

Schnurbund, Troclium comulus, eine Art Kräuſelſchnecken, f. unter Schnecke.

Schnüre, f. Schnur.

Schnüre ausrodeln, beim Buchbinder, wenn ſie den Bindfaden an beiden Enden auseinander drehen, und mit dem Meſſer ein wenig ſchaben, daß er wieder ganz zu Faſern wird, damit, wenn ſolcher auf die Flügel angekleiſtert, und die Pappen oder Späne darauf angeſetzt werden, durch ſeine Dicke keine Erhöhungen auf der glatten Fläche verurſache.

Schnüreiſen, bei dem Pergamentmacher, ein Eiſen, womit die Haut, die in Pergament verwandelt werden ſoll, in dem Rahmen ausgeſpannt und angeſchnürt wird. Der Arbeiter ſtelle ſich vor eine Bank, legt die Schnur zwiſchen die beiden Zacken des eigentlich ſenkrecht ſtehenden Eiſens auf der Bank, ſo daß der Stein, der in der Schlinge iſt, hinter die Zacken fällt, und zieht die Schlinge feſt an. Auf dieſe Weiſe wird in jedem Zipfel der Haut eine Schnur befeſtigt. Der eingeſchnürte Kieſelſtein hält die Schnur feſt, daß ſie nicht abgleiten kann, und mit den Schnuren ſelbſt wird die Haut in dem Rahmen ausgeſpannt, f. unter Pergament, Th. 108, S. 456.

Schnürerz, eine Zinnobererz, in etwas breiten geraden Bändern, die durch die ganze Gangart ſetzen. Man findet es beſonders bei Jdria.

Schnuren, ein regelmäßiges Zeitwort der Mittelgat=
tung, welches nur in der Jägerey von dem Wolfe,
dem Luchse und Fuchse üblich ist, welche im Traben
die Tritte so schnur▓▓▓▓ ▓▓einander setzen, als kein
anderes Thier ▓▓▓▓ ▓▓▓ ▓▓▓▓ sowohl mit dem
hintern in die ▓▓▓ ▓▓▓ ▓▓▓▓ als auch den
Trab nicht so ▓▓▓▓ ▓▓▓▓ und es auch
heißt: der Wolf ▓▓▓▓ ▓▓▓▓ Spur dieser
Thiere daselbst ▓▓▓▓

Schnüren, ein ▓▓▓▓▓▓▓▓▓▓ welches in
doppelter Gestalt ▓▓▓▓

    I. Als ein ▓▓▓▓▓▓▓▓▓, wo es
nur im Bergba▓▓ ▓▓▓▓ Zechen
mit einander ▓▓▓▓ ▓▓ einander
gränzen, nahe an ▓▓▓▓ ▓▓▓ich auch
als eine von der ▓▓▓▓ ▓▓▓▓ Gränzen
bestimmt werden, ▓▓▓▓ ▓▓▓▓ Schnur=
nachbar.

    II. Als ein thätige ▓▓▓▓▓▓▓▓▓▓▓
befestigen, auf einer ▓▓▓▓▓▓▓▓▓▓▓
zeichnen ▓c. — 1. ▓▓▓▓▓▓▓▓▓▓▓
gen, eine, nur in einigen ▓▓▓▓▓▓▓▓▓▓▓
Eine Wage schnüren ▓▓▓▓▓▓▓▓▓▓▓
hen. Ein Thier männ▓▓ ▓▓▓▓▓▓▓
schnüren, ihm die Hoden mit ▓▓ ▓▓▓▓▓▓
den, eine Art des Castrir▓▓ ▓▓▓ Misse=
thäter schnüren, einem ▓▓▓ Corter, da ihm
schwache Schnüre um die Arme gelegt und solche
fest zugezogen werden. Das Schnüren mit
vollen Banden, der höchste Grad dieser Tortur.
In einem andern Verstande schnüren Arbeitsleute,
Handwerker in einer Fabrik ▓c. Zuschauer oder
Fremde, wenn sie solche mit einer Schnur umgeben,
oder eine Schnur vor dem Ausgange spannen, um
ein Trinkgeld von ihnen zu erhalten, welches auch
das Anbinden genannt wird. Nach Adelung

ist es vermuthlich eine Figur dieses Gebrauchs, wenn schnüren im gemeinen Leben oft für prellen und schnellen gebraucht wird, das ist, Jemandem mit List oder unter einem falschen Vorwande um sein Geld bringen; wenn es hier nicht zu dem Niedersächsischen schnor, geschwinde, schnell gehört, und so wie schnellen eine Figur der Geschwindigkeit ist.

2. Mit einer durchgezogenen Schnur befestigen. Den Mantelsack auf das Pferd schnüren; besonders in den Zusammensetzungen abschnüren, anschnüren, aufschnüren c. Die Schnürbrust lockerer schnüren, daher in engerer Bedeutung sich schnüren, bei dem andern Geschlechte so viel ist, als eine Schnürbrust, oder ein Schnürleib tragen; geschnürt gehen; daher die Ausdrücke: sich locker, sich fester schnüren, das Schnürleib oder die Schnürbrust lockerer oder fester schnüren. Der Ausdruck ein geschnürter Styl, welchen Adelung, in seinem Wörterbuche anführt, und womit eine Art des gezwungenen Styls bezeichnet werden soll, der gleichsam so steif, als ein geschnürtes Frauenzimmer ist, ist jetzt nicht mehr gebräuchlich, wenigstens kommt er selten vor. — 3. Mit der Richtschnur zeichnen, welches die Maurer, Zimmerleute, Steinmetzen c. thun, indem sie gerade Linien mit einer, mit Kreide Röthel, Kohle c. gefärbten Schnur machen. So z. B. beschreibt der Zimmermann mit der Schnur auf dem Bauholze eine gerade Linie, nach welcher dasselbe behauen werden soll. Er bestreicht nämlich zu diesem Ende die Schnur mit Kreide oder Kohle, spannt die Schnur auf dem Stücke Holz der Länge nach aus, und läßt sie auf demselben an beiden Enden fest halten; dann wird sie in der Mitte aufgehoben, und so gegen das Holz geschnellt, das sich die zu beschreibende Linie auf dem Holze gefärbt zeigt.

In einigen Zusammensetzungen, z. B. abschnüren, bedeutet es auch ▮weilen mit einer Schnur
abmessen. — 4. A▮ ▮ Schnur reihen, eine am
häufigsten in Niede▮ ▮liche Bedeutung, so
reiht man Perle▮ ▮ ▮auf eine Schnur.
Im Oberdeutschen ▮ ▮ ▮ ▮uch die Tabaksblätter, wen▮ ▮ ▮ ▮ ▮Schnur reihet.
Schnüren beim ▮ ▮ die Ballen mit
Bücher, welche, ▮ ▮ ▮ig in der Oster-
oder Michaelme▮ ▮ ▮ mit Bindfaden
oder vielmehr Stri▮ ▮ ▮, nachdem vorher die Leinwand, di▮ ▮ ▮en worden, wie
einer Packnadel fe▮ ▮ ▮ ist; s. auch
Schnüren, beim ▮ ▮
Schnüren, beim F▮ ▮ ▮ter Schnürbrust, und oben, ▮
—, beim Kaufma▮ ▮nd Kisten, mit
Schnüren, Bin▮ ▮ ▮icken, überziehen,
wenn man sie ve▮ ▮ ▮Bindfaden oder die
Stricke werden nä▮ ▮ ▮olli kreuzweis gezogen, damit, wenn die▮ ▮ ▮uch aufgeht, doch
das Ganze noch zusamme▮ ▮ ▮n werde.
—, beim Marktscheider, ▮ ▮ht beim Vermessen,
wenn eine Schnur vo▮ ▮ ▮ Orte des Anhaltens

Schnüren, mit der Meßschnur, Richtschnur, f. oben, S. 585.

—, beim Probirer, die Probirwage mit neuen Schnüren versehen.

—, mit der Richtschnur, f. Schnüren, beim Markscheider, und S. 585.

—, in der Schriftstellerey, f. oben, S. 585.

—, beim Tuchmacher, heißt, wenn diesen Handwerkern ihre Tücher auf Ballen gesetzt und gebunden werden.

—, beim Zimmermann ꝛc., f. Schnüren, mit der Richtschnur.

— der Zuschauer und Fremde, f. oben, S. 584.

Schnurfeuer, in der Feuerwerkskunst, eine Art eines künstlichen Feuers, welches an einer Schnur herabläuft. Wenn nämlich eine Rakete auf einer hohlen Röhre, die auf einer ausgespannten und mit Seife beschmierten Schnur steckt, erforderlich befestiget ist, so treibt die angezündete Rakete die hohle Röhre nach der Länge der Schnur fort. Befestiget man nun an jedem Ende der hohlen Röhre eine Rakete, so daß die eine, wenn sie ausgebrannt ist, die andere durch eine Stopiene anzündet, so treibt die letzte Rakete die Röhre wieder zurück. Durch dieses Schnurfeuer wird man in den Stand gesetzt, das Feuer nach einer andern Gegend des Feuerwerkes hinzuleiten.

Schnurfliege, Tipula monilis, f. unter Fliege, im Supplement.

Schnurfolge, Richtung nach der Schnur, Fr. Alignement, in der Baukunst, wenn etwas nach einer abgesteckten Schnur, oder einer daran gekielspitzten Rinne aufgeführt wird. So sagt man nach der Schnurfolge erbauen, wenn die Häuser in einer Straße in einer geraden Linie erbauet sind, und keines vor dem andern vorsteht.

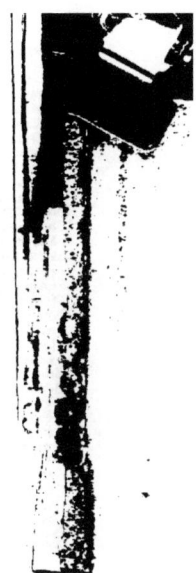

Schnurgerade, Bei- und Nebenwort, in der vertraulichen Sprechart, so gerade, als wenn es nach der Schnur oder Richtschnur gemacht wäre.

Schnürhaken, s. Schnürkette.

Schnürholz, ein Werkzeug von feinem Holze oder Eisenbein, die runde Schnüre damit zu verfertigen.

Schnürkasten, ein Stück weiblichen Schmuckes, welches in einem einzeln oder einzeln-gefaßten Edelsteine bestehe, durch welche bald an eine besondern Schnur geknüpfte, die fest um den Hals geschnürt wird.

Schnürkette, eine Kette, auch wohl goldene Kette, womit das Frauenzimmer einigen Orten, besonders im Reiche, bei den flüchtigen Deutschlande, die Schnürleibchen oder Schnürbrüste zu befestigen pflegte; es waren statt der Schnürlöcher, einige Schnürhaken an den Kleidungsstücken befestiget.

Schnürkleid, ein Schnürleib, welches zugeschnitret wird, das heißt, das Leib daran so gemacht werden, daß er gleich einem Schnürleibe zugeschnüret werden kann.

Schnürlaß, s. Schnürleib.

Schnürleib, Schnürleibchen, Brustleib, Brustleibchen, Schnürlaß, Fr. Corsett, beim Schneider, ein enges, dicht an den Leib passendes Kleidungsstück ohne Ermel für das Frauenzimmer, welches nur den Oberleib bis an den Busen bedeckt, und vom Zuschnuren die erste Hälfte des Namens erhalten hat. Gemeiniglich wird es auch bloß Leibchen genannt. Es unterscheidet sich von der Schnürbrust dadurch, daß diese mehr ausgesteift und an der Brust mehr gewölbt ist.

Schnürleibchen, s. Schnürleib.

Schnürloch, beim Schneider, runde, beschlungene

Löcher an den Kleidungsstücken, die zum Zuschnüren gemacht sind, z. B. an einer Schnürbrust.

Schnürlocheisen, beim Handschuhmacher, ein rundes hohles, als ein abgekürzter Kegel gestaltetes Eisen, womit die Schnürlöcher durch das Leder gestochen werden.

Schnürzinoble, ein eisenschüßiger Jaspis mit Adern, s. Sinopel.

Schnurmacher, s. Posa___, Th. 115, S. 621.

Schnurmühle, ein ___ auf welchem ein Arbeiter viele ___fertigen kann; s. Bandwirk___ Kraßmühle, Th. 47, S. ___

Schnurnachbar, im Ber___ angränzende Besitzer einer Zeche ___ der des Andern schnürt.

Schnürnadel, beim Na___ mit einem Oehr, womit die Schnür___ ___ zusammengeschnüret werden. ___ einem doppelt zusammengelegten ___gedreht, und auf dem einen Ende ___ oder eine Oeffnung gelassen, um den S___ durchziehen zu können. Dieses Oehr ___ ___ und befeilt. Man schlägt sie a___ einzigen Stücke, oder aus Flachdra___, Silber oder Eisen; das Oehr wird ___geschlagen, die Spitze befeilt, und das Ganze ___. Man macht sie auch aus Elfenbein und harten Holze, als aus Ebenholz.

Schnürnestel, Schnürsenkel, s. Schnürband.

Schnurperlen, Schnurkorallen, Perlen oder Korallen, welche auf eine Schnur gereihet werden können.

Schnurquäcke, s. unter Quecke, Th. 119.

Schnurrbart, Knebelbart, Schweizerbart, im gemeinen Leben und in der vertraulichen Sprech-

art, ein Bart auf der Oberlippe, unter der Näse, der besonders beim Militair getragen wird, um den Soldaten ein ████████ Ansehen zu geben. ████ des ████ trugen ███████ die schweren Reiter oder Kürassier, und ████████, beim Fußvolke die Grenadier. Bei den ████████ wurden die Spitzen desselben ████████ ████████, daß sie wie ein Ratten schwanz von ████████ ████████; bei den schwersten ████████ ████████, ██ ████ ██ genau ████████ ████████ ████ an ████████ ████████ schwarz ████████ ████████ Truppen ████████, der ██████ es erst ████████ ████████ schon durch den schwarz ████████ ████████ auch den ████████ ████████ erhielt. Die Husaren trugen ████████ wie ihn die Natur hervor brachte, ████████ ████████, wie schon oben er wähnt, ██ ████████ ████████ war der Schnurr bart auch ████████ ████████ Civilisten, wie man sol ches noch ████████ ██ den aus jener Zeit ████████; s. auch ████ ████████ Th. 41, S. 268. — Das Urtheil ████████ Schnurr-, Backen- und Stutzbärten ████ Soldaten, s. Th. 52, S. 630, 642. — Der Gadus Cimbrius, eine Art Schellfisch, führt auch den Namen Schnurrbart. Auch eine Art Phalänen, Phalaena Bombyx, wird großer Schnurrbart genannt.

Schnurre, die, ein nur in den niedrigen Sprecharten einiger Oerter übliches Wort, einen Nachtwächter, Häscher zu bezeichnen, welcher die öffentliche Ruhe auf den Gassen oder auf den Straßen bewacht und sichert. Adelung leitet dieses Wort von den Schnurrbärten, welche sie an manchen Orten tragen, her; daher wurden auch ehemals auf einigen Universitäten, besonders zu Jena, die Soldaten, in so fern

fie Schnurrbärte, ... nurren
genannt.

Schnurre, die. 1. .... nurren,
ein Werkzeug, ...
Ding. (1) Eig .... nennt
man noch häuf .... die
Schnurre, w .... gleich-
falls ein Schnurr .... rd.
Jemandem ti .... im
R ....

— .... re
genannt, w .... ch
ein Schnurren ....
Verstande bekom ....
Leben nennt .... gerärh
Schnurr .... wegen
des schnurrend .... chteren
macht, und .... d Ge-
rümpel nenn .... ng ist
Schnurre, ein .... seiner
Art.

2. In Niederf .... hen scherz-
haften Einfall, ... in gemeinen Leben ein .... allerei
Schnurren vor .... Da
nach Adelung ti .... hnad,
Schwank rc. alle .... lhafte
Bewegungen, und .... inüber,
schnelle Bewegungen .... fo scheint
auch Schnurre in ti .... und ähnliche
Art gebildet worden zu .... denn zu schnurren, so fern es der Auss .... einer schnellen krei-
sförmigen Bewegung, ie einer ieden schnellen Bewegung ist, und zu dem Schwedischen und Niedersäch-

fischen Sprache; f[...] [...] hunzig, gehören würde. [...]

Schnurre[...] [...] welches in doppelter [...] der [...] [...] Zwietracht zittern. [...] von sich [...]
1. Die [...]
[...]

so wird [...] izt die S[...] (1) Sich [...] Gegen[...] der [...] Kreise [...] rührt [...] sehr oft mit [...] In weiterer [...] schnell bewegen, [...] hurtig im Niedersächsischen [...]. Schnell, hurtig, rasch [...] Schnurre [...] motopöeti [...] (2) Jemanden anschnurren, [...] anfahren; ihn über die Sterne [...] f. auch oben, unter Schnurre. Diese [...] schnurren auf ähnliche Art gebraucht, [...] ummen. Wenn aber schnurren im gemeinen Leben mancher Gegenden, seinen Unwillen durch ein mürrisches Stillschweigen an den Tag legen bedeutet, so soll es nach Adelung unmittelbar von dem Niedersächsischen Schnurre, die Schnauze, wie das gleichbedeutende maulen von Maul abstammen. (3) Zusammen-

wohl

r ſtatt

üblich
Ein

aſſer-
Na-

pfei-
ferey im gemeinen Leben von altem unbrauchbarem
Hausrathe, ſchlechtem Gerumpel, und nach einer

von einer jeden schlechten, unerheblichen Sache. Daher, nach Adelung, die Niedersachsen: Bedenken sie, daß dergleichen Schnurrpfeifereyen aber Schnurrpfeifereyen [...] sind. Das sch[...] lichtswürdig[...]

Hier scheint jedoch das [...] Schnurrpfeifereyen [...] Geräth zu bezeichnen, [...] ßen Werth habende, Dinge [...] sind Schnurrpfeifereyen, [...] Werth, z. B. kleine Figuren und anderes [...] werk, Dosen, Wassuhöse [...] oben erwähnten Schriftsteller's Meinung scheinet, wenn es nicht eine Figur einer schlechten schlechten schnurrenden Pfeife ist, die erste Hälfte dieses Wortes das Wort Schnurr zu seyn, welches, besonders in Niederdeutschland, von einem [...] untauglichen Stücke Geräthes gebrauche wird, [...] es nicht aus dem Niedersächsischen Ende [...] Schnürpseife, verderbt ist, welches die blechsern [...] Röhre ist, womit die Schnürbänder an [...] schlagen werden, und welches unerhebliche [...] von geringem Werthe sind. Das letzere scheinet ge= rade zu beweisen, daß die oben angeführten [...] reyen wohl eigentlich damit gemeint seyen, [...] man eigentlich als Dinge ohne Werth betrachtet [...] wie alle Kleinigkeiten, welche der Mode [...] sen sind. [...]

Schnurrposten, einzelne Schildwachen, welche [...] bei den Feldwachen ausgestellt werden, um [...] geben, daß sich Niemand unerwartet denselben [...] kann. Auch in der Garnison werden zuweilen Schnurrposten ohne Obergewehr an diejenigen Orte gestellt, welche der Posten vor dem Gewehre nicht übersehen kann, um die Wache benachrichtigen zu

Räumen, wenn ſich der Offtcier du jour oder ein Vor-
geſetzter, dem die Honneurs gemacht werden müſſen,
nähert.

Schnurſchaft, Schnurſtecken, beim Tuchmacher, ein runder Stecken, der im Geſchirre weben
der Schnur ſteht, daran die Gänge angeheftet oder
angeſchränkt ſind. Die Werſe wird gelennert, wenn
ſie vom Garnbaum herunter geht, man bindet da
den Schaft an vier Strickchen, und läßt es nachgehen, bis eine Hand breit aus Geſchirr, ſo lange, als
der Schütze hindurch will.

Schnurſeide, Cordonſeide, von der gezwirnten
Nähſeide die 4te, 5te und 6te Nummer.

Schnurſenkel, ſ. Schnürband.

Schnurſtab, beim Mechanikus, ein Spielwerk,
welches aus einer hohlen Walze von Holz beſteht,
die auf beiden Seiten mit einem Knopfe verſehen iſt.
Dieſe Walze hat acht Löcher, wo ſeidene Schnüre
von verſchiedenen Farben herausgezogen werden;
zieht man nämlich eine ſchwarze Schnur heraus, ſo
geht auf der entgegengeſetzten Seite eine weiße
Schnur hinein, und ſo wieder umgekehrt; es gewinne
hierdurch das Anſehen, als wenn die Schnüre im
Durchziehen umgefärbt wurden.

Schnurſtecken, ſ. Schnurſchaft.

Schnurſtreit, im Bergwerke, ein Gränzſtein der
Fund- und Erzgruben, weil ſolche mit der Schnur
abgemeſſen werden.

Schnurſtock, beim Tapetenweber, der Stab, der in
die Schnürung oder in das Untergelese der Kette zu
den Hauteliſſe-Tapeten geſteckt wird. Er iſt 1 Zoll
dick und paßt in die Fuge des Unterbaums am We-
berſtuhle, als worein er mit dem untern Ende den Ket-
tenfäden gelegt wird, um ſolche darin zu befeſtigen.
Auch in das Obergelese wird ein dergleichen Schnur-

stock gesteckt, und derselbe mit dem Gelese im dem
Oberbaume befestiget.

Schnurstracks, Nebenwort, in gerader Linie. Den
Gesetzen schnurstracks zuwiderlaufen. Das
läuft Ihrem Glücke schnurstracks zuwider.
Es ist von Schnur, Richt........
fern sie das Maaß einer ....

Schnurstrecken, mit der Schnur ....
des Anhaltens das Feld einer ....

Schnürung, beim Weber, die Verbindung der Schäfte mit den Fußtritten, wodurch die ....
entsteht. Der Weber hat hierzu eine Vorschrift
oder Patrone auf Papier, die aus lauter Quadraten
besteht, die zum Theil punktirt sind. Wenn er nun
die Fußtritte mit den Schäften verbinden will, so
sieht er nur nach der Patrone, zeigt ihm dieselbe
zuerst ein punktirtes Quadrat, so nimmt er den ersten
Schaft, geht die ganze erste Reihe von Quadraten
durch, und nimmt so viele Schäfte zu einem Fußtritte,
als die Patrone Punkte zeigt, die aber leer sind, geht
er vorbei. Die Quadrate bedeuten die Schäfte.
Alle genommene Schäfte bindet er an den ersten
Fußtritt, und so fähret er fort, alle Reihen zu behandeln, bis alle Fußtritte angeschnürt sind.

Schnurenfetter, im Niedersächsischen, besonders im
Delmenhorstischen, eine Benennung des Bardbaus.

Schob, Schaub, Schoof, Cova; Fr. Javelle,
Engl. Sheaf, in der Landwirthschaft Ober- und
Niedersachsens, aus glattem Rockenstroh in einer
gemessenen Stärke verfertige Bündel, dergleichen
z. B. diejenigen sind, womit die Strohdächer in
dem Lande gedeckt werden; daher sagt man ein Schob
Stroh, ein Haufen Stroh. Bei dem Durchdek-
kern werden die Strohbunde aus glattem, Rockenstroh in gemessener Stärke verfertiget, davon zwei
und zwei oben bei den Sturzen vermittelst einer

Strohseile fest zusammen und ordentlich platt gebunden werden. Es werden gewöhnlich zehn in ein Bund gebunden, und die Arbeit wird nach den Schocken gedachter Bunde bezahlt. Man theilt die Schoben in gemeine Deckschöbe, Jötschöbe und Gaßschöbe. Diese letzte kommen unten längst dem ganzen Gebäude in der Länge auf den Giebeln zu liegen.

Schobendecker, derjenige, der die Schoben verfertiget, und damit ein Strohdach deckt.

1. Schober, ein Wort, in welchem nach der Sprachforschung der Begriff der Vertiefung, des hohlen Raumes der herrschende ist, welches aber nur im gemeinen Leben einiger Gegenden vorkommt. So sind in den Salzkothen die Jegeschober kleine Pfannen, welche in die größeren gesetzt werden, ehe das Salz körnet, damit sich der Schlamm in solche ziehe. Das Schlammpfännchen.

2. Schober, in der Landwirthschaft, ein Haufen Heues oder Strohes von beträchtlicher Größe. So werden z. B. die großen Haufen Heues, in welchen das getrocknete Heu zusammengesetzt wird, ehe man es einfähret, Heuschober oder nur Schober schlechthin genannt. Ein solcher großer Schober wird aus den vorher gemachten Brechschobern oder Windhaufen zusammengesetzt; s. unter Heu, Th. 23, und auch Schoberfleck. — In einigen Gegenden führen diesen Namen auch ähnliche Haufen noch nicht ausgedroschenen Getreides, welche jedoch häufiger Feimen genannt werden; s. Th. 12, S. 225. In andern Gegenden ist der Schober ein Haufe von bestimmter Größe oder Zahl. So hält in Nürnberg ein Schober Stroh 60, ein Schöberlein aber 10 Büschel Stroh.

Schoberfleck, in der Landwirthschaft, runde Flecke oder Plätze auf den Wiesen, von 5, 6 oder 8

Klaftern im Umfange, welche eine Elle hoch
bestreut werden. Sie werden aus den
bern oder Windhaufen gemacht, so wie
Schoberflecken nachher die Schober zusa
werden; s. unter Heu, Th. 23. In b
Sprecharten heißen sie Schober

Schoberl, heißt in Oesterreich
Semmel und Eyern.

Schobern, ein regelmäßiges
Schober setzen. Das Heu scho
schobern.

Schobhut, ein aus grobem Stroh geflocht
zusammengenäheter Hut, mit einem breiten,
sich gezogenen Rande. Die gewöhnlichen Frau
zimmer bedienen sich desselben gegen
Sonnenschein. Manche dieser Hüt
zusammengeflochtenen Strohborten
der genähet, und theils nach der beschriebenen
auch nach einer andern Form verfertiget.

Schoblatte, s. Th. 65.

Schock, in eigentlicher Bedeutung, sowohl
als auch eine Menge; eine im Hochdeu
tete Bedeutung; nur im gemeinen Leben
noch eine beträchtliche unbestimmte
Schock zu nennen. In einigen Obe
Gegenden wird ein Schober und Fetm
jetzt ein Schoch genannt; daselbst hat
das Zeitwort schochen und schöcheln,
Schoche oder Haufen setzen. Bei dem
ist geschockt, gehäuft, häufig. Nach A
Vermuthung gehört hierher auch die bei d
mancher Gegenden übliche Bedeutung, wo
Strauch ein Schock genannt wird.

In engerer Bedeutung ist das Schock
einzelner Dinge von einer bestimmten Zahl
die Schocke nicht überall gleich sind.

eigentlich im Zählen zweierlei Schock, das alte,
welches 20 Stück, und das neue, welches 60 Stück
enthält. In Schlesien besteht ein schwer Schock
aus 60, ein leichtes Schock aber aus 40 Stücken.
In vielen Gegenden beträgt ein Schock nur 20
Einheiten; hierunter sind aber immer alte Schock
verstanden. Am üblichsten ist das oben angeführte
neue Schock von 60 Stück, nach welchem gewöhnlich gezählt wird. Ein Schock Eyer, Käse,
Nüsse, Gurken, Garben, Aepfel, Stab-
holz, Klammern, Krebse, Froschkeulen c.
Das Schock hat vier Mandeln, die Mandel zu 15
Stück; daher nach Schocken zählen, Schockweise. Man sagt auch ein Schock Leinwand,
das ist, 60 Ellen; ja man nennt auch sehr oft diejenige Leinwand, die gewöhnlich bei Stücken von 60
Ellen verkauft wird, Schockleinwand; s. unten.

In noch engerer Bedeutung ist ein Schock eine
Zahl von 60 Stück der an jedem Orte gangbarsten
Münzsorte, welche Rechnungsart ehemals sehr gewöhnlich war, und noch in einigen Gegenden, z. B.
in Böhmen, Sachsen, Schlesien c. nicht ganz veraltet ist, wo aber die Verschiedenheit der nach
Schocken gezählten Münzsorten, auch eine große
Verschiedenheit dieser Schocke verursacht. Im
13ten und 14ten Jahrhunderte prägte man in Böhmen Groschen, davon 60 eine Mark Silber aus-
machten, und damals waren eine Mark und ein
Schock, oder vielmehr ein Schock Groschen
gleichbedeutende Wörter. Es ist daher sehr wahrscheinlich, daß 60 Stück auf 1 Pfund oder eine
Mark gegangen, und da so viel Stück, wie schon
erwähnt, der Zahl eines Schocks gleich sind, so hat
man letzteres, weil es im gemeinen Leben gewöhnlicher
und bei den Münzsorten bequemer zu zählen, als zu
wägen ist, mit dem Gewichte verwechselt. Man hat

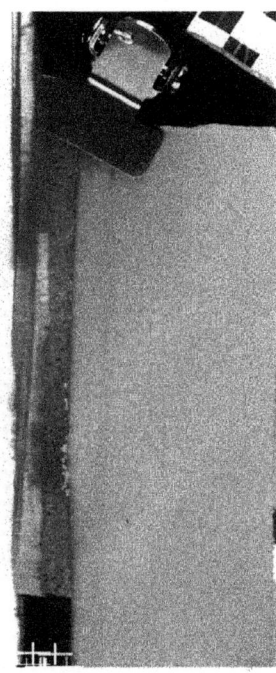

auch noch fpäterhin, als der Gehalt der Münzen
leichter wurde, oder man leichtere Münzen zu schlagen
anfing, den Zahlfuß von 60 Grofchen beibehalten.
Ein Schock breiter Grofchen hieß ein **breiter**
Schock, ein Schock Schwertgrofchen ein **Schwert-**
fchock, ein Schock fchmäler Grofchen ein **fchmaler**
fchock, ein Schock Kreuzgrofchen ..... Even fo .....
ein Schock Silbergrofchen einen ....
In der erften Hälfte des ..... Jahr.....
den in Thüringen und Sachfen .....
gemünzt; man prägte Grofchen, deren 20 auf einen
Gulden gingen, und diefes nannte man ein altes
Schock, man prägte aber auch welche, deren 60 einen
Gulden machten, und diefes hieß ein **neues Schock**.
In Sachfen ift die Rechnungsart nach Schocken
noch bei den Steuern, bei den Gefchäften in den
Gerichten, und bei dem gemeinen Manne auf dem
Lande gangbar; da man aber zu Ende des verwichenen Jahrhunderts nur einerlei Grofchen hatte, fo ift
ein **altes** Schock jetzt 20, und ein **neues** Schock
60 Meißnifche Grofchen oder 2½ Rthlr. Als um
die Mitte des 16ten Jahrhunderts die Landfteuern
oder die beftändigen Abgabe, von den Feldgütern in
Sachfen ihren Anfang nahmen, fchätzt man den
Werth der Feldgüter nach damals üblichen Schocken,
und legte auf jedes Schock 5 Pfennige, welche 1656
auf 8 Pfennige erhöhet wurden. Diefe in Sachfen
noch bis auf die neuefte Zeit gangbare Art der Land-
fteuer wird der **Stockanfchlag** genannt, und die
von den nach Schocken tarierten Feldgütern beftimmte
Steuer gleichfalls mit dem Namen der **Schocke**
belegt. In Böhmen, der Mark, in Schlefien ꝛc.
rechnet man noch zuweilen nach Schocken, allein fie
find anders beftimmt. So ift z. B. ein Schock
Böhmifcher Grofchen fo viel als 2 Rthlr. Es giebt
nämlich in Böhmen zweierlei Schock, das **fchwere**

Böhmischer Groschen zu 60 Kaisergroschen oder Böhmen (180 Kreuzer); und das gemeine Schock zu 30 weiße Groschen oder 90 Kreuzer, wonach dasselbe also 1/2 Schock ist, und ehemals vermuthlich 60 Stück geringere Sorten enthalten hat, davon 2 Stück für einen Weißgroschen gerechnet worden seyn mögen. In Schlesien unter den Landleuten ist das schwere Schock 60 Silbergroschen oder 180 Kreuzer, das leichte Schock zu 40 Silbergroschen oder 120 Kreuzer, womit es wahrscheinlich eben die Beschaffenheit, als mit den Böhmischen gehabt hat. In manchen Gegenden zählte man ehemals auch die Pfennige nach Schocken, und da war ein Schock oder ein Schock Pfennige, 60 Pfennige von der damals üblichen Währung, und da man zu der Zeit Pfennige hatte, welche soviel als jetzt 4 Pfennige galten, so scheint das Meißnische alte Schock, welches 20 Gr. hält, eigentlich auch 60 solcher Pfennige zu bedeuten.

Schock, bei den Jägern, die Ringe an den Hörnern des Steinbocks. Es ist jedoch nur in einigen Gegenden gebräuchlich. Adelung sagt, daß es hier zunächst zu Schake, der Ring, das Glied einer Kette, gehört.

Schockanschlag, die Bestimmung der Abgaben nach Schocken; s. unter Schock.

Schocke, s. Schockleinwand.

Schockel, s. unter Schocken.

1. Schocken, ein regelmäßiges thätiges Zeitwort und ein Zeitwort der Mittelgattung. I. In Schocke setzen, nach Schocken zählen. Das Unterholz schocken, in der Forstwirthschaft, das Unterholz zu Reißbündeln schlagen und diese in Haufen von 60 Stück setzen. — In der Landwirthschaft ist schocken so viel, als in Schocken sich ergeben. Die Gerste schockt gut, wenn sie

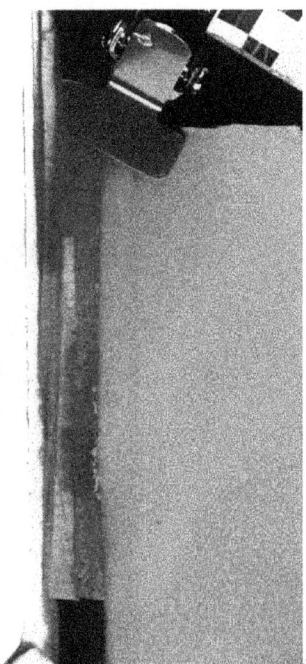

viel Körner aus einem Schock

auch wenn ... sie viel Sch...

früh... oder Augu...

...

...

2. Schocken, ein ...
wort der Mittelstraße ...
stoßen, in welcher ...
meinen Eigenschaften ...
üblich ist. —

...
...mehtung oder ...
der Vogel herum ...
einem Pendel bemerkt ...
bei gewissen Beobach...
Gleichgewichtes, nöthig ...
wird in einigen ...
Schaukel; ...
Schocken, ihn schw...

Schockheu, Det. und ...
Schocken, ...
freies ...

Schockgroschen, s. oben, unter ...
ältesten Schockgroschen gingen ...
in den folgenden Zeiten wurden ...
bis man endlich in Sachsen die ...
welche ein Kreuz zum Gepräge

20 einen Gulden machten, am häufigsten mit dem Namen der Schockgroschen belegte.

Schockholz, im Forstwesen, Holz, welches nach Schocken verkauft und aus den Aesten der gefällten Bäume geschlagen wird. In einigen Gegenden pflegt man auch das Reisholz, welches in Bündeln schockweise verkauft wird, Schockholz zu nennen.

Schockleinwand, Schocke, in den Böhmischen Leinwandmanufakturen die ordinaire 5/4 und 6/4 breite Leinwand in Stücken von 60 Ellen, welche größtentheils zum Druck bestimmt ist, und um Reichenberg, Friedberg, Arnau, Böhmischaicha, Neupacka, Polis ꝛc. gewebt wird. In Böhmen heißt man auch Schocke die von weißen oder indighblauem Garn gestreiften und gegitterten Leinwande, die in der Breite 5, 6 und 7 Viertel in der Länge oder 60 Ellen halten. Diese werden größtentheils in der Gegend um Reichenberg, wie auch auf der Böhmischaicher Herrschaft im Bunzlaure Kreise, in den sogenannten Siebendörfern verfertigt, als Langenbruck, Harzmonis, Saakal, Dörfel ꝛc. Dergleichen Leinwand von weißen Leinen und rothen Türkischem Garne in obiger Breite und Länge werden im Leitmeritzer Kreise, in der Gegend von Romburg, Anspach und Schlatenau, und in dem Bunzlauer Kreise in der Gegend von Krottau, Friedland und Krazau verfertiget. Bunte Schocke, von leinenem gefärbtem Garne, zum Theil auch wohl mit Seide durchwebt, von oben gedachter Länge und Breite, macht man häufig um Romburg, Schluckenau, Böhmischkamnis ꝛc. In den Schlesischen Leinwand-Manufakturen hat man auch dergleichen Schockleinwand; s. unter Leinwand und Leinwandmanufaktur, Th. 75.

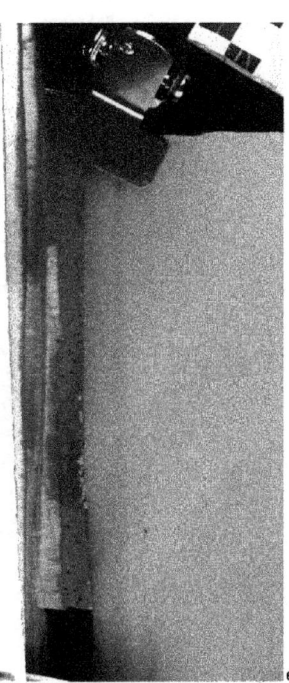

Schoenus, heißt eigentlich die Teil von Binsen, weil man damit oder auch zu raufen pflegte, woraus es daher auch ein [...] bekommt, welches zwei Paterangula oder 60 [...] hielt. Dieses hieß ein Schoenus [...] minor war dagegen mit [...] [...]cher oder mehr im [Gebrauch].

Schofel, Schofelig, [...] nur in den gemeinen Sprach[...] üblich ist, und im höhern Sty[...] bedeutet; z. B. das sieht sch[...]aus, schlecht. Schofelig[...] Waare. Das ist Schofel[...] Zeug, Ausschuß.

Schofen, im Deichbau, eine alte Dosirung eben und glatt machen, abstechen, gleichsam abschaben, um ein Setzels davor aufzuziehen.

Schoff, s. Schaff.

Schöffe, s. Schöppe.

Schöffengericht, s. Schöppengericht.

Schöffenmeister, s. Schöppenmeister.

Schofmnz, s. Kraueung.

Schöker, s. Schäfer.

Schokolade, s. Chokolade.

Schola, s. Schule.

Scholar, aus dem Lateinischen Scholaris, ein Schüler, wo es, nach dem Abeluug, für edler gehalten wird, als das durch den häufigen Gebrauch gemeiner gewordene Schüler. Besonders gebrauchte man es ohne Rücksicht des Alters und Geschlechts von Personen, welche, außer den gewöhnlichen Schulen, von Andern eine anständige Kunst oder Wissenschaft erlernen; daher sagt man ein Sprachmeister, Tanzmeister, Fechtmeister Musikus 2c. hat viele Scholaren, wenn viele Personen seine Kunst von und bei ihm erlernen, besonders, wenn

solches Stundenweise geschieht, um sie von den Lehr-
lingen der mechanischen Künstler und Handwerker
zu unterscheiden. Man hat aber in neuster Zeit
das Wort Schüler wieder für Scholar zu gebrauchen angefangen, und sagt der Tanzmeister,
Fechtmeister ꝛc. hat so und so viel Schüler;
dagegen wird das Wort Scholar, wenn man es
anwendet, von den Schülern der obersten Klassen in
den Gymnasien gesagt. — Bei den Griechischen
Kaisern waren die Scholares Garde-Soldaten.

Scholarch, aus dem Griechischen und Lateinischen
Scholarcha, eine Person von Ansehen, welche die
Aufsicht über eine oder mehrere Schulen hat. Daher das Scholarchat, dessen Amt und Würde,
zuweilen auch dessen Wohnung.

Scholarchat, s. Scholarch.

Scholaster, Scholaster, derjenige Kanonikus oder
Domherr an einem Dom- oder Kanonikatstifte,
welcher nach der ersten Einrichtung solcher Stifter
der Lehrer in der damit verbundenen Schule war,
und auch Scholasticus genannt wird. Ehmals
hieß er im Deutschen auch der Schulmeister, der
Schulherr.

Scholastisch, Bei- und Nebenwort, aus dem mittleren Latein scholasticus, welches im 11ten
Jahrhundert aufkam, da man die Wissenschaften
bloß in den Klöstern trieb, und die Lehrer derselben
Scholasticum nannte, welcher Name blieb, als man
die Universitäten errichtete, und die Lehrer der Philosophie die Aristotelische Weisheit mit einer Menge
unnützer Schulfragen vermengten. Daher die
Scholastische Philosophie, die Philosophie
dieses mittleren Zeitraumes von dem 11ten oder
12ten Jahrhunderte an. Die scholastische
Theologie, die dogmatische Theologie des mittlern
Zeitalters, welche in einer Verbindung der Aristote-

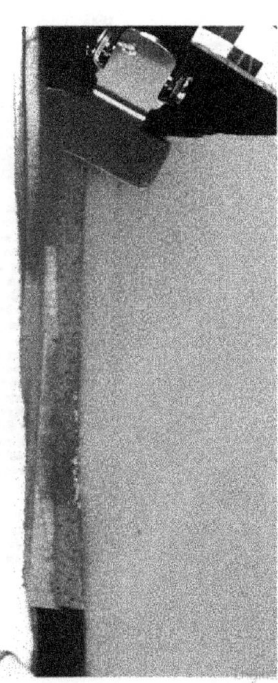

-lischen Philosophie mit den Lehren des Christen-
thums bestand. Die Lehre beider Wissenschaften
pflegt man auch wohl nach dem Lateinischen Scho-
lasticos, Scholastiker zu nennen.

Schö[...]

Schölbusch, im [...]
Busch, der diesem [...]
Saumwinden vor die Deiche [...]
Aushöhlung oder Auf[...]
Hierzu ist der Tannenbusch [...]
schräg mit dem Kopf [...]
ordentlich mit [...]
Einige legen den [...]
stücken durch jeden [...]

Schölfaschine, im [...]
die auf der obersten [...]
dem Kantenzaun festgemacht wird, [...]
daß das Wasser die Erde [...]
Stapellage nicht so leicht ab[...]

Schölferz, s. Kropfgauch [...]
Schölkraut, s. Schöllkraut [...]

1. Scholle, ein unförmliches, durch Zerbrechung ent-
standenes Stück von einer beruh[...] Größe, in
welchem Verstande es jedoch nur von solchen Stükken Erde und Eis gebraucht wird. Die Erd-
scholle, ein zusammenhängendes, unförmliches
Stück Erde, so wie es von der Pflugschar oder von
dem Grabscheite ausgeworfen wird; und die Eis-
scholle, ein solches unförmliches Stück Eis, welches entstehe, wenn das Eis der Flüsse, Gräben ꝛc.

aufgeht, oder aufgehauen und zersprengt wird. —
Nach der Sprachforschung im Oberdeutschen auch
Rolle und Schrolle, im Niederdeutschen Schulle, Schulpe, im Ital. Zolla, im Hochdeutschen
Cholla. Es kommt, nach Adelung, entweder von
schellen, in zerschellen, so daß es zunächst ein
Bruchstück bedeutet, oder auch mit dem herrschenden
Begriff der Dicke und Größe, also eine Anhäufung,
welches auch schon Pictorius andeutet, indem bei
ihm aufschellen, aufhäufen, ist; oder auch mit der
folgenden Scholle aus einer Quelle, weil die Schollen gemeiniglich breiter zu seyn pflegen, als sie dick
sind. Im Niedersächsischen ist Schulle auch ein
abgeschnittenes Stück Rasen mit seiner Erde.

2. **Scholle, Platteiße,** Pleuronectes Platessa,
oculis dextris, corpore glabro, tuberculis 6,
capitis Lina. Pleuronectes laevis tuberculis
post oculos, cauda rotundata, dentibus con-
tiguis obtusis. Gronov. Z. n. 246. Passer
laevis, Jonst. tab. 22 Quadratulus Rondeletii.
Passer ex obscure cinereo marmoratus etc.
Klein. M. 4. p. 34. Passer Marinus; Fr. la
Plie ou Sole; Ital. Passere.

Die Scholle ist ein Seefisch, dessen Körper rau-
tenförmig oder einem geschobenen Quadrate ähnlich
ist; die Augen stehen an der rechten Seite, und an
eben dieser Seite hat der Kopf sechs Höcker. Sie
hat eine braune Farbe, mit rothen Flecken, und ist fast
auf allen Seiten mit Floßfedern umgeben; s. auch
den Art. **Scholle.** Man hat verschiedene Arten
von Schollen; gewöhnlich theilt man sie aber in
schuppichte Schollen, Passeres squamosus,
und in **glatte Schollen,** Passeres laeves. Diese
werden zu uns gebracht, und wieder in große und
kleine unterschieden; von jenen giebt es wieder drei
Arten: die erste heißt **Schuppplatteiße,** Li-

mennde; sie ist flach und [...] und [...] Namen

Scholle oder Holländische [...]
die Ostsee fängt man ihn [...]
sonders in Preußen, Curland [...]
hier auf eine besondere Art [...]
Rauche getrocknet, und unter dem [...] Rigi-
schen Butten verführt. Diese werden größtentheils

roh gegessen, können aber auch auf dem Roste gebraten werden; da man hingegen die getrockneten erst
einweichen muß, ehe sie zur Speise zugerichtet werden können. Von diesen getrockneten Schollen wird
jährlich eine ansehnliche Menge, nicht allein aus
Holland, sondern auch aus Dännemark und Hollstein
in die Seestädte zum Kauf gebracht, und daselbst bei
großen Hunderten, deren eins 2 Schock oder 60
Stiege oder 120 Stück; oder bei großen Tausenden,
deren eins 10 große Hunderte oder 20 Schock oder
60 Stiege, oder 1200 Stück hält; auch wohl bei
Bünden nach dem Gesichte, oder auch nach sogenannten Rosen von 20 Stück verkauft. In Lübeck handelt man die Schollen oder Platteisen nach Kiepen
von 30 Stiegen oder zusammen 600 Stück. In
Hamburg verkauft man die Schollen nach Schock-
stück und nach Rosen zu 20 Stück. Ueberhaupt
treiben mit diesem Artikel Hamburg, Stettin, Dan-
zig, Elbing, Königsberg, Bremen und Holland einen
ansehnlichen Handel, besonders nach den katholischen
Ländern. Diejenigen Schollen, welche schön weiß,
fleischigt und frisch sind, werden für die besten gehalten. Diese trocknen Schollen sind von nicht geringem Vortheile in der Haushaltung, besonders im
Sommer, wo sie mit grünen Erbsen ein angenehmes
Essen geben. Die kleinern sind sehr gemein, die
großen und fleischigten aber schon seltener. Die frischen Schollen dienen in der Kochkunst zum Braten
auf dem Roste, in Mehl und Butter gebraten; s.
unten. Man verschreibt sie aus den Seestädten.

Schollenpotage an Festtagen. Man
nehme gute und frische Schollen, schabe sie ab und
wasche sie. Von diesen Fischen nehme man zwei,
wenn sie klein seyn sollten, wo nicht, so nur einen,
zum Füllen, um sie nachher in die Mitte zu legen.
Diese nun zum Füllen bestimmten Schollen, werden

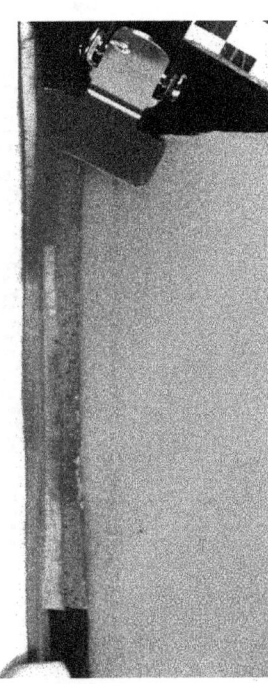

beim Kopfe genommen, oben zusammengedrückt,
mit die Gräten alle herausgehen, und ausgeköp
Hierauf nehme man etwas von ihrem Fleische, d
Karpfenfleisch, einige Champignons, nebst ein wen
gehackter Petersilie und kleinen Zwiebeln ꝛc. würze
mit Salz, Pfeffer, feinem Gewürze und einen Eudo
tern, thue das Gelbe von zwei bis drei rohen Ey
wie auch so viel in Sahne geweichte Semmelkrum
als ein Ey groß ist. Man hacke alles, ꝛc
zerstoße es in einem Mörser, und fülle damit d
Schollen. Hierauf streiche man eine Tortenpfanne
oder Schüssel mit frischer Butter aus, thue ein we
nig Pfeffer, Salz, gehackte Petersilie und feine Kräu
ter hinein, lege die Schollen darin ordentlich bei ein
ander, befeuchte sie mit geschmolzener Butter, solch
eben so oben, wie unten, gewürzt, mit feiner Semmel
krume bestreut, sie im Ofen oder unter einem Deck
gar werden und wohl färben lassen. Man brat
ferner drei bis vier Schollen in Butter, schneide si
in Stücke, und thue diese mit einigen Schollenweiß
geschnittenen Trüffeln, kleinen Champignons, ein
wenig frischer Butter, und einem Bündchen feiner
Kräuter in eine Kasserolle, dazu etwas Weniges von
Fleischbrühe, und lasse es bei gelindem Feuer kochen;
dann gut abgefettet, mit dem unten folgenden Schol
len-Coulis dicklich gemacht, die Fleischstücke der
Schollen hineingelegt und zusammen auf heißer Asch
gelinde kochen lassen. Zuletzt lasse man Semmel
rinde in einer Potagenschüssel aufschwellen, die ge
füllten Schollen zierlich darüber legen, hernach die
Potage mit den Fleischstücken von Schollen belegen,
zuletzt das Ragout und Coulis, welches einen guten
Geschmack haben und nicht zu dicklich seyn muß,
darüberschütten, und zwar so, daß die Schollen rein
und bloß bleiben, und es warm anrichten. — Das
Coulis von Schollen wird auf folgende Weise

bereitet. Man nimmt eine oder zwei Schollen, bratet sie in Butter, schneidet hernach den Kopf ab;
████ ███████ ein Dutzend abgeschälte Mandeln, und
█████ ██ Krebsschalen im Mörser, ████ ██ Schol-
██ ██ ██ ██████, schneidet ██ ████ halbe
██████ ██ ████ ████ ███████ ████ in Schei-
██████ ██ █████ in eine Kasse-
██████ ██████████ braun werden
██████ ███ etwas Fleischbrühe daran,
███████ ████ Gewürznelke, ein wenig Pe-
██████ ████ ganzen Zwiebel, wie auch mit
████ ████████ Trüffeln und Champig-
██ ██████████ ████████ dazu, lasse es zusammen
██████ ██████ nehme hierauf das gestoßene Coulis
aus dem Mörser, zerlasse es mit dem in der Kasserolle,
schlage es durch ein Haartuch, schütte das Durchgeschlagene in einen Topf oder in eine Terrine, und
gebrauche es zu der Potage von Schollen und zu
dem Ragout.

Schollenpotage an Fleischtagen. Hier
werden die Schollen eben so, wie bei der vorherge-
████████ Schollenpotage angezeigt worden, zubereitet.
██████████ geschehen, macht man ein Füllsel von
████████, ein wenig blanschirtem Speck, etwas
Rindsfett, kleinen Zwiebeln, einigen Champignons
und gehackter Petersilie, würzt es mit Salz, Pfeffer,
████ Gewürzen, als Muskatennuß, Englischem Ge-
████ und feinen Kräutern, thut das Gelbe von drei
bis vier rohen Eyern, eines Ey's groß in Sahne ge-
████te Semmelkrumen, ein wenig gar gekochten
Schinken dazu, hackt alles zusammen wohl, stößt es
im Mörser und füllt mit dieser Füllsel die Schollen,
nachdem sie zuvor wieder umgekehrt worden. Wenn
man sie nun gefüllt hat, kann man eine Schüssel
oder Tortenpfanne mit Butter bestreichen, Salz,
Pfeffer, gehackte Petersilie, feine Gewürze und Kräu-

ter hineinthun, die Schollen darauf legen, solche mit
geschmolzener Butter oder zerlassenem Speck beschmei-
ren, sie eben so oben, wie unten, würzen, mit Semmelkrumen bestreuen, sie im Ofen gar werden und
gut färben lassen. Wenn solches geschehen, muß
man drei bis vier Schollen in Butter oder Schmalz
braten, das Fleisch daran schneiden, in Scheiben geschnittene Trüffeln und kleine Champignons, nebst
etwas ausgeschmolzenem Speck in eine Kasserolle
thun, sie mit Kalbfleischjus benetzen, ein Bündchen
guter Kräuter dazu legen, und es gelinde kochen lassen. Wenn es gar geworden, gut abgefettet, die
Fleischstücke von den Schollen dazu gethan, darin einen Augenblick kochen lassen, und das Ragout mit einer
klaren Schinken- und Kalbfleisch-Coulis dicklich gemacht. Man lasse Semmelrinden in einer Potagenschüssel in guter Fleischbrühe aufschwellen, lege die
mit Semmelkrumen bestreuete Schollen darüber, gar-
nire die Potage mit den Fleischstücken von Schollen,
schütte das Ragout und Coulis in die Potage, jedoch
nicht über die Schollen, und richte es warm an.
Wenn das Coulis von Kalbfleisch und Schinken
bereitet wird, schneide man eine oder zwei Schollen
in Stücke, thue solche mit dazu, damit das Coulis
einen Geschmack davon erhalte. Man kann auch
die Fleischstücken von Schollen mit eben der Füssel
füllen, wenn nämlich das rohe Fleisch von den Schollen abgelöset worden. Man reibe eine Tortenpfanne
mit Butter aus, streue Salz, Pfeffer, Petersilie und
etwas von feinen Kräutern, als Estragon, Thymian
zc. hinein, mache das Füllsel über die Fleischstücke,
und bestreiche solche, damit sie um so besser haften
und dicker werden, mit geklopftem Ey. Man legt
dann die Stücke in die Tortenpfanne, befeuchtet sie
mit zerlassener Butter oder Speck, bestreue sie mit
zarten Semmelkrumen, und backe sie im Ofen oder

unter einem Deckel, damit sie sich gut färben. Man
belege die Potage damit.

Schollen mit einer braunen Coulis.
Die Fische werden ausgenommen, geschuppt, gewaschen und getrocknet. Der Rücken wird aufgespalten, dann werden sie in Mehl umgewendet und in
Butter ausgebacken. Wenn solches geschehen, wird
der Kopf und das äußerste des Schwanzes abgeschnitten, ein kleines Stück Butter in eine Kasserolle
gethan und solche auf dem Kasserolloche schmelzen
lassen. Man bratet darin ein wenig gehackte kleine
Zwiebeln und Petersilie, gießt etwas Fleischbrühe
dazu, würzt es mit Salz und Pfeffer, und läßt es
bei gelindem Feuer kochen, thut einige Kapern dazu,
macht die Sauce mit einer braunen Coulis dicklich,
läßt die Fische darin dicklich kochen, sieht zu, daß sie
einen guten Geschmack haben, legt sie dann ordentlich in die Schüssel, in welcher man anrichten will,
macht die Sauce etwas scharf, schüttet dieselbe darüber, und richtet warm an.

Schollen mit Ragout. Die Schollen werden geputzt und ausgenommen, mit Mehl bestreut
und in einer Kasserolle passirt, bis sie braun werden.
Wenn solches geschehen ist, läßt man sie wieder kalt
werden, thut die Gräten davon, und füllt sie mit ei-
ehackten von Champignons, Trüffeln, Kar-
pfenmilch, frischer Butter, geriebener Semmel, und
kleinen Zwiebeln. Wenn nun die Schol-
sie in eine Kasserolle mit
r Erbsenbrühe, und ein wenig
sammen kochen lassen und die
Mehle dicklich gemacht. Ei-
oben erwähnten Füllsels ein

fälle werden. Man thut sie dann in eine Tourten-
pfanne, und läßt sie eine schöne braune Farbe nehmen.

Butterschollen. Die Fische werden ausgenommen und wohl gewaschen, dann das Aeußerste
des Kopfs und der Schwanz abgeschnitten, und in
eine Kasserolle gelegt. Dann thue man Wein,
Champignons, Fischmilch, Mörcheln, Trüffeln, Petersilie, kleine Zwiebeln, Thymian, ein Stück Butter
und ein wenig Mehl dazu, rühre es behutsam um,
damit die Scheiben nicht von einander gehen. Wenn
sie nun gar gekocht worden, einen guten Geschmack
haben, und sehr weiß sind, so werden sie gehörig in
eine Schüssel gelegt, die weiße Sauce darüber geschüttet, und mit welchen Ingredienzen man will
belegt. Wenn man sie backen will, wendet man sie
in Mehl um, backt sie darauf, färbt sie wohl, und
richtet sie hernach mit gebacker Petersilie an. Sie
können auch auf dem Roste gebraten und nachher
mit einer weißen Sauce angerichtet werden.

Butterschollen mit Krebscoulis. Wenn
man die Schollen ausgenommen, abgewaschen, und
hernach wieder abgetrocknet hat, so rangirt man sie
ordentlich neben einander in einer Kasserolle, und
würzt sie mit Salz, Pfeffer, großen Zwiebeln, Citronenscheiben, Lorbeerblättern, kleinen Zwiebeln und
Petersilie, und gießt Weinessig darauf. Hierauf
werden sie über dem Kasserolloche gekocht. Wenn
sie gar sind, nimmt man sie ab, und läßt sie in einer
kurzen Brühe stehen, damit sie einen Geschmack bekommen. Man breitet hierauf folgende Sauce:
Man thue ein Stück Butter, nebst einem Paar Sardellen, und zwei kleinen ganzen Zwiebeln in eine
Kasserolle, würze sie mit Salz, Pfeffer und Muskatennuß, thue so viel Mehl, als man zwischen zwei
oder drei Fingern fassen kann, nebst ein wenig Weinessig und Wasser dazu, rühre die Sauce auf dem

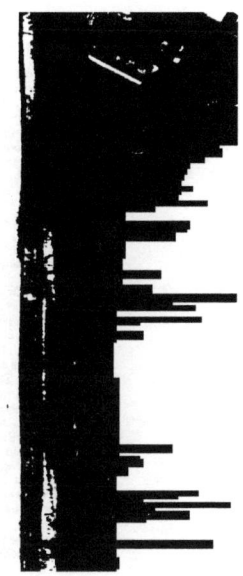

Feuer um, und wenn sie etwas dicklich geworden, thue man so viel Coulis von Krebsen dazu, bis die Sauce dieselbe Farbe erhält. Hierauf nehme man die Schollen aus ihrer kurzen Brühe, und lasse sie ablaufen, gehörig in eine Schüssel gelegt, die Sauce, nachdem man sie gekostet, und sie einen kräftigen Geschmack hat, darüber gegossen, und warm angerichtet.

Schollen mit einer Sardellensauce und Kapern. Wenn die Schollen in der vorher beschriebenen kurzen Brühe gekocht worden, bereite man folgende Sauce: Man thue frische Butter, ein Paar Sardellen, Kapern, und zwei kleine ganze Zwiebeln in eine Kasserolle, würze sie mit Salz, Pfeffer, Muskatenuß, thue etwas Mehl, Weinessig und Wasser dazu, rühre die Sauce um, nehme darauf die Schollen aus der kurzen Brühe, lasse sie wohl abdampfen, lege sie gehörig in eine Schüssel, koste die Sauce, ob sie einen guten Geschmack hat, gieße sie darüber, und richte sie warm an.

Schollen zu backen. Die Fische werden oben an der Seite des Kopfs ausgenommen, abgeschuppt, gewaschen und wieder abgetrocknet, im Mehl umgewendet, der Rücken aufgespalten und in Butter gebacken. Wenn solches geschehen, und sie sich wohl gefärbt haben, so nimmt man sie heraus, läßt sie abtropfen, legt eine Serviette über die Schüssel, darin sie angerichtet werden sollen, legt die Schollen darauf und richte sie mit gehackter Petersilie an. Gewöhnlich ißt man sie mit gestoßenem Pfeffer, Salz und Citronensaft.

Pastete von Schollen oder Schollenpastete. Wenn die Schollen abgeschuppt worden, werden sie halb gar gebacken und Filets daraus geschnitten. Man bildet nun eine Pastete von mittelmäßiger Höhe, macht ein kleines Fülsel von Kalbfleisch, frischer Butter, Salz, Pfeffer, Champignons, Trüfsetn und seinen Kräutern, belegt damit den Pastetenboden, legt die länglich geschnittenen Schollenstücken ordentlich darauf, würzt sie mit Pfeffer, Salz, guten Kräutern und Gewürzen, bedeckt sie mit frischer Butter, schließt die Pastete mit einem Deckel von eben dem Teige, bestreicht sie mit dem Gelben von Eyern, setzt sie in den Ofen, und macht ein Ragout von Trüffeln darauf. Wenn die Pastete gar ist, kann man sie öffnen, wohl absetten, das Trüffelragout hineinthun, sie zu einem Gerichte warm anrichten, und auf den Tisch geben.

Schollentorte. Nachdem die Gräten aus den Schollen genommen und die Köpfe abgeschnitten worden, muß man sie in Butter braten, auch das Fleisch von der Torte mit Morcheln, Champignons und Trüffeln in der Butter backen; sie mit Salz, Pfeffer, kleinen Zwiebeln und gehackten guten Kräutern würzen, dann zudecken, im Anrichten Citronensaft hineinthun, und um den Rand der Schüssel die Gräten und Köpfe legen.

Schollen zu mariniren. Sie werden gehörig geputzt, abgewaschen, ausgenommen und der Rücken hier und da eingeschnitten, damit die Marinade einbringe. Die Marinade besteht aus Weinessig, Salz, Pfeffer, kleinen Zwiebeln, Lorbeerblättern und Citronenscheiben. Man taucht die Fische in zerlassene Butter, bestreut sie mit Salz und fein geriebenen Semmelkrumen, setzt sie in einer Tortenpfanne in den Ofen, und wenn man vermuthet, daß sie gar sind, und sich wohl gefärbt haben, werden sie angerichtet, und mit kleinen Pasteten oder gerösteten Semmelrinden und Petersilie, oder mit Rissolles, oder auch mit Spießchen, welche mit Aalfleisch gefüllt worden, belegt.

Schollen, als Salat zuzubereiten. Die Schollen werden in einer kurzen Brühe gekocht, wenn sie Tale geworden, werden sie in kleine Stücke geschnitten, der Teller mit deutscher Butter, und mit einem kleinen Salz, und einem wenig Salz, Pfeffer und Wein ————— Pl——————— ge-goffen, und u—————————————————

Kleine S——————————————————— ——— kurzen Br——————————————————— ehe man die ——————————————— das S————— zu der Br——————————————————— fer auf, ——————————————————————— nach lang——————————————————————— Große ——————————— legt dann den Fisch in eine Kaf-ferolle, ——————— seiner Brühe ——————————— Salzwasser ——— so viel anderes Wasser hinzu, daß solches über den Fisch gehe, thut einige Bündel kern, Lorberblätter, große Zwiebeln und weißen Pfeffer dazu, kocht den Fisch gar, schäumt ihn ab, setzt denselben auf naße Asche, gießt ein Maaß oder Quart Milch daran, und richtet ihn wieder auf ei-ner weißen Serviette auf einer Schüssel trocken an, und belege ihn mit grüner Petersilie. Hierbei ist zu bemerken, daß diese Fische nicht lange gekocht werden dürfen. Einige wickeln den Fisch in eine Serviette, und kochen ihn darin; dieses kömmt jedoch auf eines jeden Belieben an.

Zubereitung der kleinen Schollen oder Platteißen auf eine andere Art. Will man kein Essen mit einer weißen Brühe ha———, so kann man die Platteißen ganz lassen, und mit einer weißen dicklichen Brühe wie Rahm, Salz und wei-ßen Pfeffer gewürzt anrichten. Oder man schneidet die kleinen Schollen in Stücke und richtet ——— mit Sardellensauce an, oder sie werden in kurze Brühe gekocht und kalt auf einer Serviette angerichtet. Da auch zu grünen Erbsen gegeben, wie auch ——— oben, S. 609 angeführet worden. Es ——— auch eine

Paſtete davon bereitet werden. Sonſt dürfen ſie
nicht zu lange kochen.

Schollen, Pleuronectes; Fr. Pleuronectes, im Waſ-
ſerreiche die einzigen bekannten Thiere, deren Körper
nicht ſymmetriſch iſt. Er iſt an den Seiten völlig
platt zuſammengedrückt. Die Naſen, die Seiten-
linien und das Maul liegen ungewöhnlich, aber die
beiden Augen liegen an einer Seite. Dasjenige,
welches über dem andern ſteht, iſt kleiner; daſſelbe
iſt auch der Fall mit den Naſenlöchern. Die Seite
des Körpers, an welcher die Augen liegen, iſt von
dunkler Farbe, die andere Seite weiß; der Kiemendeckel dieſer Seite iſt zum Theil geſchloſſen.
Dieſe Fiſche haben eine längs dem Rücken laufende
Floſſe, und eine andere, welche faſt der ganzen Länge
des Bauches nach läuft, weil der After ſehr weit
vorwärts liegt. Ihre Rippen ſind ſehr klein. Sie
haben keine Schwimmbloſe und bleiben im Schlamme;
ſie ſchwimmen in ſchräger Richtung, die Augenſeite
nach oben gewandt: Ihr Magen beſteht nur in
einer leichten Austreibung des Darmkanals, welcher
entweder ganz ohne Blinddärme iſt, oder deren nur
zwei bis drei kleine hat. Die Leber iſt klein und
ohne Einſchnitte. Die Bauchhöhle verlängert ſich
zu beiden Seiten der unteren Dornfortſätze der
Schwanzwirbel. Die Zeugungstheile und ſelbſt ein
Theil der Därme liegen in dieſen beiden Verlängerungen. In einigen Gattungen, z. B. den Zungen,
vereinigen ſich die erwähnten beiden Floſſen mit der
Schwanzfloſſe, in andern Gattungen iſt die Rücken-
und Sterzfloſſe von der des Schwanzes abgeſondert,
wie z. B. bei den Butten, Schollen ꝛc. Eine genaue Beſchreibung von den Schollen liefert der
Doctor Walbaum in Lübeck in dem Hannöverſchen
Magazin vom Jahre 1781, S. 1003 u. f., wovon
ich hier einen Auszug geben will, denn da dieſer Fiſch,

nach der Beschreibung des genannten Schriftstellers,
eben so gut eine Butte, als eine Scholle seyn
kann, so führe ich ihn hier auf.

Bei den Hamburgern führt dieser Fisch den Namen Schulle, bei den Lübeckern Goldbätt, bei
den Holländern Scholle, bei den Engländern Plaise,
bei den Franzosen le Quarlet, bei den Schweden
Skalla oder Rodsputta, bei den Dänen Skuller,
bei den Nordmännern Hellebutt. Der Kopf ist
mittelmäßig, über die Hälfte schmäler, als der Rumpf,
wovon er auf die Hälfte eingeschlossen ist; er ist ferner sehr zusammengedrückt, eyförmig, vorn verengt,
hervorstehend, mit einer kurzen, stumpfen und schiefen Schnautze; diese ist sehr kurz, breiter, als lang,
zusammengedrückt, vorn stumpf und nach der linken
Seite gewendet. Zwischen und vor den Augen ist
der Kopf höckerig und wie der Rumpf gefärbt. —
Die Mundspalte befindet sich über zwerg, am Ende
des Kopfes und geht an der linken Seite weiter nach
hinten zu, so daß der linke Mundwinkel viel tiefer
eingeschnitten i
sind fast gleich,
und an der
was
der l
weit
tige
und an den Winkeln des Mundes abgetheilt sind. —
Die Zähne in den Kinnbacken sind nur klein, gleich
hoch, unten walzenförmig, am Ende keilförmig abgestutzt, und stumpf, stehen aufgerichtet in einer Reihe
dicht aneinander, wie die Schneidezähne der Menschen, nehmen bei dem linken Mundwinkel und an
der Mitte des Kiefers in der Länge nach und nach
ab. Die meisten sitzen fest in dem linken Arme des
Bogens. Auf dem rechten Arme des Oberkiefers,

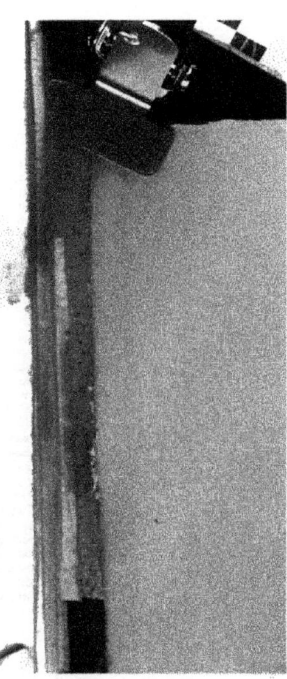

bei der Mitte befinden sich drei dergleichen Zähne, welche von den andern durch einen Zwischenraum entfernt und nach unten gerichtet sind, und noch zwei andere ähnliche an eben der Stelle des Unterkiefers. Die Zähne des Schlundes sind gleich groß, oben stumpf, in doppelte Reihen, an den obern Höckern in drei Felder, und an den untern in zwei Felder geordnet und abgetheilt. — Die Zunge ist glate, kegelförmig, sehr kurz, knorplicht steif, und liegt weit zurück in dem Munde vor den Kiemen. — Der Gaumen ist glate, kielförmig ausgehöhlt, mit länglichten Runzeln begabt, und wird hinten durch zwei unterbrochene Gruben von den Kiemen abgesondert. — Vor dem Anfange des Schlundes gewahrt man vier rauhe, oval gezahnte Höcker, wovon die beiden obersten dreifach getheilt, schief auf den obern Enden der Kiemen durch die Muskeln befestiget sind; die untern sind schmal, wie zwei Hörner in einem spitzigen Winkel zusammengewachsen, und liegen hinter dem untern Ende der letzten Kieme auf den Knochen des Schlundes. — Die Augen sind mittelmäßig groß, fast rund, vorn flach, haben einen ovalen schwarzen Stern, welcher mit einem weißgelben Regenbogen umgeben ist. Sie liegen frei auf der rechten Seite des Kopfs nahe bei einander, jedoch so, daß das obere ein wenig weiter von der Schnauze entfernt ist. — Die Augenhöhle desselben, ist eine ovale, flache, weit ausgebreitete Grube, welche vorn einen scharfen, hervorstehenden Rand hat. Das untere Auge liegt in keiner Höhle, sondern auf dem rechten Backenbeine unter der Höhle des obern Auges. Es wird von dem hervorstehenden rechten Seitenrande des Stirnbeins beschützt. — Die Nasenlöcher sind klein, von einander entfernt, wovon zwei auf jeder Seite der Schnauze hintereinander liegen; die vordersten umgiebt eine röhrichte Klappe, die beiden hintersten,

welche nahe vor dem Auge wahrgenommen werden,
sind oval, schief und stehen offen. — Die Kiemendeckel sind biegsam, breit, bogigt, bei dem Hinterhaupte winklicht, mit einem häutigen Rande eingefaßt, und bestehen aus drei Blättern, den Backen-
knochen nicht mitgerechnet, welcher einen bogigten
ganzen Rand hat, und sehr breit ist. — Die Kie-
menöffnung ist mittelmäßig bogigt, liegt an der Seite,
und wird von dem Deckel ganz geschlossen. Die
Kiemenhaut befindet sich sowohl an der Seite, als
unter der Kehle, ist ganz bedeckt, hat an jeder Seite
sieben zusammengedrückte, fast gleiche, gekrümmte
Strahlen, wovon die beiden ersten und kürzesten mit
der äußersten Spitze an einander gewachsen sind, und
also eine andere Richtung, als die übrigen haben.
Sie ist übrigens nicht an der Kehle festgewachsen,
sondern liegt frei über derselben. — Die vier Kiemen haben einen zusammengedrückten, knochigten,
gelenkigten Bogen, dessen unterer Arm dreimal so
lang, als der obere ist, und welche in einen spitzen
Winkel zusammengeschlagen liegen. An dem aus-
wendigen Rande derselben sitzen rothe, parallele
Frauzen in zwei Reihen dicht aneinander, an dem
inwendigen Rande aber kurze, bewegliche, von einander entfernte Stacheln in einer Reihe, welche an
der ersten Kieme größer sind, als an den andern.
Zwischen den Kiemen befinden sich fünf ungleiche
Löcher, das eingeschluckte Wasser durchzulassen. —
Der Rumpf ist eoförmig, halb so breit, als lang,
vorn, wo der Kopf liegt, hohl ausgeschnitten, an
welchem er bis an das oberste Auge hervortritt, hin-
terwärts nach und nach verenge, und zuletzt spatel-
förmig mit einem abgerundeten Ende, oben und unten bogigt, scharf kielförmig oder zweischneidig, und
mit Flossen besetzt; an der Oberfläche etwas erhaben
rund, **glatt und grubicht**, an der Unterfläche aber

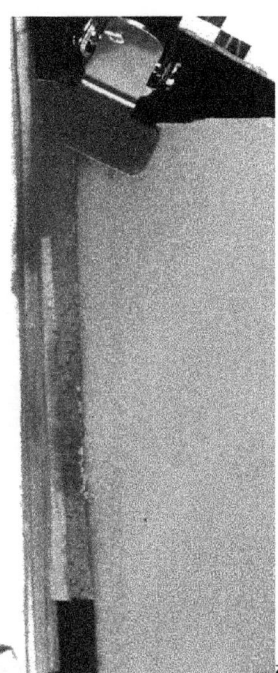

glatt und nur wenig grubicht. Der Rücken ist kiel=
förmig, steigt nach dem Rücken schräge in die Höhe.
Der Rücken, welcher auch scharf kielförmig ist,
geht von dem Nacken etwas weiter in die Höhe, bis
auf den dritten Theil seiner Länge, hernach steigt er
mit einer geringen Krümme wieder herab bis zum
Fortsatz des Schwanzes. Die Kehle und der Bauch
sind kielförmig kurz, und steigen von vorne an bis
an den After in einer Bogenlinie herauf. Die allge=
meine Höhle des Bauches ist ganz klein und enger,
als lang. Sie nimmt ungefähr den sechsten Theil
des Rumpfes ein. Aus dieser gehen zwei zugespitzte
Nebenhöhlen unten an beiden Seiten des Schwan=
zes an den Fortsätzen der Rückenwirbel hindurch,
worin die Geburtstheile liegen. Der Schwanz macht
den größten Theil des Rumpfes aus. Er ist sehr
zusammengedrückt, halb epförmig, und endiget sich
mit einem kurzen, breiten, spatelförmigen Fortsatze,
welcher am Ende abgerundet und ungefähr 1½ Zoll
lang und breit ist. Die Seitenlinie ist glatt, ein
wenig erhaben, aus länglichten, in einer Reihe hin=
tereinander liegenden Grübchen zusammengesetzt.
Sie liegt fast in der Mitte des Rumpfs, doch dem
Rücken etwas näher, als dem Bauche. Sie kommt
von dem Hinterhaupte, läuft gerade fort bis über die
Mitte der Bauchhöhle, von da steigt sie schräg und
etwas gekrümmt nieder über das Ende der allgemei=
nen Bauchhöhle, alsdann läuft sie in der Mitte des
Schwanzes bis an die Flossen fort und verliert sich
in dem Grundtheile derselben. — Der After befin=
det sich nahe bei der Brust an der linken Seite des
Bauchrandes, zwischen den Bauchflossen. Er ist
oblong, und so weit, daß der Mastdarm auf einen
oder zwei Zoll lang umgewandt heraustreten kann.
Vielleicht geschieht dieses in der Begattung, wie bei
den Enten männlichen Geschlechts. Hinter demsel=

ben und vor dem Anfange der Afterfloſſe ſteht nach
vorn zu ein kurzer ſtarker Stachel hervor. Die
Glieder beſtehen in ſieben Floſſen mit biegſamen
Strahlen, deren weiche Spitzen etwas über die ge-
meinſchaftliche Haut hervorragen. Eine derſelben
liegt längs dem Rücken, zwei zur Seite der Bruſt,
zwei unter der Bruſt, eine unter dem Schwanze,
und die letzte am Ende deſſelben. — Die Rücken-
floſſe iſt mondförmig lang ausgeſtreckt, abgeſondert,
deren größte Breite ſich zu der Länge verhält, wie 1
zu 6. Sie nimmt bei dem oberſten Auge ihren Anfang, läuft über den Nacken und Rücken fort, und
nimmt in der Breite nach und nach zu, bis kurz vor
der Mitte des Schwanzes, alsdann wird ſie wieder
nach und nach ſchmaler und endiget ſich bei dem
Fortſatze des Schwanzes. Sie enthält über ſiebzig
einfache, von einander entfernte zu- und abnehmende
Strahlen, wovon die hintern ſich gegen die vordern
neigen. — Die Bruſtfloſſen ſind klein, ſitzen
hinter den Kiemendeckeln, ſchief aufſteigend, faſt in
der Mitte, doch etwas näher nach dem Rande des
Bauches. Die rechte iſt ſchief abgeſtutzt, hat zwölf
dicht aneinander ſitzende Strahlen, nämlich drei einfache zunehmende und neun abnehmende, worunter
ſieben geſpalten, und die beiden letzten einfach ſind.
Sie iſt ſo lang, als der dritte Theil des Kopfes, und
ihre Breite am Grundtheile verhält ſich zu ihrer
Länge, wie 2 zu 5. Die linke iſt kürzer, ſpitz muſi-
licht, und nur mit eilf einfachen zu- und abnehmenden Strahlen begabt, worunter die fünfte die längſte
iſt. — Die Bauchfloſſen ſind wenig kleiner, als
die Bruſtfloſſen, ſpitzig, ſitzen unter der Bruſt hinter
der Kehle nahe bei einander, haben ſechs einfache ab-
und zunehmende Strahlen, worunter die dritte am
längſten iſt. Ihre Breite verhält ſich zur Länge,
wie ſieben zu neunzehn. — Die Afterfloſſe iſt

mondförmig, abgesondert, lang ausgestreckt, geht von
dem Afterstachel bis an den Fortsatz des Schwanzes,
enthält über fünf und funfzig einfache, entfernte, gegeneinander sich neigende Strahlen. Sie ist in der
Form und Breite dem Schlak entlose gleich, nur am
hinteren Theil kürzer. Der After stachel, welcher, beisammen bestehen dem gleich anliegt, an
dem ist das hintere stehend dem
Kopfstück, an dem ganzen Hinterfläche
liegt. — Die Schwanzflosse ist klein, in
ihrer ein schiefliches Viereck gestaltet, an dem Rande hinter etwas abgerundet, und dabei gleich, oder verschiedentlich ausgehöhlt. Ihre Länge verhält sich
zur Breite am Grundtheile wie zwölf zu vier, und zu
der Länge des Rumpfes, wie eins zu vier. Sie besteht aus zwanzig Ästen, ungleichen Strahlen, wovon drei einfache an jeder Seite in der Länge nach
und nach zunehmen; die übrigen sind gespalten und
fast gleich lang. — Seine Farbe ist auf der oberen
Seite bunt, gelblich grau und schwärzlich braun marmorirt, mit rundlichen, zerstreuten, neben einander
stehenden Flecken geziert, wovon sechs oder sieben aus der Rück-
fenflosse, und eben so viel auf der Afterflosse sich befinden; auf der linken Seite ist er gelblich weiß, hin
und wieder mit kleinen, rundlichen, olivenfarbigen
Flecken untermischt, an dem Kiemendeckel mit gegen
den Rand der Flosse schwach visirt. Seine Bekleix-
dung bestehe aus einer zähen, glatten, schleimichten
Haut, worin kleine, runde, sehr dünne gestreifte abgesonderte Schuppen tief verborgen liegen, so daß sie
auf der Oberfläche der Haut flache Grübchen ausmachen.

Bei diesen Fischen scheint überhaupt noch manches
Dunkele zu herrschen. So wird von einigen Naturforschern die Hellbutte, wie die oben beschriebe-
ben Fischgattung, die eigentlich die Scholle seyn soll,

auch bekannt wird, als ein ganz anderer Fisch beschrieben; und sie hat im Lat. den Namen Pleuronectes Hippoglossus erhalten; soll sich an den Isländischen Küsten vorzüglich in großer Menge aufhalten, sehr groß und bis zu 150 Pfund schwer werden. ...

... Dorren, Moorbutten,
... Th. 37,
... ihrer äußer-
... den eigentlichen Schollen nahe
verwandt, und daß sie hier oder einfärbig, und auf
der weißen Seite mit kleinen Flecken besetzt, dagegen
länger den Rücken etwas schärfer angeschlossen ist.
Sie sind theils von Schollen nicht von einerlei Art;
theils nennt man sie **Dornbutten, Glatbutten** und
Winkelbutten.

Eine besondere Art der Schollen ist ferner die
Steinbutte, Hillbutte oder **Halibutte,**
Pleuronectes maximus; Dänisch **Hellefisk;**
Norwegisch **Helleflynder** oder **Queite;** Fr. le
Flatau, Flettan ou Turbot; Engl. Holibut, Turbot, Turbut. Sie hat einen rautenförmigen, höck-
erigen Körper, und die Augen an der linken Seite.
Oben und unten hat sie eine doppelte Reihe etwas
gekrümmter und einwärts gebogener sehr harter
Zähne; ferner hat dieser Fisch eine große steife Zunge,
und über derselben vor dem Schlunde an dem Ober-
rachen zwei runde, aus vielen spitzigen Zähnchen bestehende und daher ganz rauhe Stellen; er hat ferner
auf seinen Kiefern spitzige Stacheln, mit beiderfachen
Kieferdeckeln oder Ohren. Die Augenseite hat eine
schöne schwarze Farbe. Die Größe dieses Fisches

beträgt oft 3 Ellen und darüber; er ist daher die größte Art seiner Gattung. Wegen seiner Breite und Fläche, und weil er dabei keine proportionirte Dicke oder Runde, auch keine Fertigkeit hat, sich zu tummeln, Fischen nachzueilen ꝛc. wie andere große und langrunde Fische, so dienen ihm diese Spitzen, Haken und Zähne, um seines Raubes desto weniger zu verfehlen, und das, was er erhascht, desto besser zu halten. Sein Raub sind Heringe und andere kleine Fische; auch hascht er größere, als Schellfische, Dorsche ꝛc. Im Uebrigen ist dieser Fisch der äußern Gestalt, Floßfedern, so wie auch der inwendigen an Eingeweiden andern Butten ganz ähnlich, und weil er, wie die andern Fische seines Geschlechtes, keine Luftblase hat, so kann er sich nicht sonderlich in die Höhe heben und stark und weit schwimmen. Er hält sich daher meistens im Grunde auf; auch ist an ihm diejenige Haut sehr kenntlich und sichtbar, womit alle Fische seiner Gattung vor andern deswegen versehen sind, damit solche vor die Augen ziehen können, um diese dadurch vor dem Schneiden des scharfen, eckigten Meersandes zu verwahren, wenn sie sich nämlich bei Stürmen in den Sand wühlen, um sich dann zu verbergen. Daß aus diesem Fische der Ras oder Reckling gemacht werde, ist schon Th. 120 angeführt worden. — Auch diese Gattung findet man in allen Europäischen Meeren.

3) Die gemeine Zunge, Sohle, Pleuronectes solea; Fr. la Sole commune. Sie hat einen länglichen Körper und die Augen auf der rechten Seite, welche Seite gleichfarbig braun ist. Der Oberkiefer legt sich wie ein Haken über den untern; s. den Art. Zunge, in Z.

4) Der Flunder, Pleuronectes flesus; Fr. le Flet ou Picaud, s. auch oben, S. 625 und Th. 14, S. 368, von wo diese Fischgattung hierher verwie-

sen worden. Er unterscheidet sich von der Scholle durch den Mangel der Höcker, welche durch eine rauhe Linie ersetzt worden, und durch die einförmig braune Farbe der Augenseite. Er hat ein zartes schmackhaftes Fleisch, und wird, besonders getrocknet, zu Speisen gebraucht. S. auch .... Scholtenfischwinters, ... eigentlich alle diese Gegenstände, ... Klauer und andere Gegenstände gehören .... Schollegewächt.

Scholtion, ... Zeitwort der Mittelhaltung, ... in den gemeinen Sprecharten ei-........... besonders Meißnes, üblich ist, sein Wasser lassen, harnen. Es ist, nach Abeilung, eine Onomatopöie, der Form nach oder ein Intensivum von dem Niedersächsischen schälen, schählen. Ohne Zischlaut gehören auch das bei den Jägern übliche gallen, harnen, und das Französische couler, fließen, hierher.

Schollenpastete, f. oben, S. 615.

Schollenpotage, f. daselbst, S. 611.

Schollentorte, f. daf., S. 615.

Schöllkraut, Chelidonium Linn., eine Pflanzengattung, welche in die erste Ordnung der dreizehnten Klasse (Polyandria Monogynia) des Linnéischen Pflanzensystems, und zu den mohnartigen Pflanzen gehört. Kennzeichen sind viele, dem Fruchtboden eingewachsene Staubfäden, ein Staubweg, ein hinfälliger Kelch, und eine schotenartige Frucht.

1) Großes Schöllkraut, Schwalbenkraut, Warzenkraut, Chelidonium majus, pedunculis umbellatis. Linn. Syst. plant. Tom. I. p. 723. Chelidonium pedunculis multifloris. Hort. cliff. pag. 201. Chelidonium majus vulgare. Bauh. pin. p. 144. Chelidonium majus, folio laciniato. Chamb. hist. 2. p. 203. Die Wurzel dieser Pflanze ist ästig und faserigt, im frischen Zustande

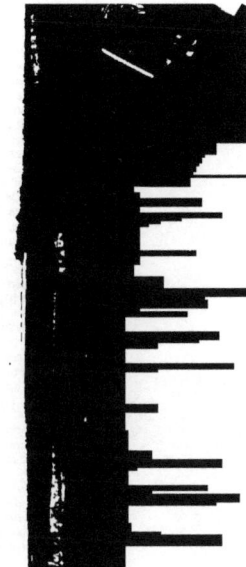

braunroth; getrocknet aber schwarz. Die Blätter sitzen auf langen Stielen, sind groß und auf besondere Art zusammengesetzt, so daß jedes Blättchen wieder in einige Lappen getheilt wird, davon die unteren kleiner sind, das oberste aber das größeste ist. Sie sind sämmtlich am Rande weichläuftig eingeschnitten und haben eine hellgrüne Farbe. Zwischen den Blättern kommen lange Stiele hervor, woran die gelben, vierblätterigen Blumen schwanzweise stehen. Das Samenbehältniß ist eine runde, dünne Schale, 1 1/2 Zoll lang, zweiklappig, aber nur mit einer Kapsel versehen. In dieser erst grünen, nachher braunröthlichen Schale befinden sich schwarze, glänzende rundliche, glatte und 1/2 Linie breite Samen. Man findet diese Pflanze in ganz Europa an altem Gemäuer ꝛc. wildwachsend an; in Deutschland an allen trocknen Hügeln, aufgeworfenen Graben und auf alten verfallenen Mauern. Sie wird, da sie sehr gemein ist, selten in den Gärten gezogen. Kraut und Wurzel sind officinell; jedoch findet man sie in neueren Arzneimittellehren noch selten angeführt. Sie geben, so lange sie frisch sind, wenn sie verletzt werden, einen safrangelben scharfen Saft, der das blaue Papier roth färbt, und haben einen widerlichen Geruch, der sich aber im trocknen Zustande verliert. Aeltere Chemiker, die diese Pflanze untersucht haben, erhielten aus fünf Pfund Schwalbenkrautblättern und Stengeln, welche in einer Retorte destillirt wurden, 1 Pfd. 11 Unzen, 3 Drachmen und 18 Gran klare, fast nicht schmeckende und riechende, etwas scharfe, kaum merklich saure Feuchtigkeit, 2 Pfd., 13 Unzen und 18 Gran klare, saure, und kaum merklich herbe Feuchtigkeit, 1 Unze, 7 Drachmen und 36 Gran braunröthliche, etwas salzige, urinöse Feuchtigkeit, 1 Drachme festes flüchtiges urinöses Salz, nebst 4 Drachmen und 36 Gran dickes Oel. Die in der

Retorte übrig gebliebene schwarze Masse wog 2 Unzen, 7 Drachmen und 18 Gran, welche, nachdem sie gehörig kalcinirt worden, 1 Unze, 2 Drachmen und 36 Gran Asche zurückgelassen, woraus durchs Auslaugen 6 Drachmen und 27 Gran eines, bloß alkalisches Salz gezogen worden. Der Verlust der Theile hat in der Destillation 2 Unzen und 18 Gran, in der Kalcination aber 1 Unze, 4 Drachmen und 54 Gran betragen.

Das Schöllfraut innerlich genommen, soll die Verstopfung heben, den Urin und Schweiß erregen, die Cacherie und Wassersucht heilen, das Fieber und die gelbe Sucht vertreiben. Man verschrieb das Pulver von der getrockneten Wurzel zu einer halben bis ganzen Drachme, oder man goß auf eine Unze von der frischen Wurzel zwei Pfund Wein, oder kochte sie im Wasser und ließ es zu 6 Unzen trinken; von dem safranfarbigen Safte aber wurden 3 oder 4 Tropfen in einem Glase Wein oder in einer andern bequemen Feuchtigkeit verschrieben. Man hielt die Wurzel auch ehemals in bösartigen und pestilenzialischen Fiebern für ein vortreffliches schweißtreibendes Mittel, wenn sie mit Essig gekocht wird. Wenn man nach dem Tragus eine Handvoll von dieser Wurzel nimmt, solche reiniget, in einem halben Maaße Rosenessig kocht, hernach durchseiht, 1 1/2 Drachmen Theriak dem Decocte zusetzt, und eine Schale davon zu trinken giebt, so soll es diejenigen, die an der Pest selber, davon befreien; sie müssen aber dabei im Bette liegen und schwitzen. Mehrere ältere Aerzte, z. B. Emanuel König, Lobel, Rajus stimmen zwar für ihre Benutzung in der Heilkunst, doch nicht in zu großen Dosen. Nach des Erstern Erfahrung sollen 2 Unzen von der Infusion üble Zufälle, schreckliche Zufälle erregen. Lobel will sie nur selten innerlich genommen wissen, und dieser Meinung ist auch Rajus. Das Schwal-

krukraut äußerlich gebraucht, reiniget die Wunden,
besonders alte, auch die Geschwüre, man mag nun
die zerstoßenen Blätter auflegen, oder das Pulver
davon einstreuen, oder den Saft von solchen einträu-
feln. Der safranfarbige Saft soll die Warzen wegnehmen, wenn sie damit bestrichen werden. Auch
bei den Augenkrankheiten soll das Schöllkraut sehr
dienlich seyn. Einige pressen den aus dem abgerisse-
nen Stängel herauslaufenden gelben Saft an, und
tröpfeln ihn in die Augen, die Augengeschwüre damit
zu reinigen und die Flecken zu vertreiben. Da er
aber sehr scharf ist, so muß er mit einer jeden bequemen Feuchtigkeit verdünnt werden, oder man gebraucht
das destillirte Wasser von demselben, welches milder
ist. Nach dem Fabricius Hildanus soll der
Extract von dem Schöllkraute nicht allein bei äußerlichen Flecken, sondern auch beim angehenden Staar
sehr dienlich seyn, jedoch müsse man es wegen der
Schärfe nicht größer als ein Stecknadelknopf auflegen. Ehemals hatte man in den Apotheken ein destillirtes Wasser von diesem Kraute, welches für ein
vortreffliches Augenmittel gehalten wurde. — Leon-
hardi hat aus dem Schöllkraute vollkommenen Salpeter erhalten.

2) Großblüthiges Schöllkraut, großes
Schöllkraut aus Virginien und Kanada,
gelber, gehörnter Mohn, Hörnermohn;
Chelidonium glaucium, pedunculis unifloris,
foliis amplexicaulibus sinuatis, caule glabro.
Linn. Spec. plant. Tom. I. p. 724. Chelidonium glabrum, pedunculis unifloris. Hört.
ups. 157. Papaver corniculatum luteum.
Bauh. pin. 171. Papaver corniculatum, flavo
flore. Clus. hist. 2. p. 91. Die Pflanze ist gräulich, der Stängel glatt, unbehaart, die Wurzelblätter sind lang, breit, dick, fleischigt, rauh, gelappt,

am Rande ausgezackt oder eingekerbt, meergrün, und
liegen auf der Erde. Der Blumenstiel ist unbehaart,
theilt sich in viele Aeste und treibt Blätter, welche
viel kleiner, als die Wurzelblätter, und nicht so tief
gekerbt sind. Die Blumen wachsen auf den Gipfeln,
haben die Größe derjenigen des zahmen Mohns, vier
gelbe Blätter in Rosenform; so bald sie abgeblühet,
erscheint eine lange, rauh anzufühlende Hülse, worin
die Samenkörner, welche dem gemeinen Mohne ähn=
lich sind, liegen. Die Wurzel hat die Dicke eines
Fingers, ist lang und schwärzlich. Auch diese Pflanze
enthält einen gelben Saft, der einen üblen Geruch
hat, und bitter schmeckt. Das Vaterland ist Eng=
land, die Schweiz, Frankreich, Italien, Virginien,
und Kanada, wo sie an sandigen an der See gelege=
nen Orten angetroffen wird.

3) **Gehörntes Schöllkraut,** Chelidonium
corniculatum, pedunculis unifloris, foliis sessi-
libus pinnatifidis, caule hispido. Linn. Spec.
plant. Tom. I., p. 724. Chelidonium hispi-
dum, pedunculis unifloris, Hort. ups. 137.
Glaucium hirsutum, flore phoeniceo, Tournef.
inst. 254. Papaver corniculatum phoeniceum,
hirsutum. Bauh. pin. 171. Papaver cornutum,
phoeniceo flore. Clus. hist. 2, p. 91. Die
Stängel dieser Pflanze sind viel schwächer und schlanker, als die vorhergehenden, und liegen auf
dem Boden. Blüthen sind gleichfalls kleiner,
anfangs blässer, und endlich ganz blaß=
roth. Wenn die Blumen abgefallen schlanke Schoten, welche
Samen dicker sind, als diejenigen
des g Mohne und runzlich. Die Wurzel
ist lang und in Seitenwurzeln
getheilt Art in Ungarn, Böh-

men; Deutschland ꝛc. auf dem Felde und in den
Gärten.

4) Violetter gehörnter Mohn, unechter
Mohn, Chelidonium hybridum, pedunculis
unifloris, foliis pinnatifidis linearibus, capsula
laevi, siliquis trivalvibus. Linn. Spec. plant.
Tom. 1., p. 724, Papaver corniculatum vio-
laceum. Bauh. pin. 172, Papaver corniculа-
tum, violaceo flore. Clus. hist. 2, p. 92. Die
Blätter dieser Pflanze sind noch kleiner, als die der
vorhergehenden, auch viel zarter ausgeschnitten und
grauer in der Farbe. Die Stängel derselben sind
klein und zart, und ein wenig rauh. Die Blumen
gleichen den vorigen, nur sind sie dunkler violet.
Die rauhen Schoten enthalten schwärzliche Samenkörner. Die Wurzel ist dünn. Man trifft sie in
dem südlichen Europa auf dem Felde wildwachsend an.

Die beiden letzteren Arten zieht man der Veränderung wegen in den Gärten. Von der ersten Art
wird nur eine Abänderung, nämlich das große
Schöllkraut mit gefüllter Blume, Chelidonium majus, flore pleno in den Gärten gezogen,
wo sie schön gefüllte Blumen trägt. Sie wächst in
schattigen Rabatten, wo sie zur Abwechselung der
Schönheit vieles beiträgt; auch vermehrt sie sich in
kurzer Zeit so sehr, daß man weiter keine Mühe mit
ihr hat, als nur ihre Wurzeln zu theilen. Die aus
Virginien und Kanada zu uns gebrachte Sorte,
welche auch, wie schon oben erwähnt worden, in
England, der Schweiz, Frankreich und Italien wachsend angetroffen wird, erträgt auch in Deutschland
das Klima im Freien.

Das perennirende Schöllkraut kann durch Theilung der Wurzel fortgepflanzt werden, die einjährigen
Arten erzieht man aus Samen, den man, gleich nach

seiner Reise, in einen entbehrlichen Winkel des Gartens ausfäet. Auf diese Weise behandelt, erhält man ohne Mühe einen beständigen Vorrath von Pflanzen.

Schöllrasen, im Deichbau, werden aus Busch, auch wohl mit Stroh melirt, gebunden, etwa 1 auch 1½ Fuß dick und 8 bis 12 Zoll lang, und in der Höhe des vom Deiche stehenden Wassers befestiget, um die Schölung abzuhalten. Wenn aber der Deich überlaufen will, kann man sie im Fall der Noth oben auf der Koppe fest pfählen.

Schölstellen, im Deichbau, werden an einem Deiche solche Stellen genannt, welche vom Wasser ausgeschölt oder ausgespült sind.

Schölung, im Wasserbau, die Bewegung des Wassers durch den Schwung, auch nach der Seite, wo doch kein Wind aufstehe, folglich auch kein ordentlicher Wellenschlag oder keine Brandung ist.

Scholz, s. Schulz.

Schon, eine Partikel, welche in einer doppelten Gestalt üblich ist. 1. Als ein Nebenwort, im nächsten Verstande, als ein Nebenwort der Zeit, denjenigen Umstand der Zeit zu bezeichnen, da eine Sache geschehen ist, oder wirklich geschieht. 1. Eigentlich, sowohl bei geschehenen Dingen, als von solchen, welche jetzt wirklich geschehen, wofür man im Hochdeutschen auch bereits gebraucht, im Niederdeutschen all und im Oberdeutschen allschon. Wir haben schon gegessen. Er ist schon da; komme schon. In dieser Bedeutung kommt es auch in vielen biblischen Stellen vor. Es ist schon die Art den Bäumen an die Wurzel gelegt, Matth 31, 10. Da die Tiefen nach nicht waren, da war ich schon bereitet, Sprichw. 8, 24 x. x. — Ich weiß schon was ich thun will. Schon damals; jetzt schon; schon

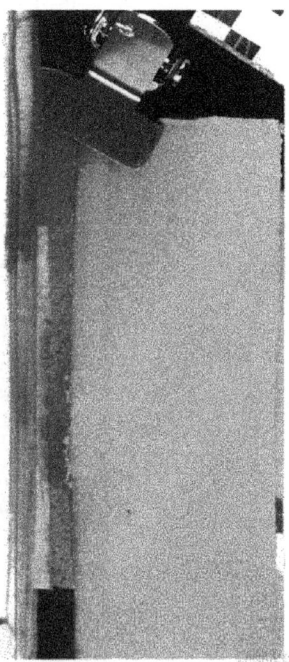

vorlängst. Ich höre es schon, sie sind ein
Freigeist ꝛc. ꝛc. So auch die Fragen: Bist Du
schon wieder da? Sind sie schon gekommen? Hast du es schon gehört? Hier kann es
schon für sich allein eine fragende Verwunderung ausdrücken. Er ist schon da. Schon? Nach
der Regel steht es, gleich den meisten übrigen Nebenwörtern, hinter dem Zeitworte, allein wegen des
Nachdrucks wird es in der edleren Schreibart auch
oft zu Anfange des Satzes gesetzt. Schon in der
Kindheit waren wir für einander bestimmt. Schon glänzte die Sonne durch
das Reblaub am Fenster ꝛc. ――― In weiterem
Verstande, wo sich neben dem Begriffe der geschehenen Sache allerlei Nebenbegriffe mit einschleichen,
welche den ersten oft ganz verdrängen. (1) Eine
Begleitung des Wunsches, daß etwas geschehen
möge. Wär' er doch schon da! Wenn nur
meine Braut, mein Bräutigam schon da
wäre! Wäre doch schon mein Lieschen
mein! Weiße. (2) Für ohne dieß, ohne sie,
besonders in der vertraulichen Sprechart. Des
Volks ist schon so viel, 2 Mos. 5, 5. Dein
Herz, daß schon so viel gequält wird. (3)
Mit dem Nebenbegriffe der gehörigen Zeit. Ich
will schon kommen (zur rechten Zeit). Ich
will dich schon rufen. (4) Oft zeigt es eine Versicherung in Rücksicht auf einen vorher gegangenen
Ausspruch an. Wenn sie nur nach ihm gerathen, so bin ich schon zufrieden. Nur ein
solches Herz wieder zu finden, ist schon
eine Freude ꝛc. (5) Oft wird es zu einem Ausdrucke einer Art einer Versicherung. Es wird
schon reichen. Wir wollen heute schon
noch eins werden. Ich will es ein ander
Mal schon wieder einbringen. Ich weiß

schon wie junge Leute sind. Lauter Ausdrücke, welche man beim Gellert findet. Das ging schon noch an. Sie wird mit den Jahren schon anders werden. Die Zeit wird mich schon rechtfertigen. Sie können einander schon heirathen. Ich muß nun schon Wort halten. Und in der vertraulichen Sprechart. Das muß ich schon thun, das war ihm schon recht, das ging schon noch an. Schon gut!

II. Als ein Bindewort. 1. Als ein zugestehendes für zwar, welcher Gebrauch im Hochdeutschen fremd, und nur in Niedersachsen nach Adelung geläufig ist. Es ist schon war. — 2. Als ein bedingendes, welches einen Gegensatz begleitet, wo es im gemeinen Leben besonders Niederdeutschlands sehr üblich ist, für auch, gleich, besonders mit den Nebenwörtern wenn und ob. Wenn sich schon ein Heer wider mich leget, so 2c. Pf. 27, 3. Und ob ihr schon viel betet, höre ich euch doch nicht, Es. 1, 15. Er denkt es, ob er es schon nicht sagt. Ingleichen mit Auslassung des wenn und ob, wie gleich. Muß ich schon kümmerlich leben, so 2c. — Für dennoch, gleich wohl, eine im Hochdeutschen unbekannte Bedeutung.

Schön, Bei= und Nebenwort. 1. Im eigentlichen Verstande glänzend, hell, und in weiterer Bedeutung rein, sauber. Diese Bedeutung ist im Hochdeutschen

den, daß sie ehemals   t.
dsischen und Hollän   n
                         d
                         i=

nigen.
Wein

ſchön. Der ſchöne Glanz Gottes, Pſ. 50, 2.
Nach Adelung der helle Glanz, ſo wie wir noch
jetzt von ſchönem Wetter und von einem ſchö-
nen Tage reden, worunter gleichfalls ein heiteres,
helles Wetter verſtanden wird. Siehe auch die Artikel Schönbaum, Schönblind, Schöndruck,
Schönfärber, in welchen Wörtern dieſe Bedeutung noch zum Grunde liegt. In einigen Ableut-
ſchen Bibeln des 15ten Jahrhunderts lieſet man
Richt. 5, 10 für ſchöne Eſelinnen, ſcheinende
Eſelinnen, woraus erhelle, daß man ſcheinend
und ſchön ehedem als gleichbedeutend gebraucht habe.
— 2. In weiterer und gewöhnlicherer Bedeutung
nennt man alles dasjenige ſchön, was mit Bewunderung und Wohlgefallen empfunden wird, wo es
dann wiederum in verſchiedenen Fällen gebraucht
wird. (1) Was durch ſeine äußere Geſtalt Bewunderung und Vergnügen erweckt, wozu oft helle Farben, Glanz und Reinlichkeit im Aeußeren hinlänglich
ſind, oft aber auch noch Uebereinſtimmung aller
Theile zu einem vollkommenen Ganzen erfordert wird;
im Gegenſatz des häßlich. Schöne Kleider,
ſchönes Hausgeräth, ein ſchöner Edelſtein,
ein ſchönes Gemälde, ein ſchönes Haus,
ein ſchöner Garten, ein ſchöner Baum,
eine ſchöne Blume, ſchöne Haare, ſchöne
Farben. Ein ſchönes Pferd. Eine ſchöne
Hand ſchreiben. Ein ſchönes Ec. oe it im
Gemälde; eine ſchöne Gegend; eine ſchöne
Stadt. Schön laſſen, ſchön ausſehen,
ſchön ſtehen. Schön, ſchön iſt die ganze
Gegend in des Herbſtes feierlichem
Schmucke, Geßn. O wie ſchön biſt du Ma-

Geſichtsbildung. Geſtalt des Leibes und deſſen Theile.
Ein ſchönes Geſicht. Eine ſchöne Geſtalt.
Eine ſchöne Perſon. Ein ſchöner Körper.
Bildſchön, ſo ſchön wie ein gemahltes Bild.
Schön von Geſicht, von Geſtalt. Daher
Augen, ſchöne Zähne, ſchöne Hände u. ſ. w.
Das ſchöne Geſchlecht, und verſtärkt, welche
Schön— — — —
ſchön— — — — — — — —
vom — — — — — — —
Adelung, — — — der —
ſchlechter, — — von Stänben. Die Sch— iſt
eine ſchmeichelhafte Benennung einer Perſon weib-
lichen Geſchlechts. Aus dem Obigen erhellt, daß
man in dem gewöhnlichen Sprachgebrauche alles
ſchön nennt, was mit Bewunderung und Wohlgefallen durch das Geſicht empfunden wird. Die
Schönheit kann nur empfunden werden, und daher
nur Empfindung iſt und aus dem innern Gefühle des
Anſchauens hervorgeht, ſo rührt daher auch die große
Verſchiedenheit in dem Urtheile über dasjenige, was
ſchön iſt. In Afrika iſt eine ſtumpfe Naſe ſchön,
in Europa nicht. Rothes Haar war bei vielen alten
Völkern eine Schönheit, bei uns findet man es häßlich. Lichtwehr führet dieſes Wort in ſeinen Fabeln
an: Schön iſt, was da gilt, was wir wohnen. Von dem Begriff des Schönen in den
Wiſſenſchaften, ſ. weiter unten. — (2) In weiterer Bedeutung iſt ſchön, was auch durch die übrigen Sinne, wenigſtens durch einige derſelben, mit
einem hohen Grade des Wohlgefallens empfunden
wird. Vornehmlich in Anſehung des Gehörs.
Eine ſchöne Muſik. Eine ſchöne Melodie.
Eine ſchöne Stimme. Eine ſchöne Arie.
Schön ſingen, ſpielen. Der Vogel ſchlägt
ſchön, ſagt man von allen Geſangvögeln, deren Ge-

sang etwas Melodisches hat, z.B. den der Nachtigallen,
Grasmücken, Kanarienvögel ꝛc. Im gemeinen Leben auch zuweilen von dem Geschmacke und Geruche.
Das schmeckt, das riecht schön. Von dem
Gefühle braucht man es wohl nur in so fern, als es
in weiterer Bedeutung von der ganzen heimlichen
Empfindung gesagt wird. Schönes Wetter,
welches uns in einem hohen Grade angenehm ist.
Ein schöner Frühling, Herbst ꝛc. ein angenehmer,
dessen Witterung auf unser Gefühl eine angenehme
Wirkung hervorbringt. Unsere schönen Tage,
die Jugend. — (3) In noch weiterem Verstande,
was von der Seele und ihren Fähigkeiten unmittelbar mit einem vorzüglichen Wohlgefallen empfunden
wird, da es denn wieder von den untern Fähigkeiten
der Seele, in weiterem Umfange auch von den obern
gebraucht wird. Ein schöner Gedanke. Eine
schöne Antwort. Ein schönes Buch. Eine
schöne That,

Gewebe von Unedlem vertilgen wollen.
Eine schöne Seele haben. Schöne Ge-
sänge künstlicher Saitenspieler entzücken
das Ohr, Geßn. Hier bezieht sich schön nicht
bloß auf die Musik. W
blühende Wangen, o
Dusch.
   Auch unter schlau
   Bleibt doch die Li

Bedeutung zusammen, so ist schön, was von der
Sinnen und der Einbildungskraft nur Wohlgefallen
empfunden wird, was sinnliches Vergnügen erweckt.
In diesem Verstande sagt man die schöne Natur,
dasjenige in der Natur zu bezeichnen, was einen ho-

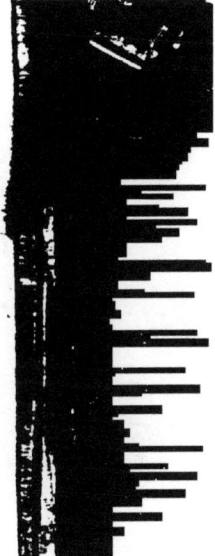

... dieses Wohlgefallens in uns hervorbringt. Daher die schönen Künste, s. unter Kunst, Th. 33, S. 95, die schönen Wissenschaften, s. unter Wissenschaft, in W., deren ... ist zu gefallen und zu vergnügen. Ein schön ... bei welchem sinnlicher ...

... (2) ... einem Andern etwas ... das Schöne ... freundlich ... danken, zum schönsten bedanken ... Oft, jedoch nur im gemeinen Leben, braucht man alsbald eine Art einer Intension. Eine schöne Summe Geldes, eine beträchtliche. Ein schöner Kläger, ein hoher. (3) Noch öfter ist es im gemeinen Leben für sehr gut, das ist, seiner Bestimmung sehr gemäß, üblich. Eine schöne Gelegenheit. (4) In gleichen, doch höchstens nur in der vertraulichen Sprechart, wird es ironisch gebraucht, das Gegentheil zu bezeichnen. Er ist mir ein schöner Herr. Du bist ein schöner Vogel. Das wäre schön! Da würde ich schön ankommen. Das wird ihm schön bekommen seyn. ꝛc.

In der Kunst ist schön, Fr. Beau, dasjenige, was die Natur, in Absicht auf unsere Sinne, in den Gegenständen das vollkommensten hat. So sage man, von ... Gemälde, welches viele Vollkommenheiten ... Lust in sich faßt, es hat ein schönes Kolorit, eine schöne Haltung, eine schöne Anordnung ꝛc. Man hat den Begriff dessen, was schön ist, fest zu setzen gesucht, und es bald durch sinnliche Vollkommenheit, bald durch genaue Uebereinstimmung aller regelmäßigen

Theil erklärt; allein hierdurch ist der Begriff des Schönen nicht erschöpft, indem die Uebereinstimmung aller regelmäßigen Theile nur eine Art der Schönheit ausmacht. Hierbei kann man sich jedoch nicht aufhalten; denn wenn auch sinnliche Vollkommenheit ein eben so schwankender Ausdruck, als Schönheit selbst ist, so ist doch die Kunst der Schönen eine Darstellung der .... oder .... Jedes Leben fällt in den Begriff .... St. Schütze *), und setzt daher .... voraus, es muß daher auch jedes .... ein Mannigfaltiges enthalten, das sich noch innerer Uebereinstimmung, Zweckmäßigkeit genannt, zur schönen Einheit verbindet. Was daher die Kunst auch jemals zum Gegenstande ihrer Darstellung wählen mag, so wird sie immer in das Todte Leben und Geist, in das Lebendige Ruhe und Würde in das Vielfache Einheit, in das Einfache Mannigfaltiges oder Vielfaches, und in das Ganze Uebereinstimmung bringen; das höchste Leben zu empfinden, ist dem Menschen nur in dem freiern, glücklichsten Zustande, in der Vereinigung aller Seelenkräfte, in der Regsamkeit der Phantasie möglich; sie sieht alles Todte und Bedürftige, und unterscheidet daher das Schöne und Edle von dem Gemeinen sehr wohl, aber auch in dem Gemeinsten erblickt man gern das Edle, Schöne, Freie, Göttliche und Ewige. Diese bringt das Schöne in den Kreislauf der Dinge, überall Leben, Geist und Saft; auch das Verworfenste erscheint wieder thätig sind beseelend, selbst das Leblose, der Fels in seiner Umbirst, steht vor ihr, als eine redende Gottheit da. Für den Gebrauch oder die Auffassung der äußeren Dinge würden Verstand

*) Zeitung für die elegante Welt, Jahrg. 1806, S. 716.

und Erinnerung schon hinreichen, wie wir an Menschen in beschränkten Verhältnissen wirklich wahrnehmen; die Phantasie begnügt sich aber mit diesen bloß sinnlichen Beziehungen nicht; sie geht über die Schranken der Erscheinungen hinaus, [illegible] das Innere, in das [illegible] einzudringen, [illegible] innern Lebens [illegible] und die Bezie- [illegible] Bedeu- [illegible] verstehen, und wie die [illegible] die Dinge durch- [illegible] der schaffenden Geist ahnend, [illegible] so wendet sie sich nach innen [illegible] zur denkenden Seele zurück, und strebt aus ihr das Leben, mit allen seinen Erscheinungen, (Empfindungen, Gedanken, Triebe und Leidenschaften) aufzufassen und darzustellen. Sie im Besitz der ganzen Natur bleibt sie endlich bei der Wirklichkeit, bei dem, was einst geworden ist, nicht stehen, sondern erhebt sich zu dem Denkbaren und Möglichen, erweitert die Verhältnisse der Kräfte zu einer größeren Wechselwirkung. Ueber das Leben über die Erde hinaus baut sie sich einen Himmel, wovon ihr die sichtbare Welt nur ein schwaches Abbild ist. Sie verläßt ihre eigene Brust, um in der Brust einer Gottheit zu wohnen, und aus ihr das Weltall zu überschauen. Indem die Phantasie zwischen der äußeren und inneren Welt, zwischen der Empfindung des eigenen Geistes und den Gesetzen der Dinge schwankt, und beides auf einander bezieht, erkennt sie als zwei Grundelemente der Welt und ihrer eigenen Vorstellung das Daseyn eines Körpers, als das Todte, und das Daseyn eines Geistes, als das Lebendige, das sie aber im Sinn des Ganzen immer, als etwas Verbundenes, immer, als etwas Unzertrennliches, wie es auch ist,

betrachtet. So stellt die Kunst des Schönen, z. B.
wie einen todten Menschen dar, insofern er todt ist
und verweset, sondern in sofern er nur in einem
schlummerähnlichen Zustande liegt, und sich in seinem Gesichte noch das vorige Leben und sein Geist
ausdrückt, ja selbst die Alten sollen sogar in Statüen oder Bildsäulen wohl einen Sterbenden, aber
nie einen schon völlig entseelten Leichnam abgebildet
und dargestellt haben. Es ist daher wohl unbe-
zweifelt wahr, daß die Kunst nur das Leben, und
zwar das geistige, schöne Leben vor Augen hat.
In sofern sie aber mehr oder weniger, bald nach
außen, bald nach innen wirkt, muß sie bald mehr
körperlicher, bald mehr geistiger Art werden, und
sich nach denselben Grundelementen in Körper und
Geist, in Plastik und Musik theilen, zwischen welchen
die Poesie die Mitte hält. Es ist daher ein Be-
dingniß der Kunst überhaupt, daß man überall in
derselben das Schöne zu wählen wisse. So ist es
in der Malerei nicht genug, daß man die Natur so
male, wie sie sich überall unsern Augen zeigt; sondern
man muß in derselben das Schönste, was sie hat,
zu wählen wissen; man muß sie von Allem, was
schlecht und gemein ist, frei machen, und sie in ihren
vollkommensten Werken studieren. Die meisten
Maler aus der Niederländischen Schule nahmen die
Natur, unter dem Vorwande, dieselbe nachzuahmen,
ohne allen Unterschied, und oft selbst in demjenigen,
was sie am Niedrigsten und Gemeinsten hat. Man
muß das Schöne nicht mit dem Reize verwechseln,
den eine Sache haben kann; denn dieser ist davon
ganz verschieden. Das Schöne ist selten, und
wenigen bekannt, und daher ist es auch schwer zu
wählen, und sich Begriffe davon zu machen, welche
zum Muster dienen könnten. Man muß es daher
noch den Gesetzen, den Baseliefs und andern alten

Werken der Griechen und Römer studieren, weil die Alten aus den Vollkommenheiten der Natur ein besonderes Studium gemacht haben. Die im höchsten Grade schönen Gegenstände sollen, nach den Regeln der alten Maler, etwas große edle Umrisse haben, sie müssen entwickelt rein und ohne Verwirberung seyn, sauber und unter einander verbunden, aus großen, aber wenigen Parthien zusammengesetzt, und endlich durch lebhafte und jederzeit freundschaftliche Farben unterschieden seyn. – Man sagt auch figürlich, daß die Werkzeuge schön sind, welche man zur Verfertigung des Werkes gebraucht hat, und dann fällt das Lob auf die Hand des Künstlers zurück; daher sagt man ein schöner Pinsel, ein schöner Meissel, ein schöner Grabstichel. Man nennt auch schön ein geschmeicheltes Porträit, welches dem Originale von der schönen Seite ähnlich ist, wenn in demselben nur sonst das Original zu erkennen ist. Ueber das Schöne, s. auch den Artik. Schönheit.

Daß das Beiwort schön auch häufig als ein Hauptwort gebraucht wird, wird man schon aus dem vorhergehenden Artikel, schön, in der Kunst, ersehen. Man sagt auch noch die Schöne, eine schöne Person weiblichen Geschlechtes, und in weiterer schmeichelhafter Bedeutung, eine jede weibliche Person. Das Schöne, dasjenige, das an einem Dinge schön ist, wofür man in manchen Fällen auch die Schönheit braucht, s. diesen Artikel. Sulzer sagt, die Natur, die Malerey, die Baukunst und die Musik geben uns das Schöne für die Sinne. Nach dem Frisch stammt es von schönen ab, Wachter will es aber von scheinen abgeleitet wissen, so daß dieses Wort zunächst glänzen bedeutet. Adelung sagt, wenn man lieber die Niedersächsische Bedeutung, in welcher es für rein,

sauber gebraucht wird, als die erste ursprüngliche annehmen, so würde man es von scheuen, dem veralteten Stammworte des heutigen intensiven scheuern abstammen lassen, welches jedoch mit scheinen auch nahe verwandt ist.

Schönadel, in einigen Gegenden ein Stamm derzenigen Weintrauben und ihrer Stöcke, welche am häufigsten Gutadel genannt werden; hier steht also schön, für gut.

Schönbaum, Schönholz, Pinus Larix, in einigen Gegenden ein Name des Lerchenbaumes, vermuthlich wegen seines guten Wuchses und seiner röthlichen Rinde; daher er auch Brechtanne, von brechen, glänzen, und Rothbaum genannt wird; s. Lärchenbaum, Th. 65, S. 2.

Schönblatt, Calophyllum, eine Pflanzengattung welche in die erste Ordnung der dreizehnten Klasse (Polyandria Monogynia) des Linneischen Pflanzensystems gehört und in Indien angetroffen wird. Es ist ein baumartiges Gewächs, von welchem es zwei Arten giebt, wenigstens führt Linné nur zwei Arten davon an: Calophyllum Inophyllum, und Calophyllum Calaba. Die erste Art wird auch Indianischer Baum genannt. Da beide Arten nur in botanischen Gärten gezogen werden, und sonst keine Anwendung finden, so wird ihre nähere Beschreibung hier übergangen.

Schönblind, Bei- und Nebenwort, welches im gemeinen Leben von den Pferden üblich ist, wenn sie den Mondschein nicht vertragen können, beim Mondschein blind sind; mondblind. Adelung leitet diese Bedeutung des Wortes von schön, in so fern es ehemals Schein, Glanz bedeutet hat.

Schöndruck, beim Buchdrucker, die erste bedruckte Seite eines noch weißen Bogens, im Gegensatz des Widerdruckes. Der Schöndruck ist die innere Seite des Bogens, der Widerdruck die äußere. Die Form, die den Schöndruck enthält, wird die Schöndrucksform genannt.

Schöne, die, eine schöne weibliche Person; s. oben, unter Schön.

Die Schöne, das Abstractum von schön, der Zustand, die Eigenschaft eines Dinges, da es schön ist; die Schönheit, s. diesen Artikel. Bei dem Ottfried, Scono und Sconi. Ir Schoone lengert mir den tod, Marks. Heinrich von Meissen, und bei allen Schwäbischen Dichtern sehr häufig.

Sy sey auch bekleyd,
Mit Schön und Schicklicheyt, Theuerd. Kap. 25.

Seine Schöne wird verzehrt wie von Motten, Ps. 39, 12. Der König wird Lust an deiner Schöne haben, Ps. 45, 12. Laß dich ihre Schöne nicht gelüsten, Sprüchw. 6, 25, und so in andern Stellen mehr. Im Hochdeutschen ist es veraltet, seitdem Schönheit üblicher geworden. Zu Ende des verwichnen Jahrhunderts haben es einige Dichter wieder einzuführen gesucht, jedoch ohne Erfolg, oder wenigstens ohne Nachahmer zu finden.

Schöne von Rocmont, eine Benennung der großen gemeinen Marmorkirsche, Fr. Gros bigarreau commun ou belle de Rocmout; s. unter Kirsche, Th. 39, S. 61. — Die Schöne von Vitry, oder spätreife Wunderschöne, Fr. la Belle de Vitry ou l'Admirabel tardive, eine Pfirsiche, s. Th. 111, S. 246.

Der Schöne, eine Art Papageyenfische, wegen seiner schönen Farbe.

Schöne Künste, s. unter Kunst, Th. 55, S. 95.

Schönen, ein regelmäßiges thätiges Zeitwort, schön machen, ein veraltetes Zeitwort, welches noch in beschönen, noch mehr aber in dem Intensivo verschönigen üblich ist.

Das Schönen bei den Weinhändlern, ist eine Art des Weinabklärens oder Klärens des Weines. Die alten Römer mischten unter ihren Most Meerwasser, um ihn aufzuhellen. Die beste Art des Schönens ist aber, wenn man Hausenblase in dem Weine auflöset, zu Schaum schüttelt, das schäumende Gemenge unter langem, anhaltendem Umrühren des Fastweins nach und nach eingießt. Vorher wird die Hausenblase lange gekocht und umgerührt, und warm und schäumend eingegossen. Nach dem Schönen wird der Wein bald auf ein anderes Faß gebracht, wo er sich ruhig wieder aufhält. Das Schönen drücke daher ein Verschönern oder Aufhellen, ohne alle Wolken, und eine durchgängige, klare Durchsichtigkeit aus. Zu gleicher Zeit sorgt man auch für den Glanz des Weins, indem man das Trube desselben durch ein dichtes, feines, dickes, wollenes oder leinenes Tuch, oder eins von Baumwolle durchseihet: allein der flüchtige Geist verraucht bei warmer Luft. Das Schönen wird auch durch das öftere Ablassen durch den Schlauch befördert, das man die Hasen zubereitet. Man kann den Wein auch auf folgende Art schönen. Man schlägt Hausenblase mit einem Holze mürbe, erweicht sie eine Nacht im Wasser, gießt das Wasser ab und dagegen einen Finger hoch Wein darüber, läßt es zwei Tage und zwei Nächte stehen, oder so lange, bis aus der Hausenblase eine Gallerte geworden ist, preßt sie dann durch Leinwand, damit alles klar werde, nimmt davon einen Löffel voll auf sechs Ömi, verdünnt es mit anderem Wein, gießt es ins Faß, rührt die Weinmasse wohl um, und läßt sie Tag und Nacht in Ruhe.

Nach dieser Zeit wird der Wein in ein gutes Faß abgezogen, welches einen guten Schwefeleinschlag bekommen. Die Formel des Maunhartschen Schönens ist: Man gebe dem Moste vor der Weingährung oder einem trüben Weine, die beschriebene Hausenblase; man rühre ihn darauf gut um, und schütte auf jeden Würtemberger Eymer ein Pulvermengsel von einem Lothe Weinsteinkrystallen und einem halben Lothe Weinsteinsalz, welches man nochmals in den Wein einrührt; s. auch den Art. Wein.

Schonen, ein regelmäßiges thätiges Zeitwort. 1. Sich scheuen, etwas zu thun; eine veraltete Bedeutung. Sie schonen nicht vor meinem Angesichte zu speyen, Hiob 30, 10. Man braucht es nur noch zuweilen in engerer Bedeutung, sich scheuen etwas aus- oder wegzugeben. Die Unkosten, das Geld schonen. — 2. Am häufigsten ist schonen, durch Behutsamkeit vor Verletzung, Schaden, Verminderung oder Verschlimmerung, und in weiterer Bedeutung vor unangenehmen Empfindungen zu bewahren suchen, wo es im Hochdeutschen in der gewöhnlichen Schreib- und Sprechart mit der vierten Endung gebraucht wird. Den Acker schonen, ihn vor Verschlimmerung bewahren. Seine Kleider schonen, sie vor Verletzung oder Abnutzung bewahren. Keine Unkosten, kein Geld schonen. Die Soldaten schonen, ihnen Beschwerden zu ersparen suchen, ingleichen ihre Anzahl unverletzt zu erhalten suchen. Ich will ihn nicht weiter schonen, ihn nicht weiter mit Nachsicht behandeln. Sich schonen, sich vor Beschwerden, Ausgaben, unangenehmen Empfindungen ꝛc. zu bewahren suchen. Im Oberdeutschen und in der höheren Schreibart der Hochdeutschen auch mit der zweiten Endung. Du sollt ihrer nicht schonen, 5 Mos. 7, 16. Ein frech Volk, das nicht schonet der Jünglinge, Kap. 28, 50. Schone mein nach deiner Barmherzigkeit, Nehem. 13, 22. Herr, schone dein! Matth. 16, 22. Der Unkosten, der Zeit schonen. Schonet ihr Sturmwinde, schonet des herbstlichen Schmuckes, Geßn. Mit dem Infinitiv ist es im Hochdeutschen ungewöhnlich. Er schonte zu nehmen von seinen Schafen und Rindern, 2 Sam. 12, 4. So auch das Schonen und die Schonung. Kannst du vergessen, wie viel Schonung du ihm jetzt schuldig bist? Es war entweder Eigennutz oder Schonung, daß er nichts Entscheidendes sagen wollte. Nach Adelung kommt es bei unsern alten Oberdeutschen Schriftstellern sehr wenig vor, als in den verwandten Sprachen. Es stammt entweder von dem veralteten schon, ganz, welches noch bei dem Kaisersberg vorkommt, her, so daß es eigentlich ganz, unverletzt, erhalten bedeuten und mit dem Lateinischen sanus eines Geschlechtes seyn wurde, oder auch, und zwar noch wahrscheinlicher von scheuen, von welchem es als ein Intensivum, vermittelst des Suffixes von gebildet worden, sich scheuen, schonen, sich scheuen, entsehen.

Schoner, in der Schifffahrt, in England eine ähnliche Art platter Chaluppen, welche zum Anbinden an größere Schiffe sehr bequem sind; s. unter Schiff, Th. 142.

Schönfahrsegel, in der Schifffahrt, das große Segel an dem Mittelmaste. Nach Adelung soll dieses Wort nicht von schön und fahren zusammengesetzt worden seyn, sondern aus einem andern Niederdeutschen Worte.

Schönfärber, s. unter Färber, Th. 12.

Schönfeiler, beim Weingärtner, eine Art Weintrauben und Weinreben, deren Trauben gedrunkner
und kürzer sind, als diejenigen des Guthbeds; s. unter Wein, in W.

Schönfleckchen, s. Schönpflaster.

Schönhaar, Callitrix, eine Art der Meerkatzen,
s. unter Meerkatze, Th. 89.

Schönheit, Pulchritudo, als ein Abstractum des
Wortes schön, der Zustand oder Eigenschaft eines
Dinges, da es schön ist, in allen Bedeutungen dieses
Wortes, in der Allgemeinheit dieses Ausdrucks.
Es ist daher die Eigenschaft, da ein durch die Sinne, besonders durch das Gesicht und Gehör, und durch die
Einbildungskraft empfundener Körper einen hohen
Grad des mit Bewunderung verknüpften Wohlgefallens in uns erweckt; also Vollkommenheit, sofern
sie durch die Sinne und Einbildungskraft empfunden wird. Daher die Ausdrücke: Die Schönheit des Regenbogens, des Wetters, des
Gesichts, einer Person oder eines Gemäl-
des, einer Gegend, der Seele, des Geistes
2c. — 2. Als ein Concretum (1) dasjenige,
was an einem Dinge schön ist, ein schöner Theil
eines Dinges. Das Grübchen in den Wangen
wird für eine Schönheit gehalten. Wie begierig
blieb dein Auge auf allen Schönheiten
haften! Freuden, die die Schönheiten
der Natur in endloser Mannigfaltigkei-
ten uns anbiethen. Gesn. — (2) Eine
schöne Person, besonders weiblichen Geschlechtes.
Chloris ist eine wahre Schönheit.

In der bildenden Kunst ist die Schönheit,
die richtige Uebereinstimmung oder Harmonie der
einzelnen Theile zu einem Ganzen, welche Harmonie
dermaßen unser Gefühl in Anspruch nimmt, daß es
uns rührt und unsere Bewunderung erregt. Den

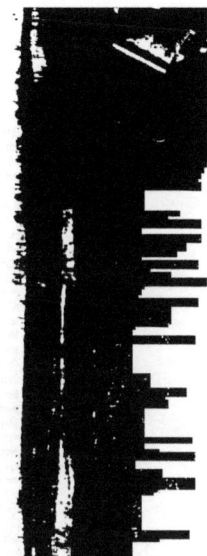

Begriff der Schönheit deutlich zu bestimmen, ist eine schwere Aufgabe; denn es kann leichter, wie Cotta beim Cicero *) vom Gott meint, von der Schönheit gesagt werden, was sie nicht ist, als was sie ist, und es verhält sich einigermaßen mit der Schönheit und ihrem Gegentheile, wie mit Gesundheit und Krankheit: diese fühlen wir, und wir wissen. Die Schönheit ist eins von den großen Geheimnissen der Natur, sagt Winkelmann, deren Wirkung wir sehen und alle empfinden, von denen aber ein allgemeiner deutlicher Begriff unter die unerfundenen Wahrheiten gehört. Wäre dieser Begriff geometrisch deutlich, so würde das Urtheil der Menschen über das Schöne nicht verschieden seyn, und es würde die Ueberzeugung von der wahren Schönheit leicht werden; noch weniger würde es Menschen entweder von so unglücklicher Empfindung, oder von so widersprechendem Dünkel geben, können, daß sie sich auf der einen Seite eine falsche Schönheit bilden, auf der andern dagegen keinen einzigen Begriff von derselben annehmen und mit dem Ennius sagen würden: Sed mihi neutiquam cor consentit cum oculorum adspectu **). Diese Letzteren sind schwerer zu überzeugen, als jene zu belehren. — Die Schönheit ist der höchste Endzweck und der Mittelpunkt der Kunst; allein es fehlt uns die Regel und der Canon des Schönen, nach welchem, wie Euripides sagt, das Garstige beurtheilt wird, und dieses ist auch die Ursache, warum wir über das, was wahrhaft schön ist, verschieden sind. Diese Verschiedenheit der Meinung zeigt sich noch nicht in dem Urtheile über abgebildete Schön-

*) De nat deor L. 1. c. 21
**) Ap. Cic. Lucull. c. 17

heiten in der Kunst, als selbst in der Natur. Wenn
weil jene weniger, als diese rühren, so werden auch
jene, wenn sie nach dem Begriffen höher Schönheit
gebildet und mehr ernsthaft, als erschütternd sind, dem
unerleuchteten Sinne weniger gefallen, als eine gemeine hübsche Bildung, in der wirklichen Welt, die
reden und handeln kann; diese aber ist ein Werk des
Künstlers Hand, gleich wie die wirkliche Welt Originale der Natur. Die Ursache liegt in dem
Lüsten, womit dem unreifern Menschen durch den
ersten Eindruck eingeflößt werden; die Sinnlichkeit ist dabei
schon beschäftigt oder vielmehr gewonnen, wenn der
Verstand erst will, das Schöne zu genießen; es
ist dann aber nicht die Schönheit, die uns rührt,
sondern die Wollust. Dieser Erscheinung nach
werden jungen Leuten, bei welchen die Lüste in
Gährung oder Wallung gerathen sind, mit schwell-
tenden und brünstigen Reizungen bezeichnete Gesichter, wenn sie auch nicht wirklich schön sind, Göttinnen erscheinen, und sie werden weniger gerührt
werden bei dem Anblicke einer schönen Frau, die Zucht
und Wohlstand in Geberden und Handlungen zeigt,
wenn sie auch die Bildung und die Majestät der
Juno hätte. Nach Winkelmann bilden sich die
Begriffe der Schönheit bei den mehrsten Künstlern nur
aus solchen unreifen ersten Eindrücken, welche selten
durch höhere Schönheiten geschwächt oder vertilgt
werden, besonders wenn sie, von den Schönheiten
der Alten entfernt, ihren Schönheitssinn nicht verbessern können; denn es ist mit dem Zeichnen, wie
mit dem Schreiben; wenige Knaben, welche schreiben
lernen, werden mit Gründen von der Beschaffenheit
der Züge und des Lichtes und Schattens an demselben, worin die Schönheit der Buchstaben besteht,
angeführt, sondern man giebt ihnen die Vorschriften,
ohne weitern Unterricht nachzumachen, und die

Hand bildet sich im Schreiben, ehe der Knabe auf
die Gründe von der Schönheit der Buchstaben ach=
ten würde. Eben so lernen die mehresten jungen
Leute zeichnen; und so wie die Züge im Schreiben
in vorgerückten Jahren bleiben, wie sie sich in der
Jugend geformt haben, so malen sich auch die Be=
griffe der Zeichner von der Schönheit ihrer Zeich=
nungen in ihrem Verstande, wie das Auge gewöhnt
worden, dieselben zu betrachten und nachzuahmen,
und da dieses größtentheils nur mechanisch geschieht,
und nach unvollkommenen Mustern, so wird auch
ihr Kunstsinn unrichtig. Es ist auch sehr wahr=
scheinlich, daß bei Künstlern, so wie überhaupt bei
allen Menschen, der Begriff der Schönheit dem Ge=
webe und der Wirkung der Gesichtsnerven gemäß
sei, so wie man aus dem unvollkommenen und oft
unrichtigen Colorit der Maler zum Theil auf eine
solche Vorstellung und Abbildung der Farben in ihrem
Auge schließen muß; denn hiernach ist der Schluß,
welchen die Secte der Zweifler in der Philosophie,
von der verschiedenen Farbe der Augen, sowohl bei
Thieren, als bei Menschen, auf die Ungewißheit un=
srer Kenntniß der wahren Beschaffenheit der Farbe,
dieser oder jener Vorwürfe machte, nicht ohne Grund.
So wie nun hier die Farbe der Feuchtigkeit des Au=
ges als die Ursache angesehen werden könnte, eben
so wird vielleicht auch in der Beschaffenheit der
Nerven der verschiedene Begriffe der Formen liegen,
welche die Schönheit bilden. Dieses wird nach dem
oben genannten Schriftsteller begreiflich aus den un=
endlichen Geschlechten der Früchte und aus den unend=
lichen Arten eben derselben Frucht, deren verschiedene
Form und Geschmack sich bildet, und durch die man=
cherlei Faserchen erwächst, aus welchen die mancher=
lei Röhren gewebt und verschränkt sind, worin der
Saft hinauf steigt, geläutert und reif wird. Da

nun ein Grund von den mancherlei Eindrücken auch
bei denen, die sich mit Abbildung derselben beschäftigen, vorhanden seyn muß, so kann man die gedachte
Muthmaßung nicht schlechterdings verwerfen. In
andern hat die Natur das sanfte Gefühl der reinen
Schönheit nicht zur Reife kommen laßen, und es ist
ihnen entweder durch die Bemühung in der Kunst,
ihr Wissen allenthalben anzuwenden, in Bildung jugendlicher Schönheiten worden, wie an Michael
Angelo, oder es hat sich dieses Gefühl durch eine
pöbelhafte Schmeichelei des groben Sinnes, um demselben alles begreiflicher vor Augen zu legen, mit der
Zeit gänzlich verderbt, wie im Bernini geschehen
ist. Jener hat sich mit Betrachtung der hohen
Schönheit beschäftiget, wie man es aus seinen, theils
gedruckten, theils ungedruckten Gedichten sieht, wo
er in würdigen und erhabenen Ausdrücken über dieselbe denkt; dieser sucht Formen aus der niedrigsten
Natur genommen, gleichsam durch das Uebertriebene
zu veredlen.

Diejenigen von der zweiten Art, nämlich die Zweifler wider die Richtigkeit der Begriffe der Schönheit,
gründen sich vornämlich auf die Begriffe des Schönen unter entlegenen Völkern, die nach ihrer verschiedenen Gesichtsbildung, auch verschieden von den
unsrigen seyn müssen; denn so wie viele Völker die
Farbe ihrer Schönen mit Ebenholz, welches glänzender, als anderes Holz, und als eine weiße Haut ist,
vergleichen würden, da wir dieselbe mit Elfenbein
vergleichen, eben so werden vielleicht, nach ihrem
Ausspruche, bei jenen die Vergleichungen der Formen
des Gesichtes mit Thieren gemacht werden, an welchen uns eben die Theile ungestalt und häßlich erscheinen. Es ist freilich wahr, daß man auch in den
Europäischen Bildungen ähnliche Formen mit der
Bildung der Thiere finden kann, und Otto van

Porta, der Meister des Rubens, hat nach dem
Porta dieses in einer besonderen Schrift gezeigt.
Man muß hier aber auch zugeben, daß, je stärker
diese Aehnlichkeit an einigen Theilen ist, desto mehr
weiche die Form von den Eigenschaften unseres Geschlechtes ab, und es wird dieselbe theils ausschweifend,
theils übertrieben, wodurch die Harmonie unterbrochen, und die Einheit und Einfalt gestört wird, worin
die Schönheit besteht. Je schräger z. B. die Augen stehen, wie an Kazen, desto mehr fällt diese Richtung von der Bahn und der Grundbahn des Gesichtes ab, welche das Kreuz ist, wodurch dasselbe von
dem Wirbel an in die Länge und in die Breite gleich
getheilt wird, indem die senkrechte Linie die Nase
durchschneidet, die horizontale Linie aber die Augen.
Liegt das Auge schräg, so durchschneidet es eine Linie, welche mit jener parallel, durch den Mittelpunkt
des Auges gezogen, zu sehen ist. Es muß wenigstens
hier eben die Ursache seyn, die den Uebelstand eines
schief gezogenen Mundes macht; denn wenn unter
zwei Linien die eine von der andern ohne Grund abweicht, so thut es dem Auge wehe. Daher sind dergleichen Augen, wo sie sich unter uns finden, und an
Sinesen oder Chinesen und Japanern oder Japane-
sen, als auch an den Aegyptischen Köpfen, eine Abweichung. Die geplatschte Nase der Kalmucken,
der Sinesen und anderer entlegenen Völker ist ebenfalls eine Abweichung, denn sie unterbricht die Einheit der Formen, nach welcher der übrige Bau des
Körpers gebildet worden, und es ist kein Grund anzunehmen, warum die Nase so tief gesenkt liegt, und
nicht vielmehr der Richtung der Stirne folgen soll,
so wie hingegen die Stirn und Nase aus einem geraden Knochen, wie an Thieren, wider die Mannigfaltigkeit in unserer Natur seyn würde. Der auf-
geworfene schwulstige Mund, welchen die Mohren

mit den Affen in ihrem Lande gemein haben, ist ein überflüssiges Gewächs und ein Schwulst, welchen die Hitze ihres Klimas verursacht, so wie uns die Lippen von Hitze oder von scharfen, salzigen Feuchtigkeiten, auch einigen Menschen im Zorn, aufschwellen. Die kleinen Augen der entlegenen nördlichen und östlichen Völker, sind in der Unvollkommenheit ihres Gewächses mit begriffen, welches kurz und klein ist. Solche Bildungen wirkt die Natur allgemeiner, je mehr sie sich ihren äußersten Enden nähert, und entweder mit der Hitze oder mit der Kälte streitet, wo sie dort übertreibende und zu frühzeitige, hier aber unreife Gewächse aller Art hervorbringt; denn eine Blume verwelket in unleidlicher Hitze, und in einem Gewölbe ohne Sonne bleibt sie ohne Farbe, ja die Pflanzen arten in einem verschlossenen feuchteren Orte aus; regelmäßiger bildet aber die Natur, je näher sie nach und nach wie zu ihrem Mittelpunkte geht, unter einem gemäßigten Himmel. Daher sind unsere und der Griechen Begriffe von der Schönheit, als welche von der regelmäßigsten Bildung genommen sind, richtiger, als diejenigen, die sich Völker bilden können, die von einem schönen Ebenmaße in der Körperbildung weit entfernt sind; denn was nicht schön ist, kann auch, nach dem Euripides, nirgends schön seyn. In diesen Begriffen sind wir aber selbst verschieden und vielleicht verschiedener, als selbst im Geschmack und Geruch, wo es uns an deutlichen Begriffen fehlt, und es werden nicht leicht hundert Menschen über alle Theile der Schönheit eines Gesichtes einstimmig seyn, sie müßten denn vorher sämmtlich von den Schönheitsregeln unterrichtet und über dieselben nachgedacht haben; diejenigen aber, welche die Regeln der Schönheit zu ihrem Studium gewählet haben, können über das wahre Schöne, da es nur eins und nicht mancherlei ist,

nicht im Streite seyn, und diese, wenn sie die Schönheit in den vollkommenen Bildern der Alten untersucht haben, finden in den weiblichen Schönheiten
einer stolzen und klugen Nation, die gemeiniglich so
sehr gepriesenen Vorzüge nicht, weil sie nicht von der
weißen Haut geblendet worden. Die Schönheit
wird durch den Sinn empfunden, aber durch den
Verstand erkannt und begriffen, wodurch jene mehrentheils weniger empfindlich auf Alles, aber richtiger gemacht wird. In der allgemeinen Form sind
aber beständig sowohl die mehresten und die gesitte-
sten Völker in Europa, als in Asien und Afrika über-
einsgekommen: daher sind die Begriffe derselben nicht
für willkührlich angenommen zu halten; ob wir gleich
nicht von allen einen Grund angeben können. —
Das Geschmacksurtheil über das Schöne beruht
zwar nicht wie das Erkenntnißurtheil auf bestimmten
Begriffen; allein die Erkenntnißkräfte kommen doch
bei ihm mit ins Spiel. Die Allgemeingültigkeit der
Erkenntniß fordert nämlich ein allgemeingültiges, bei
Jedermann sich findendes Verhältniß der zur Erkenntniß erforderlichen Seelenkräfte, Sinnlichkeit
und Verstand: ist nun ein Gegenstand von der Art,
daß er Sinnlichkeit und Verstand in eine zweckmäßige Thätigkeit versetzt, so daß sich beide untereinander wechselseitig beleben, so entspringt ein Gefühl
der Lust, was wir Jedermann ansinnen, weil es auf
einem, bei Jedermann vorauszusetzen, Verhältniß
der Erkenntnißkräfte beruht; da aber dieses Verhältniß nur im Subjecte gegeben ist, und nicht objectiv
dargestellt werden kann, so ist das Gefühl der Lust
am Schönen zwar als allgemein mittheilbar zu betrachten, es kann aber dem andern nicht durch objec-
tive Gründe, wie die Wahrheit, aufgedrungen werden. Man nennt das Geschmacksurtheil rein,
wenn es bloß das Wohlgefallen an Schön ausdrückt,

gemischt hingegen, wenn mit diesem Wohlgefallen noch andere Gefühle von Lust und Unlust verbunden sind. Wenn man das Schöne mit dem Erhabenen vergleicht, so findet man, daß beide darin übereinkommen, daß die über sie gefällten Urtheile auf Allgemeingültigkeit Anspruch machen, ohne daß man dem Andern diese ihre Gültigkeit objektiv durch Begriffe darthun kann; daß aber beide sich auch in folgenden Stücken von einander unterscheiden. Bei dem Schönen befindet sich das Gemüth in ruhiger Betrachtung, da es hingegen beim Erhabenen in Bewegung ist; wir fühlen uns beim Schönen sanfte angezogen, da wir beim Erhabenen wechselsweise bald angezogen, bald abgestoßen werden; bei dem Schönen, als solchem, findet bloß ein reines Gefühl von Lust statt, was aus der beförderten Thätigkeit der Erkenntnißkräfte entspringt, beim Erhabenen findet sich hingegen ein gemischtes Gefühl von Lust und Unlust, welches uns anzeigt, daß bei demselben Beförderung und Hemmung der Gemüthskräfte sich findet.

Die Farbe trägt zur Schönheit bei; allein sie ist nicht die Schönheit selbst, sondern sie erhebt nur dieselbe und ihre Formen, sie macht sie uns anschaulicher, so wie der Geschmack des Weines lieblicher wird durch dessen Farbe in einem durchsichtigen Glase, als aus der kostbarsten goldenen Schale getrunken. Da nun die weiße Farbe diejenige ist, welche die mehrsten Lichtstrahlen zurückschickt, folglich sich empfindlich macht, so wird auch ein schöner Körper um so schöner seyn, je weißer er ist, ja er wird nackend dadurch größer, als er in der That ist, erscheinen, so wie wir auch gewahren, daß alle neu in Gyps geformte Figuren größer, als die Bildsäulen, von welchen jene genommen sind, sich vorstellen. Ein Mohr könnte schön heißen, wenn seine Gesichts-

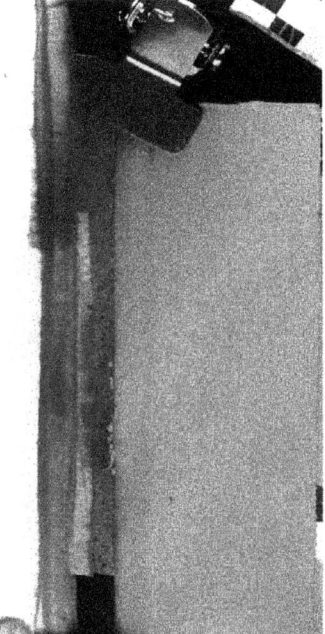

bildung schön ist, und ein Reisender versichert, daß
der tägliche Umgang mit Mohren das Widrige der
Farbe benimmt, und was schön an ihnen ist offenbart; so wie die Farbe des Metalls und des schwarzen oder gräulichen Basalts der Schönheit alter
Köpfe nicht nachtheilig ist. Ein schöner weiblicher
Kopf in der letzten Art Stein würde in weißem
Marmor nicht schöner erscheinen. Es offenbart
sich daher bei uns eine Kenntniß des Schönen auch
in einer ungewöhnlichen Einkleidung desselben, und
in einer der Natur unangemessnen oder nicht zuso-
genden Farbe, die Schönheit ist daher verschieden
von der Gefälligkeit oder von der Lieblichkeit; denn
lieblich und angenehm ist eine Person zu nennen, die
durch ihr Wesen, durch ihre Rede und ihren Verstand, auch durch ihre Jugend, Haut und Farbe reizen kann, ohne schön zu seyn. Es verhält sich mit
dem verschiedenen Urtheile über eine schöne Person,
wie mit der verschiedenen Neigung gegen weiße und
braune Schönen; derjenige, welcher eine bräunliche
Schönheit einer schönen weißen vorzieht, ist dieses-
halb nicht zu tadeln, ja man könnte ihm beipflichten,
wenn er nämlich weniger durch das Gesicht, als
durch das Gefühl gereizt wird; denn eine bräunliche Schönheit kann vielleicht eine sanftere Haut,
als eine weiße schöne Person zu haben scheinen, da
eine weiße Haut mehr Lichtstrahlen, als eine bräunliche zurückschickt, und also enger, dichter, und folglich stärker, als diese seyn muß. Eine bräunliche
Haut würde daher durchsichtiger zu achten seyn, weil
diese Farbe, wenn sie natürlich ist, von dem Durch-
scheinen des Blutes verursacht wird, und aus eben
diesem Grunde färbt sich eine bräunliche Haut in der
Sonne eher, als eine weiße; daher ist auch die Haut
der Mohren weit sanfter anzufühlen, als die unsrige.
Bei den Griechen war die bräunliche Farbe schöner

Knaben eine Deutung auf ihre Tapferkeit, die von
weißer Farbe aber wurden Kinder der Götter ge-
nennt.

Die Weisen, welche den Ursachen des allgemeinen
Schönen nachgedacht haben, indem sie dasselbe in
erschaffenen Dingen erforscht und bis zur Quelle des
höchsten Schönen zu gelangen gesucht, haben dasselbe in der vollkommenen Uebereinstimmung des
Geschöpfs mit dessen Absichten, und der That unter
sich und mit dem Ganzen desselben gesetzt. Da dieses aber mit der Vollkommenheit gleichbedeutend ist,
so bleibt unser Begriff von der allgemeinen Schönheit unbestimmt, und bildet sich in uns durch einzelne
Kenntnisse, die, wenn sie richtig sind, gesammelt und
verbunden, uns die höchste Idee menschlicher Schönheit geben, welche wir erhöhen, je mehr wir uns über
die Materien erheben können. Da uns ferner diese
Vollkommenheit durch den Schöpfer aller Wesen
in dem ihnen zukommenden Grade gegeben worden,
und ein jeder Begriff aus einer Ursache besteht, die
außer demselben in etwas anderm gesucht werden
muß, so kann die Ursache der Schönheit nicht außer
ihr, da sie in allen erschaffenen Dingen ist, gefunden
werden. Eben daher, und weil unsere Kenntnisse
Vergleichungsbegriffe sind, die Schönheit aber mit
nichts Höherem verglichen werden kann, rühret die
Schwierigkeit einer allgemeinen und deutlichen Erklärung derselben her.

Die höchste Schönheit ist in Gott, und der Begriff der menschlichen Schönheit wird vollkommen,
je genäher und übereinstimmender derselbe mit dem
höchsten Wesen gebracht werden kann, welches uns
den Begriff der Einheit und der Untheilbarkeit von
der Materie unterscheidet. Dieser Begriff der
Schönheit ist wie ein aus der Materie durchs Feuer
gezogener Geist, welcher sich ein Geschöpf nach dem

Z 2

Ebenbilde der in dem Verstande der Gottheit ent-
worfenen, vernünftigen Wesen zu zeugen sucht. Die
Formen eines solches Bildes sind einfach und ununterbrochen, und in der Einheit mannigfaltig, wodurch
sie harmonisch werden. Durch' die Einheit und
Einfalt wird alle Schönheit erhoben, weil unser
Geist leichter alles übersehen und fassen kann. Aus
der Einheit folgt noch eine andere Eigenschaft der
hohen Schönheit, die Unbezeichnung derselben, das
ist, deren Formen weder durch Punkte, noch durch
Linien beschrieben werden, als welche allein die
Schönheit bilden; daher eine Gestalt, die weder dieser oder jener bestimmten Person eigen ist, noch irgend einen Zustand des Gemüths oder eine Empfindung der Leidenschaft ausdrückt, als welche fremde
Züge in die Schönheit mischen, und dadurch die
Einheit unterbrechen. Nach diesem Begriff, sagt
Winkelmann, soll die Schönheit seyn, wie das
vollkommenste Wasser aus dem Schooße der Quelle
geschöpft, welches, je weniger Geschmack es hat, um
so gesünder geachtet wird, weil es von allen fremden
Theilen geläutert ist. Um zur Idee der höchsten
Schönheit zu gelangen, bedarf es keiner philosophischen Kenntniß des Menschen, keiner Untersuchung
der Leidenschaften der Seele und deren Ausdruck.
Die reine Schönheit kann aber nicht allein 'der
Gegenstand unserer Betrachtungen seyn, sondern
wir müssen dieselbe auch in den Stand der Handlung und Leidenschaft setzen, welches in der Kunst
mit dem Worte Ausdruck begriffen wird. Es ist
daher auch hier von der Bildung der Schönheit und von dem Ausdrucke zu handeln.

Die Bildung der Schönheit ist entweder indivi-
duel, das ist, auf das Einzelne gerichtet, oder sie ist
eine Wahl schöner Theile aus vielen einzelnen, und
Verbindung in eins, welche wir Idealisch nennen,

jedoch mit dieser Erinnerung, daß etwas Idealisch heißen kann, ohne schön zu seyn; denn die Gestalt der Aegyptischen Figuren, in welchen weder Muskeln, noch Nerven und Adern angedeutet sind, ist idealisch, bildet aber darum noch keine Schönheit, so wenig als die Bekleidung ihrer weiblichen Figuren, da solche nur gedacht werden muß, und also idealisch ist, schön genannt werden kann. Die Bildung der Schönheit hat angefangen mit dem einzelnen Schönen in Nachahmung einer schönen menschlichen Gestalt, auch in Vorstellung der Götter, und es wurden noch in der Blüthe der Kunst Göttinnen nach dem Ebenbilde schöner Weiber, sogar die ihre Gunst gemein und feil hatten, gemacht, und eine solche war Theodote, von welcher Xenophon redet. Denn die Alten dachten darüber ganz verschieden von uns, so daß Strabo sogar diejenigen, die sich dem Dienste der Venus auf dem Gebirge Eryx gewidmet hatten, heilige Leiber nennt; und der Anfang einer Ode des Pindarus zum Lobe des Xenophon aus Corinth, eines dreimal gekrönten olympischen Siegers, welcher für Mädchen zum öffentlichen Dienste der Venus geweihet war, hieß: „Ihr viel vergnügende Mädchens, und Dienerinnen der Ueberredung in dem reichen Corinth." Die Gymnasien und die Orte, wo sich die Jugend im Ringen und in andern Spielen nackend übte, und wohin man wanderte die schöne Jugend zu sehen, waren die Schulen, wo die Künstler die Schönheit des Erbaues sahen, und durch die tägliche Gelegenheit das Schönste nackend zu sehen, wurde ihre Einbildung erhitzt und die Schönheit der Formen machte sich ihnen eigen und gegenwärtig. In Sparta übten sich sogar junge Mädchen entkleidet, oder fast ganz entblößt, im Ringen.

Die Schönheit ist jedem Alter eigen, jedoch in verschiedenen Graden, wie an den Göttinnen der Jahreszeiten; sie gehört jedoch vornämlich der Jugend an, und daher ist der Kunst größtes Werk diese zu bilden. In derselben fanden die Künstler mehr als in dem männlichen Alter die Ursache der Schönheit in der Einheit, in der Mannigfaltigkeit und in der Uebereinstimmung, indem die Formen der schönen Jugend der Einheit der Fläche des Meeres gleichen, welches in einiger Entfernung eben und stille, als ein Spiegel erscheint, ob es gleich stets in Bewegung ist, und Wogen wälzt; denn so wie die Seele, als ein einfaches Wesen, viele verschiedene Begriffe auf einmal und in einem Augenblicke hervorbringt, eben so ist es auch mit dem schönen jugendlichen Umriß, welcher einfach erscheint, und unendliche verschiedene Abweichungen auf einmal hat. Da nun in der großen Einheit der jugendlichen Formen die Gränzen derselben unmerklich eine in die andere fließen, und von vielen der eigentliche Punkt der Höhe und die Linie, welche dieselbe umschreibt, nicht genau bestimmt werden kann, so ist aus diesem Grunde die Zeichnung eines jugendlichen Körpers, in welchem alles ist und seyn, und nicht erscheinen und erscheinen soll, schwerer, als einer männlichen oder betagten Figur, weil in dieser die Natur ihre Bildung theils ausgeführet hat, theils anfängt, ihr Gebäude wiederum aufzulösen, und also in beiden Stufen dieses Alters die Verbindung der Theile deutlicher vor Augen liegt; in jener ist hingegen die Bildung zwischen dem Wachsthume und der Vollendung gleichsam **unbestimmt** gelassen. Dieser Fehler in stark **muskulirten Körpern** aus dem Ungewissen herauszugehen, oder die Andeutung der Muskeln und anderer Theile zu verstärken oder zu übertreiben ist auch nicht so bedeutend, als es die geringste Abweichung in ei-

nem jugendlichen Körper ist, wo auch der geringste
Schatten, wie man zu sagen pflegt, zum Körper
wird, wie ein Lineal, wenn es kürzer oder schmäler
wie das verlangte Maaß ist, dennoch die Eigenschaften eines Lineals hat, aber nicht so heftig kann,
wenn es von der geraden Linie abweicht. Die Natur und das Gebäude der schönsten Körper ist selten
ohne Mängel, und hat Formen oder Theile, die sich
in andern Körpern vollkommener finden oder denken
lassen, und dieser Erfahrung gemäß verfuhren auch
die weisen Künstler bei den Alten. Die Begriffe
der Schönheit bleiben nicht auf das individuelle einzelne Schöne eingeschränkt, wie es zuweilen die Begriffe der alten und neuern Dichter, und der mehrsten heutigen Künstler sind, sondern sie suchten das
Schöne aus vielen schönen Körpern zu vereinigen,
wie auch aus der Unterredung des Socrates mit
dem berühmten Maler Parrhasius abzunehmen;
sie reinigten ihre Bilder von aller persönlicher Neigung, welche unsern Geist von dem wahren Schönen abzieht. Diese Wahl der schönsten Theile und
deren harmonische Verbindung in einer Figur,
brachte die idealische Schönheit hervor, welche also
keine metaphysischer Begriff ist, so daß das Ideal
nicht in allen Theilen der menschlichen Figur besonders Statt findet, sondern nur allein von dem Ganzen der Gestalt gesagt werden kann; denn Stück-
weise finden sich eben so hohe Schönheiten in der
Natur, als irgend die Kunst hervorgebracht haben
mag, aber im Ganzen muß die Natur der Kunst
weichen.

Die Aufmerksamkeit Griechischer Künstler auf die
Wahl der schönsten Theile unzählbar schöner Menschen, blieb nicht auf die männliche und weibliche
Jugend allein eingeschränkt, sondern sie richtete sich
auch auf das Gewächs der Verschnittenen, zu wel-

ausdrücke, in welchen die Männlichkeit, durch Be-
mehrung der Samengefäße, sich der Weichlichkeit
des weiblichen Geschlechts in zärtlichern Gliedern,
und in einem fleischigern und ründlichern Gewächse
nähert, wurden zuerst unter den Asiatischen Völkern
hervorgebracht, um dadurch den schnellen Lauf der
flüchtigen Jugend, nach dem Petronius, einzu-
halten; ja unter den Griechen in Klein Asien wurden
dergleichen Knaben und Jünglinge, nach dem
Strabo, dem Dienste der Cybele und der Diana
zu Ephesus gewidmet. In männlichen Knaben
suchte man auch unter den Römern die Befleidung
der Männlichkeit durch den Saft von Hiacynthen-
wurzeln, die in süßem Weine abgekocht wurden,
zurückzuhalten, indem man damit das Kinn und andere Theile bestrich. Ja die Kunst ging noch weiter, und vereinigte die Schönheiten und Eigenschaften beiderlei Geschlechter in den Bildern der Hermaphroditen, die wenigstens, so wie dieselben von
den alten Künstlern vorgestellt sehen, idealische Ge-
schöpfe sind. Alle Figuren dieser Art haben eine
jungfräuliche Brust, nebst den Zeugungsgliedern des
männlichen oder unsers Geschlechtes, im übrigen
aber eine weibliche Gestalt, so wie auch die Züge des
Gesichts. Von Hermaphroditen befindet sich, außer
den zwei liegenden Statüen in der Großherzoglichen
Gallerie zu Florenz, und der noch berühmteren und
schöneren Bildsäule in der Villa Borghese, eine
kleine nicht weniger schöne stehende Figur in der
Villa Albani, die den rechten Arm auf dem Haupte
ruhen läßt.

Nach der Wahl und der harmonischen Vereinigung und Einverleibung vorzüglicher einzelner schönen Theile der Bildung verschiedener Menschen,

ging die Betrachtung der Künstler zu Hervorbringung idealischer Schönheiten hinüber zu der Natur edler Thiere, so daß sie nicht allein die Formen der menschlichen Gesichtsbildung mit der Gestalt des Hauptes einiger Thiere in Vergleichung stellten, sondern sie unternahmen sogar, diese Bilder zu durch Thiere zu veredlen und zu erhöhen, wie die Liebe in den Köpfen des Jupiters und des Herkules wahrnimmt. Denn an der Bildung der Köpfe des Jupiters gewahrt man die ganze Gestalt des Bildes des Königs der Thiere, nicht allein in den großen und runden Augen, in der Völligkeit der anwachsenden und gleichsam geschwollenen Stirn und in der Nase, sondern auch in den Haaren, die gleich den Mähnen der Löwen, von dessen Haupte herabfallen, von der Stirne aber sich erheben und getheilt in einem Bogen sich wiederum heruntersenken, welches kein Haarschlag am Menschen, sondern gedachtem Thiere eigen ist. Am Herkules aber zeigt sich die Form eines gewaltigen Stiers in dem Verhältnisse des Kopfes zum Halse, in dem jener kleiner, und dieser stärker, als gewöhnlich in der menschlichen Proportion ist, und so wie sich der Kopf zum Halse des Stiers verhält, um in diesem Helden eine Stärke und Macht zu bilden, welche die menschlichen Kräfte übersteigt. — Dieser Auszug der schönsten Formen wurde gleichsam zusammengeschmolzen, und aus diesem Inbegriff erstand, wie durch eine neue geistige Zeugung, eine edlere Geburt, deren höchster Begriff eine immerwährende Jugend war, zu welchem nothwendig die Betrachtung des Schönen führen müßte. Die Jugend hat in beiderlei Geschlecht ihre verschiedenen Stufen und Alter, in deren Vorstellung die Kunst alle ihre Schönheiten zu zeigen gesucht hat. Dieselbe ist ein Ideal, theils von männlichen schönen Körpern, theils von der Natur schöner Verschnitte-

nen genommen, und durch ein über die Menschheit erhabenes Gewächs erhöht. Das erste männliche Ideal hat seine verschiedenen Stufen, und fängt bei den jungen Satyrs oder Faunen, als niedrigen Begriffen von Göttern, an. Die schönsten Statuen zeigen uns ein Bild reifer schöner Jugend in vollkommener Proportion. Der höchste Begriff idealischer männlicher Jugend ist besonders im Apollo gebildet, in welchem sich die Stärke vollkommener Jahre mit den sanften Formen des schönsten Frühlings der Jugend vereiniget findet. Diese Formen sind in ihrer jugendlichen Einheit groß, und nicht wie an einem in kühlem Schatten gehegten Lieblinge, und welchen die Venus, wie Ibycus sagt, auf Rosen erzogen, sondern einem edlen, und zu großen Absichten gebohrnen Jünglinge gemäß; daher war Apollo der schönste unter den Göttern. Die schöne Jugend im Apollo geht nachher in anderen jugendlichen Göttern zu ausgeführteren Jahren, und ist männlicher im Merkurius und im Mars. Herkules findet sich ebenfalls in der schönsten Jugend vorgestellt, mit Zügen, welche den Unterschied des Geschlechts fast zweideutig lassen, wie nach der Meinung der mit ihrer Gunst willfährigen Glycera die Schönheit eines jungen Menschen seyn sollte. Die zweite Art idealischer Jugend von verschnittenen Naturen genommen, ist mit der männlichen Jugend vermischt im Bacchus gebildet, und in dieser Gestalt erscheint derselbe in verschiedenem Alter bis zu einem vollkommenen Gewächse und in den schönsten Figuren allezeit mit feinen und rundlichen Gliedern und mit ausschweifenden Hüften des weiblichen Geschlechts, so wie derselbe nach der Fabel als ein Mädchen erzogen wurde. Die Formen seiner Glieder sind sanft und flüssig wie mit einem gelinden Hauche geblasen, fast ohne Andeutung der Knöchel und der Knorpel an

den Knien, so wie diese in der schönsten Natur eines
Knaben und in Verschnittenen gebildet sind. Winkelmann schildert diese Gottheit sehr reizend, um
die Schönheit aus dem Uebergange des Knabenalters
in das des Jünglings zu zeigen, wenn er sagt: das
Bild dieser Gottheit ist ein schöner Knabe, welcher
die Gränzen des Frühlings des Lebens und der Jüng-
lingschaft betritt, bei welchem die Regung der Wollust wie die zarte Spitze einer Pflanze zu keimen anfängt, und welcher, wie zwischen Schlummer und
Wachen, in einem entzückenden Traume halb versenkt,
die Bilder desselben zu sammeln und sich wahr zu
machen anfängt; seine Züge sind voller Süßigkeit;
allein die fröhliche Seele tritt nicht ganz ins Gesicht.
Bacchus wurde nicht allein in jugendlicher Gestalt
verehrt, sondern auch in der Figur eines männlichen
Alters, welches nur allein durch einen langen Bart
angezeigt wird, so daß das Gesicht in dem holden
Blicke und in der Zartheit der Züge ein Bild der
Fröhlichkeit der Jugend giebt. In dieser Gestalt
erhebt sich Bacchus, wie auf dessen Feldzuge in Indien
vorgestellt worden, wo er sich den Bart wachsen ließ,
und ein solches Bild gab den Künstlern Anlaß, theils
zu einem besondern Ideale der mit der Jugend ver-
mischten Männlichkeit, theils ihre Kunst und Ge-
schicklichkeit in Ausarbeitung der Haare zu zeigen.

Dieses sind nun die Figuren jugendlicher Gotthei-
ten, die verschiedenen Stufen, Alter und Formen
ihrer Jugend, die auch in dem gemäßen Grade auf
dem Gesichte der Gottheit vom männlichen Alter
wohnt, welches besteht in einem Inbegriffe der Stärke
gesetzter Jahre und der Fröhlichkeit der Jugend, und
diese zeiget sich, so wie an jenen Bildern in dem Mangel der Nerven und Sehnen, welche sich in der Blüthe der Jahre wenig äußern. Hierin liegt zugleich
ein Ausdruck der göttlichen Genügsamkeit, welche die

sehr feinen Unterschied zu vermischen. In allen diesen Betrachtungen war die Schönheit stets die vornehmste Absicht des Künstlers, und die Fabel nebst den Dichtern berechtigte sie, in Bildung auch der jungen Helden bis zur Zweideutigkeit des Geschlechtes zu gehen, wie in der Figur des Achilles geschehen konnte, welcher vermöge der Reizungen seiner Gestalt, und in weiblicher Kleidung unter den Töchteren des Lycomedes, als ihre Gespielin unerkannt blieb, und also erscheint derselbe in dieser Vorstellung auf einem erhabenen Werke in der Villa Belvedere zu Frescati, so wie in andern erhobenen Werken der Villa Pamphili. Die Begriffe der alten Künstler, von der Schönheit der Helden gemäß, hatten auch die neueren Künstler die Figuren des Heilands bilden, und denselben der prophetischen Weissagung ähnlich machen sollen, die ihn, als den schönsten der Menschenkinder ankündigten. In den nächsten Bildern aber, und von Michael Angelo anzufangen, scheint man die Idee von den barbarischen Arbeiten der mittleren Zeit genommen zu haben, und man kann nichts hochklares

von Gesichtsbildung, als solche Köpfe des Christus
sehen. Wie weit edler Raphael gedacht hat, gewahrt
man in einer kleinen Originalzeichnung desselben, die
sich in dem Königlichen Farnesischen Museum zu
Neapel befindet, und die die Beerdigung des Heilands
vorstellt, wo das Haupt desselben die Schönheit eines
jungen Helden ohne Bart zeigt. Hannibal Carachi
ist der Einzige, der ihm hierin gefolgt ist. Sollte,
sagt Winkelmann, eine solche Bildung des Heilands wegen der abgekommenen bärtigen Gestalt
desselben, eine anstößige Neuerung scheinen kön...
so betrachte der Künstler den Heiland des Leona...
da Vinci, besonders einen sehr schönen Kopf...
der Hand dieses Künstlers, welcher sich in dem Ka-
binette des Fürsten Wenzel von Lichtenstein
zu Wien befindet. Denn in diesem Bilde ist, ungeachtet des Bartes, die höchste männliche Schönheit
abgebildet, und man kann diesen Kopf als das vollkommenste Muster anpreisen. Will man nun die
Staffel, die wie von den Göttern, bis zu den Helden
herabgestiegen sind, von diesen bis zu jenen wiederum
hinaufsteigen, auf eben die Art, wie aus Helden Götter entstanden sind, so geschieht dieses mehr durch
Abnehmen, als durch Zusätze, durch Stufenweise
Absonderung desjenigen, was eckig und von der
Natur selbst stark angedeutet worden, bis daß die
Form dergestalt verjenert wird, daß nur allein der
Geist in derselben gewirkt zu haben scheint. Eben
so viele Stufen verschiedener Formen und Gewächse
sind dagegen in den Figuren weiblicher Schönheit
nicht, als deren Gewächs nur allein nach ihrem Alter
verschieden ist, denn ob sich gleich nebst den Göttinnen,
auch Heldinnen abgebildet finden, so sind dennoch sowohl an dem einen, als an dem andern die
Glieder auf gleiche Art rundlich und völlig, und die
Künstler würden durch eine stärkere Andeutung einiger

Theile an Heldinnen aus der Eigenschaft ihres G
schlechtes gegangen seyn. Eben daher ist auch d
Studium des Künstlers viel eingeschränkter u
leichter, so wie die Natur selbst leichter in Bildu
des weiblichen, als des männlichen Geschlechtes
wirken scheint, indem wenigere Kinder von unserm
als von jenem Geschlechte geboren werden. Dah
sagt Aristoteles, daß die Wirkungen, da sie a
das Vollkommene auch in der menschlichen Bildu
gehen, wenn dieser Endzweck, welches das menschli
Geschlecht sei, durch den Widerstand der Mate
nicht habe erreicht werden können, bilde dieselbe d
weibliche Geschlecht. Es ist auch noch ein ander
Grund, woraus sich eben so leicht begreifen läßt, d
sowohl die Betrachtung, als die Nachahmung d
Schönheit der Natur weiblicher Bildsäulen wenig
Mühe erfordern, und dieser ist, weil die mehrste
Göttinnen nicht weniger, als alle Heldinnen bekle
det sind, dahingegen die mehrsten Bildsäulen unse
Geschlechts unbekleidet vorgestellt werden. Unt
den Göttinnen steht Venus oben an, als die Götti
der Schönheit, und weil nur diese allein nebst de
Gratien und den Göttinnen der Jahreszeiten, ode
die Horen, unbekleidet ist, und deswegen, weil sie sic
häufiger, als andere Göttinnen und in verschiedenen
Alter vorgestellt finden. Die Mediceische Venu
zu Florenz ist einer Rose gleich, die nach einer schö
nen Morgenröthe, beim Aufgange der Sonne auf
bricht, und die in ein Alter tritt, in welchem sich di
Gefäße zu erweitern und der Busen sich auszubrei
ten anfängt. Die himmlische Venus, das ist di
vom Jupiter und der Harmonia erzeugt worden, un
von der andern Venus der Diana Tochter verschie
dasselbe T zu ist, würde durch ein erhobenes Diadem, nac
gen, t desjenigen, welches der Juno eigen ist, bezeich
Dasselbe Diadem trägt auch die siegreiche Ve

nus, deren schönste Bildsäule, ohne Arme, in dem
Theater der alten Stadt Kapua entdeckt worden,
und den linken Fuß auf einen Helm gesetzt hat.
Sowohl diese, als jene Venus hat in den sanft geöffneten Augen das Schmachtende und Liebäugelnde.
Dieser Blick ist jedoch von den geilen Zügen entfernt,
durch welchen einige neuere Bildhauer ihre Venus
haben kenntlich machen wollen; denn die Liebe ist
von den alten Künstlern eben so, wie von ihren vernünftigen Weltweisen, als der Besitzer der Weisheit,
wie sich Euripides ausdrückt, angesehen worden.
Man findet übrigens die Venus nicht beständig unbekleidet, wie wir von der Venus des Praxiteles
zu Gnidus wissen, Juno ist außer dem gipslichten
Diadem an ihren großen Augen kenntlich, und an
dem gebieterischen Munde, dessen Zug dieser Göttin
so eigen ist. Pallas und Diana sind jederzeit ernsthaft und die erstere ist besonders ein Bild jungfräu-
licher Züchtigkeit, die alle weibliche Schwäche ausgezogen, ja die Liebe selbst besiegt zu haben scheint.
Sie hat die Augen mäßiger gewölbt und weniger
offen, als die Juno; ihr Haupt erhebt sich nicht stolz
und ihr Blick ist gesenkt, wie in stiller Betrachtung.
Diana hat mehr, als alle andere obere Göttinnen
die Gestalt und das Wesen einer Jungfrau, und ist
mit allen Reizungen ihres Geschlechtes begabt, ohne
sich derselben bewußt zu seyn; allein ihr Blick ist nicht
niedergeschlagen, wie das Auge der Pallas, sondern
frei, munter und fröhlich, und auf den Gegenstand
ihres Vergnügens die Jagd gerichtet, und so sind
auch nach gewissen Graden die Bildung der übrigen
Göttinnen. — Die Gratien waren in den ältesten
Zeiten, wie die Venus, deren Nymphen und Ge-
spielinnen jene sind, völlig bekleidet abgebildet, nachher hat man sie unbekleidet dargestellt. Die Horen,
als Begleiterinnen der Gratien und Göttinnen der

Jahreszeiten und der Schönheiten werden tanzend vorgestellt, auch in langen Kleidern und in verschiedenem Alter die Jahreszeiten anzudeuten. Was die Nymphen anbetrifft, so hatte eine jede obere Gottheit, sowohl männlichen, als weiblichen Geschlechts, seine eigenen Nymphen, zu welchen auch die Musen, als Nymphen des Apollo gezählt werden; die bekanntesten sind die Nymphen der Diana, oder die Oreaden, und die Nymphen der Bäume oder Hamadryaden, und dann die Nymphen des Meers oder die Nereiden, und nebst denselben die Sirenen. Von den Parcen, welche Catulus in betagtem Alter mit bebenden und zitternden Gliedern, mit runzlichtem Angesicht und gebeugtem Rücken, und mit einem strengen Blicke gebildet, findet man das Gegentheil auf mehr als einem alten Denkmale, nach dem Winkelmann, wo sie als schöne Jungfrauen, mit oder ohne Flügel auf dem Haupte, dargestellt worden, und unterscheiden sich durch die ihnen beigelegten Zeichen, die eine schreibt jederzeit auf einem aufgerollten Zettel. So gar die Furien sind als schöne Jungfrauen, mit oder ohne Schlangen an dem Haupte vorgestellt. Zu den Göttinnen gesellen sich als idealische Bilder die Heldinnen oder Amazonen, die alle von ähnlicher Bildung, auch sogar in den Haaren sind, und im Gesichte nach einem und eben demselben Modelle gearbeitet scheinen. Es zeigen dieselbe eine ernsthafte und mit Betrübniß oder mit Schmerz vermischte Mine; denn ihre Bildsäulen sind alle mit einer Wunde in der Brust gebildet. Bei den weiblichen idealischen Schönheiten, sind noch die weiblichen Larven zu erwähnen, von welchen sich Bildungen der höchsten Schönheit, auch auf mittelmäßig gearbeiteten Werken, finden, wie ein Aufzug des Bacchus in einem Saale des Palastes Albani.

achte O

die
der
die

Breite rc. mit eina
ein Theil in Ansehung des andern, oder des ganzen
zu reichlich
, Bequem-
des Gebäudes gemäß

Ueberhaupt
e, eine solche
Gleichheit der Theile seyn, daß kein Theil zum
Schaden des Ganzen weder hervorstehe, noch durch
Mangel und Unvollkommenheit die Aufmerksamkeit
störe; kurz alle Schönheit, die man im Bau eines

vollkommenen menschlichen Körpers bewundert, m
auch, nach Beschaffenheit des Gegenstandes, an ein
vollkommenen Gebäude zu bemerken seyn; daher h
der Baumeister, wie jeder anderer Künstler, die Nat
für seine eigene Schule zu halten; denn jeder orga
sirte Körper ist ein Gebäude, das in seiner Art s
durch gute Verhältnisse, durch genaue Uebereinstim
mung der Theile, durch Glanz und Farbe schön da
stellt, und diese Eigenschaften muß auch jedes vol
kommene Bauwerk haben. Ueberhaupt bedarf d
Baumeister wohl mehr Erfindungsgeist, als d
Maler; denn dieser kann schon durch eine genau
Nachahmung der Natur ein gutes Gemälde schaffen
auch erfindet er nicht seine Formen, indem sie scho
in der Natur vorhanden sind; der Baumeister mu
aber erst schöne Formen schaffen und sich dabei nac
dem Geschmack seiner Zeit richten. — Ueber die land
schaftliche und Gartenschönheit, s. Th. 16, S. 20
u. f. —

Ueber die Schönheit im Anzuge oder in der
Kleidung beider Geschlechter ist hier noch Einiges
zu erwähnen. Bei der Bekleidung des Frauenzim
mers wäre es sehr wünschenswerth, wenn dabei die
Bekleidung der schönsten alten Bildsäulen zu Hülfe
genommen würden, die immer als Muster des rein
sten Geschmacks galten; es würden dann die Ellen
langen Taillen verschwinden, wobei überdies der Leib
puppenmäßig beim Zusammenschnüren erscheint; man
erinnert sich unwillkührlich an die sogenannten Klap
perpuppen auf dem Christmarkte, worein Erbsen ge
schüttet werden, um die Kinder zu belustigen. Ein
solcher Anzug ist nichts weniger, als schön, und macht
einen unangenehmen Eindruck auf jedes Schönheits
gefühl. Die Mode wird sehr oft mit dem reinen
Geschmack verwechselt. Mode in der Kleidung grün
et sich oft auf körperliche Fehler ganzer Nationen

oder einzelner Menschen, welche die Kleidung ver-
stecken oder verbergen soll, oder auf Laune und Zeit-
umstände, und bei einer genauen Untersuchung zeigt
sich das Mangelhafte in derselben sogleich, aber Regeln des Schönen lassen sich nicht aus ihr entwickeln,
sie müßte denn zufällig sich dem wahren Schönen
nähern. Anders verhält es sich mit dem wahren
Geschmack in der Kleidung, der nun auf körperliche
Fehler gegründet seyn kann. Er gilt in jedem Zeitalter das nämliche für eine Gestalt, die seiner em-
pfänglich ist. Er gewinnt nur bei einer genaueren
Untersuchung, und läßt sich, wenn auch nicht in seinen kleinen Launen, doch im Allgemeinen auf Regeln
zurückbringen, die in ihm verborgen liegen. Wenn
wir nicht von jedem den Grund angeben können,
warum dieses oder jenes schön ist; dann liegt die
Ursache gewiß nicht in einer Gesetzlosigkeit des Schönen, sondern in der Schwäche unserer Geistesgaben,
es aufzusuchen. Im Ganzen mag dieses recht gut
seyn, da wir doch nur an wahrem Vergnügen bei
jeder Entwickelung des Schönen verlieren. Wollen
wir uns aber gern des Vergnügens, welches wir in
Betrachtung des Schönen genießen, berauben, und
auf Kosten dieses Verlustes unsere Kenntnisse berich-
tigen, so können wir nicht anders verfahren, und
müssen die Gesetze des Schönen immer erst aus den
Kunstwerken entwickeln, was uns ein Genie dieser
Kunst lieferte. Das Dichtergenie giebt uns die treff-
lichsten Werke der Poesie, ohne ihre Regel studirt zu
haben; dem schöpferischen Genie der Malerei, der
Bildhauer- und Baukunst danken wir die vollendeten
Werke, und aus diesen Werken zieht der Kunstver-
ständige erst die Gesetze; denn man hat nicht erst die
Regeln des Versbaues, der Harmonie, der Aesthetik
und der Säulenordnung entworfen, bevor man sie

in Ausübung brachte; die Künstler schritten al...
Gesetzen voran.

Bei einer weiblichen Kleidung kommen nun
rere Zwecke in Betracht, die alle erfüllt werden
sen; denn die Regel des Schönen allein kann
hier nicht leiten. Diesem zufolge müssen wir b...
Untersuchung von folgendem ausgehen. Die ...
dung muß den Körper bedecken, muß ihn gegen
Einfluß der Witterung schützen, sie muß der Gesu...
heit nicht nachtheilig seyn, die Geschäfte nicht hinde...
den Geschlechtscharakter ausdrücken, und der schö...
sten Form des Körpers entsprechen, diese nicht zwä...
gen, nicht vernichten, und da, wo es der Anstand e...
laubt, sie uns ganz, oder ihre gröbere Umrisse zeigen...
Finden wir nun diese Requisite in dem moderne...
Anzuge unsers schönen Geschlechts mehr, wie in dem
ehemaligen, dann kann er unstreitig auch mehr Anspruch auf Schönheit und Zuverläßigkeit machen,
als der veraltete. Je mehr wir uns aber von den
angegebenen Grundsätzen entfernen, je schädlicher und
häßlicher wird der Anzug. Verbirgt und entfernt
er die schöne Gestalt ganz, läßt er uns, statt den
schönen Wuchs ahnen zu lassen, eine verkrüppelte,
widernatürliche Form sehen, raubt er uns von der
wahren Gestalt des Körpers Alles, als ein allenfalls
geschmücktes Gesicht und zwei Hände; drückt eine
Schnürbrust die Rippen zusammen, zwängt sie den
Unterleib ein, hat sie endlich der ganzen Taille eine
zerbrechliche Feinheit gegeben, hat sie widernatürlich
den schön gewölbten Busen zusammen und nach oben
gepreßt, hindert sie seinen Wachsthum, und giebt sie
zu verheerenden Krankheiten seiner Schönheit Anlaß,
verunstalten künstliche Hüften und künstliche Cul de
Paris diesen Theil, und die Wellenform der Hüften,
verbergen lange und weite Aermel, die Hammelkeulen-
Aermel, die schön gebogenen Arme, erhebt sich wi-

bernatürlich ein Putz auf dem Kopfe, verunstaltet
dieser und schlecht geformte Schuhe das Ebenmaaß
des Körpers; dann mag eine solche Kleidung immer
einmal Mode gewesen und geschmackvoll gewesen
worden seyn, auch einer übelgewachsenen Figur mehr
Reiz gegeben haben; allein ewig dauert es so wenig
und seine Schönheit, als ihn ein Künstler wählen
wird, seine Gemälde damit zu schmücken, deren Ruhm
seine Jahre überleben soll, und indem er nicht sein
oder ein anderes Zeitalter schildern will, dessen Costüm er beibehalten muß. Aber auch dann muß der
Künstler, der Anspruch auf ein längeres Leben in
seinen Werken macht, das Costüm modificiren, das
Widersinnige mindern, und Alles idealisiren, sonst
bringen so bekleidete Figuren, in uns die Empfindung
des Lächerlichen, und der Aengstlichkeit hervor. Noch
weniger wird ein Bildhauer, wenn er bekleiden muß,
seinem Marmor solche Formen geben. Dieses kann
zuweilen wegen eines feinen Gefühls bei lebenden
weiblichen Figuren, die der Künstler darstellen will,
nöthig werden; man sehe aber nur in der Agrippina
zu Florenz, wie geschickt sich ein großer Künstler auch
dann durch nasse Gewänder zu helfen weiß. Versteht dies der Arbeiter nicht, dann merken wir erst
recht das Widersinnige einer verunstalteten modigen
Kleidung, wenn sie sich in kostbaren Formen ausdrückt, mehr noch als der täuschenden Malerei. Ein
Herr G. Ph. Michaelis *) sagt:

,,Es machte den höchsten Eindruck des Lächerlichen
auf mich, als ich in Cleve in Graubündten, da ich

*) Neues Hannöversches Magazin, 6te Stück u. Han-
nover, 1797, S. 4582. Diesen Artikel habe ich
auch größtentheils bei diesem Artikel benutzt. P.

eben von den göttlichen Formen einer mediceischen Venus und des ganzen Florentinischen Schatzes so durchaus erfüllt war, einen der Grafen von Salis in
Stein gehauen, ganz in neumodiger Tracht, mit dem
Hute unter dem Arme, auf einem Brunnen erblickte.
Unmöglich kann ich's lassen, eine Vergleichung mit
dem wahrhaft göttlichen Neptun von Johann Bolognese anzustellen, der einen Brunnen zu Bologna
zu einer Quelle des Olymps veredelt, der mir seiner
Form nach so frisch im Gedächtniß schwebte. Daß
jener Handwerker eben so tief in seiner Kunst unter
dem Künstler von Bologna stand, wie ihr Geschmack
verschieden war, that im Ganzen wenig; denn selbst die
Kunst des Johann Bolognese mit dem Geschmack
des Clevischen Arbeiters gepaart, würde nichts weniger
Lächerliches hervorgebracht haben. Auffallend war es
mir zugleich, daß der Geschmack vom wahrhaft Schönen, bei einer so geringen Entfernung, schon so verschieden war. Nur wenige Meilen südlicher nach Mai-
land versetzt, würde das Komische dieser Bildsäule den
Pöbel zum Stillstehen gebracht haben, und hier bewundert man die Schönheit. Ich erinnere mich auch
nicht, an dem kleinsten Orte in Italien etwas ähnliches Lächerliches bemerkt zu haben, wenn es nicht heilige Bilder waren, bei deren Ausschmückung die Geschmack angebracht war. Es zeigt dies, wie viel Einfluß sowohl die höhere Kultur der Völker, als auch
das Beispiel auf die Ausbildung des Gefühles für das
Schöne hat. Die Bewohner von Graubünten sind
unstreitig jetzt ein ganz anderes, nicht so fein fühlendes
Volk, wie selbst die Bewohner von Oberitalien, und
diesen fehlt wieder sehr viel, ehe sie wieder das feine
Gefühl für das Schöne erlangen, wie sie es vor dem
Einzuge der Longobarden hatten. Wie viel die rohen
Sitten, der schlechte Geschmack, den diese mitbrachten,
zur Verminderung des Kunstgefühls beitrugen, das be-
weißt besonders in Paria die abscheuliche Mischung
des Gothischen und des alten Griechischen Geschmack
in der Baukunst. Nirgends sah ich solche Ausbrüche
der übertriebensten Einbildungskraft in der Gothischen
Bauart, wie an einigen Kirchen daselbst. Welches von

„bleiben der wahre Geschmack ist, wird aber darum doch nicht schwerer zu bestimmen."

Es wird bei der Bekleidung des Körpers zwar von Vielen eingewendet, daß man dabei nichts unbedeckt lassen müsse, dessen Entblößung unser sittliches Gefühl beleidige; daß ganze Nationen gewisse Theile des Körpers gar nicht bekleideten, durch deren Entblößung unser Gefühl beleidiget werden würde; andere ganz unbekleidet gingen, und es sei daher unmöglich zu bestimmen, welche Theile entblößt werden dürften, ohne dem moralisch Schicklichen zuwider zu handeln, da dieses, aus der angeführten Erscheinung zu schließen, keine gewisse Regeln habe. Diesen Schluß darf man aber nicht machen, weil man sonst mit eben dem Rechte behaupten könnte, das moralische Gefühl habe überhaupt keine gewissen Regeln; denn einigen Nationen erlaubt es zu rauben, andern seine Freunde zu verzehren, ohne daß diese Handlungen ihnen unerlaubt scheinen; allein hier ist auch ausgemacht, daß das moralische Gefühl erst durch die Kultur zu dem richtigen Takte erhoben wird, welches man nun freilich bei den erwähnten Nationen nicht suchen darf, die dergleichen Handlungen begehen. Man muß sich daher, um die Gesetze des Schicklichen im Anzuge zu beurtheilen, immer eine gebildete kultivirte Klasse von Menschen vorstellen, und für diese Klasse sind auch nur Regeln des Schicklichen zu entwerfen. Die Hauptbestimmung des weiblichen Anzuges liegt immer in dem moralischen Schicklichen, welches wir aus dem Charakter des Weibes selbst entwickeln müssen; und auch eben in der Verschiedenheit des weiblichen Charakters, weniger in dem Ausdrucke, den Rubens für das eigentlich Weibliche zu halten scheint, der uns nur wollüstige Fleischmassen darstellte, sondern neigt sich auf Raphael's

ohne straff über d
ngen zu deutlich se

eine deutlichere Darstellung ihres Körpers unschick=
lich und unnöthig, den der Ausdruck des männlichen
Charakters und sein thätiges geschäftvolles Leben
unverhüllter darzustellen erfordert und erlaubt. Bei
dem Manne muß auch im Einzelnen seine ganze
Muskelkraft sich mehr zeigen können und die Klei=
dung ihn nicht in seinen Arbeiten stören. Es würde
lächerlich seyn, Männer in langen Röcken, die sitt=
sam bis auf den Boden herabhingen, kleiden zu wol=
len, und da, wo der fremde Charakter, den der Mann
bei einigen Religionen als Priester angenommen hat,
eine Kleidung nöthig macht, die seinen männlichen
Charakter verbirgt, kann diese Kleidung wohl Ehr=
furcht erregen, wenn das Alter mitwirkt, aber nie
wird ein so gekleideter Mann durch den Ausdruck
des Männlichen wirken. Soll aber der Mann durch
seinen ihm eigenen Charakter bei feierlichen Gelegen=
heiten Eindruck machen, dann darf der Mantel, der
etwa von seinen Schultern herabhängt oder herab=
fällt, nie den vordern Theil des Körpers verhüllen.
Dieser muß stets sichtbar bleiben, und so wird selbst
bei Bildsäulen eine halb nackte Vorstellung, mit
einem Gewande verbunden, welches mehr als Hin=
tergrund dient, keinen üblen Eindruck machen.
Bei dem Manne kann auch die ganze Form deutli=
cher dargestellt werden, weil offenbar die Liebe der
Frau zum Manne sich nicht, wie es umgekehrt der
Fall ist, auf die Form bezieht, und überhaupt Liebe
zu ihm mehr Mittel, als Zweck ist. Bei der weib=
lichen Form ist es anders; sie zieht den Mann un=
widerstehlich an, und hat daher auf die Erhaltung
seiner Liebe einen großen Einfluß. Sie darf ihm
nie etwas Gewöhnliches werden, er muß sie mehr
ahnden, als sehen, und das Weib, was dieses recht
zu benutzen versteht, wird sich gewiß länger die Liebe
des Mannes erhalten. Die weiblichen Beschäfti=

gungen, ihre häuslichere Lebensart und ihre Bestimmung erlauben und erfordern aber auch wieder eine
leichtere Bekleidung und Entblößung von Theilen,
die man bei Männern zwar ohne Beleidigung des
moralisch Schicklichen entblößen konnte, wo aber
weder Schönheit, noch Bestimmung eine Ursache
dazu giebt, und ihre weniger häusliche Lebensart es
verbietet. Hierher gehört die Entblößung der Arme
und einen Theil der Brust. Die Kleidung muß der
schönsten Form des Körpers angemessen seyn, darf
diese nicht zwängen, nicht verunstalten, und der Gesundheit nicht nachtheilig seyn, liegen so nahe zusammen, und indem das eine erfüllt wird, thut man
schon einen Schritt zur Vollendung des andern.
Nichts ist schön im Anzuge, was die freien Bewegungen und Lebensverrichtungen hindert, was also
der Gesundheit nachtheilig ist; denn Zwang verträgt
sich nicht mit Schönheit. Dieser Zwang mag nun
offenbar am Tage liegen oder nicht; dem Geschmack-
losen wird er nie sichtbar, und der Geschmackvolle
findet sich oft, ohne daß er den Zwang deutlich sieht,
in seinen innersten Empfindungen beleidigt. Wie
sehr dies bei unsrer ehemaligen weiblichen Tracht der
Fall war, z. B. bei den Reifröcken und Schnürleibern, die jetzt wieder Mode geworden, kann man
noch aus Gemälden jener Zeit gewahren. — In
Sömmering's Schrift über die Nachtheile der
Schnürbrüste, 2te Ausgabe, findet man auf der
Kupfertafel die Schnürbrust einer schönen Mainzer
Dame, welche Schnürbrust er mit der schönsten
bekannten Form, mit der der Mediceischen Venus,
und mit einigen schön gebildeten Mainzer Frauenzimmern, die nur wenig durch das Schnüren litten, vergleicht. Er zeichnete den Umriß einer Venus, und unter
demselben das Gerippe; eben so stellt er die Theile
eines durch die Schnürbrust veränderten Frauen-

zimmers dar. Die Mißproportion, die diese Vergleichung uns zeigt, wie sehr und unnatürlich die kurzen Rippen zusammengepreßt werden, wie dieser Druck auf die noch nachgiebigen Knochen angebracht, bei den widernatürlich langen Taillen selbst die Hüften zusammendrückt; wie dadurch die Eingeweide, das Geschäft der Verdauung und Ernährung leiden, und endlich die edelsten weiblichen Pflichten, die Mutterfreuden, gestört werden. Bei der Mediceischen Venus beträgt der Durchmesser des Kopfes nur die Hälfte des schmalsten Umfangs der Taille, bei einer geschnürten Dame ist aber der Umfang des Kopfes größer, als der schmalste Umfang des Leibes, daher kann man eine solche Kleidung wohl nicht schön nennen. Daß eine Schnürbrust nicht zum schlanken, geraden Wuchse beiträgt, beweisen die schön gewachsenen Nationen, die ihre Kinder nie in Schnürbrüste preßten, und ihnen die Jahre der heiteren Freude nicht dadurch zu Jahren der Qual machten; die ihre Kinder aber auch nicht zu Arbeiten und einer sitzenden Lebensart zwangen, denen die Kräfte des Körpers und des Geistes nicht gewachsen waren. Ueberdies zeigen die Schnürbrüste, wie auch schon unter Schnürbrust, oben, S. 573, gezeigt worden, die Unzweckmäßigkeit um Verwachsungen vorzubeugen; denn die vielen Verwachseiten aus höheren Ständen und aus dem schönen Geschlechte beweisen zur Genüge, welchen Antheil die Schnürbrüste daran haben; denn statt Schiefwerden zu verhüten, müssen sie dasselbe durch den ungleichen Druck, den sie bei anfangender Verwachsung machen, nur vermehren, da die Knochen überdies noch weich sind, und jedem anhaltenden, selbst schwächerem Drucke leicht nachgeben. Sehr beherzenswerth ist dasjenige, was der Geheime Stadtsrath Hufeland in seiner Abhandlung über das Schiefwerden der Kinder sagt, welche Abhandlung, besonders jetzt, wo diese Mode wieder anfängt sich sehr auszubreiten, in den Händen aller Mütter aus den höheren und mittleren Ständen sich befinden sollte.

Wenn eine zu lange, durch ein Schnürleib eingeengte Taille nicht schön läßt, so läßt dagegen auch eine zu kurze, so daß der ganze Körper aus Beinen und Kopf zu bestehen scheint, auch nicht schön; denn als man zu Anfange dieses Jahrhunderts die Taille hinten so kurz machte, daß sie nicht bis zum Ende der Schulterblätter herunter reichte, so sahen unsere Schönen wie Mißgeburten darin aus. Allein man muß die Taillen doch kürzer machen, als man sie jetzt trägt, um sich dem Schönen und dem Gesunden zu nähern; denn nichts macht einen übleren Eindruck auf das Schönheitsgefühl, als ein zu langer Leib an einer weiblichen Figur. Der Grund davon liegt wahrscheinlich in der Proportion, die zwischen zwei aufeinander gestellten Körpern herrschen muß, von denen der eine den andern tragen soll. Wie würde es aussehen, wenn man eine Urne auf ein Piedestal setzte, welches jene weder an Dicke, noch Länge überträfe? Ist die Taille nun noch am untersten Ende widernatürlich zusammengeschnüret, steht sie wie ein umgekehrter Zuckerhut auf den künstlich verdickten Hüften, die, wie dies bei einigen Trachten der Bauern am Ufer der Niederelbe der Fall ist, durch 9 — 10 kurze Röcke und Wülste unförmlich gemacht werden, so muß dies wegen des gänzlichen Mangels der Aehnlichkeit mit der Natur nur unangenehme Eindrücke machen. Nirgends kerbt die Natur unsern Körper, so wie die Körper der Insekten ein, und bei manchen Moden scheint man doch aus Leib und Beinen nicht ganz derselbe, nur aneinander geklebte Stücke machen zu

wollen. Allenthalben macht die Natur von einem
Gliede zum andern sanfte Uebergänge, die wir auch,
besonders im weiblichen Geschlechte, nicht aus den
Augen setzen dürfen. Es findet sich in dem Bau
des Körpers gar kein Grund, warum der Leib über
den Hüften, nebst der Brust und den Rippen so zusammengepreßt und so ganz von dem übrigen Körper durch die verschiedene Art der Bekleidung ge-
schieden werden muß. Es kann auch nicht anders
seyn, als daß diese weichen nachgiebigen Theile selbst
von dem gelindesten Drucke leiden, und besonders die
freiere Ausdehnung des Unterleibes gehindert wird,
wenn die Taille so viel herunter geht. Liegt in dem
Bau des Körpers, und in der Bestimmung der
Theile und der Kleidung irgend ein Grund, warum
der Rumpf von den untern Theilen des Körpers getrennt werden muß, dann können wir diesen gewiß
nicht in einer widernatürlichen Umbildung des Körpers suchen, noch darf diese dadurch hervorgebracht
werden. Entweder muß das Charakteristische der
weiblichen Kleidung, oder die Darstellung weiblicher
Schönheiten, oder endlich die Form des Körpers
selbst eine solche Abscheidung nöthig machen. In
der Form des Körpers liegt aber über dem Hüft-
knochen, noch weniger unter demselben, eine Ursache
dazu. Liegt der Grund einer solchen Trennung in
der Form, dann findet er allein unter dem Busen
statt. Hier macht ihn auch der Ausdruck der Cha-
rakteristik und der Schönheit nöthig. In den langen, durch Schnürleiber oder ähnliche Kleidungen
zusammengepreßten Taillen, geht sowohl die schöne
Form des Busens, wie auch seine edle Bestimmung
ganz verloren. Er wird unnatürlich herausgepreßt,
verliert seine Form und zugleich seinen Nutzen für
die künftige Ernährung der zarten Frucht. Die
ehemaligen sogenannten Chemisen waren wohl

unter den weiblichen Kleidungen die angemessenste
Tracht; denn sie schmiegen sich nach dem, was sie
bedecken, ohne es zu deutlich zu verrathen, und zwängen nirgends den Körper, sondern lassen ihm ein
freies Spiel in allen seinen Bewegungen. Ein
Gürtel, der unter dem Busen, in der Gegend der
Herzgrube, lose die Kleidung umschließt, wird nie
den Leib zusammendrücken und ihn verunstalten, und
sei es in welcher Periode des Lebens es wolle, und
wird, unter Umständen, mit Leichtigkeit getragen
werden. Durch diese Tracht wird die schöne Form
des Busens mehr geahndet, und zugleich auf das
Charakteristische desselben fürs weibliche Geschlecht
hingedeutet, da sich die sanfte innige Liebe der Mutter zum Kinde in dem Busen gleichsam körperlich
darstellt. Bei der ehemaligen und jetzt wieder Mode
werdenden steifen Kleidung geht mit dem Ausdrucke
des weiblichen Charakters, auch meist die Erfüllung
dieses sanften edlen Geschäfts der zarten Frucht
ihrer Umarmung, das Leben selbst zu erhalten verloren. Ohne den Leib zu drücken und ohne ihn
bloß zu stellen, muß die Kleidung ihn umhüllen,
seine Umrisse verrathen lassen und bis zu den Füßen
herabfallen. Die schönen Formen der Hüften und
Schenkel werden da, wo die Natur sie mit üppigerer
Schönheit beseelte, sich in dem Faltenwurfe eines
biegsameren Gewandes verrathen. Da wo die
Bildhauerei eine weibliche Darstellung unverstellt
durchs Gewand nöthig macht, weil sie eigentlich nur
für das tastende Gefühl bildete, dem die steinernen
Gewänder nur lächerlich scheinen würden, begnügt
sich die Malerei, und so auch der gesittetere Zirkel
der Nationen bloß mit dem Genuß, der dem Gesichte
verschafft wird, und dieser Sinn ist gutwillig genug,
auch da, wo man ihn nur wenig ahnden läßt, sich
durch die Phantasie fortzuhelfen und sich täuschen zu

laſſen. Ueberhaupt kann man das Geſicht ja nur
als den Diener des Gefühls betrachten, der für ſeinen
Herrn Neuigkeiten zu erhaſchen ſucht, wo es dieſe
nur erhaſchen kann, woraus es für ſich keinen Nutzen zu ſchöpfen im Stande iſt. Alles Vergnügen,
was der Menſch beim Anblick einer lebenden Schönheit empfindet, verſchafft ihm das Gefühl, und Weniges ausgenommen, empfindet er es nur durch die
Reducirung der ſichtlichen Eindrücke auf dieſen Sinn.
Es iſt daher eine kleine Verrätherin des Gewandes
ſchon hinreichend, dem Geſichte Stoff zu großen Be-
gebenheiten zu geben. Und dieſer Sinn iſt oftmals
mit Wenigem beſſer zufrieden, wie mit Vielem; denn
beim Erſteren bleibt ſeiner Thätigkeit ſo viel über,
und beim Letztern merkt er nur zu deutlich ſeine
Schwäche und daß er beim Ganzen nur eine Neben-
rolle ſpielt. Es würde daher zwecklos ſeyn, wenn
man die Art der Kleidung zu ſehr den naſſen Ge-
wändern der älteren Griechiſchen Bildſäulen ähnlich
machte. Die Füße dürfen, wenn auch der niedlichſte
Schuh ſie zierte, nicht zu weit, und nie ſichtbar
werden; denn es läßt ungereimt, wenn eine ſo breite
Figur, wie ein bekleideter Körper iſt, auf zwei ſo
feinen oder zarten Stützen ruht. Der ganze Körper
muß auf einer breiten Grundfläche zu ruhen ſcheinen,
wodurch er das Anſehen der Feſtigkeit erhält, daher
muß die Kleidung etwas ſchleppen. Dieſe Regel
findet man auch bei allen älteren bekleideten Bildſäulen und Gemälden beobachtet, ſobald nicht ein
heftiger Ausbruch von Leidenſchaft, oder die Handlung, in der ſie vorgeſtellt werden, dies unthunlich
macht. In dieſem Falle wird der Ausdruck der
Handlung Haupt-Gegenſtand, und was der Ausführung dieſes Ausdruckes widerſpricht, muß wegfallen. Es kann aber auch ſeyn, daß das danige
Gefühl des hergebracht Schicklichen eine völlige Be-

deckung der Füße erforderte; es bleibt aber immer
noch die Frage, ob nicht damals das zarte Gefühl
des Geschmackvollen und Schönen, diesem Gefühl
des Schicklichen zum Grunde lag. Sind die Füße
nicht von der schönsten Form, so möchten sie leicht
bei wenigerer Bedeckung zu einem ähnlichen Wort-
spiele Veranlassung geben, wie die Füße der Frau
von Stael, die auf einer Maskerade in Paris an
ihrem Piedestal erkannt wurde. Was die Form der
Schuhe anbetrifft, so muß sie sich mehr dem Natürlichen des Fußes nähern. In jedem Alter, in jedem
Zustande des weiblichen Körpers kann dieser Anzug
der nämliche bleiben. Eine Kleidung hingegen,
die dem Leibe, der Ausdehnung der Brust und des
Busens beständige Schranken setzt, wird in jedem
Alter, in jeder Lage nachtheilig.

Der weibliche Putz kann und soll keinen andern
Zweck haben, als die natürliche Schönheit des Körpers zu erhöhen, sie mit der Sittlichkeit in Harmonie
zu bringen, und den Eindrücken derselben noch mehr
Gefälliges oder auch noch mehr Bestimmtes zu
geben. Das Interesse des Weibes erfordert es,
wie auch schon oben erwähnt, durch Schönheit, Be-
scheidenheit und Anmuth im Herz und Sinn
zu gewinnen. Jeder Putz ist also diesem Interesse
durchaus entgegen, der die Reize verbirgt, die sich
nicht nur frei zeigen können, ohne zu beleidigen, sondern selbst durch ihn anziehend werden sollen; der
das Auge durch zu großem Reichthume blendet, ohne
es auf das zu heften, worauf er eigentlich heften
soll; der durch zu bunte Mannigfaltigkeit auffällt;
der eine schlanke, edle, weibliche Figur, zu einer Cari-
catur umgestaltet, die da zu viel anders, wo ein
zartes unverdorbenes Gefühl mit etwas weniger
zufrieden wäre. Vor dem Kriege war auch
die weibliche Bekleidung mehr der schönen Form des

Körpers, und dieses ist auch geblieben bis auf die
neueste Zeit, wo die Schnürleiber wieder ihr Recht
geltend zu machen angefangen. Je weiter die
Mode sich von alberner Etiquette entfernt, und sich
einem natürlichen Negligée nähert, das noch nicht
darum, weil es Negligée heißt, nachlässig seyn
darf, je mehr wird sie dem Auge schmeicheln; je mehr
sie aber der Etiquette, der Nachahmungssucht fröhnt,
je mehr wird sie sich von dem Schönen entfernen,
und nicht dieses allein ist zu erwägen, sondern auch
die Gesundheit, die sehr oft dabei eingebüßt wird.
Man denke sich nur ein Kind, das mit einer schwachen, zusammengepreßten Brust zum Mädchen her-
anwächst und die Jahre erreicht, in denen der ruhi-
gere, gleichmäßigere, nur fröhliche Schlag der Empfindungen verschwindet, und körperliche und geistige
Einflüsse stürmischer auf das Mädchen wirken.
Beim Tanz, wo Bewegung, Musik und der Leidenschaften freies Spiel das Blut erhitzt, wo allenthalben dem Blute der Raum mangelt, verhindert
eine harte Schnürbrust, oder eine andere enge Kleidung den freien Umlauf desselben in der Oberfläche
des Körpers. Es wird zurück auf die innern Theile
getrieben, besonders die Lunge, durch die doch alles
Blut muß, was sich in unserm Körper bewegt; diese
findet es nun durch den von Jugend auf erlittenen
Druck verengt, der noch fortdauert. Es kann nicht
so geschwinde vordringen, und wird doch immer heftiger getrieben; daher macht es sich durch Zerspren-
gung seiner Gefäße Platz; ein Blutsturz und heftige
Entzündung der Lunge, und ihr trauriges Gefolge,
eine langsame Auszehrung machen der Scene ein
Ende. Ein leichter, nirgends drückender Anzug,
eine nie gepreßte Lunge, wird dies nie bewirken.
Was nun die Wahl der Farben beim weiblichen
Anzuge anbetrifft, so ist hier das höchste Studium

der Toilette nöthig, um Schönheit durch Harmonie des Körpers mit der Bekleidung zu erwecken. Beim weiblichen Puß kommt Alles auf eine schickliche Wahl und Verbindung der Farben an. Die Gesichtsfarbe wird an dem Wiederschein der Farben in der Bekleidung merklich abgeändert, entweder erhöhet oder gemildert, je nachdem die Farben heller oder dunkler gewählt sind. Ein Gewand, woran Rosa- und Nelkenfarbe die hervorstechendste ist, ein hochrothes Band auf dem Kopfputze, eine lichtfarbene Schleife, giebt der Gesichtsfarbe ein frischeres Ansehen, als eine blaue, eine grasgrüne oder gelbe Kleidung. Die Farben des Gewandes heben aber auch den natürlichen Ausdruck des ganzen Charakters, und stellen ihn in einem schönen Lichte dar. Welch einen erhöheten Ton von Fröhlichkeit und Aufheiterung kann nicht ein rosenfarbnes oder lichtgestreiftes Gewand in die Gesichtsbildung bringen? So wie ein himmelblaues Gewand diesen Ton schon mehr zum Sanften, Wehmüthigen oder einer stillen Zufriedenheit herabstimmt. Es giebt in der Natur eigentlich nur drei Hauptfarben, nämlich gelb, roth und blau, die man auch die gebornen Farben nennt, und aus denen alle übrige als Mischung entstehen; weiß und schwarz können hier nicht mitgezählt werden, weil sie das Licht und Dunkel anzeigen, und zu diesen beiden müssen alle Farben harmoniren; indessen wird ein gutes Auge von selbst bemerken, in welchem Tone, und ob sich eine Farbe hoch oder niedrig am schicklichsten zu schwarz oder weiß gesellen lasse. Nie wird der gute Geschmack, z. B. das dunkelste Blau, das dunkelste Grün oder das dunkelste Braun mit schwarz oder weiß verbinden. Die aus den drei Hauptfarben entstehenden Mischungen sind vorzüglich Orange, Grün, Purpur und Violett, die sich in der Malerei und im Färben der Zeuge ins

Unendliche verändern und vervielfältigen laſſen. Die verſchiedenen Töne der Hauptfarben und ihrer Miſchung ſtehen mit ſich ſelbſt in ſehr guter Harmonie, und es werden ſich zum Beiſpiel Hellblau und Dunkelblau, Hellgelb und Dunkelgelb, Hellroth und Dunkelroth ꝛc. ſehr wohl mit einander verbinden laſſen, wenn ſie nur, was wohl zu bemerken, harmoniren. Wie unnachahmlich ſchön iſt die Harmonie der Nelken, Tulpen und anderer Blumen, welche oft aus einer und derſelben Farbe hell und dunkel geflammt oder geſprengt ſind. Grün ordnet die Natur allen ihren Blumen zu, daher harmonirt es auch mit allen Farben, wenn es nur in ſeinen Nebenfarben in Anſehung der Töne in gehörigem Verhältniſſe ſtehe. Disharmonirende Farben ſind zum Beiſpiel: Gelb und Roth, Roth und Hellblau, Gelb und Violett, Gelb und Braun, Blau und Roſenroth, Roſenroth und Ziegelroth, Violett und Hellblau, Feuerfarbe und Blau, Lila und Dunkelroth, Grau und Hellroth, Hellblau und Grau, Silberfarbe und Gelb, Schwarz und Braun; harmonirend ſind: Schwarz und Paille, Himmelblau zu Weiß und Paille; zu blond: Weiß, ſanftes Blau, und mattes Roſenroth; zu Schwarz: Weiß, Bois, Orange; zu Kardinal und Lila nur Weiß, Silberfarbe und mattes Paille; zu Dunkelbraun: Weiß und Paille, Gelb und Blaßgelb, Blau und Hellblau; zu Himmelblau: Gelblich, Weiß, Perlenfarbe, Dunkel und Brau, Dunkelroth zu Hellgelb, Violett, Meergrün, Dunkelbraun, Dunkelroth; zu Purpur: Blau, Carmoiſin; zu Brandgelb· Violett lichtes Himmelblau, Meergrün, Hellgrün; zu ſtark Blau: Roſenroth, Blaßgelb, Lichtgrün; zu Hellgrün: Hellroth, Hellgelb, Hellviolett und Roſenroth. Als allgemein iſt anzunehmen, daß hellere Farben immer durch dunklere, und dunklere jederzeit durch hellere, die mit ihnen in Harmonie stehen, verziert werden müssen. Die Bekleidung des Menschen und vorzüglich des weiblichen Geschlechts sollte sich jederzeit nach der Farbe des Gesichts, des Haars und der Augen richten. Der Anzug einer Blondine sollte z. B. in weichen, nicht weit von einander entfernten, sondern ineinander spielenden Farben bestehen; nämlich aus: Grün und Rosa, helles Meergrün und helles Lila, Himmelblau und Grau ꝛc.; da hingegen die Brünette sich dunkler und etwas abstechenderer, von einander entfernterer Farben mit Vortheil bedienen kann, als z. B. Ponceaur und Braun, Hellgelb und Violett, Feuerfarben und Schwarz ꝛc. Alles weiße Zeug, sowohl Spitzen, Leinen, als auch Seide, muß niemals ins Bläuliche, sondern immer etwas ins Gelbliche spielen, wenn es mit der Fleischfarbe gehörig harmoniren soll. Manche Mängel der Gesichtsfarbe können durch eine gute Wahl der Bekleidung vermindert werden. Ist die Gesichtsfarbe durchaus zu roth, so wird eine sehr dunkelrothe Bekleidung zu empfehlen seyn; spielt die Gesichtsfarbe ins Gräuliche oder Graue, so wird Dunkelgrün und Dunkelgrau am vorzüglichsten seyn; denn die stärkere Farbe der Bekleidung dringt die schwächere Farbe des Gesichts so zurück, daß sie wenig oder gar nicht mehr auffällt. Die hellsten Farben müssen dem Kopfe oder dem Gesichte am nächsten gebracht werden; der Zweck ist nicht nur den Blick des Beschauers auf das Angesicht zu lenken, sondern die dunklen Farben sollen auch darum so viel, als möglich, in der Bekleidung hinab, und die lichteren empor geordnet werden, weil wir immer mit jenen die Idee des Schweren, mit diesen aber den Begriff des Leichten verbinden, und weil man es nicht gern

sieht, wenn die leichteren Massen zum Fundamente
der schwereren gemacht werden. Aus einem noch
andern Grunde dürfen zu einer dunklen oder schwarzen Bekleidung niemals Schuhe von einer sehr hellen Farbe, als Roth, Rosa, Paille ꝛc. gewählt werden; denn sie machen alsdann den Fuß etwas groß
und breit erscheinen, daher eine Mittelfarbe für die
Schuhe am schicklichsten ist und bleibt. Doch findet hier auch wieder manche Abänderung Statt.
So müßen, z. B. zu einem weißen oder jedem andern
hellen Kleide keine zinnoberrothe, carmesinrothe,
grasgrüne, mineralblaue, schwarze Schuhe getragen
werden, weil diese das helle Kleid überstrahlen, und
die Blicke oder das Auge nur auf den Fuß lenken
oder führen, sondern sanftere Farben, als ein lichtes
Grün, helles Blau, ein lichtes Gelb, z. B. Erbsfarbe, heller Ocher, Weiß ꝛc. Ist man genöthiget
etwas grelle oder abstechende Farben zu tragen, so
muß man sie zu vertheilen und nicht in Massen anzubringen suchen. Auf diese Art wird das Auge
nicht zu sehr gereizt, mithin das Grelle nicht so bemerkbar werden. Hieraus erhellt, daß die meisten
schreienden Farben selten die Hauptfarbe des Putzes,
sondern nur die Decoration oder Verzierung seyn
darf. Je weniger Farben in einem Anzuge zusammengestellt sind, desto angenehmer und lieblicher
erscheint er dem Auge. Alles Bunte, Auffallende,
Prahlende ist uns widrig. Man bringe nie mehr,
als höchstens drei Farben in seinen ganzen Anzug;
je weniger, desto schöner. Ein ganz weißer Anzug,
selbst in Bändern und Schleifen übereinstimmend,
ist sehr zart, und gewiß keine Sache des gemeinen
Geschmacks, der immer farbige, bunte Bänder haben
muß. Die seltene Erscheinung eines solchen Anzugs verdoppelt seinen Reiz und seine Schönheit
noch mehr. Auch ist es zugleich der schönste Putz

bei fröhlichen Festen, nur muß er dann, um ihm
das allzu Feierliche zu benehmen, einen leichten Auf-
putz irgend einer lichten Farbe, als Rosa, Himmelblau, Blasgrün, eine Blätter- und Blumenguir-
lande rc. erhalten. Ferner muß das Alter stets bei
der Wahl der Farben berücksichtiget werden. Die
Jugend erfordert helle Farben, das Alter dunklere,
ernstere, vermischte, zweifelhafte. Zu blühenden
schönen Gesichtern stehen dunkle Farben selten übel;
aber zu einem frischen und sehr rothen Teint nur die
hellrothen und rothbraunen; einem blassen thut
Gelb, Violett und Müllerblau nicht wohl, und ein
bräunlich gelber Teint wird durch Incarnatroth und
Orange gehoben, Himmelblau, Rosa, Gelb, Lila,
Violett und Weiß steht ihm aber nicht wohl.
Schwarze Bekleidungen stehen den jungen Blon-
dinen sehr reizend; da sie aber den Ton des stillen
Ernstes und der tiefen Trauer ausdrücken, so muß es
uns widrig seyn, in einem schwarzen Gewande ein
übermüthiges und ausschweifend lustiges Frauenzimmer zu sehen. Zuletzt ist auch bei der Wahl der
Farben im Putz auf die Verzierung der Zimmer, in
welchen man erscheinen soll, zu achten, wenn nicht
jene durch diese zuweilen sehr merklich leiden sollen.
So nimmt sich z. B. ein glänzender Putz in einem
schönen blauen Zimmer nicht gut aus; denn außerdem, daß die weißen Farben auf einem hellblauen
Grunde einen üblen Effect machen, indem die hell-
blaue Tapete das Auge vor allen Objecten im Zimmer auf sich zieht, so macht auch noch der Wiederschein der blauen Tapeten auf die Gegenstände ein
widriges Ansehen, und thut besonders den Gesichtsfarben offenbaren Schaden, welchen eine Tapete
von gebrochenen Farben so leicht nicht verursachen
wird.

Ueber das Schöne und die Schönheit sehe man nach:

J. Winkelmann, von der Fähigkeit der Empfindung des Schönen in der Kunst. Dresden, 1763.
— dessen Geschichte der Künste des Alterthums. Wien, 1776, S. 248. u. s.
C. G. Schulz, de origine et sensu pulchritudinis. Halle, 1768.
J. Kant, über das Gefühl des Schönen und Erhabenen. Königsberg, 1764.
— dessen Kritik der Urtheilskraft, 3te Aufl., Berlin, 1790, S. 74 u. s.
Burke's philosophische Untersuchung über den Ursprung unserer Begriffe vom Erhabenen und Schönen. Riga, 1773.
Sulzer's Theorie der schönen Künste. Neu vermehrte 2te Auflage. Leipzig, 1792, 4r Bd.
Pernety Handlexicon der bildenden Künste. Aus dem Französischen übersetzt. Berlin, 1764, S. 287.

Schönheiten des Tages, eine Benennung der Blüthen des Kalopaßbaumes oder Kalabassienbaumes, welchen Adanson diesen Namen beigelegt.

Schönheitsmittel, eine Benennung der Schminken, s. diesen Artikel.

Schönmüller, werden diejenigen Müller genannt, welche recht klares Mehl liefern.

Schönpflaster, Schönfleckchen, s. Schminkpflaster.

Schönsäulig, in der Baukunst, eine Säulenstellung, wo zwei und eine halbe Säulendicke Raum zwischen den Säulen gelassen wird, so daß die Säulenweite sieben Modul beträgt.

Schönschreibekunst, Calligraphia, s. unter Schreibekunst.

Schönschreiber, Calligraphus, s. daselbst.

Schonung, die Schläge oder Gehaue schonen, in der Forstwissenschaft, den Nachwuchs der-

selben befördern. Eine Schonung ist demnach ein
mit jungen Baumpflanzen besetzter Platz in den
Wäldern, welcher so lange, bis diese jungen Baumpflanzen zu einem solchen Alter und Höhe gelangt
sind, daß ihnen von dem weidenden Vieh weiter keinen Schaden zugefügt werden kann, mit keinem
Vieh behütet werden muß. Schonen müssen
ist also nach der Sprachlehre, mit nicht behüten
dürfen gleichbedeutend. „Mat hat bei der Schonung auf folgendes zu merken.

1. Müssen die abgestorbenen oder weggehauenen
Holzstämme in den Wäldern jederzeit durch neue
Pflanzen wiederum ersetzt werden.

2. Diese Wiederbesetzung kann zwar durch den
von den Bäumen absteigenden oder abfallenden Samen bewirkt werden; wenn aber öfters Hinder-
nisse vorfallen, daß solches nicht auf die beste und
vollkommenste Art möglich zu machen ist, so muß

3. dasjenige, an dessen völliger Ausführung die
Natur gehindert worden, durch menschlichen Fleiß
ersetzt und vollkommen zu machen gesucht werden.

Diese drei Sätze sind als die erste Grundlage zu
einem richtigen Begriff von den Schonungen in den
Wäldern anzusehen, wobei aber noch Nachstehendes
vorausgesetzt und mit zu Hülfe genommen werden
muß.

4. Die meisten Wälder werden nicht bloß zur Erziehung des Holzes, sondern auch zur Hütung von
allen Arten des Viehes gebraucht, welches der Zusammenhang der verschiedenen Wirthschaftstheile
nothwendig macht.

5. Indessen bleibt doch die Abnutzung und Erhaltung des Holzes in allen Wäldern das Haupt-
augenmerk des menschlichen Fleißes und Sorgfalt,
dergestalt, daß wenn Hütung und Waldnutzung nicht

Hölze schädlich.

So lange man Holz und Waldung für eine nothwendige und unentbehrliche Sache hält, so lange
wird man auch die Schonungen in den Wäldern in
der Art, wie sie oben bestimmt worden, für nothwendig halten. In Ansehung der Wirkungen solcher
Schonungen ist hier zu erinnern, daß die jetzigen
Waldeigenthümer, ungeachtet aller darauf gewende-
ten Sorgfalt, von ihren in den alten Wäldern anzulegenden Schonungen, niemals ein Holz von der
Güte, als das vorhin daselbst gestandene zu erwarten
haben werden. Der Menge nach können sie wohl
eine gleiche, und vielleicht eine noch größere Anzahl
von Stämmen erzwingen, niemals steht aber eine
gleiche Güte von einem solchen auf alten Holzplätzen
angezogenen Holze zu hoffen, weil der Boden schon
zu entkräftet oder erschöpft ist, um von demselben
immerfort eine gleiche Wirkung zu erhalten; denn
seine einzigen Nahrungssäfte sind Thau und Regen.
Man könnte hier nun freilich einwenden, daß hierunter zwischen den Bäumen und andern Pflanzen
keine Vergleichung Statt finde, weil die ersteren ihre
hauptsächlichste Nahrung und Kräfte zum Wachsthume mehr von den ihnen durch die Luft zugeführ-
ten Düngungstheile vermittelst ihrer Blätter, als
aus dem Erdreiche durch die Wurzeln zu erwarten
hätten. Es ist nun zwar gegründet, daß die Bäume
durch das Einsaugen der Blätter der durch die Luft
ihnen zukommenden verschiedenen nähenden Theile
in ihrem Wachsthume sehr unterstützt werden, weil
sich sonst das Fortkommen derselben durch die Mit-
theilung der wenigen Nahrungssäfte, die sie aus dem

Erdreiche ziehen, nicht denken läßt; indeſſen wird man nicht in Abrede ſtellen, daß dieſer angenommene Grundſaß nur hauptſächlich auf die bereits erwach= ſenen und mit vielen Blättern und Zweigen verſehenen Bäume Statt finden kann; denn bei dem jungen Aufſchlage, ſo wie überhaupt bei allen noch in ihrem erſten Wuchſe befindlichen Holzarten fällt dieſes Hülfs= mittel, ihre hauptſächlichſte Nahrung aus den in der Luft befindlichen Nahrungstheilen vermittelſt der Blät= ter zu ziehen von ſelbſt weg; denn die jungen Stämme haben in ihrer Jugend nur noch wenige Blätter, welche ihnen die nöthigen Nahrungsſäfte zuführen könnten, und dann haben ſie auch noch nicht diejenige Höhe erreicht, in welcher ihnen ſolche auf eine bequeme Art mitgetheilt werden können; ſie müſſen daher ihre Nahrung hauptſächlich von dem Erdreiche erwarten, worin ſie ſtehen.   Hieraus folgt nun, daß wenn ein Baum ausgemergelt und erſchöpft iſt, er niemals ein ſo geſundes, kerniges und dauerhaftes Holz liefern kann, als wenn er noch mit den gehörigen Nahrungs= ſäften verſehen iſt.

Die Forſten und Waldungen haben nun verſchie= dene Feinde, welche an ihrem Verderben arbeiten, und wider welche man ſie, wenn man auf ihre Er= haltung bedacht ſeyn will, nach Möglichkeit zu ſchützen ſuchen muß.   Dieſe Feinde beſtehen theils aus un= gefähren Zufällen, deren Anwendung in der Gewalt keines Menſchen ſteht, theils in der Bewirthſchaf= tung oder Benutzung der Waldungen, in Wildfuhren, Viehweiden, Gras=, Laub= und Streurechen.   Zu den erſten kann man einen unglücklichen Brand, un= vermutheten Windbruch, und öfters auch einen Rau= penfraß rechnen, durch welchen letzteren nicht ſelten in den ſchönſten Wäldern eine ſchädliche Verwüſtung und Verheerung angerichtet wird.   Dieſe Unglücks= fälle raffen nicht hier und da einige einzelne Bäume hinweg, sondern sie verwüsten ganze Gegenden des Waldes mit einem Male. Daher ist es sehr natürlich, daß ein aufmerksamer Forstmann oder Landwirth auf die baldigste Wiedereinsetzung dergleichen verwüsteten Holzplätze bedacht seyn muß; er muß daher die von Holz leeren Plätze durch einen neuen Aufschlag wieder gut machen, wozu sie geschont, und einige Jahre hintereinander mit keinem Vieh betrieben werden müssen. Wenn aber auch dem Walde keine von den oben angeführten Unglücksfällen widerfahren, so liegt es doch in der Natur der Forstwirthschaft, daß durch den Verbrauch oder Verkauf des Holzes von Zeit zu Zeit in den Waldungen leere Plätze entstehen müssen. An denjenigen Orten, wo die ganze Waldung in gewisse Reviere abgeschlagen oder eingetheilt ist, und jährlich eins von diesen Revieren gänzlich abgetrieben wird, fällt solches von selbst in die Augen; allein auch da, wo solches nicht gewöhnlich ist, fehlt es von Zeit zu Zeit nicht an Plätzen, die von dem brauchbaren Holze entblößt sind, und durch einen neuen Aufschlag wieder ergänzt werden müssen. Auch die durch den gewöhnlichen und selbst forstmäßigen Holzverbrauch leer gewordenen Plätze müssen wieder besäet und daher geschont werden, und wegen die nothwendigen, zur Erhaltung der Wälder erforderlichen, Schonungsaussteckungen, kann auch kein fremder Hütungsberechtigter nichts einwenden; indessen ist doch bei derjenigen Art von Schonung, welche bloß durch die gewöhnliche Holzconsumtion veranlaßt wird, ein solches Maaß zu halten, daß dadurch das Hütungsrecht der fremden Mitinteressenten nicht gänzlich vereitelt werde. In den landesherrlichen Forstordnungen ist solches gemeiniglich nach der Zeit, welche eine jede Holzart zu ihrer Vollstandigung oder Vollständigkeit nöthig hat, bestimmt. So ist bei Fichten und Kiefern, welche in einem gu-

ten Boden ihre Vollständigkeit in achtzig Jahren,
in einem schlechten aber erst in hundert Jahren erlangen, jeden Gutsbesitzer, der mit fremden Hütungs-
dienstbarkeiten in seinen Fichten- und Kiefer-Wäldern
belästiget ist, den 80sten und 100sten Theil jährlich
in Schonung zu schlagen frei gelassen worden. Bei
den eben erwähnten Unglücksfällen hat es aber eine
ganz andere Bewandniß; denn durch einen unglücklichen Brand wird z. B. der vierte Theil des Waldes zu Grunde gerichtet. Hier kann nun der Eigenthümer das angeführte Maaß der Schonung nicht
beobachten, weil sonst halbe Jahrhunderte, ehe der
neue Holzbau vollendet werden könnte, hingehen
würden. In diesem Fall muß also von der vorge-
dachten Regel eine Ausnahme gemacht werden. Es
ist zwar wahr, daß die Hütungsberechtigten, in
Ansehung der Schonungen offenbar verlieren, ohne
von denselben in Ansehung des Holzes, wie der Eigenthümer, einen Nutzen zu haben; vielmehr wächst
auf den Waldblößen, welche zuerst in Schonungen
eingeschlagen werden müssen, die meiste Zeit das häu-
figste und beste Gras, weil solches nicht von den hohen Bäumen verdämmt worden, sondern die Sonne
und freie Luft ungehindert genießen kann. Das
Holz ist aber in jedem Walde die Hauptsache, und
die Hütung darin nur als eine Nebennutzung anzusehen; denn er würde ein Wald zu seyn aufhören,
wenn nicht das darin von Zeit zu Zeit abgehende
oder absterbende Holz durch eine junge Baumzucht
wieder ersetzt werden sollte. Die Wiedereinsetzung
des alten Holzes durch eine junge Baumzucht kann
aber nicht auf die gehörige Art geschehen, wenn nicht
die jungen Stämme auf eine bestimmte Zeit mit der
Behütung des Viehes verschont werden, und davon
frei bleiben. Die ersten Constituenten solcher Hü-
tungsservituten können wohl nicht die Absicht ge-

habt haben, den hütenden Theil so weit zu berech-
tigen, daß er auch sogar den Eigenthümer, für die
Erhaltung seines Waldes die gehörigen, und von der
Natur selbst an die Hand gegebenen, Mittel anzuwenden, verhindern könnte. Ein jeder Nießbraucher,
zu welcher Zahl die Hütungsberechtigten, in Ansehung der Befugniß, fremde Wälder behüten zu
dürfen, ebenfalls zu rechnen sind, muß die ihm zum
Mitgenuß eingeräumte Sache dergestalt gebrauchen,
daß die Sache selbst in ihren wesentlichen Theilen
nicht verändert werde. Das Holz ist aber ein we-
sentlicher Theil des Waldes, und seine Substanz wird
gänzlich geändert, wenn in demselben nicht ein unge-
hinderter Anbau von jungem Holze frei bleibt. An
der Erhaltung der Wälder ist dem ganzen Staate
gelegen, und muß ihm gelegen seyn, weil die Nachkommen, besonders in nördlichen Ländern, nicht erfrieren können, auch würde ein großer Theil der darin
gangbaren Gewerbe, ungangbar werden, wenn durch
die verhinderte Erhaltung der Wälder ein allgemeiner
Holzmangel entstehen sollte. Auch sind in allen landesherrlichen Forstordnungen die Schonungen ausdrücklich befohlen, und den Hütungsberechtigten
solche ebenfalls gehörig zu respectiren auferlegt worden. Dieses sind Gründe genug, einen Eigenthümer zur Anlegung nöthiger Schonungen in seinem
eigenthümlichen Walde, auch wider den Willen der
Hütungsberechtigten, zu authorisiren. Es erfordern indessen alle Forstordnungen, so wie die Billigkeit, daß dergleichen anzulegende Schonungen der in
einem jeden Walde befindlichen und in den Schonungen wiederum anzuziehenden jungen Holzart verhältnißmäßig seyn müsse; denn nur unter dieser Be-
dingung kann keinem Hütungsberechtigten, den
von dem Eigenthümer anzulegenden Schonungen zu
widersprechen oder sie zu verhindern gestattet werden;

wird aber dieses Verhältniß überschritten, und es werden entweder häufigere oder größere Schonungen, als es die Holzarten des Waldes erfordern, angelegt, so können solche alsdann den Hütungsberechtigten nicht mehr gleichgültig seyn, und sie haben dann ein gegründetes Recht, sich denselben zu widersetzen. In sehr verwüsteten und zu Grunde gerichteten Wäldern kann sich dieser Fall sehr leicht ereignen; so z. B. will öfters ein Eigenthümer eine Wunde, die ihm seine Vorfahren geschlagen haben, wieder heilen; er läßt daher von seinem Walde doppelt so viel, als sonst die Ordnung erforderte, zu Schonungen einschlagen; damit er um so eher wieder zu Holz kommen möge. Man kann nun ein solches Beginnen des Eigenthümers an und für sich nicht tadeln, vielmehr handelt er weislich und klug, denn ob er die verwüsteten Holzplätze erst in hundert oder schon in funfzig Jahren wieder angebauet hat, macht für ihn, noch mehr aber für seine Nachkommen in der künftigen Waldnutzung einen großen Unterschied, die Hütungsberechtigten könne solches aber nicht mit gleichgültigen Augen ansehen, indem sie dadurch in dem Genuß ihres Rechtes offenbar verkürzt werden, und es nicht einerlei ist, ob sie jährlich nur funfzig oder hundert Morgen wenigere Hütung für ihr Vieh haben, welches sich überdies in den folgenden Schonungsjahren noch immer mehr verdoppelt. Ueberhaupt kommt hierbei Alles auf die Verhältnißmäßigkeit der angelegten Schonungen an. Schon in den alten Forstordnungen, welche den Eigenthümern das Recht der Schonungsanlegung zugestanden haben, ist vorausgesetzt worden, daß dabei das Alter der Vollständigkeit derjenigen Holzarten, mit welchen der Wald, in welchem dergleichen Schonungen angelegt werden sollen, besetzt ist, zum Grunde gelegt werden müssen. Man kann aber hierbei bei allen

Holzarten nicht ein gleiches Alter annehmen, indem
einige weit eher, als andere zur Vollständigkeit gelangen. Nach den Bemerkungen erfahrener Forstmän-
ner haben die in unsern Gegenden bekannten Holzarten zu ihrer Vollständigkeit folgende Jahre nöthig:

Die Fichte . . 100 Jahre.
Die Tanne . . 120 —
Die Kiefer . . 120 —
Die Eiche . . . 400 —
Die Rothbüche . 150 —
Die Weißbüche . 100 —
Die Linde . . . 200 —
Die Rüster . . 100 —
Die Birke . . . 80 —
Die Erle . . . 40 —
Die Esche . . . 120 —
Die Espe . . . 60 —

Fällt man das Holz eher, so thut man sich, wenigstens in den ersten acht Arten, in Absicht der Nutzung,
Schaden. Hierbei muß ferner vorausgesetzt werden,
daß der ganze Wald in so viele Theile, als nach dem
Alter der verschiedenen darin vorhandenen Holzsorten
erforderlich sind, eingetheilt, und folglich auch nicht
mehr, als nur jährlich ein Theil davon zur Schonung
eingeschlagen werde. Dieses macht den wahren Begriff von verhältnißmäßigen Schonungen. Man
muß hierbei annehmen, daß wenn jährlich ein solcher
Theil des Waldes abgenutzt und wiederum geschont
wird, der ganze Wald nach so vielen Jahren, als
seine Eintheilungen betragen, sich wieder in eben
demjenigen Zustande, worin er vor dieser Eintheilung
gewesen, befinden, und folglich die immerwährende
Erhaltung desselben dadurch auf die beste Art bewirkt
werden kann. Wird nun ein Wald in so viele Theile,
als es das Alter der Vollständigkeit der darin befindlichen Holzarten erfordert, eingetheilt, und nur immer

jährlich ein Theil davon abgetrieben, von neuem be-
samt und zur Sicherheit des neuen Aufschlages in
Schonungen eingeschlagen, so folgt auch von selbst,
daß keine andere, als nur bloß verhältnißmäßige
Schonungen, Statt finden können. Eine dergleichen Eintheilung des Waldes darf nicht sowohl nach
dessen Flächeninhalt, als vielmehr nach der verschiedenen Güte des darin befindlichen Holzes eingerichtet werden, und es kann daher leicht geschehen,
daß ein Theil vor dem andern in Ansehung der Morgenzahl, einen ganz merklichen Unterschied ausmache.
Hierbei kann nun leicht ein Zweifel vorfallen, ob sich
auch solches die Hütungsberechtigten gefallen zu
lassen schuldig sind, indem es für dieselben, wie schon
oben erwähnt worden, nicht gleichgültig ist, wenn sie
in einem Jahre nur 30 bis 40 Mörgen, und in einem andern 100 und mehrere Morgen schonen,
und mit ihrem Vieh davon zurückbleiben müssen,
weil dadurch ihre ganze Viehhütung verrückt werden
würde, und sie niemals auf einen sichern und allemal
gleichen Viehstand Rechnung machen könnten, besonders da diejenigen Hütungsplätze, welche nöthig machen,
daß eine größere Morgenzahl zu Schonungen eingeschlagen werde, gemeiniglich, weil sie am wenigsten
bewachsen gewesen sind, die beste und meiste Hütung
gewährt haben. Die Eintheilung der Wälder und
folglich auch der darin anzulegenden Schonungen
muß nicht nach der Morgenzahl des Flächeninhalts,
sondern nach der verschiedenen Beschaffenheit und
Güte des Holzes geschehen. Die Holzabnutzung
und die dabei beobachtende Ordnung ist ein wesent-
liches Stück aller Waldungen; dahingegen kann die
Behütung derselben, nur als etwas Zufälliges angesehen werden, daß aber das Zufällige dem Wesentlichen, wenn beides nicht zusammen bestehen kann,
sondern dabei eine Ausnahme zu machen erfordert

wird, in allen Dingen weichen muß, ist ein allgemeiner Satz, der überall, folglich auch bei der Waldnutzung, Statt findet. Die Hütungsberechtigten leiden auch durch die Schonungen von verschiedener Größe im Ganzen keine Verkürzung ihres Rechts; denn z. B. ein Kiefernwald kann und muß in hundert Jahren nicht mehr, als nur einmal durch und durch zur Schonung eingeschlagen werden. Wenn auch diese öfters in größern, nachher wieder in kleinern Theilen besteht, so verursacht solches denselben doch keinen eigentlichen Nachtheil, indem sie, wie schon erwähnt, den ganzen Wald in hundert Jahren nur einmal schonen dürfen. Auch das Angeben, daß sie bei einer solchen Ungleichheit der Schonungen, niemals auf einen gleichen Viehstand Rechnung machen können, ist gleichfalls unerheblich. Ueberhaupt ist das Hütungsrecht bei den dazu Berechtigten gemeiniglich nur eine Beihülfe zur besseren Unterhaltung ihres Viehstandes; denn ein jeder Hütungsberechtigter hat schon auf seinem eigenen Grund und Boden eine bestimmte Hütung, nach welcher er das Verhältniß seines Viehstandes einrichten muß, und es würde ein zu großes Recht der Hütungsausdehnung seyn, wenn er dasselbe, nämlich einen fremden Boden behüten zu dürfen, zum einzigen Grunde dabei legen wollte. Man kann sich auch kaum einen solchen Mangel an Heide gedenken, daß eine ganze Gemeinde wegen eines Abgangs von dreißig oder mehreren Morgen in einem Jahre deshalb ihren ganzen Viehstand abzuändern genöthigt seyn sollte. Was die Besamung der Schonungen anbetrifft, s. unter Holz, Th. 24, und unter Wald und Waldnuzzung, in W.

Wenn die zur Besamung bestimmten Plätze besäet worden, so geht die Zeit der Schonung an, wo das Vieh von diesen Plätzen, es mag den Eigen-

thumsherrn selbst, oder den Hütungsberechtigten zu-
gehören, zurückbleiben muß. Solches muß daher
den Hirten und besonders denen, die das Vieh der
Hütungsberechtigten hüten, bekannt gemacht werden.
Man kann sich jedoch nur selten auf dergleichen Leute
verlassen. In den ersten Paar Jahren bleiben sie
zwar von selbst zurück, weil durch das Abtreiben des
Holzes auch zugleich der Graswuchs zerstört und verhindert wird; weil aber in den folgenden Jahren auf
solchen Schonungsplätzen mehr und besseres Gras
wächst, so hält es schwer, dieselben davon abzuhalten, indem sie sich, beim Antreffen darauf, damit ent-
schuldigen, daß sie nicht gewußt, wie weit eigentlich
die Schonungen gehen. Dieses macht es daher
nothwendig, dergleichen Schonungsplätze mit gewissen sicheren Merkmalen und Kennzeichen zu versehen.
Nach den Verschiedenheiten der Holzarten, die in
den eingeschlagenen Schonungen gezogen werden,
müssen auch diese Merkmale und Kennzeichen verschieden seyn. In den Kiefer- und Tannenwäldern
muß man die Schonungen durch besondere Graben
bezeichnen, um solche von den Seiten, wo das Vieh
eindringen kann, zu verschließen. In den landesherrlichen Waldungen trifft man solches überall an;
auch in den meisten Privatwäldern. In großen
landesherrlichen Waldungen ist ein vorzüglich in die
Augen fallendes Merkmal der angelegten Schonungen deshalb nöthig, damit nicht allein Durchreisende,
weil dergleichen große Forsten mit vielen Wegen und
Landstraßen durchschnitten zu seyn pflegen, solche gehörig beachten, sondern auch die Holzberechtigten oder
Holzkäufer ihre Pferde darin zu weiden abgehalten werden mögen; denn nichts ist gewöhnlicher, als daß beide,
die Durchreisenden, als auch diejenigen, welche Holz
aus dem Walde holen, wenn sie Gras antreffen, ihre
Pferde ausspannen und solche daselbst recht satt fres-

sen lassen, woraus in großen landesherrlichen Forsten
oder Wäldern auch nicht viel gemacht wird; weil
aber in den angelegten Schonungen, wie auch schon
angeführt worden, das beste und frischeste Gras angetroffen wird, so werden diese Leute angelockt, ihre
Pferde vorzüglich da zu hüten. Ist daher eine Schonung mit Graben eingefaßt, so kann dieses nicht
Statt finden, und auch jede Entschuldigung des Nicht-
wissens, wenn es dessen ungeachtet geschehen sollte,
fällt dann von selbst weg, und es wird daher Niemand
so leicht die bezeichnete Gränze der Schonungen über-
treten. In den Privatwäldern ist dieses nicht gleich,
da sie nur einen mäßigen Umfang haben, und den
landesherrlichen Forsten hierin nicht gleich kommen.
Ein Privateigenthümer hat daher schon mehr Ursache
mit dem Grund und Boden seines Waldes sparsam
umzugehen, und solche nicht nutzloser Weise zu ver-
schwenden. Denn es ist gewiß, daß wenn ein Wald
von etwa 3000 bis 4000 Morgen, in 100 verschiedene Schonungen eingetheilt, und eine jede solche
Schonung mit einem dergleichen Graben umschlossen
wird, dadurch viel Erdreich, welches mit Holz besetzt
werden könnte, verloren gehen muß, welches hingegen
in einer Forst von 20 bis 30,000 Morgen nur wenig
zu achten ist, zumal ein solcher Graben, die Schonung
mag groß oder klein seyn, immer einerlei Breite haben muß, wenn der dabei abgezielte Endzweck erreicht
werden soll. Bei einer Schonung von 30 Morgen
wird durch diesen Graben wenigstens jährlich 1 Morgen zum Holzanbau unnütz gemacht. In hundert
Jahren beträgt solches 100 Morgen, welche ein
Privat-Eigenthümer, der solches den landesherrlichen
Forsten nachmachen will, weniger an Holz hat.
Daher sind in Privatwäldern ausgesetzte Warnungs-
tafeln schon hinlänglich, die Schonungen zu bezeichnen; man darf nur auf einer jeden Ecke die einzu-

schlagenden Schonung eine dergleichen Tafel aufrich
ten, so werden sie ganz bequem von allen Seiten
übersehen werden können, so daß daselbst kein Vieh
eingelassen werde; ihre Wegnahme ist dagegen das
sicherste Kennzeichen, daß die Schonung wieder auf
gehoben ist. Die Kosten dergleichen Tafeln sind
wenn selbst die Tafel mit Oelfarbe überstrichen würde
gegen die Unkosten, welche Graben verursachen, nur
geringe. Auch können diese Tafeln, sobald ein
Schonung aufgehoben worden ist, wieder zu den
neuen gebraucht werden. Dergleichen Warnungs
tafeln kann man sich auch bei den in dem Unterholz
nöthigen Schonungen, es mögen solche unter den
Oberholze stehen, oder einen eigenen Platz einnehmen
bedienen.

Was bisher von den Begränzungen und Verhä
gung der Schonungen gesagt worden, begreift nur
diejenigen, die in den Kiefer = oder Tannenwäldern
eingeschlagen worden; denn was die Eichen = und
Buchenwälder betrifft, so müssen solche ganz anders
geschützt werden, indem es dabei nicht auf die Si
cherheit gegen das zahme Vieh und die dabei bestell
ten Hirten, sondern auch zugleich auf den Schaden,
den das große, und besonders Rothwild darin verur
sachen kann, ankommt. Aus dieser Ursache trifft
man in den landesherrlichen Forsten öfters 6 bis 8
Fuß hohe Stackenzäune an, womit dieselben umge
ben sind, damit die darin befindlichen jungen Eichen
stämme gegen das Wild sicher gestellt werden können.
Diese Art Zäune kosten aber viel Holz, und wenn
man auch dazu nur Kiefernholz gebrauchen sollte; es
ist daher besser, statt dieser kostbaren Zäune, die
Eichelkämpe ganz durch geflochtene und oben mit
Dornensträuchern versehene Strauchzäune zu sichern;
denn wenn dergleichen Zäune nur gehörig und regel
mäßig angefertiget sind, so wird kein Hirsch Lust

durchzubringen haben. Um die gepflanzten jungen
Eichenstämme in den Eichenbaumschulen gegen das
Wild zu bewahren, muß man jeden gepflanzten jungen Baum mit Dornsträuchern umwinden, damit
das Wild ihn nicht berühren kann. Die zu verpflanzen-
den jungen Bäume müssen aber schon eine solche
Höhe erreicht haben, daß weder das Wild, noch das
größere zahme Vieh ihnen an ihren Kronen einen
merklichen Schaden zufügen kann.

Die Zeit, wie lange eine junge Holzart zu schonen
ist, und mit keinem Vieh behütet werden darf, hängt
sowohl von der Verschiedenheit der Holz- als
auch der Vieharten ab. In den meisten Forstordnungen ist zwar die Zeit festgesetzt; allein die beiden
oben angeführten Grundsätze geben uns einen noch
besseren Leitfaden an die Hand. Der erste Satz ist
demnach, daß die Zeit der Schonungen nach der
Verschiedenheit der Holzarten bestimmt und festgesetzt
werden muß. Die Absicht aller Schonungen besteht
bloß darin, daß den jungen neu aufgeschlagenen
Baumpflanzen kein Schade zugefügt werden soll.
Der hauptsächlichste Schaden, den nun das Vieh darunter anrichten kann, besteht in dem Anbeißen und
Abfressen des Herzens der Baumpflanze, aus welchem
der nachherige Stamm entstehen und gebildet werden
soll; sobald daher die junge Baumpflanze eine solche
Höhe erreicht hat, daß das weidende Vieh die Krone
seines Stammes nicht mehr erreichen kann, so hört
es auch auf demselben schädlich zu werden, und es
ist daher keine weitere Ursache vorhanden, warum
das Vieh von solchen neu aufgeschlagenen Holzplätzen
zurückgewiesen werden soll. Da nun die Holzarten
langsam und geschwinde wachsen, so folgt auch daraus, daß die Schonungen nicht bei allen auf einerlei
Fuß bestimmt und festgesetzt werden können, sondern
man sich nach dem schnelleren und langsameren

Wachsthum der jungen Baumpflanzen zu richten
habe. Eine junge Kiefer oder Tanne geht weit
schneller in die Höhe, als eine junge Eiche, und kommt
daher auch weit eher zu einer solchen Höhe, wo ihr
durch den Biß des Viehes am Hauptstamme, weiter keiner Schaden zugefügt werden kann; daher
müssen auch die Schonungen in den Kiefer- und
Tannenwäldern weit eher, als die Eichelkämpe zur
Hütung wieder aufgegeben werden. Eben so ist
auch bekannt, daß der junge Aufschlag der Erlen
weit eher in die Höhe schießt und aus der Gefahr
des Viehverbisses kommt, als die Birke, folglich ist
es auch nöthig, daß der Birkenaufschlag länger, als
der erlene zu schonen ist.

Bei der Bestimmung einer richtigen Schonungszeit sind auch die Vieharten zu berücksichtigen. Die
Schweine sind die Verderber und Verwüster aller
beraseten Hütungsplätze, daher sollten sie aus den
Wäldern gänzlich verbannt werden. Die eigentliche
Wald-Hütung bleibt also nur den Pferden, Ochsen,
Kühen, dem jungen Rindvieh, nebst den Schafen
offen. Die jungen Stämme entwachsen nun den
Schafen weit eher, als den Pferden und dem Rindvieh, daher muß das junge Holz auch vor den ersteren
weit länger geschont werden. Daher kann eine eingeschlagene Schonung für die Schafe wieder aufgegeben werden, und dennoch dem Rindvieh und den
Pferden eine geraume Zeit versperrt bleiben. Die
Schonungen werden nun nach der Verschiedenheit
der Holzarten, nach der verschiedenen Güte des Bodens, und endlich nach der Verschiedenheit der Vieharten eingetheilt. Jede Holzart kann hier nicht
erwähnt werden, da es der Arten zu viel giebt; allein
die Hauptarten müssen hier angeführt werden. Bei
dem Kiefer- und Tannenholz hat man zuerst auf die
Verschiedenheit des Bodens Rücksicht zu nehmen.

Man kann denselben in drei Klaſſen bringen, nämlich in guten, Mittel- und ſchlechten Boden.
Nach der Erfahtung gelangen die Kiefern oder Tannen in einem zur erſten Klaſſe gehörigen Boden gemeiniglich ſchon im 80ſten Jahre zu ihrer Vollkommenheit, in einem Boden zweiter Klaſſe brauchen ſie
aber 100, und in dem zur dritten Klaſſe 120 Jahr.
Nach dieſem Verhältniß wird nun auch das weidende
Vieh dem jungen Holze in der dritten Klaſſe länger,
als in der zweiten, und in dieſer wieder länger, als
in der erſten Klaſſe Schaden zufügen können. Dieſes iſt nun der eigentliche Grund, warum nicht in
allen Wäldern die Schonungen gleichmäßig aufgehoben werden können, ſondern ihre Dauer bald kürzer, bald länger iſt. Ein in Anſehung ſeines Bodens
und folglich auch ſeines Holzwuchſes zur erſten Klaſſe
gehöriger Kiefer- oder Tannenwald kann ſicher angenommen werden, daß die jungen Baumſtämme nach
fünf Jahren ſchon zu einer ſolchen Höhe gelangt
ſind, daß das Schafvieh die Krone des Hauptſtammes
nicht mehr langen, folglich auch durch das gewöhnliche Verbeißen weiter keinen Schaden zufügen, und
daher die Schonung nach dieſer Zeit wieder aufgegeben werden kann. Es verſteht ſich, daß es hier mit
den Pferden und dem Rindvieh eine andere Bewandniß hat, als mit den Schafen; denn die jungen Baumpflanzen wachſen nicht ſo ſchnell empor, daß ſie auch
dieſen nicht mehr zugänglich ſind, daher können die
Schafe ſchon weiden, wenn das Rindvieh und die
Pferde noch nicht zugelaſſen werden dürfen. Ein ver-
nünftiger Schäfer wird auch ſo früh ſeine Schafe,
wenn ſie in voller Wolle ſtehen, nicht in die dick be-
wachſenen Schonungen treiben, weil er und der Eigenthümer durch die Wolle, welche in einem dergleichen dicken Aufſchlage hangen bleibt, mehr verlieren,

als die Schafe durch die darin befindliche frische
Weide gewinnen.

In einem guten zur ersten Klasse gehörigen Boden
werden die jungen Kiefer- und Tannenstämme nach
Verfließung von acht Jahren schon zu einer solchen
Höhe gelangt seyn, daß ihnen auch das große Vieh
an ihren Kronen nicht mehr schädlich werden kann,
besonders da die Kiefern und Tannen nach Verfließung dieser Zeit schon zu einer gewissen Steifigkeit
gediehen sind, welche verhindert, daß das Vieh ihre
Gipfel nicht mehr herunterbeugen und verbeißen
kann. Man kann daher nach der genannten Zeit
die Schonung aufgeben. Ein Kiefern- oder Tannenwald von dieser Güte wird ohnedies nicht in hundert-,
sondern nur in 80jährige Haue eingetheilt, und folglich wird ein solcher Hau, und daher auch die einzu-
schlagende Schonung, ein Fünftel stärker, als die in
den zur zweiten Klasse zu rechnenden Wäldern, fallen.
In einem Walde von der zweiten Klasse, dessen
Flächen-Inhalt aus 3000 Morgen besteht, beträgt
eine jede jährliche Schonung nur 30 Morgen; dahingegen sie in der ersten Klasse aus 40 Morgen bestehen müßte. Sollten nun in den Wäldern der ersten
Klasse die Schonungen eben so lange, als in der zur
zweiten Klasse gerechneten, dauern, so würde daraus
in der Weide ohne Noth eine offenbare Verkürzung
entstehen, und ein fruchtbarer Wald in diesen Stücken
weit weniger brauchbar, als ein schlechter seyn.
Wären auch gleich keine Hütungsberechtigte, denen
dadurch ein Nachtheil erwüchse, und die daher auf
eine kürzere Schonungszeit zu dringen Ursache hätten; so liegt doch einem jeden Gutsbesitzer selber
daran, daß auch seinem eignen Vieh nicht mehr Weide,
als es die Erhaltung des Holzes nothwendig macht,
entzogen werde. Die Erhaltung des Holzes ist zwar
in einem jeden Walde die Hauptsache; denn wenn

tungsberechtigten und
muß. Dasselbe ist au

Die Wälder der zweiten Klasse haben einen etwas
schlechteren Boden, als die der ersteren; daher haben
auch die darin erzeugten jungen Baumpflanzen ein
verhältnißmäßig langsameres und wenig schnelleres
Wachsthum, welches denn auch die Ursache ist, daß
dergleichen Kiefer- oder Tannenwälder in hundert-
jährige Schläge oder Haue eingetheilt zu werden
pflegen. Nach diesem verschiedenen Verhältnisse
muß auch die Schonungszeit eingerichtet und bestimmt werden. Die Schafe dürfen hier nur nach
Ablauf des siebenten Jahres in die Schonungen
gelassen werden; die Pferde und das Rindvieh aber
erst nach zehn Jahren. Das Uebrige findet hier
wie bei der ersten Klasse Statt. Was die dritte
Klasse betrifft, so werden die dazu gehörigen Wälder
in 120jährige Haue oder Schläge eingetheilt, welches
wegen des schlechten Bodens auch nicht anders an-
geht. Die Wälder der dritten Klasse verhalten
sich wie 2 zu 3; dasselbe Verhältniß muß denn auch
bei denselben in Rücksicht der Schonungszeit beobachtet werden. Die Schonungen können selbst für
die Schafe nicht eher, als nach Verfließung von
neun Jahren wieder aufgegeben und frei gelassen
werden; bei den Pferden und dem Rindvieh aber erst
vor Ablauf des zwölften Jahres, und auch dann ist
öfters noch der junge Aufschlag von solcher Art, daß
er noch immer der Gefahr, von dem größeren Vieh
in seinen Haupttheilen beschädiget werden zu können,
ausgesetzt bleibt; denn das Verhältniß zwischen
einem schlechten und guten Boden nimmt, in Absicht seiner Wirkungen, jederzeit mehr ab, als zu.

Die Schonungen in den Eichen- und Buchen-
wäldern werden theils durch angelegte Eichelkämpe,
und theils durch einzelne Anpflanzungen auf kleinere
Zwischenräume gebracht. Hier wird es nur noch
darauf ankommen, wie lange die angelegten Eichel-

kämpe zu schonen sind, und in wie weit auch in
Ansehung der ausgepflanzten Eichen überhaupt,
eine Schonung nöthig sei. Was die Eichelkämpe,
welche die Stelle der Schonungen in den Eichen-
wäldern vertreten, anbetrifft, so ist aus der Natur
des Eichbaumes bekannt, daß derselbe zwar von weit
längerer Dauer sei, aber auch ein weit langsameres
Wachsthum habe, und überhaupt ungleich mehr
Zeit, um zu seiner Vollständigkeit zu gelangen, erfordert. Aus diesem Grunde ist schon oben gesagt
worden, daß ein Eichenwald, der Anzahl nach, in
noch einmal so viele jährliche Haue oder Schläge,
als ein zur zweiten Klasse gehöriger Kiefer- oder
Tannenwald eingetheilt werden muß. Aus dieser
seiner Eintheilung in mehrere Schläge folgt auch
von selbst eine größere Anzahl seiner Schonungen,
weil Holz und Schonungen zwei genau mit einander
verbundene Dinge sind, und ein jeder Holzhau oder
Schlag, sobald er abgetrieben oder sonst vom Holze
entblößt worden ist, auch wieder geschont werden
muß. Der langsamere Wuchs der Eichen macht
also auch länger dauernde Schonungen von selbst
nothwendig. Es werden daher hier folgende Sätze
anzunehmen seyn: I. Eine junge Eichenpflanze
erfordert noch einmal so viel Zeit, als eine Kiefer-
pflanze, um zu einer solchen Höhe zu gelangen, daß
sie auch selbst von den Schafen nicht beschädiget,
noch in ihrer Krone verbissen werden kann. Der
Boden der Eichen muß in drei verschiedene Klassen
eingetheilt, und nach deren Verhältniß auch das verschiedene Verhältniß der Schonungszeit bestimmt
werden. Da aber Niemand einen schlechten Boden
zu einer langsam wachsenden dauernden Holzart nehmen wird, so muß auch hier bei den Eichelkämpen
ein gleich guter und fruchtbarer Boden vorausgesetzt
werden. Wenn nun die Schafe nach Verlauf von

und
bis
sonders
Eichen
größere
mittelst
genen Schuß des
sehr reizende Nah
würden sich selbst
beschweren eine g
Hütung dann eb
zweiten Klasse
wird. Man
Klasse, und auch ei
Flächeninhalt an,
zweite aber in zwei

aber erst
so bleibt

in beiden einerlei, indem dadurch im Ganzen genommen, niemals mehr, als der zehnte Theil der ganzen Waldhütung verloren geht. Warum ein Eichenwald nicht immer durch ordentlich angelegte Eichelkämpe geschont werden kann, sondern auch sehr oft der Abgang des Holzes in den kleinen Zwischenräumen durch Anpflanzung ersetzt werden müsse, ist schon bemerkt worden. Es kommt jetzt nur noch darauf an, ob dergleichen kleinere Pflanzstellen von allen Vieharten ebenfalls zu schonen nöthig sei, und wie lange diese Schonung dauern müsse. Es ist schon bemerkt worden, daß die ausgepflanzten jungen Eichenstämme theils schon von einer gewissen Stärke und Alter seyn, theils aber auch mit Dornen umflochten und überdies mit tauglichen Pfählen versehen werden müssen; und wenn dies geschieht, so ist an und für sich keine Ursache vorhanden, warum dergleichen Pflanzstätte mit den Schafen geschont werden sollten; denn von diesen ist offenbar, daß sie solchen, ihnen schon entwachsenen und gut bewaffneten Eichenstämmen weiter keinen Schaden zufügen können. Selbst die großen Arten des Viehes, als Pferde und Ochsen, können diesen gepflanzten jungen Eichbäumen nur wenigen Schaden thun, indem ihnen wegen des sonst gewöhnlichen Herunterbeugens und Verbeißens der Kronen durch die dabei veranstalteten Pfähle und umwundene Dornen schon von selbst ein Riegel vorgeschoben worden ist. Bei Schafen findet unter dergleichen Umständen eine Schonung gar nicht Statt; in Ansehung der großen Vieharten aber kann allenfalls eine Schonung solcher Plätze von fünf bis sechs Jahren nicht undienlich seyn, damit die neugepflanzten Eichenstämme erst die gehörige Zeit sich gehörig einzuwurzeln erhalten mögen; denn durch das Treten der schweren Vieharten unter dem Weiden kann es leicht geschehen,

eschlagenen Schonungen
ihres wieder

wenn sich schon die Birke nach fünf und zwanzig
Jahren wiederum in dem Stande, zu Stangen= und
Klafterholz genutzt werden zu können, befinden sollte,
so muß sie nach Verfließung von neun Jahren schon
eine solche Höhe erreicht haben, bei welcher dem
Hauptstamme weder von den Pferden, noch von dem
Rindvieh eine Verletzung widerfahren kann. An
den Zweigen und auch an dem mit aufschlagenden
Strauchwerke, woran es in reich besetzten Birken-
wäldern nur selten fehlt, werden sich zwar immer
noch die Schafe, als auch die größeren Vieharten,
nach dieser Zeit noch immer vergreifen; allein auch
bei dieser Art der Schonungen kommt es hauptsächlich auf die unverletzte Erhaltung des Haupt-
stammes an. Sobald dieser gegen alle Verletzung
des Viehes sicher gestellt worden, so ist auch der
Endzweck der Schonung erreicht, und folglich weiter
keine gegründete Ursache, warum das Vieh von dergleichen Plätzen noch zurückbleiben soll, vorhanden.
An den Orten, wo Mangel an Brennholz ist, wird
auch das zu seiner Vollkommenheit gediehene Bir-
kenstrauchholz zu Reisig gebunden wohl genutzt, und
davon ebenfalls eine baare Einnahme, die leicht die
Weideabnutzung übersteigen möchte, gemacht. Kann
demnach ein Gutsbesitzer seine Birkenbüsche von der
Viehweide, ohne dadurch seinen Viehstand schwächen
zu dürfen, entbehren, so ist es nicht unwirthschaft-
lich dergleichen Plätze gänzlich zu schonen, und sie
niemals zu behüten. Dieses wird nur an wenigen
Orten möglich seyn, weil gewöhnlich unter allen
Waldhütungen, die Weide in den Birkenbüschen die
reinste und gesundste, besonders für die Schafe zu
seyn pflegt. Daher ist die Erinnerung hier bloß
von solchen Oertern und Gegenden gemacht worden,
wo ein Ueberfluß an Weide, und hingegen Mangel
an Brennholz ist, wo dies aber nicht der Fall ist, da

deutung gangbar
eines Menschen,

von diesem Buge, und in der anständigen Sprechart auch von den in dessen Gegend befindlichen Theilen gebraucht wird. Die Mutterscheide erstreckt sich von der Bärmutter bis in den weiblichen Schooß. Bald von der Vertiefung, welche im Sitzen in dieser Gegend zwischen den Schenkeln entsteht; einen Schooß machen, besonders von weiblichen Personen, im Sitzen die Schenkel ein wenig von einander thun, damit eine Vertiefung entstehe. Das Schäflein schlief in seinem Schooß, 7. Sam. 12, 3. Bald aber auch von den Schenkeln eines Sitzenden, mit dem Vorworte auf: ein Kind auf den Schooß nehmen; jemanden auf dem Schooße sitzen. Daher die figürliche Redensart: die Hände in den Schooß legen, müßig gehen. Dem Glücke im Schooße sitzen, ein anhaltendes Glück, eine fortdauernde Glückseligkeit genießen. Ingleichen in einigen Fällen figürlich, das Innere, das Mittel eines Dinges. In den Schooß der Kirche zurückkehren, in die Gemeinschaft der Glieder derselben. Den süßen Frieden, welchen man im Schooße seiner Familie genießt. Sein Herz in den Schooß eines Freundes ausschütten.

2. Derjenige Theil der männlichen Kleidung, welcher sich zur Seite des Schooßes von dem Leibe an erstreckt. Der Schooß eines Kleides. Ein Kleid mit gesteiften Schößen. Das Niedersächsische Schoot bedeutet nicht allein diesen Theil des männlichen Kleides, sondern den Zipfel eines jeden Kleidungsstückes, ja auch eines Segels; der Schweif, die Schleppe, ferner einen jeden Keil, Zwickel oder Gehörn an einem Kleidungsstücke. Bei den Niedersächsischen Schneidern ist schöteln, das Stück Zeug, welches das Kleid länger und

weitläuftiger machen, und Falten verursachen soll,
ansetzen. Die Obersächsischen Fleischer nennen auch
das lappige dünne Fleisch an einem Rinde, welches
noch unter den Lappen hängt, den Schoß. Aus
welchem allen erhellt, daß dieses Wort hier etwas
hervorragendes, eine Ecke, einen Zipfel bedeutet,
und wahrscheinlich zu schießen und Schoß gehört. Man hat es schon lange für nöthig gehalten,
das lange o in diesem Worte, wodurch sich dasselbe
von Schoß, tributum, mit dem kurzen o unterscheidet, ausdrücklich zu bemerken.

Schoßfall, in den Rechten einiger Gegenden, derjenige Fall oder Erbfall, vermöge dessen bei dem Tod
eines Kindes der Nießbrauch seines väterlichen Vermögens der Mutter anheimfällt, oder wie es in den
Baußner Statuten heißt, in den Schoß der
Mutter fällt, wobei jedoch das Eigenthum den
übrigen Kindern verbleibt.

Schoßfell, nur in einigen, besonders Niederdeutschen
Gegenden, ein Schurzfell, weil es den Schoß
bedeckt.

Schoßhund, ein kleiner zierlicher Hund, dergleichen
die Damen gern auf dem Schoße zu haben pflegen.

Schoßjünger, eine figürliche Benennung des ge-
liebtesten unter den Schülern, Clienten oder Nach-
folgern eines Lehrers oder Gönners; eine von Jo-
hannes, der seinem Lehrer Jesu im Schoße lag,
entlehnte Figur.

Schoßrippe, bei den Fleischern, die mit Fleisch
bewachsenen Rippen, welche aus dem Schoße des
Rindes gehauen werden; eine uneigentliche Benennung, weil das Wort Schoß von Thieren sonst
nicht üblich ist.

Schoote, s. Schote.

Schöten, im Schiffbau, s. Stützen.

Schooten, in der Schifffahrt, Taue, womit die Segel ausgespannt werden. Sie bekommen von den Segeln, wozu sie gehören, auch verschiedene Namen.

Schooten des großen Bramsegels, s. große Bramschoten.

Schooten des großen Marssegels, s. große Marsschoten, beides unter Schiffbaukunst.

Schooten des großen oder Schönfahrsegels, s. große Schooten, unter Schiffbaukunst.

Schoothöeren, s. große Stagsegel, unter Schiffbaukunst.

Schoothörner, im Schiffbau, s. Hals, unter Schiffbaukunst.

Schöp, der Kalkstein oder Pfannenstein in den Salzwerken, s. Schepp.

Schopf, im Forstwesen, heißen die verworrenen Zweige auf einem Baume; auch eine Laube führt diesen Namen. Der Schoppenschlag oder Schuppenschlag ist in einigen Gegenden ein Collectivum, abgehauene Schöpfe d Aeste von den Bäumen zu bezeichnen; der A Wipfelschlag. — 2. Ein Bündel mehrerer Dinge, wo es doch nur von pern, dergleichen Haare, Federn ꝛc. sind, gebraucht wird. Jemanden einen Schopf oder Schöpfchen Haare ausreißen. Besonders werden die in Gestalt eines Busches gewachsenen Haare auf dem Wirbel der Menschen und mancher Thiere ein Schopf geientalische Völker scheeren das assen nur auf der Mitte des Kopfes einen Schopf stehen. Der Schopf an einem

Gestalt eines Büschels gewachsene Federn auf den

Köpfen mancher Thiere werden ein Schopf genannt, z. B. bei einigen Lerchen, Meisen ꝛc. ꝛc.

Schöpfbehälter, im Wasserbau, ein Wasserbehälter, wohin durch Hülfe einer Maschine Wasser gebracht und durch neue Pumpen höher hinauf geführt wird.

Schöpfbrunnen, Ziehbrunnen, ein Brunnen, wo man das Wasser durch Eymer vermittelst eines Schwengels aus der Tiefe hinaufzieht; s. unter Brunnen, Th. 7, S. 72.

Schöpfbuhnen, im Wasserbau, Buhnen, die angelegt werden, den verlassenen Stromarm aufzuräumen, oder auch Kanäle zu vertiefen. Diese müssen den Strom auffangen, um dessen eigene Kraft und die Strombahn in den zu eröffnenden Kanal hineinzu leiten; s. unter Buhne, Th. 7, S. 253.

Schöpfe, der Tritt oder die etlichen Stufen, welche man an das Ufer eines Flusses oder Deiches in das Wasser hinein anlegt, damit man bequem dahingehen und Wasser herausschöpfen kann; auch eine Benennung des Schöpflöffels, s. diesen.

Schöpfeimer, ein Eimer, Wasser damit zu schöpfen, dergleichen die Eimer an den Schöpf- und Ziehbrunnen sind.

Schopfen, zwei regelmäßige thätige Zeitwörter, das erste, mit einem Schopfe versehen; das zweite stopfen, s. Schoppen.

Schöpfen, ein regelmäßiges Zeitwort, welches der Form nach ein Intensivum von schaffen und schieben ist, seinem Wesen und Ursprunge nach aber eigentlich eine unmittelbare Nachahmung des Tones ist, welchen es bezeichnet, und daher von mehreren, dem Anscheine nach, verschiedenen Handlungen und Veränderungen gebraucht wird, welche aber mit diesem Laute verbunden sind, oder doch anfangs unter demselben gedacht worden. Es kommt in dop-

pelter Gestalt vor. I   in Zeitwort der
Mittelgattung.   Waſſer durch eine
Ritze oder Oeffnung einlaſſen. Das Schiff, der
Kahn ſchöpft Waſſe
haben. Man ſagt auch in einigen
Schuhe ſchöpfen Waſſer, wenn
ziehen; die Sonne ſchöpft Waſſe
Waſſer zieht. — 2. Trinken, ein nur
gern üb
pret, dem wilden Geflügel
Falk ſchöpft, er trinkt.
auch thätig gebraucht: Eine
pfen, ihn tränken, ingleichen   aden oder zu
baden geben. — 3. Blühen, wo es doch nur im
Hopfenbau von dem Hopfen gebraucht wird. Der
Hopfen ſchöpf, wenn er blühet. Es ſoll hier
zunächſt von Schopf oder Kopf abſtammen, weil
der Hopfen, wenn er blühet, Schöpfe oder Köpfe
bekommt.

II. **Als ein thätiges Zeitwort.** I. Mit
einem Gefäße einen Theil eines flüſſigen Körpers
aus einem größeren Vorrathe auffaſſen und wegnehmen. (1) Im eigentlichen Verſtande. Waſſer ſchöpfen, es geſchehe nun mit einem Eimer, einer Gelte ꝛc. Waſſer mit dem Siebe
ſchöpfen, vergebliche Arbeit verrichten. Aus
einem Brunnen ſchöpfen. Einen Brunnen leer ſchöpfen. Einen Zuber voll ſchöpfen. Das Fett mit dem Löffel oben abſchöpfen.
Bernſtein ſchöpfen, ihn mit geflochtenen Körben
aus dem Waſſer holen, ſo daß das Waſſer durchläuft, der Bernſtein aber zurückbleibt, (2) In weiterer Bedeutung gebraucht man es auch von der
Einziehung des Athmens und der Luft. Athmen
ſchöpfen, Luft ſchöpfen.

(3) Figürlich braucht man es auch, doch nur mit gewissen Hauptwörtern für bekommen. Muth schöpfen, Hoffnung schöpfen, Trost aus etwas schöpfen. Nutzen aus etwas schöpfen. Einen Argwohn, einen Verdacht schöpfen. Im Oberdeutschen sagt man auch einen Haß wider Jemanden schöpfen, Eifersucht schöpfen, ein Verlangen, eine Begierde schöpfen, eine Meinung schöpfen ꝛc. ꝛc. Ingleichen für schließen, urtheilen: hieraus ist zu schöpfen, wo es aber auch zu der folgenden Bedeutung gehören kann. Ehemals war es auch für urtheilen, richten, entscheiden sehr gangbar, und auch jetzt noch sagt man im Oesterreichschen, ein Urtheil schöpfen, für fällen. Im Hochdeutschen ist es in dieser Bedeutung längst veraltet, hat aber noch das Hauptwort Schöppe zurückgelassen; s. dasselbe. Schöpfen scheint hier das Intensivum von schaffen zu seyn, entweder in so fern es befehlen, entscheiden ꝛc. bedeutet, oder auch in so fern es verordnen, verwalten, handhaben ist. — 3. Hervorbringen, machen, bilden, gleichfalls als das Intensivum von schaffen. Auch diese Bedeutung ist im Hochdeutschen veraltet und kommt nur noch in einigen Oberdeutschen Gegenden vor. Man brauchte es besonders ehemals im engern Verstande von Gott für schaffen, aus nichts hervorbringen, von welcher veralteten Bedeutung noch die Hauptwörter Schöpfer, Schöpfung und Geschöpf üblich sind.

Schöpfer, 1; ein Werkzeug zum Schöpfen, wo es nur in einigen Fällen und Gegenden üblich ist. So nennt man im Niedersächsischen ein jedes Schöpfgefäß, oder ein Gefäß, womit man schöpft, Schepper. Auch kupferne Krüge oder Töpfe, womit Wasser aus einem Gefäße in ein anderes geschöpft

wird, werden Schöpfer genannt. Bei dem Uhr=
macher ist der Schöpfer an einer Stubenuhr im
Repetirwerke ein kleines Stück Stahl, welches auf
der Spitze der Welle des Schöpfrades stekt,
mit welchem nach der Uhrplatte zu ein Haken zu=
sammenhängt, der genau in den Raum zwischen
zwei Zähne des Repetirrechens paßt, dessen Haken,
wenn das Schöpfrad des Werkes sich einmal her=
umgedreht hat, nachdem die Einfallsschnalle von der
Auslösung von dem Rechen gehoben worden, einen
Zahn des Rechens ergreift, und dem Hammer zum
Repetiren freien Lauf läßt, und den Rechen auch
täglich um einen Zahn weiter fortrückt. So oft sich
nun das Schöpfrad herumdreht, so wird dieses näm=
liche wiederholt, so lange bis der Rechen um den
letzten Zahn zurückgeschoben ist; dann hat der Stift
des Rechens den Schöpfer wieder erreicht und hin=
dert ihn an der Bewegung. In den Taschenuhren
ist es ein kleiner Ring mit einem Schwanz, der als
ein Hebearm gleichfalls bei dem Repetiren der Uhr
dem Hammer die Freiheit zum Repetiren verschafft.

2. Eine Person, welche schöpft. (1) In der er=
sten Bedeutung des thätigen Zeitworts, und zwar in
deren erstem eigentlichem Verstande, eine Person,
welche einen flüssigen Körper schöpft. Da die
Schützen schrien zwischen den Schöpfern;
Richt. 5, 11, zwischen denen, welche Wasser schöpf=
ten. In dem Salzwerke zu Halle sind die Schö=
pfer diejenigen Arbeiter, welche die von den Born=
knechten heraufgezogenen Eimer Soole ausschütten.
Bei den Papiermachern ist der Schöpfer der=
jenige Büttgeselle in einer Papiermühle, der den
Papierzeug aus der Bütte in die Form schöpft und
den Papierbogen bildet. Er setzt sich in den Büt=
tenstuhl, setzt die Form in ihren Deckel, ergreift sie
mit beiden Händen, und fährt mit der Form in die

Bütte, worein der Zeug aus dem Rechen gegossen und von der Blase in der Butte erwärmt wird. Er schöpft mit der Form den Zeug, welcher sich auf den Drahtgatter der Form setzt und dieses durchgängig bedeckt. Bloß nach dem Augenmaaße beurtheilt er bei jeder Papierart ob er Zeug genug geschöpft hat; s. unter Papier. (2) In der dritten Bedeutung des thätigen Zeitwortes. (a) Eine jede Person, welche ein Werk hervorbringt, wo man es nur noch theils im Scherze, theils aber auch in der höhern Schreibart von dem Urheber eines künstlichen oder großen, wichtigen Werkes braucht. (b) In der engsten Bedeutung, so fern das veraltete schöpfen, und das heutige schaffen, aus nichts hervorbringen bedeutet, wird es besonders von Gott gebraucht, so fern er der Grund und Urheber aller vorher nicht vorhandenen Wesen ist. Gedenke an deinen Schöpfer in deiner Jugend. Gott, der Schöpfer aller Dinge.

Schöpferisch, Bei- und Nebenwort, in den Fähigkeiten eines Schöpfers gegründet, jedoch nur in der dritten Bedeutung dieses Hauptwortes, und in der dichterischen Schreibart. Ein wahrer Mäcen von allen schöpfrischen Geistern. Zachar. von allen Urhebern künstlicher Werke des Witzes. Desgleichen von Gott: der mit schöpfrischer Kraft die Welt aus dem Nichts hervorgehen hieß.

Schöpferstuhl, s. unter Schöpfer.

Schöpfgebäu, s. Kunstgezeug, Th. 55.

Schöpfgelte, eine kleine hölzerne Gelte, Wasser damit aus Pfannen, Kübeln ꝛc. zu schöpfen. Zu demselben Gebrauche hat man auch einen Schöpfeimer, Schöpfnapf, Schöpflöffel, Schöpftopf, eine Schöpfkelle, Schöpfkanne.

Schöpfhalten, im Salzwerke, den Salzstein aus der Pfanne heben.

Schöpfig, Bei- und Nebenwort, einen Schopf habend, geschopft.

Schöpfkelle, s. Schöpfgelte. In der Glashütte ist diese Kelle 9 Zoll lang, 6 Zoll breit und 3 bis 4 Zoll tief. Sie hat einen eisernen Stiel mit einer Dille 5 Fuß lang. Mit dieser Kelle wird das Glas aus dem Schmelzhafen in den Arbeitshafen übergeschöpft. — In der Küche ist die Schöpfkelle ein rundes und hohl ausgetriebenes kupfernes Gefäß, mit einer Schnauze an der Seite, und mit einem langen eisernen Stiel versehen, womit man in den Küchen das Wasser aus den Ständern zu schöpfen pflegt. — Bei dem Seifensieder ist diese Kelle ein kupfernes rundes Gefäß an einem Stiele, mit welchem der geschmolzene Talg aus dem Kessel in den Talgtopf geschöpft wird. — Beim Färber, ist sie ein kleines Gefäß, womit man die allzu häufige Blume von der Blauküpe und den Unrath abnimmt. — In den Eisenhütten ist es diejenige eiserne Kelle, womit das flüssige Eisen in die thönernen Formen eingegossen wird. Sie wird zu diesem Gebrauche mit Thon überzogen, der von Pferden getreten worden, damit das Gußeisen sich nicht daran anhängen kann; man läßt sie dann glühend werden. Die Schöpfkelle hat gemeiniglich einen eisernen Stiel, den der Arbeiter mit zwei ausgehöhlten und mit einem eisernen Ringe zusammengehaltenen Stücken Holz umgiebt. Wenn man gießen will, so wird der Stiel der Schöpfkelle in die linke Hand genommen und das Gußeisen wird oberhalb der Dame aus dem Werke geschöpft. Die Schöpfkelle, welche durch den linken Arm unterstützt wird, wird von der Rechten gehalten, und so umgekehrt, und das Gußeisen wird in den Eingußbr der Formen gegossen.

Schöpfkopf, nennt Shemerl in seiner Abhandlung an Flüssen und Strömen zu bauen, was Silberschlag und Andere Schöpfbühne nennen.

Schöpfkübel, ein Kübel, Wasser darein zu schöpfen. Besonders ist er bei dem Feuergeräthe gebräuchlich, das Wasser damit aus den großen Kuffen in die Spritzen zu gießen.

Schöpflöffel, s. oben Schöpfgelte. Es ist ein eiserner Löffel, womit das Blaufarbenglas auf dem Blaufarbenwerke aus den Häfen geschöpft wird. — Beim Färber, ein kupferner, beinahe als ein abgestutzter Kegel gebildeter großer Löffel an einem hölzernen Stiele, womit die Farbenbrühe aus einem Kessel oder Gefäße in das andere geschöpft und übergetragen wird. — In den Glashütten, ein großer Löffel, der neun Zoll lang, sechs breit, und drei bis viere tief ist. Er hat einen eisernen Stiel mit einer fünf Fuß langen Dille. Man schöpft damit das Glas aus dem Schmelzhafen in den Arbeitshafen. Wahrscheinlich die schon oben beschriebene Kelle.

Schöpfmeise, eine Art Meisen, welche einen Schopf oder Federbusch auf dem Kopfe hat; s. unter Meise, Th. 88, S. 2.

Schöpfmühle, im Mühlenbau, ein Mühlwerk mit Schöpfrädern, das Wasser aus Deichen, Kanälen, Gräben ꝛc. zu schöpfen.

Schöpfproben, im Hüttenwerk, Proben, die von dem Abtreiben auf den Treibeöfen aus den lautern Werken der flüssigen Metalle ausgefüllt und in feuchte Asche gegossen werden, um solche zu probiren. Dieses gilt auch von gesaigerten Werken.

Schöpfrad, im Wasserbau, ein von fließendem Wasser getriebenes Rad, welches durch angehängte Kasten oder Eymer eine Menge Wasser in die Höhe

bringt und ausgießt. Die Erfindung dieser Räder
ist alt. Man hat davon zweierlei Arten, wovon die
eine in der Mitte oder durch das Mittel der Welle
das Wasser ausgießt, die andere aber durch aufge-
setzte Kasten. Ein Mehreres hierüber, s. unter
Wasserbaumaschinen.

Schöpfschaufel, eine tiefe Schaufel, Wasser damit
aus = und einzuschöpfen. Auf den Flußschiffen hat
man dergleichen an einem Stricke befestigte Schaufeln, das Wasser damit über Bord zu werfen 2c.

Schöpfung, etwas hervorbringen, etwas werden lassen, was noch nicht da ist oder da war; daher die
Schöpfung der Welt aus Nichts, die
Schöpfung des Menschen, der Engel.
Schöpfung und Erschaffung sind zwar der
Form nach sehr verschieden, sie werden aber doch in
manchen Fällen als gleichbedeutend gebraucht. Nach
Stosch Bemerkung, kann, wenn das Object ausdrücklich gemeldet wird, so wohl das eine, als das
andere gebraucht werden, also kann man sowohl sagen: die Schöpfung des Menschen, als auch
die Erschaffung desselben.

Schöpfwerk, eine zusammengesetzte Maschine, das
Wasser damit aus einem Orte zu schöpfen. Ueberhaupt versteht man darunter alle diejenigen Instrumente, wodurch das Wasser aus einer geringen Tiefe
ohne viele Kosten geschöpft werden kann. Dergleichen sind die Schöpf= und Schwungschaufel,
die sogenannten Hebeschüsseln 2c., auch alle sogenannte Eimerkünste, da man durch Eimer, entweder
durch Seil und Kloben, oder durch Rad und Getriebe
das Wasser, nachdem es von den Eimern geschöpft worden, in die Höhe hebt; s. unter Wasserbaumaschinen.

Schopp, im Hüttenwerk, s. Stichseite.

Schöpp, der Salz= oder Pfannenstein, s. Schepp.

Schoppe, ein Weinmaaß am Rhein, davon zwei eine
Kanne machen. In Schwaben ist es der vierte
Theil eines Schenkmaaßes.

Schöppe, ein sehr altes Wort, den Beisitzer eines
Gerichtes zu bezeichnen, welches noch in einigen alten
Gerichten, besonders auf dem Lande üblich ist; dage-
gen in den meisten neuen das Lateinische Assessor,
oder auch das Deutsche Beisitzer üblich geworden.
Man hat sowohl geringe, als höhere Schöppen.
Erstere sind in den Dorf- und Feldgerichten, Letztere
in den Criminalgerichten. Weil ihr Amt eigentlich
darin bestand, das Urtheil zu finden, das ist, dem
Richter das Urtheil und die Gründe, worauf es ge-
bauet war, anzugeben, so wurden sie ehemals auch
**Finder, Urtheilfinder, Urtheiler, Recht-
sprecher** 2c. genannt. S. Schöppenstuhl.
In einigen Gegenden werden auch die Handwerks-
ältesten, das ist, die Beisitzer des Obermeisters,
Schöppen genannt. Die gangbarste Form dieses
Wortes ist im Hochdeutschen **Schöppe,** welches
aus der Niederdeutschen Mundart entlehnt worden,
dagegen der Oberdeutsche dieses Wort **Schöpfe,
Schöffe** und **Scheffe** spricht und schreibt.

Schoppen, Schuppen, Schupfen, Schupfe,
in der **Stadt- und Landwirthschaft,** ein weites leichtes Gebäude, welches vornämlich aus einem
Dache und einer Hinterwand besteht, und auf den
Seiten zuweilen offen, zuweilen aber auch, besonders
bei den **Stadtschuppen,** eingeschlossen ist,
worein man Kutschen, Chaisen, Kaleschen, Renn-
schlitten, Leiter-Wagen, Pflüge, Eggen, Wiesen-
schleppen, Eggeschlitten 2c., auch Brennholz und anderes Geräth setzen kann, damit es trocken stehe.
Diejenigen, worin die Wagen und dergleichen Gerä-
the zu stehen kommen, nennt man Wagenschop-
pen, s. Th. 57, S. 417; die andern aber Holz-

schoppen; bei den Ziegelscheunen hat man auch Ziegelschoppen, darein die gestrichenen Ziegel gesetzt und darin getrocknet werden; Waschschoppen, um darin zu waschen, Feldschoppen, auf dem Felde, Garben ꝛc. darin vor der Witterung gut zu bewahren. Kohlenschoppen, s. unter Kohle, Th. 43. Bloß offene Schoppen bestehen nur aus vier hölzernen Säulen und einer Hinterwand, und das Dach ist gewöhnlich auf dem Lande mit Stroh oder Schindeln gedeckt. Verschlossene Schoppen haben auf den Seiten Bretter; auch vorn sind sie zum öftern, besonders in den Städten, mit Thorwegen versehen, so daß sie ganz geschlossen werden können, und das Dach ist mit Ziegeln gedeckt. Eine nähere Beschreibung dieser Schoppen hier anzugeben und Abbildungen davon zu liefern, ist nutzlos, da sie einem jeden hinlänglich bekannt sind.

2. Ist der Schoppen, das Schöppchen, Schöpplein, ein hohles Gefäß, welches jedoch nur in einigen Fällen üblich ist. So ist im Niederdeutschen der Schoppen, eine große Gelte, eine Schöpfkelle; im Oberdeutschen dagegen ein bestimmtes Maaß flüssiger Dinge, welches in einigen Gegenden der vierte Theil, in den meisten aber die Hälfte eines Maaßes ist. Daher ein Schoppen Wein, Bier.

Schoppen, ein regelmäßiges thätiges Zeitwort, welches im Hochdeutschen wenig gehört wird, im Oberdeutschen aber für stopfen sehr gangbar ist, besonders aber von dem Stopfen mit einem weichen Körper. So sagt man: ein Kummet mit Kühhaaren schoppen. Ausgeschoppte Vögel, ausgestopfte. Gänse, Kapaune schopfen, im Hochdeutschen stopfen, eine Art des Mästens, da man ihnen die Speise in Gestalt der Nudeln, die daher im Oberdeutschen Schoppnudeln heißen,

in den Hals stopft. In derselben Mundart werden
auch die Flicksteine der Maurer, Schoppsteine
genannt. Geschoppt voll, gestopft, gepfropft
voll. Daher das Schoppen.

Schöppenbank, an den Orten, wo die Beisitzer eines
Gerichtes noch unter dem Namen der Schöppen
bekannt sind, der Sitz derselben in einem Gerichte.
Ehedem auch wohl ein mit Schöppen besetztes Gericht, ein Schöppenstuhl.

Schöppenbar, Bei= und Nebenwort, welches ehemals
gängbarer war, als jetzt, einem Schöppen in einem
obern Gerichte an Würde und Vorzügen gleich.

Schöppenbar=Freye, s. Th. 70, S. 455.

Schöppenbrod, heißt man zu Halle in Sachsen eine
gewisse Anzahl Semmeln oder weißer Brode, welche
die dortigen Bäcker einem jeden Besitzer des dortigen
Schöppenstuhls an allen hohen Festtagen ins Haus
schicken müssen. Dieses soll der Bäckerzunft schon
vor langer Zeit wegen eines gewissen Versehens, als
eine Strafe auferlegt worden seyn.

Schöppenbuch, an einigen Orten das Gerichtsbuch
in einem mit Schöppen besetzten Gerichte.

Schöppenpferd, an einigen Orten, das beste Pferd
eines Dorfschöppen, welches bei dessen Absterben dem
Gerichtsherrn anheim fällt, eine Art der Baule-
bung oder des Todfalles.

Schöppenschreiber, der Schreiber in einem mit
Schöppen besetzten Gerichte.

Schöppenstube, eigentlich die Stube oder das Zimmer,
worin sich die Schöppen versammeln, die Gerichts-
stube; an einigen Orten auch ein mit Schöppen
besetztes Gericht, wie Schöppenbank und Schöppenstuhl.

Schöppenstuhl. 1. In weiterer, aber jetzt unge-
wöhnlicherer Bedeutung, ein jedes mit Schöppen
besetztes Gericht; in welchem Verstande in einigen

Gegenden noch die Ausdrücke Schöppenbank und Schöppenstube üblich sind. — 2. In engerer und gewöhnlicherer Bedeutung ist es ein Gerichtsstuhl, in welchem die Beisitzer noch nach alter Art den Namen der Schöppen führen, das ist, ein Collegium von Rechtsgelehrten, welche die Gesetze auf die ihnen vorgelegten Fälle anwenden, bloß Antworten und Entscheidungen geben, und sich dadurch von einem Gerichte in engerer Bedeutung, welches diese Ausbrüche in Vollziehung bringt, unterscheiden. Wo die Beisitzer eines solchen Collegii noch den Namen der Schöppen führen, da ist von demselben auch noch der Name Schöppenstuhl üblich.

Schöpps, ein Bier in Breslau; s. unter Bier, Th. 5. — Schöpps, ein verschnittener Schafbock, welcher auch ein Hammel genannt wird; daher Schöppsenfleisch, Schöppsenbraten, Schöppsenkeule ꝛc. Da die Zubereitungen des Schöppsenfleisches unter Hammel, Th. 21, hierher verwiesen worden, so will ich das Nöthige hier anführen:

Das Erste, was man beim Schöpsenfleisch oder Hammelfleisch zu merken hat, ist dahin zu sehen, daß es nicht zu alt oder bockigt ist; denn wenn es einen dieser Fehler hat, so schmeckt es schlecht.

Mit einer Brühe wird das Hammelfleisch auf folgende Weise bereitet: Man kocht das Hammelfleisch, wenn es gehörig gesalzen worden, mit Wasser ab; dann röstet man Brodkrumen und einen Löffel voll Mehl in Butter braun, und macht solches hernach mit der Fleischbrühe dünn. Hierauf werden Kapern, Citronenscheiben, Nelken, Lorbeerblätter, Pfeffer und Essig daran gethan; man legt nun das Fleisch dazu und läßt es noch etwas damit kochen.

Hammel- oder Schöpsenfleisch mit weißen Rüben, s. unter Rübe, Th. 128.

Savoyerkohl mit Hammel- oder Schöpfenfleifch. Man haue das Hammelfleisch in gewöhnliche mittelmäßige Stücke, oder man lasse es auch an einem Stücke; dann gut ausgewässert, mit siedendem Wasser in einem großen Topfe zum Feuer gesetzt, damit es weich kocht. Wenn es gut abgeschäumt worden, binde man Sellerie und Petersilie fest zusammen, thue Salz dazu, auch ein wenig ganzen Pfeffer und koche es verdeckt gar. Hierauf nimmt man den Kohl mit einem Schaumlöffel oben herab, thut ihn in einen Durchschlag und drückt das Nasse allmählig heraus. Die Pfefferkörner, welche man findet, werden herausgenommen, und den Kohl läßt man mit einem guten Stücke Butter, gestoßenen Nelken und Macisblumen ein wenig aufkochen; dann das Fleisch angerichtet, und den Kohl um dasselbe herum gelegt.

Hammelbruft en grillade mit Citronen-schalen. Man kocht solche erst in Wasser und Salz gar, dann abgetrocknet, in geschmolzener Butter umgekehrt, mit geriebenem Brode, gehackter Petersilie, Pfeffer und Salz, zusammengemischt, bestreut, und auf einem Roste gebraten. Man macht nun eine Sauce darüber nach Gefallen. Man schneide Citronenschalen in kleine Streifen, wässere solche aus und gekocht, damit sich die Bitterkeit verliert, und darüber gestreut.

Hammelkeule glacé oder geschmort. Die Hammelkeule muß wenigstens schon fünf bis sechs Tage alt seyn; dann klopfe man sie so, daß sie ganz mürbe werde, hierauf gewaschen und in ein Geschirr gethan, worin sie ganz ungepreßt kochen kann. Man thue Zwiebeln, Wurzeln, als: Sellerie, Mohrrüben und Petersilienwurzeln, Lorbeerblätter, Gewürz und Salz dazu, fülle Wasser darauf und lasse es langsam kochen. Wenn sie gar ist, nehme man das Fett ab, sie die Jus durch ein Haarsieb und fülle die Sauce wieder auf die Keule und begieße sie gut, wodurch sie ein schönes Ansehn erhält. Hierzu giebt man Spanische Zwiebeln, auch gefüllte Gurken oder Gemüse.

Hammel carré glacé. Man nehme Hammelrippen, schneide den Rückenknochen ab und kocht sie wie die Hammelkeule glacé. Wenn sie gespickt werden sollen, schäle man die fette Haut ab, so auch die übrige feine Haut, spicke sie dann mit nicht zu grobem Speck, schneide sie, wenn sie gar sind, in Stücke, wie eine Cotelette, und glacire sie dann mit der Jus ein. Man giebt sie zu Gemüsen oder Péré von Zwiebeln.

Rollets von Hammelbrüsten glacé. Aus den Hammelbrüsten werden die Brustknochen sämmtlich herausgeschnitten, dann werden sie gewaschen, mit Kalbfleischfarce gefüllt, das obere oder fette Ende nach oben aufgerollt, mit Bindfaden bewunden, und in einer Brühe gekocht; wenn sie gar sind, mit dem Fond glacirt; auch kann man sie vor dem Glaciren in runde Stücke schneiden. Man giebt sie zu Gemüsen, als: Mohrrüben, Spinat ꝛc.; auch kann man ein Péré von Zwiebeln dazu geben.

Coteletts von Hammelfleisch. Diese Karbonnaden werden sehr gebraucht. Die Coteletts werden ausgeschnitten, von allen Knochen, außer den Rippen, gesäubert, breit geklopft, mit Salz und Pfeffer bestreut, in Butter und Semmel umgekehrt, auf dem Roste scharf abgeröstet, und zu Gemüsen gegeben.

Coteletts sautée, das heißt, welche im Sprunge gar sind. Man schneide Hammel-Coteletts, wie im vorherigen angeführt worden, klopfe sie, so daß sie wie ein Messerrücken dick, nur etwas breit werden. Man nehme dann feine Kräuter, als Estragon, Schnittlauch und Petersilie, schwitze sie in Butter,

auch einige Champignons oder Trüffeln. Wer ein
Freund von Oel ist, kann auch etwas darunter nehmen. Man kehre die Coteletts auf einem breiten
Geschirre in diesen Kräutern um, und lege sie so, daß
keine Seite trocken wird. Wenn man sie anrichten
will, rasch, daß sie nur steif werden, von beiden Seiten gebraten. Man nehme das Fett von den Kräutern ab, versetze diese mit einer kräftigen Jus, und
thue etwas Pfeffer und Citronensaft dazu.

Grillade von Hammelfleisch mit Sauce
Robert. Hierzu nimmt man die Brust und den
Hals. Beides muß gut ausgeputzt und das Blut
gehörig ausgezogen werden; dann lasse man sie in
einer Bräse gut gesalzen gar kochen. Wenn sie
weich sind, herausgezogen, kalt werden lassen, alle
ungleiche Knochen abgeputzt, und mit dem Bräsefett
und geriebener Semmel, wozu noch etwas Salz und
Pfeffer genommen werden muß, panirt. Ehe man
das Fleisch panirt, wird solches in ansehnliche Stücke
geschnitten und geröstet. Man giebt hierzu eine
Sauce Robert, die auf folgende Weise bereitet wird:
Man schneide Zwiebeln in grobe Würfel, schwitze sie
mit Butter gelbbraun, thue ein paar Löffel Mehl
dazu, fülle Jus auf, lasse die Sauce mit Weinessig
und wenig Zucker klar kochen und thue zuletzt noch
Möstrich darein. Wenn die Grillade geröstet worden, thue man die Sauce erst auf die Schüssel, dann
jene. Man giebt die Grillade auch zu Gemüsen, als
Mohrrüben, grünen Erbsen und Péré von Kartoffeln.

Coteletts en Beefsteeks. Das Hammelfleisch
muß nicht zu frisch seyn. Die Coteletts werden wie
die oben angeführten behandelt, von allen Knochen
gereiniget, nur nicht alles Fett abgenommen, und sie
auch nicht zu klein geschnitten. Man nimmt hierzu
immer drei Rippen, schlägt sie breit, aber nicht dünn,
klopft sie mit einem Messer von beiden Seiten ein

wenig und kehrt sie in Butter und Kräutern um, wie oben angeführt worden, und bratet sie rasch auf dem Roste, so daß sie zwar braun, aber nicht trocken werden. Auf die Schüssel, auf welcher sie angerichtet werden, streiche man mit frischer Butter und ein wenig Knoblauch, thue die warmen Coteletts darauf, bestreiche sie mit der Butter von drei Sardellen, und gebe dazu eine gute Jus, auch ein wenig Pfeffer und Citrone.

Coteletts en surprise von Hammelfleisch. Die Coteletts werden so fein gearbeitet, wie oben, bei den Coteletts angeführt worden, und auf Butter steif gemacht, das heißt, man läßt sie auf beide Seiten so heiß werden, daß sie nicht nur eine Festigkeit, sondern auch eine Steife annehmen. Nachdem sie kalt geworden, setze man von Kalbfleischfarce, f. unter Farce, einen Rand eines Querfingers breit auf die Coteletts, und bearbeite ihn recht fest. Man mache ein feines Ragout von Kälbermilch, Trüffeln und Champignons, Krebsschwänzen, feinen Kräutern und Austern auf folgende Weise. Die Kräuter müssen in Butter ein wenig geschwitzt, Coulis, so viel, als Sauce nöthig ist, darauf gethan, mit einem Leson von vier Eyern, den Butter von drei Sardellen ablegirt, nachdem das Ganze zusammen gesetzt worden, mit dem Safte von einer Citrone abgeschärft, und wenn es kalt geworden, auf obige Coteletts gefüllt werden. Es versteht sich hier, daß alles Uebrige, als Kälbermilch, welche schon in Butter gar geschwitzt worden, in feine Würfel, so auch die Krebsschwänze, Champignons und Trüffeln geschnitten werden müssen, nur die Austern bleiben ganz in der Sauce. Dann mit einer St. Menü von einem Ey und Butter kalt über das Ragout mit geriebenem Parmesankäse gestreut, und im Ofen oder in einer Tortenpfanne backen laſſen. Man giebt ſie mit einer guten Jus zur Tafel.

Hammelzungen en Matelote. Die Hammelzungen werden gut blanchirt, die dicke Haut herunter gezogen, und in einer Bräſe gar gekocht. Man ſchneide ſie in der Länge auf, ſo daß jede Zunge zwei Stücke bilde. Dann nehme man Krebsbutter, ein Stück magern Schinken, zwei Schalotten, auch Champignons und Kräuter, als Eſtragon und Baſilikum, ſchwitze dieſe Ingredienzen weich, thue von dem weißen Coulis darauf und laſſe Alles gut einkochen, die Zungen darein gethan, etwas Salz und Pfeffer dazu, und das Ganze mit einem Leſon von drei Eyern und der Butter von ungefähr zwei Sardellen ablegirt, und die Krebsſchwänze mit einem Glaſe Wein dazu gethan.

Emincé oder Ragout von Hammelbraten. Man brate eine Hammelkeule ab, nachdem ſie kalt geworden, löſe man alle Knochen heraus und ſchneide ſie in recht feine Filets, wie ein Achtgroſchenſtück groß. Man mache eine Sauce von Zwiebeln, welche erſt in der Mitte durch, und dann vor der Hand in feine Scheiben geſchnitten, und mit 1/4 Pfd. Butter gelbbraun geſchwitzt worden; dazu thue man 2 oder 3 Eßlöffel voll Mehl, fülle es mit Jus und Weineſſig auf, und laſſe die Sauce mit ein wenig Zucker gut verkochen. Hierin thut man nun den Braten, mit ein wenig Pfeffer und Salz.

Hachée von Hammelbraten mit verlornen Eyern. Beſitzt man einen Ueberreſt von Hammelbraten, ſo putze man erſt alles Braune davon ab, haſchire das Fleiſch ganz fein; nehme dann einige Schalotten, Eſtragon und Champignons, hacke ſie fein, laſſe ſie mit ein wenig Butter ſchwitzen, thue zwei Löffel Mehl dazu, fülle Bouillon oder Jus auf, und laſſe es klar kochen. Hierin das haschirte Fleisch gethan, und mit drei Eyern, der Butter von einer Sardelle. und dem Safte von einer halben Citrone gut ablegirt. Das Hachée muß, wenn es gut ablegirt worden, nicht mehr kochen. Wenn es angerichtet ist, mit verlornen Eyern garnirt.

Gratins von Hammelzungen. Die Hammelzungen werden gut blanchirt, die dicke Haut herunter gemacht, und in einer Bráse gar gekocht. Man schneide sie in der Länge auf, so daß jede Zunge zwei Stücke bildet, aber doch zusammenbleibt. Jetzt nehme man Kalbfleisch = Farce, fülle solche damit, so daß sie ihre natürliche Gestalt wieder erhalten. Man belege jetzt die Hammelzungen theilweise mit einem Krebsschwanz und die andern mit einem von Pfeffergurken ausgezackten Hahnenkamm, setze die Zungen auf eine Schüssel, die mit der Farce eines Fingers dick belegt ist, kranzartig auf, und stelle zwischen jede Zunge ein Crouton von Semmel. In der Mitte der Schüssel wird eine Vertiefung gemacht, solche mit der Farce glatt zugestrichen. Man belegt nun diese Gratins mit feinen Speckbarden, deckt darüber Papier mit einem Kesseldeckel oder einer Glocke, und läßt es im Ofen langsam gratiniren. Wenn diese Speise zur Tafel gegeben wird, das Fett und den Speck sauber abgewischt. Hierzu giebt man Sauce mit kleinen Zwiebeln oder Mousserons.

Hammelzungen en papillotes. Die Zungen werden wie die vorhergehenden präparirt, wenn sie aus der Bráse gezogen, der Länge nach in drei Theile geschnitten. Man nehme feine Kräuter, als: Estragon, Schnittlauch, Schalotten, Petersilie, Champignons, auch Trüffeln, schwitze sie mit Butter, dann ein wenig Coulis oder auch geriebene Semmel dazu gethan, mit dem Fond von der Bráse, so viel, als nöthig, aufgefüllt, und verkochen lassen. Es muß kein Fett darauf bleiben. Diese Ingredienzen mit einem Löffel

von 4 Eyern, der Butter von drei Sardellen, dem Safte von einer Citrone, und ein wenig Pfeffer ablegirt, damit es gehörig dick ist. Man lege nun die Zungen darein, damit sie von beiden Seiten gut anziehen; wenn sie kalt sind, in feines Papier, in der Form eines halben Mondes, enpapillotirt und auf dem Roste, jedoch mit nicht zu scharfem Feuer mit dem Papiere geröstet, und so statt kleiner Pasteten zur Tafel gegeben.

Ragout von Hammelfleisch mit Kapern. Man nimmt hierzu Hammelbrüste, die gut gewaschen und blanchirt seyn müssen, schneide sie in kleine Stücke, schwitze diese mit Schalotten und ein wenig Butter ein; verhältnißmäßig mit Mehl bestreut, fülle Bouillon auf und mit Salz und Pfeffer gar gekocht. Wenn es kurz genug eingekocht ist, das Fett abgenommen, ein Leson von drei Eyern mit zwei Sardellen, ein wenig Französischen Essig und Kapern gemacht, damit ablegirt und angerichtet.

Fricassée von Hammelfüßen. Man brühe die Füße und sehe sie gut nach, daß keine Haare daran bleiben; schneide dann die Klauen auf, wasche sie rein, und in Wasser mit Gewürzen, Wurzeln, Zwiebeln und Salz weich gekocht, damit die Knochen abgehen. Hierauf in reinem Wasser gewaschen, gut nachgesehen und auf einer Serviette getrocknet. Man lasse nun zwei Schalotten und viele Champignons recht weiß einschwitzen, gieße von dem recht kräftigen weißen Coulis darauf, und lasse es mit zwei Gläsern Madera oder Champagner verkochen, thue die Hammelfüße darein, legire es mit dem Gelben von drei Eyern, der Butter von einer Sardelle, und dem Safte von einer Citrone, und schmecke es gehörig mit Salz und Pfeffer ab.

Gefüllte Ballons von Hammelblättern. Aus den Hammelblättern werden die Knochen vorsichtig gelöset, rein gewaschen, auf einem Tuche abgetrocknet und in einer Bräse oder fettem Fond, wozu man Wurzeln, Zwiebeln, Gewürze, fette Bouillon, Nierentalg, Schinken, Speck und Salz nimmt, einmal gar gekocht. Man mache dann das Fett und die Wurzeln gut ab, und glacire die Ballons mit dem Fond. Man giebt sie zu Gemüsen. Man kann auch die Brust vom Hammel dazu nehmen.

Hammelfleisch en Marinade frite. Die Hammelfüße werden wie diejenigen zum Fricassée behandelt. Man thue sie, wenn sie gehörig ausgeputzt worden, in eine Marinade von Französischem Essig, feinen in Oel geschwitzten Kräutern, als: Champignons, Estragon und Schnittlauch, auch etwas Pfeffer. Wenn sie eine Stunde marinirt worden, sorgfältig auf eine Serviette gezogen, damit von der Marinade nichts verloren gehe, welche zu einer Kalbfleischfarce, genommen, und mit der Butter von drei Sardellen tüchtig untereinander gerührt wird, womit man die Hammelbeine farcirt. Man tauche es in eine Klare, und backe es aus. Man gebe auch gebackene Petersilie dazu.

Hammelfleisch mit Bollen und Kümmel. Die geschälten Bollen werden in Achtel oder Viertel geschnitten, gute Hammel-Bouillon aufgefüllt, und Kochkümmel, der gut verlesen und gewaschen worden, dazu. Wenn die Bollen weich und kurz eingekocht sind, thue man ein wenig Mehl hinzu. Das Hammelfleisch muß ausgeputzt und mit den Zwiebeln verkocht werden.

Hammelbraten mit Schalotten. Der Hammel muß zu diesem Behufe schon mehrere Tage vorher geschlachtet worden seyn. Das beste Fleisch ist die Keule, welche gehörig ausgeputzt und mit einer Keule oder einem Hackemesser tüchtig geklopft werden muß, damit das Fleisch ganz mürbe werde.

sie nun mit ganzen Schalotten und lasse
braten, damit sie saftig und mürbe wird.
t man eine Jus mit Schalotten. Die-
kann zwei Stunden beim Feuer bleiben.
raten. Die Hammel-
häutet, und wie eine
werden. Man lege sie hierauf
Marinade von Zwiebeln, Knob-
, etwas Salz, Wurzeln und Essig,
m, und lasse keine Unreinigkeit daran
muß am Spieße langsam braten,

.

gewürzt, ein
sieden lassen,
                                    dicklich wird
                              hinein und richtet
es warm an.

mer, häute ihn rein a
ihn dann acht Tage
Zwiebeln, Rockenboll
Wachholderbeeren und Essig, aber schütte
dazu. Hierauf mit Butter am Spieße
Diese Art Braten muß oft in der Noth einen
braten ersetzen.
    Einen Hammelhals auf Französische Art
zuzurichten. Man nehme einen großen Ham-
elhals, ziehe ihn in Wasser und setze es beim Feuer;
un zwei Hände voll Petersilie rein verlesen, ge-

waschen, in ein Kalbsneh gefüllt, und zum Fleisch
gesteckt. Hierauf Austern in einer eigenen Brühe
gesotten, ein wenig Essig, Muskatenblumen daran
gethan, die Petersilie aus dem Netze genommen, klein
gehackt, nebst einer vorher halb abgesottenen Citrone.
Man setze nun 1/2 Pfd. Butter über Kohlen und
lasse sie so lange darauf, bis sie in die Höhe kommt,
schütte das Gehackte mit ein wenig Essig, wie auch
die Austern hinein, und rühre Alles durcheinander.
Man lege Brodschnitte in eine Schüssel, richte den
Hammelhals darauf an, gieße die Brühe darüber,
und ziere die Schüssel mit Oliven, Kapern und Citronen.

Schöppsen- oder Hammelskeule zu tran-
chiren und vorzulegen. Wenn die Keule
ganz zerschnitten werden soll, so stelle man sie mit
der Keule zur rechten Hand, stoße mit dem einen
Gabelzacken vorne in das Rückgratsloch, schneide 1)
die lappichte Haut, nebst den zwei äußersten Rippen
ab, löse 2) den dürren Knochen, imbrochire aufs
Neue, und theile 3) den Rückgrat mit einem langen
Schnitt vom Stoße, wende ihn um, und zertheile
ihn 4) nach Anweisung der Gelenke; imbrochire die
Gabel aufs Neue in den Stoß, so daß die Röhre
zwischen die beiden Gabelzacken komme; 5) löse das
Schwänzchen mit etwas Fleisch vom Rückgrade;
schneide 6) das Fleisch mit halben Mondschnitten
von der Röhre, wende den Stoß um, und verfahre
7) auf der andern Seite eben so; 8) biege das Mut-
terbein von der Röhre loß, schlage solche, wenn man
kann, auf, und stoße sie von der Gabel. — Beim
Vorlegen wird ein vollgeschnittener Teller, worauf
sowohl einige kurze Rippen, als Fleischscheiben liegen, herumgegeben; aber selten der ganze Braten
zerschnitten; wie denn auch die Rippenknochen, weil
solches sehr mühsam ist, nicht gern von einander

getrennt, sondern nur das Fleisch auf den Rippen etwas lang in mäßige Stücken abgelöset wird. Sonst legt man aber, was am besten gebraten ist, zuerst vor. Eigentlich soll mit dem Rückgrate vom Stoße an angefangen und so fortgefahren werden, bis der Rückgrad alle ist, man kann auch von der Keule etwas beilegen, dann vollends das Keulenfleisch, welches zu den Knochen gut einzutheilen ist.

Schöppsenbraten, s. oben, S. 743.

Schöppsbutten, im gemeinen Leben einiger Gegenden, z. B. Meißens, der Butten, das ist der Magen mit dem übrigen Eingeweide eines Schöppses.

Schöppscoteletts, s. oben, S. 737, 738, 739.

Schöppsenfleisch, s. oben, S. 735, 743.

Schöppsenfricassée, s. das., S. 742.

Schöppsenkeule, s. das., S. 736.

Schöppsenragout, s. das., S. 742.

Schöppsentalg, s. unter Talg, in T.

Schöppshaut, eine Haut von einem Schöpse, auf der noch die Wolle ist, und die von den Weißgerbern bereitet wird. Von dergleichen Häuten machen die Sattler Ueberzüge an die Kummte der Pferde.

Schöppsack, beim Fleischer, der Magen bei den Schöppskaldaunen.

Schopromals, eine Gattung Ostindischer Schnupftücher, die uns die Dänische Asiatische Kompagnie liefert. Sie halten 1 Elle und 5/16 Theile des Kopenhagner Längenmaaßes ins Quadrat, und es sind sieben derselben im Stück.

Schore, ein nur in dem Schiffsbaue der Niederdeutschen übliches Wort, die starken Stützen zu bezeichnen, welche das Schiff auf dem Stapel halten. In andern Niederdeutschen Gegenden werden die breiten Pfähle, welche an den Deichen und Dämmen eingeschlagen werden, sie vor dem Wasser zu schützen, Schoren und Scharren genannt.

Schoren, regelmäßiges, thätiges Zeitwort, welches im Hochdeutschen unbekannt, und nur in einigen andern Provinzen gangbar ist, wo es für scheuern und dem Intensivo schorren gebraucht wird, wie z. B. um Hamburg. Bei dem Frisch ist Schoreisen, die Schore, der Pflugschorer, die Pflugscharre. In andern Gegenden ist es für scheren, sowohl radere, als auch theilen, absondern, üblich, z. B. in und um Hamburg, daher ist Schormaus, daselbst der Maulwurf, Oberdeutsch Scheermaus. Ingleichen für zerreißen, zerbrechen, Holländ. Schoren, scheuren; um Bremen schoren; Französisch dechirer, wohin auch das Ausschoren eines Waldes im Forstwesen gehört, das Aushauen, Auslichten desselben. Beim Weben ist schören, so viel, als Anschirren.

Schorerde, s. Scharrerde.

Schorf, im gemeinen Leben die rauhe Rinde auf einer Wunde; ingleichen die rauhe Rinde, welche sich bei der Krätze, und bei einem ausgeschlagenen Kopfe ansetzt, und im Hochdeutschen der Grind, im Oberdeutschen aber die Rufe genannt wird. Daher werden in einigen Gegenden diese Krankheiten selbst der Schorf genannt. Im Niedersächsischen Schorf, Schörflein, im Angelsächsischen Scort, wo auch Scorfa die Krätze ist; im Englischen Scurf, im Schwedischen Skorf, welches gleichfalls die Krätze bedeutet. In der ersten allgemeinen Bedeutung scheint es von scharf, rauh, bei der zweiten aber zunächst von dem nahe verwandten schorren, scheuern, abzustammen, so wie Scabies von scabere, Krätze, von kratzen ꝛc. gebildet sind. Im Lateinischen ist scarrosus, krätzig, von dem alten scarrere, scharren, schaben. Ohne Zischlaut ist im Böhmischen Kura, die Brodrinde.

Schorfhobel, Schruffhobel, bei den Holzar-

beitern, ein Hobel, mit welchem das Holz aus
dem Groben behobelt, und die groben Späne abge
nommen werden; er hat gewöhnlich ein Hobeleisen
von gerundeter Schneide, die etwas weit von der
Hobelbahn vorsteht, damit sie recht in das Holz ein
greifen kann.

Schorfig, Schorrig, im Wasserbau, die Doss-
rung eines Deiches oder Ufers, so etwas ausgespült,
oder doch nicht ganz schlüchtig, rein und grün ist.

Schorfiger Deich, ein Deich, dessen grüne Bekleidung hier und da ausgespült, abgefallen und abge-
treten ist. Einige heißen es auch anfurt, und
noch andere grättlich. Die sogenannten schor-
figen ..... nennen die Holländer Rav......,
Das jährlich bei feuchter Witterung wiederholte
Klopfen der Deiche ist eines der besten Mittel, daß
die Deiche nicht schorfig werden.

Schörhaken, s. Schurhaken.

Schorigeln, s. Schurigeln.

Schörkasten, beim Leinweber, das ganze Geschirr
oder Gestell, wie es aufgerichtet steht.

Schörkube, beim Tuchmacher, s. Kube.

Ende des hundert und sieben und vierzigsten Theils.

Nachricht für den Buchbinder.

Die Kupfer werden, nach Ordnung der oben auf jeder Platte zur
rechten Hand befindlichen Zahlen, hinten an das Buch an ein
Blatt Papier angeleistert, damit sie bequem herausgeschlagen
werden können.

Gedruckt bei L. W. Krause, Adlerstraße Nr. 6.